AF270091

"El ministerio de John MacArthur ha tenido un impacto mundial. Este libro expone con claridad las doctrinas que conforman el núcleo central de este ministerio, que ha tocado a tantas personas. Sin duda, es un ministerio edificado sobre la verdad: la verdad de la Palabra de Dios y del evangelio. Un maravilloso recurso para estudiantes, pastores y profesores".

Thomas R. Schreiner, profesor de Interpretación del Nuevo Testamento en la cátedra James Buchanan Harrison, The Southern Baptist Theological Seminary

"Este libro es el resultado del estudio de toda una vida y de la sabiduría alcanzada a lo largo de los siglos. La combinación de la devoción a las Escrituras junto con el compromiso con la doctrina bíblica aborda una gran necesidad contemporánea. Las creencias firmes producen iglesias firmes. No siempre se estará de acuerdo con los estimados autores en todos los temas; sin embargo, nos sentimos agradecidos por un volumen lleno de rica y perdurable importancia".

Iain H. Murray, autor, *Jonathan Edwards: A New Biography and Evangelical Holiness;* miembro fundador, Banner of Truth Trust

"Es un placer recomendar de todo corazón *Doctrina cristiana esencial*. Este libro será reconocido por la claridad de su bosquejo y descripción de las doctrinas bíblicas. Es demasiado bueno para perdérselo".

Walter C. Kaiser Jr., presidente emérito, y profesor emérito distinguido de Antiguo Testamento en la cátedra Colman M. Mockler, Gordon-Conwell Theological Seminary

"El énfasis del ministerio de John MacArthur ha estado siempre en la predicación, en dar rienda suelta a la verdad de Dios mediante la predicación de su Palabra. Mientras tanto, su ministerio ha estado sustentado en la doctrina, una doctrina extraída con esmero y de forma sistemática de la Biblia. Sus millares de sermones expositivos son prueba de su fidelidad en la obra del predicador. *Doctrina cristiana esencial* es prueba de su fidelidad en la obra del teólogo. Ojalá ambas cosas sean usadas para alentar a una nueva generación de predicadores-teólogos para que comprometan su vida al llamamiento supremo de la enseñanza y capacitación de la iglesia de Cristo".

Tim Challies, bloguero, Challies.com

"La claridad debería ser un requisito fundamental para los libros de teología sistemática. ¡Y es lo que ofrece este! Un resumen exhaustivo de todo lo que el cristiano necesita saber; es lo que todo cristiano debería tener a su disposición, ¿no es así? Y está escrito por un nombre que epitomiza la ortodoxia y la verdad: John MacArthur. Sobran las palabras. Habla por sí solo".

Derek W. H. Thomas, pastor titular, First Presbyterian Church, Columbia, Carolina del Sur; decano de los programas de Doctorado, Ligonier Ministries; profesor distinguido, Reformed Theological Seminary

"Este volumen es el logro de una vida de casi cincuenta años de predicación en un púlpito, escrito por este expositor de talla mundial, John MacArthur. Una semana tras otra, incluso una década tras otra, ha estado sondeando las profundidades del texto bíblico, ha conectado sus verdades entre sí, y el resultado ha sido este cuerpo de divinidad bien construido. Es la joya de la corona de este brillante pastor y escritor que hará que la verdad de las Escrituras brille aún más refulgente ante nuestros ojos".

Steven J. Lawson, presidente, One Passion Ministries; profesor de Predicación, The Master's Seminary; autor de *El momento de la verdad*

"Durante décadas, John MacArthur ha ejemplificado la predicación expositiva, y ha presentado la Palabra de Dios a pantalla completa para el pueblo de Dios. Esta teología sistemática demuestra cómo su exposición versículo a versículo florece de manera natural en un mosaico teológico robusto y lleno de colorido. Este libro es el postre teológico al final de una comida expositiva. Independientemente de la herencia teológica que se tenga, insto a cada cristiano a aprender de la enseñanza doctrinal de MacArthur. Con toda seguridad quedarán saturados de las Escrituras, en total sobrecogimiento, tras saborear la majestad y la gloria de nuestro misericordioso Dios".

Matthew Barrett, profesor adjunto de Teología Cristiana, Midwestern Baptist Theological Seminary: editor ejecutivo, revista *Credo*; editor, *Fundamentos teológicos de la Reforma*

"Además de presentar una teología ortodoxa común a los protestantes históricos, MacArthur defiende una combinación inusual de opiniones que los evangélicos debaten, como el creacionismo de la tierra joven, la soteriología calvinista, el credo-bautismo, la política de un gobierno de ancianos, el complementarianismo, el cesacionismo y el dispensacionalismo tradicional (o lo que él denomina premilenialismo futurista). Argumenta de un modo claro y ordenado que el compromiso merece la pena, aun estando en desacuerdo".

Andrew David Naselli, profesor adjunto de Nuevo Testamento y Teología Sistemática, Bethlehem College & Seminary, anciano, Bethlehem Baptist Church, Minneapolis

"Como profesor de teología puedo recomendar este único volumen de teología sistemática a mis estudiantes, con la confianza de que es un libro que puedo avalar de principio a fin. Valoro de forma especial los aspectos dispensacionales de esta obra y la forma en que el autor basa las doctrinas, de un modo sistemático y firme, en el texto bíblico".

Kevin D. Zuber, profesor de Teología, The Master's Seminary; colaborador en *Evidence for the Rapture* y en el *Comentario bíblico Moody*

DOCTRINA CRISTIANA ESENCIAL

Libros de John MacArthur publicados por Portavoz

¿A quién pertenece el dinero?

El andar del creyente con Cristo

El asesinato de Jesús

Avergonzados del evangelio

La batalla por el comienzo

Cómo obtener lo máximo de la Palabra de Dios

Cómo ser padres cristianos exitosos

Cómo sobrevivir en un mundo de incrédulos

El corazón de la Biblia

De tal manera amó Dios…

La deidad de Cristo

El diseño de Dios para tu familia

Distintos por diseño

Doctrina cristiana esencial

El evangelio según Dios

La gloria del cielo

Jesús: Preguntas y respuestas

La libertad y el poder del perdón

El llamado de Cristo a reformar la iglesia

Llaves del crecimiento espiritual

Nada más que la verdad

Nuestro extraordinario Dios

El Pastor silencioso

Permaneciendo fiel en el ministerio

Piense conforme a la Biblia

Los pilares del carácter cristiano

El plan del Señor para la Iglesia

Los planes proféticos de Cristo

El poder de la integridad

El poder de la Palabra y cómo estudiarla

El poder del sufrimiento

¿Por qué un único camino?

Porque el tiempo SÍ está cerca

Salvos sin lugar a dudas

Santificación

Sé el papá que tus hijos necesitan

La segunda venida

Teología sistemática

El único camino a la felicidad

Comentario MacArthur del Nuevo Testamento

Mateo

Marcos

Lucas

Juan

Hechos

Romanos

1 y 2 Corintios

Gálatas, Efesios

Filipenses, Colosenses y Filemón

1 y 2 Tesalonicenses, 1 y 2 Timoteo, Tito

Hebreos y Santiago

1 y 2 Pedro, 1, 2 y 3 Juan, Judas

Apocalipsis

MANUAL DE
VERDADES BÍBLICAS

DOCTRINA

CRISTIANA

ESENCIAL

EDITOR GENERAL

JOHN MACARTHUR

EDITORIAL
PORTAVOZ

Título del original: *Essential Christian Doctrine: A Handbook on Biblical Truth* © 2021 por John MacArthur, y publicado por Crossway, un ministerio de publicaciones de Good News Publishers, Wheaton, IL 60187, U.S.A.

Edición en castellano: *Doctrina cristiana esencial* © 2021 por Editorial Portavoz, filial de Kregel Inc., Grand Rapids, Michigan 49505. Se publica esta edición con el permiso de Crossway. Todos los derechos reservados.

Traducción: Loida Viegas Fernández y Juan Terranova
Revisión: Juan Terranova y Rut Martín
Ilustración de la cubierta: Shutterstock #575008792

Tal como se indica en las notas a pie de página, parte del material en este libro ha sido adaptado con permiso de obras con copyright de Thomas Nelson/HarperCollins Christian Publishing. Asimismo se detalla, en las notas a pie de página, el material adaptado con permiso de obras con copyright de Moody Press. El permiso para utilizar material adicional adaptado de otras publicaciones se indica en las notas a pie de página a lo largo de la obra.

A menos que se indique lo contrario, todas las citas bíblicas han sido tomadas de la versión Reina-Valera © 1960 Sociedades Bíblicas en América Latina; © renovado 1988 Sociedades Bíblicas Unidas. Utilizado con permiso. Reina-Valera 1960™ es una marca registrada de American Bible Society, y puede ser usada solamente bajo licencia.

El texto bíblico indicado con "NVI" ha sido tomado de *La Santa Biblia, Nueva Versión Internacional*®, copyright © 1999 por Biblica, Inc.® Todos los derechos reservados.

El texto bíblico indicado con "NTV" ha sido tomado de la *Santa Biblia,* Nueva Traducción Viviente, © Tyndale House Foundation, 2010. Usado con permiso de Tyndale House Publishers, Inc., 351 Executive Dr., Carol Stream, IL 60188, Estados Unidos de América. Todos los derechos reservados.

El texto bíblico indicado con "LBLA" ha sido tomado de La Biblia de las Américas, © 1986, 1995, 1997 por The Lockman Foundation. Usado con permiso. Todos los derechos reservados.

Las cursivas añadidas en los versículos bíblicos son énfasis del autor.

EDITORIAL PORTAVOZ
2450 Oak Industrial Drive NE
Grand Rapids, MI 49505 USA
Visítenos en: www.portavoz.co

ISBN 978-0-8254-5972-6 (rústica)
ISBN 978-0-8254-6922-0 (Kindle)
ISBN 978-0-8254-7769-1 (epub)

1 2 3 4 5 edición / año 30 29 28 27 26 25 24 23 22 21

Impreso en los Estados Unidos de América
Printed in the United States of America

CONTENIDO

FIGURAS Y TABLAS

PREFACIO

El objetivo de estudiar las Escrituras no es únicamente equipar al creyente para que repita sus palabras; es equiparlo para que comprenda el *sentido* preciso de sus palabras, la *verdad* que las Escrituras proporcionan. Surgiendo de la Biblia en todas sus formas —ya sea historia, profecía, poesía, narrativa o instrucción— está la verdad proposicional, la doctrina definitiva escrita por el Espíritu Santo que llega a ser el marco tanto de la teología cristiana como de la vida cristiana.

Si bien algunos considerarían que la doctrina es divisiva, la doctrina es la única realidad que une al pueblo de Dios alrededor de la verdad. Cualquier otro tipo de unidad es superficial y sentimental.

En 2017, Crossway publicó *Biblical Doctrine* (*Teología sistemática*, Editorial Portavoz, 2018), que era un sumario sistemático de la doctrina que es el fundamento de The Master's Seminary. Yo estaba entusiasmado por supervisar su publicación y agradecido por la inversión que hicieron en ese volumen el Dr. Richard Mayhue y el profesorado de The Master's Seminary. En particular, quisiera agradecer especialmente a Nathan Busenitz y Michael Riccardi, por todo su trabajo para llevar a buen término ese proyecto. Estamos agradecidos de que el libro haya tenido una amplia difusión, y ya está disponible no solo en inglés, sino también en francés, español y alemán, y otros once idiomas en proceso de traducción. Estamos agradecidos por este interés global y estamos seguros de que servirá para llevar gloria y honor a nuestro Señor en su iglesia.

Sin embargo, comprendiendo la extensión y detalles del libro, se hizo evidente que necesitábamos crear una versión condensada —una obra que retuviera la claridad doctrinal del original, pero que fuera más accesible a quienes fueran reacios a embarcarse en la lectura de un volumen de 1000 páginas. El resultado es el libro que tiene en sus manos, que ha sido condensado respecto a su extensión, pero no en su sustancia. El libro retiene las definiciones bíblicas centrales de todas las doctrinas analizadas en *Teología sistemática*, a fin de que el lector dedicado y exigente pueda captar toda la amplitud de la teología cristiana. Si bien el original pretende ser un libro de referencia, este más bien está diseñado para leer de principio a fin. Todo el que lo haga encontrará una presentación precisa, coherente y bíblica de la doctrina cristiana esencial.

Es un profundo gozo poder proveer en estas más de 500 páginas una educación teológica para todo lector. No se trata de especulaciones, sino de la verdad de

Dios sistematizada desde Génesis a Apocalipsis, revelando un autor —el Espíritu de Dios— y demostrando que la Biblia es tan coherente como para ser su propio intérprete. Como resultado de su lectura, el que estudia este libro también aprenderá hermenéutica —la ciencia de la interpretación bíblica— al ver cómo se interpretan fielmente todos los pasajes bíblicos, lo cual lleva a la precisión y la coherencia de la doctrina.

Estoy agradecido al profesor Michael Riccardi y al Dr. Kevin Zuber por su supervisión y dedicación en la condensación de la obra original. También quiero agradecer al Dr. Peter Sammons, al Dr. Brad Klassen, al profesor Chris Burnett y a los graduados de TMS, Herald Gandi y Kevin VanTongeren, por su trabajo en los primeros borradores del proyecto.

Es mi oración que una generación de fieles cristianos disfruten de la unidad en la verdad. Que Dios use este volumen para ese fin, para la alabanza de la gloria de su gracia.

John MacArthur
Pastor, Grace Community Church
presidente, The Master's University and Seminary

ABREVIATURAS

Abreviaturas estándares

a.C.	antes de Cristo
ca.	en torno a, aproximadamente
cap.	capítulo
cf.	compárese
d.C.	después de Cristo
esp.	en especial
gr.	griego
heb.	hebreo
i.e.	*id est,* lat. "es decir"
lat.	latín
lit.	literalmente
p. ej.	por ejemplo
v., vv.	versículo(s)

Abreviaturas de recursos

CMNT	Comentario MacArthur del Nuevo Testamento
MSJ	*The Master's Seminary Journal*

1

INTRODUCCIÓN

Prolegómenos

EL TÉRMINO *PROLEGÓMENOS* SE ORIGINÓ de la combinación de dos términos griegos, *pro*, que significa "antes" y *lego*, que significa "decir", y juntos transmiten el sentido general de "decir de antemano" o "decir con antelación". Un capítulo de prolegómenos sirve de prólogo o explicación preliminar que presenta y define el contenido central de la obra que sigue. Estos comentarios introductorios incluyen suposiciones, definiciones, metodología y propósitos, proporcionando así el contexto para entender el contenido posterior. Aquí, la explicación preliminar se organiza proporcionando respuestas a una serie de preguntas significativas que prepararán al lector para el resto de este estudio.

¿Qué es la teología?

La teología cristiana es el estudio de la revelación divina en la Biblia. La pieza central perpetua es Dios, la Palabra de Dios como fuente y la piedad como objetivo. Como lo expresa Alva McClain, resumiendo Romanos 11:36:

> Todas las cosas proceden de Dios: Él es el origen. A través de Dios todas las cosas existen: Él es el sustentador de todo. Para Dios —de vuelta a Dios—: Él es la meta. Es el círculo de la eternidad: *fuera de, a través de y de regreso a.*[1]

David Wells ha elaborado una definición práctica notable de la teología cristiana:

> La teología es el esfuerzo sostenido de conocer el carácter, la voluntad y los actos del Dios trino, según Él los ha desvelado e interpretado para su pueblo en las Escrituras… con el fin de que podamos conocerle, aprender a orientar nuestros pensamientos hacia Él, vivir nuestra vida en su mundo y según sus

---

1 Alva J. McClain, *Romans: The Gospel of God's Grace* (Chicago: Moody Press, 1973), 204.

términos y proyectar su verdad mediante nuestro pensamiento y nuestros actos en nuestro propio tiempo y cultura.[2]

El apóstol Juan murió en torno al 98 d.C. El canon de las Escrituras se completó y se cerró con su escrito de Apocalipsis. Las generaciones siguientes no tardaron en empezar a escribir sobre la verdad bíblica. Algunos de los autores más relevantes y sus volúmenes incluyen los que citamos a continuación:

- Autor desconocido, la *Didajé* (*ca.* 110)
- Ireneo (*ca.* 120–202), *Demostración de la predicación apostólica*
- Clemente de Alejandría (*ca.* 150–*ca.* 215), *Stromata*
- Orígenes (*ca.* 184–*ca.* 254), *Sobre los primeros principios*
- Gregorio Nacianceno (*ca.* 330–*ca.* 389), *Los cinco discursos teológicos*
- Agustín (354–430), *Enchiridion*
- Juan Damasceno (*ca.* 675–*ca.* 749), *Exacta exposición de la fe ortodoxa*
- Pedro Lombardo (*ca.* 1095–*ca.* 1169), *Los cuatro libros de sentencias*
- Tomás de Aquino (1225–1274), *Suma Teológica*
- Juan Calvino (1509–1564), *Institución de la religión cristiana*
- Thomas Watson (*ca.* 1620–1686), *Cuerpo de divinidad*
- Francis Turretin (1623–1687), *Instituciones de teología electante*
- John Gill (1697–1771), *Cuerpo de la divinidad doctrinal*
- John Dick (1764–1833), *Conferencias sobre teología*

¿Por qué estudiar teología?

John Dick, el pastor y teólogo escocés, respondió a este penetrante interrogante con varias respuestas profundas. Difícilmente se lograría hallar una contestación mejor y más sucinta:[3]

1. Para determinar el carácter de Dios en su aspecto hacia nosotros.
2. Para contemplar el despliegue de sus atributos en sus obras y dispensaciones.
3. Para descubrir sus designios hacia el hombre en su estado original y presente.
4. Para conocer su Ser poderoso, en la medida que se le puede conocer, que es el objetivo más noble del entendimiento humano.
5. Para saber cuál es nuestro deber hacia Él, el medio de disfrutar de su favor, las esperanzas que estamos autorizados a albergar y el maravilloso recurso por el cual nuestra raza caída es restaurada a la pureza y la felicidad.
6. Para amarle, el ejercicio más digno de nuestros afectos.

---

2   David Wells, "The Theologian's Craft", en *Doing Theology in Today's World: Essays in Honor of Kenneth S. Kantzer*, eds. John D. Woodbridge y Thomas Edward McComisky (Grand Rapids, MI: Zondervan, 1991), 172.

3   John Dick, *Lectures on Theology* (Cincinnati, OH: Applegate, 1856), 6.

7. Para servirle, el propósito más honorable y encantador al que podemos dedicar nuestro tiempo y nuestros talentos.

¿Cuáles son los diversos tipos principales de teología?

1. *Teología bíblica*: La organización de las Escrituras de forma temática, mediante la cronología bíblica o por autor bíblico, con respecto a la revelación progresiva de la Biblia (propiamente un componente de la teología sistemática).

2. *Teología dogmática*: La organización de las Escrituras con un énfasis en los credos preferidos o escogidos de la Iglesia.

3. *Teología exegética*: La organización metódica de las Escrituras mediante el trato exegético de los textos individuales de la Biblia (propiamente un componente tanto de la teología bíblica como de la teología sistemática).

4. *Teología histórica*: El estudio histórico de los desarrollos doctrinales tras la era apostólica y hasta el tiempo presente.

5. *Teología natural*: El estudio de lo que se puede saber sobre Dios por medio de la razón humana solamente, a través del estudio empírico del mundo natural.

6. *Teología pastoral/práctica*: La organización de las Escrituras con énfasis en la aplicación personal de la verdad doctrinal en la vida de la iglesia y de los cristianos individuales.

7. *Teología sistemática:* La organización de las Escrituras mediante una síntesis de enseñanza bíblica, resumida en categorías principales que abarcan la totalidad de la revelación escrita de Dios (desarrollada a partir de la teología exegética y bíblica).

¿Qué es la teología sistemática?

El término *sistemático* procede de la palabra griega compuesta, formada por *sin*, "junto", e *histemi,* "disponer" y que significa "disponer junto" o "sistematizar". Como hemos mencionado más arriba, *teología* viene del término griego *theologia*, "una palabra sobre Dios". Etimológicamente, *la teología sistemática* implica el poner juntas y de forma ordenada palabras sobre Dios o una reunión de la verdad bíblica de un modo organizado. Considere la respuesta de Charles Spurgeon a aquellos que ponen objeciones a un acercamiento sistemático a la teología:

La teología sistemática es a la Biblia lo que la ciencia es a la naturaleza. Suponer que todas las demás obras de Dios son ordenadas y sistemáticas, y que cuanto más grande es la obra, más perfecto es el sistema, y que la mayor de todas sus obras, en la que todas sus perfecciones se manifiestan de forma transcendental, no debería tener plan o sistema, es del todo absurda.[4]

---

4   Charles Spurgeon, tal como se cita en Iain H. Murray, *The Forgotten Spurgeon* (Londres: Banner of Truth, 1973), 9.

La teología sistemática responde a la pregunta: ¿Qué enseña el canon acabado de las Escrituras sobre cualquier tema o asunto? Por ejemplo, ¿qué enseña la Biblia desde Génesis a Apocalipsis sobre la divinidad de Jesucristo? Una definición básica de la teología sistemática sería, pues, "la exposición ordenada de las doctrinas cristianas".[5]

Una teología sistemática debe mostrar (1) integridad hermenéutica, (2) coherencia doctrinal, (3) relevancia ética, (4) explicabilidad de la cosmovisión y (5) continuidad tradicional. Cuando estas están presentes y operativas, se encontrará una buena sistematización que será de gran valor para el estudiante de las Escrituras. Conforme examine cuidadosamente cada detalle del texto al prepararse para exponerlo, la teología sistemática le permite visualizar también la totalidad de la imagen teológica, esa que ha tenido en cuenta no solo las conclusiones estudiadas a partir de la historia de la Iglesia, sino también el progreso de la revelación que culmina en la revelación completa de Dios.

El entendimiento que cada uno tenga de la teología sistemática podría enmarcarse en las observaciones siguientes de John Murray:

> Cuando sopesamos de forma adecuada la propuesta de que las Escrituras son el depósito de la revelación especial, que son los oráculos de Dios, que en ellas Dios se encuentra con nosotros y se dirige a nosotros, nos desvela su majestad inabarcable, nos invita al conocimiento y cumplimiento de su voluntad, nos desvela el misterio de su consejo y expone los propósitos de su gracia, entonces, la teología sistemática se ve como la más noble de las ciencias y de las disciplinas, no como una de fría e impasible reflexión, sino una que provoca el asombro adorador y afirma el ejercicio más consagrado de todos nuestros poderes. Es el más noble de todos los estudios, porque su campo de acción es la totalidad del consejo de Dios y busca, como ninguna otra disciplina, exponer la riqueza de la revelación divina de la forma ordenada y abarcadora que es su peculiar método y función. Todos los demás departamentos de disciplina teológica aportan sus descubrimientos a la teología sistemática y contribuyen con toda la riqueza de conocimiento derivada de estas disciplinas en la sistematización más inclusiva que aborda.[6]

La teología sistemática tiene por objeto exponer, de una forma global y temáticamente organizada, las doctrinas bíblicas enfocadas en las personas del Dios trino, sus propósitos y sus planes en relación con el mundo y la humanidad; comienza informando el intelecto (conocer y comprender). El intelecto da forma a aquello

---

5   James L. Garrett, *Teología sistemática: Bíblica, histórica, evangélica*, tomo 1 (El Paso, TX: Casa Bautista de Publicaciones, 1996), 19-20.

6   John Murray, "Systematic Theology", en *The Collected Writings of John Murray* (Edimburgo: Banner of Truth, 1982), 4:4.

que creemos y amamos en nuestro corazón. Nuestra voluntad desea aquello que amamos y repudia lo que odiamos. Nuestros actos armonizan con lo que más queremos. La mente determina los afectos, que conforman la voluntad, que dirige los actos. La teología no está del todo acabada hasta que ha reconfortado el corazón (afectos) y provocado la volición (voluntad) para actuar en obediencia a su contenido.[7]

¿Cuáles son las categorías de la teología sistemática?

1. *Bibliología*: La doctrina de la inspiración, inerrancia, autoridad y canonicidad de la Biblia (gr. *biblíon*, "libro").
2. *Teología propia*: La doctrina de la existencia y el ser de Dios, incluida la triunidad de Dios (gr. *theos*, "Dios").
3. *Cristología*: La doctrina de la persona y obra del Señor Jesucristo (gr. *jristós*, "Cristo").
4. *Pneumatología*: La doctrina de la persona y obra del Espíritu Santo (gr. *pneúma*, "Espíritu").
5. *Antropología*: La doctrina de la humanidad (gr. *ánthropos*, "hombre").
6. *Hamartiología*: La doctrina del pecado (gr. *hamartía*, "pecado").
7. *Soteriología*: La doctrina de la salvación (gr. *sotería*, "salvación").
8. *Angelología*: La doctrina de los ángeles santos, Satanás y los ángeles caídos (gr. *ángelos*, "ángel").
9. *Eclesiología*: La doctrina de la iglesia, universal y local (gr. *ekklesía*, "asamblea" o "iglesia").
10. *Escatología*: La doctrina relativa a todo el ámbito de la profecía predictiva bíblica, en especial los acontecimientos del final de los tiempos, incluido el destino tanto de los salvos como de los no salvos, el cielo y el infierno (gr. *ésjatos*, "últimas cosas").

¿Qué relación existe entre la teología exegética, la bíblica y la sistemática?[8]

Toda la teología bíblica es de naturaleza sistemática; toda la teología sistemática es bíblica en contenido; y tanto la teología bíblica como la sistemática son exegéticas

---

7   William Ames observa que la teología debería tener como fin la *eupraxia*, lit. "buena práctica". *The Marrow of Theology*, trad. y ed. John Dykstra Eusden (1629; reimp., Grand Rapids, MI: Baker, 1997), 78.

8   Los siguientes recursos representan algunas de las definiciones, distinciones y dependencias más claras de los tres énfasis teológicos objeto de debate: Richard B. Gaffin Jr., "Systematic Theology and Biblical Theology", *Westminster Theological Journal* 38, núm. 3 (1976): 281-299; Eugene Merrill, *Everlasting Dominion: A Theology of the Old Testament* (Nashville: Broadman, 2006), 1-27; Murray, "Systematic Theology", 4:1-21; Roger Nicole, "The Relationship between Biblical Theology and Systematic Theology", en *Evangelical Roots: A Tribute to Wilbur Smith*, ed. Kenneth S. Kantzer (Nashville: Thomas Nelson, 1978), 185-193; y Charles Caldwell Ryrie, *Teología bíblica del Nuevo Testamento* (Grand Rapids, MI: Editorial Portavoz, 1999), 11-22.

en el proceso interpretativo. Por consiguiente, la pregunta clave no es cuál es el mejor acercamiento a la teología, sino, más bien, cómo se interrelacionan las tres entre sí.

Para utilizar una metáfora de la construcción:

- la teología exegética provee el material de construcción para el fundamento y la estructura;
- la teología bíblica provee el apoyo fundamental para la estructura; y
- la teología sistemática sirve como la estructura edificada sobre el fundamento.

La *teología exegética* implica la organización metódica de las Escrituras tratando de forma exegética los textos individuales de la Biblia. Esto es, estrictamente, un componente inicial tanto de la teología bíblica como de la teología sistemática. Como resultado, cada palabra, frase y párrafo de las Escrituras se examina en detalle.

La *teología bíblica* se caracteriza por la organización de las Escrituras de forma temática según la cronología o el autor bíblicos con respecto a la revelación progresiva de la Biblia. Esto es, estrictamente, un componente de la teología sistemática. Sirve de puente entre la teología exegética y la teología sistemática.

La *teología sistemática* es la organización de las Escrituras mediante una síntesis de enseñanza bíblica, resumida en categorías principales que abarcan la totalidad de la revelación escrita de Dios. La teología sistemática se desarrolla a partir de la teología exegética y la bíblica, y reúne toda la enseñanza de las Escrituras en conjunto. Una vez más, Murray es útil para darle sentido a estas conexiones:

De ahí que la exposición de las Escrituras sea básica para la teología sistemática. Su tarea no consiste, sencillamente, en la exposición de pasajes particulares. Ese es el cometido de la exégesis. La sistemática debe coordinar la enseñanza de los pasajes particulares y sistematizar esta enseñanza bajo los temas adecuados. Existe, pues, una síntesis que pertenece a la sistemática, pero no a la exégesis como tal. Sin embargo, en la medida que la teología sistemática sintetiza la enseñanza de las Escrituras, y este es su principal propósito, está claro cuánto depende de la ciencia de la exégesis. No puede coordinar y relacionar la enseñanza de los pasajes particulares sin saber de qué enseñanza se trata. De modo que la exégesis es básica para su objetivo. Es necesario que esto sea enfatizado. La teología sistemática ha padecido gravemente; en realidad, ha desertado de su vocación cuando se ha divorciado de la meticulosa atención a la exégesis bíblica. Esta es una razón por la cual la acusación mencionada más arriba tiene que generar tanto apoyo a la imputación. La sistemática se vuelve carente de vida y fracasa en su mandato tan solo en la medida en la que se ha desligado de la exégesis. Y la garantía contra una dogmática estereotipada es que la teología sistemática sea enriquecida constantemente, profundizada y expandida por los tesoros que se sacan cada vez más de la Palabra de Dios. La exégesis no solo mantiene la sistemática en contacto directo con la Palabra, sino que siempre le imparte el poder que se deriva de las Escrituras. La Palabra es viva y poderosa.[9]

Se debería añadir otro acercamiento a la teología. La teología histórica examina qué tan exegéticas y teológicas son las convicciones desarrolladas con el tiempo. Toma en consideración las conclusiones alcanzadas por las generaciones anteriores de piadosos intérpretes de las Escrituras.

¿Cuáles son los beneficios y las limitaciones de la teología sistemática?

Todas las Escrituras, examinadas de forma exegética en textos particulares o de manera categórica dentro del alcance total de la Biblia, son espiritualmente provechosas para cumplir al menos cuatro propósitos divinos (2 Ti. 3:16):

1. Para establecer la "enseñanza" o doctrina, es decir, la autorrevelación inspirada de Dios sobre sí mismo, su mundo creado y su plan redentor para salvar y santificar a los pecadores.
2. Para confrontar o "reprobar" el pecado, ya sea en forma de falsa enseñanza o de vida desobediente.
3. Para la "corrección" del error de pensamiento y conducta, de manera que quien se arrepienta pueda ser restaurado a la posición de agradar a Dios.
4. Para la "instrucción", de manera que los creyentes puedan ser constantemente formados para practicar la rectitud del Señor Jesucristo: pecar menos y obedecer más.

Las Escrituras proporcionan la única enseñanza completa, totalmente precisa y fidedigna sobre Dios, y efectuarán suficientemente estas cuatro tareas para preparar "al hombre de Dios" (2 Ti. 3:17).

BENEFICIOS

La teología sistemática puede proveer varios beneficios:

1. Una recopilación íntegra de la verdad bíblica.
2. Una síntesis y un resumen ordenados de la doctrina bíblica.
3. Un imperativo para llevar el evangelio a los confines de la tierra.
4. Un repositorio de la verdad para la predicación y la enseñanza expositivas.
5. Una base bíblica para la conducta cristiana en la iglesia, el hogar y el mundo.

9   Murray, "Systematic Theology", 4:17.

6. Una defensa de la doctrina bíblica contra la falsa enseñanza.

7. Una respuesta bíblica a la negligencia ética y social en el mundo.

Como lo expresa James Leo Garrett Jr.:

La teología sistemática es beneficiosa como extensión de la función de la enseñanza de las iglesias, para la formulación ordenada e integrada de las verdades bíblicas, para apoyar la predicación de los predicadores y de los cristianos laicos, para la defensa de la verdad del evangelio contra el error que ha invadido a las iglesias, para la legitimación del evangelio ante la filosofía y la cultura, como fundamento para la ética personal y social cristiana, y para una propagación universal más eficaz del evangelio y la interacción con los partidarios de religiones no cristianas.[10]

LIMITACIONES[11]

Los siguientes factores pueden limitar la teología sistemática:

1. El silencio de la Biblia sobre un asunto en particular (Dt. 29:29; Jn. 20:30; 21:25).
2. El conocimiento/entendimiento parcial que un teólogo tiene de toda la Biblia (Lc. 24:25-27, 32; 2 P. 3:16).
3. Lo inadecuado del lenguaje humano (1 Co. 2:13-14; 2 Co. 12:4).
4. La finitud de la mente humana (Job 11:7-12; 38:1–39:30; Ro. 11:33-35).
5. La falta de discernimiento/crecimiento espiritual (1 Co. 3:1-3; He. 5:11-13).

¿Qué relación existe entre la teología sistemática y la doctrina?

La doctrina representa la enseñanza considerada autoritativa. Cuando Cristo enseñaba, las multitudes se asombraban de su autoridad (Mt. 7:28-29; Mr. 1:22, 27; Lc. 4:32). La declaración "doctrinal" de una iglesia contiene un cuerpo de enseñanza que se utiliza como patrón de ortodoxia autoritativa.

En el Antiguo Testamento, el término hebreo *lécakj* significa "lo que se recibe" o "enseñanza aceptada" (Dt. 32:2; Job 11:4; Pr. 4:2; Is. 29:24). Se puede traducir de distintas maneras como "instrucción", "aprendizaje" o "enseñanza".

En el Nuevo Testamento, dos palabras griegas se traducen como "doctrina", "instrucción" o "enseñanza": *didajé* (en referencia al contenido de la enseñanza) y *didaskalía* (referente a la actividad de enseñar). Pablo usó ambos términos juntos en 2 Timoteo 4:2-3 y Tito 1:9.

---

10 James Leo Garrett Jr., "Why Systematic Theology?", *Criswell Theological Review* 3, núm. 2 (1989): 281.

11 Este material está adaptado de Augustus Hopkins Strong, *Systematic Theology: A Compendium and Commonplace-Book Designed for the Use of Theological Students* (Old Tappan, NJ: Fleming H. Revell, 1907), 34-36 (dominio público).

En latín, *docere*, "enseñar", *doctrina,* "lo que se está enseñando" y *doctor,* "aquel que está enseñando", contribuyen al significado de la palabra *doctrina* en español. El contenido puede ser informativo (algo que se cree) o práctico (algo que se vive). No alude necesariamente a la verdad categorizada.

Bíblicamente hablando, el vocablo *doctrina* es un término más bien amorfo que solo adopta forma en contexto. Alude a la enseñanza general (sistematizada o no, verdadera o falsa), como la "enseñanza de Balaam" (Ap. 2:14) o las "enseñanzas humanas" (Col. 2:22), en contraste con la enseñanza bíblica como la de Cristo (Mt. 7:28) o la de Pablo (2 Ti. 3:10).

Por tanto, la doctrina bíblica se refiere a la enseñanza de las Escrituras, ya sea proclamativa, expositiva o categórica. Esto hace que todas las Escrituras sean "doctrinales", leídas, enseñadas, predicadas o sistematizadas en categorías teológicas. La doctrina bíblica sistemática (teología sistemática) se refiere al resumen categórico de la enseñanza bíblica que sigue a los temas o categorías normalmente empleados.

El estudio de las Escrituras muestra que, en general, toda doctrina o enseñanza puede clasificarse en una de dos categorías, dependiendo de su fuente:

- con respecto al origen: de Dios el Creador (Jn. 7:16; Hch. 13:12) o de la creación de Dios (Col. 2:22; 1 Ti. 4:1),
- con respecto al contenido de la verdad (2 Ts. 2:11-12): verdadero o falso,
- con respecto a la fuente humana (1 Ts. 2:13): bíblica o no bíblica,
- con respecto a la calidad (1 Ti. 1:10; 6:3): fiable o no fiable,
- con respecto a la aceptabilidad (1 Ti. 1:3; He. 13:9): familiar o extraña,
- con respecto a la retención (Ap. 2:24): guardar o no guardar,
- con respecto al provecho (1 Ti. 4:6): bueno o malo,
- con respecto al valor (2 Ti. 3:16): útil o no útil.

El uso teológico moderno de la palabra *doctrina* es demasiado estrecho, distorsiona su uso bíblico primordial y puede inducir al error. Cuando se trata de *doctrina* es mucho mejor usar el término en su sentido más amplio de "enseñanza" (que, con toda certeza, incluye la verdad sistematizada, pero no se limita a este uso) en lugar de utilizarlo en su sentido secundario como si fuera el único. La enseñanza de las Escrituras sirve de criterio, de calibre, de nivel, de paradigma, de patrón, de medida y de plomada por los cuales se determina si cualquier otra enseñanza, sobre un tema en concreto, es verdadera o falsa, si se recibe o se rechaza, si es fiable o dudosa, ortodoxa o hereje.

La sana doctrina bíblica tiene muchas implicaciones para la vida de la iglesia de Cristo:

1. La sana doctrina expone y confronta el pecado y la falsa doctrina (1 Ti. 1:8-11, esp. 1:10; 4:1-6).
2. La sana doctrina señala a un buen siervo de Jesucristo (1 Ti. 4:6; véanse también 1 Ti. 4:13, 16; Tit. 2:1).

3. La sana doctrina se recompensa con doble honor para los ancianos (1 Ti. 5:17).
4. La sana doctrina se ajusta a la piedad (1 Ti. 6:3; Tit. 2:10).
5. La sana doctrina está incluida en el ejemplo apostólico a seguir (2 Ti. 3:10).
6. La sana doctrina es fundamental para preparar a los pastores (2 Ti. 3:16-17).
7. La sana doctrina es el mandato continuo para los predicadores (2 Ti. 4:2-4).
8. La sana doctrina es un requisito elemental para los ancianos (Tit. 1:9).

Las Escrituras enseñan que siempre habrá oposición a la sana doctrina, tanto por parte de los seres humanos (Mt. 15:2-6; Mr. 11:18; 1 Ti. 1:3, 10; 2 Ti. 4:3; Tit. 1:9) como de Satanás y los demonios (1 Ti. 4:1). La Biblia bosqueja varios antídotos/correcciones a la falsa doctrina:

1. Profesar la verdad de la sana doctrina en amor (Ef. 4:15).
2. Enseñar la sana doctrina (1 Ti. 4:6; 2 Ti. 4:2).
3. Aferrarse a la sana doctrina (Tit. 1:9; Ap. 2:24-25).
4. Refutar la falsa doctrina (Tit. 1:9).
5. Rechazar a los maestros de la falsa doctrina y apartarse de ellos (Ro. 16:17; 2 Jn. 9-10).

Existe una relación directa e inseparable entre la sana doctrina y la vida piadosa, algo que las Escrituras enseñan clara y sistemáticamente (Ro. 15:4; 1 Ti. 4:16; 6:1, 3; 2 Ti. 3:10; Tit. 2:1-4, 7-10). Lo inverso también es cierto: donde hay falsa creencia, habrá una conducta pecaminosa (Tit. 1:16). A pesar del claro énfasis de las Escrituras, tanto en la pureza de la doctrina como en la pureza de vida, han surgido numerosas nociones equivocadas respecto a la relación entre lo que una persona cree y cómo debería vivir. Estas ideas erróneas incluyen las siguientes:

1. La doctrina correcta conduce automáticamente a la piedad.
2. No importa cómo viva la persona siempre que tenga una doctrina correcta.
3. La doctrina mata, espiritualmente hablando.
4. No existe conexión entre lo que uno cree y su forma de vivir.
5. El cristianismo es vida, no doctrina.
6. La doctrina es irrelevante.
7. La doctrina divide.
8. La doctrina ahuyenta a las personas.

A diferencia de la negatividad dirigida a la doctrina, la ausencia de sana doctrina y la presencia de falsa doctrina siempre conducirán a una conducta pecaminosa. Sin una doctrina sana no hay base bíblica para discernir lo correcto de lo incorrecto, ninguna autoridad doctrinal para corregir el pecado ni estímulo bíblico que motive la vida piadosa.

Por otra parte, el valor espiritual de la sana doctrina es incalculable:

1. La sana doctrina es espiritualmente provechosa (2 Ti. 3:16-17).
2. Se prometen bendiciones espirituales para la obediencia (Ap. 1:3; 22:7).
3. La sana doctrina protege contra el pecado (p. ej., Job, José, Daniel, Cristo).
4. La sana doctrina discierne entre la verdad y el error (2 Co. 11:1-15; 2 Ti. 3:16-17).
5. La sana doctrina fue fundamental en el ministerio de Cristo (Mt. 7:28-29; Mr. 4:2; Lc. 4:32).
6. La sana doctrina fue fundamental en la iglesia primitiva (Hch. 2:42; 5:28; 13:12).
7. La sana doctrina fue fundamental en el ministerio apostólico (Pablo: Hch. 13:12; 17:19; Gá. 2:11-21; Juan: 2 Jn. 9-10).
8. Los mártires dieron su vida por la sana doctrina (Cristo: Mr. 11:18; Esteban: Hch. 7:54-60; Jacobo: Hch. 12:2; Pablo: 2 Ti. 4:1-8).
9. Cristo y los apóstoles dejaron el mandato de transmitir la sana doctrina a la generación siguiente (Cristo: Mt. 28:20; Pablo: 2 Ti. 2:2).
10. Las iglesias fueron elogiadas por la sana doctrina o condenadas por la falta de ella (Éfeso, elogiada: Ap. 2:2, 6; Pérgamo y Tiatira, condenadas: Ap. 2:14-15, 20).
11. La sana doctrina arraigada anticipa y prepara para épocas en que esta está fuera de tiempo (2 Ti. 4:3).
12. La sana doctrina protege a la iglesia de los falsos maestros (Tit. 1:9).
13. La sana doctrina proporciona el verdadero adorno espiritual para los creyentes (Tit. 2:10).
14. La enseñanza bíblica y la doctrina sistemática sanas están inseparablemente conectadas a la "teología". Ya sea que se considere de forma expositiva en un texto de las Escrituras o categorizada de manera exhaustiva a partir de toda la Escritura, la enseñanza bíblica no puede desconectarse de su identificación con la teología. Dicho de otro modo, toda enseñanza bíblica tiene una naturaleza teológica, y toda teología cristiana es bíblica en su contenido.

¿Cuál es el tema general y unificador de las Escrituras?[12]

El amplio tema de *rey/reino* (humano y divino) aparece a lo largo de la Biblia. Con las excepciones de Levítico, Rut y Joel, el Antiguo Testamento menciona este tema de forma explícita en treinta y seis de sus treinta y nueve libros. Excepto Filipenses, Tito, Filemón y 1, 2 y 3 Juan, el Nuevo Testamento lo menciona directamente en veintiuno de sus veintisiete libros. En total, cincuenta y siete de los sesenta y seis libros canónicos incluyen el tema del reino (86 por ciento).

---

12 Adaptado de Richard L. Mayhue, "The Kingdom of God: An Introduction", *MSJ* 23, núm. 2 (2012): 167-172. Usado con permiso de *MSJ*.

Los términos hebreos para "rey", "reino", "reinado" y "trono" aparecen más de tres mil veces en el Antiguo Testamento, mientras que las palabras griegas para los mismos términos figuran 160 veces en el Nuevo Testamento. La primera mención veterotestamentaria ocurre en Génesis 10:10 y la última en Malaquías 1:14. Su aparición inicial en el Nuevo Testamento es en Mateo 1:6 y la última en Apocalipsis 22:5.

La expresión exacta "reino de Dios" no figura en el Antiguo Testamento. En el Nuevo Testamento, solo Mateo usa la frase "reino de los cielos", pero lo hace de manera indistinta con "reino de Dios" (Mt. 19:23-24). Y donde se usa "reino de los cielos" en pasajes paralelos a otros Evangelios, los autores de dichos Evangelios usan "reino de Dios" (cf. Mt. 13:11 con Lc. 8:10), estableciendo así la correspondencia entre estas dos frases.

Jesús no definió nunca con precisión, el "reino de los cielos/de Dios" en los Evangelios, aunque a menudo lo ilustró (p. ej., Mt. 13:19, 24, 44, 45, 47, 52). Sorprendentemente, nadie le pidió jamás a Cristo una definición. Podemos suponer que, por lo menos, pensaron que entendían la idea básica del Antiguo Testamento, aunque sus conceptos estuvieran equivocados.

Más reveladora es, quizá, la plétora de títulos de *Rey* atribuidos a Cristo en el Nuevo Testamento:

- "Rey de Israel" (Jn. 1:49; 12:13),
- "Rey de los judíos" (Jn. 18:39; 19:3, 19, 21),
- "Rey de reyes" (1 Ti. 6:15; Ap. 17:14; 19:16),
- "Rey de los siglos, inmortal, invisible" (1 Ti. 1:17),
- "Rey de las naciones" (Ap. 15:3).

Se dice que su reino es por los siglos de los siglos (Ap. 11:15; 22:5).

Un estudio bíblico del reino de Dios nos llevaría a concluir que es multifacético, multidimensional, multifocal, multifactorial y variopinto. Ciertamente no se le podría considerar de carácter monolítico.

La idea del reino de Dios abarca todas las etapas de la revelación bíblica. Por ejemplo,

- Dios es Rey de la eternidad (pre-Génesis 1, Apocalipsis 21–22, post-Apocalipsis 22),
- Dios es Rey de la creación (Génesis 1–2),
- Dios es Rey de la historia (Génesis 1–Apocalipsis 20),
- Dios es Rey de la redención (Génesis 3–Apocalipsis 20),
- Dios es Rey de la tierra (Génesis 1–Apocalipsis 20),
- Dios es Rey del cielo (pre-Génesis 1, Génesis 1–Apocalipsis 22, post-Apocalipsis 22).

Todos los pasajes sobre el *reino de Dios* se pueden resumir reconociendo varios aspectos amplios. Primero está el *reino universal,* que incluye el gobierno de Dios que ha sido, es y por siempre será sobre todo lo que existe en el tiempo y el espacio. Segundo, el *reino mediador* de Dios, en el que Él gobierna en la tierra a través de representantes humanos divinamente escogidos. Tercero, *el aspecto espiritual o redentor del reino de Dios,* que trata de manera única la salvación de la persona y la relación personal con Dios a través de Cristo. Cuando las Escrituras usan el término "reino" en alusión al reino de Dios, podrían apuntar a cualquier aspecto del reino o varias de sus partes juntas. Una cuidadosa interpretación en contexto determinará los detalles de un texto bíblico en concreto.

Con estas ideas en mente, se sugiere que *Dios como Rey* y *el reino de Dios* deberían considerarse juntos y seriamente como el gran tema predominante de las Escrituras. En el pasado se han considerado otros candidatos para ser el tema principal de las Escrituras, como la gloria de Dios, la redención, la gracia, Cristo, el pacto y la promesa. Cada posibilidad explica una parte del reino de Dios, pero solo el *reino de Dios* explica el todo.

Desde antes del principio hasta después del final, desde el inicio hasta el fin, tanto en el tiempo y en el espacio como más allá de ellos, Dios aparece como el Rey supremo. Dios es central y el núcleo de todas las cosas eternas y temporales. El reino de Dios puede calificarse, de manera convincente, como el tema unificador de las Escrituras.

John Bright expresa este pensamiento de forma sucinta y elocuente, como sigue:

El Antiguo y el Nuevo Testamento se presentan, pues, juntos como los dos actos de un único drama. El primer acto apunta a su conclusión en el segundo acto y, sin él, la obra está incompleta y es insatisfactoria. Sin embargo, el segundo acto debe leerse a la luz del primer acto, de lo contrario su significado se puede pasar por alto. Y es que la obra es una en naturaleza. La Biblia es un libro. Si tuviéramos que atribuirle un título, con justicia podríamos llamarlo "El libro de la venida del reino de Dios". Este es, de hecho, su tema central por todas partes.[13]

Los autores de este volumen editarían el brillante resumen del Dr. Bright borrando solo una palabra: "venida". Y es que el reino de Dios ha sido, es y será por siempre jamás.

El reino de Dios puede explicarse de esta manera: El eterno Dios trino creó

---

13 John Bright, *The Kingdom of God: The Biblical Concept and Its Meaning for the Church* (Nueva York: Abingdon-Cokesbury, 1953), 197; véase también 7, 244. Véanse Alva J. McClain, *The Greatness of the Kingdom: An Inductive Study of the Kingdom of God* (Chicago: Moody Press, 1959), 4-53, publicado en español por Editorial Cordillera con el título *La grandeza del reino;* George N. H. Peters, *The Theocratic Kingdom of Our Lord Jesus, the Christ, as Covenanted in the Old Testament and Presented in the New Testament* (1884; reimp., Grand Rapids, MI: Kregel, 1978), 1:29-33; Erich Sauer, *De eternidad a eternidad* (Barcelona: Editorial Oasis, 2009), 124.

un reino y dos ciudadanos para el mismo (Adán y Eva) que debían tener dominio sobre él. Pero un enemigo los engañó, los sedujo para que quebrantaran su lealtad al Rey y los provocó para que se rebelaran contra su Creador soberano. Dios intervino con las consiguientes maldiciones que existen hasta el día de hoy. Desde entonces, Él ha estado redimiendo a las personas pecadoras, rebeldes, para restaurarlas como ciudadanos cualificados del reino, tanto ahora en un sentido espiritual, como más tarde, en un sentido de reino terrenal. Finalmente, el enemigo será derrotado para siempre, y también el pecado. Así, Apocalipsis 21–22 describe la expresión final y eterna del reino de Dios, donde el Dios trino restaurará el reino a su pureza original, con la eliminación de la maldición y con el nuevo cielo y la nueva tierra convirtiéndose en la morada eterna de Dios y de su pueblo.

¿Cuáles son los temas principales de las Escrituras?[14]

La Biblia es una colección de sesenta y seis libros inspirados por Dios. Estos documentos están reunidos en dos Testamentos, el Antiguo (treinta y nueve libros) y el Nuevo (veintisiete libros). Los profetas, sacerdotes, reyes y líderes de la nación de Israel escribieron los libros del Antiguo Testamento en hebreo (con algunos pasajes en arameo). Los apóstoles y sus colegas escribieron los libros del Nuevo Testamento en griego.

El Antiguo Testamento recoge los orígenes, con la creación del universo, y acaba alrededor de cuatrocientos años antes de la primera venida de Jesucristo. A lo largo del Antiguo Testamento, el flujo de la historia discurre en este sentido:

1. Creación del universo
2. La caída del hombre
3. El diluvio del juicio sobre la tierra
4. Abraham, Isaac, Jacob (Israel): padres de la nación escogida
5. La historia de Israel
   a. El exilio en Egipto (430 años)
   b. El éxodo y la deambulación por el desierto (40 años)
   c. La conquista de Canaán (7 años)
   d. La época de los jueces (350 años)
   e. El reino unido: Saúl, David, Salomón (110 años)
   f. El reino dividido: Judá e Israel (350 años)
   g. El exilio en Babilonia (70 años)
   h. Regreso y reconstrucción del territorio (140 años)

14 Esta sección está adaptada de John MacArthur, ed., *The MacArthur Study Bible: English Standard Version* (Wheaton, IL: Crossway, 2010), xi-xv. Las tablas y las notas de *The MacArthur Study Bible: English Standard Version* proceden de *The MacArthur Study Bible*, copyright © 1997 por Thomas Nelson. Usado con permiso de Thomas Nelson/HarperCollins Christian Publishing.

Los detalles de esta historia se explican en los treinta y nueve libros, que pueden dividirse en cinco categorías:

1. La Ley, 5 (Génesis–Deuteronomio)
2. Historia, 12 (Josué–Ester)
3. Sabiduría, 5 (Job–Cantares)
4. Profetas mayores, 5 (Isaías–Daniel)
5. Profetas menores, 12 (Oseas–Malaquías)

A la terminación del Antiguo Testamento le siguieron cuatrocientos años de silencio, durante los cuales Dios no habló por medio de profetas ni inspiró Escritura alguna. Juan el Bautista rompió ese silencio cuando llegó anunciando que el Salvador prometido había venido. El Nuevo Testamento recoge el resto de la historia, desde el nacimiento de Cristo hasta la culminación de toda la historia y el estado eterno final. Por tanto, los dos Testamentos van desde la creación a la consumación, desde la eternidad pasada hasta la eternidad futura.

Mientras que los treinta y nueve libros del Antiguo Testamento se especializan en la historia de Israel y en la promesa de la venida del Salvador, los veintisiete del Nuevo Testamento lo hacen en la persona de Cristo y el establecimiento de la Iglesia. Los cuatro Evangelios recogen su nacimiento, su vida, su muerte, su resurrección y su ascensión. Cada uno de los cuatro escritores considera el mayor y más importante acontecimiento de la historia, la venida del Dios-hombre, Jesucristo, desde una perspectiva diferente. Mateo lo contempla a través de la perspectiva de su reino; Marcos, desde su condición de siervo; Lucas, desde su humanidad y Juan desde su divinidad.

El libro de Hechos narra la historia del impacto de la vida, la muerte y la resurrección de Jesucristo, el Señor y Salvador, desde su ascensión; la consiguiente venida del Espíritu Santo y el nacimiento de la Iglesia a través de los primeros años de predicación del evangelio por parte de los apóstoles y sus colegas. Hechos recoge el establecimiento de la iglesia en Judea, en Samaria y hasta en el Imperio romano.

Las veintiuna epístolas fueron escritas a las iglesias e individuos para explicar la relevancia de la persona y la obra de Jesucristo, con sus implicaciones para la vida y el testimonio, hasta que Él vuelva.

El Nuevo Testamento acaba con Apocalipsis, que comienza describiendo la era presente de la Iglesia y culmina con el retorno de Cristo para establecer su reino terrenal, traer juicio sobre los impíos, y gloria y bendición para los creyentes. Tras el reino milenial del Señor y Salvador llegará el último juicio, que conducirá al estado eterno. Todos los creyentes de la historia entran en la gloria eterna suprema preparada para ellos, y todos los impíos son relegados al infierno para ser castigados para siempre.

Para comprender la Biblia, es fundamental entender la trayectoria desde la creación a la consumación. También es crucial mantener el enfoque en el tema unificador de las Escrituras. El único asunto constante que se desarrolla a lo largo de toda la Biblia es este: Dios ha escogido crear y reunir un grupo de personas para sí, para su propia gloria, con el fin de que sean los súbditos de su reino eterno que lo alaben, honren y sirvan para siempre y por medio de los cuales manifestará su sabiduría, poder, misericordia, gracia y gloria. Para reunir a sus escogidos, Dios debe redimirlos del pecado. La Biblia revela el plan de Dios para esta redención desde su comienzo, en la eternidad pasada, hasta su final, en la eternidad futura. Los pactos, las promesas y las épocas son todos secundarios al único plan continuo de redención.

Hay un solo Dios. La Biblia tiene solo una Fuente divina. Las Escrituras son un solo libro. Hay un solo plan de gracia, recogido desde el inicio a través de la ejecución y hasta la consumación. Desde la predestinación hasta la glorificación, la Biblia es la historia de Dios redimiendo a su pueblo elegido para alabanza de su gloria.

Conforme se exponen el plan y los propósitos redentores de Dios en las Escrituras, se enfatizan constantemente cinco ideas recurrentes. Todo lo que se revela en las páginas tanto del Antiguo como del Nuevo Testamento es asociado con estas cinco categorías. Las Escrituras siempre enseñan o ilustran (1) el carácter y los atributos de Dios; (2) la tragedia del pecado y la desobediencia a las normas santas de Dios; (3) la bienaventuranza de la fe y la obediencia a las normas de Dios; (4) la necesidad de un Salvador por cuya justicia y sustitución pueden ser perdonados los pecadores, ser declarados justos y transformados para obedecer las normas de Dios; y (5) el fin glorioso venidero de la historia redentora en el reino terrenal del Señor y Salvador, y el posterior reinado eterno y la gloria de Dios y Cristo. Mientras se lee la Biblia de principio a fin, se debería poder relacionar cada porción de las Escrituras con estos temas dominantes, reconociendo que lo que presenta el Antiguo Testamento también se aclara en el Nuevo Testamento. Considerar estas cinco categorías por separado proporciona una visión de conjunto de la Biblia.

LA REVELACIÓN DEL CARÁCTER DE DIOS

Por encima de todo lo demás, las Escrituras son la autorrevelación de Dios, que se revela a sí mismo como el Dios soberano del universo que ha escogido hacer al hombre y darse a conocer a este. En esta autorrevelación, Él ha establecido su nivel de absoluta santidad. Desde Adán a Eva, pasando por Caín y Abel y hasta cualquier otro anterior y posterior a la ley de Moisés, en las Escrituras se ha establecido y sostenido el estándar de justicia, hasta la última página del Nuevo Testamento. La violación de esto produce juicio, tanto temporal como eterno.

En el Antiguo Testamento, Dios se revela a sí mismo a través de los siguientes medios:

1. La creación (los cielos y la tierra)
2. La creación de la humanidad, que fue hecha a su imagen
3. Los ángeles

4. Señales, prodigios y milagros
5. Visiones
6. Palabras pronunciadas por los profetas y otros
7. Las Escrituras escritas (Antiguo Testamento)

En el Nuevo Testamento, Dios se revela de nuevo por el mismo medio, pero de una forma más clara y completa:

1. La creación (los cielos y la tierra)
2. La encarnación del Dios-hombre, Jesucristo, que es la imagen misma de Dios
3. Los ángeles
4. Señales, prodigios y milagros
5. Visiones
6. Palabras pronunciadas por Cristo, los apóstoles y los profetas
7. Las Escrituras escritas (Nuevo Testamento)

LA REVELACIÓN DEL JUICIO DIVINO POR EL PECADO Y LA DESOBEDIENCIA

Las Escrituras tratan una y otra vez el asunto del pecado del hombre, que conduce al juicio divino. Relato tras relato demuestran los efectos mortíferos, en el tiempo y en la eternidad, de violar las normas de Dios. En la Biblia hay 1189 capítulos. Solo cuatro de ellos no involucran a un mundo caído: los dos primeros y los dos últimos, antes de la caída y después de la creación del nuevo cielo y la nueva tierra. El resto hace una crónica de la tragedia del pecado y de la gracia redentora en Jesucristo.

En el Antiguo Testamento, Dios mostró el desastre del pecado, empezando por Adán y Eva, y siguiendo con Caín y Abel, los patriarcas, Moisés e Israel, los reyes, los sacerdotes, algunos profetas y las naciones gentiles. A lo largo del Antiguo Testamento tenemos el incesante registro de la devastación continua producida por el pecado y la desobediencia a la ley de Dios.

En el Nuevo Testamento, la tragedia del pecado se hace más clara. La enseñanza de Jesús y de los apóstoles comienza y acaba con un llamado al arrepentimiento. El rey Herodes, los líderes judíos y la nación de Israel —junto con Pilato, Roma y el resto del mundo— rechazan al Señor y Salvador, desprecian la verdad de Dios y, así, se condenan a sí mismos. La crónica del pecado sigue constante hasta el fin de los siglos y hasta el regreso de Cristo en juicio. La desobediencia del Nuevo Testamento es incluso más flagrante que la del Antiguo Testamento, porque implica el rechazo al Señor y Salvador Jesucristo en la luz más brillante de la revelación del Nuevo Testamento.

LA REVELACIÓN DE LA BENDICIÓN DIVINA POR LA FE Y LA OBEDIENCIA

Las Escrituras prometen, una y otra vez, maravillosas recompensas en el tiempo y en la eternidad para las personas que confían en Dios y buscan obedecerlo.

Dios mostró en el Antiguo Testamento la bienaventuranza del arrepentimiento del pecado, de la fe en Él y de la obediencia a su Palabra, desde Abel, pasando por los patriarcas, al remanente de Israel y hasta los gentiles que creyeron (como el pueblo de Nínive).

Siempre se dieron a conocer la voluntad de Dios, su ley moral y sus normas para el hombre. Aquellos que se enfrentaron a su impotencia de agradar a Dios con sus propias obras, y que le pidieron perdón y gracia, recibieron la clemente redención y bendición en el tiempo y en la eternidad.

En el Nuevo Testamento, Dios mostró de nuevo la plena bienaventuranza de la redención del pecado para los que se arrepienten. Unos respondieron a la predicación de Juan el Bautista respecto al arrepentimiento. Otros se arrepintieron escuchando hablar a Jesús. Hubo otros de Israel que obedecieron el evangelio a través de la predicación de los apóstoles. Y, finalmente, muchos gentiles de todos los rincones del Imperio romano creyeron el evangelio. A todos estos y a los que creerán a lo largo de toda la historia, Dios promete bendición en este mundo y también en el venidero.

LA REVELACIÓN DEL SEÑOR Y SALVADOR, Y SU SACRIFICIO POR EL PECADO

Este es el corazón tanto del Antiguo Testamento, del cual Jesús dijo que hablaba de Él, así en tipo como en profecía, y del Nuevo Testamento, que proporciona el registro bíblico de su venida. La promesa de bendición depende de la gracia y la misericordia proporcionadas al pecador. Misericordia significa que ya no se tiene en cuenta el pecado contra el pecador. Semejante perdón se supedita al pago de la pena por el pecado para satisfacer la justicia santa, que exige un sustituto: alguien que muera en el lugar del pecador. El vicario escogido por Dios —el único cualificado— fue Jesús. La salvación se produce siempre por el mismo medio de gracia, ya fuera en los tiempos del Antiguo Testamento como del Nuevo Testamento. Cuando un pecador viene a Dios por fe y arrepentido, reconociendo que no tiene poder alguno para salvarse a sí mismo del merecido juicio de la ira divina, creyendo en Cristo y suplicando misericordia, se le concede la promesa del perdón de Dios. Entonces, Él lo declara justo porque el sacrificio y la obediencia de Cristo son acreditados en su cuenta. En el Antiguo Testamento, Dios justificaba a los pecadores de este mismo modo, en anticipación de la obra expiatoria de Cristo. Existe, por tanto, una continuidad de gracia y salvación a lo largo de toda la historia redentora. Los diversos pactos, promesas y épocas no alteran esa continuidad fundamental, ni tampoco lo hace la discontinuidad entre la nación del testimonio del Antiguo Testamento, Israel, y el pueblo-testigo del Nuevo Testamento, la iglesia. Una continuidad fundamental está centrada en la cruz, que no fue una interrupción en el plan de Dios, sino aquello a lo que apunta todo lo demás.

El Antiguo Testamento promete, de principio a fin, el sacrificio-Salvador. En Génesis, Él es la simiente de la mujer que destruirá a Satanás. En Zacarías, es "aquel que traspasaron" a quien Israel acude y a través del cual Dios abre la fuente de perdón a todos los que lamentan su pecado (Zac. 12:10). Él es aquel simbolizado en el sistema sacrificial de la Ley de Moisés. Él es el sustituto sufriente del que hablan los profetas. A lo largo del Antiguo Testamento, Él es el Mesías que moriría por las transgresiones de su pueblo; de principio a fin, el Antiguo Testamento presenta el tema del Señor y Salvador como sacrificio por el pecado. Solo es por su perfecto sacrificio por el pecado que Dios perdona, por gracia, a los creyentes arrepentidos.

En el Nuevo Testamento, el Señor Salvador vino y en la cruz proveyó realmente el sacrificio prometido por el pecado. Habiendo satisfecho toda justicia con su vida perfecta, también lo hizo con su muerte. Así, Dios mismo expió el pecado a un precio demasiado elevado para que la mente humana lo pueda llegar a entender. Ahora, Él suministra por gracia todo el mérito necesario para que su pueblo sea objeto de su favor. Este es el significado de la salvación por gracia de la que hablan las Escrituras.

LA REVELACIÓN DEL REINO Y LA GLORIA DEL SEÑOR Y SALVADOR

Este componente crucial de las Escrituras lleva toda la historia a su consumación ordenada por Dios. La historia redentora está controlada por Dios a fin de que culmine en su gloria eterna, y acabará con la misma precisión y exactitud con la que comenzó. Las verdades de la escatología no son vagas ni poco claras; tampoco carecen de importancia. Como en todo libro, la historia acaba de un modo apasionante y críticamente importante; lo mismo ocurre con la Biblia. Las Escrituras observan varios rasgos muy específicos del final planeado por Dios.

En el Antiguo Testamento se hace una repetida mención de un reino terrenal gobernado por el Mesías, el Señor Salvador, que vendrá a reinar. Asociadas a este reino estarán la salvación de Israel, la salvación de los gentiles, la renovación de la tierra de los efectos de la maldición y la resurrección corpórea del pueblo de Dios que haya muerto ya. Finalmente, el Antiguo Testamento predice que Dios creará un nuevo cielo y una nueva tierra —que será el estado eterno de los piadosos— y un infierno final para los impíos.

El Nuevo Testamento clarifica y amplía estas características. El Rey es rechazado y ejecutado, pero Él promete regresar en gloria, trayendo juicio, resurrección y su reino para todos los que creen. Innumerables gentiles de cada nación serán incluidos entre los redimidos. Israel será salvo y volverá a injertarse en la raíz de bendición, de la que ha sido temporalmente extirpado. Se disfrutará del reino prometido de Israel con el Señor y Salvador que reinará en el trono de la tierra renovada, y ejercerá poder sobre todo el mundo y recibirá el honor y la adoración debidos. A continuación de ese reino llegará la disolución de la creación renovada, pero aún manchada por el pecado y la posterior creación de un nuevo cielo y una nueva tierra; este será el estado eterno, separado para siempre de los impíos que estarán en el infierno.

¿Cómo se relaciona la teología sistemática con la cosmovisión de uno?[15]

La cosmovisión está formada por la propia colección de presuposiciones, convicciones y valores a partir de los cuales una persona intenta entender y hallarle sentido al mundo y a la vida. Como lo expresa Ronald Nash: "Una cosmovisión es un esquema conceptual por el cual colocamos o encajamos, consciente o inconscientemente, todo lo que creemos y mediante lo cual interpretamos y juzgamos la realidad".[16] De manera similar, Gary Phillips y William Brown explican: "La cosmovisión es, en primer lugar, *una explicación e interpretación del mundo* y, en segundo lugar, *una aplicación de esta visión a la vida*".[17]

Toda cosmovisión empieza con *presuposiciones*, creencias que uno presume que son ciertas sin una prueba de otras fuentes o sistemas que las apoye. Hallarle sentido a la realidad requiere, en parte o por completo, que uno adopte una postura interpretativa, ya que no hay pensamiento "neutral" en el universo. Esto se convierte en el fundamento sobre el que uno edifica.

¿Cuáles son las presuposiciones de una cosmovisión cristiana firmemente arraigada y basada en las Escrituras? Carl F. H. Henry, un importante pensador cristiano de la segunda mitad del siglo xx, responde la pregunta con gran sencillez, afirmando que "la teología evangélica se atreve a cobijar una y solo una presuposición: el Dios vivo y personal que se conoce de forma inteligible en su revelación".[18] Esta presuposición principal, que subyace a una cosmovisión cristiana adecuada, se divide en dos partes. Primero: Dios existe eternamente como Creador personal, trascendente y trino. Segundo: Dios ha revelado su carácter, sus propósitos y su voluntad en las páginas infalibles e inerrantes de su revelación especial: la Biblia.

¿Qué es la cosmovisión cristiana? La definición siguiente se ofrece como modelo de trabajo:

> La cosmovisión cristiana ve y entiende a Dios el Creador y su creación —es decir, el hombre y el mundo— principalmente a través de la lente de la revelación especial de Dios, las Sagradas Escrituras y, en segundo lugar, a través de la revelación natural de Dios en la creación tal como la interpreta la razón humana y reconciliada por y con las Escrituras, con el propósito de creer y comportarse de acuerdo con la voluntad de Dios y, de ese modo, glorificarle con la mente y la vida, ahora y en la eternidad.

---

15 Esta sección está adaptada de Richard L. Mayhye, "Introduction", en *Think Biblically: Recovering a Christian Worldview*, ed. John MacArthur (Wheaton, IL: Crossway, 2003), 13-16. Usado con permiso de Crossway, ministerio editorial de Good News Publishers, Wheaton, IL 60187, www.crossway.org.

16 Ronald H. Nash, *Faith and Reason: Searching for a Rational Faith* (Grand Rapids, MI: Zondervan, 1988), 24.

17 W. Gary Phillips y William E. Brown, *Making Sense of Your World from a Biblical Viewpoint* (Chicago: Moody Press, 1991), 29.

18 Carl F. H. Henry, *God, Revelation, and Authority*, vol. 1, *God Who Speaks and Shows: Preliminary Considerations* (Waco, TX: Word, 1976), 212.

¿Cuáles son algunos de los beneficios de aceptar la cosmovisión cristiana? La cosmovisión bíblica proporciona respuestas convincentes a las preguntas más cruciales de la vida:

1. ¿Cómo se originaron el mundo y todo lo que hay en él?
2. ¿Bajo qué parámetro puedo determinar si la conclusión de una investigación es verdadera o falsa?
3. ¿Cómo funciona/debería funcionar el mundo?
4. ¿Cuál es la naturaleza de un ser humano?
5. ¿Cuál es el propósito de la existencia personal?
6. ¿Cómo se debería vivir?
7. ¿Existe alguna esperanza personal para el futuro?
8. ¿Qué le ocurre a la persona en el momento de su muerte y después?
9. ¿Por qué es posible saber algo?
10. ¿Cómo se determina lo que es correcto o incorrecto?
11. ¿Cuál es el significado de la historia humana?
12. ¿Qué depara el futuro?

En el siglo xxi, los cristianos se enfrentan a las mismas preguntas básicas respecto a este mundo y la vida que confrontaron los primeros seres humanos de Génesis. Ellos también tuvieron que examinar cuidadosamente diversas cosmovisiones para responder a las preguntas anteriores. Esto ha sido así a lo largo de la historia. Considere qué enfrentaron José (Gn. 37–50) y Moisés (Éx. 2–14) en Egipto, o Elías cuando confrontó a Jezabel y sus profetas paganos (1 R. 17–19), o Daniel en Babilonia (Dn. 1–6), o Nehemías en Persia (Neh. 1–2), o Pablo en Atenas (Hch. 17). Ellos discernieron la diferencia entre la verdad y el error, lo correcto y lo incorrecto, porque depositaron su fe en el Dios vivo y en su Palabra revelada.

¿Qué distingue a la cosmovisión cristiana de otras cosmovisiones? En el meollo del asunto, la cosmovisión cristiana contrasta con las otras cosmovisiones en que (1) reconoce al trino Dios de la Biblia como única fuente de toda verdad, y (2) relaciona toda verdad con entender a Dios y sus propósitos para esta vida y la siguiente.

Hay al menos dos nociones equivocadas sobre la cosmovisión cristiana, en especial entre los cristianos. La primera es que la visión cristiana del mundo y de la vida diferirá en *todo* de otras cosmovisiones. Aunque esto no siempre es verdad (por ej., todas las cosmovisiones aceptan la ley de la gravedad), la cristiana será diferente y única en la mayoría de los puntos importantes, sobre todo en su relación con el carácter de Dios, la naturaleza y el valor de las Escrituras y la exclusividad de Jesucristo como Salvador y Señor. La segunda percepción errónea es que la Biblia contiene todo lo que necesitamos saber en todos los sentidos. El sentido común debería poner fin a este pensamiento mal dirigido; por ejemplo, las Escrituras no dan instrucciones para cómo cambiar el aceite de un auto. Sin embargo, es cierto que solo la Biblia contiene todo lo que los cristianos necesitan saber sobre su vida espiritual y su piedad mediante el conocimiento del único Dios verdadero, que es el nivel de conocimiento más alto y más importante (2 P. 1:2-4).

¿Cómo, y en qué contextos de la vida, la cosmovisión cristiana demuestra ser espiritualmente provechosa? Primero, en el mundo de la *erudición* no se ofrece la cosmovisión cristiana como una entre muchas iguales o una de tantas posibilidades, sino como la exclusiva visión verdadera de la vida cuya única fuente de verdad y realidad es Dios el Creador. Así, sirve como una luz resplandeciente que refleja la gloria de Dios en medio de la oscuridad intelectual.

Segundo, la cosmovisión cristiana debe usarse como herramienta fundamental en la *evangelización*, para responder a las preguntas y las objeciones de los incrédulos. Sin embargo, debe entenderse claramente que, en el análisis final, es el evangelio el que tiene poder para llevar al individuo a la salvación (Ro. 1:16-17).

Finalmente, la cosmovisión cristiana es fundamental en el ámbito del *discipulado*, para informar y llevar a la madurez al verdadero creyente en Cristo respecto a las implicaciones y las ramificaciones de la fe cristiana propia. Proporciona la estructura por la cual uno (1) puede entender el mundo y toda su realidad desde la perspectiva de Dios y (2) puede ordenar la vida propia según la voluntad de Dios.

¿Cuál debería ser el objetivo supremo de abrazar la cosmovisión cristiana? ¿Por qué merece la pena recuperar la cosmovisión cristiana? Jeremías transmite la respuesta directa de Dios:

> Así dijo Jehová: No se alabe el sabio en su sabiduría, ni en su valentía se alabe el valiente, ni el rico se alabe en sus riquezas. Mas alábese en esto el que se hubiere de alabar: en entenderme y conocerme, que yo soy Jehová, que hago misericordia, juicio y justicia en la tierra; porque estas cosas quiero, dice Jehová (Jer. 9:23-24).

El fin principal del hombre consiste en conocer y glorificar a Dios. A pesar de ello, el conocimiento de Dios es imposible fuera de la cosmovisión cristiana.

¿Dónde se intersecan la teología sistemática y la propia cosmovisión? Primero, ambas se erigen sobre la misma presuposición compartida, con sus dos partes: (1) la existencia personal del Dios eterno y (2) su autorrevelación en las Escrituras. Segundo, una cosmovisión cristiana depende de la teología sistemática para conocer y entender la verdad de Dios, porque esta teología no es más que la organización de todo lo que Dios ha revelado para que se lo conozca de la forma correcta y se viva para Él. Tercero, una cosmovisión cristiana depende de la teología sistemática para conocer y abrazar la cosmovisión de Dios tal como la revelan las Escrituras, porque solo si pensamos de manera cristiana aprenderemos a tener los pensamientos propios de Dios, a su manera. Finalmente, la teología sistemática depende de la cosmovisión cristiana para aplicar consistente y adecuadamente la verdad de las Escrituras para vivir según la voluntad de Dios, para su gloria.

¿Cómo se relaciona la teología sistemática con la mente de uno?[19]

La teología sistemática trata en su totalidad sobre la mente de Dios tal como se encuentra en las Escrituras. No se ocupa de lo que los seres humanos piensan de manera independiente, al margen de la Biblia. Las características necesarias de la mente cristiana se exponen a continuación porque nos califican para aprender y enseñar la teología cristiana, cuya fuente es la Palabra y cuya pieza central es el Dios trino.

LA MENTE REDIMIDA

Como resultado de la salvación, la mente de la persona que acaba de ser redimida conoce y comprende la gloria de Dios (2 Co. 4:6). Considerando que esta persona estaba cegada anteriormente por Satanás (2 Co. 4:4), la misma posee ahora "el yelmo de salvación" (Ef. 6:17) para proteger la mente contra las "intrigas" (término relacionado con la mente en griego [Ef. 6:11]) de Satanás. Ya no está sola y vulnerable ante el diablo como antes de la salvación. Esta nueva persona (2 Co. 5:17) tiene ahora conocimiento de Dios y la voluntad de la que antes carecía (1 Jn. 5:18-20).

LA MENTE RENOVADA

Cuando una persona entra en una relación personal con Jesucristo, se convierte en una nueva creación (2 Co. 5:17) que canta "un cántico nuevo" (Sal. 98:1). La mente adquiere una nueva forma de pensar y la capacidad de dejar las antiguas y pecaminosas formas de pensar. Indiscutiblemente, Dios se dedica a renovar la mente de los cristianos (Ro. 12:2; Ef. 4:23; Col. 3:10).

La Biblia aconseja que "pon[gamos] la mira en las cosas de arriba, no en las de la tierra" (Col. 3:2). Pablo expresa este concepto en términos militares: "...derribando argumentos y toda altivez que se levanta contra el conocimiento de Dios, y llevando cautivo todo pensamiento a la obediencia a Cristo" (2 Co. 10:5). ¿Cómo hacemos esto? Las Escrituras revelan la mente de Dios (1 Co. 2:16), no toda ella, claro está, pero todo lo que Dios determinó revelarnos en su sabiduría. Para pensar como Dios hay que hacerlo según las Escrituras. Por esta razón, Pablo alentó a los colosenses a permitir que la Palabra de Cristo morara en ellos en abundancia (Col. 3:16).

Harry Blamires, un inglés de extraordinario entendimiento sobre la mente cristiana, lo expresa muy bien:

> Pensar de forma cristiana es hacerlo en términos de revelación. Para el secularista, Dios y la teología son los juguetes de la mente. Para el cristiano, Dios es real y la teología cristiana describe su verdad revelada a nosotros. Para la mente secular, la religión es básicamente una cuestión de teoría: para

---

19 Esta sección está adaptada de Mayhue, "La necesidad de cultivar un estilo bíblico de pensar", en MacArthur, *Piense conforme a la Biblia* (Grand Rapids: Editorial Portavoz, 2004), 35-54.

la mente cristiana, el cristianismo es una cuestión de actos y hechos; actos y hechos que son la base de nuestra fe y están recogidos en la Biblia.[20]

En el momento de la salvación, los cristianos reciben una capacidad mental regenerada para comprender la verdad espiritual. Después, necesitan reajustar su forma de pensar, principalmente mediante una renovación de la mente, usando la Biblia como medio para ello. El objetivo supremo consiste en tener un conocimiento pleno de Dios y de su voluntad (Ro. 12.1-2; Ef. 1:17-18; Col. 1:9-10).

LA MENTE ILUMINADA

La Biblia afirma que los creyentes necesitan la ayuda de Dios para entender su Palabra (1 Co. 2:12-13). Por consiguiente, el Espíritu de Dios ilumina la mente de los creyentes para que puedan comprender, abrazar y obedecer las verdades reveladas en las Escrituras. Los teólogos lo denominan *iluminación*.

Una gran oración que se puede ofrecer al estudiar las Escrituras es: "Abre mis ojos, y miraré las maravillas de tu ley" (Sal. 119:18), que reconoce la necesidad indispensable de la luz de Dios en las Escrituras. También lo hacen textos como Salmos 119:33-34: "Enséñame, oh Jehová, el camino de tus estatutos, y lo guardaré hasta el fin. Dame entendimiento, y guardaré tu ley, y la cumpliré de todo corazón" (véase también Sal. 119:102).

Dios quiere que los cristianos sepan, entiendan y obedezcan, para que les proporcione la ayuda que necesitan por medio de su Espíritu Santo. Los creyentes, como los hombres a los que Jesús habló en el camino de Emaús, requieren la ayuda de Dios: "Entonces les abrió el entendimiento, para que comprendiesen las Escrituras" (Lc. 24:45). El ministerio de iluminación, por el cual Él arroja luz sobre el significado de la Biblia, se afirma en textos como Salmos 119:130; Efesios 1:18-19 y 1 Juan 2:27.

La verdad de que Dios ilumina las Escrituras para los cristianos debería alentar enormemente al creyente. Aunque no elimina la necesidad de hombres de talento para enseñar (Ef. 4:11-12; 2 Ti. 4:2) o la dura tarea del estudio bíblico serio (2 Ti. 2:15), promete que no es necesario esclavizarse al dogma de la iglesia ni dejarse llevar por el mal camino de los falsos maestros. La dependencia principal para aprender las Escrituras tiene que estar en el autor de las Escrituras: Dios mismo.

LA MENTE COMO LA DE CRISTO

Cuando uno piensa y actúa como Dios quiere, recibirá la bendición divina por la obediencia (Ap. 1:3). En lo espiritual, el cristiano será ese hijo obediente, esa esposa pura y esa oveja sana del rebaño de Cristo que experimenta la mayor intimidad con Dios.

---

20 Harry Blamires, *The Christian Mind: How Should a Christian Think?* (1962; reimp. Ann Arbor, MI: Servant Books, 1978), 110-111.

Rechazar la mente de Dios en las Escrituras y adorar en el altar del propio pensamiento independiente es descarada idolatría. La mayor intimidad del creyente con el Señor se produce cuando los pensamientos de este último prevalecen y la conducta de la persona se amolda a la de Cristo.

Los cristianos deberían alegrarse por completo y abrazar la mente cierta y verdadera de Dios Padre (Ro. 11:34), Dios Hijo (1 Co. 2:16), y Dios Espíritu (Ro. 8:27). Al contrario que Pedro, quien fue tentado por Satanás para poner su mente en las cosas del hombre, los creyentes deben establecer la suya en los asuntos de Dios (Mt. 16:23; Col. 3:2). Esto no tiene tanto que ver con distintas categorías o disciplinas de pensamiento, sino más bien con la forma en que se ven las cosas desde la perspectiva divina. Los cristianos deberían sentirse abrumados ante la mente de Dios, como le ocurrió al apóstol Pablo (Ro. 11:33-36).

La visión de Dios es la única verdadera que corresponde con precisión a toda realidad. Su mente establece el estándar por el que los creyentes han de esforzarse, pero que no lograrán jamás del todo. Dicho de otro modo, los pensamientos del hombre nunca excederán, igualarán ni se aproximarán siquiera a los de Dios. Hace más de dos mil quinientos años, el profeta Isaías afirmó esto mismo (Is. 55:8-9).

El patrón supremo de la mente cristiana es el Señor Jesucristo. Pablo declara: "Mas nosotros tenemos la mente de Cristo" (1 Co. 2:16). ¿Cómo puede ser esto? La tenemos con la Biblia, que es la revelación suficiente y especial de Dios (2 Ti. 3:16-17; 2 P. 1:3). En Filipenses 2:5, Pablo da la siguiente instrucción: "Haya, pues, en vosotros este sentir que hubo también en Cristo Jesús". El apóstol está señalando, de forma específica, la mentalidad de sacrificio de Cristo para gloria de Dios (Fil. 2:7) y de sumisión a la voluntad divina (Fil. 2:8). Al seguir el modelo de Cristo, los cristianos pueden ejercitar su mente para que llegue a parecerse más como la de Cristo.

LA MENTE PROBADA

La mente cristiana debería ser un repositorio de la verdad revelada de Dios. No debería temblar, flaquear, transigir ni inclinarse frente a las ideas opuestas ni los argumentos aparentemente superiores (2 Ti. 1:7). La verdad no se origina en los seres humanos, sino en Dios. Por tanto, los cristianos deberían ser los héroes de la verdad en un mundo lleno de mentiras que están engañosamente disfrazadas y falsamente declaradas como verdad.

Fue Dios quien invitó a la nación de Israel, diciendo: "Venid luego… y estemos a cuenta" (Is. 1:18). El asunto que se debía considerar era el arrepentimiento del pecado y la salvación (Is. 1:16-20). La misma invitación se extiende, por aplicación, a cada persona viva.

Sin embargo, aunque el compromiso de pensar de forma cristiana honra a Cristo, no está exento de oposición. Satanás querría que los creyentes pensaran de manera contraria a la Palabra de Dios, y entonces actuaran en desobediencia a su voluntad.

Recuerde que, antes de que uno se convierta en cristiano, la mente está cegada por el diablo: "…en los cuales el dios de este siglo cegó el entendimiento de los incrédulos, para que no les resplandezca la luz del evangelio de la gloria de Cristo, el cual es la imagen de Dios" (2 Co. 4:4). Incluso después de la salvación, Satanás sigue provocando su desorden intelectual. Así, Pablo estaba sumamente preocupado por la iglesia corintia: "Pero temo que como la serpiente con su astucia engañó a Eva, vuestros sentidos sean de alguna manera extraviados de la sincera fidelidad a Cristo" (2 Co. 11:3). Eva había permitido que Satanás pensara un poco por ella. Entonces, tuvo su propia reflexión independiente de Dios. Cuando sus conclusiones resultaron ser distintas a las de Él, escogió actuar basándose en las propias y no en los mandamientos de Dios, y esto es pecado (Gn. 3:1-7).

Satanás apunta sus dardos ardientes (Ef. 6:16) a la mente de los creyentes (2 Co. 11:3), convirtiendo su pensamiento en el campo de batalla para la conquista espiritual. Abundan los relatos bíblicos de aquellos que sucumbieron, como Eva (Gn. 3) y Pedro (Mt. 16:13-23). Otros salieron victoriosos de la lucha, como Job (Job 1:1–2:10) y Cristo (Mt. 4:1-11). Cuando los cristianos caen, lo más probable es que hayan olvidado vestir el yelmo de la salvación o blandir la espada de la verdad (Ef. 6:17).

Pablo advierte a los creyentes, en dos ocasiones, sobre la batalla constante e incesante contra Satanás, y les advierte sobre las intrigas o las intenciones del diablo. Utiliza dos palabras griegas, pero ambas están relacionadas con la mente (2 Co. 2:11; Ef. 6:11). Como nadie es inmune a estos ataques, el cristiano necesita prestar de verdad atención a la firme exhortación de Pedro: "Por tanto, ceñid los lomos de vuestro entendimiento, sed sobrios, y esperad por completo en la gracia que se os traerá cuando Jesucristo sea manifestado" (1 P. 1:13; véase 3:15).

Hasta aquí, esta explicación se ha centrado en una postura militar preventiva o defensiva respecto a la mente. La mayor parte de las Escrituras trata con la protección personal. Sin embargo, Pablo también aborda cómo seguir adelante con la ofensiva intelectual (2 Co. 10:4-5). Estas "armas" ofensivas (10:4) presentan la Palabra de Dios, blandida por la mente del cristiano en el contexto de la guerra de cosmovisiones. En este contexto de la batalla de la mente, las "fortalezas" (10:4) son "argumentos" (10:5) y "toda altivez que se levanta contra el conocimiento de Dios" (10:5). En otras palabras, se debe afrontar sin dudarlo, y con un plan de batalla agresivo y ofensivo, cualquier filosofía, cosmovisión, apologética u otro tipo de enseñanza que socave, minimice, contradiga o intente eliminar la cosmovisión cristiana o alguna parte de ella. El fin que Dios pretende es la destrucción ("destruir" se usa dos veces en 10:4-5) de aquello que no corresponde a la clara enseñanza de las Escrituras respecto a Dios y su mundo creado.

En el contexto histórico de 2 Corintios, Pablo se opuso a cualquier enseñanza sobre cualquier tema que hubiera llegado a la iglesia y que no correspondiera a su instrucción apostólica. Ya fuera responsabilidad de un incrédulo o de un creyente, procediera de la idea de eruditos o de ignorantes, tuviera una amplia aceptación o no, todos los pensamientos u opiniones que no fueran *para* el conocimiento de Dios debían considerarse *en su contra*. Por tanto, debían ser considerados objetivos para la batalla intelectual y para su eliminación total. Así, en el contexto de hoy, todas las actividades intelectuales (por ej. leer, escuchar la radio, ver televisión y películas, estudiar en una academia formal, entablar conversaciones informales) deben siempre ejercerse usando la lente de filtrado de la cosmovisión teológica cristiana, para determinar si son aliadas de la verdad de las Escrituras o son enemigas de las que hay que desconfiar.

LA MENTE PROVECHOSA

El Salmo 119 proporciona una visión detallada de la nueva relación del cristiano con la Biblia, que revela la mente de Cristo. En primer lugar, el creyente desarrollará un gran amor por las Escrituras y un tremendo deleite en ellas (119:47-48). En segundo lugar, el creyente en Cristo tendrá el firme deseo de conocer la Palabra de Dios como la mejor forma de conocer a Dios (119:16, 93, 176). En tercer lugar, conocer a Dios llevará al cristiano a obedecerle (119:44-45).

La meditación

Para la mayoría de las personas no basta con escuchar algo una sola vez. Considerar brevemente algo profundo no concede el tiempo suficiente para captar y entender por completo su significado. Esto demuestra ser cierto en las Escrituras respecto a la mente de Dios. El Salmo 119 testifica de la importancia y de la bendición de pasar largo tiempo estudiando la Palabra de Dios.

La idea de la meditación se presta, en ocasiones, a equívoco. La meditación implica el pensamiento o la reflexión prolongados. Una figura retórica estadounidense para la meditación es "masticar" un pensamiento. Algunos lo han comparado al proceso de rumia del sistema digestivo de cuatro estómagos de las vacas. La cafetera también nos proporciona una imagen gráfica. El agua sube por un pequeño tubo y va goteando a través del café molido. Después de varios ciclos, el sabor de los granos de café se ha transferido al agua, que en ese momento se denomina café. Tanto es así que los cristianos necesitan reciclar sus pensamientos a través del fundamento de la Palabra de Dios hasta empezar a pensar como Dios y, a continuación, actuar de forma piadosa.

Las Escrituras ordenan a los creyentes que mediten en tres ámbitos:

1. Dios (Sal. 27:4; 63:6)
2. La Palabra de Dios (Jos. 1:8; Sal. 1:2)
3. Las obras de Dios (Sal. 143:5; 145:5)

Los 176 versículos del Salmo 119 ensalzan la virtud de vivir de acuerdo a la mente de Dios. Se menciona la meditación, al menos siete veces, como la costumbre de alguien que ama a Dios y desea una intimidad más estrecha con Él: "¡Oh, cuánto amo yo tu ley! Todo el día es ella mi meditación… Se anticiparon mis ojos a las vigilias de la noche, para meditar en tus mandatos" (119:97, 148; véase también

119:15, 23, 27, 48, 78, 99). En contraposición, un aspecto del pecado de Eva puede atribuirse a que no meditara de la forma adecuada en la palabra clara y suficiente de Dios (Gn. 2:16-17; cf. 3:3).

Meditar en la Palabra de Dios purificará la mente de viejos pensamientos que no son de Dios y reforzarán los nuevos pensamientos de las Escrituras. Pone, asimismo, un escudo protector alrededor de la mente para bloquear y rechazar las ideas entrantes que contradicen a Dios. Ese es el proceso bíblico de la renovación de la mente.

Piense en estas cosas

Alguien ha sugerido que la mente es la raíz primaria del alma. Siendo esto así, uno necesita alimentar su alma con cuidado y de forma nutricional hundiendo la raíz primaria en profundidad en la mente de Dios en las Escrituras. Se podría preguntar: "¿Qué comida alimentará mi alma?". El menú gastronómico de Pablo para la mente incluye entradas de pensamientos que son (1) "verdaderos", (2) "honestos", (3) "justos", (4) "puros", (5) "amables", (6) "recomendables", (7) "excelentes", y (8) "dignos de alabanza" (Fil. 4:8). Al meditar en la Palabra de Dios y pensar en estas cosas, los cristianos evitarán poner su mente en las cosas terrenales (Fil. 3:19) y tener doble ánimo (Stg. 1:6-8).

LA MENTE EQUILIBRADA

¿Acaso son la revelación divina y la razón humana como el aceite y el agua? ¿No se mezclan jamás? Los cristianos han alcanzado en ocasiones dos extremos erróneos al tratar con la revelación divina y la razón humana. En un extremo del espectro está el *antiintelectualismo* que concluye, básicamente, que si un asunto no se trata en la Biblia, no es digno de un estudio o un pensamiento serios. Este planteamiento no bíblico de aprender y pensar conduce al retraimiento cultural e intelectual. En el extremo opuesto está el *hiperintelectualismo*, que abraza la revelación natural en un nivel más alto de valor y credibilidad que la revelación especial de Dios en las Escrituras; cuando ambas están en conflicto, la revelación natural es la fuente preferida de la verdad. Este acercamiento no bíblico resulta en retraimiento bíblico.

Ambos errores deben ser rechazados. El creyente debe adueñarse del conocimiento desde la revelación especial y la general. Sin embargo, nuestras facultades para razonar y deducir, a través de las cuales estudiamos la creación (es decir, la revelación general), están caídas, son falibles y están corrompidas por el pecado. Por otra parte, las Escrituras son infalibles e inerrantes y, por tanto, deben tener prioridad sobre la revelación general. Donde la Biblia habla a una disciplina intelectual, su verdad es superior. Donde la Biblia no habla, Dios nos ha dado todo el mundo de la creación para que lo exploremos en busca de conocimiento, pero con la advertencia de que la capacidad del hombre para sacar conclusiones de la naturaleza no es infalible como la Palabra de Dios. Esto es especialmente verdad respecto a los pensadores que rechazan continuamente su necesidad de la salvación de Cristo. Esto no significa, de manera necesaria, que sus hechos sean erróneos o incluso que sus ideas básicas estén equivocadas. Sin embargo, sí garantiza que su cosmovisión no es según la perspectiva de Dios y, por tanto, sus conclusiones deberían estar sujetas a una valoración crítica de acuerdo con las Escrituras.

Sin lugar a duda, desde la perspectiva de una cosmovisión cristiana, los creyentes deben implicar su propia mente y las de los otros de la mejor forma posible y según lo permita la oportunidad. Sin embargo, se sugieren varias precauciones sabias:

1. Convertirse en un erudito e intentar cambiar la forma de pensar de su generación es secundario a convertirse en cristiano y cambiar la forma de pensar personal respecto a Cristo.
2. La educación formal en un abanico de disciplinas es secundaria a la educación del evangelio: a saber, obedecer la Gran Comisión (Mt. 28:18-20) y llevar el evangelio a los confines de la tierra, a toda criatura.
3. La revelación general *apunta* a un poder superior, mientras que la revelación especial *presenta de forma personal* a este poder superior como el Dios trino de las Escrituras, que creó el mundo y todo lo que hay en él (véase Is. 40–48, donde Jehová le recuerda a Israel esta verdad crítica) y que proveyó al único Redentor en el Señor Jesucristo.
4. Saber la verdad no es ni cercanamente tan importante como estar en comunión, de forma personal y redentora, con la Verdad, Jesucristo (Jn. 14:6), que es la única fuente de vida eterna.
5. A la iglesia del Nuevo Testamento no se le mandó que intelectualizara su mundo ni tampoco fue esta su práctica. Más bien lo "evangelizaron" mediante la proclamación de la gracia salvífica de Jesucristo a todos, sin distinción, desde los líderes políticos claves como el rey Agripa (Hch. 25:23–26:32), hasta los humildes esclavos encarcelados como Onésimo (Flm. 10).
6. Moralizar, politizar o intelectualizar a la sociedad sin ver antes la conversión espiritual es garantizar tan solo un cambio breve y generalmente inconsistente que es superficial, no profundo; temporal, no duradero; y en última instancia condenatorio, no salvífico.

Cabe repetir que tanto la revelación especial como la general son necesarias para cultivar una mentalidad bíblica. Sin embargo, el estudio de la revelación especial es la prioridad, seguida en segundo lugar por aprender de la revelación natural. Salomón, el hombre más sabio que vivió jamás (1 R. 3:12; 4:29-34), escribió el mismo consejo hace casi tres mil años. Sus declaraciones son las más autoritativas sobre el tema de la mente y el conocimiento, ya que forman parte de las Escrituras (Pr. 1:7; 9:10; véase también 1 Co. 1:20-21).

El principio y el fin de la teología cristiana es el *conocimiento de Dios* (2 Co. 2:14; 4:6; Ef. 1:17; Col. 1:10; 2 P. 1:2-3, 8; 3:18) y el *conocimiento de la verdad* (1 Ti. 2:4;

2 Ti. 2:25; Tit. 1:1). Por encima de todo, en el centro mismo de la cosmovisión cristiana, está el Señor Jesucristo, "en quien están escondidos todos los tesoros de la sabiduría y del conocimiento" (Col. 2:3). Nada puede entenderse por completo si no se conoce primero a Dios.

¿Cómo se relaciona la teología sistemática con la vida personal de uno?[21]

La piedad, ser como Cristo y la espiritualidad cristiana describen al cristiano que va siendo más como Dios. La forma más poderosa de efectuar este cambio es dejar que la Palabra de Dios more en uno de manera abundante (Col. 3:16). Cuando uno abraza las Escrituras sin reservas, la voluntad de Dios obrará con energía en la vida del creyente (1 Ts. 2:13). El proceso podría definirse, básicamente, como sigue:

> La espiritualidad cristiana implica crecer para ser como Dios en carácter y conducta sometiéndose personalmente a la obra transformadora de la Palabra y del Espíritu de Dios.

INTIMIDAD Y MADUREZ

No hay mejor forma de saturar la mente con las Escrituras que con la predicación expositiva y el estudio de la teología sistemática; ambas acentuarán la madurez espiritual. El autor de Hebreos se regocijó de que los cristianos judíos hubieran exhibido la intimidad de la fe de un niño (He. 5:12-13), pero deploró su falta de progreso hasta la madurez de un alimento más nutritivo. De modo que exhortó: "Por tanto, dejando ya los rudimentos de la doctrina de Cristo, vamos adelante a la perfección" (He. 6:1). Pablo escribió a los corintios con una decepción similar (1 Co. 3:1-3).

La intimidad trata, de forma fundamental, con la relación personal con el Padre, el Hijo y el Espíritu Santo en dirección a Dios. Por otro lado, la madurez es el resultado de la intimidad que refleja la presencia permanente y creciente de Dios en los cristianos con respecto a la piedad (Jn. 15:1-11). Así como un bebé o un niño pequeño que, sin ser todavía maduro, puede disfrutar de intimidad con su padre o su madre, también la debería tener el nuevo cristiano con el Salvador que acaba de encontrar. Esta intimidad alimenta el proceso de maduración por el que un niño crece a semejanza de sus padres.

Intimidad sin madurez resulta en una conducta espiritualmente infantil en lugar de respuestas espiritualmente adultas. Por el contrario, madurez sin intimidad tiene por resultado un cristianismo sin gozo, rancio, que puede deteriorarse con facilidad, convertirse en legalismo y, en ocasiones, hasta tener una importante caída en el pecado. Sin embargo, las Escrituras enseñan que, cuando la intimidad

---

21 Para más información sobre este tema, véase Benjamin B. Warfield, "The Religious Life of Theological Students", en *Selected Shorter Writings of Benjamin B. Warfield*, ed. John E. Meeter (Nutley, NJ: Presbyterian and Reformed, 1970), 1:411-425.

y la madurez se complementan y se alimentan la una a la otra, el resultado es una vida cristiana fuerte y vibrante. La espiritualidad genuina debe estar, pues, marcada tanto por la intimidad como por la madurez.

Las Escrituras son esenciales para crecer en madurez espiritual. Jesús, Pablo y Santiago comunicaron, cada uno de ellos de forma directa, la clara y a menudo insistente exigencia de Dios de un desarrollo espiritual en el creyente verdadero, proporcionando palabras claves para entender la madurez espiritual. Debemos ser perfectos (Mt. 5:48), crecer hasta llegar a ser personas maduras (Ef. 4:11-13), ser presentados como maduros en Cristo (Col. 1:28), completos y preparados para toda buena obra (2 Ti. 3:16-17) sin que nos falte cosa alguna (Stg. 1:2-4).

La forma más rápida de comprender la esencia de la madurez es leer sobre la obediencia de personas como Abel, Noé, Abraham, Sara, Isaac, Jacob y José en Génesis. Pero uno no debería detenerse aquí. Otros sesenta y cinco libros más de la Biblia contienen emocionantes relatos adicionales de madurez espiritual. Este "salón de la fe" canónico sirve como ejemplo supremo de la afirmación de Dios respecto a la fe íntima y la fidelidad madura.

Hebreos 11 hace la mejor crónica de la madurez espiritual. Sin embargo, observe que a este capítulo le sigue, de inmediato, una exhortación que exige el mismo tipo de madurez en aquellos que recibieron la carta (12:1-3). Esa exhortación va acompañada de una advertencia sobre la disciplina del Padre hacia aquellos que persisten en la inmadurez (12:4-11). La imperfecta paternidad terrenal no es sino un tenue reflejo de la respuesta consistente y sin defecto de Dios a aquellos que, por fe en el Señor Jesucristo, han nacido de nuevo en la familia de Dios (Jn. 1:12-13).

Un santo de la antigüedad, Epafras, oró para que los cristianos de Colosas se mantuvieran firmes, perfectos y completos en todo lo que Dios quiere (Col. 4:12). Que Dios encomie, del mismo modo, esas apremiantes verdades bíblicas sobre la madurez espiritual de nuestra administración de la adoración y la obediencia para su gran gloria.

SANTIDAD

Los cristianos han sido salvados para ser santos y vivir vidas santas (1 P. 1:14-16). ¿Qué significa ser santo? Tanto el término hebreo como el griego para "ser santo" (que aparecen unas dos mil veces en las Escrituras) significan, básicamente, "apartado para algo especial". Así, Dios es santo por cuanto Él mismo está separado de la creación, de la humanidad y de todos los dioses paganos por el hecho de su deidad y su condición sin pecado. Por esta razón, los ángeles cantan sobre Dios: "Santo, santo, santo" (Is. 6:3; Ap. 4:8) y las Escrituras declaran su santidad (Sal. 99:9; Is. 43:15).

Así, la idea de santidad adopta un sentido espiritual entre el pueblo de Dios, con base en el santo carácter de Dios. Por ejemplo, el sumo sacerdote de Dios llevaba inscrito en su diadema: "Santidad a Jehová" (Éx. 39:30). El sumo sacerdote estaba apartado por Dios, de forma especial, para interceder, ante un Dios santo, en nombre de una nación pecaminosa para que perdonara sus transgresiones.

La santidad encarna la esencia misma del cristianismo. El Salvador santo ha salvado a los pecadores para que sean un pueblo santo (1 P. 2:4-10). Por esta razón, uno de los nombres bíblicos más comunes para un creyente es *santo*, que significa simple y maravillosamente "salvado y apartado" (Ro. 1:7; 1 Co. 1:2).

Cuando uno considera que un Dios santo salva, no nos asombra enterarnos de que Él le da su Espíritu Santo a cada creyente en la salvación. Un propósito primordial de este don es equipar a los creyentes con el poder de vivir una vida santa (1 Ts. 4:7-8; 1 Jn. 3:24; 4:13).

De modo que Dios quiere que los cristianos compartan su santidad (He. 12:10) y se presenten como esclavos de la justicia, lo que resultará en santidad (Ro. 6:19): "Así que, amados, puesto que tenemos tales promesas, limpiémonos de toda contaminación de carne y de espíritu, perfeccionando la santidad en el temor de Dios" (2 Co. 7:1). Así, el autor de Hebreos escribe: "Seguid la paz con todos, y la santidad, sin la cual nadie verá al Señor" (He. 12:14). La santidad es el núcleo central de la experiencia del cristiano.

La madurez espiritual brota de la santidad. John Brown, el teólogo escocés, reduce la santidad a una definición que todos podemos entender y perseguir:

> La santidad no consiste en especulaciones místicas, fervores entusiastas o austeridades no solicitadas, sino en pensar como Dios lo hace y querer lo que Dios quiere. La mente y la voluntad de Dios deben conocerse a partir de su Palabra; y, en la medida que yo entienda de verdad y crea la Palabra de Dios, su mente se convierte en la mía, su voluntad se vuelve la mía y, según la medida de mi fe, llego a ser santo.[22]

SANTIFICACIÓN[23]

La *santificación* está estrechamente relacionada con la santidad. En muchos usos del Nuevo Testamento, la palabra significa "salvación" (Hch. 20:32; 1 Co. 1:2). La santificación, o ser apartado en salvación, debería tener por resultado que los creyentes sean apartados para una vida cristiana.

La santificación no solo incluye el acto y el hecho inmediato de la salvación, sino también una experiencia progresiva o creciente de más santidad y menos pecaminosidad. Expresa la voluntad de Dios y cumple el propósito del llamado de Dios a la salvación (1 Ts. 4:3-7). La santificación incluye la responsabilidad de participar en la continuación de lo que el Espíritu de Dios comenzó en la salvación (2 Ti. 2:21; Ap. 22:11).

Se exhorta constantemente a los cristianos a buscar en su experiencia cristiana lo que Dios ha declarado ser cierto respecto a ellos en la salvación. A los creyentes

---

22 John Brown, *Expository Discourses on the First Epistle of Peter* (Edimburgo: William Oliphant, 1866), 1:117.

23 Para una explicación más detallada de la santificación, véase "Santificación" en el cap. 7 (p. 346).

también se les promete que aquello que ahora no es completo, Dios lo acabará por completo en la gloria (Fil. 2:12-13; 1 Ts. 5:23). Estos pasajes expresan una de las grandes paradojas de las Escrituras: Los cristianos deben convertirse en lo que ya son y en lo que serán un día. Esta certeza del futuro de los cristianos se capta en textos como estos:

> Porque todo aquel que invocare el nombre del Señor, será salvo (Ro. 10:13).

> Porque la palabra de la cruz es locura a los que se pierden; pero a los que se salvan, esto es, a nosotros, es poder de Dios (1 Co. 1:18).

> Y esto, conociendo el tiempo, que es ya hora de levantarnos del sueño; porque ahora está más cerca de nosotros nuestra salvación que cuando creímos (Ro. 13:11).

La santificación implica el proceso espiritual que es ilustrado por un cuerpo que crece hasta la adultez (He. 5:11-14) o un árbol que produce fruto (Sal. 1:3). El crecimiento no siempre es fácil ni uniforme; sin embargo, debería ser la dirección de una vida cristiana verdadera.

Durante toda su vida, el creyente se enfrenta a varios obstáculos. Los cristianos necesitan saber de ellos y estar en guardia para evitarlos o corregirlos si se convierten en parte de su pensamiento:

1. Se puede tener más alto concepto de uno mismo de lo que se debería tener, y no buscar la santidad como se debería (Ro. 12:3).
2. Se puede dar por sentada la salvación y suponer que, como uno es salvo, la vida santa es opcional (Ro. 6:1-2).
3. Se puede haber recibido una enseñanza errónea sobre la naturaleza de la vida cristiana y, por tanto, descuidar el señorío de Cristo (1 P. 3:15).
4. Se puede carecer del celo o de la energía de convertir la santidad en una prioridad (2 Co. 7:1).
5. Se puede pensar que se es salvo, cuando no es así, y entonces intentar vivir una vida santa en el poder de la carne (Mt. 13:5-7, 20-22).

La naturaleza enseña que el crecimiento es normal y debe esperarse; por el contrario, la falta del mismo debería hacer sonar una alarma, porque algo está muy mal. Las Escrituras enseñan también este principio en un sentido espiritual. Hechos informa a menudo que la iglesia primitiva creció y se expandió (véanse Hch. 2:41; 4:4; 5:14; 6:7; 9:31, 35, 42; 11:21; 14:1, 21; 16:5; 17:12). Dios también tiene expectativas de crecimiento individual en la vida del cristiano. Es necesario tomar en serio estas exhortaciones de las Escrituras (1 P. 2:2; 2 P. 3:18).

Los agentes principales para este crecimiento son la Palabra de Dios (Jn. 17:17;

1 P. 2:2) y el Espíritu de Dios (Ef. 5:15-21). Cuando se produce el crecimiento, se puede reconocer con rapidez a Dios como la causa (1 Co. 3:6-7; Col. 2:19). El Espíritu Santo juega un papel destacado a la hora de proveerle al creyente verdadero la seguridad de la salvación. Su seguridad se conecta directamente con el crecimiento (Ro. 8:16-17; 1 Jn. 3:24).

Al haber estado antes espiritualmente muerto, pero ahora vivo para Dios, el creyente puede comprobar sus signos vitales para corroborar el hecho de que está realmente vivo, porque camina en las obras que Dios ha preparado (Ef. 2:1-10). Para verificar la salud espiritual, veamos a continuación los signos vitales más importantes del verdadero cristiano:

1. El fruto cristiano (Jn. 15:8)
2. El amor por el pueblo de Dios (Jn. 13:35)
3. La preocupación por la santidad personal (1 P. 1:13-21)
4. El amor por la Palabra de Dios (1 P. 2:2-3)
5. El deseo de obedecer (Jn. 14:15, 21, 23)
6. Una sensación de intimidad con Dios (Ro. 8:14-17)
7. La perseverancia (Fil. 1:27-28)
8. La comunión con el pueblo de Dios (He. 10:24-25)
9. El deseo de glorificar a Dios (Mt. 5:13-16)
10. El testimonio de la realidad personal de Cristo (1 P. 3:15)

Como resultado de comprobar los signos vitales espirituales, los cristianos no deben persistir o permanecer en el nivel de la infancia, sino que deben crecer en todas las cosas. A medida que se produce esta madurez o crecimiento individual, se extiende a la edificación y el crecimiento del cuerpo corporativo de Cristo (Ef. 4:14-16).

La espiritualidad implica que el Espíritu de Dios tome la Palabra de Dios y madure al pueblo de Dios a través del ministerio de los siervos de Dios, para el crecimiento espiritual de los creyentes individuales, y esto resulta en el crecimiento del cuerpo de Cristo. Este es el objetivo supremo de la teología sistemática: pensar cada vez más y después actuar según la voluntad de Dios conforme se madura en la fe cristiana.

¿Cómo se relaciona la teología sistemática con el ministerio de uno?

El célebre teólogo, Benjamín Warfield, respondió a esta pregunta vital de la siguiente forma:

> Si tal es el valor y el uso de la doctrina, el teólogo sistemático es un predicador del evangelio por excelencia; el fin de su obra no es, obviamente, la mera disposición lógica de las verdades que llegan a sus manos, sino conmover a los hombres, a través del poder de ellas, para que amen a Dios con todo el

corazón y a su prójimo como a sí mismos; para que escojan su porción con el Salvador de su alma; para que se encuentren con Él y lo aprecien; y que reconozcan al Espíritu Santo que Él ha enviado y se sometan a sus dulces influencias. Con semejante verdad, no se atreverá a actuar con un espíritu frío y puramente científico, sino que permitirá de forma justa y necesaria que su valor inapreciable y su destino práctico determinen el espíritu con el que la maneje, y despierte el amor reverente que es el único con el que debería investigar sus relaciones recíprocas. Para ello, él necesita estar impregnado, en todo momento, de una sensación del indecible valor de la revelación que tiene delante de él como fuente de su material, y con las influencias personales de sus distintas verdades sobre su propio corazón y su vida; necesita haber tenido y estar teniendo una experiencia religiosa plena, rica y profunda de las grandes doctrinas con las que trata; necesitar estar viviendo cerca de su Dios, estar descansando siempre en el regazo de su Redentor, estar lleno en todo tiempo de las manifiestas influencias del Espíritu Santo. El estudiante de teología sistemática necesita una naturaleza religiosa muy sensible, un corazón consagrado de la forma más completa y un derramamiento tal del Espíritu Santo sobre él que lo llene de ese discernimiento espiritual sin el cual todo intelecto innato es en vano. Es necesario que no sea un mero estudiante, pensador, sistematizador o maestro; tiene que ser, como el amado discípulo mismo en el más alto, verdadero y santo sentido, un teólogo.[24]

Preguntas:

1. ¿Cuáles son los términos usados para definir la teología y cuál es su definición?
2. ¿Cuáles son los "diversos tipos principales" de teología?
3. ¿Cuál es la definición de teología sistemática?
4. ¿Cuáles son las "categorías" de la teología sistemática?
5. ¿Cuáles son los "beneficios y las limitaciones" de la teología sistemática?
6. ¿Cuáles son las implicaciones de la sana doctrina para la vida de la iglesia?
7. ¿Cuál es el "tema general y unificador de las Escrituras"?
8. ¿De qué maneras son las Escrituras una revelación de Dios?
9. ¿Qué es una "cosmovisión" y cómo se relaciona la teología sistemática con la cosmovisión de uno?
10. ¿Cómo se relaciona la teología sistemática a la mente y la vida de uno?

24 Benjamin B. Warfield, "The Idea of Systematic Theology", en *The Works of Benjamin B. Warfield*, vol. 9, *Studies in Theology* (1933; reimp., Grand Rapids, MI: Baker, 2003), 86-87.

2

LA PALABRA DE DIOS

Bibliología

La Biblia es fundamental para la teología evangélica porque proporciona la única infalible y suprema autoridad para una cosmovisión verdaderamente cristiana. Que la Biblia debería jugar un papel exclusivo es más que razonable, ya que desde principio a fin consistentemente afirma ser la Palabra de Dios para el hombre. No puede haber una fuente de conocimiento más autoritativa que esta Palabra. Sin ella no hay una verdadera teología.

Solo en el Antiguo Testamento, los escritores bíblicos afirman más de 2500 veces que Dios habló lo que está escrito en sus páginas. Lo que los profetas hablaron y escribieron es sinónimo con la Palabra de Dios que había llegado a ellos (Éx. 24:3). Creer a los profetas era creerle a Dios. Desobedecerlos era nada menos que rebelarse contra Dios mismo.

La expresión "palabra de Dios" aparece más de cuarenta veces en el Nuevo Testamento. Jesús y sus discípulos testificaron que los escritos del Antiguo Testamento eran las palabras de Dios (Mt. 15:6; Ro. 3:2). Ellos veían al Antiguo Testamento como las bases de su enseñanza, y valientemente compararon sus propias palabras con las palabras de Dios mismo. La Palabra de Dios es lo que Jesús predicó (Lc. 5:1; Jn. 3:34). Es lo que enseñaron los apóstoles (Hch. 4:31; 1 Ts. 2:13). Es lo que formó la iglesia (Hch. 6:7; 12:24; 19:20).

Como "las santas Escrituras" (Ro. 1:2), "la palabra de Dios" (Ro. 3:2), "la palabra de verdad" (2 Ti. 2:15) y "las Sagradas Escrituras" (2 Ti. 3:15), la Biblia posee una autoridad sin paralelos al establecer doctrina, identificar y corregir el error, e instruir en justicia (2 Ti. 3:16). Nunca puede ser suplantada o enmendada por una autoridad diferente, porque siempre contiene lo que es perfecto para lograr su propósito (Sal. 19:7-11; Is. 55:10-11; Ro. 1:16-17; 2 Ti. 3:16-17; He. 4:12).

La Palabra de Dios declara que su contenido no contiene ningún error y nunca es engañosa en lo que sea que afirme o describa (Sal. 12:6; 119:140; Pr. 30:5). Asimismo, promete que nunca fallará porque Dios no puede mentir (Nm. 23:19; Mt. 5:18;

Jn. 10.35; Tit. 1:2; He. 6:18). Como es absolutamente verdadera, es completamente confiable. Como viene directamente de Dios, es universalmente vinculante.

De acuerdo a las Escrituras, la persona y la palabra de Dios están tan interrelacionadas que el texto de las Escrituras refleja inequívocamente las cualidades de su autor supremo. Dios es verdadero, puro, inmutable, confiable, vivo y activo; por lo tanto, así también es su Palabra. Dios mismo le ha dado a su Palabra la misma gloria que Él ha dado a su nombre, que es la suma de su carácter (Sal. 138:2). Ninguna otra fuente de conocimiento, ninguna literatura escrita por la humanidad, posee tales cualidades o funciones.

Inspiración de las Escrituras

Dios inició la revelación de sí mismo a la humanidad. Lo hizo mediante vehículos diversos (He. 1:1-3). Sin embargo, las revelaciones más completas y comprensibles de sí mismo fueron por medio de las proposiciones escritas de las Escrituras (1 Co. 2:6-16). La palabra escrita de Dios es singular en que es la única fuente de conocimiento que explica claramente la tragedia del hombre y el cumplimiento de la salvación de Dios a través de un Salvador.

El conocimiento de Dios se plasmó en los textos de las Escrituras por la actividad especial del Espíritu Santo en los escritos de los autores bíblicos. Esta actividad es conocida como *inspiración*. Zacarías describe esta actividad cuando escribe "las palabras que Jehová de los ejércitos enviaba por su Espíritu, por medio de los profetas primeros" (Zac. 7:12). Pablo se refiere a este mismo proceso al afirmar que "toda Escritura es inspirada por Dios" (2 Ti. 3:16). Pedro también afirma que "nunca la profecía fue traída por voluntad humana, sino que los santos hombres de Dios hablaron siendo inspirados por el Espíritu Santo" (2 P. 1:21).

A través de este proceso de inspiración, Dios garantizó que el conocimiento particular que Él determinó desvelar sería revelado a su audiencia específica de manera perfecta, sin error, omisión o defecto. A través del proceso de inspiración, Dios también garantizó que este conocimiento sería revelado de manera inteligible a la humanidad, en el lenguaje y estructuras de pensamiento de los seres humanos.

REVELACIÓN E INSPIRACIÓN

La criatura finita y el Creador infinito difieren fundamentalmente. Dios disfruta de un conocimiento infinito y perfecto. Él siempre conoce todo de forma innata y exhaustivamente. Él nunca aprende, siempre conoce. Por otro lado, la humanidad posee un conocimiento finito y dependiente. El hombre siempre debe aprender y no puede conocer nada sobre su Creador infinito, a menos que el Creador lo revele. Esta revelación se nos presenta de dos formas: la revelación general (Sal. 19:1-6) y la revelación especial (Sal. 19:7-11).

Revelación general

La revelación general es el testimonio que Dios da de sí mismo por medio de la creación. David lo explica de este modo: "Los cielos cuentan la gloria de Dios, y el firmamento anuncia la obra de sus manos" (Sal. 19:1). Este testimonio es también continuo: "Un día emite palabra a otro día, y una noche a otra noche declara sabiduría" (v. 2). Este testimonio general es no verbal en naturaleza: "No hay lenguaje, ni palabras, ni es oída su voz (v. 3). Y este testimonio es universalmente accesible a todos en todos los tiempos y en todo lugar: "Por toda la tierra salió su voz, y hasta el extremo del mundo sus palabras" (v. 4; cf. Hch. 14:17; 17:23-31; Ro. 1:18-25; 10:18).

A partir de la revelación general pueden discernirse cosas como la sabiduría y el poder de Dios. Cuanto más examinamos la inmensidad del espacio o las partículas más diminutas de su estructura molecular, más obligados nos sentimos a reconocer, sorprendidos, la grandeza del Creador. La manera en que trabaja el ciclo del agua para hidratar la tierra, proveer comida y preservar la vida da fe de la bondad del Creador. Que la misma lluvia caiga en el campo de quienes lo aman y adoran, y en el de aquellos que no lo hacen, revela el amor de Dios por todas sus criaturas (Mt. 5:45; Hch. 14:17). El providencial cuidado y gobierno de Dios de la raza humana también puede ser incluido como una parte de la revelación general (Hch. 17:26).

Otra forma de revelación general complementa lo que puede observarse en el reconocimiento inherente de la humanidad de la existencia del bien y del mal, y la necesidad por justicia (Ro. 2:14-15). Salomón también afirma que el hombre sabe instintivamente que hay más para la vida que esta existencia temporal, dado que Dios "ha puesto eternidad en el corazón" del hombre (Ec. 3:11).

Aunque la revelación general transmite mucho conocimiento sobre el Creador, tiene un contenido y propósito fijados. Su claridad e inevitable naturaleza deja a la humanidad sin excusas por no reconocer y apreciar la naturaleza de su Creador (Ro. 1:19-20). Sin embargo, su propósito no es prescribir la manera por la cual la humanidad caída podría obtener la reconciliación con su Creador. Ese fin —la redención— es exclusivamente la competencia de la revelación especial. Por consiguiente, nadie puede ser salvo solo por la revelación general (Ro. 10:5-17; 1 Co. 1:18–2:5).

Revelación especial

Dios se sirve de la revelación especial cuando se revela a sí mismo directamente y en mayor detalle del provisto en la revelación general. Dios ha hecho esto por medio de (1) su intervención directa, (2) sueños y visiones, (3) la encarnación de Cristo y (4) las Escrituras.

Dios se ha revelado, interviniendo directamente en varias ocasiones y formas a lo largo de la historia de la redención. Habló directamente con Adán en el huerto de Edén (Gn. 2:16-17; 3:9, 11). Habló personalmente con Moisés y confirmó su autoridad por medio de poderosas señales y prodigios (Dt. 34:10-12). Confirmó a otros en forma audible a su Hijo en tres ocasiones durante su ministerio terrenal (Mt. 3:17; 17:5; Jn. 12:28). Él realizó milagros especiales en momentos especiales en la revelación de su plan redentor.

Dios también se reveló directamente a través de sueños y visiones. Le reveló conocimiento especial a José en la forma de sueños (Gn. 37:6-7, 9). Le dio a Isaías una visión personal del Hijo de Dios en toda su gloria preencarnada (Is. 6; Jn. 12:41). El apóstol Juan vio una visión del Señor Jesucristo resucitado y ascendido (Ap. 1:10-16). En cada caso, el sueño o la visión le dio al receptor humano un conocimiento especial del carácter y la voluntad de Dios.

La decisiva manifestación de su revelación especial ocurrió en la encarnación de su Hijo (He. 1:1-2). El Hijo de Dios tomó la naturaleza humana y habitó entre la humanidad como el acto supremo de la revelación de Dios al hombre (Jn. 1:1-5, 14, 18). Aunque no fue generalmente reconocido por quien era, a causa de la dureza del corazón del hombre (Is. 53:2; Jn. 1:10-11), de todos modos, reveló a Dios a la humanidad como ningún otro medio de revelación (Jn. 1:18; 14:9-10; Col. 1:15; He. 1:3).

Otra forma de revelación especial es el texto escrito de las Escrituras. Sin duda, las Escrituras no están en el mismo nivel de la revelación del Hijo de Dios. Las Escrituras sirven para señalar al Hijo, no a sí mismas (Jn. 5:36-40). Por otro lado, la revelación del Hijo de Dios solo puede ser conocida autoritativamente hoy a través de la Biblia. Así, mientras que el escritor de Hebreos proclama a Jesús como el clímax de la actividad reveladora de Dios (He. 1:1-3), después procede a amonestar a sus lectores a atender con más diligencia a las cosas que han oído (He. 2:1), esto es, el testimonio apostólico respecto al Hijo de Dios. Ese testimonio está registrado en las páginas de las Escrituras. Sin las Escrituras, Jesús no podría ser verdaderamente conocido.

Si bien tanto la revelación general como la especial comunican efectivamente conocimiento sobre Dios, están marcadas por diferencias. Primero, el medio actual de la revelación general un día desaparecerá (Is. 40:8; Mt. 24:35; 1 P. 1:24). Sin embargo, el medio de la Palabra de Dios permanecerá por siempre (Sal. 119:89; Is. 40:8; Mt. 24:35; 1 P. 1:25). Segundo, la revelación general sufre bajo la maldición del pecado y la corrupción (Gn. 3.1-24; Ro. 8:20-23). Una vez fue "bueno en gran manera" (Gn. 1:31), pero ahora muestra signos de infertilidad, deformidad, vanidad y muerte (Ec. 1:2). Sin embargo, las Escrituras son inspiradas por Dios y completamente perfectas y santas (Sal. 19:7-9; 119:140). Tercero, el propósito de la revelación general es limitado comparado con la revelación especial de las Escrituras. Si bien la revelación general revela el carácter de Dios a través de sus obras y deja a los seres humanos caídos sin excusas por rechazar a Dios (Ro. 1:18-20), la revelación especial de la Palabra de Dios trae conocimiento de Jesús y el camino de salvación a través de la fe en Él (Ro. 10:13-17).

DEFINICIÓN DE INSPIRACIÓN

Los eruditos han propuesto varias teorías para explicar el proceso divino de la inspiración. A continuación, veremos un breve resumen de los puntos de vista más relevantes.

Teoría de la inspiración por dictado. Este punto de vista sugiere que Dios impartió a los autores humanos de la Biblia las palabras exactas que debían escribir, sin su propia involucración y comprensión. El proceso de inspiración solo consistió en que ellos escribieron estas palabras literalmente. Los autores humanos eran solo instrumentos que Dios utilizó, como si fueran una pluma para consignar sus palabras en el papel, así como haría un secretario por un ejecutivo.

No cabe duda de que las Escrituras consignan casos de dictado divino (Éx. 34:27; Ap. 2–3), pero de ninguna manera ese es el único criterio de inspiración, ni es imperante a lo largo de la Biblia. El argumento clave contra esta visión es que cada libro de la Biblia exhibe evidencias de la personalidad e involucramiento del escritor humano (Dt. 3:23-25; Sal. 42:5, 11; Lc. 1:1-4; Gá. 6:11; 2 P. 3:15-16, Jud. 3).

Sin embargo, la pregunta sigue abierta: ¿Cómo puede la Biblia ser la palabra de hombres como Jeremías y Pablo y, al mismo tiempo, ser también la Palabra de Dios? Parte de la respuesta a esta compleja pregunta es simplemente que Dios había convertido a Jeremías, Pablo y demás escritores de las Escrituras en los hombres que podrían comunicar fielmente su conocimiento mediante la formación de sus personalidades mucho antes de que ellos escribieran (Jer. 1:4-10; Gá. 1:15). Mediante esa cuidadosa providencia, Dios enseñó a sus selectos voceros qué escribir (Éx. 4:10-12; 2 P. 1:20-21) a fin de que ellos pudieran comunicar exactamente lo que Dios quería que comunicaran, dentro del alcance de sus singulares personalidades y estilos. Así, las Escrituras pueden testificar libremente que tanto el Señor y Oseas hablaron las palabras de Oseas 11:1 (Mt. 2:15), que tanto el Espíritu Santo como David hablaron el Salmo 110 (Mr. 12:36), que tanto el Espíritu Santo como Isaías hablaron Isaías 6:9-10 (Hch. 28:25-27), y que cada palabra de las Escrituras es el producto tanto de la directa influencia de Dios como de la participación consciente y directa del escritor humano.

Teoría de la inspiración parcial o conceptual. Los defensores de esta teoría sostienen que la superintendencia de Dios de la redacción de las Escrituras nunca alcanzó el nivel de las palabras exactas. En cambio, Dios simplemente implantó sobre los escritores bíblicos las ideas generales que deseaba comunicar, dándoles la libertad de elegir cómo articular esos conceptos.

De acuerdo a esta teoría, solo los conceptos de las Escrituras pueden ser considerados inspirados por Dios y, por lo tanto, ser autoritativos y verdaderos. Las palabras exactas con las que son descritos esos conceptos pueden estar manchadas por errores, ya que son el producto de escritores humanos caídos. Esta comprensión de la inspiración se encuentra entre quienes afirman que la Biblia *contiene* la Palabra de Dios, pero no es enteramente la Palabra de Dios. Los proponentes sostienen que, aunque Dios desea comunicar conocimiento de sí mismo y su voluntad, Él acomodó este conocimiento de tal manera como para permitir la inexactitud y el error en cómo es expresado. Entonces, se convierte en responsabilidad del lector distinguir entre lo que es impreciso en las expresiones del escritor humano y lo que es verdadero de acuerdo al concepto general pretendido por Dios.

No obstante, es importante reconocer que las Escrituras nunca hacen una distinción entre sus conceptos generales y las formas específicas de su expresión. En cambio, las Escrituras afirman consistentemente que son enteramente veraces (Sal. 12:6; 19:7-9; 119:160; Pr. 30:5; 2 Ti. 2:15). Según el propio testimonio de las Escrituras, la inspiración se extiende a todo lo que hay en las Escrituras, no solo a ciertas partes (2 Ti. 3:16; 2 P. 1:20-21). Dios expresa un gran cuidado por cada parte de su Palabra y prohíbe toda alteración con la redacción de sus mandamientos (Dt. 4:2; 12:32; Pr. 30:6; Ap. 22:18-19). El mismo Jesús afirmó que la Palabra de Dios es verdad (Jn. 17:17), y que la autoridad divina se extiende hasta la marca más pequeña de su expresión original (Mt. 5:18).

La teoría de la inspiración natural. Aquellos que sostienen este punto de vista argumentan que los autores bíblicos no encontraron en Dios la inspiración para escribir las Escrituras sino dentro de sí mismos y sus experiencias. De la misma manera que otros compositores y autores dotados han sido "inspirados" para componer sus grandes obras maestras, los autores bíblicos fueron movidos naturalmente en la redacción de las Escrituras.

La objeción obvia a este punto de vista es que niega la reivindicación bíblica de la autoría divina (2 Ti. 3:16; 2 P. 1:20-21). Este punto de vista exalta a los autores humanos de la Biblia, pero niega que Dios estuviera directamente involucrado en su composición. Esto hace que la Biblia sea un producto solo humano: un libro sobre Dios, pero supervisado por el hombre. Aun cuando los escritores pudieran haber tenido habilidades excepcionales y un profundo discernimiento, seguían siendo afectados por cierto grado de ignorancia, limitación y error. En un nivel humano, hubiera sido imposible evitar la inclusión de esas características en el texto de las Escrituras. Por ende, la Biblia no sería tan diferente a algún otro clásico de la literatura. Así, los proponentes de esta teoría inevitablemente niegan la autoridad, necesidad e inerrancia de las Escrituras.

El punto de vista bíblico: inspiración plenaria y verbal. Según este punto de vista, por medio de su Espíritu, Dios inspiró cada palabra que escribieron los autores humanos de la Biblia en los documentos originales de sus sesenta y seis libros. Así, todo texto de las Escrituras es al mismo tiempo la Palabra de Dios verdadera y autoritativa y la palabra deseada por el escritor bíblico. No puede hacerse ninguna distinción en ningún texto entre el componente divino y el humano.

Esta teoría afirma que tanto los conceptos generales como las expresiones específicas son divinamente autoritativas e inerrantes, que el proceso de inspiración preservó tanto la suprema agencia de Dios en la redacción de las Escrituras como la involucración personal del escritor humano. Esta inspiración es descrita como *verbal* (lat. *verbum*, "palabra") en que la influencia del Espíritu Santo se extiende incluso a la elección de palabras y gramática. También es descrita como *plenaria* (lat. *plenus*, plena) en que es característica de cada parte y tipo de literatura hallada en la Biblia, tanto para las obras históricas como Génesis, como para los tratados doctrinales como Romanos.

Este punto de vista refleja lo que Pablo afirmó en 2 Timoteo 3:16, "Toda la Escritura es inspirada por Dios" y lo que Pedro afirmó en 2 Pedro 1:21, "los santos hombres de Dios hablaron siendo inspirados por el Espíritu Santo". Dios produjo las Escrituras mediante la supervisión de los propios pensamientos de los escritores humanos cuando Él las inspiró. Esto resultó en un producto que es tanto autoritativo e inerrante por su autoría divina, como inteligible para la humanidad por su autoría humana.

El proceso de la inspiración

Los procesos que llevaron a la redacción de los libros de la Biblia son muchos y diversos. A veces, Dios le dio a Moisés palabras específicas para escribir (Éx. 34:27). Otras veces, Dios usó los pensamientos que el mismo Moisés estaba teniendo (Dt. 3:23-26). Algunos de los salmos de David provienen de las singulares experiencias de David (Sal. 32; 51), mientras que otros surgieron de experiencias que David compartió con otros (Sal. 23). Salomón buscó y reunió muchos proverbios (Ec. 12:9), y después él y otros recopilaron lo que ahora es el libro de Proverbios (Pr. 1:1; 10:1; 25:1). Lucas escribió su Evangelio después de una meticulosa investigación (Lc. 1:1-4). Judas se dispuso a escribir una carta general de estímulo, antes de cambiar de idea y escribir una carta exhortando a la defensa del evangelio (Jud. 3).

Aun el propio proceso de redacción fue a veces único para los escritores y los libros que redactaron. Jeremías dictó las palabras que Dios le dio a su escriba, Baruc. No obstante, aunque Baruc fue quien escribió, las palabras nunca fueron atribuidas a él; siempre son consideradas palabras de Jeremías o palabras de Dios (cf. Jer. 36). Aunque Pablo ocasionalmente pudo haber escrito cartas por su propia mano (Flm. 19), solía dictar sus cartas a un amanuense (una especie de secretario o escriba), incluyendo solo unas pocas palabras de su propia mano al final para certificar la autenticidad de la carta (cf. 1 Co. 16:21; Col. 4:18; 2 Ts. 3:17). Mediante estas numerosas y diversas características en la composición, Dios Espíritu Santo supervisó todas las palabras de las Escrituras.

Pedro proporciona la descripción más sucinta del proceso de composición: "Entendiendo primero esto, que ninguna profecía de la Escritura es de interpretación privada, porque nunca la profecía fue traída por voluntad humana, sino que los santos hombres de Dios hablaron siendo inspirados por el Espíritu Santo" (2 P. 1:20-21). Que la "profecía de la Escritura" no viene de la "interpretación privada" indica que el significado de un texto bíblico no se originó en última instancia del intento del escritor humano. Lo que fue escrito no fue el producto del esfuerzo singular o la "voluntad humana". En cambio, la voluntad de Dios es la causa última de esos escritos, y Él los creó a través de la influencia directa del Espíritu Santo sobre quienes Él eligió como sus instrumentos para revelar su conocimiento. De hecho, "los hombres hablaron" de parte y por Dios, pero lo hicieron mientras eran "inspirados" por el Espíritu Santo. Consciente de esta realidad, David testifica que "el Espíritu de Jehová ha hablado por mí, y su palabra ha estado en mi lengua" (2 S. 23:2).

La afirmación de Pablo de que "toda la Escritura es inspirada por Dios" (2 Ti. 3:16) también es crucial para comprender el proceso de inspiración. Primero, Pablo afirma que todo lo que pertenece a la categoría de "Escritura" es inspirado por Dios. Sin duda, la referencia más directa del término "Escritura" es el Antiguo Testamento: las "Sagradas Escrituras", a las que se refiere Pablo en el versículo anterior (2 Ti. 3:15). Pero el término "Escrituras" no debe ser limitado a los treinta y nueve libros del Antiguo Testamento. Lo que Pablo enfatiza aquí no es una colección específica de libros, sino un tipo de literatura. Por consiguiente, el término se aplica por extensión a esos escritos que fueron compuestos durante los tiempos de Pablo —los escritos del Nuevo Testamento— que estaban caracterizados por las mismas cualidades del Antiguo Testamento. Así, en 1 Timoteo 5:18, Pablo integra una cita del Antiguo Testamento ("No pondrás bozal al buey que trilla", Dt. 25:4) a una declaración del Evangelio de Lucas ("Digno es el obrero de su salario", Lc. 10:7), y los llama a ambos "Escritura". Además, Pedro se refiere a los escritos de Pablo y los compara con "las otras Escrituras" (2 P. 3:16), implicando que los escritos de Pablo también son considerados como Escrituras.

Segundo, Pablo afirma que todo lo que pertenece a la categoría de Escritura debe ser reconocido como habiendo sido "inspirado por Dios". El término *theopneustos* —hallado solo aquí en el Nuevo Testamento— es una combinación de las palabras "Dios" y "exhalada". Aunque el término ha sido traducido en muchas versiones de la Biblia como "inspirada" debido a la influencia del término *inspirata* usado en la Vulgata latina, se comprende mejor como "espirada". La espiración es el proceso de exhalar aire de los pulmones. Es la acción que sucede cuando la voz es usada. Por lo tanto, el uso de Pablo del término *theopneustos* enfatiza el origen y la entrega de las Escrituras. Todo lo que es apropiadamente definido como Escritura ha sido "exhalado de los pulmones de Dios", metafóricamente hablando. Ha sido "hablado" por la voz de Dios. Él es responsable por el proceso de su comunicación desde su origen, como un pensamiento de su propia mente a su articulación en palabras humanas plasmadas en el texto escrito.

Objeciones a la inspiración

Las objeciones a esta comprensión de la inspiración a menudo se centran en la naturaleza falible de los escritores humanos. Ya que se reconoce el componente humano en las Escrituras, y ya que ser humano significa errar (como se afirma), entonces las Escrituras deben contener errores. Negar los errores en las Escrituras, ellos dicen, es negar su componente humano.

Ciertamente, los hombres que Dios usó no eran perfectos. Las Escrituras no esconden este hecho. Lamentablemente, Moisés pecó y no se le permitió entrar a la tierra prometida (Nm. 20:9-12). David desagradó profundamente al Señor por su pecado con Betsabé (2 S. 11). Pablo reconoció abiertamente su imperfección, incluso después de dos décadas de ministerio como apóstol (Fil. 3:12-13).

Al mismo tiempo, las Escrituras son inequívocas en su testimonio respecto a la naturaleza inerrante de su texto. Así como uno puede dibujar una línea recta con un palo torcido, Dios produjo una Biblia inerrante usando hombres imperfectos. Este proceso no implicó la suspensión de la humanidad de los escritores humanos, ni una impartición temporal de una naturaleza divina. En cambio, implicó la preservación de la humanidad de los escritores con la protección especial del Espíritu Santo contra los errores. Después de todo, mientras que errar es humano, ser humano no implica necesariamente que se errará. Los seres humanos son capaces de hacer declaraciones verdaderas, especialmente cuando son guiados directamente por el Espíritu Santo.

En la encarnación de Jesucristo pueden hallarse obvias analogías. Las Escrituras consignan la milagrosa concepción del Hijo de Dios en la matriz de María (Mt. 1:18-25; Lc. 1:26-38). María era una pecadora como cualquier otro descendiente de Adán y, sin embargo, Dios la usó como un vaso para llevar al inmaculado Jesús. De la misma manera, Dios fue capaz de usar a escritores humanos falibles para producir un texto sin fallas. Además, en la encarnación, el Hijo de Dios tomó la naturaleza humana y, en esa naturaleza humana, no comprometió la esencia sin pecado del Hijo (He. 4:15; 1 P. 2:22; 1 Jn 3:5). De la misma manera, la intención divina y la humana pudieron concurrir para producir las Escrituras inerrantes.

PREPARACIÓN PARA LA INSPIRACIÓN

Detrás de la composición de los sesenta y seis libros de la Biblia estaba la superintendencia divina que orquestó providencialmente cada aspecto de su creación.

Preparación de los escritos

La providencia divina preparó no solo a los escritores bíblicos, sino también al contexto histórico en el que ellos escribieron. Cada detalle de la esfera política, social, económica, lingüística, geográfica, y aun meteorológica, fue especialmente designado por Dios para ayudar en la revelación de su conocimiento.

Moisés escribió el Pentateuco en el contexto inmediato de la liberación de Israel de su esclavitud en Egipto y en la antesala de la conquista de la tierra prometida. Estas importantes circunstancias históricas de esclavitud, redención y promesa proporcionaron el mejor escenario para la composición de esa literatura, que serviría como fundamento para el resto de la revelación redentora de Dios. Con frecuencia, los salmos fueron escritos en medio de contextos históricos particulares que exhibían la necesidad que tenían los escritores humanos de Dios y de las sorprendentes obras de Dios en respuesta. Esas circunstancias históricas resaltan vívidamente que Dios es digno de toda adoración. Los libros proféticos están llenos con referencias que identifican los cumplimientos históricos de las advertencias y promesas de Dios, que a la vez sirven para demostrar la confiabilidad de la Palabra de Dios. Dado que las promesas de juicio y redención se cumplen exactamente como fueron descritas en el pasado, puede haber certeza de que esas promesas que todavía no se han cumplido un día serán cumplidas tal como fueron descritas.

Un estudio de los libros del Nuevo Testamento revela el mismo testimonio. Pablo declara respecto a la revelación del Hijo de Dios: "Pero cuando vino el cumplimiento del tiempo, Dios envió a su Hijo, nacido de mujer y nacido bajo la ley" (Gá. 4:4). De la misma manera, todos los escritos del Nuevo Testamento surgieron en "el cumplimiento del tiempo". Ya sea el Evangelio de Lucas a Teófilo, la carta de Pablo a Filemón o la revelación de Jesucristo para las siete iglesias de Asia Menor de Juan, todos los libros del Nuevo Testamento testifican sobre la cuidadosa preparación de Dios de circunstancias que mejorarían la ocasión de la revelación del conocimiento que Él deseaba comunicar.

Preparación de los escritores

Dios también preparó a los mismos escritores. Dios orquestó todo, desde su lugar de nacimiento en su linaje familiar hasta la naturaleza de sus experiencias personales para el desarrollo de sus propios y singulares estilos de escritura y vocabulario. Dios preparó providencialmente a cada escritor de las Escrituras para ser el instrumento ideal a través del cual Él revelaría su conocimiento a la humanidad.

Respecto a la preparación de Moisés, Esteban declara: "En aquel mismo tiempo nació Moisés, y fue agradable a Dios; y fue criado tres meses en casa de su padre. Pero siendo expuesto a la muerte, la hija de Faraón le recogió y le crió como a hijo suyo. Y fue enseñado Moisés en toda la sabiduría de los egipcios; y era poderoso en sus palabras y obras" (Hch. 7:20-22). Esta educación excepcional produjo el instrumento ideal para que Dios lo usara para rescatar a su pueblo de la esclavitud y componer los primeros cinco libros de la Biblia.

Las mismas Escrituras testifican que la experiencia de David como pastor lo preparó para liderar a la nación de Israel: "Eligió a David su siervo, y lo tomó de las majadas de las ovejas; de tras las paridas lo trajo, para que apacentase a Jacob su pueblo, y a Israel su heredad" (Sal. 78:70-71). Este trasfondo de pastor también preparó singularmente a David para escribir el Salmo 23. Tal preparación personal también se nota con respecto a Jeremías el profeta. El Señor le declara: "Antes que te formase en el vientre te conocí, y antes que nacieses te santifiqué, te di por profeta a las naciones" (Jer. 1:5). Sin razón alguna para concluir que David y Jeremías eran singulares, podemos asumir que la misma preparación fue una constante en todos los profetas del Antiguo Testamento.

Lo mismo puede reconocerse en la preparación de los escritores del Nuevo Testamento. Pablo, el escritor de trece de los veintisiete libros del Nuevo Testamento, testificó que Dios lo había separado desde antes de su nacimiento a fin de revelarle a su Hijo y convertirlo en un predicador a los gentiles (Gá. 1:15). El singular trasfondo de Pablo en el fariseísmo lo hizo el instrumento ideal para consignar el conocimiento divino respecto a la doctrina de la justificación solo por gracia, solo por medio de la fe, solo en Cristo. De manera similar, la educación de Lucas como médico (Col. 4:14) contribuyó en su habilidad de cuidadoso investigador (Lc. 1:1-4), una habilidad de vital importancia para la composición de su Evangelio y el libro de Hechos. Lo mismo es cierto de cada uno de los escritores del Nuevo Testamento.

PRUEBAS DE LA INSPIRACIÓN

Dios no dejó a su palabra escrita sin pruebas de su naturaleza divina. Desde principio a fin y de variadas maneras, Dios testifica que los escritos de las Escrituras son "inspirados" por Él.

Pruebas de la inspiración del Antiguo Testamento

El Antiguo Testamento es identificado como las palabras de Dios. Vez tras vez, los escritores del Antiguo Testamento afirman que sus palabras son lo que "Dios dijo" (p. ej., Éx. 17:14; 19:3, 6-7; 20:1; 24:4; 34:27). Esdras llamó al Antiguo Testamento "las palabras del Dios de Israel" (Esd. 9:4). El Salterio comienza identificando a la ley de Moisés como "la ley de Jehová" (Sal. 1:2). En el Salmo 119, su autor llama veinticuatro veces a las Escrituras "palabra(s) del Señor". Los profetas identificaban incluso sus mensajes escritos con afirmaciones como "Oye, pues, palabra de Jehová" (1 R. 22:19; 2 R. 20:16). No había ninguna vacilación por parte de los escritores del Antiguo Testamento de equiparar lo que escribían con las palabras del Altísimo.

El Antiguo Testamento registra palabras directas de Dios. El primer libro de la Biblia comienza con las palabras directas de Dios: "Y dijo Dios", "Sea la luz; y fue la luz" (Gn. 1:3; cf. vv. 6, 9, 11, etc.). Este registro de las palabras directas continúa con las instrucciones que Dios le dio a Adán y Eva (Gn. 1:26, 28-29; 2:16-17), así como sus juicios y promesas a la luz de la caída en pecado (Gn. 3:13-19). Y se registran también varias conversaciones entre Dios y determinados individuos: Dios llamó a Abram de la tierra de Ur y le habló directamente y en múltiples ocasiones (Gn. 12:1-3; 15:1-21). Éxodo 3:1–4:23 proporciona un relato detallado de las palabras directas de Dios a Moisés en la zarza ardiente. Los libros de Éxodo, Levítico, Números y Deuteronomio están llenos con citas de las palabras directas que Dios habló a seres humanos, particularmente a Moisés. Después de la muerte de Moisés, Dios habló directamente con Josué, instruyéndolo sobre su rol en la conquista de la tierra prometida (Jos. 1:8-9). Este patrón continúa a lo largo del Antiguo Testamento.

El Antiguo Testamento autoriza a los profetas como voceros de Dios. Comenzando con Moisés (Éx. 3:15), los profetas de Dios fueron reconocidos como mensajeros autoritativos de Dios hablando directamente en nombre de Él.

A Moisés se le dijo que fuera directamente a Faraón y que le hablara en nombre de Dios, diciendo: "Jehová ha dicho así" (Éx. 4:22). Ese patrón es seguido a lo largo del Antiguo Testamento por los profetas de Dios, incluidos Josué (Jos. 7:13; 24:2, 27), Gedeón (Jue. 6:7-18), Samuel (1 S. 10:18; 15:2), Natán (2 S. 12:7, 11), y muchos otros (p. ej., 1 R. 11:31; 12:24; 13:1-2; 13:21; 14:3-7). Cuando un profeta habla por Dios, una de las fórmulas usadas comúnmente para introducir el contenido es "así dice Jehová". El profeta puede incluso hablar por Dios en primera persona (p. ej., 1 R. 20:13). David reconoció que Dios estaba hablando a través de él cuando declaró: "El Espíritu de Jehová ha hablado por mí, y su palabra ha estado en mi lengua" (2 S. 23:2). Que los profetas pudieran hablar directamente por Dios llevó a intentos falsos para reproducir esa autoridad, lo que explica por qué Dios proveyó instrucciones para discernir entre los profetas verdaderos y los falsos (Dt. 12:32; 13:1-5; 18:15-22).

La visión de Jesús respecto a las Escrituras

No puede haber mejor testimonio para comprender correctamente la inspiración y autoridad de las Escrituras que el provisto por Jesucristo mismo.

Jesús afirmó la autoridad del Antiguo Testamento. Cada vez que usaba el Antiguo Testamento, Jesús asumió y confirmó su autoridad universal.

Por ejemplo, Jesús apeló a la autoridad del Antiguo Testamento en cada una de las tentaciones de Satanás (Mt. 4:1-11; Lc. 4:1-13). Asimismo, Jesús recurrió a la autoridad del Antiguo Testamento para resolver todas las cuestiones de fe y práctica. Cuando se acusó a sus discípulos de incumplir las leyes del sábado, Jesús se refirió a principios derivados de la ley mosaica, citando 1 Samuel 21:6 como justificación bíblica de sus acciones (Mt. 12:1-8). Cuando lo interpelaron sobre el divorcio, Jesús recurrió a Génesis 2:23-24 y Deuteronomio 24:1-4 (Mt. 19:3-9). Al afirmar directamente la autoridad del Antiguo Testamento, Jesús preguntaba repetidamente a sus oponentes: "¿No habéis leído?" (Mt. 12:3, 5; 19:4; 21:16, 42; 22:31; Mr. 2:25; 12:10, 24, 26; Lc. 6:3).

Jesús también recurrió a la autoridad del Antiguo Testamento para dar testimonio de su identidad. Cuando los líderes religiosos cuestionaron sus sanaciones en sábado, Jesús reivindicó su igualdad con Dios y fundamentó su afirmación en varias pruebas: el testimonio de Juan el Bautista (Jn. 5:33-35), el testimonio de sus propias obras (5:36), el testimonio de su Padre celestial (5:37-38) y el testimonio de las Escrituras del Antiguo Testamento, específicamente los libros de Moisés (5:39-47). Después de su resurrección, Él también apeló a las Escrituras del Antiguo Testamento para confirmar su identidad, amonestando a sus discípulos por sus dudas (Lc. 24:25-27, 44-49). De hecho, Jesús afirmó que el testimonio del Antiguo Testamento es superior incluso al milagro de la resurrección: "Si no oyen a Moisés y a los profetas, tampoco se persuadirán aunque alguno se levantare de los muertos" (Lc. 16:31).

Jesús también se sometió a la autoridad del Antiguo Testamento y la promovió. En el Sermón del Monte, declaró que no había venido a abolir —la ley o los profetas—, sino a cumplir (Mt. 5:17). El Señor declaró que cualquier violación de las Escrituras tendría consecuencias eternas (Mt. 5:18-19). Él definió la regla de oro como la cuestión central de la enseñanza de las Escrituras (Mt. 7:12). Como más adelante diría Pablo, Jesús, el Hijo de Dios, fue uno "nacido bajo la ley" (Gá. 4:4).

Jesús afirmó la inspiración del Antiguo Testamento. Jesús no aceptó la autoridad de Antiguo Testamento simplemente porque esa era la perspectiva popular de la cultura judía del primer siglo. Él afirmó la autoridad del Antiguo Testamento porque Él lo recibió como el producto de la inspiración divina.

Primero, Jesús afirmó la autoría divina y humana de la Biblia. Él reconoció repetidamente a los escritores del Antiguo Testamento, incluyendo a Moisés (Jn. 5:45-47), David (Lc. 20:42), Isaías (Mt. 13:14) y Daniel (Mt. 24:15-16). Al mismo tiempo, describió esos escritos como el producto del Espíritu Santo. Jesús atribuyó tanto a David como al Espíritu Santo la autoría del Salmo 110 (Mr. 12:36), y aludió indistintamente a fragmentos del Antiguo Testamento como las palabras de Dios y la obra de escritores humanos como Moisés e Isaías (Mt. 15:1-11). Para Jesús no había diferencia entre "Dios dice", "la Escritura dice", o "el mismo David dice".

Segundo, Jesús afirmó la inspiración *plenaria* y *verbal* de la Biblia. Al afirmar su inspiración plenaria, Jesús citó o aludió a cada una de las principales divisiones de la Biblia hebrea (la Ley, los Profetas y los Escritos). Al afirmar su inspiración verbal, Jesús basó los argumentos centrales de sus enseñanzas en frases individuales, palabras e incluso cartas del texto del Antiguo Testamento. En Juan 10:34-35, Jesús defendió su deidad dirigiendo la atención de sus oponentes a una palabra de una frase de Salmos 82:6, recordando a sus oyentes que "la Escritura no puede ser quebrantada" (Jn. 10:35). Cuando fue cuestionado por los saduceos sobre el tema de la resurrección, Jesús basó toda su refutación sobre el tiempo de un solo verbo hebreo (Mt. 22:32). Para exhibir la ignorancia de los fariseos sobre el significado e importancia del Antiguo Testamento, Jesús se refirió a Salmos 110:1, cuando David se dirigió a su hijo (Jesús) como "Señor" (Mt. 22:41-45). Jesús constató la inspiración verbal del Antiguo Testamento cuando en otra ocasión reprendió a los fariseos con estas palabras: "Pero más fácil es que pasen el cielo y la tierra, que se frustre una tilde de la ley" (Lc. 16:17).

Tercero, Jesús afirmó la necesidad del cumplimiento del Antiguo Testamento. Cada profecía del Antiguo Testamento debe cumplirse por la sencilla razón de que es la Palabra de Dios. Él citó Salmos 35:19 o 69:4 como la razón por la cual el mundo lo odiaba (Jn. 15:18-25); se refirió a Salmos 41:9 como la base de la traición de Judas (Jn. 13:18); citó Zacarías 13:7 como prueba de que el resto de sus discípulos se dispersaría después de su crucifixión (Mt. 26:31). Su arresto en el huerto de Getsemaní fue el cumplimiento de las Escrituras (Mt. 26:56). Incluso, cuando estaba colgando de la cruz, deliberadamente cumplió las Escrituras al pie de la letra (Jn. 19:28-30). Jesús creía que toda su misión era el cumplimiento de lo que había sido escrito (Mr. 9:12-13; Lc. 4:21; 20:17; 24:44-46; Jn. 5:39). Aunque los discípulos no comprendieron esto inicialmente, eventualmente "se acordaron de que estas cosas estaban escritas acerca de él, y de que se las habían hecho" (Jn. 12:16; cf. Lc. 24:44-46).

Jesús afirmó la historicidad del Antiguo Testamento. Además de afirmar la autoridad e inspiración del Antiguo Testamento, Jesús declaró su confianza en la veracidad de los relatos históricos que contiene.

Jesús afirmó la historicidad de las personas que aparecen en los relatos del Antiguo Testamento, puesto que en cada referencia que hacía a ellas las trataba como personas reales. Cuando habló del tema del divorcio, Jesús confirmó el relato histórico de la creación de Adán y Eva y basó toda su enseñanza del matrimonio sobre los detalles descritos en Génesis 1–2 (Mt. 19:4-5). Demostró una firme confianza en la autenticidad del relato de Génesis 4, constatando no solo la existencia de Abel, sino también su asesinato (Mt. 23:35). Jesús afirmó el rigor histórico de Noé (Mt. 24:37-38; Lc. 17:26-27); Abraham, Isaac y Jacob (Mt. 8:11; 22:32; Lc. 13:28; Jn. 8:56); Lot y su esposa (Lc. 17:28, 32); Moisés (Jn. 3:14; 5:45; 7:19); David (Mt. 12:3; 22:43-45); Salomón (Mt. 6:29; Lc. 11:31); la reina de Saba (Mt. 12:42; Lc. 11:31); Elías y la viuda de Sidón (Lc. 4:25-26); Eliseo y Naamán (Lc. 4:27); Jonás (Mt. 12:39-41; Lc. 11:29-32); Zacarías (Mt. 23:35; Lc. 11:51); y Daniel (Mt. 24:15). En todas sus referencias a personas del Antiguo Testamento, Jesús nunca corrigió o se desvió de los relatos del Antiguo Testamento.

Jesús también afirmó la historicidad de lugares y acontecimientos registrados en el Antiguo Testamento. El Señor citó a menudo aquellos relatos caracterizados por consignar acontecimientos milagrosos. Constató la destrucción de Sodoma y Gomorra (Mt. 11:20-24; cf. Mt. 10:15). Confirmó los días que Jonás estuvo dentro del gran pez (Mt. 12:40) y el arrepentimiento de Nínive (Lc. 11:30-32). Afirmó el histórico diluvio en los días de Noé, que fue tan global como será el juicio del Hijo en el futuro día del Señor (Mt. 24:38-39). Estaba convencido de que Dios proveyó a Israel maná del cielo, cuando el pueblo vagó por el desierto durante cuarenta años (Jn. 6:49). Finalmente, Jesús no se refirió a esos eventos como si fueran cuentos fantasiosos, Él basó la certeza de sus palabras y obras sobre la veracidad de esos relatos (p. ej., Mt. 12:38-42 y Jon. 1:17).

Jesús también afirmó la historicidad de la autoría del Antiguo Testamento. En varias ocasiones, Jesús citó, por nombre, a los autores humanos de los libros del Antiguo Testamento. Por ejemplo, Cristo atribuyó a Moisés la autoría del Pentateuco (Mt. 8:4; Mr. 12:26; Jn. 5:45-46). Además, Jesús afirmó que David escribió el Salmo 110 (Mt. 22:43-44), que Isaías escribió el libro que lleva su nombre (Mt. 13:14-15) y que Daniel escribió su profecía homónima (Mt. 24:15). Consecuentemente, negar la autoría de esos libros del Antiguo Testamento es atribuir error al mismo Jesús.

Jesús autenticó anticipadamente el Nuevo Testamento como Escritura. Así como Jesús afirmó la autoridad, inspiración e historicidad del Antiguo Testamento, Él también anticipó el testimonio sobre sí mismo que sería escrito después de su ascensión, los escritos que conformarían el Nuevo Testamento.

Primero, Jesús declaró que sus propias palabras eran las palabras del Padre. Cristo afirmó repetidamente que, cuando Él hablaba, sus palabras eran las que el Padre le había dado. Ellas tenían la misma autoridad y permanencia que las palabras del Antiguo Testamento. En el aposento alto, Jesús preguntó a sus discípulos: "¿No cree[n] que yo soy en el Padre, y el Padre en mí? Las palabras que yo os hablo, no las hablo por mi propia cuenta, sino que el Padre que mora en mí, él hace las obras" (Jn. 14:10; cf. Jn. 12:49-50). Incluso en su oración en el huerto de Getsemaní, Jesús declara: "Ahora han conocido que todas las cosas que me has dado, proceden de ti; porque las palabras que me diste, les he dado; y ellos las recibieron, y han conocido verdaderamente que salí de ti, y han creído que tú me enviaste" (Jn. 17:7-8). Jesús era un profeta "como" Moisés (Dt. 18:15), pero mucho mayor que él. Ver a Jesús era ver al Padre (Jn. 14:9), y así, oír a Jesús era oír al Padre (Jn. 17:8, 14). Como el clímax de la autorrevelación de Dios (Jn. 1:18; He. 1:1-3), las palabras de Jesús necesitarían ser preservadas y proclamadas con igual reverencia que las palabras del Antiguo Testamento. El mismo Jesús señaló esto cuando declaró: "El cielo y la tierra pasarán, pero mis palabras no pasarán" (Mt. 24:35; cf. Mr. 13:31; Lc. 21:33).

Segundo, Jesús preparó a los apóstoles para ser mensajeros de su Palabra (Lc. 6:13). El acto de Jesús de designar a un grupo selecto de discípulos para ser sus "apóstoles" o "mensajeros autorizados" indica su intención de diseminar su palabra con precisión y autoridad. Esos apóstoles primero tenían que estar con Jesús (Mr. 3:14), para oír sus palabras y ver sus obras por un largo período de tiempo a fin de que, después de su ascensión, estuvieran listos para proclamar su Palabra como testigos personales de la verdad (Lc. 24:44-48). Ellos actuarían como sus portavoces, así como los profetas antiguos funcionaron como portavoces del Señor.

Tercero, Jesús prometió a sus discípulos la inspiración del Espíritu Santo. Este "Ayudador" (Jn. 14:26; 15:26; 16:7) era el mismo Espíritu que inspiró las Escrituras del Antiguo Testamento. También fue el mismo Espíritu que daría a los apóstoles las palabras para hablar (Mt. 10:16-20), así como Dios había hecho con Moisés (Éx. 4:12). Él era el "Espíritu de verdad" que garantizaría la precisión de su testimonio (Jn. 15:26-27).

Cuarto, Jesús prometió que sus apóstoles recibirían más revelación de la que Él les había dado personalmente. Más verdad les sería dada en el momento apropiado (Jn. 16:12-14). La fuente de esa revelación sería el Espíritu Santo, así como lo fue en el Antiguo Testamento, y el centro de esa revelación continuaría siendo la persona de Jesucristo, así como lo fue en el Antiguo Testamento.

Finalmente, Jesús oró que la futura iglesia crecería y sería santificada sobre las bases de las palabras de los apóstoles. Solo la Palabra de Dios podría traer fe y santificación (Jn. 17:17). También, Jesús oró por quienes en el futuro "han de creer en mí por la palabra de ellos", es decir, por la palabra de los apóstoles (Jn. 17:20). La Palabra de Dios se convertiría en la palabra de *ellos*. La palabra de ellos sería la Palabra de Dios.

Todas esas acciones de parte de Jesús apuntan a su anticipación de la composición de los nuevos escritos que servirían como el testimonio duradero y fiel de su vida. Estos nuevos escritos —el testimonio apostólico/profético de la llegada del Mesías prometido— compartirían la misma inspiración, autoridad, veracidad y permanencia de los escritos del Antiguo Testamento que profetizaron su venida.

Pruebas de la inspiración del Nuevo Testamento

El Nuevo Testamento provee un claro y consistente testimonio de la inspiración y autoridad del Antiguo Testamento; pero no termina ahí. También testifica de la inspiración y autoridad de los mismos escritos del Nuevo Testamento.

Los escritores del Nuevo Testamento trataban al Antiguo Testamento como la Palabra de Dios. Mateo declara que las palabras de Isaías eran "lo dicho por el Señor por medio del profeta" (Mt. 1:22-23; cf. Is. 7:14; Mt. 2:14-15; cf. Os. 11:1). Juan reconoció la naturaleza autoritativa del Antiguo Testamento al señalar su cumplimiento exacto en la muerte y resurrección de Jesucristo (Jn. 19:24, 36-37; 20:6). El escritor de Hebreos presenta una cita de Salmos 95:7-11 con las palabras: "Como dice el Espíritu Santo" (He. 3:7). Él cita las palabras de Moisés en Génesis 2:2, pero se las atribuye a Dios mismo (He. 4:4). Ese mismo escritor más tarde cita Jeremías 31:31-34 y otra vez atribuye esas palabras a Dios (He. 8:8-12), y luego específicamente al Espíritu Santo (He. 10:15-17).

El apóstol Pablo reconoció abiertamente: "Sirvo al Dios de mis padres, creyendo todas las cosas que en la ley y en los profetas están escritas" (Hch. 24:14). Él sostuvo ante Agripa que no proclamaba respecto a Cristo "nada fuera de las cosas que los profetas y Moisés dijeron que habían de suceder" (Hch. 26:22). Él creía que el Antiguo Testamento era el fundamento autoritativo para su predicación (1 Co. 15:3-4), y creía que los profetas del Antiguo Testamento transmitían precisamente el propósito del Espíritu Santo (Hch. 28:25).

Para reforzar su argumento, Pablo introduce a menudo en sus cartas citas del Antiguo Testamento con la fórmula: "la Escritura dice" (Ro. 4:3; 9:17; 10:11; 11:2; Gá. 4:30; 1 Ti. 5:18) o la forma más prevalente "está escrito" (Ro. 1:17; 2:24; 3:4, 10; 8:36, etc.). Para Pablo, las Escrituras se autenticaban a sí mismas y no necesitaban ninguna reafirmación para establecer su autoridad. El texto de las Escrituras y la voz de Dios eran tan intercambiables que Pablo dice que "la Escritura... dio de antemano la buena nueva a Abraham" (Gál. 3:8), y que "la Escritura lo encerró todo bajo pecado" (Gá. 3:22). Pablo describió el Antiguo Testamento como "palabra de Dios" (Ro. 3:2), una descripción que identifica a las Escrituras como los propios dichos de Dios. Además, él declaró que el Antiguo Testamento fue "inspirad[o] por Dios, y útil para enseñar, para redargüir, para corregir, para instruir en justicia, a fin de que el hombre de Dios sea perfecto, enteramente preparado para toda buena obra" (2 Ti. 3:16-17).

La reverencia que los escritores del Nuevo Testamento tenían por el Antiguo Testamento también puede ser observada en su afirmación de su precisión histórica. Importantes eventos como la creación de Adán y Eva (1 Co. 11:8-12; 1 Ti. 2:13; Jud. 14), los detalles de la caída de Adán y Eva en el pecado (Ro. 5:12-21; 1 Co. 15:21-22, 45; 2 Co. 11:3; 1 Ti. 2:14), el diluvio global (He. 11:7; 1 P. 3:20; 2 P. 2:5) y la destrucción de Sodoma y Gomorra (2 P. 2:6; Jud. 7) fueron considerados consistentes con la realidad histórica. Dios lo dijo. Por lo tanto, es verdadero.

Los autores del Nuevo Testamento reconocieron sus escritos como Escrituras. Hay más evidencias de que Pablo reconocía que sus propios escritos eran inspirados y autoritativos de la que hay en muchos de los libros del Antiguo Testamento. Pablo afirmaba hablar la palabra de Dios (2 Co. 2:17; 4:2; 1 Ts. 2:13) y no su propio mensaje (2 Co. 4:5). Él se veía a sí mismo como un mensajero de las mismas palabras de Cristo (1 Co. 11:23-25; 15:3; Gá. 1:12). Él creía que la iglesia estaba construida sobre sus palabras y las palabras de otros apóstoles y profetas del Nuevo Testamento (1 Co. 3:10; Ef. 2:19-20). Pablo afirmaba que el Espíritu Santo era el agente de revelación directa a través de él (1 Co. 2:1-4, 12-13; Ef. 3:1-5). Pablo también afirmó que lo que él escribió era parte de la norma autoritativa para la Iglesia de Cristo, y que rechazar sus palabras era ponerse a sí mismo fuera de esa Iglesia (Ro. 16:25-26; 1 Co. 7:17; 14:37-38; 2 Co. 13:10; Gá. 1:9; 2 Ts. 3:6, 14). Sus enseñanzas debían tener autoridad sobre todas las iglesias (1 Co. 4:17; 7:17; 11:16). Él mandó la lectura pública de sus cartas durante los servicios de adoración de la iglesia (Col. 4:16; 1 Ts. 5:27), colocando conscientemente sus escritos en el mismo nivel de las Escrituras del Antiguo Testamento, que también debían leerse en púbico (1 Ti. 4:13).

No obstante, Pablo no era el único que reconocía como inspirados sus propios escritos. El apóstol Pedro reconoció que las cartas de Pablo tenían esa cualidad (2 P. 3:16). Del mismo modo, Pablo reconocía la inspiración del Evangelio de Lucas, equiparando una cita de Lucas 10:7 con una cita de Deuteronomio 25:4 y llamando a ambos "Escritura" (1 Ti. 5:18). El apóstol Juan comienza el libro final del canon del Nuevo Testamento con un título ambiguo: "La revelación de Jesucristo" (Ap. 1:1). Como un testimonio de la inspiración de su obra, él incluyó bendiciones especiales para sus lectores (Ap. 1:3; 22:7). Juan también afirmó que el mismo Jesús era el que le ordenó: "escribe" el contenido del libro (Ap. 1:11, 19; 2:1, 8, 12, 18; 3:1, 7, 14).

Los críticos de las Escrituras a menudo afirman que los escritores bíblicos —particularmente los del Nuevo Testamento— eran ignorantes de la inspiración de sus propios escritos. Esos críticos afirman que la inspiración no es una cualidad que ellos reconocieran en sus propias obras; es un ideal impuesto sobre esas obras por ciertos lectores. Sin embargo, tal afirmación refleja la propia ignorancia de los críticos y, aun peor, su propia ceguera. El mismo testimonio del Antiguo y Nuevo Testamento de su propia inspiración es, simplemente, irrefutable.

Autoridad de las Escrituras

La doctrina de la autoridad de las Escrituras levanta una pregunta esencial: ¿Cómo se convence uno de que la Biblia es realmente la Palabra de Dios?

El concepto de la autoridad es, y siempre ha sido, el tema crucial de toda discusión sobre la verdad. Las afirmaciones de la verdad requieren de justificación, y la justificación de esas afirmaciones requiere autoridad. ¿Dónde se encuentra esa autoridad? Por ejemplo, ¿puede ser creído el contenido de las Escrituras sobre las bases de su propio testimonio? ¿O se necesitan otras autoridades para creer justificadamente en sus afirmaciones?

El acercamiento apropiado a esta discusión comienza con una definición apropiada de *autoridad*. La autoridad puede ser definida como "el poder para imponer obediencia o el derecho a hacerlo; supremacía moral o legal; derecho a tomar o aplicar una decisión final".[1] En la historia humana, tal autoridad ha estado centrada en fuentes como *uno mismo* (la propia intuición o razonamiento subjetivos), la *tradición* (un conjunto establecido de convicciones religiosas o culturales) o la *comunidad* (un conjunto de personas que comparten experiencias y valores).

No obstante, en una cosmovisión bíblica, la autoridad original y última reside en Dios y solo en Él. Dios no adquirió su autoridad a través de una batalla cósmica. No le fue concedida por algo o alguien en su creación. Él siempre ha poseído firmemente su autoridad por virtud de su esencia como el Altísimo.

Por consiguiente, toda autoridad que exista fuera de Dios en última instancia pertenece a Dios, depende de Él y, en consecuencia, está sujeta a su autoridad. Tal autoridad es, por naturaleza, delegada o derivada. Como declara Pablo: «No hay autoridad sino de parte de Dios, y las que hay, por Dios han sido establecidas» (Ro. 13:1; cf. Jn. 19:11). Con esto en mente, volvemos a la cuestión fundamental, ¿qué justifica creer en el contenido de la Biblia?

FUENTES SECUNDARIAS

Los que apelan a una autoridad fuera de las Escrituras para justificar creer en las Escrituras, típicamente presentan una de tres fuentes principales: (1) las pruebas racionales, (2) la tradición de la iglesia, y (3) la intuición personal.

Pruebas racionales

Los que apelan a las pruebas racionales creen que la confiabilidad de la Biblia debe ser apoyada por pruebas racionales o científicas, y creen que es su responsabilidad probar (o desaprobar) que las narrativas históricas de las Escrituras son consistentes con los claros dictados autoevidentes de la razón humana y el método científico.

Las evidencias arqueológicas proporcionan un ejemplo significativo. Si los relatos bíblicos de personajes o eventos históricos deben creerse, los detalles del texto deben ser confirmados por descubrimientos arqueológicos. Donde esas pruebas

---

1   *The New Shorter Oxford Dictionary*, 4a. ed. (Oxford: Oxford University Press, 1993), s.v. "authority".

confirman la narrativa bíblica, esos relatos pueden creerse. Cuando tales evidencias están ausentes, la narrativa bíblica solo puede considerarse tentativamente. Cuando dichas pruebas parecen contradecir la narrativa bíblica, uno debe determinar si las fuentes arqueológicas son incorrectas o engañosas o es la comprensión de uno la que debe ser revisada.

A menudo, la evidencia científica es citada en un esfuerzo para probar o rebatir las porciones milagrosas de las Escrituras. Algunos se esfuerzan para probar la confiabilidad de los relatos milagrosos en las Escrituras tratando de ubicar eventos análogos en la historia. Otros intentan refutar la confiabilidad de esos mismos relatos señalando la ausencia de esos eventos análogos. Para ambos bandos, la razón y el empirismo son vistos como las autoridades que otorgan la aprobación (o no) de las Escrituras.

La tradición de la iglesia

Una segunda fuente sugerida de autoridad para afirmar la credibilidad de las Escrituras es la autoridad de la iglesia. Esto incluye las declaraciones hechas por los concilios de la iglesia, los teólogos históricos y otros cuerpos eclesiásticos. La autoridad de todas o algunas de esas fuentes sería necesaria para justificar creer en el contenido de las Escrituras.

La Iglesia católica opera según este principio. Según su punto de vista, la Biblia es la Palabra de Dios porque la iglesia romana lo ha decretado. La misma iglesia decide qué libros componen las Santas Escrituras y delegó sobre esos libros su autoridad. Muchas otras tradiciones eclesiásticas se basan en este mismo principio. Las personas que se adhieren a esas tradiciones no creen por lo que encuentran en la Biblia, sino por lo que enseña su denominación, un documento eclesiástico preferido o un amado héroe histórico.

Intuición personal

Una tercera fuente de autoridad para justificar creer en las Escrituras es la intuición personal. Donde un texto de las Escrituras evoca una experiencia o sentimiento deseado, se lo considera como verdadero y autoritativo. Donde sea que un texto provoque incomodidad u ofensa, es visto con escepticismo o negación. La autoridad de las Escrituras deriva entonces de la propia autoridad personal del lector.

El desenvolvimiento práctico de este enfoque puede ser observado en quienes aceptan o rechazan ciertas enseñanzas de las Escrituras basados en el grado de aceptación de esas enseñanzas para sus sensibilidades internas. Por ejemplo, Dios puede ser soberano solo hasta el punto de que uno sienta que no vulnera su propio sentido de libertad como ser humano. El hombre puede ser pecaminoso solo hasta el punto de que esa creencia no vulnere el propio sentido personal de valor y bondad. Al final, los que colocan la suprema autoridad en la intuición personal inevitablemente crean dioses a su propia imagen.

En última instancia, ni la razón, ni la tradición, ni la experiencia pueden servir como la autoridad suprema para justificar creer en el contenido de las Escrituras. Al mismo tiempo, esto no quiere decir que nunca se hallarán pruebas claras de la veracidad del registro bíblico en esas fuentes. A decir verdad, hay muchos testigos de la confiabilidad de las Escrituras en la arqueología, la ciencia, la razón y la experiencia. El registro bíblico se corresponde con la realidad. Y, como Pablo sostiene respecto a la resurrección de Cristo, la precisión histórica es importante (1 Co. 15:17-19). Sin embargo, tales fuentes de conocimiento deben mantenerse en el lugar correcto; son todos secundarios y no otorgan autoridad a la Biblia. Ellos mismos tienen autoridad derivada solo hasta el punto en que se someten y concuerdan con la enseñanza de la Biblia.

FUENTE PRIMARIA

Los nombres y títulos de Dios y las descripciones de su carácter y obras demuestran su absoluta autoridad sobre toda su creación. No hay nadie por encima de Él. Por lo tanto, no hay nada por encima de su Palabra.

La incuestionable autoridad de las Escrituras

La absoluta autoridad de Dios es ejercida sobre la humanidad a través de su Palabra. Esta no es una limitación para Dios, sino un deleite. Como declara Isaías: "Jehová se complació por amor de su justicia en magnificar la ley y engrandecerla" (Is. 42:21). El salmista se postra y le da gracias a Dios porque "has engrandecido tu nombre, y tu palabra sobre todas las cosas" (Sal. 138:2). En respuesta a quienes escudriñan su Palabra, Jesús declara: "El que me rechaza, y no recibe mis palabras, tiene quien le juzgue; la palabra que he hablado, ella le juzgará en el día postrero" (Jn. 12:48). Del mismo modo, el escritor de Hebreos afirma: "Porque la palabra de Dios es viva y eficaz, y más cortante que toda espada de dos filos; y penetra hasta partir el alma y el espíritu, las coyunturas y los tuétanos, y discierne los pensamientos y las intenciones del corazón. Y no hay cosa creada que no sea manifiesta en su presencia; antes bien todas las cosas están desnudas y abiertas a los ojos de aquel a quien tenemos que dar cuenta" (He. 4:12-13).

Dado que la irrebatible autoridad de Dios es expresada a través de su Palabra, es claro que esa Palabra no puede estar sujeta al escrutinio de aquellos a quienes ella misma juzga. De la misma manera que la revelación general de Dios "declara" el conocimiento sobre Dios de manera independiente de la investigación y la aprobación humanas (Sal. 19:1), así la revelación escrita de Dios declara su conocimiento independiente del juicio humano.

Después de todo, esta es la misma esencia de la revelación, que es el conocimiento que es declarado desde arriba, no el conocimiento que es buscado, investigado o escudriñado desde abajo. Su autoridad deriva solo de Dios que la inspiró; no es atribuida a sus receptores. Por consiguiente, la respuesta aceptable a la revelación nunca puede ser el escepticismo; debe ser fe, sumisión y obediencia. Debe ser una respuesta de reverencia (Is. 66:2).

Claridad y suficiencia de las Escrituras

Dos cualidades de las Escrituras son particularmente importantes para la discusión de la autoridad: la claridad y la suficiencia. La *claridad* de las Escrituras se refiere a su accesibilidad. El conocimiento de Dios contenido en la Biblia ha sido revelado de tal manera que puede ser suficientemente comprendido en y por sí mismo por quienes lo buscan. Establecido negativamente, la Biblia no es una colección de escritos misteriosos que requiere la asistencia de algún otro conocimiento para hacerla comprensible. Las Escrituras son tan claras que juzgan e iluminan todo lo demás.

Así, una metáfora común usada para describir la Palabra de Dios es *luz* (Sal. 19:8; 119:105; Pr. 6:23; 2 P. 1:19). La Palabra está destinada a todos, no solo para una elite de educados y religiosos (Dt. 6:6-8; Neh. 8:1-3, 12; Fil. 1:1; 2 Ti. 3:15), y su propósito es hacer sabio al sencillo (Sal. 19:7; 119:130). Las Escrituras declaran las expectativas de Dios para la humanidad (Dt. 30:11-14; 2 Ti. 3:16-17).

Sin duda, la claridad objetiva de la Palabra de Dios no cura por sí sola la ceguera moral e intelectual de los incrédulos. Para ellos, la Biblia es fundamentalmente oscura (1 Co. 2:14; 2 Co. 4:4), pero tal percepción evidencia la propia condición espiritual de ellos y el juicio de Dios sobre ellos (Is. 6:9-10; Mt. 13:13-15), no la insuficiencia de las Escrituras. La inherente claridad de las Escrituras tampoco niega la necesidad que tienen los creyentes de estudiarla (2 Ti. 2:15), su necesidad de la capacitación divina (Sal. 119:18) o su necesidad por el ministerio de pastores y maestros (Ef. 4:11-12). Tampoco implica que cada principio de la Palabra de Dios es igualmente comprensible, o que la verdad de Dios es simplista (2 P. 3:15-18). En cambio, la cualidad de claridad de las Escrituras indica que su verdad es accesible en sí misma para aquellos que la buscan.

Que la Palabra de Dios es clara indica que media su autoridad efectivamente. Lo mismo es cierto del conocimiento que Dios revela a través de la revelación general (Ro. 1:18-20). Debido a que la revelación general es inherentemente clara, deja a la humanidad "sin excusas" (Ro. 1:20). De manera análoga, la claridad de la revelación de Dios de sí mismo en su Palabra escrita significa que su autoridad también se expresa eficazmente en sus propósitos.

La Biblia también es *suficiente* en sí misma para llevar a cabo las intenciones que Dios tiene para ella (Sal. 19:7-11). Las Escrituras contienen todo el conocimiento necesario para llevar a una persona a una fe salvadora (Ro. 10:17; 2 Ti. 3:15); son la singular fuente de conocimiento que santifica (Jn. 17:17). Son más confiables que incluso la experiencia espiritual más asombrosa (2 P. 1:19-20); contienen lo que enseña, redarguye, corrige e instruye, y equipa al creyente para toda buena obra (2 Ti. 3:16-17). Por sí misma, sin ninguna ayuda de otras "fuentes" de conocimiento, la Biblia es suficiente para lograr todos los propósitos que Dios le ha designado (Is. 55:10-11).

Que la Palabra de Dios es suficiente para sus propósitos pretendidos indica, otra vez, que expresa efectivamente la autoridad de Dios. No le falta poder o información para lograr sus objetivos. No se requiere ninguna otra fuente de autoridad para reforzarla o afirmarla. Su conocimiento no necesita ser suplementado, integrado o alineado con alguna otra "verdad" a fin de revelar a Dios al hombre y llevar al hombre a Dios. No le falta nada.

Por consiguiente, es el deber del predicador pregonar la Palabra de Dios con autoridad (2 Ti. 4:2; Tit. 2:15). El predicador hace esto como un embajador encomendado por el decreto de su rey, no como un experto que asume la libertad de incorporar su propia sabiduría o moderar los decretos de Dios con experiencia, tradición o filosofía humanas. Además, es la obligación del receptor de esta Palabra confiar y obedecer. La altura del amor por Dios será demostrada en la incondicional sumisión del creyente a la autoridad de Dios expresada en su Palabra (Is. 66:2; Jn. 14:15). Es esa sumisión a la autoridad de esta Palabra lo que mejor evidencia la presencia de la fe salvadora (1 Jn. 2:3). Por el contrario, es la epítome del pecado cuestionar la claridad, sabiduría y veracidad de esta Palabra (Gn. 3:1-7).

El testimonio del Espíritu Santo

Aun cuando la Palabra de Dios tiene una autoridad absoluta, no actúa sola. El ministerio del Espíritu Santo es esencial para reconocer la autoridad de las Escrituras.

El creyente reconoce la autoridad de las Escrituras como resultado del testimonio interno del Espíritu. Este ministerio del Espíritu no es la comunicación de nueva revelación, como si el Espíritu usara las Escrituras como un trampolín para revelar nuevo conocimiento de parte de Dios que no esté ya presente en el texto. Este ministerio del Espíritu tampoco es eliminar la necesidad de estudiar al otorgarle místicamente al creyente una comprensión absoluta instantánea del texto bíblico. En cambio, el Espíritu obra junto al texto de las Escrituras para confirmar su naturaleza divina, autoridad, necesidad y confiabilidad, dando al creyente certeza de que la misma es la Palabra de Dios. Este ministerio del Espíritu es tan importante que Pablo lo pide a menudo en sus oraciones para los creyentes (p. ej. Ef. 1:17-19; 3:14-19; Col. 1:9-12).

Esto no sugiere que las Escrituras tengan un defecto que deba ser corregido a través de la actividad del Espíritu. Después de todo, este mismo Espíritu inspiró las Escrituras (2 P. 1:20-21). En cambio, el propósito de salvación y santificación de Dios requiere tanto *un medio* como *un agente*. Por consiguiente, tanto la Palabra como el Espíritu son necesarios para la salvación (Stg. 1:18; 1 P. 1:23; Jn. 3:3-8) y para la santificación (Jn. 17:17; 2 Ts. 2:13; 1 P. 1:2). Cuando el Espíritu y la Palabra están obrando se observa un verdadero poder (1 Co. 2:4; 1 Ts. 1:5). Por esta razón, Pablo llama a la Palabra de Dios "la espada del Espíritu" (Ef. 6:17).

A la luz de este ministerio de confirmación del Espíritu, es importante observar que el creyente mismo no le otorga autoridad a la Biblia, pues no tiene esa autoridad para concederla. En cambio, el creyente simplemente reconoce esta autoridad inherente en las Escrituras cuando el Espíritu Santo testifica de ella.

Inerrancia de las Escrituras

La inerrancia de las Escrituras es una doctrina que los críticos han cuestionado principalmente desde el período de la Ilustración (*ca.* 1650–1815 d.C.). Ese embate contra la inerrancia es un ataque directo sobre la doctrina de la inspiración y la absoluta veracidad de la Palabra de Dios. En este asunto está en juego nada menos que la credibilidad de Dios mismo.

ADAPTACIÓN E INERRANCIA

Hay una diferencia innegable entre Dios y la humanidad. Dios es infinito y la humanidad es limitada, y aún peor, está corrompida por el pecado. En consecuencia, algunos han concluido que el lenguaje humano es siempre y necesariamente imperfecto y corrupto. Ellos sostienen que, al usar el lenguaje humano para comunicar su verdad, Dios solo pudo expresarse inadecuadamente, y fue forzado a incorporar el error cuando usó escritores humanos para registrarla.

Como respuesta, deben hacerse varias observaciones. Primero, es vital comprender que el lenguaje humano no evolucionó como una invención humana, sino que fue un don de Dios; y la capacidad para usarlo fue un componente de la imagen de Dios instalada en la humanidad. De acuerdo a las Escrituras, las primeras palabras humanas habladas fueron habladas por Dios a Adán y Eva en el huerto de Edén (Gn. 1:28-31). En la inocencia de aquel huerto, el lenguaje humano se convirtió en el medio perfecto por el cual Adán y Eva pudieron disfrutar de la comunión con Dios y entre sí.

Sin duda, el pecado de Adán trajo corrupción al mundo, pero aun en su respuesta al pecado, Dios no abandonó el lenguaje humano. Él comunicó tanto el juicio como su promesa de redención usando palabras humanas (Gn. 3:14-19). De hecho, la duradera eficacia del lenguaje humano incluso después de la caída se ve en el potencial de la humanidad que consolidó sus fuerzas para construir una torre en abierto desafío a Dios (Gn. 11:1-9). El Señor identificó específicamente la eficacia del lenguaje de los hombres como la razón para su juicio (Gn. 11:6).

En consecuencia, Dios introdujo la confusión de las lenguas como juicio en Babel (Gn. 11:7, 9). Pero nuevamente, Dios no abandonó el lenguaje humano como su efectivo medio de comunicación con los hombres. Comenzando en Génesis 12, Dios empieza a poner en acción su plan redentor al llamar a un hombre que se llamaba Abram. Dios le habló a Abram en palabras del lenguaje humano (Gn. 12:1-3), y Abram, como respuesta, obedeció (Gn. 12:4). El resto del relato bíblico nunca describe alguna frustración con el lenguaje humano de parte de Dios. Por el contrario, las Escrituras testifican vez tras vez que el lenguaje humano fue el medio efectivo de la comunicación de Dios. En última instancia, esta eficacia fue demostrada en la encarnación de su Hijo. El Verbo de Dios, lleno de gracia y de verdad, se hizo carne (Jn. 1:14), y Él también usó el lenguaje humano sin error.

Históricamente, el término "adaptación" se refería al uso por parte de Dios de figuras y expresiones que eran comunes para el hombre. Dios no se reveló a sí mismo en algún lenguaje deificado que requiriera que el hombre ascienda al cielo a fin de comprender a Dios, sino que Él mismo vino a la tierra para encontrarse con el hombre donde este estaba (Dt. 30:11-14). Dios incluso usó características humanas para describirse. No fue nada menos que la misericordiosa condescendencia de Dios, su acto benevolente de rebajarse a la humanidad para comunicar en su nivel, como el padre se rebaja para usar los simples sonidos de su pequeño hijo.

Sin embargo, en tiempos recientes, algunos eruditos han redefinido la adaptación como la obligación de Dios para incluir el error en la inscripturación de su Palabra a fin de preservar la contribución genuinamente humana de los escritores humanos. En vez de señalar la gracia y benevolencia de Dios, la noción de adaptación ahora es usada para insistir en el error y la inadecuación de las Escrituras. Ellos sostienen que, como Dios usó como medio un lenguaje insuficiente y corrupto y usó escritores falibles, el error era inevitable; afirman que, aunque las Escrituras pueden comunicar adecuadamente —y, de hecho, lo hacen— verdades generales, de todos modos incluye errores en los detalles.

Esta visión de la adaptación debe ser rechazada por un número de razones. Veamos las tres más importantes. En primer lugar, esta perspectiva confunde finitud con pecado y error. El lenguaje humano es completamente capaz de hacer declaraciones de la verdad: una realidad vívidamente demostrada por el hecho de que la Palabra encarnada vino enseñando y predicando (Mt. 9:35). Además, la personalidad humana no se anula si Dios supervisa la redacción de las Escrituras para proteger a los escritores humanos del error. El ministerio de inspiración del Espíritu capacitó a los escritores humanos para escribir de acuerdo a su total potencial humano y, al mismo tiempo, sin falta o error.

En segundo lugar, el testimonio unánime de las Escrituras pone de relieve su total veracidad. Afirma repetidamente ser veraz (Sal. 12:6; 18:30; 119:142, 160; Jn. 17:17; 2 Co. 6:7; Col. 1:5; 2 Ti. 2:15; Stg. 1:18). Los mandamientos directos por parte de Dios en cuanto a no alterar su contenido demuestran que lo que está escrito en ellas es exactamente lo que Dios pretendía decir (Dt. 4:2; 12:32; Pr. 30:5-6; Ap. 22:18-19). Dios se apropia de esta Palabra en su forma escrita, y Él es un Dios que no puede mentir (Nm. 23:19; Tit. 1:2; He. 6:18).

Por último, la idea moderna de adaptación directamente arroja una sombra sobre el carácter de Dios. Insistir que Dios usó medios inadecuados y corruptos para comunicar su conocimiento cuestiona no solo el poder de Dios, sino también su sabiduría y amor. Además, arroja sombras sobre cada doctrina de la misma encarnación. Si el lenguaje humano necesariamente siempre lleva la mancha de la corrupción, entonces ¿qué debe hacerse con las enseñanzas del Dios-hombre Jesucristo?

INFALIBILIDAD E INERRANCIA

Inerrancia significa literalmente "sin error". Cuando se aplica a las Escrituras, significa que la Biblia, en sus documentos originales, no tiene errores. Cuando se interpreta, pues, debidamente, no afirma nada que sea falso o contrario a los hechos.

Desde un punto de vista histórico, el término *infalibilidad* ha sido usado para referirse a la misma calidad general de la inerrancia. Infalibilidad significa "incapaz de conducir a conclusiones erradas o de cometer errores" y, cuando es aplicado a las Escrituras, significa que el texto bíblico —cuando es correctamente interpretado— nunca engañará a su lector. Sin embargo, a comienzos de la década de 1960, ciertos teólogos comenzaron a utilizar la palabra *infalibilidad* de una forma nueva. Convencidos de que la Biblia ciertamente contenía errores fácticos, y sin embargo deseosos de mantener su influencia en los círculos evangélicos, esos eruditos evitaron deliberadamente el uso del término "inerrancia" y, en su lugar, emplearon el término "infalibilidad"; término que usaban de una manera distinta. En vez de mantener la definición tradicional, limitaron su alcance afirmando que la Biblia es "incapaz de engañar o fallar" solo en términos de sus enseñanzas sobre la fe y la práctica. Ellos creían que donde las Escrituras trataban temas de historia y ciencia, *podrían* despistar al lector cuando se leían de acuerdo a su intención original.

Por un lado, este cambio creó una significativa confusión en la iglesia. Este nuevo movimiento de eruditos continuó usando el término infalibilidad para describir las Escrituras, pero, al mismo tiempo, afirmaba cosas sobre los detalles históricos de las Escrituras que no coincidían con la definición tradicional del término. Por otro lado, este cambio en la terminología forzó a otros eruditos evangélicos a poner considerable atención sobre el tema de la inerrancia y responder con un cuidadoso análisis del propio testimonio de las Escrituras respecto a su absoluta inerrancia. Este nuevo foco llevó a la creación del International Council on Biblical Inerrancy (Concilio Internacional de Inerrancia Bíblica). Uno de los frutos del Concilio, fue la Declaración de Chicago sobre Inerrancia Bíblica (1978).[2]

EXPLICACIÓN DE LA INERRANCIA

Como cualquier término usado para explicar un concepto profundo, a fin de explicar el término "inerrancia" son necesarias ciertas cualificaciones y explicaciones.

Primero, la afirmación de la doctrina de la inerrancia no está basada sobre evidencia científica, sino sobre la realidad de la inspiración, y es una afirmación necesaria a la luz del autotestimonio de las Escrituras y del carácter de Dios (por lo tanto, debemos abogar por la inerrancia de manera deductiva, no simplemente inductiva). Sin duda, la veracidad histórica de las Escrituras cuenta con la aprobación

---

2   La Declaración de Chicago de inerrancia bíblica puede encontrarse en John MacArthur, ed., *The Inerrant Word: Biblical Historical, Theological, and Pastoral Perspectives* (Wheaton, IL: Crossway, 2016), 378-383.

de la evidencia histórica y la empírica, pero no es posible, ni necesario, establecer la inerrancia sobre información científica. Esto se debe al hecho de que algunas cosas descritas en las Escrituras simplemente no son reproducibles para ser escudriñadas hoy. Además, los argumentos científicos comúnmente citados como pruebas contra la inerrancia de las Escrituras están llenos de errores. No solo los campos de la ciencia son sometidos a modificaciones constantes, sino que los "hechos" científicos nunca son interpretaciones objetivas. Como declaró Pablo, el incrédulo lee todo lo que le rodea con lentes supresores de la verdad (Ro. 1:18). Al final, la única norma segura de verdad es la revelación verbal de Dios, y el testimonio claro, proposicional que provee sobre su propia inerrancia es justificación suficiente para la afirmación de esta doctrina.

Segundo, la doctrina de la inerrancia se relaciona con los escritos originales producidos por los autores bíblicos. Estas obras originales —llamadas *autógrafos*— estaban totalmente libres de error por haber sido el resultado de la inspiración divina. En nuestros días no disponemos de ninguno de estos manuscritos originales. En su lugar, se hicieron copias de los documentos originales y poco después se realizaron copias de las copias. La inspiración no se extendió hasta el proceso del copiado, por lo que la cualidad de inerrancia se extendió hasta el producto de la copia solo al grado de que la copia igualara al original. Naturalmente, errores fueron introducidos a medida que el proceso continuaba. Por lo tanto, cuando hablamos de inerrancia en nuestros días, la noción de la inerrancia absoluta debe ser apropiadamente limitada al texto original. Las copias subsecuentes cuentan con inerrancia derivada o relativa, basada en su conformidad al patrón original.

Ya que los escritos originales no existen, ¿eso invalida hoy a la doctrina de la inerrancia? Absolutamente no. Nuestra explicación, más adelante, de las doctrinas de transmisión y preservación explicará este tema en más detalle, pero aquí puede decirse que Dios preservó providencialmente suficientes copias de los escritos originales, de manera que es posible hacer una reproducción precisa de los autógrafos originales. A través del proceso de análisis del texto y comparación (un proceso llamado *crítica textual*), los eruditos saben dónde hay instancias de desvíos textuales y están seguros de la redacción original en el 99 por ciento de los casos. Además, la batalla actual sobre la doctrina de la inerrancia no está generalmente relacionada a asuntos textuales, sino que se enfoca predominantemente sobre temas como la veracidad del registro bíblico respecto a las plagas de Egipto (Éx. 7–12), la caída de Jericó (Jos. 6) o la resurrección de ciertos individuos en el momento de la muerte de Jesús (Mt. 27:51-53). Los que niegan la inerrancia generalmente no discuten que ese problema hoy es la ausencia de los originales, sino que los mismos escritores bíblicos y el proceso de inspiración que los guio eran susceptibles de errar. En última instancia, ellos presentan sus afirmaciones de errores contra el texto original mismo.

Tercero, la doctrina de la inerrancia permite el uso habitual del lenguaje. Por ejemplo, la Biblia hace frecuentes usos de estimaciones (1 Cr. 5:21; Is. 37:36;

Mt. 14:21). Tales aproximaciones no son errores fácticos; en realidad, es lo esperado en el registro histórico. Declaraciones científicamente imprecisas tampoco implican errores, necesariamente, sino que son simplemente parte de la manera en que se usa el lenguaje fuera de las revistas científicas y los laboratorios.

El lenguaje fenomenológico tampoco es una violación de la inerrancia. Josué oró para que el sol y la luna se detuvieran, y el texto dice: "Y el sol se detuvo y la luna se paró, hasta que la gente se hubo vengado de sus enemigos" (Jos. 10:12-13). Esta descripción geocéntrica de ninguna manera viola la inerrancia. El lenguaje permite que la verdad sea transmitida desde la perspectiva del escritor o el que habla, de la misma manera en que los meteorólogos de hoy en día continúan diciendo "salida del sol" y "puesta del sol", aunque saben muy bien que es la tierra la que se mueve en relación con el sol, no el sol en relación con la tierra.

La inerrancia permite que los escritores del Nuevo Testamento usen paráfrasis del Antiguo Testamento cuando lo citan en sus escritos. La inerrancia tampoco requiere una adherencia estricta a las normas gramaticales. Una declaración puede ser gramaticalmente no convencional, singular para un escritor particular, y aun ser comprensible y veraz. Un escritor puede incluso inventar una palabra nueva sin violar la verdad. Una cita directa puede ser cortada y resumida, como hace Lucas con los sermones de Pablo en el libro de Hechos.[3] Cuando se está informando sobre eventos históricos, los escritores pueden seleccionar qué detalles incluir y acomodarlos de acuerdo a su propia estructura literaria, como hacen los cuatro escritores de los Evangelios en el Nuevo Testamento. Otra vez, tales prácticas no violan la inerrancia.

Preservación de las Escrituras

La Palabra de Dios ha sido el blanco de asaltos desde el momento en que Satanás la atacó en el huerto de Edén (Gn. 3:1-5). Joacím incluso trató de quemar una porción original de ella (Jer. 36). La batalla contra la Biblia continúa hasta hoy, pero Dios ha establecido que tales ataques sean fútiles (Sal. 119:89, 160; Is. 40:8; Mt. 5:18; 24:35; Lc. 16:17; 1 P. 1:24-25). Dios se asegurará que su Palabra sea preservada.

NATURALEZA DE LA PRESERVACIÓN

La preservación de las Escrituras se refiere al acto de Dios de preservar a lo largo del tiempo el registro escrito de su revelación especial. Esta preservación comienza con los mandamientos e impulsos directos para registrar sus palabras en forma escrita (p. ej., Éx. 34:27; Ap. 1:11), y continúa a través de instrucciones específicas que Él dio a su pueblo para preservar y copiar esas palabras (p. ej., Dt. 17:18). La preservación también incluye la manera providencial en que Dios ha guardado su Palabra por el esfuerzo diligente de agentes humanos.

La Confesión de Westminster (1646 d.C.) expresa de este modo la doctrina

---

3 Véase Simon J. Kistemaker, "The Speeches in Acts", *Criswell Theological Review* 5.1 (1990): 31-41.

de la preservación: "El Antiguo Testamento se escribió en hebreo… y el Nuevo Testamento en griego… fueron inspirados directamente por Dios, y guardados puros en todos los siglos por su cuidado y providencia especiales, y por eso son auténticos. Por esta razón debe apelarse fielmente a los originales en esos idiomas en toda controversia" (1.8). Un examen de las Escrituras indica que Dios ciertamente ha prometido preservar su Palabra.

Primero, la Biblia establece la realidad de la *preservación directa y eterna* de Dios. Salmos 119:89 declara: "Para siempre, oh Jehová, permanece tu palabra en los cielos". El salmista continúa, diciendo: "Hace ya mucho que he entendido tus testimonios, que para siempre los has establecido" (Sal. 119:152). Isaías contrasta la naturaleza transitoria del hombre con la permanencia eterna de la Palabra de Dios: "Sécase la hierba, marchítase la flor; mas la palabra del Dios nuestro permanece para siempre" (Is. 40:8; cf. 1 P. 1:24-25).

Jesús habló de la naturaleza perdurable de la Palabra de Dios de esta manera: "De cierto os digo que hasta que pasen el cielo y la tierra, ni una jota ni una tilde pasará de la ley, hasta que todo se haya cumplido" (Mt. 5:18). El término "jota" se refiere a la letra más pequeña del alfabeto hebreo; la "tilde" se refiere al trazo más pequeño de una pluma que permitiría distinguir una letra hebrea de otra (cf. Lc. 16:17). Mientras que el énfasis directo de Jesús en esta declaración se enfoca sobre la noción del cumplimiento, la preservación de la Palabra es asumida de todas maneras. Jesús habló con el mismo tipo de certeza absoluta con respecto a la preservación sobre su propia enseñanza (Mt. 24:35).

Sin embargo, Dios no toma el mismo enfoque directo para la preservación de su Palabra sobre la tierra como lo hace en el cielo. Aquí, las Escrituras testifican de una *preservación mediada y relativa*, por la cual Dios preserva su Palabra —a veces, milagrosamente, a veces, providencialmente— a través de su pueblo, a quienes Él ha dado la responsabilidad de protegerla y transmitirla.

Antes que nada, esto se pone de manifiesto por los repetidos mandamientos que Dios dio a su pueblo para que cuidaran de no añadir o eliminar nada de su Palabra (Dt. 4:2; 12:32; Pr. 30:6; Jer. 26:2; Ap. 22:18-19). Esos mandamientos no prohibían copiar la Palabra de Dios, sino que en realidad proporcionaban la norma para ese fin. Así, después de su coronación, los reyes de Israel tenían que escribir su propia copia de la Ley, una copia que debía ser cuidadosamente aprobada por los sacerdotes levitas (Dt. 17:18). La norma final era siempre los autógrafos originales.

Otro ejemplo de la preservación mediada de la Palabra de Dios puede verse en la destrucción de Moisés de las tablas que contenían los Diez Mandamientos. Esas tablas de piedra fueron "escritas con el dedo de Dios" (Éx. 31:18), pero cuando Moisés las rompió en respuesta al pecado de Israel (Éx. 32:19), esos autógrafos originales de los Diez Mandamientos fueron destruidos, incluso antes de enseñárselos al pueblo o antes de que se pudiera hacer alguna copia. Por un tiempo, esas palabras de Dios ya no existieron sobre la tierra. Más tarde, Dios usó a Moisés para restaurar esas mismas palabras a través de un nuevo juego de tablas de piedra (Éx. 34:1-2, 27-28).

Podemos ver un ejemplo similar en Jeremías 36. Dios le ordenó a Jeremías que escribiera sobre un rollo las palabras que Él le había dado y que se las entregara a Judá. Jeremías lo hizo con la ayuda del escriba Baruc (Jer. 36:1-4). Después de oír la lectura del manuscrito original, Joacím, rey de Judá, quemó todo el rollo (Jer. 36:23). Otra vez, por un tiempo, el registro original de la revelación verbal de Dios como fue entregada por Jeremías dejó de existir sobre la tierra. Pero, otra vez, como el original había sido destruido antes de que se hubiera hecho alguna copia, milagrosamente Dios restauró el texto a través de un fresco acto de inspiración (Jer. 36:27-28, 32).

Mientras que a veces Dios actuó directamente para restaurar porciones de su Palabra que habían sido completamente destruidas, Él también permitió que su Palabra estuviera perdida por un tiempo. Por ejemplo, Dios permitió que los sacerdotes del templo extraviaran el libro de la ley durante más de cincuenta años (2 R. 22:8-10; 2 Cr. 34:14-16). Debido al rechazo de Judá de su Palabra, Dios usó a los descuidados sacerdotes para apartar su Palabra de la vista, un juicio similar a su acto de oscurecer su Palabra del entendimiento de quienes son desobedientes (Is. 6:9-10).

Otro ejemplo puede verse en copias contemporáneas de la Palabra de Dios. Faltan al menos dos palabras en todas las copias existentes de Samuel que se remontan al menos dos mil años atrás (véase 1 S. 13:1). La importancia de estas omisiones es mínima. Las dos palabras que faltan son números relacionados con la edad de Saúl cuando comenzó a reinar y el número de años de su mandato. Este conocimiento, sin embargo, no se ha perdido. Basado en el testimonio del resto de 1 Samuel y otros libros del Antiguo Testamento, una suposición razonable puede hacerse respecto a los números que deberían aparecer en este texto. Sin embargo, la mera ausencia de estas palabras en el texto demuestra que la preservación terrenal de las Escrituras no es un acto perpetuo y milagroso de Dios. Él ha confiado a su pueblo la responsabilidad de retener su Palabra mediante diligentes esfuerzos humanos.

Si Dios no preserva directamente y sin fallas su Palabra sobre la tierra, ¿las copias pueden aún ser consideradas inspiradas y autoritativas? La respuesta a esta pregunta se encuentra en el concepto de la *autoridad derivada*. En la medida que las copias reflejen la redacción del original, las mismas mantienen su cualidad divina y autoritativa. Una ilustración de esto puede verse otra vez en las instrucciones de Dios a los reyes respecto al copiado de la Ley (Dt. 17:18-20). Cada rey sucesivo tenía que copiar la Ley con minuciosa precisión. Sin embargo, la copia tenía que ser revisada respecto a su precisión por los sacerdotes levitas. Una vez que fuera certificada, el rey tenía que leer su copia de la Ley por el resto de su vida, obedeciéndola como las mismas palabras de Dios. La calidad de la copia —su consistencia con el original— determinaba la naturaleza de su autoridad.

CANONICIDAD Y PRESERVACIÓN

La Biblia traza su origen a un autor supremo: Dios. Sin embargo, esta Palabra contiene sesenta y seis obras de literatura escritas por más de cuarenta hombres. Comienza con el libro de Génesis, escrito por Moisés alrededor del 1405 a.C., y se extiende por más de quince siglos hasta el libro de Apocalipsis, escrito por el apóstol Juan alrededor del 95 d.C. Esto levanta importantes preguntas: ¿Cómo fueron reconocidas estas obras como parte de esta colección?

Definición de canon

El término "canon" procede de la palabra griega *kanón*, que originalmente significaba una "caña" o "vara". Puesto que las varas se utilizaban frecuentemente como instrumentos de medición, esta palabra comenzó a transmitir la idea de "estándar" o "regla".

Este término no comenzó a usarse para aludir a la autoritativa colección de libros reconocidos como un producto de la inspiración divina sino hasta la mitad del siglo IV d.C. De hecho, fue Atanasio (295-373) quien aplicó por primera vez el término *canon* a las Escrituras en la *Epístola sobre los decretos del Concilio de Nicea*, publicada poco después del 350 d.C. En este documento, Atanasio alude al *Pastor de Hermas* como una obra ajena al canon. Poco después, el Concilio de Laodicea usó las expresiones "canónico" y "no canónico" para aludir, respectivamente, a los libros aceptados como parte de la Biblia o rechazados como no inspirados por Dios. Este es el sentido en que este término se ha entendido en relación con las Escrituras.

Hay dos formas principales en las que el canon de las Escrituras ha sido definido. El punto de vista tradicional del catolicismo romano sostiene que la Biblia es una colección autoritativa de escritos. Sin embargo, esa autoridad fue conferida sobre los libros de las Escrituras por la misma iglesia.

El punto de vista bíblico entiende que el canon es una recopilación de escritos divinamente autorizados. Su autoridad es inherente, no derivada de agentes humanos. El pueblo de Dios no crea la palabra de Dios; la palabra de Dios crea al pueblo de Dios (1 P. 1:23-25; cf. Stg. 1:18). No es una iglesia o el pueblo de Dios los que determinan qué libros hacer autoritativos. En cambio, el pueblo de Dios *reconoce* la naturaleza inspirada que esos escritos ya poseen. Correctamente comprendido, la canonización de las Escrituras es un proceso que reconoce —no confiere— la autoridad.

Criterios para reconocer la canonicidad

A lo largo de los siglos, se utilizaron tres principios para reconocer los escritos canónicos, los escritos que constituyen la revelación inspirada.

En primer lugar, cualquier escrito inspirado tenía que haber sido escrito por un reconocido profeta o apóstol de Dios, o por alguien estrechamente asociado con uno, como en el caso de los libros de Marcos, Lucas, Hebreos, Santiago y Judas. Ningún vocero autoritativo de Dios es autodesignado (Ez. 13). Su autoridad debe venir de una comisión divina. En segundo lugar, todo escrito inspirado no podía contradecir a ninguna obra previa de las Escrituras. Dios no puede contradecirse a sí mismo. Por lo tanto, toda palabra de Él será consistente con el fundamento de revelación que Él ya ha provisto (Dt. 13:1-5; Hch. 17:11). Las obras contradictorias deben ser rechazadas (2 Ts. 2:1-3, 15). En tercer lugar, si un libro era verdaderamente inspirado, el pueblo de Dios podría llegar a un consenso sobre el mismo. Este consenso sería alcanzado a través del ministerio de testimonio interno del Espíritu Santo, testificando entre su pueblo respecto a qué obras eran ciertamente las palabras de Dios (p. ej., 1 Co. 14:37-38; 1 Jn. 4:6).

En el tiempo de Cristo, ya se había escrito todo el Antiguo Testamento y había sido reconocido por la comunidad judía como la Palabra de Dios. Esta colección reconocida de obras —categorizadas como libros de la Ley, los Profetas y los Escritos (cf. Lc. 24:27, 44)— conforma el Antiguo Testamento de las Biblias protestantes de nuestros días, y no contiene la Apócrifa, los catorce escritos extrabíblicos escritos durante el período intertestamental. Aunque es respetada por su aporte histórico, la Apócrifa fue rechazada por el pueblo judío por no ser libros inspirados ni autoritativos.

La colección del Nuevo Testamento se reunió de una manera similar. Para finales del siglo IV d.C., después de que varios escritos individuales del Nuevo Testamento habían atravesado un período de circulación y colección, representantes de la iglesia cristiana reconocieron los veintisiete libros del Nuevo Testamento usando los mismos tres criterios. Se consideraba que esos libros poseían las mismas cualidades de inspiración y autoridad que caracterizaban los libros del Antiguo Testamento. La iglesia no confirió autoridad sobre esos libros, sino que simplemente reconoció tal autoridad como inherente a los mismos escritos.

Finalización del canon

El tema de añadir al contenido de las Escrituras es algo serio. Mientras que muchos hoy tratan a la posibilidad de una revelación verbal continua con una actitud arrogante, la Biblia advierte sobre severas consecuencias para el que añada a las palabras de Dios sin la autorización divina (Dt. 4:2; 12:32; Pr. 30:6; Ap. 22:18-19). Algún observador astuto podrá señalar que varias de esas advertencias fueron escritas temprano en la historia de la compilación de las Escrituras. Obviamente, se añadieron palabras después de que fueron escritas las advertencias en Deuteronomio y Proverbios. ¿Podría ser que palabras adicionales fueran añadidas después del libro de Apocalipsis, a pesar de su advertencia?

Varias observaciones han llevado a la conclusión de que el canon de las Escrituras está definitivamente cerrado. En primer lugar, el libro de Apocalipsis es único por su descripción incomparablemente detallada de los acontecimientos escatológicos que preceden a la eternidad futura. Igual que Génesis inicia las Escrituras describiendo el comienzo del tiempo (Gn. 1-2), Apocalipsis termina las Escrituras explicando el fin de esta era y la era por venir (Ap. 20-22). Por su contenido, Génesis y Apocalipsis son los perfectos sujeta libros de las Escrituras.

En segundo lugar, así como hubo un silencio profético después de que Malaquías completara el canon del Antiguo Testamento, desde que Juan escribió el libro de Apocalipsis ha habido un silencio análogo. Con la muerte del último apóstol y testigo ocular de la vida de Cristo, la era de la actividad de revelación llegó a su fin. Sería extraño pensar que podría aparecer hoy un nuevo libro de revelación inspirada, después de casi dos milenios de silencio de revelación y dos mil años de historia de la iglesia.

En tercer lugar, Pablo afirmó que la iglesia del Nuevo Testamento fue edificada sobre el fundamento de los apóstoles y profetas del Nuevo Testamento (Ef. 2:20). Los apóstoles y profetas fueron los instrumentos de revelación divina mientras que el Nuevo Testamento estaba siendo compuesto. Una vez que el fundamento de la revelación había sido colocado en el canon finalizado, no había necesidad de una revelación adicional por parte de Dios en esta vida.

Por último, la iglesia primitiva —aquellos que estuvieron más cerca de los apóstoles en el tiempo y fueron sus discípulos— creía que con la composición de Apocalipsis y la muerte de Juan el canon se había cerrado.

CRÍTICA TEXTUAL Y PRESERVACIÓN

Después de que la extensión del canon bíblico ha sido determinada, el siguiente tema de importancia se relaciona con el texto original de cada uno de sus libros. Como ya fue establecido, esta tarea es importante porque ninguno de los autógrafos originales de los libros bíblicos ha sobrevivido.

Es en este punto que la crítica textual entra en la discusión. La crítica textual es la intrincada ciencia de examinar y comparar copias y traducciones antiguas de los escritos bíblicos a fin de determinar el texto original que dio lugar a esas copias. La crítica textual, a veces llamada "baja crítica", es diferente de la "alta crítica" en que esta última procura evaluar la veracidad histórica del texto original. Por otro lado, la crítica textual se enfoca únicamente en la identificación del texto original sin procurar decidir su veracidad.

El proceso de la crítica textual comienza con la cuidadosa recopilación y examen de las copias existentes del texto bíblico en cuestión procurando discernir qué copias tienen una mayor o menor influencia en la discusión. Temas como la edad de la copia del manuscrito y la ubicación donde fue hallado son parte de la consideración. Las lecturas alternativas son cuidadosamente identificadas y comparadas entre las copias en un intento de comprender por qué pudieron haber sido introducidas en la historia de la transmisión textual. Finalmente, basado en el peso de la evidencia manuscrita y la capacidad de explicar los orígenes de las lecturas alternativas, el crítico textual propone lo que para él es la traducción del texto original.

El proceso de la crítica textual implica varios niveles de complejidad cuando se compara el texto del Nuevo Testamento con el texto del Antiguo Testamento. Por ejemplo, hay una gran cantidad de evidencia manuscrita para el texto del Nuevo

Testamento. Algunos manuscritos griegos se remontan a tan solo una generación de los escritos originales del texto. Hay muchas menos copias existentes de los escritos del Antiguo Testamento. Muchas de las copias de los textos del Antiguo Testamento datan de más de mil años después de los escritos originales. Incluso la confiabilidad de algunos de los testigos más antiguos —como los Rollos del Mar Muerto— se sigue discutiendo acaloradamente.

No obstante, cuando es evaluada toda la evidencia textual para ambos Testamentos, la mayoría de los eruditos afirma que las versiones actuales del Antiguo Testamento hebreo y el Nuevo Testamento griego, sobre los que están basadas nuestras traducciones modernas, son confiables. Las lecturas alternativas han sido identificadas y examinadas, y la vasta mayoría de ellas se resuelven fácilmente. Las discrepancias comunes incluyen cosas como errores de ortografía obvios e insignificantes, omisiones accidentales de palabras, la transposición de palabras o frases en una oración, y cosas similares. Otras variantes pueden ser identificadas rápidamente como inserciones explicativas o alteraciones deliberadas hechas por los copistas por varias razones. Además, a diferencia de cualquier otra obra de la antigüedad, la Biblia ha recibido el más grande escrutinio con respecto a su texto. Al mismo tiempo, la Biblia cuenta con el más grande y confiable número de copias comparado con cualquier otra obra de la antigüedad. Además, como nunca antes, los avances en la tecnología informática han permitido un análisis más exacto. Cuando esas consideraciones son tenidas en cuenta, el texto de la Biblia hoy puede ser recibido como una fiel representación del texto compuesto originalmente por los autores bíblicos.[4]

La necesidad de las Escrituras

Cuando Jesús enseñaba la Palabra de Dios a las multitudes, a menudo era motivado por la compasión por ellos "porque estaban desamparadas y dispersas como ovejas que no tienen pastor" (Mt. 9:36). Él recordó a sus discípulos: "La mies es mucha, mas los obreros pocos. Rogad, pues, al Señor de la mies, que envíe obreros a su mies" (Mt. 9:37-38). Lo que la gente necesitaba era la Palabra de Dios. Lamentablemente, muchos de los que tenían la responsabilidad de enseñar esta Palabra la habían sustituido por la sabiduría y la tradición humanas. En respuesta, Jesús se hace eco de las palabras de Isaías: "Este pueblo de labios me honra; mas su corazón está lejos de mí. Pues en vano me honran, enseñando como doctrinas, mandamientos de hombres" (Mt. 15:8-9; cf. Is. 29:13). Asimismo, Jesús declaró: "No solo de pan vivirá el hombre, sino de toda palabra que sale de la boca de Dios" (Mt. 4:4; cf. Dt. 8:3). La enseñanza y predicación de la Palabra de Dios no solo fueron necesarias en la

---

4   Para una útil introducción a la crítica textual del Antiguo Testamento, véase Ellis R. Brotzman, *Old Testament Textual Criticism: A Practical Introduction* (Grand Rapids, MI: Baker, 1993). Para una introducción de la crítica textual del Nuevo Testamento, véase el relevante análisis en James White, *The King James Only Controversy: Can You Trust Modern Translations?*, ed. actualizada y ampliada (Minneapolis: Bethany, 2009).

época de Jesús; son necesarias en cada época. Los miembros de la iglesia primitiva reconocían esto y "perseveraban en la doctrina de los apóstoles" (Hch. 2:42). Los mismos apóstoles se rehusaban a ser distraídos por responsabilidades secundarias, insistiendo en que "no es justo que nosotros dejemos la palabra de Dios, para servir a las mesas" (Hch. 6:2).

Las cartas del Nuevo Testamento rebosan con exhortaciones para hacer que la enseñanza y la predicación de la Palabra de Dios sean el mismo corazón del ministerio cristiano. A los candidatos para el liderazgo de la iglesia se les requería que "pueda[n] exhortar con sana enseñanza y convencer a los que contradicen" (Tit. 1:9; cf. 2 Ti. 2:2, 24). Reiteradamente, Pablo exhortaba a Timoteo a "enseñar y predicar" esta Palabra (1 Ti. 4:11, 13, 16; 6:2). Esta era una expectativa que él ejemplificaba dondequiera que iba, como surge claramente de su discurso a los ancianos de Éfeso: "No he rehuido anunciaros todo el consejo de Dios" (Hch. 20:27).

Cuando Pablo se preparaba para su muerte inminente, le dio a Timoteo lo que equivale al toque del clarín para todo ministro cristiano hoy:

> Te encarezco delante de Dios y del Señor Jesucristo, que juzgará a los vivos y a los muertos en su manifestación y en su reino, que prediques la palabra; que instes a tiempo y fuera de tiempo; redarguye, reprende, exhorta con toda paciencia y doctrina. Porque vendrá tiempo cuando no sufrirán la sana doctrina, sino que teniendo comezón de oír, se amontonarán maestros conforme a sus propias concupiscencias, y apartarán de la verdad el oído y se volverán a las fábulas (2 Ti. 4:1-4).

Solo esta Palabra actúa como mediadora entre el conocimiento salvador y santificador de Dios y la humanidad. Solo a través de esta Palabra, los seres humanos pueden llegar a conocer y caminar con Dios personalmente. Si esta Palabra es desplazada del centro, no puede haber un verdadero ministerio cristiano.

La obligación hacia las Escrituras

Las Escrituras no son un libro común. De hecho, es el único libro inspirado por Dios (2 Ti. 3:16). Esta inspiración trae consigo su incuestionable autoridad. A través de ella, Dios comunica su señorío, sabiduría y amor a la humanidad. Su contenido es sobre la vida y la muerte eternas. Los lectores no pueden simplemente mover sus ojos sobre sus palabras. Entender su contenido no es suficiente. Las Escrituras implican obligaciones precisas (Stg. 1:22-25).

La obligación primaria es *recibirlas por fe como la Palabra de Dios*. Cuando Pablo predicó en Tesalónica, la gente no solo escuchó sus palabras, sino que las trató como las mismas palabras de Dios. El subsecuente elogio de Pablo hacia ellos sirve como modelo para todos los que leen las palabras de Pablo en las Escrituras, así como las palabras de cualquier otro autor bíblico:

Por lo cual también nosotros sin cesar damos gracias a Dios, de que cuando recibisteis la palabra de Dios que oísteis de nosotros, la recibisteis no como palabra de hombres, sino según es en verdad, la palabra de Dios, la cual actúa en vosotros los creyentes (1 Ts. 2:13).

Una segunda obligación es *buscar al Señor para comprender*. El salmista comprendió que Dios era el autor supremo de las Escrituras y que era más apropiado solicitar su ayuda para comprenderla:

Abre mis ojos, y miraré las maravillas de tu ley (Sal. 119:18; véase Hch. 6:4).

Otra obligación es *alimentarse en las Escrituras como una forma de vida*. La Biblia describe figurativamente a las Escrituras como leche (1 P. 2:2), pan (Dt. 8:3; Mt. 4:4), alimento sólido (1 Co. 3:2) y miel (Sal. 19:10). Job testifica de la efectividad de este "menú" espiritual:

Del mandamiento de sus labios nunca me separé;
Guardé las palabras de su boca más que mi comida (Job 23:12; véase Jer. 15:16).

Una obligación más es *estudiar las Escrituras meticulosamente*. Esdras comprendió que, antes de que pudiera enseñar la Palabra de Dios a Israel, era imperativo que primero la obedeciera personalmente. Y antes de que pudiera obedecer, era imperativo que la estudiara.

Esdras había preparado su corazón para inquirir la ley de Jehová y para cumplirla, y para enseñar en Israel sus estatutos y decretos (Esd. 7:10; cf. 2 Ti. 2:15).

A lo largo de sus estudios, el apóstol Juan enfatizó frecuentemente la obligación del lector a *aplicar las Escrituras en la vida diaria*. Él dejó muy claro que la obediencia no era solo una opción. Si uno ama a Jesucristo obedecerá sus mandamientos (Jn. 14:15, 21, 23).

Y este es el amor, que andemos según sus mandamientos (2 Jn. 6).

No tengo yo mayor gozo que este, el oír que mis hijos andan en la verdad (3 Jn. 4).

Cuando Pablo escribió su último conjunto de instrucciones a Timoteo, él le recordó su obligación de *predicar y enseñar la Palabra de Dios*:

Te encarezco delante de Dios y del Señor Jesucristo, que juzgará a los vivos y a los muertos en su manifestación y en su reino, que prediques la palabra;

que instes a tiempo y fuera de tiempo; redarguye, reprende, exhorta con toda paciencia y doctrina (2 Ti. 4:1-2).

Las palabras de Isaías resumen de manera excelente la obligación de todo lector cuando se encuentra con las palabras de las Escrituras, *temblar en respuesta a la Palabra de Dios*:

Pero miraré a aquel que es pobre y humilde de espíritu, y que tiembla a mi palabra (Is. 66:2).

Preguntas:

1. ¿Qué es la "revelación general" y cuál es su valor en términos de conocer a Dios y sus caminos?
2. ¿Cuáles son las diferentes formas de "revelación especial"? ¿Cuál es el valor singular de cada una en términos de conocer a Dios y sus caminos?
3. ¿Cuáles son las distintas teorías para explicar el proceso divino de la inspiración?
4. ¿Cuál es la verdadera perspectiva y definición de la inspiración? ¿Cuáles son los textos clave que enseñan la inspiración?
5. ¿Cómo preparó Dios providencialmente (contextos históricos y autores humanos) para la producción de su Palabra?
6. ¿Cuáles son las diferentes pruebas de la inspiración?
7. ¿Qué afirmó el mismo Jesús sobre la inspiración del Antiguo y Nuevo Testamento?
8. ¿Qué creían los mismos autores del Nuevo Testamento sobre la inspiración de la Biblia?
9. ¿Cómo contribuyen las fuentes secundarias de confirmación a la seguridad de que la Biblia es la Palabra de Dios? ¿Y cuál es la fuente primaria de confianza en la autoridad de las Escrituras?
10. ¿Qué se entiende por claridad y suficiencia de las Escrituras?
11. ¿Cómo se relaciona la definición que uno tiene de "adaptación" (e "infalibilidad") con la comprensión que uno tiene sobre la inerrancia?
12. Como ya no tenemos los "autógrafos" inspirados (los manuscritos originales), ¿cómo podemos confiar en las copias y traducciones de la Biblia que usamos hoy? ¿Qué es la "crítica textual"?
13. ¿Cuáles son los diferentes aspectos de (la naturaleza de) la divina preservación de las Escrituras?
14. ¿Cuál es la definición de "el canon" en relación con la compilación de los libros de la Biblia? ¿Cómo se reconoce la "canonicidad"?
15. ¿Cuáles son las obligaciones del creyente hacia las Escrituras?

3

DIOS PADRE

Teología propia

LA ENSEÑANZA BÍBLICA SOBRE la existencia de Dios, sus atributos (perfecciones), triunidad y obras en su decreto, creación y gobierno sobre todas las cosas fuera de sí mismo es vital para la teología sistemática y para la fe y la vida del creyente.

La existencia de Dios

Hay solo un Dios, "el único Dios verdadero" (Jn. 17:3), el trino Dios de las Escrituras. La Biblia no comienza con razonamientos humanos o argumentos racionalistas para la existencia de Dios, sino con la presuposición fundacional de que Dios existe y que existió "en el principio" (Gn. 1:1), antes del comienzo de todas las cosas fuera de Él mismo. La teología propia es correctamente derivada de la propia palabra inspirada, inerrante de Dios, que es el testimonio de Dios sobre sí mismo.

AFIRMACIONES BÍBLICAS

Al considerar la existencia de Dios, el propio testimonio inspirado de Dios (2 Ti. 3:16) debe aceptarse como singular y perfectamente confiable. Otras pruebas de la existencia de Dios deben evaluarse y aceptarse solo en la medida en que concuerden con las afirmaciones bíblicas sobre Dios.

Primero, la Biblia requiere que cualquiera que pretenda relacionarse debidamente con Dios crea primero que existe (He. 11:6). Las Escrituras llaman "necios" y "malos" a quienes rechazan la existencia de Dios (Sal. 10:4; 53:1; Sal. 14:1). Segundo, la Biblia afirma que Dios es eterno (Dt. 33:27), sin principio, sin final, sin sucesión de momentos en su experiencia (véanse Sal. 90:2; Is. 44:6; 41:4; 57:15). Tercero, la prueba escritural de la existencia de Dios se encuentra en las propias proclamaciones de Dios de su "singularidad", su "ser". Él "es" sin dependencia de nada más. Como Dios le dijo a Moisés: "YO SOY EL QUE SOY... dirás... YO SOY me envió a vosotros" (Éx. 3:14). La existencia de Dios *es* existencia. La existencia de todo lo demás presupone la existencia de Dios a partir de quien deriva toda existencia. Pablo afirmó que "en él vivimos, y nos movemos, y somos" (Hch. 17:28), y "de él, y por él, y para él, son todas las cosas" (Ro. 11:36). Dios existe, tiene vida en sí mismo, y es la fuente de toda existencia y vida, "pues él es quien da a todos vida y aliento y todas las cosas" (Hch. 17:24-25). Esto significa que el testimonio de las Escrituras de la existencia de Dios se autentifica a sí mismo y es su propio testigo.

LA COGNOSCIBILIDAD Y LA INCOMPRESIBILIDAD DE DIOS

Dios ha revelado en las Escrituras el hecho de su existencia y se ha conocido a través del lenguaje humano escrito en la Biblia. Las Escrituras enseñan que el hombre puede conocer verdaderamente a Dios, pero no exhaustivamente o comprensivamente.

La naturaleza suficientemente conocible de Dios

La Biblia afirma que a Dios se le puede conocer, incluso en el ámbito de una relación personal (Jer. 24:7; 31:34; Jn. 17:3). Él tuvo una relación con Adán y Eva (Gn. 3:8). Habló directamente con Moisés (Éx. 3:3-4; 19:10, 24), incluso "como habla cualquiera a su compañero" (Éx. 33:11). Él estaba personalmente presente en el tabernáculo y en el propiciatorio del templo, donde tenía comunión con Israel (Éx. 25:22; 29:42; 1 S. 4:4; 1 R. 8:10-11). Dios mora colectivamente en la iglesia (1 Co. 3:16), habita dentro de cada creyente (Ef. 3:17; cf. Jn. 14:23) y los considera amigos (Stg. 2:23).

La naturaleza incomprensible de Dios

Aunque a Dios se le puede conocer de forma real, nunca puede ser conocido comprehensiva o exhaustivamente. Los seres humanos están limitados por el espacio y el tiempo, y están corrompidos por el pecado que está en su interior (Ro. 7:15-23), mientras que Dios es un ser infinito (Sal. 147:5; 1 Ti. 1:17). Aparte de la regeneración, los hombres son rebeldes hacia Dios y tienen el entendimiento entenebrecido (2 Co. 4:3-4; Ef. 4:17-19). El hombre no puede ver a Dios y vivir (Éx. 33:20; Lv. 16:2). Dios "habita en luz inaccesible; a quien ninguno de los hombres ha visto ni puede ver" (1 Ti. 6:16; véanse Jn. 1:18; 6:46). La forma espiritual de la esencia divina no ha sido revelada al hombre (Dt. 4:12, 15). Las cosas profundas de Dios solo son conocidas por Dios (1 Co. 2:11).

Aun cuando el hombre puede conocer las muchas cosas que Dios ha revelado sobre sí mismo en la naturaleza y en las Escrituras, "las cosas secretas pertenecen a Jehová nuestro Dios" (Dt. 29:29). En resumen, la mente, el conocimiento, la comprensión y los pensamientos de Dios trascienden la comprensión y la capacidad intelectual del hombre (véanse Sal. 139:6, 17-18; 147:5; Is. 55:9). Cuando hemos agotado todos nuestros esfuerzos para comprender a Dios —incluso cuando llegamos a conocerlo verdaderamente— estamos obligados a confesar con Job: "He aquí, estas cosas son solo los bordes de sus caminos; ¡Y cuán leve es el susurro que hemos oído de él!" (Job 26:14).

EVALUACIÓN DE LAS "PRUEBAS NATURALES"

Creer en la existencia de Dios debe ser fundamentado en las Escrituras, porque es el único testigo infalible de la mente de Dios. Toda otra prueba de la existencia de Dios, si bien es amplia, debe estar subordinada a las Escrituras. La Biblia afirma que Dios se ha revelado a sí mismo en su creación (Ro. 1:20), en la conciencia humana (Ro. 2:14-15) y en la historia (Hch. 14:17), que Él controla. A esto se le conoce como la revelación *general o natural*. Sin embargo, esta revelación natural de Dios nunca debe considerarse independiente de las Escrituras. Por su cuenta, el hombre caído confundirá y distorsionará la revelación de Dios en la naturaleza (Ro. 1:18). Aun el cristiano necesita la dirección de las Escrituras para evaluar adecuadamente la revelación de Dios en la naturaleza (1 Co. 2:12).[1]

Inadecuación de las "pruebas naturales"

Consideradas por sí mismas, las "pruebas naturales" para la existencia de Dios no demuestran conclusivamente la existencia de ningún dios, mucho menos del Dios de la Biblia. Esto no es una sorpresa, puesto que al menos algunas de ellas proceden de filósofos paganos como Platón (*ca.* 428–348 a.C.) y Aristóteles (*ca.* 384–322 a.C.).

El argumento ontológico. El argumento ontológico[2] comienza con la existencia (gr. *ontos*, "ser"). La forma cristiana clásica del argumento ontológico la presentó Anselmo de Canterbury (1033–1109) en sus obras *Monologion* y *Proslogion*.[3] Anselmo defendía que podemos concebir algo absolutamente perfecto ("algo de lo cual no pueda pensarse nada mayor"). Pero si esa cosa en la cual estamos pensando no existe, entonces, no es absolutamente perfecta puesto que existir es mejor que no existir. Así, si la cosa que estamos imaginando no existe, podemos pensar

---

1 Véase Juan Calvino, *Institución de la religión cristiana* (Rijswijk: FELIRE, 1981), 1.6.1. Calvino (1509–1564) retrató gráficamente este último punto, comparando a las Escrituras con "lentes" que imparten a las personas una clara manifestación del único Dios verdadero. Para ver más sobre revelación general versus especial, véase la sección en el capítulo 2 titulada "Revelación general" y "Revelación especial" (pp. 52-54).

2 Para más información sobre el argumento ontológico, el lector debería consultar: John M. Frame, *Apologetics to the Glory of God: An Introduction* (Phillipsburg, NJ: P&R, 1994), 115-116; John M. Frame, *A History of Western Philosophy and Theology* (Phillipsburg, NJ: P&R, 2015), 63-70; Frederick Copleston, *A History of Philosophy* (Londres: Search Press, 1946), 1:163-206.

3 Anselmo, *Proslogion*, 2, en Anselm of Canterbury, *The Major Works*, ed. Brian Davies y G. R. Evans, Oxford World's Classics (Oxford: Oxford University Press, 1998), 87. La obra *Proslogion* de Anselmo está disponible en español en Editorial Tecnos.

en algo más grande, algo que realmente existe. Así, Anselmo concluyó que debe existir necesariamente algo absolutamente perfecto, y esto es Dios.

Debemos mantener una cierta cautela puesto que algunos pensadores no evangélicos como René Descartes (1596–1650), Baruc Spinoza (1632–1677), Gottfried Wilhelm von Leibniz (1646–1716), George Hegel (1770–1831) y Charles Hartshorne (1897–2000) han sostenido también varias formas de este argumento, pero su versión de este argumento no los condujo al Dios de la Biblia.

El argumento cosmológico. Otra "prueba natural" es el argumento que postula una Causa Última de todo a partir de lo creado: todo efecto debe tener una causa. Varias de las famosas "Cinco vías" de Tomás de Aquino (1225–1274) utilizan este argumento para demostrar la existencia de Dios. Como enseñaba Tomás de Aquino, no puede haber una infinita secuencia de causas, por lo que debe existir un primer motor inmóvil ("primera vía"), una "primera causa" ("segunda vía"), un ser original y absolutamente necesario, capaz de producir todas las cosas creadas ("tercera vía"). Tomás de Aquino concluye que esa "Causa Primera" y "ser necesario" es Dios.[4]

No obstante, puesto que el filósofo musulmán Al-Ghazali (1058–1111) utilizó una variante del argumento cosmológico para demostrar la existencia de Alá, hemos de utilizarlo con cautela. También el filósofo no evangélico de la ilustración Gottfried Wilhelm von Leibniz sostuvo posteriormente este argumento, que no lo llevó al Dios de la Biblia.

El argumento teleológico. Otra "prueba natural" es el argumento teleológico, que razona a partir del diseño. Este argumento sostiene que la complejidad del orden, el diseño, el propósito y la inteligencia que vemos tras el universo muestran la obra de un diseñador inteligente y deliberado, que es Dios.

Como los otros, aunque sea sano, este argumento también lo han sostenido pensadores no cristianos como Platón, Aristóteles y Emmanuel Kant (1724–1804). Por lo tanto, este argumento no conduce necesariamente al único Dios verdadero.

El argumento moral. El argumento moral propone que la conciencia y los valores morales del hombre implican un creador moral de la conciencia del hombre y la fuente de esos valores morales. La "cuarta vía" de Tomás de Aquino, que a partir de la gradación de los seres llega finalmente a un ser perfecto, que es su causa, muestra una variante del argumento moral. Tomás creía que este ser último ha de ser la causa de todas las perfecciones que caracterizan a otros seres, sea la bondad, la moralidad u otra cosa. Y a este ser último "lo llamamos Dios".

Obsérvese, no obstante, que Emmanuel Kant, el filósofo de la Ilustración, propuso también una variante del argumento moral y negaba tanto la Trinidad como la encarnación.

---

4   Tomás de Aquino, *Suma Teológica* (Madrid: BAC, 2010), 1.2.3.

En resumen, todas las "pruebas naturales" representan una teología basada en la razón humana y no llevan necesariamente al trino Dios de la Biblia. Esas "pruebas naturales" no son evidencias de la existencia de un determinado dios sin presuponer primero de qué dios se trata.

Limitada utilidad de las "pruebas naturales" de la existencia de Dios

Esas precauciones deben servir como advertencias: los argumentos de confección humana son inútiles, puesto que no demuestran la existencia del Dios trino de las Escrituras. Aun así, pueden tener una cierta utilidad. Cuando se derivan de las Escrituras, estos argumentos son formas de la verdad bíblica y el Espíritu Santo puede utilizarlos para convencer a las personas de su veracidad. Aquí hay algunas observaciones:

Primero, mediante el uso de la razón humana sin ninguna ayuda (que no presupone la existencia autoacreditada de Dios ni la verdad de las Escrituras que se autentica a sí misma), esas "pruebas naturales" no prueban de manera lógica la existencia del Dios verdadero. Para aquellos que "detienen con injusticia la verdad" (Ro. 1:18), esas "pruebas" no "funcionan". A pesar de que Dios ha dado suficientes pruebas de su propia existencia en la creación y la conciencia, el hombre no regenerado detiene con injusticia la verdad de la revelación general (Ro. 1:18-21).

Además, puesto que la depravación del hombre es total, la maldición del pecado llega también a su mente, de modo que sus pensamientos se hacen vanos, su comprensión se oscurece y él vive en ignorancia (Ef. 4:17-18), y no puede comprender las cosas que Dios ha revelado en la creación (2 Co. 2:14). Por ello, los creyentes no podemos ni deberíamos depender meramente de las "pruebas naturales" como evidencia de la existencia del Dios verdadero.

Solo por el milagro de la regeneración, por el que Dios aviva el corazón incrédulo y hace resplandecer en él la luz del conocimiento de su gloria (2 Co. 4:6), una persona caída, pecadora, arribará al verdadero conocimiento del trino Dios. La regeneración solo sucede mediante la proclamación del evangelio que Jesucristo es Señor (2 Co. 4:5). Solo el don de la fe salvífica, impartida por el Espíritu Santo mediante la Palabra de Dios (Ro. 10:17; Stg. 1:18; 1 P. 1:23-25), ofrece la base para el conocimiento de Dios (He. 11:1, 6). Los cristianos creen que Dios existe porque Dios ha hecho brillar la luz de su gloria que se autentica por sí misma en sus corazones a través de la Palabra de Dios.[5]

Los nombres de Dios

Los nombres de Dios son importantes porque revelan aspectos de quién es Él en sí mismo, en sus obras dentro de sí mismo y con relación a su creación. Los

---

5   Para más información sobre la gloria auténtica de las Escrituras como la adecuada garantía para la fe, véase John Piper, *Una gloria peculiar: Cómo las Escrituras revelan su completa veracidad* (Grand Rapids, MI: Portavoz, 2017).

nombres de Dios lo representan tan personalmente que la manera en que uno trata los nombres de Dios equivale a cómo uno trata a Dios (Mal. 1:6-7, 11-14; cf. Sal. 138:2).

JEHOVÁ (YAHVÉ) Y SUS COMPUESTOS

Jehová

El nombre de Dios más común en el Antiguo Testamento es Jehová, que aparece más de 6800 veces y se deriva del tetragrámaton (las cuatro consonantes hebreas transliteradas en español como "YHWH"). En el episodio de la zarza ardiente (Éx. 3:13-15), Dios se reveló a sí mismo como "YO SOY EL QUE SOY" y "YO SOY" (Éx. 3:14), y dijo que este nombre, "Señor" (Jehová) es "mi nombre para siempre" (Éx. 3:15). Aunque este nombre de Dios era conocido antes del tiempo de la zarza ardiente (p. ej., Gn. 4:26; 5:29; 9:26; 14:22), Dios le dijo a Moisés: "Y aparecí a Abraham, a Isaac y a Jacob como Dios Omnipotente, mas en mi nombre JEHOVÁ no me di a conocer a ellos" (Éx. 6:3). La explicación es que, aunque en los días de los patriarcas Dios fue llamado Jehová, ellos no relacionaron a Dios con la plena comprensión de que Jehová era "su nombre".[6]

Tras el exilio babilónico, el pueblo de Israel, como señal de reverencia, comenzó a abstenerse de pronunciar el nombre de YHWH. Cuando el texto bíblico era leído oralmente, en vez de "YHWH" pronunciaban el nombre hebreo *adonai*. Los traductores de la Septuaginta griega y los escritores del Nuevo Testamento (bajo la inspiración del Espíritu Santo) respetaron esta tradición judía, y escribieron la palabra griega *kyrios* ("Señor") cuando citaban un pasaje del Antiguo Testamento con el nombre de YHWH.

Cuando los masoretas inventaron el sistema de puntuación de vocales para la Biblia hebrea, siguieron la tradición judía al puntuar el nombre de "YHWH" con las vocales de *adonai*. La puntuación masorética de "YHWH" llevó a los cristianos que hablaban latín a transliterar el tetragrámaton con sus marcas vocales como "Iehovah". En español esto se convirtió en "Jehová". La Reina-Valera también sigue esta tradición utilizando el nombre de Jehová, pero la mayoría de las modernas versiones en inglés y algunas en español han respetado la tradición de no pronunciar el tetragrámaton traduciendo "YHWH" como "Señor", y por lo general consignan esta palabra en versalita para diferenciarla de *adonai*.

El significado de Yahvé es importante para la teología. Puesto que deriva del verbo hebreo para ser (*javá*), el significado esencial de "Jehová" es "él es" o "él será". Este nombre indica que Dios es un ser puro y perfectamente autosuficiente. Este nombre implica que Dios no tuvo principio, no tendrá final y está siempre presente. Él no deriva su existencia de nadie ni de nada, sino que es autoexistente por toda la eternidad.

---

6   Gustav Friedrich Oehler, *Theology of the Old Testament*, 2a ed. (1884; reimpr., s.c.: HardPress, 2012), 97.

Además, este nombre indica la constancia de su ser en medio de las condiciones cambiantes de su creación. Por ejemplo, como Yahvé, Él había estado y seguiría estando presente como (1) Revelador de su persona y voluntad, (2) Redentor (Gn. 1:1–2:3, cf. Gn. 2:4-25; 9:26-27; Éx. 3:15-16; 6:26; Dt. 7:9; Sal. 19:1-6 cf. Sal. 19:7-14; Is. 26:4), (3) el Eterno (Is. 41:4; 48:12), (4) el Dador de vida (Gn. 2:4-25; Ez. 37:13-14, 27), y (5) el supremo Juez de toda la creación (Ez. 6:13-14; 7:27; 11:10; 12:16). En resumen, el nombre Yahvé significa que Dios es eterno, singular, autoexistente y que está presente en el tiempo y en cada acontecimiento.

Compuestos de Yahvé

La trascendencia del nombre de Dios, especialmente en su relación con su pueblo, se ve a través de las formas compuestas en las que aparece su nombre en las Escrituras.

Yahvé-sabaot. Dios es "Jehová de los ejércitos" o "tropas". Puesto que "es" y "será" el que es, Dios creó, gobierna y dirige los ángeles como los "ejércitos" del cielo (Sal. 24:10; Is. 6:1-5; 9:7; Hag. 2:6-9; Zac. 4:6) y a su pueblo como sus "ejércitos" (Éx. 7:4; 12:41; 1 S. 17:45) para cumplir sus propósitos en su creación.

Yahvé-yiré. Dios es "Jehová proveerá" o "visitará" (Gn. 22:14). Puesto que "es" y "será" quien es, Dios visitará y proveerá todo lo necesario para cumplir sus promesas. En Génesis 22:14, Abraham recordó a Dios por su nombre, porque Él había provisto un carnero para sacrificarlo en lugar de Isaac.

Yahvé-nisi. Dios es "Jehová es mi estandarte" (Éx. 17:15). Puesto que "es" y "será" el que es, Dios será el "estandarte" o "enseña" que conducirá a su pueblo a la victoria sobre sus enemigos. En Éxodo 17:15, Moisés adora a Dios como Aquel que ha dado a su pueblo la victoria sobre Amalec y que erradicará de la tierra a esta tribu.

Yahvé-shalom. Dios es "Jehová es paz" (Jue. 6:24). Puesto que "es" y "será" el que es, Dios, por medio de su ángel, envió a Gedeón para "salvar a Israel" de los madianitas (Jue. 6:14). El ángel del Señor dio una señal a Gedeón —que la vara del ángel consumió con fuego el sacrificio de este— para asegurarle que él lo enviaba y le daría la victoria.

Yahvé-roí. Dios es "Jehová es mi pastor" (Sal. 23:1). Puesto que Él "es" y "será" el que es, según el Salmo 23, Dios proveerá todo lo que su pueblo necesita en esta vida, en la muerte y para siempre. Él guiará y protegerá a su pueblo.

Yahvé-sidkenu. Dios es "Jehová es nuestra justicia" (Jer. 23:6). Puesto que Él "es" y "será" el que es, en el futuro Dios establecerá al Mesías como rey de la descendencia davídica, y "reinará como Rey, el cual será dichoso, y hará juicio y justicia en la tierra" (Jer. 23:5).

EL Y SUS COMPUESTOS

El, Eloáj y Elojím

Los nombres hebreos *el, eloáj* y *elojím* (cuando son usados para el único Dios verdadero) señalan a Dios como el poder, fuerza y potencia supremos. Cuando describe al único Dios verdadero, *el* se utiliza con artículo determinado (p. ej., Gn. 31:13; 46:3; Sal. 68:20; 77:14) o con otros modificadores. Se le llama, por ejemplo, "el Dios de tu padre" (Gn. 49:25), "Dios de mi alegría y de mi gozo" (Sal. 43:4), "El Dios de los cielos" (Sal. 136:26), "Dios fiel" (Dt. 7:9), "Dios eterno" (Gn. 21:33) y "Dios viviente" (Jos. 3:10; Sal. 42:2; 84:2).

El nombre *elojím* es un plural de la raíz *el* (aparece más de dos mil veces) y, cuando hace referencia al único Dios verdadero, es probablemente un plural de intensidad,[7] lo cual indicaría que el poder de Dios es tan inmenso que le es apropiado el uso de un nombre plural. Este es el nombre que aparece desde el principio de la revelación bíblica (Gn. 1:1) y se utiliza en muchos pasajes de manera intercambiable con el singular *el* y otros nombres divinos en singular (p. ej., Dt. 7:9; Jos. 24:19). Esta forma plural no demuestra que Dios sea trino, pero es, sin duda, compatible con la revelación bíblica posterior de la triunidad de Dios (cf. Gn. 1:26; 3:22; 11:7).

Compuestos de El/Elojím

Como hemos dicho antes, cuando se utiliza para aludir al único Dios verdadero, el nombre hebreo *el* se utiliza con frecuencia con otros modificadores, formando un nombre compuesto.

El shaddái. El término *shaddái* procede de la raíz hebrea *shadád,* que se refiere a poder. Con respecto al Dios verdadero, el término *shaddái* se ha traducido tradicionalmente como "todopoderoso", en referencia a su omnipotencia. En cualquier caso, al ser todopoderoso, Dios provee (Gn. 17:1; 28:3-4; 35:11; 43:14; 48:3-4; 49:25), protege (Sal. 91:1) y castiga en juicio (Rt. 1:20-21; Job 5:17; 6:4; 21:20; Sal. 68:14; Is. 13:6; Jl. 1:15). El Nuevo Testamento usa la palabra griega *pantokrátor* ("todopoderoso") para referirse al concepto veterotestamentario de Dios como *shaddái,* confirmando así que *shaddái* se refiere a Dios como omnipotente (cf. 2 Co. 6:18; Ap. 1:8; 4:8; 11:17; 15:3; 16:7, 14; 19:6, 15; 21:22).

El elión. Traducido como "Dios Altísimo", este título se refiere a la suprema soberanía de Dios. En el Antiguo Testamento, *el elión* se utiliza normalmente en relación con los gentiles y los enemigos de Dios y su pueblo (Gn. 14:18-22; Nm. 24:16; Dt. 32:8; Sal. 91:1, 9; 92:1; 97:9; Dn. 3:26; 4:2, 17, 24-25, 34; 5:18, 21; 7:25). Como tal, Dios tiene suprema autoridad sobre el cielo (Is. 14:13-14; Dn. 4:35, 37) y la tierra (Dt. 32:8; 2 S. 22:14-15; Sal. 9:2-5; 21:7; 47:2-4; 57:2-3; 82:6-8; 83:16-18; 91:9-12; Dn. 5:18-21).

---

7   Heinrich Friedrich Wilhelm Gesenius, *Gesenius' Hebrew Grammar*, ed. E. Kautzsch, rev. A. E. Cowley, 2a ed. (1910; reimpr., Oxford, UK: Clarendon, 1976), 246.d.

El/Elojei olám. Este nombre indica que Dios es eterno. Él es "el Dios eterno" (Gn. 21:33). En Isaías 40:28, se utiliza la forma plural del nombre de Dios (cf. Sal. 90:2; 93:2; 103:17).

ADON/ADONAI: SEÑOR

Aunque el tetragrámaton, YHWH, se completa a menudo con las vocales de *adonai* ("mi Señor"), también aparece este nombre/título hebreo para aludir a Dios (o su forma absoluta, *adon* ["Señor"]). En el uso general, el título es usado para el reconocimiento general de superioridad (Gn. 24:18; 32:5; 44:7; Rt. 2:13), amo (Éx. 21:4-8), propietario (1 R. 16:24), esposo (Gn. 18:12), o rey (Gn. 40:1; Jue. 3:25; 1 S. 22:12; Jer. 22:18; 34:5). Cuando se utiliza en relación con el único Dios verdadero, *adonai* indica que posee soberanía suprema y autoridad final sobre todas las cosas externas a sí mismo.

TSUR: ROCA

La Biblia describe a Dios como "la Roca", comparándolo con una peña física para comunicar su fortaleza y, con ello, su perfecta confiabilidad (Dt. 32:4, 15, 18, 30-31; Sal. 18:2, 31, 46; 19:14; 28:1; 31:2-3; 42:9; 62:2, 6-7; 71:3; 78:35; 89:26; 92:15; 94:22; 95:1; 144:1; Is. 17:10; 26:4; 30:29; 44:8). La palabra hebrea *tsur* alude a un farallón o cantera (Is. 51:1). A veces, las Escrituras utilizan una metáfora con tanta frecuencia que esta se convierte en un nombre o un título (p. ej. el "Verbo" en referencia al Hijo, cf. Jn. 1:1-2). La expresión "la Roca" es usada como nombre o título de Dios. El apóstol Pablo habla del Mesías preencarnado como la Roca que cuidaba de Israel y "la roca espiritual que los seguía" (1 Co. 10:1-4).[8]

AB: PADRE

Puesto que el Nuevo Testamento aplica el nombre "Padre" a la primera persona de la Trinidad, cuando el Antiguo Testamento describe a Dios como "padre", esta descripción hebrea debería considerarse como un nombre/título de Dios. Dios es el "padre" de Israel en Deuteronomio 32:6 (cf. Dt. 32:18; véanse también, Sal. 89:26; Is. 63:16; 64:8; Jer. 3:4, 19). El tema de Dios como Padre se amplía en el Nuevo Testamento, que revela que la primera persona de la Trinidad es especialmente el Padre de la segunda persona de la Trinidad: el Hijo de Dios (Mt. 7:21; Jn. 5:17; Ro. 15:6; 1 Co. 15:24; 2 Co. 1:3; 11:31; Ef. 1:3; Col. 1:3; 1 P. 1:3; Ap. 2:27; 3:5, 21) y el Padre de los creyentes (Mt. 6:8-9, 14-15, 18, 26, 32).

Padre es un nombre eterno, que indica que nunca ha habido un momento en que la primera persona de la Trinidad no fuera Padre de la segunda persona, su Hijo Unigénito. Como Padre no engendrado, la primera persona de la Trinidad es la eterna causa en todas sus relaciones y obras.

---

8   Robert Duncan Culver, *Systematic Theology: Biblical and Historical* (Fearn, Ross-shire, Escocia: Mentor, 2005), 56.

Los atributos (perfecciones) de Dios

Los atributos de Dios son sus características, los diferentes aspectos de su naturaleza. El término *perfecciones*, derivado de la palabra griega *aretás* ("virtudes") que aparece en 1 Pedro 2:9, funciona mejor que *atributos*, por cuanto *perfecciones* especifica que las características de Dios son todas perfectas y distinguen intrínsecamente al Dios que es perfecto.

CLASIFICACIONES

A lo largo de los años, muchos teólogos se han esforzado por categorizar las perfecciones divinas. Puesto que la Biblia no establece categorías de manera explícita, no se debe aceptar acríticamente cualquier esquema de clasificación.

Negativas y positivas

Un esquema de clasificación (negativa y positiva) está basado en (1) perfecciones negativas, o aquellas que son lo contrario de las limitaciones de las criaturas (p. ej., infinitud, incorporeidad) y (2) perfecciones positivas, o aquellas que están presentes en el hombre, pero que son características de Dios en grado infinito (p. ej., bondad, santidad, rectitud, justicia).

El problema de estas categorías es que se superponen. Cuando hacemos una afirmación negativa sobre Dios, tenemos en mente un concepto positivo, aunque no podamos expresarlo. Por ejemplo, decir que Dios es inmutable (cualidad negativa) supone saber conscientemente que Dios es constante y fiel (positiva). También lo contrario es cierto.

Naturales y morales (grandeza y bondad; constitución y personalidad)

Las perfecciones naturales son aquellas que pertenecen a la "constitución" de Dios (p. ej., su autoexistencia, su simplicidad, su infinidad), mientras que las perfecciones morales son aquellas relativas a su voluntad y hacen de Él, por tanto, un ser moral (p. ej., bondad, verdad, amor, santidad).

El problema de esta clasificación es que los atributos morales son también aspectos de la esencia de Dios como los atributos naturales. Las perfecciones de la bondad son también perfecciones de la grandeza de Dios (Sal. 145), y las de su personalidad son también de su constitución.

Absolutas y relativas

Las perfecciones absolutas distinguen la esencia de Dios considerada en y por sí misma (p. ej., autoexistencia, infinidad, espiritualidad), mientras que las relativas caracterizan la esencia de Dios considerada en relación de este con su creación (p. ej., omnisciencia, omnipresencia).

En este caso, el problema es que esta clasificación presupone que el hombre puede conocer cosas sobre Dios en su esencia, pero la verdad es que todas sus perfecciones son relativas, reveladas en relación con su creación. Incluso las así llamadas perfecciones relativas son absolutas, puesto que están eternamente activas en las relaciones entre los miembros de la Trinidad, en la existencia esencial de Dios.

Inmanente/intransitivo versus emanente/transitivo/operativo

Según esta clasificación, las primeras son perfecciones que funcionan fuera de la esencia divina, pero permanecen inmanentes en Dios (p. ej., inmensidad, eternidad, simplicidad), mientras que estas últimas son perfecciones que producen cosas externas a Dios (p. ej., omnipotencia, bondad, justicia).

Al contrario de lo que presupone esta clasificación, el hombre no puede conocer ninguna característica de Dios tal como es esencialmente, sino solo cuando su carácter se manifiesta en sus obras. Por otra parte, en Dios las perfecciones operativas y causativas deben ser también inmanentes e intransitivas; de otro modo, para ser completo, Dios necesitaría algo fuera de sí mismo.

Incomunicables y comunicables

Las perfecciones incomunicables son aquellas características singulares a Dios (p. ej., su autoexistencia, su simplicidad, su inmensidad), mientras que las comunicables son aquellas que pueden transferirse en parte a los seres humanos (p. ej., bondad, rectitud, amor).

Un problema de la categorización incomunicables/comunicables es que incluso las perfecciones incomunicables son al menos hasta cierto punto características humanas, de no ser así nadie podría entender nada sobre las perfecciones de Dios. Por otra parte, las perfecciones comunicables de Dios no son completamente como las características humanas, o Dios no sería mayor que el hombre en cada atributo.

No obstante, muchos teólogos han usado, y continúan usando, esta categorización; y puede ser una herramienta útil en el estudio de las perfecciones de Dios, puesto que puede ayudar a las personas a centrarse en el carácter único de Dios en comparación con la humanidad. Asimismo, esta categorización subraya tanto la trascendencia como la inmanencia de Dios, y niega tanto el panteísmo como el deísmo.

LAS PERFECCIONES INCOMUNICABLES

Las perfecciones de Dios son idénticas a su esencia y se integran activamente (es decir, se complementan y califican) entre sí. Al considerar las perfecciones, hemos de recordar que estamos aprendiendo sobre Dios mismo, no algo fuera o aparte de Dios.[9]

---

9   Quienes deseen considerar desarrollos más completos de los atributos de Dios pueden ver Herman Bavinck, *Reformed Dogmatics* vol. 2, *God and Creation*, ed. John Bolt, trad. John Vriend (Grand Rapids, MI: Baker Academic, 2004); Stephen Charnock, *The Existence and Attributes of God* (1853; reimpr., Grand Rapids, MI: Baker, 1996); Arthur W. Pink, *Los atributos de Dios* (Londres: El Estandarte de la Verdad, 1997).

Independencia (aseidad)

Dios es independiente de todas las cosas. Él es perfectamente autosuficiente, no depende de nada aparte de sí mismo y es, por lo tanto, el ser eterno y fundamental, la fuente de la vida y sostén para todo otro ser. Él es autoexistente, con vida en y por sí mismo (Éx. 3:14; Jn. 5:26), y existió antes de todas las cosas y, solo a través de Él, todas las cosas existen (Sal. 90:2; 1 Co. 8:6; Ap. 4:11). Él es la fuente de todo (Dt. 32:39; Is. 45:5-7; 54:16; Jn. 5:26; 1 Co. 8:6) y Dios no depende de nada; todas las cosas dependen de Él (Ro. 11:36). Él no necesita nada, es todo suficiente (Job 22:2-3; Hch. 17:25).

Inmutabilidad

La inmutabilidad de Dios es la perfecta inalterabilidad en su esencia, carácter, propósito y promesas. Él es eternamente el mismo (Sal. 102:25-27), y no cambia (Mal. 3:6; Stg. 1:17). Él es incorruptible, el único que tiene inmortalidad y es siempre el mismo (Ro. 1:23; 1 Ti. 1:17; 6:15-16; He. 1:11-12). Su fidelidad nunca disminuye (Lm. 3:22-23).

El lector experimenta una cierta tensión al comparar pasajes que afirman la inalterabilidad de Dios con otros que declaran que se arrepiente (p. ej., Gn. 6:6; Éx. 32:12; 1 S. 15:11, 35; Jer. 18:10; Am. 7:3, 6; Jon. 3:9-10; 4:2) o cambia su propósito (p. ej., Gn. 18:23-32; Éx. 32:10-14; Jon. 3:10). Sin embargo, esos "cambios" percibidos no son cambios de Dios mismo, sino cambios aparentes cuando Él se revela a la gente. Dios nunca cambia, pero las criaturas sí cambian, y las circunstancias externas cambian. Así, las acciones de Dios no implican un cambio de esencia o propósito.

El lenguaje alusivo a que Dios se "arrepiente" o "cambia" de alguna manera es antropopático (expresiones figurativas que le comunican al hombre, dentro de su nivel de comprensión, los cambios de disposición o acciones). Pero los "cambios" de Dios nunca son cambios genuinos; pueden ser percibidos así por nosotros, pero la perfección de Dios no permite que cambie, ni para bien ni para mal. Su eterna omnisciencia significa que Él nunca podría decidir que un curso de acción diferente es mejor o más sabio que aquel que Él ya ha decretado. Y su pura realidad significa que Él no puede experimentar absolutamente ningún cambio de estado.

Infinidad

La infinidad de Dios describe su naturaleza, que trasciende perfectamente a todas las limitaciones de tiempo y espacio. A la infinitud de Dios en relación con el tiempo se la llama eternidad u omnitemporalidad, y cuando alude al espacio recibe el nombre de inmensidad u omnipresencia.

Eternidad

Dios trasciende perfectamente cualquier limitación de tiempo (2 P. 3:8). Él es eterno (Is. 40:28) y habita la eternidad (Is. 57:15). Él existía antes de la creación (Gn. 1:1; Jn. 1:1; 17:5, 24). Él era, es y ha de venir, todo al mismo tiempo (Éx. 3:14; Ap. 1:4, 8). Él es Dios desde la eternidad y hasta la eternidad (Sal. 90:2; 93:2).

La esencia de Dios como "intemporal". La afirmación bíblica: "En el principio creó Dios los cielos y la tierra" (Gn. 1:1) indica que Dios existía antes del "principio", que comenzó "el primer día" (Gn. 1:5). Dios existía antes del primer momento del "primer día" de toda la realidad fuera de sí mismo. Por tanto, la existencia de Dios está fuera de los límites del tiempo. Mientras que Dios interactúa con su creación y sus criaturas momento a momento, Dios mismo trasciende el tiempo; Él no puede estar limitado por el tiempo de ninguna manera.

En su esencia, Dios existe en un "presente" eterno. Él está siempre con "lo primero" del tiempo y con "lo último" del tiempo (Is. 41:4; cf. 44:6). Dios no está confinado o condicionado por límites o espacios de tiempo (véanse Sal. 90:1-4; 2 P. 3:8). En su esencia, Dios abarca tanto el principio como el fin, experimenta conscientemente ambas cosas, y estas son para Él realidades "presentes". Y puesto que la expresión "el principio y el fin" (Ap. 21:6; 22:13) es posiblemente un merismo (un recurso literario que expresa una completa serie de elementos mencionando solo los que marcan los límites opuestos del conjunto), Dios controla cada momento como realidades "presentes" que experimenta conscientemente.

Inmensidad y omnipresencia

Dios perfectamente trasciende toda limitación de espacio, y está presente, sin embargo, en cada punto del espacio con todo lo que Él es. La trascendencia de Dios significa que Él es mayor que la creación e independiente de ella. Su inmensidad se refiere a que Dios trasciende y llena todo el espacio. Su omnipresencia indica que Dios está presente, con todo su ser, en cada punto del espacio. Dios llena el cielo y la tierra, de modo que nada está oculto de su presencia, y está a la vez cerca y lejos (Sal. 139:7-10; Jer. 23:23-24; Hch. 17:27-28). El cielo y la tierra no pueden contenerlo (1 R. 8:27; 2 Cr. 2:6; Is. 66:1; Hch. 7:48-49). Él habita y tiene su trono en el cielo (Dt. 26:15; 2 S. 22:7; 1 R. 8:32; Sal. 11:4; 33:13; 115:3, 16; Is. 63:15; Mt. 5:34; 6:9; Jn. 14:2; Ef. 1:20; He. 1:3; Ap. 1:4-5), pero también habita en medio de su pueblo (Éx. 20:24; 25:8; 40:34-35; Dt. 12:11; 1 S. 4:4; 2 S. 6:2; 1 R. 8:10-11; 2 R. 19:15). Él está cerca (relacionalmente) de los justos (Sal. 11:7; 51:19; Is. 57:15).

Detalles de su inmensidad y omnipresencia. Dios trasciende el espacio. Dios no está difuso por el espacio, como si solo parte de Él estuviera en cada lugar. Dios tampoco está limitado a un solo lugar, sino plenamente presente en todas partes. Su inmensidad no significa que esté separado de la creación en un sentido deísta, aunque sí que es distinto y mayor que ella. Dios sostiene el orden creado estando presente con cada punto del espacio. Esto se aplica, por ejemplo, al cielo y al infierno (Ap. 14:9-10), y al justo y al impío.

Unidad: Integridad numérica

La unidad de Dios es su perfecta singularidad de esencia, de modo que ni Él es más que una esencia ni es la esencia divina compuesta o multiforme. Dios es solo un ser (Dt. 6:4; Mr. 12:29); Él es único; hay un solo Dios (Dt. 4:35; 32:39; Sal. 18:31; Is. 40:18; 43:10-11; 44:6; 45:5), una unicidad que no es contradictoria, sino revelada en Jesucristo (Jn. 17:3; Hch. 17:24; Ro. 3:30; 1 Co. 8:4-6; 1 Ti. 2:5).

Unidad: Simplicidad

La simplicidad de Dios es su indivisibilidad, su perfecta falta de composición. Esto significa que cada una de sus perfecciones y todas ellas *son* su esencia. Esta perfección puede ser expresada afirmando que Dios *es*, y no simplemente *tiene*, verdad, rectitud, sabiduría, espíritu, luz, vida, amor y santidad (Jer. 10:10; 23:6; Jn. 1:4-5, 9; 4:24; 14:6; 1 Co. 1:30; 1 Jn. 1:5; 4:8, 16). Estos pasajes revelan a Dios como la completa plenitud de cada cualidad respectiva.

Compatibilidad de la simplicidad de Dios con la doctrina de la Trinidad. La simplicidad de Dios no contradice la doctrina de la Trinidad, en cambio es el fundamento del monoteísmo bíblico.[10] La esencia de Dios no está compuesta por tres personas, sino que existe en plenitud, sin mezcla ni división, en cada una de las tres personas. Las diferentes propiedades personales únicas a cada persona no son cosas añadidas a la esencia divina, sino solo distinciones de subsistencia y relación personal. En todas las obras externas de la Trinidad, cada persona actúa sin dividir la esencia divina.

Omnisciencia

La omnisciencia de Dios es su perfecto conocimiento de (a) sí mismo, (b) de todas las cosas reales fuera de Él mismo y (c) de todas las cosas que no se hacen realidad en un acto, eterno y simple, de conocer (sin partes, pero con distinciones). Obsérvese que esta definición no dice que Dios conoce cosas que son "posibles", porque en la mente y el plan eternos de Dios solo existen cosas reales, no cosas posibles. Sí sabe, ciertamente, lo que habría sucedido si las circunstancias hubieran sido distintas; sin embargo, puesto que en su mente y en su plan estas nunca van a ocurrir, no son "posibilidades". Solo aquello que está en el plan de Dios es "posible", porque solo esto puede llegar a ser real en el tiempo.[11] Dios conoce: todas las cosas (2 Cr. 16:9; Is. 40:13; Ro. 11:34; He. 4:13; 1 Jn. 3:20); las cosas que son contingentes desde una perspectiva humana (1 S. 23:10-13; 2 R. 13:19; Sal. 81:12-16; Jer. 26:2-7; 38:17-20; Ez. 3:4-6; Mt. 11:21); las cosas futuras (Is. 41:22-26; 42:8-9; 43:9-12; 44:6-8; 46:9-11); el corazón del hombre (1 R. 8:39; Sal. 7:9; Pr. 15:11; Jer. 11:20; 17:9-10; 20:12; Lc. 16:15; Ro. 8:27; 1 Ts. 2:4; 1 Jn. 3:20); las personas antes de su concepción (Sal. 139:13-16;

---

10 Véase James E. Dolezal, *All That Is in God: Evangelical Theology and the Challenge of Classical Christian Theism* (Grand Rapids, MI: Reformation Heritage Books, 2017), 105-34.

11 Rechazamos aquí todas las formas de conocimiento intermedio, ya sea la clásica concepción molinista o la llamada reformulación "compatibilista". Véase "La naturaleza del conocimiento de Dios" más adelante en esta misma obra.

Jer. 1:5; Ro. 8:28-30; Ap. 13:8; 17:8); los días y límites geográficos ordenados para cada ser humano (Sal. 31:15; 39:4-5; 139:7-16; Job 14:5; Hch. 17:26).

El conocimiento de Dios es eterno y *a priori*; es perfecto, nunca se incrementa (Is. 40:13-14; Ro. 11:34); precede a todas las cosas fuera de Él mismo y nunca se deriva de realidades externas a Él (Ro. 8:29; 1 Co. 2:7; Ef. 1:4-5; 2 Ti. 1:9); y es definido, claramente definido, preciso, exacto, cierto, seguro y comprehensivo (Sal. 139:1-3; He. 4:13).

Entre los principales efectos del conocimiento de Dios en el tiempo están la creación del ámbito físico (Sal. 104:24; 136:5); la formación de la iglesia (Ef. 3:10); todas las acciones de Dios en el tiempo, incluida la aplicación de la salvación (Ro. 11:33); y la adoración de parte del hombre (Job 11:7-9; Sal. 139:17-18; Ro. 11:33).

La naturaleza del conocimiento de Dios. El conocimiento que Dios tiene es intuitivo, inherente e inmediato, no surge de su observación y razonamiento en momentos sucesivos de tiempo. Al mismo tiempo, este tiene una estructura lógica. El conocimiento de Dios alude a su actividad, no solo a un determinado contenido, y es simple y simultáneo por lo que a su ejercicio se refiere. Él lo conoce todo completamente y al mismo tiempo, no de forma secuencial, una cosa a la vez. No obstante, también conoce las diferencias y el orden que existe entre todas las cosas.

El conocimiento de Dios es exhaustivo y totalmente consciente, mientras que el del hombre es parcial y principalmente inconsciente. El conocimiento de Dios es "acción pura", nunca pasivo (conocimiento basado en el aprendizaje) como el del hombre, sino eternamente decidido por Él. Y es inmediato, no deísta. Es decir, Dios no está alejado de las cosas que sabe, sino que tiene siempre una percepción directa e inmediata de todo lo que conoce. (Sobre la presciencia de Dios, véase el análisis de *proginósko* más adelante bajo "El decreto de la elección", p. 121).

Omnipotencia

La omnipotencia de Dios describe su capacidad para hacer cualquier cosa consistente con su naturaleza. El poder pertenece a Dios (Sal. 62:11; 96:7; Ap. 4:11; 5:12; 7:12; 19:1). Dios hace lo que quiere (Sal. 115:3; Is. 14:24, 27; 46:10; 55:11; Dn. 4:35) y nada es demasiado difícil para Dios; nada es imposible (Gn. 18:14; Job 42:2; Jer. 32:27; Zac. 8:6; Mt. 3:9; 19:26; 26:53; Lc. 1:37; 18:27; Ef. 3:20). Las obras de Dios revelan su omnipotencia (Sal. 8; 18; 19; 24; 29; 33; 104): la creación (Gn. 1; Sal. 8:3; Is. 42:5; 44:24; 45:12, 18; 48:13; Zac. 12:1; Ro. 1:20), la providencia (He. 1:3) y la redención (Ro. 1:16; 1 Co. 1:24).

Las Escrituras afirman que hay cosas que Dios no puede hacer ya que ello contradeciría su carácter, naturaleza o voluntad revelada: arrepentirse o mentir (Nm. 23:19; 1 S. 15:29; He. 6:18); negarse a sí mismo (2 Ti. 2:13); ser tentado (Stg. 1:13); o cambiar (Stg. 1:17; Mal. 3:6).

Perfección

La perfección de Dios no solo habla de su perfección moral —es decir, que es perfectamente santo, justo y bueno—, sino también que Él es la suma total de todas las perfecciones concebibles. Dios es moralmente perfecto (Mt. 5:48). El camino de Dios es perfecto, de modo que su Palabra es perfectamente verdad (2 S. 22:31). La obra de Dios es perfecta en que sus actos son perfectamente veraces y justos (Dt. 32:4).

LAS PERFECCIONES COMUNICABLES

Espiritualidad e invisibilidad

Dios es espíritu (Jn. 4:24), por lo tanto, invisible e incorpóreo. Su esencia no puede ser percibida por los sentidos físicos. La forma de Dios no es visible (Dt. 4:12, 15; Jn. 1:18; 5:37; 6:46; 1 Ti. 6:16; 1 Jn. 4:12, 20), porque no es física. Dios es eterno (Sal. 90:1-2), omnipresente (Sal. 139:7-12) e invisible (Ro. 1:20; Col. 1:15-16; 1 Ti. 1:17; He. 11:27; véase también Éx. 33:20).

Si Dios es invisible, ¿cómo podrán los creyentes ver a Dios después de la resurrección, como sugieren algunos textos? (Job 19:26; Sal. 17:15; Mt. 5:8; 1 Jn. 3:2; Ap. 22:4). Las declaraciones sobre ver a Dios y su rostro en el futuro deberían interpretarse en relación con una visión espiritual, comparativamente mayor de la revelación que Dios hace de sí mismo, y no una visión física de su esencia. En el estado eterno, la percepción espiritual que el creyente tiene de Dios llegará más allá de lo que puedan percibir los sentidos físicos. En las Escrituras, la "cara" de Dios (Mt. 18:10) es un antropomorfismo de la mediación externa que Dios hace de su presencia.[12]

Sabiduría

La sabiduría de Dios es su conocimiento perfecto de cómo actuar con destreza para llevar a cabo todo su beneplácito: glorificarse a sí mismo. Esta definición se basa en el término hebreo para "sabiduría", *hjocmá,* que puede significar "destreza".

La evidencia escritural de este atributo puede verse en que Dios creó por su sabiduría (Job 9:4; 37–41; Sal. 19:1-7; 104:1-34; Pr. 8:22-31; Is. 40:28; Jer. 10:12) y que Dios redime por su sabiduría (Dt. 4:6-8; Ro. 11:25-33 [esp. 11:33]; 16:25-27 [esp. 16:27]; 1 Co. 2:6-13; Ef. 3:10-11; Ap. 5:12). Dios es la fuente misma de la sabiduría (Pr. 2:6; 9:10; Stg. 1:5). Además, Él es omnisapiente (lat. *sapientia,* "sabiduría"), que significa omnisciente (Job 12:13; Sal. 147:5; Is. 40:28; Ro. 11:33; 16:27).

Verdad y fidelidad

La verdad y la fidelidad de Dios son la correspondencia perfecta de la naturaleza de Dios con lo que Él debería ser, con la fiabilidad de sus palabras y obras, y con

---

12 Para saber más sobre el objeto de la visión beatífica en lo referente a la invisibilidad de Dios, véase Michael Riccardi, "Seeking His Face: A Biblical and Theological Study of the Face of God" (tesis de maestría, The Master's Seminary, 2015).

la precisión de su conocimiento, pensamientos y palabras. Todas las palabras de Dios son verdaderas y fieles (2 S. 7:28; Sal. 19:9; 25:10; 33:4; 111:7; 119:86, 142, 151; Dn. 4:37; Jn. 17:17; Ef. 1:13). Él no puede mentir ni arrepentirse como los seres humanos (Nm. 23:19; 1 S. 15:29). Él es el único Dios real; por tanto, es verdadero, en contraste con los dioses falsos (Dt. 32:21; Sal. 96:5; 97:7; 115:4-8; Is. 44:9-10; Jn. 14:6; 17:3; 1 Jn. 5:20). Dios cumple sus pactos (Dt. 4:31; 7:9; Neh. 1:5; Sal. 40:11; Dn. 9:4). Dios es una roca de refugio, por su firmeza confiable (Dt. 32:4, 15, 18, 30, 37; Sal. 18:2-3; 31:6; 36:5; 43:2-3; 54:7; 57:3; 71:22; 143:1; 146:6; Is. 26:4).

Dios es metafísicamente verdadero. Él es lo que Dios debería ser. No es como los dioses falsos, que son vanidades y mentiras (Sal. 96:5; 97:7; 115:4-8; Is. 44:9-10). Dios es éticamente verdadero; su revelación de sí mismo es del todo fiable (Éx. 34:6; Nm. 23:19; Dt. 32:4; Sal. 25:10; 31:6; Jer. 10:8, 10; Jn. 14:6; 17:3; Ro. 3:4; Tit. 1:2; He. 6:18; 1 Jn. 5:20-21). Esto significa que Dios es absolutamente fiel (Dt. 7:9; Sal. 89:33; Is. 49:7; Lm. 3:22-23; 1 Co. 1:9; 2 Ti. 2:13; He. 6:17-18; 10:23). Dios es lógicamente verdadero. Lo sabe todo tal como es en realidad.

Bondad

La bondad de Dios es que Él es la suma perfecta, la fuente y el estándar de lo que es íntegro, virtuoso, beneficioso y hermoso. Dios es bueno (Sal. 34:8) y no hay nadie bueno, excepto Dios (Mt. 5:48; Mr. 10:18; Lc. 18:19). Todas las criaturas están llamadas a alabar su bondad (1 Cr. 16:34; 2 Cr. 5:13; Sal. 106:1; 107:1; 118:1; 136:1; Jer. 33:11).

Dios es el bien absoluto (Mr. 10:18; Lc. 6:35; 18:19). Como tal, no se le puede agradar con nada que no sea la absoluta perfección. De ahí que, en un sentido supremo, solo pueda agradarse de sí mismo. Por consiguiente, cuando Él ama a sus criaturas, las ama con una importante estima hacia sí mismo, a quien ellos reflejan por ser creados a su imagen. Dios es la fuente de todas las bendiciones de sus criaturas (Stg. 1:17). Él es el bien supremo (lat. *summum bonum*) para sus criaturas, el objetivo adecuado de todos los que se esfuerzan por la verdadera bondad.

Amor

El amor perfecto de Dios es su determinación de entregarse a sí mismo y a los demás, y su afecto por sí mismo y por su pueblo.

Esta definición afirma que Dios tiene afectos o emociones, pero de nuevo es necesario observar que los afectos de Dios no son pasiones que lo mueven, sino principios activos por los cuales Él expresa sus temperamentos santos. Dios no es insensible ni incapaz de compasión; sin embargo, como acto puro, Dios no se ve sorprendido por fluctuaciones emocionales.

La esencia de Dios es el amor (1 Jn. 4:8, 16). El amor de Dios es, en última instancia, entre las tres personas de la Trinidad (Jn. 3:35; 5:20; 10:17; 14:31; 15:9; 17:24, 26). Que este amor incluye afecto es algo que se ve en el uso del verbo griego *filéo* para el amor que el Padre tiene por el Hijo (Jn. 5:20). El Antiguo Testamento da abundante testimonio del amor de Dios (Dt. 4:37; 7:8, 13; 10:15; 23:5; 2 Cr. 2:11; Is. 43:4; 48:14; 63:9; Jer. 31:3; Os. 11:1, 4; 14:4; Sof. 3:17; Mal. 1:2). El amor de Dios se manifiesta en el sacrificio de Cristo por el pecado (Jn. 3:16; 14:23; 15:13; 16:27; 17:23; Ro. 5:7-8; 8:37; 9:13; Gá. 2:20; 1 Jn. 4:9-10). En Juan 16:27, el amor de Dios Padre por los creyentes incluye el afecto, como se ve en el uso del verbo griego *filéo* para el amor del Padre.

Gracia

La gracia de Dios lo describe a Él concediendo favor de un modo perfecto a aquellos que no pueden merecerlo, porque lo han rechazado y están bajo la sentencia de la condenación divina. La gracia es, sencillamente, "favor" (heb. *kjen*; gr. *járis*) inmerecido. La gracia de Dios se manifiesta en Jesucristo (Jn. 1:14; 1 P. 1:13); es abundante (Éx. 34:6; 2 Cr. 30:9; Neh. 9:17; Sal. 86:15; 103:8; 111:4; 116:5; Jon. 4:2; Jl. 2:13; Zac. 12:10); no da lugar a las obras de mérito (Jn. 1:17; Ro. 4:4, 16; 6:14, 23; 11:5-6; Gá. 5:3-4; Ef. 2:7-9). Los dones de bendiciones espirituales y terrenales de Dios son llamados "gracia" (Ro. 6:1; 12:6-8; Ef. 4:7-12; Fil. 1:2; Col. 1:2; Stg. 4:6). Israel fue escogido y bendecido por Dios solo por la gracia divina (Éx. 15:13, 16; 19:4; 34:6-7; Dt. 4:37; 7:7-8; 8:14, 17-18; 9:5, 27; 33:3; Is. 35:10; 43:1, 15, 21; 54:5; 63:9; Jer. 3:4, 19; 31:9, 20; Ez. 16:60-63; Os. 8:14; 11:1). En el Nuevo Testamento, la gracia de Dios es, de forma especial, su favor gratuito e inmerecido hacia los pecadores al darles la salvación del pecado (Ro. 3:24; 5:15; 6:23; Ef. 1:6-7; 2:4-9; 2 Ts. 2:16; Tit. 3:7; 1 P. 5:10). Es una gracia especial, eficaz, a diferencia de la gracia común, que es el cuidado general de Dios por su creación.

Misericordia

La misericordia de Dios (heb. *rakjamim*; gr. *éleos, oiktirmós*) describe la perfecta y profunda compasión de Dios por las criaturas (personas), como lo demuestra su benevolente bondad a los que están en una condición lastimosa o desdichada, aunque no lo merecen. Él es un Dios de misericordia (Éx. 34:6; Dt. 4:31; 2 Cr. 30:9; Sal. 86:15; 103:8; 111:4; 112:4; 145:8), cuya misericordia es múltiple (Éx. 20:6; Dt. 5:10; 2 S. 24:14; Neh. 9:19; Sal. 51:1-2; 57:10; 86:5; Dn. 9:9, 18) y no falla (Lm. 3:22). Dios da misericordia proveyendo salvación en todos sus aspectos, incluido el sustento en la vida cristiana y la salvación final cuando Cristo regrese (Ro. 9:23; 11:30; 1 Co. 7:25; 2 Co. 4:1; Ef. 2:4; Fil. 2:27; 1 Ti. 1:2, 13, 16; 2 Ti. 1:18; He. 4:16; 1 P. 1:3; 2:10; 2 Jn. 3; Jud. 2, 21). A Dios se le llama "Padre de misericordias" (2 Co. 1:3) y Cristo, a menudo, mostró misericordia (Mt. 9:36; 14:14; 20:34; He. 2:17).

Paciencia

La paciencia de Dios transmite que se siente perfectamente apacible en sí mismo y hacia los pecadores a pesar de la continua desobediencia de ellos. Dios no "pierde los estribos", sino que actúa con calma y con la debida consideración. Él siempre está tranquilo, sereno. Dios es incluso paciente con aquellos que merecen el castigo divino (Éx. 34:6; Nm. 14:18; Neh. 9:17; Sal. 86:15; 103:8-9; 145:8; Jer. 15:15; Jl. 2:13; Jon. 4:2; Nah. 1:3). La paciencia de Dios se muestra a los pecadores, sobre todo a través de Jesucristo (Ro. 2:4; 9:22-23; 1 Ti. 1:16; 2 P. 3:9, 15).

Santidad

La santidad de Dios es su grandeza inherente y absoluta, que lo hace perfectamente distinto por encima de todo lo que hay fuera de Él mismo y está separado moralmente y de manera absoluta del pecado. Esta definición se centra en el concepto de la separación indicada por los términos hebreo y griego para "santo" (heb. *cadósh*; gr. *jósios, jágios*).

Existen dos aspectos de la santidad de Dios en las pruebas halladas en las Escrituras:

Santidad majestuosa. Alude a que Dios es inherentemente grande y, por lo tanto, trascendentalmente distinto de todas sus criaturas en infinita majestad. Dios es único en majestad. Este sentido de la santidad de Dios caracteriza todos sus demás atributos, y todos estos caracterizan su santidad. Esta distinción trascendente queda aseverada por el Antiguo Testamento (Éx. 15:11; 1 S. 2:2; 2 Cr. 30:27; Sal. 5:7; 22:3; 48:1; 71:22; 89:18; 97:12; 98:1; 99:3, 5, 9; 103:1; 105:3; 145:21; Pr. 30:3; Is. 5:16; 6:3; 10:20; 29:23; 43:14-15; 49:7; 54:5; 57:15; Jer. 51:5; Os. 11:9; Hab. 1:12) y por el Nuevo Testamento (Mr. 1:24; Lc. 1:49; 4:34; Jn. 17:11; Ap. 4:8; 6:10; 15:4).

Santidad ética, moral. Dios es también moralmente puro y, con total certeza, está separado del pecado. Él es moral y éticamente perfecto, aborrece el pecado y exige pureza en sus criaturas morales (Lv. 11:44; 19:2; 20:26; 22:32; Jos. 24:19; Job 34:10; Sal. 5:5; 7:11; Is. 1:12-17; Ez. 39:7; Am. 2:7; 5:21-23; Hab. 1:13; Zac. 8:17; 1 P. 1:15-16).

Justicia

La justicia de Dios es perfecta y absoluta en y hacia sí mismo, en su prevención de cualquier violación de la justicia de su carácter y en su autorrevelación en los actos de justicia. Tanto el término hebreo del Antiguo Testamento (*tsedacá*) como el término griego del Nuevo Testamento (*dikaiosúne*) para "justicia" transmiten el sentido de conformidad a un estándar.

Categorización y evidencia escritural. La Biblia describe dos tipos de justicia:

Justicia rectoral. Es la rectitud de Dios (del lat. *rectus,* "derecho") como Gobernador, Legislador y Juez moral del mundo, quien impone la ley con promesas de recompensa y castigo (Dt. 4:8; 2 S. 23:3; Sal. 9:4; 99:4; 119:7, 62, 75, 106; Is. 33:22; Lc. 1:6; Ro. 1:32; 7:12; 8:4; 9:31; Stg. 4:12).

Justicia distributiva. Este aspecto de la justicia de Dios es su exactitud y rectitud en la ejecución de la ley, en la distribución de la recompensa y el castigo (1 R. 8:32; 2 Cr. 6:23; Sal. 7:11; Is. 3:10-11; 11:4; 16:5; 31:1; Ro. 2:6; 2 Ti. 4:8; 1 P. 1:17). Dos categorías dentro de la justicia distributiva de Dios son su justicia retributiva y su justicia remunerativa. La justicia retributiva es que Dios inflige castigo por la desobediencia a su ley (2 Cr. 12:5-6; Esd. 9:15; Neh. 9:26-30; Sal. 129:4; Is. 5:15-16; Jer. 11:20; Ez. 28:22; 36:23; 38:16-23; 39:27; 43:8; Dn. 9:14; Os. 10:2; Sof. 3:5; Ro. 1:32; 2:9; 12:19; 2 Ts. 1:8; Ap. 15:3; 16:5, 7; 19:2, 11). La justicia remunerativa es la distribución de recompensas por parte de Dios por la obediencia a su ley (Dt. 7:9, 12-13; 2 Cr. 6:14-15; Sal. 58:11; Mt. 25:21, 34; Ro. 2:7; He. 11:26). A Dios no se le requiere que dé recompensas por la obediencia, ya que al hombre se le exige obedecer a Dios. Sin embargo, Él las da por gracia (Job 41:11; Lc. 17:10; 1 Co. 4:7).

La santidad y la justicia de Dios en la salvación. Un Dios santo y justo exige santidad y justicia a las personas que quieran relacionarse con Él de la forma correcta (Lv. 11:44; Sal. 29:2; 1 P. 1:15-16). Dios está en oposición absoluta y esencial al pecado, de modo que debe juzgarlo y castigarlo.

Dios manifestó su santidad y su justicia en la salvación pasada de Israel y hará lo mismo cuando salve en el futuro a su pueblo. Por ejemplo, en Ezequiel 39:21-29, Dios juzga y restaura a Israel para mantener y manifestar su santidad. Muchos pasajes muestran, de manera similar, que Dios manifiesta su santidad y su justicia apartando, juzgando y salvando a Israel (*su santidad*: Lv. 20:26; Sal. 98:1; 99:9; 105:3; 106:47; 108:7; 111:9; Is. 10:20; 12:6; 41:14, 20; 43:3, 14; 45:11; 47:4; 49:7; 52:10; 55:5; Ez. 36:21-23; Os. 11:9; *su justicia*: Neh. 9:8; Sal. 72:2; 85:13; 116:5; Is. 45:21-25; Jer. 33:15; Mal. 4:2). La justicia de Dios es revelada en la salvación de los pecadores (Ro. 1:17) en Cristo. En Cristo, Dios juzga el pecado e imputa justicia sobre las bases de la fe y Él acepta a los pecadores como santos sin comprometer su justicia (Ro. 3:25-26; cf. Ro. 3:21-30; 4:6, 25; 5:1, 9; 8:30, 33; 1 Co. 6:11; Gá. 2:16-17; 3:24).

Celos

Los celos de Dios son su celosa protección de todo lo que le pertenece (Él mismo, su nombre, su gloria, su pueblo, su derecho exclusivo a recibir adoración y máxima obediencia, su tierra y su ciudad). El nombre de Dios es "Celoso" (Éx. 34:14) y Él es celoso de su santo nombre y de su gloria (Ez. 39:25). Dios es celoso de ser el único Dios adorado y servido (Éx. 20:5; Dt. 4:24; 5:9; 6:15; 29:18-20; 32:16, 21; 1 R. 14:22; Sal. 78:58-59; 79:1-7; 1 Co. 10:22). Los celos de Dios toman venganza sobre sus enemigos (Is. 42:13; 59:16-20; Ez. 5:13; 36:5; 38:19; Nah. 1:2; Sof. 3:8). Dios castiga celosamente a su pueblo pecador (Sal. 79:1-7; Ez. 16:42; 23:25). Dios restaura a su pueblo por su celo (2 R. 19:31; Is. 37:32; 63:15).

Voluntad

La voluntad de Dios es su perfecta determinación y su soberana ordenación de todas las cosas, pertenecientes tanto a Él (incluidos sus decretos y sus actos) como a su creación (incluidos los acontecimientos de la historia y los pensamientos y los actos de las personas), todo para la magnificación de su mayor gloria. Todo depende de la voluntad de Dios:[13] creación y preservación (Sal. 135:6; Jer. 18:6; Ap. 4:11); las cosas más pequeñas (Mt. 10:29); la vida y el destino del hombre (Is. 45:9; Hch. 18:21; Ro. 15:32; Stg. 4:15); el gobierno (Pr. 21:1; Dn. 4:17, 25, 32, 35); la elección y la reprobación (Ro. 9:15-16, 18; Ef. 1:11-12); el sufrimiento de Cristo (Lc. 22:42; Hch. 2:23; 4:27-28).

La voluntad de Dios es soberanamente independiente de todo lo externo a Él mismo.[14] Él actúa según su beneplácito (Sal. 115:3; Pr. 21:1; Dn. 4:35). No le rinde cuenta a nadie (Job 33:13; Is. 46:10; Mt. 20:15; Ro. 9:19-20). Se le describe como alfarero y a sus criaturas como barro (Job 10:9; 33:6; Is. 29:16; 64:8; Jer. 18:1-10; Ro. 9:19-24). Nadie puede impedirle que haga lo que le plazca (Job 9:2-13; 11:10; Is. 10:15; Dn. 4:35). El hombre no tiene derecho a exigirle a Dios que exprese su voluntad de maneras particulares (Mt. 20:13-16; Ro. 9:20-21).

Es importante que presentemos una distinción entre la voluntad decretiva de Dios y su voluntad preceptiva.

La voluntad decretiva. Se refiere a la voluntad de Dios comprendida en términos de sus decretos. Es el beneplácito de Dios, su consejo o decreto eterno, inalterable en el cual ha predestinado todas las cosas. La voluntad decretiva de Dios caracterizará la totalidad de la esencia de Dios, de manera que es eterna, inmutable, independiente y omnipotente (Sal. 33:11; 115:3; Dn. 4:25, 35; Mt. 11:25-26; Ro. 9:18; Ef. 1:4; Ap. 4:11). (Para más sobre este tema, véase "El decreto de Dios", más adelante).

La voluntad preceptiva. Es la voluntad de Dios comprendida en términos de sus "preceptos". Consiste en los preceptos de Dios en la ley y en el evangelio para la conducta del hombre (Mt. 7:21; 12:50; Jn. 7:17; Ro. 12:2; 1 Ts. 4:3-8; 5:18; He. 13:21; 1 Jn. 2:17). Se le suele llamar la voluntad "revelada" de Dios. Dios revela su voluntad preceptiva mediante los preceptos de las Escrituras, es decir, las leyes, los mandamientos, las prohibiciones, las enseñanzas, las advertencias y los juicios.

La voluntad decretiva y la voluntad preceptiva de Dios deben mantenerse en tensión. Negar su voluntad preceptiva es cometer injusticia contra la santidad de Dios e ignorar la gravedad del pecado, pero negar la voluntad decretiva de Dios es negar su omnisciencia, su sabiduría, su omnipotencia y su soberanía.[15] (Para más sobre este tema, véase "El decreto de Dios", más adelante).

Beatitud

La beatitud de Dios habla del deleite perfecto que Dios tiene en sí mismo. Esta definición refleja el término griego *macarios,* que significa "la felicidad debida a una sensación de gran privilegio". Estas palabras están representadas por el término del latín *beatus,* término del que se derivan palabras como *beatificar,*

---

13 Berkhof, *Teología sistemática* (Grand Rapids, MI: Libros Desafío, 2009), 89.

14 Bavinck, *Doctrine of God,* 228-229.

15 Para más sobre estos dos aspectos de la voluntad divina, véase John Piper, "Are There Two Wills in God?", en *Still Sovereign: Contemporary Perspectives on Election, Foreknowledge, and Grace,* eds. Thomas R. Schreiner y Bruce A. Ware (Grand Rapids, MI: Baker, 2000), 107-131.

beatitud y *bendito*. Como Dios es absolutamente perfecto, soberano y sin trabas en todos sus propósitos y obras para glorificar su nombre, es supremamente feliz; es el ser más feliz que se pueda concebir (cf. 1 Ti. 1:11, "el Dios bendito"; 6:15, "el bienaventurado y solo Soberano). (Para más sobre este tema, véase "Perfección", p. 102).

Gloria

La gloria de Dios es su importancia y esplendor. Esta definición refleja los términos hebreos para "gloria", *kavod, jod* y *jadár*. La palabra *kavod* tiene el sentido de "peso" y, en extensión figurada, "importancia". Los vocablos *jod* y *jadár* tienen el sentido de "esplendor". El término griego para "gloria", *dóxa*, también tiene el significado principal de "esplendor" o "resplandor".

La mayoría de los pasajes que se refieren a la gloria de Dios hablan de su gloria manifestada. Esta manifestación tiene su fuente en la gloria de la esencia de Dios (Ef. 3:16; Fil. 4:19; Ap. 15:8). Dios manifestó su gloria a la creación (1 Cr. 16:26-29; Sal. 29:3; 96:6; 104:1-5; 111:4; 113:4) y a Israel (Éx. 16:7, 10; 24:16; 33:18-23; Lv. 9:6, 23; Nm. 14:10; 16:19; Dt. 5:24). La gloria de Dios llenó el tabernáculo y el templo (Éx. 29:43; 40:34; 1 R. 8:11). El "esplendor" de Dios fue dado a Israel (Ez. 16:14). En el cielo, la gloria manifestada de Dios se asociaba a su santidad (Is. 6:3). En la tierra, la gloria de Dios se vio en forma de nube (1 R. 8:10-11; Is. 6:4) y como fuego consumidor (Éx. 24:17; Lv. 9:24). Más tarde, Dios manifestó su gloria en Cristo (Jn. 1:14; 2 Co. 4:4-6) y en la iglesia (Ro. 15:7; 2 Co. 3:18; Ef. 5:27).

La Trinidad[16]

La doctrina cristiana clásica de la Trinidad está bien resumida en lo que se conoce como el Credo Atanasiano. Aunque lleva su nombre, Atanasio (295–373 d.C.) no lo escribió; más bien parece haber sido escrito, como muy pronto, en el siglo v o vi d.C. Las declaraciones determinantes están captadas en esta frase: "Adoramos a un Dios en la Trinidad, y a la Trinidad en Unidad; sin confundir a las Personas y sin dividir la Sustancia".[17] En pocas palabras, la doctrina de la Trinidad consiste en que Dios es absoluta y eternamente una esencia que subsiste en tres personas distintas y ordenadas, sin división y sin replicación de la esencia.

La triunidad de Dios no es ilógica ni derivada de la filosofía humana. Es una doctrina que está incuestionablemente enseñada en la Biblia. Aunque pueda resultar, en última instancia, incomprensible, no es contraria a la razón y la lógica, sino que se puede explicar, respaldar y entender de forma racional, a través de la revelación bíblica.

---

16 Para una explicación suplementaria sobre la trinidad de Dios, consúltese "Deidad y triunidad" en el cap. 5, "Dios Espíritu Santo" (p. 191).

17 Philip Schaff, *The Creeds of Christendom,* vol. 2, *The Greek and Latin Creeds* (Nueva York: Harper and Row, 1877), 66.

EXPLICACIÓN

Un Dios simple/Tres personas

Solo hay un Dios, que está formado por una esencia simple (no compuesta e indivisible) (Dt. 6:4; Mr. 12:29; Jn. 17:3; Stg. 2:19; véanse "Unidad: Integridad numérica" y "Unidad: Simplicidad" pp. 99-100).

El Dios único existe eternamente como tres personas distintas (también conocidas como *subsistencias* e *hipóstasis*). Los siguientes pasajes revelan que hay tres personas divinas: Mateo 3:16-17; 4:1; Juan 1:18; 3:16; 5:20-22; 14:26; 15:26; 16:13-15. Las distinciones entre las personas se especifican de forma adicional en la siguiente ilustración antigua a la que se alude de diversas formas, como "El escudo de la Trinidad" o "El escudo de la fe" (los primeros testimonios datan de principios del siglo XIII d.C.).[18]

Figura 3:1: El escudo de la Trinidad

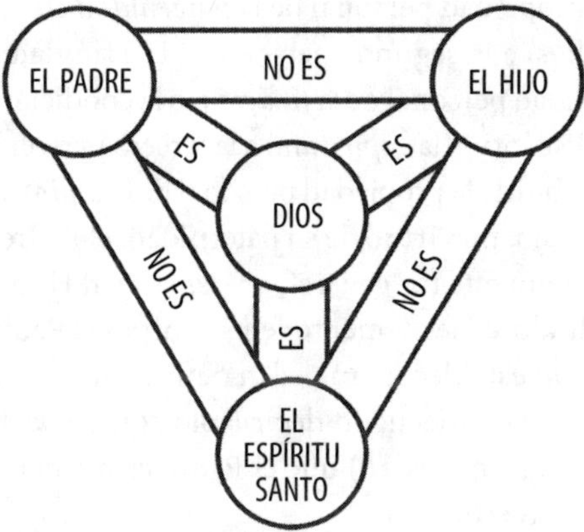

1. El Padre es Dios.
2. El Hijo es Dios.
3. El Espíritu Santo es Dios
4. El Padre no es el Hijo.
5. El Padre no es el Espíritu Santo.
6. El Hijo no es el Espíritu Santo.

---

18 El "escudo de la Trinidad" (o "escudo de la fe") ha aparecido en diversas formas desde principios del siglo XIII. Para una breve explicación sobre esta ilustración y otro ejemplo de ella, véase Frederick Roth Webber y Ralph Adams Cram, *Church Symbolism: An Explanation of the More Important Symbols of the Old and New Testament, the Primitive, the Mediaeval and the Modern Church*, 2da. ed. (1938; reimp., Whitefish, MT: Kessinger, 2010), 44-46.

Coigualdad esencial

Cada persona de la Trinidad (también conocida como la Deidad) posee toda la esencia simple (indivisa) de Dios. Este hecho significa que, aunque distintas entre sí, las tres personas son coiguales en toda perfección de la esencia divina. Son *esencialmente* (u *ontológicamente*) coiguales.

Distinciones personales

Mientras que cada persona de la Trinidad posee igualmente la plena esencia divina no dividida, esas personas son genuinamente distintas unas de otras. La explicación para esto debe hallarse en las Escrituras. La mejor manera de hablar de las personas de la Trinidad es como "Padre", "Hijo" y "Espíritu Santo". Estas designaciones, también llamadas modos de subsistencia,[19] revelan las propiedades personales que distinguen a cada miembro de la Trinidad de los demás, y revelan los modos de relación entre las personas de la Trinidad.

Cuando las Escrituras llaman "Padre" (lat. *pater*) a la primera persona de la Trinidad, su intención es atribuirle la propiedad personal de la *paternidad* con respecto al Hijo. Al llamar "Hijo" (lat. *filius*) a la segunda persona de la Trinidad, las Escrituras pretenden atribuirle la propiedad personal de la *filiación,* o la condición de Hijo con respecto al Padre. Al llamar "Espíritu" (lat. *spiritum*) a la tercera persona de la Trinidad, las Escrituras pretenden atribuirle la propiedad personal de la *espiración,* o procesión, con respecto al Padre y al Hijo. En virtud de su paternidad, el Padre no es engendrado, sino que engendra eternamente (o "genera", gr. *gennáo*) al Hijo. En virtud de su filiación, el Hijo es engendrado, o eternamente generado, por el Padre.[20]

Estos tres modos distintos de relación establecen un orden definido (lat. *taxis*) en el seno de la Trinidad, de manera que es adecuado decir (solo con respecto a su relación y no a su esencia, su gloria o su majestad) que el Padre es primero, el Hijo es segundo y el Espíritu Santo es tercero.

Estos actos de generación y procesión eternas se denominan, a veces, la *opera ad intra,* o las obras internas de la Trinidad, que pertenecen a la vida interna de la Trinidad. Esos actos difieren de la *opera ad extra,* o de las obras externas, que producen efectos fuera de la esencia de Dios, es decir, en la creación. Las Escrituras adscriben las diversas obras de Dios en la economía de la redención a un miembro particular de la Trinidad: el Padre —el Creador (1 P. 4:19), el Hijo —Redentor y Mediador (Ro. 3:24; Ef. 1:7; 1 Ti. 2:5); el Espíritu —el agente de la santificación (2 Ts. 2:13; 1 P. 1:2).[21]

---

19 El uso de la frase "modos de subsistencia" no debería confundirse con el error del monarquianismo modalista (o modalismo) que se rechaza, con razón, por ser una herejía.

20 Estos conceptos se resumen mejor en el Credo atanasiano; véase Schaff, *Creeds of Christendom,* 2:67-68. Para más información sobre la generación y la procesión eternas, véase "Tres personas con relaciones divinas: Generación y procesión eternas", p. 119.

21 Otra forma de afirmar esto es que el *plan* de redención se le atribuye al Padre, el *logro* de la redención se le atribuye al Hijo, y la *aplicación* de la redención al Espíritu. Otra alternativa es decir que en la economía de la redención todas las cosas vienen *del* Padre, *por medio* del Hijo y *en* el Espíritu.

No obstante, en todas estas obras *ad extra*, las tres personas de la Trinidad obran juntas, de manera inseparable (Jn. 14:10). Aunque una persona u otra pueda ser enfatizada en una obra particular, ninguna de ellas realiza obra alguna que excluya a las otras dos porque, como afirma la máxima clásica, "las obras externas de la Trinidad no están divididas" (lat. *opera Trinitatis ad extra indivisa sunt*). En la economía de la redención, el Hijo se somete al Padre (Jn. 5:30; 6:38) porque fue generado eternamente por el Padre.[22] El Espíritu es enviado por el Padre y el Hijo (Jn. 14:26; 15:26) porque procede eternamente del Padre y del Hijo. Nada de esto implica un rango o jerarquía de *esencia* dentro de la Trinidad, porque cada Persona posee la plena esencia divina no dividida (véase "Generación y procesión eternas", p. 119).

Un misterio. La Trinidad es un misterio en el sentido de que es suprarracional, que trasciende por completo la comprensión humana. Es parcialmente inteligible para el hombre solo porque Dios la ha revelado en las Escrituras y en Jesucristo. Por consiguiente, la doctrina debe aceptarse por fe, basándose en cómo se revela a la Deidad en las Escrituras. Y debe articularse de tal forma que la esencia de Dios no esté dividida y que las distinciones y la coigualdad entre las tres personas no queden comprometidas.

Ilustraciones. La Trinidad no tiene analogías perfectas en la experiencia humana. Los teólogos han intentado hallar una ilustración perfecta de la Trinidad, pero todos estos intentos han dividido la esencia, comprometido la distinción entre las tres personas o perdido de vista la esencia *personal* de Dios. Nada en la creación es exactamente igual a la Trinidad.

INDICACIONES DEL ANTIGUO TESTAMENTO

El nombre plural Elojím y los títulos para Dios

El *-im* de *elojím* indica una terminación en plural. Esto permite, aunque no es necesario, la pluralidad en Dios. Tales plurales (*-im*) a menudo tienen otras connotaciones como para mostrar honor o denotar intensidad. Mirando en retrospectiva, desde la claridad de la revelación del Nuevo Testamento puede considerarse que *elojím* es, al menos, una preparación divina para la última y más completa revelación de Dios como trino.

En Eclesiastés 12:1, "tu Creador" traduce un participio hebreo plural, y en Isaías 54:5, "tu Hacedor" también vierte un participio hebreo plural. Una vez más, al tener los plurales diversos usos posibles en hebreo, estos títulos no demuestran que Dios sea más de una persona, aunque son compatibles con la revelación neotestamentaria más clara de la Trinidad y prepara para ella.

---

22 Esto contradice las enseñanzas de algunos que dicen que la sumisión *ad extra* del Hijo al Padre está enraizada en una clase de subordinación funcional eterna (*ad intra*) del Hijo hacia el Padre.

Dios habla de sí mismo en plural

En otros textos del Antiguo Testamento, Dios habla de sí mismo en términos que sugieren que hay más de una persona en vista: Génesis 1:26: "Hagamos al hombre a nuestra imagen"; Génesis 3:22: "He aquí el hombre es como uno de nosotros"; Génesis 11:7: "Ahora, pues, descendamos, y confundamos allí su lengua"; Isaías 6:8: "¿A quién enviaré, y quién irá por nosotros?". Estos pasajes muestran a Dios hablando de sí mismo tanto en singular como en plural. Como en el caso del nombre *elojím*, estos plurales podrían ser plurales de intensidad. Sin embargo, la progresiva claridad del Nuevo Testamento respecto a la Trinidad indica que esos plurales constituyen las afirmaciones de Dios de que Él es uno y, a pesar de ello, es plural.

Más de una persona como "Dios"

Evidencias veterotestamentarias más contundentes respecto a que Dios es más de una persona aparecen en pasajes en los que se llama "Dios" o "Señor" a más de una persona. En Salmos 45:6-7, se alude al Mesías como ·Dios" (*elojím*) y es entronizado una vez que es ungido por "Dios" (*elojím*). Hebreos 1:8-9 indica que "Dios" dirá las palabras de Salmos 45:6-7 "al Hijo" quien será entronizado como "Dios" por "Dios".

Salmos 110:1 es incluso más importante: "Jehová dijo a mi Señor: Siéntate a mi diestra, hasta que ponga a tus enemigos por estrado de tus pies". En este salmo mesiánico —el texto del Antiguo Testamento citado y aludido con mayor frecuencia en el Nuevo Testamento—, Jehová le habla al Mesías como "mi Señor" (heb. *adonai*). Por inspiración, los escritores del Nuevo Testamento identifican a Jesús como el "Señor" a quien le habla el "Señor" (Mt. 22:41-45; Mr. 12:35-37; Lc. 20:41-44; Hch. 2:32-36).

El Hijo de Jehová

Existen pocos pasajes en el Antiguo Testamento que afirmen que Dios tiene un "hijo", como Salmos 2:2, 6-7. El Nuevo Testamento aplica este pasaje a Jesús como el eterno y divino Hijo (He. 1:1-3).

"Uno" en Deuteronomio 6:4

La *Shemá* declara en Deuteronomio 6:4: "Oye, Israel: Jehová nuestro Dios, Jehová uno es" (el término hebreo *shemá* significa "oír" o "escuchar"). Esto afirma que Jehová es el único Dios verdadero y es solo "uno". La palabra "uno" en Deuteronomio 6:4 traduce el adjetivo hebreo *ekjád*, afirma la unidad de Dios, pero puede considerar la pluralidad en esa unidad. Esta palabra también se usa en Génesis 2:24 para "una sola carne", en referencia al esposo y la esposa en el matrimonio. Cierto es que en otros usos de *ekjád* no se pretende dar la idea de una unidad compuesta, pero si Deuteronomio 6:4 hubiera tenido la intención de afirmar que Dios es una sola persona, se habría utilizado sin lugar a duda otro término hebreo, a saber, *yakjíd*, que tiene el sentido de "solo, solitario" (véase Sal. 68:6). Deuteronomio 6:4 es una afirmación de monoteísmo, no de unitarianismo. No contradice la doctrina de la Trinidad (véase 1 Co. 8:6) y hasta considera que Dios sea más de una persona.

El ángel de Jehová (ángel de Dios)[23]

Un misterioso ángel, a veces llamado el "ángel del Señor", aparece varias veces a lo largo del Antiguo Testamento. En algunos pasajes este ángel es *llamado* Jehová y Dios, y otros lo describen como el que le está *hablando* a Jehová. De modo que el Antiguo Testamento presenta al ángel de Jehová como Jehová y, sin embargo, también como algo distinto a Jehová. Jehová envió al ángel de Jehová (Éx. 23:20-23; 32:34; Nm. 20:16); el ángel de Jehová y Jehová hablaron entre sí (Zac. 1:12-13).

Entre las pruebas de que el ángel de Jehová era divino están las siguientes: "de Jehová" era el nombre del ángel (Éx. 23:20-21); su nombre se usaba de forma intercambiable con el nombre de Dios (Gn. 16:7, 13; 21:17, 19-20; 22:11, 14; 31:11, 13; 48:15-16; Éx. 3:2, 4; Jue. 6:11, 14, 16, 20-21, 23; 13:3, 22-23); cuando el ángel de Jehová hacía promesas, Dios las hacía (Gn. 16:10; 22:15-17; cf. 12:2; 13:16); el ángel de Jehová aceptaba sacrificios (Gn. 22:11-13; Jue. 6:21; 13:16, 19-22); las personas que vieron al ángel de Jehová lo identificaron por su nombre como divino (Gn. 16:11-13; Jue. 6:22-23; 13:21-22); el ángel de Jehová podía perdonar pecados (Éx. 23:21; Zac. 3:3-4); el ángel de Jehová afirmó ser "Dios" (Gn. 31:11, 13; Éx. 3:2-6).

El Espíritu Santo como divino

El Antiguo Testamento afirma que el Espíritu Santo es divino y tiene perfecciones divinas. Algunos pasajes veterotestamentarios aseveran que posee las perfecciones divinas. Según Isaías 11:2, Él es la fuente de la sabiduría, el poder y el conocimiento divinos, y Salmos 139:7 enseña que es omnipresente. El Antiguo Testamento también describe al Espíritu como involucrado en el acto original de la creación y en la obra de preservar lo que Dios ha creado (Gn. 1:2; Job 26:13; 34:14-15; Sal. 33:6; 104:30). El Espíritu de Dios incluso refrena el pecado (Gn. 6:3; Is. 63:10). Esos textos del Antiguo Testamento son complementados por la revelación más plena del Nuevo Testamento (véase más adelante). Además, los contemporáneos judíos de Jesús, y en especial sus discípulos, parecían entender que el Espíritu Santo es una persona distinta y divina (cf. Mt. 1:20; 3:11; Lc. 1:15, 35; 11:13; 12:10; Jn. 14:26; 20:22). Es obvio que sacaron este concepto del Antiguo Testamento o, al menos, lo consideraban del todo coherente con él.

La palabra de Dios

Otro aspecto del Antiguo Testamento que prepara el camino para la revelación neotestamentaria más clara de la doctrina de la Trinidad es el concepto de la "palabra" de Dios (heb. *dabár*). En el Antiguo Testamento fue revelado que Dios creó mediante su palabra (Gn. 1:3, 6, 9, 11, 14, 20, 22, 24; Sal. 33:6, 9; 104:7; 147:18; 148:8); Dios extiende un cuidado providencial mediante su palabra (Dt. 8:3; Sal. 106:9; 147:15-18); Dios salva mediante su palabra (es decir, Dios proporciona vida

---

23 Para una explicación más extensa respecto al ángel del Señor, véase "Identificación del ángel del Señor" en el cap. 8 (p. 385).

[Dt. 32:47; Sal. 119:25], guía [Sal. 119:105] y castiga [Is. 9:8] por su palabra). Además, la palabra de Dios tiene el poder de Dios: la palabra de Dios rompe y corta (Is. 9:8-10), consume como fuego (Jer. 5:14), destruye como martillo (Jer. 23:29), cumple el propósito de Dios (Is. 55:11) y sana (Sal. 107:20). Esas obras divinas de la "palabra" anuncian la revelación del Nuevo Testamento del Hijo de Dios como el "verbo" divino.

Tres personas distintas y divinas. En Isaías 61:1-2, "Jehová", "el Espíritu" y el orador, que es el Mesías, son personas distintas. Los comentarios del Mesías empiezan en el versículo 1 y continúan hasta el versículo 9. El Mesías afirma en el versículo 8: "Yo Jehová soy amante del derecho". En otras palabras, el Mesías es enviado por Jehová y se llama Jehová a sí mismo. Existen al menos dos personas divinas en este pasaje y, al mencionar "el Espíritu", este contexto anticipa la preparación para la doctrina de la Trinidad del Nuevo Testamento.

De la misma manera, en Isaías 63:7-10 se menciona a Jehová, "su santo espíritu" y "el ángel de su faz", es decir, el ángel de Jehová. Por consiguiente, hay al menos dos personas divinas en este contexto. El Espíritu Santo es aquí una persona, porque se "enoja" (Is. 63:10), y esto indica que el Espíritu Santo también es divino, ya que es la rebelión del pueblo la que lo enoja y el resultado es la retribución divina.

Asimismo, en Isaías 48:12, 16, hay al menos dos entidades divinas: "Jehová el Señor" y "su Espíritu" (Is. 48:16). La personeidad del Espíritu no puede verse de inmediato en este contexto, pero, cuando se combina con Isaías 63:7-10, es evidente que el Espíritu es una persona divina. Sin embargo, no queda absolutamente claro que en Isaías 48:12, 16 se describa a una tercera entidad divina. Las diversas traducciones están divididas respecto a si el orador del versículo 12, que es divino ("Yo mismo, yo el primero, yo también el postrero"), sigue hablando hasta el final del versículo 16. Algunas sostienen que ese es el caso, y es la opinión preferida. En esta versión, el Mesías está hablando; Él es el "Yo mismo" y ha sido "enviado" por "Jehová el Señor" y "su Espíritu". En una construcción así, el orador y "Jehová el Señor" son, ambos, personas divinas y "el Espíritu" también debe serlo ya que, en estas traducciones, se le ve combinado con "Jehová el Señor" al enviar al Mesías.[24]

Otras indicaciones incluyen un énfasis en el número tres, especialmente en las fórmulas triples, como el serafín que alaba a Jehová como "santo, santo, santo" (Is. 6:3) y la bendición aarónica de Números 6:24-27. La iglesia antigua consideraba que esta triple bendición indica a las tres personas de la Trinidad, sobre todo porque a

---

24 Sin embargo, algunas versiones que usan comillas las colocan antes de la última frase del versículo 16. Por tanto, las palabras "y ahora me envió Jehová el Señor, y su Espíritu" son palabras de Isaías respecto a sí mismo como profeta. En esta construcción, el orador del versículo 12 es "Jehová el Señor" y ha enviado a Isaías como profeta. Además, es probable que estas traducciones no entiendan que el Espíritu también ha enviado a Isaías, sino que "Jehová el Señor" ha enviado a Isaías y al Espíritu. Por tanto, al menos en estas traducciones de este pasaje no quedaría tan claro que el Espíritu es una persona divina, aunque por lo menos es una entidad distinta.

los apóstoles se les ordenó bautizar en el "nombre" (singular) de la Trinidad (Mt. 28:19). En Números 6:27, Jehová afirmó que esta triple bendición sería poner el "nombre" de Jehová sobre el pueblo de Israel.[25] Una triple construcción más es la triple bendición de Jacob a José y sus hijos en Génesis 48:15-16.

En los siguientes pasajes se pueden ver otros énfasis sobre el número tres: Génesis 15:9; 30:36; 40:10, 16; Éxodo 3:18; 19:11; 23:14; Levítico 19:23; Números 19:12; 22:23-41; 31:19; Jeremías 7:4 ("templo de Jehová" tres veces). Tal vez el uso del tres en la adoración ceremonial estaba destinado a testificar del Dios de Israel que era tres siendo uno.

EVIDENCIAS DEL NUEVO ESTAMENTO

El Antiguo Testamento enseña claramente que hay solo un Dios. Diversos pasajes del Antiguo Testamento permiten, y hasta indican, que existe más de una persona divina en Dios. Sin embargo, la evidencia conclusiva de la Trinidad es revelada en el Nuevo Testamento.

Solo un Dios

En el Nuevo Testamento, Jesús repite Deuteronomio 6:4 en Marcos 12:29: "Oye, Israel; el Señor nuestro Dios, el Señor uno es". En Juan 17:3, Jesús llama a Dios Padre "el único Dios verdadero". Otros pasajes también afirman el monoteísmo: "Dios es uno" (Ro. 3:30; Stg. 2:19); "no hay más que un Dios" (1 Co. 8:4); y "hay un solo Dios" (1 Ti. 2:5). El Nuevo Testamento mantiene que solo hay un Dios, pero también alude a cada una de las tres personas de la Trinidad —el Padre, el Hijo y el Espíritu Santo— como divinas por igual en nombres, naturaleza, prerrogativas y obras.

Más de una persona asociadas con Dios

En algunos pasajes del Nuevo Testamento, el orador o escritor asocia a dos personas con Dios. En Juan 5:17-18, Jesús afirmó tener la misma autoridad que "mi Padre", y en Juan 10:30, Jesús dijo: "Yo y el Padre uno somos" (véanse también Jn. 16:15; 17:10). A causa de esta declaración, los líderes judíos quisieron matarlo, porque al decir que Dios era su propio Padre, se estaba haciendo igual a Dios (Jn. 5:18; cf. 10:33: "Tú, siendo hombre, te haces Dios"). En 1 Corintios 8:6, Pablo se refiere a "un Dios, el Padre" y "un Señor, Jesucristo", y atribuye a ambos la obra de la creación y la fuente de existencia. Para Pablo, tanto el Padre como el Señor Jesucristo son la fuente de gracia y paz (1 Co. 1:3; Ef. 1:2). Juan dice que los creyentes en el milenio serán sacerdotes de Dios el Padre y de Cristo (Ap. 20:6).

Se declara que tres personas son Dios

El Padre es Dios. El Nuevo Testamento especifica que cada una de las tres personas de la Trinidad es "Dios". El nombre Dios (gr. *theos*) se combina con el nombre

25 Peter Toon, *Our Triune God: A Biblical Portrayal of the Trinity* (Wheaton, IL: Victor, 1996), 102.

Padre en muchos pasajes (p. ej., Jn. 6:27; Ro. 15:6; 1 Co. 8:6; 15:24; Ef. 4:6; Stg. 3:9). Cuando aparece el nombre *theos* por sí mismo en el Nuevo Testamento, en referencia al Dios verdadero, suele designar a la primera persona de la Trinidad, a Dios Padre (p. ej., Stg. 1:5; 1 P. 3:18).[26]

Jesús es Dios. Las palabras de Jesús afirman que Él es divino (Mt. 26:63-64; Mr. 14:61-62; Lc. 22:67-71). En el Evangelio de Juan, Jesús usó repetidamente la expresión "Yo soy" (gr. *egó eimí*). Algunas de estas declaraciones de "Yo soy" están ligadas a metáforas, como "Yo soy el pan de vida" (Jn. 6:35, 48), "Yo soy la luz del mundo" (Jn. 8:12), "Yo soy la puerta" (Jn. 10:9), "Yo soy el buen pastor" (Jn. 10:11, 14) y "Yo soy la resurrección y la vida" (Jn. 11:25). Sin embargo, muchas de estas declaraciones son absolutas, sin calificativos (p. ej., Jn. 8:24, 28, 58; 13:19; 18:5-8; cf. Mr. 14:62). En todas esas declaraciones, Jesús está afirmando ser el "Yo soy" (gr. *egó eimí*; cf. Éx. 3:14-15), aquel que lleva el nombre divino Jehová, del Antiguo Testamento (véase esp. Jn. 8:58).

Jesús afirma, asimismo, que el Padre lo envió, que Él vino del cielo y que tiene autoridad divina para realizar las obras del Padre (Jn. 3:13; 5:26-37; 6:31-58; 8:42; 16:28-30). Jesús también dice que tiene una relación especial con "mi Padre" que nadie más tiene (p. ej., Mt. 7:21; 10:32-33; 11:25-27; Lc. 22:29; 24:49; Jn. 2:16; 5:19-23; 8:36-38; 10:29-30, 36-38; 14:2-3, 11-12, 23; 15:8-10, 15; 16:10, 26-28; 17:1-26; 20:17).

Juan el Bautista afirma que Jesús es "el Señor" (Jn. 1:15, 23, 30) y "el Hijo de Dios" (Jn. 1:34). Dios Padre llama a Jesús "mi Hijo amado" (Mt. 3:16-17; 17:5). Los ángeles anuncian que Jesús es "el Hijo del Altísimo" (Lc. 1:31-35) y "el Señor" (Lc. 2:11); en este último pasaje, "Señor" es un nombre divino, porque también lo es en el contexto cercano (Lc. 2:9, 15). En Mateo 14:33, los discípulos adoran a Jesús como "el Hijo de Dios". Pedro confiesa que Jesús es "el Hijo del Dios viviente" (Mt. 16:16) y Tomás confiesa que el Jesús resucitado es "Señor mío, y Dios mío" (Jn. 20:27-29). Antes de su nacimiento, Jesús es llamado "Señor" por Elisabet (Lc. 1:43) y Zacarías (Lc. 1:76). En la crucifixión, un centurión asevera: "¡Verdaderamente este hombre era el Hijo de Dios!" (Mr. 15:39).

Los escritores del Nuevo Testamento afirman la deidad de Jesús. Mateo escribe que Jesús es "Dios con nosotros" (Mt. 1:23); Él es llamado "Señor" (Hch. 2:34-36; cf. Sal. 110:1); Él "es Dios sobre todas las cosas, bendito por los siglos" (Ro. 9:5); "Jesús es Señor" (1 Co. 2:8, 12; Ro. 10:9; 14:8-9). Jesucristo es el "Señor de gloria" (1 Co. 2:8), y "un Señor, Jesucristo" (1 Co. 8:6). Pablo proclama que Jesús existió "en forma de Dios" (Fil. 2:6) y en Jesús "habita corporalmente toda la plenitud de la Deidad" (Col. 2:9).

Varios pasajes identifican a Jesús como "Dios" de una manera específica que emplea una regla de la gramática griega. Esta regla establece que cuando el copulativo

---

26 Murray J. Harris, *Jesus as God: The New Testament Use of* Theos *in Reference to Jesus* (Grand Rapids, MI: Baker, 1992), 21-50.

kaí conecta dos "nombres o participios" personales en singular y del mismo caso, y el primero lleva el artículo *ho*, pero el segundo no, "el segundo… denota una descripción más distante" de la persona que se describe en el primer nombre o participio.[27] Ejemplos clásicos de esta construcción son Tito 2:13 ("nuestro gran Dios y Salvador Jesucristo"), 2 Pedro 1:1 ("nuestro Dios y Salvador Jesucristo"), y 2 Pedro 2:20 ("el Señor y Salvador Jesucristo"). Según esta regla, la construcción en estos pasajes significa que Jesús no solo es "Salvador", sino también "Dios" y "Señor".

En Juan 12:36-40, el apóstol cita Isaías 53:1 e Isaías 6:10. Él afirma que esos textos fueron cumplidos por Jesús y que explican por qué las multitudes no creyeron en Él (Jn. 12:37). En Juan 12:41, el evangelista concluye que "Isaías dijo esto cuando vio su gloria, y habló acerca de él". Los pronombres "su" y "él" en este versículo se refiere al "él" del versículo 37, que señala a "Jesús" en el versículo 36. Así, Juan identifica a Jesús como el "Señor" (heb. *adonai*) de Isaías 6:1, a quien Isaías vio "sentado en un trono", y a "Jehová de los ejércitos" de Isaías 6:3, cuya "gloria" llena "toda la tierra". Por tanto, Jesús es el "Señor" y "Jehová" de Isaías 6:1-3.

Otros pasajes del Nuevo Testamento también se refieren a Jesús mediante el uso de pasajes del Antiguo Testamento que aluden a Jehová: Hechos 2:21 y Romanos 10:13 citan a Joel 2:32; cf. Hebreos 1:10-12 con Salmos 102:25-27; cf. Efesios 4:7-8 con Salmos 68:18.

El Espíritu Santo es Dios. El Nuevo Testamento también identifica al Espíritu Santo como divino. Sus títulos lo asocian con las demás personas de la Trinidad: "Espíritu de Dios" (Mt. 3:16); "El Espíritu del Señor" (Lc. 4:18); "Espíritu de vuestro Padre" (Mt. 10:20); "mi Espíritu" (Hch. 2:17-18); "Espíritu de Cristo" (Ro. 8:9); "el Señor, el Espíritu" (2 Co. 3:17-18, LBLA).

En Hechos 5:3-4, 9, Pedro afirma que, al mentirle al Espíritu Santo, Ananías y Safira "no ha[bían] mentido a los hombres, sino a Dios". En 2 Corintios 3:17-18 (LBLA), Pablo declara: "el Señor es el Espíritu", y se refiere al Espíritu como "el Señor, el Espíritu". Pablo también asevera en 1 Corintios 3:16 que el "Espíritu de Dios" habita en la iglesia, porque esta es el "templo de Dios". Y, en Efesios 2:22, Pablo declara que la iglesia está "juntamente edificad[a] para morada de Dios" y que esto es "en el Espíritu".

Además, el Nuevo Testamento atribuye al Espíritu las palabras que el Antiguo Testamento atribuye a Dios. En Hechos 28:25-27, Pablo indica que el Espíritu Santo habló "por medio del profeta Isaías" las palabras de Isaías 6:9-10, aunque en Isaías 6 fue "la voz de Jehová" la que pronunció estas palabras (Is. 6:8). La misma correspondencia entre los pasajes del Nuevo Testamento y los del Antiguo Testamento es visible en los siguientes versículos pareados: Hebreos 3:7-11 con Salmos 95:7-11; Hebreos 10:15-17 con Jeremías 31:31-34.

---

27 Esta regla se llama "Regla Granville Sharp". Véase Granville Sharp, *Remarks on the Uses of the Definitive Article in the Greek Text of the New Testament* (Filadelfia: B. B. Hopkins, 1807), 3.

Tres personas con perfecciones divinas

El Nuevo Testamento describe a cada una de las personas de la Trinidad con características que son perfecciones divinas. La Tabla 3.1 provee un resumen de algunos de los atributos compartidos por las tres personas.

Tabla 3.1: La Trinidad: Tres personas con perfecciones divinas

	Eterno	Omnipotente	Omnisciente	Omnipresente	Inmutable	Amor	Santo	Verdad
Padre	Dt. 33:27	Mt. 19:26	Lc. 16:15	1 R. 8:27	Mal. 3:6	1 Jn. 4:8	Lv. 11:45	Jn. 3:33
Hijo	Jn. 1:1	Ap. 1:8	Jn. 16:30	Mt. 28:20	He. 1:10-12; 13:8	Ef. 5:2	He. 7:26-27	Jn. 14:6
Espíritu	He. 9:14	Lc. 1:35, 37	1 Co. 2:10-11	Sal. 139:7	He. 9:14	Ro. 15:30	Ro. 1:4	Jn. 15:26

Tres personas con prerrogativas divinas

Según el Nuevo Testamento, cada persona de la Trinidad tiene prerrogativas divinas, como resume la Tabla 3.2.

Tabla 3.2: La Trinidad: Tres personas con prerrogativas divinas

	Recibe adoración	Da mandamientos	Perdona el pecado	Juzga
Padre	Jn. 4:23; Stg. 3:9	Jn. 14:31	Mt. 6:14	Gn. 18.25
Hijo	Jn. 20:28; He. 1:6	Jn. 15:12, 14	Mr. 2:8-12	Jn. 5:22
Espíritu	Ef. 4:30[28]	Hch. 8:29	Mt. 12:32	Jue. 3:10

Tres personas que realizan acciones divinas

Como surge de la Tabla 3.3, el Nuevo Testamento especifica que cada persona de la Trinidad lleva a cabo actos divinos.

Tabla 3.3: La Trinidad: Tres personas que realizan acciones divinas

	Crea	Sustenta	Revela	Levanta muertos
Padre	Gn. 1:1; 1 Co. 8:6	Mt. 6:26	He. 1:1-2	Jn. 5:21
Hijo	Jn. 1:3; 1 Co. 8:6	Col. 1:17; He. 1:3	Mt. 5:22-48	Jn. 5:25
Espíritu	Gn. 1:2; Sal. 33:6	Job 34:14-15; Ef. 3:16	Jn. 16:13; 2 P. 1:21	Ro. 8:11

28 Véanse también 1 Tesalonicenses 5:19 y Hebreos 10:23. Mientras que ninguno de esos pasajes afirma explícitamente que el Espíritu Santo tiene la prerrogativa de ser adorado como Dios, no obstante, ellos afirman que la gente no debe entristecer, apagar, o hablar mal del Espíritu. Esas expresiones negativas, sin embargo, están, por implicación, ordenando positivamente a que la gente haga lo opuesto a esas acciones, es decir, obedecer, honrar y adorar al Espíritu Santo.

Tres personas con relaciones divinas: Generación y procesión eternas

Las relaciones eternas entre las personas de la Trinidad se expresan de esta manera: el Padre engendra de forma eterna al Hijo y espira[29] eternamente al Espíritu Santo. El Hijo es engendrado eternamente por el Padre y espira eternamente al Espíritu Santo. El Espíritu procede de forma eterna del Padre y del Hijo.

La generación eterna del Hijo y la procesión eterna del Espíritu son dos de las doctrinas más malinterpretadas del trinitarianismo clásico. Aunque las Escrituras hablan de forma expresa de que el Padre engendra al Hijo (Sal. 2:7) y que el Espíritu procede del Padre (Jn. 15:26), la Biblia no proporciona una explicación clara y completa de lo que significan estas expresiones.

Estas generación y espiración "eternas" son bastante diferentes a las actividades correspondientes de las criaturas. En la esfera humana, el engendramiento solo ocurre una vez, en un punto concreto en el tiempo. Añadir el adjetivo *eterno* cambia la idea de una manera radical. Cuando decimos que Cristo ha sido "eternamente engendrado por el Padre", no estamos hablando de su comienzo, ya que las Escrituras afirman con toda claridad: "Este era en el principio con Dios. Todas las cosas por él fueron hechas, y sin él nada de lo que ha sido hecho, fue hecho" (Jn. 1:2-3). No hubo nunca un tiempo en el que el Hijo no existiera.

Decir que Cristo es engendrado eternamente por el Padre (véase Sal. 2:7; Hch. 13:33; He. 1:5; 5:5) es describir que la singular relación filial entre la primera y la segunda persona de la Trinidad es eterna. La expresión describe, pues, el acto eterno, necesario y autodiferenciador del Padre, por el cual genera la existencia personal del Hijo y, de este modo, le transmite toda la esencia divina (cf. Jn. 5:26).[30] Esta relación es única; es aquello mismo que distingue al Hijo del Padre y del Espíritu, quienes subsisten en la naturaleza divina idéntica.

Sin embargo, el Espíritu no es engendrado; su modo de subsistencia es la *procesión*. Similar a la generación eterna, la procesión del Espíritu del Padre y del Hijo[31] describe el acto eterno, necesario y autodiferenciador del Padre y del Hijo, por el cual espiran la subsistencia personal del Espíritu y, de este modo, le comunican toda la esencia divina;[32] esto es exactamente lo que distingue al Espíritu del Padre y del Hijo.

Las Escrituras no definen de forma explícita la diferencia entre generación y procesión, pero la terminología es acorde a los nombres del Hijo y del Espíritu. Parece mejor tomar los términos como que indican las distintas relaciones en la Divinidad; de esa manera, los términos *engendrar* y *proceder* son intencionados e

---

29 Esta es una palabra única usada por los teólogos para hablar del medio por el cual el Espíritu Santo "procede del Padre" (Jn. 15:26). El término viene del latín *spirare*, "respirar". Es la misma palabra de la que deriva "espíritu".

30 Berkhof, *Teología sistemática*, 113.

31 La iglesia occidental (en contraposición a la iglesia ortodoxa oriental) sostiene que el Espíritu Santo procede del Padre *y del Hijo,* lat. *Filioque.*

32 Berkhof, *Teología sistemática*, 116.

importantes, aunque no podamos explicar del todo cómo ambos modos de subsistencia difieren el uno del otro.[33]

El decreto, la elección y el problema del mal

EL DECRETO DE DIOS

El decreto de Dios es su plan eterno o propósito, por el cual, según su voluntad soberana y para su gloria, predestinó todo lo que sucede.[34]

La naturaleza del decreto de Dios[35]

Las siguientes características revelan la naturaleza del decreto de Dios.

Primero, el decreto de Dios es eterno, antes que el tiempo comenzara. Pablo llama al plan de Dios su propósito eterno (Ef. 3:11) y enseña explícitamente que "Dios predestinó antes de los siglos" (1 Co. 2:7) para salvar a los suyos, y que esto fue "antes de la fundación del mundo" (Ef. 1:4; cf. 2 Ti. 1:9; cf. las palabras similares de Jesús en Mt. 25:34).

Segundo, como el decreto soberano de Dios es eterno, es incondicional. Como Dios fue la única entidad presente en la eternidad pasada (Is. 43:10; 44:24), es imposible que nada externo a Dios influenciara su decreto (cf. Gn. 1:1; Jn. 1:1-3). Por consiguiente, cada decisión que es parte del decreto de Dios fue una decisión libre en concordancia con su "buena voluntad" (Fil. 2:13; cf. Sal. 115:3; 135:6; Is. 46:10; 48:14).

Tercero, el decreto soberano de Dios es inmutable y efectivo. Así como nada podía influenciar el decreto soberano de Dios desde su concepción en la eternidad pasada, tampoco puede cambiarlo nada en el tiempo (cf. Sal. 33:10-11); "no hay quien detenga su mano" o lo llame a rendir cuentas por sus acciones (Dn. 4:35; cf. Is. 14:27). Job afirma: "Yo conozco que todo lo puedes, y que no hay pensamiento que se esconda de ti" (Job 42:2).

Finalmente, el soberano decreto de Dios es también exhaustivo o comprensivo. En Isaías 46:10, Jehová afirma que hará *todo* lo que quiere y establecerá *todas* las cosas de acuerdo a su propósito. "Dios dispone *todas* las cosas para bien" (Ro. 8:28, RVC) y "hace *todas las cosas* según el designio de su voluntad" (Ef. 1:11). Dicho de manera simple, el Señor hace *todo* lo que le place (Sal. 115:3; 135:6).

Dios ejercita un gobierno específico y providencial de todas las cosas. Él causa los diferentes tipos de climas (Job 37:12-13; cf. 37:6-12; Sal. 148:8), hace que el sol

---

33 John Owen preguntó acertadamente, tal vez haciéndose eco de Hechos 8:33 (cf. Is. 53:8 en la Septuaginta), "¿Quién puede declarar la generación del Hijo, la procesión del Espíritu o la diferencia entre ellos?". *On Temptation and the Mortification of Sin in Believers* (Filadelfia: Presbyterian Board of Publication, 1880), 268.

34 Véase la Confesión de Fe de Westminster (3.1)

35 Esta sección es una adaptación de Mike Riccardi, "I Will Surely Tell of the Decree of the Lord", *The Cripplegate* (blog), 28 de agosto de 2015, http://the cripplegate.com/i-will-surely-tell-of-the-decree-of-the-lord/. Usado con permiso del autor.

brille (Mt. 5:45), que las plantas crezcan (Sal. 104:14). Él determina la duración de la vida de los pájaros (Mt. 10:29) y de los humanos (Job 14:5; Sal. 139:16), los límites de las naciones (Hch. 17:26); los eventos aparentemente al azar (suertes o dados, cf. Pr. 16:33). Él pone y saca reyes (Dn. 2:2; cf. Pr. 21:1). "Porque de él, y por él, y para él, son *todas* las cosas" (Ro. 11:36).

EL DECRETO DE LA ELECCIÓN

El decreto soberano de Dios se extiende al plan de la redención. De hecho, la doctrina del decreto eterno y universal de Dios y las doctrinas de la predestinación y la elección no son doctrinas separadas; las últimas son un subconjunto de la primera.

El decreto de Dios y la predestinación

El término *predestinación* es empleado a menudo como sinónimo del decreto de Dios, dado que Él predestina todas las cosas. Sin embargo, también es usado de una manera más estrecha para resumir los tratos de Dios con el hombre caído respecto a la salvación y, en ese sentido, tiene un significado doble: elección y reprobación.

El concepto bíblico de la elección

El decreto de la elección es la elección libre y soberana de Dios, hecha en la eternidad pasada para establecer su amor sobre ciertos individuos y, sobre las bases de nada en ellos mismos sino solamente debido al beneplácito de su voluntad, Él los eligió para ser salvados del pecado y la condenación y para heredar las bendiciones de la vida eterna a través de la obra mediadora de Cristo.

Tanto la terminología como el concepto de la elección son enseñados explícitamente a lo largo de las Escrituras. En Efesios 1:4-5, Pablo escribe que el Padre nos "*escogió* [gr. *eklégomai*] en él [Cristo] antes de la fundación del mundo, para que fuésemos santos y sin mancha delante de él, en amor habiéndonos *predestinado* [gr. *proorízo*] para ser adoptados hijos suyos". En Romanos 8:29-30, declara: "Porque a los que [el Padre] antes conoció [gr. *proginosko*], también los *predestinó* [gr. *proorízo*] para que fuesen hechos conformes a la imagen de su Hijo, para que él sea el primogénito entre muchos hermanos. Y a los que predestinó [gr. *proorízo*], a estos también llamó". En el siguiente capítulo, Pablo ilustra la absoluta libertad de Dios en la salvación, señalando su elección discriminatoria entre los mellizos Jacob y Esaú: "A Jacob amé, mas a Esaú aborrecí" (Ro. 9:11-13; véase más sobre estos versículos más adelante). Tal vez la declaración más clara sobre la elección soberana de Dios en la salvación se encuentra en las observaciones de Pablo a los tesalonicenses: "Dios os haya *escogido* [gr. *jairéomai*] desde el principio *para salvación* [gr. *eis sotérian*], mediante la santificación por el Espíritu y la fe en la verdad" (2 Ts. 2:13).

El Nuevo Testamento también llama a ciertos individuos "los elegidos" (gr. *joy éklektoi*). Son los objetos específicos de la elección salvadora de Dios. A menudo, los creyentes son llamados los "escogidos de Dios" (Col. 3:12; cf. Tit. 1:1) o los "elegidos" (1 P. 1:2; cf. 1 Ts. 1:4). Cristo fue entregado a la muerte por los "escogidos de Dios" (Ro. 8:32-34). Dios hará justicia "a sus escogidos, que claman a él día y noche..." (Lc. 18:7). Otras referencias a los escogidos incluyen Mateo 24:22, 31; Marcos 13:20, 27; y 2 Timoteo 2:9-10.

Las categorías de la elección

En algunas instancias, la gente es escogida o elegida para un oficio o un área de servicio; para el liderazgo sobre la nación de Israel, como en el caso de Moisés (Nm. 16:5-7) y Zorobabel (Hag. 2:23); para el sacerdocio (la tribu de Leví, Dt. 18:1-5; 21:5; 1 Cr. 15:2); para que sirvieran como reyes (Dt. 17:15; 1 S. 10:24; 1 Cr. 28:4-6; 29:1) y como profeta (Jer. 1:5, 10). El Padre eligió al Hijo para la tarea de llevar a cabo la salvación (Is. 42:1; Lc. 9:35; 1 P. 1:20; 2:4, 6). El Señor Jesús mismo escogió a doce de sus discípulos para el servicio apostólico (Mr. 3:13-15; Lc. 6:13; Jn. 6:70; 13:18; 15:16, 19; Hch. 1:2, 24).

Las Escrituras también hablan de una elección corporativa: la elección de ciertas naciones o grupos para que disfruten de privilegios especiales o realicen servicios especiales para Dios. También, Dios eligió a Israel para que fuera receptora de su pacto de amor y de bendiciones (véanse Dt. 7:6-7; 10:15; cf. 4:37; 1 R. 3:8; Is. 41:8; 44:1; 45:4; Am. 3:2). La elección de Dios de esa nación es irrevocable. De hecho, viene un tiempo en que "todo Israel será salvo" (Ro. 11:26), porque "no ha desechado Dios a su pueblo, al cual desde antes conoció [gr. *proginósko*]" (Ro. 11:2). "En cuanto a la *elección* [gr. *eklogué*], son amados por causa de los padres. Porque irrevocables son los dones y el llamamiento de Dios" (Ro. 11:28-29).

Las Escrituras enseñan con claridad que Dios elige a ciertos individuos para salvación. Dios le declaró a Abraham: "Yo lo he elegido... Así el Señor cumplirá lo que le ha prometido" (Gn. 18:19, NVI; cf. Neh. 9:7). Él eligió a Isaac por encima de Ismael (Gn. 17:19-21; 21:12; cf. Ro. 9:7-9) y a Jacob por encima de Esaú (Ro. 9:10-13).

El Nuevo Testamento explicita la relación entre la elección y la salvación. La presciencia de Dios y la predestinación están íntimamente vinculadas con el llamado eficaz, la justificación, la santificación y la glorificación (Ro. 8:29-30). Lucas narra la conversión de los gentiles de Antioquía de Pisidia, al observar que "creyeron todos los que estaban ordenados [gr. *tásso*] para vida eterna" (Hch. 13:48), una afirmación explícita de que los individuos creen porque están ordenados para vida eterna. Pablo declaró a los tesalonicenses que Dios los había "[destinado]... a recibir la salvación [gr. *etheto... eis peripoiésin soterías*]" (1 Ts. 5:9). Y se lo proclama explícitamente a ellos: "Dios os [ha] escogido desde el principio para salvación" (2 Ts. 2:13). En el caso de la nación de Israel, aunque la mayoría había rechazado al Mesías y estaban endurecidos, "los escogidos" habían alcanzado la salvación por la gracia de Dios (Ro. 11:7).

Algunos afirman que esta elección es corporativa más que individual. Dios no escoge a personas específicas para que reciban la salvación, sino que más bien elige salvar a una clase o categoría de personas. Por tanto, afirman, cuando Pablo declara que Dios "*nos* escogió en [Cristo] antes de la fundación del mundo" (Ef. 1:4), el "nos" es plural y, por consiguiente, alude a la iglesia como un cuerpo corporativo.[36] Sin embargo, esta comprensión de Efesios 1:4 es improbable. Si Pablo hubiera usado la primera persona del singular *me* habría comunicado que Dios lo había escogido solo a él. Tampoco podría haber utilizado la segunda persona del singular *tú*, porque les estaba escribiendo a todos los santos (Ef. 1:1) de Éfeso, y no solamente a un individuo. Además, si hubiera empleado la segunda persona del plural *vosotros*, se podría haber malentendido y entender que solo los efesios eran los elegidos. La primera persona del plural *nosotros* era la única opción que transmitiría que Dios había escogido a cada creyente individual en Cristo según su beneplácito soberano.

Sobre la declaración paulina respecto a que los creyentes son escogidos en Cristo se construye otro argumento a favor de la elección corporativa. Al ser Cristo el elegido arquetípico de Dios (Is. 42:1; Lc. 9:35; 1 P. 1:20; 2:4, 6), Él ha escogido solo a Cristo como individuo; los creyentes se vuelven parte del elegido en el momento de la fe en virtud de su unión con Cristo.[37] Sin embargo, esta posición no le hace justicia al hecho de que Pablo afirma que Dios "*nos* escogió" en Cristo (Ef. 1:4); el objeto de la elección de Dios es "nosotros", no "él". También, Pablo dice que Dios eligió a lo necio, lo débil y a lo más bajo y despreciado, es decir, los individuos humanos caídos, con el fin de que ninguno pueda jactarse ante Él (1 Co. 1:27-31). Finalmente, la iglesia está compuesta de miembros individuales, a quienes Dios conoce personalmente por nombre (Éx. 33:12, 17; Is. 45:4; cf. Jn. 10:14). La posición corporativa de la elección no se ajusta a los hechos de la doctrina de Pablo respecto a la elección.

La base de la elección

La elección de ciertos individuos por parte de Dios no se efectúa en base a nada que haya en estos individuos mismos, sino exclusivamente por el beneplácito de la soberana voluntad de Dios. Esto significa que esa elección es *incondicional*. Como Moisés le dijo al pueblo de Israel, Dios puso su amor sobre su pueblo en elección porque Él los amó. No fue porque ellos fueran más numerosos o dignos que otras naciones, sino más bien: "Por cuanto Jehová os amó, y quiso guardar el juramento que juró a vuestros padres" (Dt. 7:7-8). Dios eligió a su pueblo no de acuerdo a lo que hacían o creían, sino de acuerdo a la soberana libertad de su voluntad (Ef. 1:5).

36 William G. MacDonald, "The Biblical Doctrine of Election", en *The Grace of God, the Will of Man: A Case for Arminianism*, ed. Clark H. Pinnock (Grand Rapids, MI: Zondervan, 1989), 219-226.

37 Karl Barth, *Church Dogmatics*, trad. G. T. Thompson, G. W. Bromiley, *et al.*, ed. G. W. Bromiley y T. F. Torrance, vol. 2, parte 2 (Edimburgo: T&T Clark, 1957), 94-194; Markus Barth, *Ephesians 1–3: A New Translation with Introduction and Commentary*, Anchor Bible 34, ed. William Foxwell Albright y David Noel Freedman (Garden City, NY: Doubleday, 1974), 107-109.

La doctrina arminiana de la elección condicional. Los teólogos arminianos rechazan la enseñanza de la elección incondicional. Ellos toman el comentario de Pablo sobre la presciencia en Romanos 8:29 para decir que Dios ha escogido a aquellos que salvará, porque en la eternidad pasada Él miró "por los pasadizos del tiempo" y descubrió que, de acuerdo a su libre albedrío, ellos creyeron en Cristo. En resumen, Él escogió salvar sobre la base de su fe prevista. Como el resto rechazaría a Cristo, Él decidió no salvarlos sobre la base de su falta de fe. Esta posición a menudo es llamada de la *fe prevista*, visión *presciente* o visión *de la presciencia simple*.

Existen varios problemas relevantes con la opinión presciente de la elección. Por ejemplo, esta posición sugiere que Dios mira al futuro y aprende cosas. Pero eso es imposible, porque Dios es omnisciente. Además, lo que Dios vería si "mirara hacia el futuro" es el resultado de lo que Dios ha decretado soberanamente. Como se ha demostrado anteriormente, Dios "hace todas las cosas según el designio de su voluntad" (Ef. 1:11; cf. Sal. 115:3; 135:6; Is. 46:10; Dn. 4:35). Así, Dios no forma su decreto porque conozca el futuro, sino que conoce el futuro porque ha decretado el futuro.[38]

También, la elección condicional parece socavar la doctrina de la salvación solo por gracia (*sola gratia*). Al basar el propósito electivo de Dios en la fe prevista del hombre y no en la soberanía de la voluntad de Dios, esta posición hace al hombre (y su elección para ejercitar su libre albedrío para confiar en Jesús) la causa determinativa de salvación, en lugar de Dios. En esta posición, lo que en última instancia diferencia a la persona salva de la no salva no es algo que Dios haya hecho sino algo que el hombre ha hecho. Pero Pablo afirma que Dios ha elegido al necio y al débil, y al vil —no al sabio, al fuerte o el fiel— "a fin de que en su presencia nadie pueda jactarse. Pero gracias a *él* ustedes están unidos a Cristo Jesús" (1 Co. 1:27-30).

La visión presciente de la elección también malinterpreta fundamentalmente la naturaleza del conocimiento previo de Dios, en especial como enseña Romanos 8:29. Este versículo dice que Dios conoció de antemano a las mismas *personas* particulares (a *los que* Dios conoció de antemano, Ro. 8:28-29), no la fe o las acciones de las personas.

Además, el verbo griego *proginósko* en Romanos 8:29 no habla de una simple presciencia, sino del conocimiento que caracteriza a una íntima relación personal (cf. Ro. 11:2, de la íntima relación entre Dios e Israel; 1 P. 1:20, del íntimo conocimiento de relación personal entre el Padre y el Hijo).

Este entendimiento de *proginósko* se sustancia en su contraparte hebrea del Antiguo Testamento *yadá* que, aunque con frecuencia es un término utilizado en alusión al simple conocimiento, muchas veces lleva la connotación del conocimiento íntimo personal (véase Gn. 4:1: "Y conoció [*yadá*] de nuevo Adán a su

---

38 Para un útil resumen de la distinción entre el conocimiento necesario de Dios y su conocimiento libre, así como de la relación entre el conocimiento de Dios y el decreto de Dios, véase Berkhof, *Teología sistemática*, 110.

mujer, la cual dio a luz un hijo, y llamó su nombre Set" [Gn. 4:25; cf. 4:17; 19:5, 8; 24:16; 38:26; Jue. 11:39; 19:25; 21:11-12; 1 S. 1:19]). Tan personal e íntimo es el conocimiento connotado por *yadá* que describe igualmente la unión sexual entre un esposo y una esposa. (Véanse usos similares en Gn. 18:19; Éx. 33:12, 17).

El término *yadá* es la contraparte hebrea no solo de *proginósko*, sino también de su cognado *ginósko*, que puede tener también un significado similar. A aquellos que nombraron a Cristo, pero nunca hicieron la voluntad de su Padre, Jesús les declara: "Nunca os conocí [*ginósko*] (Mt. 7:23). En 1 Corintios 8:3, Pablo define al creyente y amante de Dios como alguien que es "conocido [*ginósko*] por Dios" (cf. Gá. 4:9) y, en 2 Timoteo 2:19, declara: "Conoce [*ginósko*] el Señor a los que son suyos" (cf. Jn. 10:15, 27). El conocimiento indicado en esas instancias es el conocimiento íntimo de una relación.

Por tanto, el testimonio de *proginósko*, su cognado *ginósko* y su contraparte del Antiguo Testamento *yadá* confirman que el sentido del conocimiento de Dios usado en Romanos 8:29 no habla de un simple conocimiento de los hechos, sino más bien de una relación íntima de pacto basada en la elección soberana de Dios y marcada por su favor y su amor. Dicho de una manera simple, conocer de antemano es "amar de antemano". El amor fue la motivación de la elección de Dios, y el puro afecto de la voluntad de Dios fue su base (Ef. 1:4-5).

El amor incondicional y electivo de Dios. Las Escrituras testifican explícitamente el momento de la elección incondicional. El Padre amó al Hijo "antes de la fundación del mundo" (Jn. 17:24), lo predestinó "antes de la fundación del mundo" (1 P. 1:20) y los elegidos fueron amados y conocidos de antemano "antes de la fundación del mundo" (Ef. 1:4). La elección de Dios fue por "la gracia que nos fue dada en Cristo Jesús *antes de los tiempos de los siglos*" (2 Ti. 1:9). El momento de la elección deja afuera al mérito personal como su base, dado que ninguna circunstancia temporal o característica personal influenciaron la elección del Padre.

Pablo desarrolla e ilustra este concepto en Romanos 9:6-18, donde habla de la elección de Dios de Jacob por encima de Esaú (véase Ro. 9:11-13). Aquí Pablo deja claro que la elección de Dios viene antes de que ellos hubieran hecho, o podrían haber hecho, algo bueno o malo. Más bien, Dios eligió a Jacob por encima de Esaú "para que el propósito de Dios conforme a la elección permaneciese" (Ro. 9:11), de acuerdo con su propio propósito soberano. La elección de Dios es "no por las obras sino por el que llama" (Ro. 9:11). Él establece inequívocamente que la elección *no* fue por las obras, en ningún sentido, sino, debido a *aquel* que llama.

Pablo reconoce que cuando su doctrina confronta el razonamiento humano caído, la respuesta será acusar a Dios de injusticia (Ro. 9:14). Sin embargo, la doctrina de la elección condicional nunca haría esta objeción. ¿Quién acusaría a Dios de ser injusto por elegir salvar a las personas en base a su aceptación o rechazo previstos de Jesús?

Pablo continúa: "Tendré misericordia del que yo tenga misericordia, y me compadeceré del que yo me compadezca" (Ro. 9:15; cf. Éx. 33:19), y concluye: "Así que no depende [la elección] del que quiere [gr. *oú toú thélontos*], ni del que corre [gr. *oudé toú tréjontos*], sino de Dios que tiene misericordia" (Ro. 9:16). Pablo niega inequívocamente que la voluntad y el esfuerzo humanos tengan algo que ver con la base de la elección de Dios para salvación. Más bien, la elección depende de *Dios* quien tiene misericordia; por lo tanto, la elección es incondicional.

EL DECRETO DE LA REPROBACIÓN

El Señor Jesús enseña que pocos entrarán por la puerta estrecha que conduce a la vida, pero que muchos transitarán por el amplio camino a la destrucción (Mt. 7:13-14). Enseña que habrá ovejas y también cabritos; aquellos que heredarán la vida eterna y otros que irán al castigo eterno (Mt. 25:46).

Debido a que el decreto de Dios es exhaustivo, la doctrina de la predestinación no solo se extiende a su decisión de elegir a unos para salvación, sino también a la de *no* escoger a otros y, por tanto, abandonarlos a la destrucción que sus pecados merecen; este es el decreto de la reprobación.

La declaración de la doctrina

El decreto de reprobación es la elección libre y soberana de Dios, elaborado en la eternidad pasada, de pasar por alto a ciertos individuos y escoger no poner su amor salvífico en ellos, sino determinar castigarlos por sus pecados para la magnificación de su justicia.[39]

La doctrina de la reprobación es una enseñanza difícil de aceptar. Calvino mismo la definió como *decretum horribile*, "un decreto aterrador".[40] Los no regenerados, que les dan la espalda a las doctrinas del juicio eterno y el sufrimiento perpetuo, son igualmente ofendidos por la doctrina de la reprobación. Incluso muchos cristianos que abrazan la doctrina de la elección se niegan a la doctrina de la reprobación. Por lo tanto, es necesario expresar claramente la doctrina de la reprobación.

En primer lugar, la reprobación suele mezclarse con frecuencia con la doctrina de la ultimidad equivalente: que Dios es tan activo en producir incredulidad en el corazón de los reprobados como lo es en producir fe en el corazón de los elegidos. Representa a Dios en la eternidad pasada contemplando a toda la humanidad todavía no caída y moralmente neutral, y decidiendo de manera arbitraria producir pecado e incredulidad en los reprobados con el fin de tener la justificación al consignarlos al castigo eterno. Aunque esto es lo que muchos piensan cuando oyen los términos *reprobación* o *doble predestinación*, es una

---

39 Berkhof, *Teología sistemática*, 136.

40 Juan Calvino, *Institución de la religión cristiana*, traducido por Eusebio Goicochea, Nueva Creación, Buenos Aires. Eerdmans, Grand Rapids: 1988, 3.23.7. Es importante notar, sin embargo, como lo hace Grudem, que "su [Calvino] palabra latina *horribilis* no significa 'odioso', sino más bien 'aterrador'", Grudem, *Teología sistemática*, 718n23.

burda caricatura de la doctrina bíblica de reprobación que es totalmente ajena a las Escrituras, que es repugnante para el amor y la justicia de Dios, y que es una aberración del calvinismo histórico que ha sido rechazada a lo largo de la ortodoxia reformada.[41]

En su lugar, las Escrituras enseñan sobre una ultimidad desigual con respecto a la elección y la reprobación, es decir, aunque Dios decreta ciertamente tanto la salvación de algunos como la condenación de otros, existe una asimetría necesaria en dichos decretos. La misma asimetría se observa en Romanos 9:22-23, por ejemplo, donde Pablo usa la voz activa en referencia a la involucración de Dios en la elección ("vasos de misericordia que él preparó de antemano para gloria"), y la voz pasiva para aludir a su involucración en la reprobación ("vasos de ira preparados para destrucción"). Cuando Dios escogió a unos y no a otros para salvación, no los consideró como moralmente neutrales, sino como criaturas ya caídas. Es decir, desde la eternidad, Dios imaginó o contempló a todas las personas a la luz de su caída en Adán y, por consiguiente, como criaturas pecaminosas.[42] En el caso de los elegidos, Él interviene soberanamente de forma activa para despertarlos de la muerte espiritual hacia la nueva vida en Cristo. Sin embargo, en el caso de los no elegidos no interviene, sino que se limita a pasar de largo, a dejarlos en su estado de pecaminosidad y perdición. Así, los elegidos reciben misericordia, pero los no elegidos reciben justicia, porque son correctamente condenados como merecen sus pecados. No se puede acusar a Dios de injusticia, porque todos son culpables y porque Él no está obligado a mostrar gracia para con nadie.

Es importante comprender exactamente de qué manera la elección y la reprobación son desiguales o asimétricas. Para ser precisos, hay dos elementos del decreto de reprobación: (1) la decisión de pasar por alto a alguien, que se denomina *preterición*, y (2) la determinación de condenar a aquellos que son dejados de lado, llamada *precondenación*. Por un lado, la preterición es una acción negativa o pasiva de parte de Dios (Dios simplemente pasa por alto al hombre y lo deja en su estado de pecaminosidad) y la precondenación es una acción positiva en la que Dios determina castigar al pecado en forma activa: los "vasos de ira" están "preparados

---

41 Sproul observa, con razón, que se la ha identificado con el hipercalvinismo que él prefiere denominar "subcalvinismo" o "anticalvinismo". R. C. Sproul, *Chosen by God* (Wheaton, IL: Tyndale House, 1986), 142.

42 Esta discusión se relaciona a los temas alrededor de dos términos: supralapsarianismo e infralapsarianismo. El supralapsarianismo (que significa "por encima de la caída") enseña que los decretos de la elección y de la reprobación de Dios preceden, lógicamente, a sus decretos para crear y ordenar la caída. El infralapsarianismo ("después de la caída") enseña lo opuesto, es decir, que la elección y la reprobación fueron lógicamente subsecuentes a los decretos de Dios para crear y ordenar la caída. Nosotros sostenemos el infralapsarianismo. Para una útil introducción a la doctrina del orden de los decretos divinos, véanse Berkhof, *Teología sistemática*, 117-124; Boettner, *The Reformed Doctrine of Predestination*, 126-32.

para destrucción" (Ro. 9:22), destinados a desobediencia (1 P. 2:8) y "designados para esta condenación" (Jud. 4).[43] Por otro lado, la precondenación es condicional (porque Dios asigna hombres a la condenación sobre la base, la condición, de su pecado y su culpa), pero la preterición es incondicional (porque la decisión de Dios de no elegir a alguien para salvación está basada en nada propio del individuo, sino que es más bien un acto soberano del beneplácito de Dios). Por tanto, la preterición es pasiva e incondicional, mientras que la precondenación es activa y condicional.

La justificación de la doctrina

La doctrina de la reprobación se enseña en la Biblia y, por tanto, estamos obligados a someter nuestra mente y nuestras emociones con reverencia a la sabiduría infinita de la revelación de Dios, con la confianza de que lo que Él dice y hace es correcto y justo (Ro. 3:4).

En primer lugar, la reprobación es una implicación necesaria de la enseñanza bíblica respecto a la elección. La existencia misma de una categoría de personas que son los *elegidos* (Mt. 24:22; Lc. 18:7; Ro. 8:33; 11:7; 2 Ti. 2:10; 1 P. 1:1) implica, por necesidad, una categoría de personas que son los *no elegidos*.

Además, la reprobación se enseña explícitamente en el Nuevo Testamento. En su primera epístola, el apóstol Pedro habla de los incrédulos que "tropiezan en la palabra, siendo desobedientes; a lo cual fueron también destinados" (1 P. 2:8). Judas habla de los falsos maestros, "algunos hombres… que desde antes habían sido destinados [gr. *prográfo*, "escrito de antemano"] para esta condenación" (Jud. 4). La reprobación de Dios de esos falsos maestros es un guion escrito en la eternidad pasada. Ellos se encuentran entre aquellos "cuyos nombres no [han sido] escritos en el libro de la vida del Cordero que fue inmolado desde el principio del mundo" (Ap. 13:8; cf. 17:8; 20:15; 21:27).

La porción de las Escrituras que con mayor claridad afirma la doctrina de la reprobación es Romanos 9. Los tratos de Dios con Faraón ilustran la verdad de que "de quien quiere, tiene misericordia, y al que quiere endurecer, endurece" (9:18), y que actúa así para demostrar su poder y proclamar su nombre por toda la tierra (cf. 9:17, 22). Dado que Dios determina de forma inviolable el destino, tanto de los salvos como de los perdidos (cf. 9:11, 16), Pablo anticipa la objeción: "Pero me dirás: ¿Por qué, pues, inculpa? porque ¿quién ha resistido a su voluntad?" (9:19). En efecto, "si nadie puede resistirse a la voluntad o el decreto soberanos de Dios, ¿cómo puede pedir cuentas a las personas, de una forma justa, respecto a lo que no son capaces de hacer?".[44] Pablo responde a quienes le harían reproches a Dios

---

43 Aunque estos son verbos pasivos, son lo que los gramáticos llaman "pasivos divinos", que indican que Dios es el agente implícito. Véase Daniel B. Wallace, *Greek Grammar Beyond the Basics: An Exegetical Syntax of the New Testament* (Grand Rapids, MI: Zondervan, 1996), 437-38.

44 Los que sostienen las doctrinas de la elección condicional y el libre albedrío libertario no pueden entender esta objeción. Ellos postulan que la voluntad de Dios es, de hecho, resistible, exactamente lo que Pablo *no* asume que sea el caso. Él pregunta, de forma retórica: "¿Quién ha resistido a su

y les recuerda que unos meros mortales no están en situación de exigirle responsabilidades a Dios: "Mas antes, oh hombre, ¿quién eres tú, para que alterques con Dios? ¿Dirá el vaso de barro al que lo formó: ¿Por qué me has hecho así?" (9:20). Pablo continúa entonces con esta analogía, describe a Dios como alfarero, asemeja la elección de algunos como de dar forma a un vaso de arcilla para un uso honroso y compara la reprobación de los demás al moldear otro vaso de arcilla para un uso deshonroso (9:21). Al defender la libertad de Dios para hacer lo que quiere con lo suyo (Mt. 20:15), Pablo pasa a describir, a continuación, a los elegidos como "vasos de misericordia que él preparó de antemano para gloria", y a los reprobados como "vasos de ira preparados para destrucción" (Ro. 9:22-23). Estos vasos solo podrían haber sido "preparados" por el alfarero mismo, y Pablo indica claramente que aquellos a los que Él endurece (9:18) son aquellos a los que Él ha preparado para destrucción.

Aunque con estos pasajes basta para justificar la doctrina de la reprobación, las Escrituras también hablan con claridad de los medios que Dios emplea para provocar la destrucción que ha decretado para los reprobados. Al utilizar Pablo los tratos de Dios con Faraón para ilustrar la reprobación, es adecuado considerar el endurecimiento que Dios hace en el corazón del rey como prueba de los medios de reprobación (Éx. 4:21; 8:19; 9:7; 10:1; 11:10; 14:4, 8). El propósito de Dios era manifestar la gloria de su poder redentor en la liberación de Israel de la esclavitud; para ello, endureció el corazón de Faraón en numerosas ocasiones (cf. también Dt. 2:30; Jos. 11:20; 1 S. 2:25). Del mismo modo, su propósito en la reprobación consiste en castigar con justicia los pecados de aquellos que no ha elegido salvar, endureciendo sus corazones como medio para alcanzar dicho fin. Pablo enseña esta idea explícitamente en 2 Tesalonicenses 2:11-12: "Por esto Dios les envía un poder engañoso, para que crean la mentira, a fin de que sean condenados todos los que no creyeron a la verdad, sino que se complacieron en la injusticia". Porque Dios había decretado la condenación de esos incrédulos, también había ordenado el medio por el cual se produciría esa condenación, en este caso, engañándolos deliberadamente. En otro lugar se dice que cegó los ojos y endureció el corazón de los incrédulos, precisamente para que no vieran ni entendieran, ni se arrepintieran (Jn. 12:37-40; cf. Is. 6:9-10). La propia respuesta de Jesús a esta realidad es dar gracias en público al Padre por esconder la verdad de los sabios y de los entendidos, y revelársela a los niños, algo que no atribuye a otra base que el beneplácito de la voluntad del Padre (Mt. 11:25-26). Así, queda claro que Dios ha predestinado tanto los fines como los medios de la reprobación.

<hr>

voluntad?", indicando que la respuesta obvia es: "¡Nadie!". La única forma de que esto tuviera algún sentido para que Pablo haga una objeción en este punto de su argumento es si (1) Dios les ordena a los hombres que se arrepientan y crean, (2) los hombres carecen de la capacidad moral de hacerlo, y (3) Dios sigue pidiendo cuentas a los hombres para que se arrepientan y crean, y los castigará por no hacerlo.

La justificación de Dios[45]

La principal acusación esgrimida contra la doctrina de la reprobación es que es incompatible con la justicia de Dios. Sin embargo, Dios no está sujeto a nociones caídas de justicia ni será juzgado en el banquillo de los acusados por la razón humana. La reprensión de Pablo para quienes presentaran tales cargos es adecuada: "Oh hombre, ¿quién eres tú, para que alterques con Dios?" (Ro. 9:20). Todas estas acusaciones nacen de la errónea presunción de que, si Dios da gracia a cualquiera de sus criaturas, debe darla a todas. Boettner declara: "Muchas personas hablan como si la salvación fuera una cuestión de derecho de nacimiento de la humanidad. Y, olvidando que el hombre ha perdido su ocasión supremamente favorable en Adán, nos hacen saber que Dios sería injusto si no les diera a todas las criaturas culpables la oportunidad de ser salvas".[46] Sin embargo, suponer que la gracia es algo que se les *debe* a los seres humanos pecaminosos socava la naturaleza misma de la gracia. En realidad, la pregunta respecto al decreto de predestinación de Dios no es ¿por qué Dios no escogió a *todos*?, sino ¿cómo puede ser que este Dios supremamente santo escogiera a *alguien*?

Y esta es, precisamente, la defensa que Pablo proporciona en Romanos 9:22-23. Se reprende con severidad al arrogante objetor y se le indica que se tape la boca con la mano. Sin embargo, al adorador sumiso, Pablo da otra respuesta. Afirma: "¿Y qué, si Dios, queriendo mostrar su ira y hacer notorio su poder, soportó con mucha paciencia los vasos de ira preparados para destrucción, y para hacer notorias las riquezas de su gloria, las mostró para con los vasos de misericordia que él preparó de antemano para gloria?". Dios ha ordenado el pecado y el mal —incluso el castigo eterno de los impíos— para manifestarles a los elegidos las plenas glorias de su nombre.[47]

Dios ha decretado todo lo que ocurre —incluso la preparación de los vasos de ira para destrucción—, con el fin de que su pueblo pueda disfrutar de la manifestación más completa de su gloria. Aquellos que le reprocharían a Dios haber ordenado el destino de los impíos para su propia gloria deben recordar que la búsqueda de Dios de su propia gloria es, como afirma Edwards, "para la felicidad de la criatura… porque la felicidad de la criatura consiste en el conocimiento de Dios".[48] Nuestro conocimiento de Dios sería imperfecto si no viéramos la plena expresión de sus atributos: gracia, misericordia, perdón, justicia, rectitud y el resto del abanico de

---

45 Esta sección está adaptada de Mike Riccardi, "Good and Evil: Why the Ultimate Cause Is Not the Chargeable Cause", *The Cripplegate* (blog), 9 de octubre de 2015, http://thecripplegate.com/god-and-evil-why-the-ultimate-cause-is-not-the-chargeable-cause/. Usado con permiso del autor.

46 Boettner, *The Reformed Doctrine of Predestination*, 116.

47 Nadie ha explicado esto mejor que Jonathan Edwards, en "The 'Miscellanies' no. 348," en *The "Miscellanies": Entry Nos. a–z, aa–zz, 1–500*, ed. Thomas A. Schafer, vol. 13 de *The Works of Jonathan Edwards* (New Haven, CT: Yale University Press, 1994), 419-421. Para la cita completa, véase John MacArthur y Richard Mayhue, *Teología sistemática* (Grand Rapids, MI: Editorial Portavoz, 2018), 520.

48 Edwards, "'Miscellanies' no. 348", 419-421.

sus perfecciones. Sin embargo, ninguno de esos atributos podría expresarse por completo de no haber pecado que castigar y perdonar, o pecadores con quienes tener gracia o ejercer justicia. Dios no es menos glorioso por haber dispuesto el mal, todo lo contrario, y cuanto más magnifica su gloria, mayor es su amor hacia su pueblo. Por descontado, no se puede acusar a Dios de injusticia por hacer aquello que equivale al mayor beneficio para los que son suyos.

La realidad de que a todos se les ha ordenado que se arrepientan y crean en el evangelio tampoco socava las doctrinas de la elección y la reprobación. De hecho, inmediatamente después de la que es la doctrina más exaltada respecto a la divina soberanía en Romanos 9, Pablo instruye con la misma claridad sobre la responsabilidad humana en Romanos 10. Declara que "todo aquel que invocare el nombre del Señor, será salvo" (10:13), encarga que los predicadores del evangelio sean enviados para llamar a todos al arrepentimiento (10:14-17), describe la amorosa benevolencia de Dios hacia los obstinados, y lo representan como alguien que extiende sus manos y los llama a la salvación (10:21). La responsabilidad del pecador no consiste en discernir los consejos secretos del decreto de Dios, sino más bien en hacer caso a los claros mandamientos de las Escrituras al arrepentimiento y a creer en el evangelio (Mr. 1:15; Hch. 17:30).

RESPUESTAS A LAS OBJECIONES

Objeción 1: El decreto de Dios es contrario a la libre intermediación moral del hombre

Respuesta: Puede decirse, y con razón, que los intermediarios son libres siempre que sus actos estén exentos de coacción. Las personas son libres de actuar dentro de los límites de su naturaleza. Todos los hombres están caídos en Adán, su naturaleza está corrompida por el pecado y, por lo tanto, no son libres de elegir la justicia. No obstante, siguen tomando libremente sus decisiones morales de acuerdo con sus pensamientos y sus deseos. Estas elecciones surgen de una naturaleza humana caída fundamentalmente opuesta a la obediencia a Dios. De modo que las personas actúan con libertad en su pecado y no son coaccionadas por Dios para que obren en contra de su naturaleza. El decreto de Dios se extiende a las opciones no coaccionadas de los agentes libres para actuar dentro de los límites de su naturaleza (cf. p. ej., Gn. 50:19-20; Hch. 2:23; 4:27-28).

Objeción 2: El decreto de Dios desalienta las buenas obras humanas

Respuesta: El decreto no está dirigido a los hombres "como una regla de acción" ni puede haber tal regla, porque el contenido del decreto no se conoce hasta después de que se hayan producido los hechos. Sin embargo, Dios ha ordenado una norma de vida y creencia en la Biblia para que el hombre tenga a su disposición la orientación para realizar obras justas. Una vez más, el hombre es libre en el decreto para obrar conforme a sus pensamientos y deseos, y Dios no ejerce coacción para impedirle hacer el bien. Además, el decreto de Dios incluye las libres elecciones humanas determinadas por Él para ocasionar sus fines ordenados.

Solo porque Dios haya decretado un acontecimiento no significa que *obligue* a alguien a realizar una acción. La crucifixión tuvo lugar "por el determinado consejo y anticipado conocimiento de Dios" (Hch. 2:23a) y, sin embargo, los judíos y los romanos actuaron sin coerción y de acuerdo a sus propias inclinaciones malvadas (Hch. 2:23b). Solo porque Dios haya decretado un acontecimiento, convirtiéndolo así en un suceso seguro, no significa que coaccione a las personas para que vayan en contra de sus pensamientos y sus deseos. Mientras que Dios no coaccione a una persona para que actúe, una acción humana puede estar determinada por Dios y esta se producirá con toda certeza; sin embargo, la persona puede seguir siendo libre para hacer lo que le plazca.[49]

Objeción 3: El decreto de Dios es fatalismo

Respuesta: El fatalismo es impersonal, no es inteligente ni pretende un fin último. Por el contrario, la determinación soberana de Dios respecto a su decreto es el acto personal de Dios, que es sabiduría perfecta, omnisciencia, justicia, amor y gracia. Además, uno de los fines del decreto es que las personas sean salvas del pecado y vivan para siempre en la bienaventuranza eterna. El fatalismo no permite acto libre alguno y lanza a la humanidad como impersonalmente coaccionada por las fuerzas cósmicas. Pero el decreto de Dios no incluye coacción moral alguna. El fatalismo tampoco distingue entre el bien y el mal ni tiene sentido moral en el universo. Pero el decreto de Dios se basa en su justicia eterna y perfecta, y resulta en que los creyentes vivan para siempre en una bondad moral impecable.

Objeción 4: El decreto de Dios hace que Él sea la causa responsable del pecado[50]

Respuesta: Debe admitirse que el pecado es una parte del plan eterno de Dios, porque Él "hace *todas* las cosas según el designio de su voluntad" (Ef. 1:11). Él no se limitó a permitir que los hermanos de José lo vendieran como esclavo en Egipto, sino que *determinó* su acción pecaminosa por sus más sabios y santos fines (Gn. 45:5-8; 50:20).

Sin embargo, aunque Dios ordena —y entonces es la causa última— de todas las cosas, nunca puede ser acusado de causar el mal. Las Escrituras distinguen entre la (1) causa última de una acción y (2) las causas próximas y eficaces de una acción, indicando que solo las causas próximas y eficaces son culpables por una mala acción. Porque Dios nunca es la causa eficaz del mal y porque Él siempre ordena el mal para el bien, Él no incurre en ninguna falta.

---

49 Aquí afirmamos la libertad compatibilista de inclinación y rechazamos la libertad libertaria de la indiferencia. Para más sobre el compatibilismo, véase "Teodicea compatibilista" (p. 136).

50 Esta sección está adaptada de Mike Riccardi, "God and Evil: Why the Ultimate Cause Is Not the Chargeable Cause", *The Cripplegate* (blog), 9 de octubre de 2015, http://the cripplegate.com/god-and-evil-why-the-ultimatecause-is-not-the-chargeable-cause/. Usado con permiso del autor.

Esta teodicea está sustanciada en numerosos pasajes (cf. Gn. 45:5-8; 50:20; Is. 10:1-8; 2 S. 24:1; 1 Cr. 21:1; Hab. 1:6, 11), pero el ejemplo más claro viene del relato apostólico de la crucifixión, el evento más malo de la historia.

Hombres malvados fueron correctamente culpados por la crucifixión de Cristo (Hch. 4:27), y Pedro los acusó directamente (Hch. 2:23, 36). Sin embargo, Pedro también dijo explícitamente que fue "por el determinado consejo y anticipado conocimiento de Dios" (Hch. 2:23). Así, Dios es la *Causa Última* de la crucifixión, hombres impiadosos fueron la causa *eficiente*, los judíos fueron responsables como la causa *próxima* (otra vez, véase Hch. 2:23). Sin embargo, Dios, por cuya mano sucedieron en última instancia todas esas cosas, no es culpable de ningún mal, porque, mientras que los perpetradores buscaron hacer el mal, Dios buscó hacer el bien.

CONCLUSIÓN

Pablo concluye su tratamiento de las doctrinas de la elección y la reprobación inclinándose en adoración ante la magnificencia de este Dios soberano: "¡Oh profundidad de las riquezas de la sabiduría y de la ciencia de Dios! ¡Cuán insondables son sus juicios, e inescrutables sus caminos!" (Ro. 11:33). Debe ser igual para nosotros, quienes somos los beneficiarios de semejante gracia gloriosa. Por encima de todo lo demás, las doctrinas de la elección y la reprobación soberanas deberían llevarnos a inclinar nuestra mente en humilde admiración del Dios cuya sabiduría es inescrutable, y cuya gracia es tan abundante como para salvar a unos rebeldes desdichados como nosotros. "A él sea la gloria por los siglos. Amén" (Ro. 11:36).

El problema del mal y la teodicea

Uno de los argumentos más persistentes contra la existencia de Dios y su decreto se basa en la existencia del mal físico (p. ej. catástrofes, enfermedades, dolor, muerte) y moral (pecado) en el mundo. La pregunta que muchos incrédulos presentan es: Si Dios es real, perfectamente bueno y omnipotente, ¿cómo puede existir el mal? En más detalle, declarada como una proposición: Si Dios fuera todopoderoso y perfectamente bueno, desearía y podría impedir el mal. Pero el mal *existe*. Por lo tanto, no hay Dios todopoderoso y perfectamente bueno.[51]

La respuesta cristiana al problema del mal se denomina teodicea, que viene de las palabras griegas *theos* y *diké*. Estas palabras combinadas significan "audiencia judicial de Dios" (para *diké* véanse 2 Ts. 1:9; Jud. 7), o la "justificación de Dios". La teodicea involucra la reivindicación de la justicia de Dios contra la acusación de que la presencia del mal en la creación muestra que Él es injusto, impotente, ambas cosas o que no existe.

---

51 John M. Frame, *Apologetics to the Glory of God: An Introduction* (Phillipsburg, NJ: P&R, 1994), 150.

TEODICEA BÍBLICA

Dios provee su propia teodicea en su Palabra.[52] Las Escrituras no suponen nunca que Dios deba explicar sus acciones, más bien aseveran que Dios tiene derecho a que se confíe en Él. En el relato de Génesis 3, respecto al principio del mal moral y físico, Dios no explica el origen del mal en Satanás. Cuando pecó, Adán insinuó que la culpa era de Dios, pero este no se defendió y, en su lugar, condenó al hombre. En la narrativa de Génesis 22, Dios no explica de qué forma armoniza su orden de sacrificar a Isaac con su bondad. Según Éxodo 33:19, Dios no se someterá al juicio del hombre, sino que mostrará gracia y misericordia a quien Él quiera sin necesidad de explicar sus actos.

En el libro de Job, Dios nunca explica por qué Job tuvo que sufrir como respuesta a las acusaciones de Satanás. Job quiso cuestionar a Dios, pero, en cambio, él fue cuestionado por Dios (Job 38–41). En Ezequiel 18:25-30, Dios no se defiende contra la acusación de injusticia de Israel, sino que condena a Israel por su injusticia.

De manera similar, en Romanos 3:4-6, Pablo no formula preguntas sobre la justicia de Dios, sino que reprende tales preguntas y hace valer los derechos de Dios como Señor soberano. En Romanos 9:15-20, Pablo afirma el derecho soberano de Dios a hacer lo que le plazca y que el hombre es desobediente en sus quejas contra Dios, quien no está obligado a explicar sus actos para satisfacer el intelecto humano con respecto al problema del mal. No obstante, en Romanos 9:22-23, él sí da la respuesta de que Dios ordena el pecado y el castigo de los reprobados a fin de magnificar la plenitud de su gloria en la revelación de todos sus atributos.[53]

UNA PERSPECTIVA BÍBLICA SOBRE EL MAL

La perspectiva de Dios sobre el tema del bien y del mal es la única perspectiva que es correcta y confiable.

En primer lugar, Dios da perspectiva sobre el pasado. Él siempre ha justificado sus caminos respecto a su pueblo al poner fin a los períodos de sufrimiento mediante actos de misericordia y gracia. Durante los cuatrocientos años de esclavitud de Israel en Egipto, y cuando los enemigos oprimían a la nación (como en el tiempo de los Jueces), y en el tiempo de la cautividad de la nación, la bondad y el poder de Dios para evitar el mal pudieron haber sido cuestionados. Pero, eventualmente, llegó la misericordiosa liberación de Dios, su preservación poderosa y de gracia y su fiel restauración de la nación de vuelta a la tierra (cf. Esdras y Nehemías). Este patrón apareció vez tras vez en el Antiguo Testamento: el pueblo de Dios sufría (a causa de su propio pecado y/o a causa de sus enemigos), pero la gracia y la misericordia de Dios los liberaba o restauraba. Naturalmente, ellos cuestionaron

---

52 Frame, *Apologetics to the Glory of God*, 171-190. Las secciones siguientes sintetizan ampliamente los principios de Frame respecto a cómo se establece la teodicea bíblica.

53 Véase más arriba en "La justificación de Dios" (p. 130).

la bondad y la justicia de Dios en aquellos tiempos de sufrimiento, pero la misericordia de Dios tenía la última palabra. La perspectiva de Dios nunca se detiene con el sufrimiento o el mal; su perspectiva —sobre todos los eventos del tiempo— siempre incluye gracia y misericordia. En otras palabras, desde la perspectiva de Dios realmente no existe el "problema del mal".

En segundo lugar, Dios da perspectiva sobre el presente. Las Escrituras nos muestran que Dios siempre ha usado el mal, y ahora mismo sigue sirviéndose del mismo, para cumplir sus propósitos para el bien. Aunque no nos proporciona explicaciones exhaustivas sobre todo el mal y aunque nos pide que tengamos paciencia en medio de las adversidades, las Escrituras muestran algunas formas en que Dios usa el mal para favorecer sus propósitos: exhibir la gracia divina y la justicia (Ro. 3:26; 5:8, 20-21; 9:17); juzgar el mal en el presente y en el futuro (Mt. 23:35; Jn. 5:14); redimir a través de los sufrimientos de Cristo (1 P. 3:18); expandir el testimonio del evangelio por medio del sufrimiento del pueblo de Cristo (Col. 1:24); impresionar a los incrédulos, captar su atención y requerir un cambio de corazón (Zac. 13:7-9; Lc. 13:1-5; Jn. 9); disciplinar a los creyentes (He. 12:3-17); y reivindicarse a sí mismo (Ro. 3:26).

Dios nos asegura que siempre tiene un buen propósito al ordenar el mal: es para la magnificencia de su propia gloria (Ro. 9:22-23) y para el bien de su pueblo en todo acontecimiento (Ro. 8:28). Esto nos muestra que la solución para el problema del mal debe ser teocéntrica, no antropocéntrica. No debe tener como meta hacernos sentir más felices o libres, ni satisfacer nuestra curiosidad intelectual, sino más bien glorificar a Dios. La verdadera felicidad del hombre viene solo a través de caminos que glorifican a Dios: obediencia, autonegación y sufrimiento en anticipación de la gloria final.

En tercer lugar, Dios da perspectiva sobre el futuro. Las Escrituras prometen que Dios será finalmente reivindicado y los creyentes serán liberados por completo del mal. En el futuro, el sufrimiento acabará en gloria para los creyentes, y la prosperidad terminará en juicio para los impíos (Sal. 73; Is. 40; Mt. 25; Lc. 1:46-55). Cuando los caminos de Dios parecen ser injustos en el presente, debemos recordar sus actos pasados (Hab. 3:1-18) y esperar la gloria y el juicio de Dios (Hab. 2:2-3). En la consumación futura, nadie dudará de la justicia y la misericordia de Dios.

Finalmente, las Escrituras ofrecen la perspectiva adecuada al servir como medio por el cual Dios proporciona un nuevo corazón a los creyentes. A través de la Palabra de Dios, el Espíritu salva y transforma la duda en fe, humilla a las personas de su orgullosa autonomía y los lleva a dar gracias por la misericordia de Dios. Por medio de su Palabra, Dios da un nuevo corazón con el cual se ve, se cree y se alaba a Cristo (1 Co. 2:12-13). El cambio de valores que se proporciona con el nuevo corazón eleva la mirada de la persona por encima de los males de esta vida y la deposita en el Dios que acabará poniéndole fin al mal y que incluso ahora lo usa para su propósito. Esta nueva perspectiva es la teodicea cristiana.

TEODICEA COMPATIBILISTA

El compatibilismo sostiene que la responsabilidad humana y el determinismo divino, cuando son adecuadamente definidos, son ideas complementarias; es decir, es lógicamente consistente y bíblicamente necesario afirmar que Dios determina por decreto las elecciones libres de los seres humanos.

Algunos teólogos adoptan una posición de libertad que es comúnmente llamada "libre albedrío libertario". Ellos sostienen que solo puede decirse que una persona es libre si tienen el poder de la elección contraria, la libertad de hacer lo contrario de lo que han hecho. Sin embargo, porque Dios obra todas las cosas de acuerdo al consejo de su voluntad (Ef. 1:11), nadie tiene la libertad de elegir lo contrario al decreto de Dios. Por lo tanto, la libertad libertaria es incompatible con el decreto comprehensivo de Dios.

Por otro lado, el compatibilismo sostiene que la voluntad de uno es genuinamente libre mientras que esa persona no esté coaccionada, sino que actúa de acuerdo a sus propios deseos e inclinaciones. Lo que hace que una acción sea libre es la falta de compulsión (Flm. 14), no la capacidad de elegir lo contrario al plan determinado de Dios. Aunque Dios cambia el corazón del rey dondequiera que desea (Pr. 21:1), el rey nunca es consciente de haber sido desautorizado o coaccionado; él actúa de acuerdo a sus inclinaciones y, por lo tanto, libremente. Por esta razón, el rey es responsabilizado por sus elecciones, aun cuando ellas han sido decretadas por Dios. Dios puede enviar a los asirios a saquear a Israel (Is. 10:6) y, sin embargo, responsabilizarlos por eso (Is. 10:5), porque ellos actúan libremente de acuerdo a sus malvadas inclinaciones (Is. 10:7). Dios puede levantar a los caldeos para apropiarse de moradas (Hab. 1:6) y, no obstante, culparlos por ello (Hab. 1:11), porque ellos hacen eso en servicio a sus ídolos en vez de a Jehová (Hab. 1:11). La ira del Señor puede incitar a David a censar a Israel (2 S. 24:1) y, sin embargo, David es justamente responsabilizado por ello (2 S. 24:10, 15; cf. 1 Cr. 21:1).

Debido a que la voluntad del hombre natural está esclavizada por el pecado (Ro. 6:16), las inclinaciones naturales del hombre son siempre y únicamente al mal. Los seres humanos somos libres para actuar dentro de los límites de nuestra naturaleza, pero nuestra naturaleza no regenerada solo es pecaminosa. Somos libres para pecar como elegimos, pero no somos libres para elegir rectamente (Ro. 8:7-8; 1 Co. 2:14). Por eso, nuestra naturaleza debe ser cambiada sobrenaturalmente por el milagro de la regeneración (Jn. 3:6). Por lo tanto, cuando la gente no regenerada peca, ellos pecan libremente de acuerdo a su inclinación —aun cuando cada acontecimiento ha sido decretado por Dios desde la fundación del mundo—y, por lo tanto, son correctamente responsabilizados.

A menudo se ha objetado que es injusto que Dios responsabilice a la gente por aquello que no es capaz de hacer. De hecho, Pablo presenta esta misma objeción en Romanos 9. Después de presentar claramente que, con respecto a la salvación, Dios tiene misericordia sobre quien Él desea y endurece a quien Él desea (v. 18),

Pablo presenta esta objeción: "Pero me dirás: ¿Por qué, pues, inculpa? porque ¿quién ha resistido a su voluntad?" (v. 19). En otras palabras, como nadie puede resistir lo que la voluntad de Dios ha decretado, ¿cómo puede ser justo que Él culpe a la gente? Primero, debe observarse que esas son precisamente las premisas del compatibilismo: Dios es exhaustivamente soberano, y el hombre es, no obstante, responsable. Los que sostienen el libre albedrío libertario están discutiendo con el apóstol Pablo. Segundo, la respuesta de Pablo es simplemente que las criaturas caídas no están en posición de cuestionar la justicia del Creador: "Mas antes, oh hombre, ¿quién eres tú, para que alterques con Dios? ¿Dirá el vaso de barro al que lo formó: Por qué me has hecho así?" (v. 20). Pablo no explica cómo es compatible la absoluta soberanía de Dios con la responsabilidad humana; él simplemente afirma que lo es. Los que desean aceptar la teodicea de la Biblia deben, por lo tanto, rechazar la libertad libertaria y abrazar el compatibilismo.

La creación[54]

La creación de Dios se define como su obra por su Palabra y para su gloria, al crear el universo de la nada, de modo que su condición original no tenía corrupción espiritual ni física.

CREACIÓN DIVINA

Las siguientes características resumen las principales afirmaciones bíblicas respecto a la creación divina del universo.

El comienzo del universo y del tiempo

El universo tuvo un principio, y ese principio se inició con el primer momento del tiempo (Gn. 1:1; Mt. 19:4, 8; Mr. 10:6; Jn. 1:1-2; 17:5; He. 1:10). Como Dios —que existe fuera del tiempo— creó "en el principio", este principio también debe incluir el tiempo. Dios empezó a crear en el primer momento del tiempo, al principio del primer día (Gn. 1:5).

La creación fue rápida y salió de la nada

Dios creó el universo en seis días literales de veinticuatro horas, y lo creó por su palabra *ex nihilo* ("a partir de la nada") (Gn. 1:1-31; 2:7; Éx. 20:11; 31:17; Sal. 33:6, 9; 148:1-6; Is. 45:18; Jn. 1:3; Hch. 4:24; 14:15; 17:24-25; Ro. 4:17; 2 Co. 4:6; Col. 1:16; He. 1:2-3; 11:3; 2 P. 3:5; Ap. 4:11; 10:6). A veces, esto es llamado *creacionismo por fiat*. Dios creó la primera energía física y la materia, porque ninguna de ellas existía cuando Él inició sus actos de creación. Dios es la única causa del principio del universo. Él también creó al hombre como especial y distinto de todas las otras criaturas, a la imagen de Dios.

54 Para una exposición suplementaria de la creación, consultar cap. 6, "El hombre y el pecado".

El universo es distinto de Dios y depende de Él

El universo fue creado por Dios y es distinto a Él, aunque depende de Él (Job 12:10; Sal. 104:30; 139:7-10; Is. 42:5; Jer. 23:24; Hch. 17:24-28; Ef. 4:6; Col. 1:15-17; He. 1:3). Dios es mayor que aquello que Él creó.

El universo fue creado por el Dios trino

El trino Dios es el Creador. Dios Padre inició la obra divina de la creación y la gobernó (1 Co. 8:6). Como el medio del Padre, Dios Hijo creó el universo, dado que Él es la Palabra eterna del Padre que por la palabra creó todas las cosas (Jn. 1:3; 1 Co. 8:6; Col. 1:15-17; He. 1:10). Y el Espíritu Santo también participó en la obra divina de crear el universo (Gn. 1:2; Job 26:13; 33:4; Sal. 104:30; Is. 40:12-13). Esta obra no fue distribuida; más bien, cada persona de la Trinidad actuó en concierto con las otras dos. Dios Padre es la fuente, Dios Hijo es el medio, y el Espíritu Santo es el agente de los actos de la creación.

La creación de Dios fue un acto libre

En la creación, Dios actuó libremente (Ef. 1:11; Ap. 4:11). La creación no es necesaria para la esencia de Dios. La creación depende del decreto soberano de Dios, de manera que la creación no es en sí misma una necesidad de Dios para ser Dios. (Véase "El decreto de Dios", p. 120).

El hombre fue creado de forma directa, culminante y especial

Dios creó a Adán y Eva de manera directa y especial, como apogeo de la obra divina de creación (Gn. 2:7, 21-33). Adán fue creado primero "del polvo de la tierra" y, después, Dios formó a Eva de una de las costillas del hombre. Eran personas individuales y fueron creadas en el sexto y último día de la creación; fue la culminación de la obra divina de creación. Dios no creó al hombre a partir de otros seres a lo largo de los tiempos, sino de la tierra, literalmente, el sexto día de la creación. Cuando Dios formó a Eva a partir de Adán, fueron los primeros cónyuges y el patrón de todos los matrimonios (Gn. 2:24).

El hombre fue creado para gobernar la tierra

Dios creó a Adán y a Eva, y les dio la orden de gobernar la tierra (Gn. 1:27-31). Eran los siervos de Dios para gobernar la tierra por Él.

Todas las criaturas debían reproducirse "según su especie"

Dios creó a cada criatura para reproducirse "según su especie" (Gn. 1:11, 12, 21, 24, 25). Como resultado, habría unos límites inviolables en cada tipo de naturaleza genética.

Todas las cosas fueron creadas maduras

Dios creó todas las cosas maduras, con el aspecto de la edad. Las cosas vivas fueron creadas listas para reproducirse, incluida la vida vegetal (Gn. 1:12), los animales

(Gn. 1:20-25) y los seres humanos (Gn. 1:26-30). Adán y Eva fueron creados preparados para asumir el dominio sobre el mundo. De hecho, todo el universo fue creado con todos los sistemas en funcionamiento maduro. Por ejemplo, las estrellas fueron creadas con su luz que ya alcanzaba la tierra (Gn. 1:14-19).

El universo fue creado "muy bueno"

Dios creó de una forma completa y perfecta; el universo era "muy bueno", según su estándar de perfección para la creación (Gn. 1:31). En ese momento, no había corrupción ni muerte (cf. Ro. 5:12). La evolución darwinista queda descartada por esta afirmación, ya que requiere decadencia y muerte antes de la entrada del pecado al mundo.

El propósito de la creación era glorificar a Dios

Dios creó para manifestar su gloria (Is. 43:7; 60:21; 61:3; Ez. 36:21-22; 39:7; Lc. 2:14; Ro. 9:17; 11:36; 1 Co. 15:28; Ef. 1:5-6, 9, 12, 14; 3:9-10; Col. 1:16).[55] Dios no habría planeado un fin supremo distinto a sí mismo, ya que Él es superior a todo lo que existe fuera de Él. Tener su propia gloria como propósito principal era lo único que preservaría la independencia y la soberanía de Dios. Además, ningún otro objetivo supremo abarcaría todas las cosas, y cualquier propósito menor estaría sujeto al fracaso, ya que las criaturas son finitas.

Milagros divinos[56]

La Biblia define el milagro como la suspensión de las tareas ordinarias de providencia de Dios y así actuar directa y sobrenaturalmente. En el Antiguo Testamento, cuatro palabras hebreas revelan los diversos matices del significado de "milagro": *péle* tiene la idea básica de "maravilla" (Éx. 15:11; Sal. 77:11); *ot* indica una "señal" que establece una certeza (Éx. 4:8-9; Nm. 14:22; Dt. 4:34); *gueburá* significa "fuerza" o "poder" (Sal. 145:4, 11-12; 150:2); *mofét* significa básicamente "prodigio", "señal" o "portento". Se usa con frecuencia en conjunción con *ot* (Dt. 4:34; 6:22; Neh. 9:10).

El Nuevo Testamento usa cuatro palabras en griego que corresponden exactamente a los términos hebreos veterotestamentarios: *téras* ("prodigio") describe el milagro que asusta o impone y siempre está acompañado por *semeíon* ("señal"); es comparable a *mofét* y *péle* (véanse Dt. 4:34 [Septuaginta]; Hch. 2:22; He. 2:4); *semeíon* ("señal") lleva a la persona más allá del milagro; apunta a algo más; es comparable a *ot* (véase Nm. 14:22 [Septuaginta]); *dúnamis* ("poder" o "milagro") describe el poder que subyace al acto y apunta a un poder nuevo y superior; corresponde a su equivalente hebreo *gueburá* (véase Sal. 144:4 [Septuaginta]); *érgon*

---

55 Berkhof, *Teología sistemática*, 162.
56 Esta explicación de milagros divinos está adaptada de Richard Mayhue, *The Healing Promise: Is It Always God's Will to Heal?* (Fearn, Ross-shire, Escocia: Mentor, 1997), 164-173. Usado con permiso de Christian Focus. Para más detalle sobre la naturaleza temporal y la función reveladora de los milagros, véase "Dones temporales (reveladores/confirmatorios)" (p. 213).

("obra") es un término que Jesús usa en los Evangelios para describir obras distintivas que nadie más realizó (véase Jn. 15:24).

La providencia divina

La providencia divina es la preservación de la creación por parte de Dios, su operación en cada acontecimiento del mundo y su dirección de las cosas del universo hacia el final que Él tiene asignado para ellas. La providencia de Dios es meticulosa, que abarca los aspectos más grandes y más diminutos de la vida: el universo en su conjunto (Sal. 103:19; Dn. 4:35; Ef. 1:11), la esfera física (Job 37:1-13; Sal. 104:14; 135:6; Mt. 5:45), los animales (Sal. 104:21, 28; Mt. 6:26; 10:29), las naciones (Job 12:23; Sal. 22:28; 66:7; Hch. 17:26), el nacimiento y la vida del hombre (1 S. 1:19-20; Sal. 139:16; Is. 45:5; Gá. 1:15-16), los éxitos y fracasos del hombre (Sal. 75:6-7; Lc. 1:52), las cosas que parecen accidentales o sin importancia (Pr. 16:33; Mt. 10:30), la protección de su pueblo (Sal. 4:8; 5:12; 63:8; 121:3; Ro. 8:28), la provisión para su pueblo (Gn. 22:8, 14; Dt. 8:3; Fil. 4:19), la respuesta a las oraciones (1 S. 1:9-19; 2 Cr. 33:13; Sal. 65:2; Mt. 7:7; Lc. 18:7-8), y el juicio de los impíos (Sal. 7:12-13; 11:6).[57]

En el estudio de la providencia de Dios se efectúa una importante distinción entre su providencia general y su providencia especial/específica. La providencia general de Dios implica su control del universo en su conjunto (Sal. 103:19; Dn. 2:31-45; Ef. 1:11). Su providencia especial/específica abarca su control de los detalles del universo, incluidos los de la historia (Hch. 2:23) y los de la vida de las personas individuales, sobre todo de los escogidos (Ef. 1:3-12).

ADVERTENCIA RESPECTO A LAS "LEYES DE LA NATURALEZA"

Las "leyes de la naturaleza" no son normas que Dios esté sujeto a seguir. Esas "leyes" están bajo el control soberano de Dios, de modo que Él tiene el derecho y el poder de suspenderlas al realizar milagros. Esas "leyes" no operan aparte de Dios; no cierran el universo a su interferencia. En cambio, son el medio personal que Dios ordenó para el funcionamiento normal del universo. Esas "leyes" son la forma *normal* en que Dios produce orden y ciertos efectos en el universo, pero Él puede obrar de una manera *super-normal* (sobrenatural), a menudo usando las leyes en diferentes combinaciones que resultan en efectos diversos.

PRESERVACIÓN DIVINA[58]

Hay tres aspectos principales respecto a la providencia de Dios. El primer aspecto importante es su *preservación* del universo. La obra siempre activa de Dios Hijo

---

57 Philip Schaff, *History of the Christian Church* (Grand Rapids, MI: Associated Publishers & Authors, s.f.), 3:168. Véase también John M. Frame, *Systematic Theology: An Introduction to Christian Belief* (Phillipsburg, NJ: P&R, 2013), 146-170. Frame enumera lo siguiente bajo el control universal de Dios: el mundo natural, la historia humana, la vida humana individual, las decisiones humanas, los pecados, la fe y la salvación.

58 Grudem, *Teología sistemática*, 329-30. Véase también Frame, *Systematic Theology*, 174.

mantiene todo lo que Él creó con todas las características y las dinámicas que Él le dio.

Dios sustenta la respiración de las personas y de los animales, y si Él fuera a "recoger su espíritu y su aliento, toda carne perecería juntamente y el hombre volvería al polvo" (Job 34:14-15; cf. Sal. 104:29). Aun "los cielos y la tierra que existen ahora, están reservados por la misma palabra, guardados para el fuego en el día del juicio y de la perdición de los hombres impíos" (2 P. 3:7).

CONCURRENCIA DIVINA[59]

El segundo aspecto importante de la providencia de Dios es su *concurrencia* en todos los sucesos. Es la concurrencia de Dios en su operación con las cosas creadas, que las hace actuar (ya sea por medio de una actuación directa o de su ordenación a través de causas secundarias), según sus propiedades inherentes.

Los ejemplos abundan en las Escrituras. José afirmó que sus hermanos lo vendieron como esclavo (Gn. 37:28) y, sin embargo, él también dijo que fue Dios, *no* sus hermanos, quien lo envió a Egipto (Gn. 45:5-8). Los hermanos de José y Dios *concibieron* el mismo acto malvado por propósitos opuestos (Gn. 50:20). El Señor (Jehová) dijo que estaría con Moisés y que capacitaría su boca para que hablara en su nombre (Éx. 4:11-12). Por lo tanto, Moisés habló sus propias palabras y, sin embargo, Dios habló *sus* propias palabras a través de Moisés. El Señor cambió el corazón del rey de Asiria para que ayudara al pueblo a edificar el templo (Esd. 6:22). Judas, Anás, Caifás y Pilato conspiraron para matar a Jesús (Hch. 2:23; 4:27) y, no obstante, todo fue logrado "por el determinado consejo y anticipado conocimiento de Dios" (Hch. 2:23; 4:28). La concurrencia de Dios en todos los acontecimientos no lo involucran en el pecado. (Véase arriba la "Teodicea compatibilista", así como la respuesta a las objeciones de que el decreto de Dios lo hace la causa imputable del pecado [pp. 132 y 135]).

En la concurrencia, Dios (la primera y última causa) usa las segundas causas (es decir, causas indirectas, p. ej. las propias acciones de una persona, las fuerzas de la naturaleza) para lograr sus propósitos. Pero Dios dirige soberanamente las acciones de las segundas causas para el fin que Él pretende. Esta concurrencia no es un sinergismo cooperativo, que involucraría la participación parcial tanto de Dios como del hombre. Más bien, ambos están total y simultáneamente ocupados en producir una acción, pero la voluntad de Dios está detrás de todo, determinando todo. Dios no coacciona al hombre para violar su naturaleza en algún acto (así como Él no viola las propiedades de las fuerzas naturales), pero usa las acciones del hombre para lograr su voluntad. De esta manera, Dios —no las fuerzas de la naturaleza, no el hombre— tiene el control. Por supuesto, Dios también puede obrar por causalidad directa si así lo elige.

---

59 Berkhof, *Teología sistemática*, 202-207; Frame, *Systematic Theology*, 180-82; Grudem, *Teología sistemática*, 330-335.

GOBIERNO DIVINO

El tercer aspecto importante de la providencia de Dios en el universo es su *gobierno* divino de todas las cosas. Esto es su gobierno activo continuo sobre todo el orden creado.

Dios gobierna como Rey del universo,[60] y como Rey retiene y ejerce el gobierno soberano en y sobre todos los asuntos del universo (Mt. 11:25; Hch. 17:24; 1 Ti. 1:17; 6:15; Ap. 1:6; 19:6).

Dios adapta su gobierno a la naturaleza de las criaturas. Dios gobierna mediatamente a los seres humanos en sus elecciones morales, mediante "influencias morales, tales como circunstancias, motivos, instrucción, persuasión y ejemplo", y también a través de la operación divina directa del Espíritu Santo en su naturaleza interna.[61]

El gobierno de Dios se extiende sobre todas sus obras, pasadas, presentes y futuras (Sal. 22:28-29; 103:17-19; Dn. 4:34-35; 1 Ti. 6:15). Es detallado, incluso, sobre las cosas más pequeñas (Mt. 10:29-31), sobre las cosas que podrían atribuirse, por lo común, a la suerte (Pr. 16:33) y sobre los actos buenos y malos de los hombres (Fil. 2:13; Hch. 14:16).

Preguntas:

1. ¿Cómo encajan entre sí, sin contradicción, las dos verdades de la "cognoscibilidad" y la "incomprensibilidad" de Dios?
2. ¿Cuáles son las "pruebas naturales" o argumentos para la existencia de Dios? ¿Cuáles son sus limitaciones y de qué manera son útiles?
3. ¿Cuál es la importancia del nombre "Jehová"? ¿Y de "Elojím"?
4. ¿Cuáles son los diferentes intentos de clasificar los atributos de Dios, y cómo son útiles o no útiles?
5. ¿Conocer los atributos de Dios es un "ejercicio práctico"? Identifique e indique el valor práctico de varios de los atributos de Dios.
6. ¿Cómo podemos describir y explicar la Trinidad usando términos como "subsistencia", "hipóstasis", "coigualdad", y los nombres "Padre, Hijo y Espíritu Santo"?
7. ¿Cuál es la distinción entre *"opera ad intra"* y *"opera ad extra"*?
8. ¿Cuáles son las indicaciones escriturales de la Trinidad en el Antiguo Testamento? (términos y textos).
9. ¿Cuáles son las indicaciones escriturales de la Trinidad en el Nuevo Testamento? (términos y textos).
10. ¿Qué es "decreto de Dios" y cuáles son sus características?

---

60 Para una exposición más amplia sobre la condición de rey de Dios, véase "¿Cuál es el tema general y unificador de las Escrituras?" en el cap. 1, "Introducción" más arriba, y el cap. 10, "El futuro" más adelante.

61 Berkhof, *Teología sistemática*, 207. Véase también Frame, *Systematic Theology*, 172-174; Grudem, *Teología sistemática*, 345-346.

11. ¿Cuáles son los textos y argumentos claves para las bases de la doctrina de la elección?

12. ¿Cuáles son los textos y argumentos claves para la justificación de la doctrina de la reprobación?

13. ¿Cuáles son las objeciones al decreto de Dios y las respuestas a esas objeciones?

14. ¿Cómo es abordado el "problema del mal" por la doctrina del decreto de Dios?

15. ¿Cómo ayudan las doctrinas de la creación, providencia, concurrencia y gobierno para explicar la doctrina del decreto de Dios?

$$4$$

DIOS HIJO

Cristología

EL TESTIMONIO BÍBLICO respecto a la segunda persona de la Deidad, el Señor y Salvador Jesucristo, está entretejido como un hilo escarlata a lo largo de la totalidad de la Palabra escrita de Dios.

El Cristo preencarnado

Las Escrituras afirman que la persona encarnada de Jesucristo es plena y verdaderamente Dios, y plena y verdaderamente humana, un principio que la iglesia primitiva defendió una y otra vez. Sin embargo, el Hijo de Dios existió como la segunda persona de la Trinidad desde la eternidad pasada y así seguirá existiendo hasta la eternidad futura.

LA ETERNIDAD PASADA

Triunidad

Las inerrantes Escrituras enseñan claramente que el único Dios verdadero subsiste en tres personas coiguales, cosustanciales y coeternas. Ambos Testamentos hacen referencia a las distinciones entre las personas de la Deidad: Padre, Hijo y Espíritu Santo. Cada una de ellas subsiste en la esencia divina como una persona distinta, cada una lleva a cabo operaciones individuales (aunque inseparables), y a cada una de ellas se le atribuyen atributos divinos. (Para un tratamiento completo de la doctrina de la Trinidad, véase el cap. 3).

La segunda persona de la Trinidad estaba "con Dios" (Jn. 1:1), una frase que indica una identidad distintamente separada. Las personas de la Deidad pueden dar y recibir amor una de la otra (Jn. 17:24), se comunican entre sí unas con otras (Mt. 26:39), aparecen como tres personas en el bautismo de Jesús (Mt. 3:16-17), y la formulación bautismal trinitaria indica una identidad distinta y de coigualdad de las personas (Mt. 28:19). El Hijo es distinto del Padre tanto en la vida interna de la Trinidad como en la economía de la redención (Fil. 2:6-7; He. 10:5-7; véase "Apariciones veterotestamentarias" [p. 148]).[1]

Preexistencia

La segunda persona de la Trinidad, Dios Hijo, estaba eternamente preexistente con su Padre en gloria (Jn. 17:5) y conoció eternamente el amor del Padre (Jn. 17:24). En su encarnación, fue enviado a la tierra desde el cielo por su Padre (Jn. 6:38; 17:3; 1 Jn. 4:9; cf. Jn. 3:16).

La Biblia identifica al Hijo como el Creador: "Todas las cosas por él fueron hechas, y sin él nada de lo que ha sido hecho, fue hecho" (Jn. 1:3; véanse 1:10; 1 Co. 8:6; Col. 1:16-17; He. 1:2, 10). Por lo tanto, Él existió antes de todas las cosas, porque el Creador de todas las cosas debe haber existido antes de la creación de todas las cosas.

La segunda persona de la Deidad es eterna en su naturaleza y existencia, como afirma Juan 1:1: "En el principio era el Verbo, y el Verbo era con Dios, y el Verbo era Dios". Este fue un "principio" absoluto; marca el punto cuando el Creador (pre)existente, el Hijo, comenzó, eternamente, la existencia temporal y finita de la creación: "Tú, oh Señor, en el principio fundaste la tierra, y los cielos son obra de tus manos" (He. 1:10-12; cf. Sal. 102:25-27). La existencia del Hijo es "desde el principio, desde los días de la eternidad" (Mi. 5:2), y es llamado "Padre Eterno" (Is. 9:6). Isaías afirma que "un niño nos es nacido", pero que el Hijo preexistente nos es "dado" (Is. 9:6; cf. Gá. 4:4). Cristo siempre ha existido como el Hijo de Dios, pero solo se convirtió en un hijo en el momento de su milagrosa concepción.

EL ETERNO HIJO DE DIOS[2]

Como segunda persona de la Trinidad (o "el Verbo", Jn. 1:1), Jesucristo existía desde la eternidad pasada. ¿Pero existió siempre en la eternidad pasada *como Hijo*? Han surgido dos importantes opiniones: la filiación eterna y la filiación encarnacional.

La filiación encarnacional afirma que la filiación comenzó con la sumisión voluntaria de Cristo en su encarnación (cf. Jn. 5:18; Fil. 2:5-8). En Hebreos 1:5, el Padre dice: "Mi Hijo eres tú, yo te he engendrado *hoy*" y "Yo *seré* a él Padre, y él me *será* a mí hijo" (cf. Sal. 2:7). Como el engendramiento suele hablar, por lo general,

---

1   William G. T. Shedd identificó varias acciones de relación entre las personas de la Trinidad: "Una persona divina ama a otra (Jn. 3:35); mora en otra (Jn. 14:10, 11); sufre por otra (Zac. 13:7); conoce a otra (Mt. 11:27); se dirige a otra (He. 1:8); es el camino hacia otra (Jn. 14:6); le habla a otra (Lc. 3:22); glorifica a otra (Jn. 17:5); envía a otra (Gn. 1:26; 11:7); planea con otra (Is. 9:6); envía a otra (Gn. 16:7; Jn 14:26); recompensa a otra (Fil. 2:5-11; He. 2:9)" (*Dogmatic Theology*, 3 vols. [1889, reimp., Minneapolis: Klock & klock, 1979], 1:279).

2   Esta sección está adaptada de la revisión de MacArthur, de 1999, de su anterior postura respecto a la cuestión de la filiación, que se articula con mayor claridad en el artículo de MacArthur, "Reexamining the Eternal Sonship of Christ", *Journal for Biblical Manhood and Womanhood* 6, no. 1 (2001): 21-23. Usado con permiso de *Journal for Biblical Manhood and Womanhood*.

del origen de una persona, y los hijos suelen estar, en general, subordinados a sus padres, el texto parece enseñar que la filiación de Jesús tuvo un principio en el tiempo.

La opinión de la filiación eterna reposa sobre la observación de que cuando se aplica a Cristo en las Escrituras el título de *Hijo de Dios* parece hablar siempre de su divinidad esencial y su absoluta igualdad con Dios, y no de su voluntaria subordinación. Por tanto, cuando Jesús fue llamado "Hijo de Dios", todos lo entendieron, de forma categórica, como un título de la deidad que lo declaraba igual a Dios y (de manera más significativa), de la misma esencia que el Padre (cf. Mt. 3:17; 17:5; 2 P. 3:17; Jn 5:18-23). Dado que la filiación de Jesús significa su deidad y su igualdad absoluta con el Padre, no puede ser un título que solo pertenece a su encarnación.

La engendración de la que se habla en el Salmo 2 y en Hebreos 1 no es un acontecimiento que tenga lugar en el tiempo. El contexto de Salmos 2:7 se refiere al "decreto" eterno de Dios, por lo tanto, la "engendración" debería entenderse como figurativa y no literal.

Desde el Primer Concilio de Constantinopla (381 d.C.), los teólogos expresan esta doctrina por el término *generación eterna*, que es una expresión sin duda difícil, pero bíblica. Las Escrituras se refieren a Cristo como el "unigénito del Padre" (Jn. 1:14; cf. 1:18; 3:16, 18). El término griego traducido "unigénito" es *monogenés*, y a veces se traduce como "Hijo unigénito" (NVI). En los últimos setenta años, los eruditos han promovido la idea de que el término habla fundamentalmente de unicidad en vez de generación.[3] Sin embargo, una erudición más reciente ha presentado el argumento persuasivo de que la unicidad obedece al hecho de que un *monogenés* es el único niño engendrado.[4] Por consiguiente, *monogenés* se refiere a la unicidad absoluta del Hijo como el que proviene del Padre y, sin embargo, tiene la misma esencia del Padre (cf. Sal. 2:7; Jn. 5:26). La noción de "engendrar" o "engendrado" no se aplican al Hijo en el sentido físico, porque Él es eterno como el Padre (cf. Jn. 8:58; Col. 1:15-17). La engendración de la que se habla en Salmo 2:7 y en Juan 1:14 claramente se refiere a algo más que la concepción de la humanidad de Cristo en el vientre de María; se refiere a los hechos de que el Hijo (1) no es un ser creado (Jn. 1:1-3) y (2) comparte la misma esencia del Padre (cf. Jn. 10:30).

Si la filiación de Cristo tiene que ver con su deidad, alguien se preguntará por qué solo se aplica a la segunda persona de la Deidad y no a la tercera, el Espíritu Santo. Esto es un misterio, pero las Escrituras revelan claramente que, si bien las

---

3   Ellos dicen que el término deriva de *monos* (solo) y *genos* (clase) en vez de *monos* y *gennáo* (engendrar). Esto está basado principalmente en un único estudio de Dale L. Moody, "God's Only Son: The Translation of John 3:16 in the Revised Standard Version", *Journal of Biblical Literature* 72 (1953): 213-219.

4   Véase Charles Lee Irons, "A Lexical Defence of the Johannine 'Only Begotten'", en *Retrieving Eternal Generation*, ed. Fred Sanders y Scott R. Swain (Grand Rapids, MI: Zondervan, 2017), 98-116. Irons sostiene persuasivamente que la raíz *-genés* deriva de *gennáo* en lugar de *genos*, y entonces que "unigénito" es la traducción apropiada, que se refiere a la eternal generación del Hijo.

tres personas de la Trinidad son coiguales, siguen siendo tres personas distintas. Las principales características que distinguen a las tres personas son reveladas por los nombres Padre, Hijo y Espíritu Santo, con propiedades de paternidad, filiación y espiración: el Padre no es engendrado por nadie, pero eternamente engendró al Hijo; el Hijo es engendrado eternamente por el Padre, y el Espíritu procede eternamente tanto del Padre como del Hijo. Aunque estas verdades son en última instancia incomprensibles, son bíblicas y deben ser afirmadas como parte de la enseñanza histórica del cristianismo.[5]

A la luz de los argumentos presentados arriba contra la filiación encarnacional, las declaraciones divinas respecto al Hijo en su nacimiento (Mr. 1:1; Lc. 1:32, 35), su bautismo (Mt. 3:17) y su transfiguración (Mt. 17:5) expresan la aprobación y respaldo del Padre, y no la designación inicial de la segunda persona de la Deidad a la posición y el rol de Hijo.

APARICIONES VETEROTESTAMENTARIAS[6]

Ciertas apariciones de Dios en el Antiguo Testamento son aludidas como "teofanías", una de ellas ocurrió en el monte Sinaí (Éx. 19). Un número de esas teofanías involucran el ministerio de uno llamado "el ángel del Señor [Jehová]" (cf. Gn. 16:7-13; Éx. 3:2-4; Jue. 6:11-23). El término "mensajero" puede proporcionar una mejor traducción que "ángel", porque este título denota la función u oficio de un individuo, no su naturaleza.

Estas apariciones "revelan, al menos de forma parcial, algo sobre [Dios] sí mismo, o su voluntad, al destinatario".[7] Como es el Hijo (Verbo) el que revela a Dios (Jn. 1:18; Mt. 11:27), es apropiado ver a tales apariciones como el preencarnado Hijo de Dios (es decir, una cristofanía).[8]

ACTIVIDADES VETEROTESTAMENTARIAS

Las obras de la segunda persona de la Deidad en el Antiguo Testamento incluyen la creación, la providencia, la revelación y el juicio. Son actos de divinidad y demuestran que Él es Dios.

La creación

El Nuevo Testamento afirma enfáticamente que el Hijo es el Creador (cf. Jn. 1:3, 10; Col. 1:16; He. 1:2, 10). El Hijo creó todas las cosas por su palabra hablada: a su

---

5   Para más explicación sobre la generación eterna del Hijo, véase "Distinciones personales" en el cap. 3, "Dios Padre" (p. 110).

6   Esta sección está adaptada de William D. Barrick, "Inspiration and the Trinity", *MSJ* 24, no. 2 (2013): 182-184. Usado con permiso de *MSJ*.

7   James A. Borland, *Christ in the Old Testament: Old Testament Appearances of Christ in Human Form*, rev. ed. (Fearn, Ross-shire, Scotland: Mentor, 1999), 24.

8   Cf. Borland, *Christ in the Old Testament*, 17. Para un análisis más profundo respecto al "ángel del Señor", véase la sección en el cap. 8 titulada "Identificación del ángel del Señor" (p. 385).

orden surgieron todas las cosas (véase la repetición de "dijo Dios" en Gn. 1:3, 6, 9, 11, 14, 20, 24, y las declaraciones directas en Sal. 33:6 y He. 11:3).

La providencia

El Hijo de Dios, como Mesías, actúa de forma personal y directa para intervenir en la historia del mundo y establecer el reino de Dios en la tierra (cf. Dn. 2:31-46; Mt. 23:37–25:46; Ap. 11:15). Cristo ha sostenido continuamente a la creación, la ha sustentado y dirigido en su papel relacionado con el programa del reino de Dios (He. 1:3), y no se ha limitado a preservar todas las cosas como en Colosenses 1:17.

En el Antiguo Testamento, la bondad de Dios en su providencia emerge en las acciones de quien parece ser la segunda persona de la Deidad. El Salmo 23 habla de Jehová como pastor, alguien que cuida y provee. Su bondad persigue a su pueblo todos los días de su vida (Sal. 23:6). En Juan 10:11, Jesús se identifica a sí mismo como el buen pastor.

La revelación[9]

La segunda persona de la Deidad cumplió una función vital en la producción de la Biblia. Los escritores del Antiguo Testamento hablan con frecuencia de la aparición de Dios en alguna manifestación a su pueblo, con el propósito de liberarlo, dirigirlo o comunicarse con él (véase "Apariciones veterotestamentarias" [p. 148], ellas revelan el papel de la segunda persona de la Deidad al proporcionar revelación que conduce a la producción de las Escrituras. En el Nuevo Testamento, Jesús mismo confirma que el Padre envió su palabra a través de su mensajero (cf. Jn. 12:49; 14:10; 17:6-8, 14). El Hijo de Dios aparece en ambos Testamentos como alguien que le habla al pueblo de Dios. Así, la Biblia revela que el portavoz divino es el mismísimo Hijo de Dios, Aquel al que Juan describe como "el Verbo" en la apertura de su Evangelio (Jn. 1:1).

El juicio

El Hijo de Dios juzgará tanto a los malos como a los justos (Mt. 25:31, 41); Él es nombrado como el Juez de todos (Jn. 5:22-23). La autoridad para traer juicio se apoya en que Él es el Hijo del Hombre (Jn. 5:27; cf. Dn. 7:13-14), "él es el que Dios ha puesto por Juez de vivos y muertos" (Hch. 10:42; cf. Ro. 2.16).

Jesús indicó que en su primera venida no había "venido a juzgar al mundo, sino a salvar al mundo" (Jn. 12:47). Sin embargo, en su segunda venida, Jesús juzgará a quienes lo rechazaron y no prestaron atención a sus palabras.

Además de juzgar a los injustos, Jesús también se sentará en un juicio evaluativo de los creyentes, con el propósito de recompensarlos en el "tribunal de Cristo" (2 Co. 5:10; cf. 2 Ti. 4:8).

---

9   Esta sección está adaptada de William D. Barrick, "Inspiration and the Trinity", *MSJ* 24, no. 2 (2013): 180-185. Usado con permiso de *MSJ*.

PROFECÍAS VETEROTESTAMENTARIAS

Jesús dijo a sus opositores: "Escudriñad las Escrituras; porque a vosotros os parece que en ellas tenéis la vida eterna; y ellas son las que dan testimonio de mí" (Jn. 5:39). Tras su crucifixión y su resurrección, Jesús explicó desde las Escrituras ("Moisés y... todos los profetas", Lc. 24:27), "todo lo que está escrito de mí en la ley de Moisés, en los profetas y en los salmos" (Lc. 24:44). Esta es la única vez en las Escrituras que se incluyen los Salmos con la Ley y los Profetas, en referencia al Mesías. Los salmos que Jesús podría haber incluido como referencia son Salmos 2:1-12 (cf. Hch. 4:25-26; 13:33; He. 1:5; 5:5); Salmos 22:1-31 (cf. Mt. 27:35-46; Jn. 19:23-24; He. 2:12; 5:5); Salmos 69:20-21, 25 (cf. Mt. 27:34, 48; Hch. 1:15-20); Salmos 110:1-7 (cf. Mt. 22:43-45; Hch. 2:33-35; He. 1:13; 5:6-10; 6:20; 7:24); y Salmos 118:22-23 (cf. Mt. 21:42; Mr. 12:10-11; Lc. 20:17; Hch. 4:8-12; 1 P. 2:7).

Los mismos judíos leían la Biblia hebrea de tal manera que muchos llegaban a entender sus profecías como predicciones directas respecto al Mesías que había de venir. Sin embargo, es incorrecto buscar al Señor Jesucristo en cada texto del Antiguo Testamento. Esta práctica ignora las verdaderas profecías, rechaza la hermenéutica esencial del propósito del autor, mata la auténtica exégesis y la exposición, y hace que el Antiguo Testamento resulte sin sentido para sus lectores judíos originales.

A continuación, hay algunos ejemplos claves de las profecías del Antiguo Testamento respecto a Cristo.

El Mesías es la semilla de la mujer (Gn. 3:1)

El veredicto de Dios respecto a la serpiente no se completó con la maldición de arrastrarse sobre su vientre, en Génesis 3:14. Él prosiguió: "Y pondré enemistad entre ti y la mujer, y entre tu simiente y la simiente suya" (Gn. 3:15). La serpiente entraría en una especie de guerra con Eva y su descendencia, e involucraría a su propia prole.

Génesis 3:15 no describe simplemente un conflicto entre los hombres buenos y los perversos. Existe un reino del mal sobre el que gobierna Satanás. Fue él quien empoderó a la serpiente, y el responsable, en última instancia, de lo que sucedió. El Nuevo Testamento confirma esta interpretación en Romanos 16:20 y en Apocalipsis 12:9. Satanás herirá en el talón al descendiente de la mujer.

Además, los descendientes de la mujer se refieren a algunos descendientes de la mujer que, en última instancia, se convertirán en los gobernadores sobre un reino del bien. Ese individuo futuro derrotará finalmente a Satanás y pondrá fin al conflicto entre los dos reinos: "Esta te herirá en la cabeza" (Gn. 3:15). La cabeza herida simboliza una derrota total. Los escritores del Nuevo Testamento entendieron que la simiente de la mujer es el Mesías (véanse Mt. 1:23; Gá. 4:4; 1 Ti. 2.15; He. 2:14; 1 Jn. 3:8). El resto de las Escrituras se hace eco de Génesis 3:15 con sus dos protagonistas de la *cabeza* y el *talón* (Sal. 22:16; Lc. 24:39-40; Ap. 13:3). Esa interpretación convierte este versículo en la primera profecía mesiánica de las Escrituras. Por eso, Génesis 3:15 es llamado el *protoevangelio* ("el primer evangelio"), porque es la profecía más temprana que promete un libertador futuro.

El Mesías es el Hijo de Dios (Sal. 2)

El Nuevo Testamento considera al Salmo 2 como profético y mesiánico, y lo cita siete veces en los Evangelios, cinco veces en Apocalipsis, tres veces en Hebreos, dos veces en Hechos y una en Filipenses. Los versículos 1-3 revelan una rebelión a nivel mundial contra el Señor y su rey, el ungido de Dios. En los versículos 4-6, Él confirma a su rey escogido sobre las naciones y, en los versículos 7-9, Dios confirma que su rey también es su Hijo. A continuación, invita al mundo para que contemple a su Hijo y le brinde completa obediencia (2:10-12). Dios exige que los líderes del mundo rindan servicio a su Hijo y le teman mediante su sumisión. La bendición espiritual se acumula para quienes "se refugian en" el Hijo de Dios, algo que nunca se promete por someterse a un rey humano (comparar Sal. 2 e Is. 9:6).

Referencias trinitarias al Mesías

Varios pasajes del libro de Isaías identifican tres personas distintas y divinas (cf. Is. 42:1; 48:16; 61:1; 63:7-10). En esos textos (1) el siervo del Señor será enviado por (2) el Señor, y el Señor lo empoderará con (3) su Espíritu. Jesús confirma que Isaías 61:1 habla de Él como el Siervo del Señor (Lc. 4:17-21). Tal especificidad respecto a personas distintas de la Deidad puede rastrearse hasta referencias mucho más tempranas del Antiguo Testamento respecto a múltiples personas divinas (cf. Gn. 1:1-2; 18:17, 22-33; Jos. 5:13-15).

El Mesías es el mediador entre Dios y el hombre (Job 33:23-28)

Job habló de la necesidad de un "mediador" y admitió que Dios era tan justo o recto que una persona no podría ser justa en su presencia (Job 9:2). Las personas son pecadoras y no pueden tener tratos con un Dios justo y santo; necesitan un mediador. Job se enfrentaba a un futuro desesperanzado, a menos que alguien interviniera en su favor (Job 33:24-28). Ya en 19:25, Job había expresado su convicción respecto a que su Redentor vivía y que pondría sus pies en la tierra en los días postreros.

El Redentor-Mediador de Job debe ser, a la vez, Dios y hombre (Job 9:32-33; 16:21). Según Job 33:23, ese individuo es un "ángel" ("mensajero"), un "mediador" y "muy escogido" (lit. "uno entre mil"). Este individuo es capaz de declarar lo que es correcto (Job 33:33) y librar a Job del sepulcro mediante la "redención" que este Mediador posee (Job 33:24). El apóstol Pablo afirma que Jesucristo es ese Mediador (1 Ti 2:5).

El Mesías es Profeta, Sacerdote y Rey

La promesa del oficio profético del Mesías aparece por primera vez en Deuteronomio 18, en la revelación sobre un profeta "mayor que Moisés" (Dt. 18:15-22; cf. He. 3:1-3).

Los profetas como Moisés (y otros que le sucedieron, desde Josué hasta Malaquías) cumplieron una función intercesora.

En Hechos 3:22-23, el apóstol Pedro declaró que el Mesías cumplía la profecía de Deuteronomio 18:15-22 (cf. Hch. 7:35-38 y Éx. 3:2). Los judíos del siglo i entendieron la profecía de Moisés como una referencia a su Mesías (Jn. 1:21, 25) y los habitantes de Jerusalén reconocieron a Jesús como profeta (Mt. 21:11; cf. Lc. 7:16; 24:19). Jesús mismo identificó su propio oficio de profeta (Lc. 13:33).

En el futuro, ese profeta, el sumo sacerdocio y la monarquía sobre el pueblo de Dios se combinarán en *una* persona. El Antiguo Testamento anunció que esa persona también llevaría el título "el Renuevo" (Is. 4:2; 11:1; Jer. 23:5-6; 33:14-22; Zac. 3:8; 6:12). Zacarías 6:12-13 reveló, de manera específica, que este Mesías-Sacerdote-Rey edificaría el templo sobre el que Hageo había profetizado (Hag. 2:1-9). Podemos comparar esas referencias que el Antiguo Testamento hace del "Renuevo" a los énfasis individuales de los cuatro Evangelios del Nuevo Testamento: Mateo, aspecto de rey "David, renuevo justo… rey" (Jer. 23:5; 33:15); Marcos, aspecto de siervo, "Mi siervo el Renuevo" (Zac. 3:8); Lucas, aspecto humano, "El varón, cuyo nombre es el Renuevo" (Zac. 6:12); Juan, aspecto divino, "El Renuevo de Jehová" (Is. 4:2).[10]

Por supuesto, el futuro Sumo Sacerdote es el Señor Jesucristo mismo (He. 5:5-6), pero este sumo sacerdocio es "según el orden de Melquisedec", el Rey-sacerdote de Salem (cf. Gn. 14:18-20). Este reinado es afirmado en Hebreos 7:14, donde el escritor señala que David y sus descendientes son de la tribu de Judá: "Porque manifiesto es que nuestro Señor vino de la tribu de Judá", la tribu de reyes (cf. Gn. 49:10). El sumo sacerdocio de Jesús es mayor que ninguno de los sacerdocios que Israel experimentó jamás y Él será rey para siempre (cf. Sal. 110).[11]

El Cristo encarnado

ENCARNACIÓN

La deidad

Jesús era y es el Dios-hombre: verdadera y completamente Dios, a la vez que verdadera y completamente humano. En su encarnación manifestó de forma externa su esencia divina interna (gr. *morfé*, "forma", Fil. 2:6). Cristo poseía la gloria divina (Jn. 1:14; 17:5; cf. Is. 42:8), Así, el escritor de Hebreos proclama, del modo más enfático, que Cristo era la representación exacta de la naturaleza divina (He. 1:3; cf. Col. 1:15). La segunda persona de la Trinidad no solo estuvo "con Dios" en la

---

10 Walter C. Kaiser Jr. y Tiberius Rata, *Walking the Ancient Paths: A Commentary on Jeremiah* (Bellingham, WA: Lexham, 2019), 277.

11 El libro de Alva J. McClain, *The Greatness of the Kingdom: An Inductive Study of the Kingdom of God* (Chicago: Moody Press, 1968), expone estos argumentos de manera más convincente y exhaustiva que cualquier otro volumen de teología cristiana. Véase también Paul N. Benware, *Entienda la profecía de los últimos tiempos: Un estudio exhaustivo* (Grand Rapids, MI: Editorial Portavoz, 2010), 173-182, 306-316.

creación, sino que Él mismo era Dios (Jn. 1:1-3). Al crear el universo, la segunda persona realizó una obra que solo Dios podía llevar a cabo (nótese que el término hebreo *bará*, "crear", solo toma por sujeto a Dios).

Como Dios, Jesús es el receptor digno de adoración (véase He. 1:6; cf. Mt. 2:2; 14:33; Fil. 2:10-11). Las doxologías del Nuevo Testamento incluso adscriben gloria a Cristo de una forma que recuerda a la doxología veterotestamentaria de 1 Crónicas 29:10-11 (véanse: He. 13:20–21; 1 P. 4:11; 2 P. 3:18; Ap. 4:11; 5:9-10). En otras palabras, Cristo debería ser adorado con una adoración equivalente a la que se le brinda al Dios del Antiguo Testamento.

La oración a Jesucristo constituye una prueba más de su deidad. Jesús enseñó a sus discípulos que le oraran a Él (Jn. 14:14; 15:16; 16:23-24). Hechos 1:24-25 registra que los discípulos oraron a Cristo en busca de guía. Esteban expresa dos peticiones en oración a Jesús (Hch. 7:59-60). En Damasco, Ananías le dio instrucciones a Saulo para que se bautizara e invocara el nombre de Jesús (Hch. 22:16). El apóstol Pablo escribió más tarde que "porque todo aquel que invocare el nombre del Señor, será salvo" (Ro. 10:13; cf. 1 Co. 1:2). Pablo también apeló a Cristo para que apartara de él al "mensajero de Satanás" (2 Co. 12:7-8). De hecho, el Nuevo Testamento acaba con una oración a Cristo: "¡Ven, Señor Jesús!" (Ap. 22:20).

La adoración incluye más que la mera oración, también implica alabanza. En Efesios 5:18-20, Pablo insta a sus lectores a hablarse [unos a otros] con himnos de alabanza (Ef. 5:19), dirigiéndose "al Señor" en referencia a Cristo (Ef. 5:20). El cántico de alabanza de Apocalipsis 5:9-10 también se centra en el Señor Jesús. Dos himnos bíblicos en la voz de la iglesia primitiva alaban a Jesús: Filipenses 2:5-11 y 1 Timoteo 3:16.

Todos los creyentes son amonestados a proceder con "temor de Jehová" (2 Cr. 19:9; Sal. 111:10; cf. Dt. 6:2; 8:6; 10:12). Jesucristo también es objeto de ese temor (Col. 3:22-24; cf. Ef. 5:21, "por reverencia a Cristo", NVI; "en el temor de Cristo", LBLA) y ese temor piadoso forma una sección clave del "cántico del Cordero" (Ap. 15:3-4).

La segunda persona de la Deidad también exhibe y ejerce plenamente todas las características divinas y los atributos de Dios, como su eternalidad (Mi. 5:2; Jn. 1:1; 8:58; Col. 1:17); gloria (Mt. 16:27; 24:30; Lc. 9:32; Jn. 17:5); santidad (Lc. 4:34; Jn. 6:69 [LBLA]; He. 7:26); inmutabilidad (He. 1:10-12, cf. Sal. 102:25-27; He. 13:8); omnipotencia (1 Co. 1:23-24; He. 1:2-3); omnisciencia (Jn. 1:47-49; 21:17; Hch. 1:24; 1 Co. 4:5); autoexistencia (aseidad) (Jn. 1:1-3; Col. 1:16-17; Ap. 1:8, 17-18); soberanía (Ef. 1:21; Col. 2:10; 1 P. 3:22).

Según los escritores del Nuevo Testamento, Jesús es "la imagen del Dios invisible" (Col. 1:15; cf. 2 Co. 4:4; He. 1:3). Por tanto, se podría decir que cualquiera que viera a Cristo había visto al Padre (Jn. 12:45; 14:7-10). En otras palabras, los atributos y las características del Padre también residen en la persona de su Hijo.

La Biblia menciona muchos títulos diferentes para el Hijo de Dios. Algunos de los títulos principales de su deidad están mencionados aquí (los títulos relacionados más apropiadamente con su deidad se enumeran bajo esa explicación, más abajo (pp. 155-156).

- "El Señor" o *adonai* (Sal. 110:1 con Mt. 22:41-45; Ro. 10:9-10; Fil. 2:9-11),
- "Sabiduría", "Sabiduría de Dios" (Pr. 8; Lc. 11:49; 1 Co. 1:24),
- "Emanuel" o "Dios con nosotros" (Is. 7:14; Mt. 1:23),
- "Dios fuerte" (Is. 9:6),
- "Admirable, Consejero" (Is. 9:6),
- "El Señor" o Jehová (Is. 40:3 con Mr. 1:3; Jl. 2:32 con Ro. 10:13),
- "Creador" (de Israel, Is. 43:15; de almas, 1 P. 4:19; y de todas las cosas, con este título implícito, Jn. 1:3; Col. 1:16; He. 1:2),
- "El ángel [mensajero] de Jehová" (véase Zac. 1:11-21, donde 1:20 identifica al ángel como Jehová, mientras que 1:12-13 lo muestra orando a Jehová como una persona distinta),
- "El Hijo de Dios" (Mr. 1:1; Jn. 3:18; 5:25; Ro. 1:4; Ef. 4:13; Ap. 2:18),
- "El Santo" (Mr. 1:24; Jn. 6:69 [LBLA]; Hch. 3:14; Ap. 3:7),
- "El Hijo del Altísimo" (Lc. 1:32),
- "El Verbo" (Jn. 1:1),
- "El unigénito" (*monogenés* = el único; Jn. 1:14, 18; 3:16, 18; 1 Jn. 4:9, LBLA),
- "Yo soy" (Jn. 6:35; 8:12; 10:7, 11; 11:25; 14:6; 15:1; cf. "Yo SOY", Éx. 3:13-14),
- "Dios" (Jn. 20:28; Ro. 9:5),
- "Rey de reyes" (1 Ti. 6:15; Ap. 17:14; 19:16; cf. Dn. 4:37),
- "El Todopoderoso" (Ap. 1:8),
- "El Alfa y la Omega" (Ap. 1:8),
- "El Señor Dios" (Ap. 1:8, LBLA),
- "El primero y el último" (Ap. 1:17; 2:8, LBLA).

Kénosis[12]

En su encarnación, el Hijo eterno se despojó a sí mismo al tomar una naturaleza humana plena y verdadera además de su naturaleza divina. La base bíblica para este hecho se encuentra en Filipenses 2:5-7. Apoyándose en el término griego para "despojó de sí mismo" (v. 6), *kenóo*, los teólogos se refieren a este concepto como la "kénosis" o el "vaciado". El apóstol Pablo afirma que, aunque estaba "en forma de Dios" (Fil. 2:6, deidad preexistente), Cristo (el Hijo) adoptó voluntariamente la forma de un esclavo (gr. *doulos*).

La declaración de que Cristo tenía la "forma (*morfé*) de Dios" (Fil. 2:6) debe entenderse como una referencia a la realidad de la deidad de Cristo, así como

---

12 Porciones de esta sección están adaptadas de Mike Riccardi, "On the Incarnation: Avoiding Heresy and Pursuing Humility", *The Cripplegate* (blog), 7 de junio de 2013, http://thecripplegate.com/on-the-incarnation-avoiding-heresy-and-pursuing-humility/ (usado con permiso del autor).

"tomando forma (*morfé*) de siervo" (Fil. 2:7) habla sobre la realidad de su esclavitud. "Forma" (*morfé*) no significa que Cristo se convirtiera en un esclavo solo en apariencia; *morfé* denota de manera específica el carácter básico, inmutable de algo, lo que hay en él y es en sí mismo. La mente de Cristo "se revela en dos actos sublimes de autorrenuncia, uno que se describe como *kénosis,* el otro como una *tapeinósis.* En el primero, "se despojó a sí mismo" cuando descendió de Dios a la humanidad; en el segundo, cuando se "humilló" y descendió de la humanidad a la muerte".[13]

Con el nombre derivado del "despojamiento" del que habla la *kénosis,* los teólogos kenóticos han malentendido este concepto y han indicado que Cristo se vació de algún aspecto de su deidad durante su encarnación, o que Cristo retuvo sus atributos esenciales de deidad (p. ej., santidad, gracia), pero rindió sus atributos relativos (p. ej., omnisciencia, inmutabilidad).

Sin embargo, por definición es imposible que el Dios eterno, inmutable, cese de existir como Dios. Incluso en su encarnación, el Señor Jesús pudo afirmar: "Yo y el Padre uno somos" (Jn. 10:30); esta era una declaración metafísica de que el Hijo compartía esencia con el Padre. Los judíos entendieron esto claramente, como indica su reacción (Jn. 10:33). Incluso como hombre, Jesús podía legítimamente afirmar que verle a Él era ver al Padre (Jn. 14:9), declarar que tenía autoridad sobre toda carne (Jn. 17:2) y recibir adoración de sus discípulos (Jn. 20:28). En el monte de la Transfiguración, la deidad encarnada del Hijo fue revelada de forma visible cuando, por así decirlo, retiró el velo de su humanidad y permitió que la expresión de su propia esencia divina resplandeciera (Mt. 17:2; véase "Transfiguración" [p. 164]. Queda, pues, claro que el Hijo no se despojó de su deidad ni de sus atributos divinos en su encarnación.

Entonces, ¿qué significa que "se despojó a sí mismo" (Fil. 2:6)? Aunque el verbo *kenóo* sí significa "vaciarse", se usa de manera exclusiva en un sentido metafórico en el Nuevo Testamento. Nunca significa "derramar", como si Jesús estuviera vertiendo sus atributos divinos fuera de sí mismo. En su lugar, *kenóo* significa "anular", "invalidar" o "dejar sin efecto". Por lo tanto, preguntar de qué se despojó Cristo a sí mismo es la pregunta errónea. Cristo mismo es el objeto de este vaciado; se anuló *a sí mismo.* Como lo traduce alguna versión en lengua inglesa, Él "renunció a su reputación" (Fil. 2:7).

El resto del versículo indica cómo Cristo se despojó a sí mismo, *tomando* una naturaleza humana, "tomando forma de siervo, hecho semejante a los hombres" (Fil. 2:7), y añadió a su naturaleza divina una humanidad completa y verdadera. El suyo fue un despojamiento por adición y no por sustracción. A pesar de adoptar una naturaleza humana completa, el Hijo de Dios retuvo por completo su naturaleza divina, sus atributos y sus prerrogativas.

En el estado de humillación, el Hijo de Dios poseía en plenitud su naturaleza,

---

13 Alva J. McClain, "The Doctrine of the Kenosis in Philippians 2:5-8", *MSJ* 9, no. 1 (1998): 90.

atributos y prerrogativas divinos, pero no los expresó por completo, los expresaba ocasionalmente (p. ej. sus milagros, cf. Lc. 5:3-10). Él se sometió a la vida de un esclavo (Fil. 2:7; cf. 2 Co. 8:9). Ocultó su gloria divina y abandonó la adoración de los santos y los ángeles para ser "despreciado y rechazado entre los hombres" (Is. 53:3). Como el siervo sufriente de Jehová, se rindió a la voluntad del Padre en todo (Jn. 5:19, 30).

Ninguna conceptualización de la teología kenótica puede ser consistente con las Escrituras, si dicho concepto imposibilita que Cristo asevere "ser igual a Dios" (Fil. 2:6).[14]

El nacimiento virginal

El victorioso "renuevo" (o "simiente") de la mujer en Génesis 3:15 no será la descendencia de un hombre (cf. Gá. 4:4). Al omitir cualquier relación con Adán, Dios sugiere que el vástago prometido no participará del pecado de este. Así como el primer Adán fue engendrado por Dios (cf. Lc. 3:38, "Adán, hijo de Dios"), también el segundo Adán, Jesucristo, fue engendrado por Él y no por un varón humano (Mt. 1:18-20).

Durante el reino de Judá, en tiempos del rey Acaz, el profeta Isaías recibió una revelación de Dios que debía transmitir al monarca: "Por tanto, el Señor mismo os dará señal: He aquí que la virgen concebirá, y dará a luz un hijo, y llamará su nombre Emanuel" (Is. 7:14). Según Mateo 1:22-23, esa profecía se cumplió en la milagrosa concepción de Jesús en el vientre de la virgen María. Algunos críticos objetan esta interpretación; dicen que el término usado por Isaías (heb. *almá*) simplemente se refiere a una "mujer joven en edad de casarse", no a una mujer que nunca había tenido relaciones con un hombre. Esos eruditos dicen que otro término (heb. *betulá*) es la palabra hebrea correcta para "virgen" como tal. Sin embargo, el término *almá* sí se refiere a una joven mujer que no ha tenido relaciones íntimas con un hombre en otros textos (cf. Gn. 24:43; Éx. 2:8; Cnt. 1:3). Además, la sugerencia de que *betulá* es la palabra correcta en hebreo para "virgen" parece contradecirse con el uso del término en Génesis 24:16, que añade "a la que varón no había conocido" (Gn. 24:16) con el fin de hacer que *betulá* ("doncella") aluda a una virgen. La palabra *almá* no necesita una cualificación semejante. La Septuaginta, la antigua traducción judía del Antiguo Testamento al griego, traduce el término hebreo con *parthenos*, el mismo vocablo que aparece en el Nuevo Testamento, en Mateo 1:23.

La doctrina de la concepción virginal y del nacimiento de Jesús es relevante por varias razones. En primer lugar, la integridad del registro de los Evangelios en cuanto a Jesús se basa en gran medida en la verdad del nacimiento virginal. Si los relatos de Mateo y Lucas no fueran fiables en sus relatos de la concepción virginal y nacimiento de Jesús, entonces todas sus historias sobre Jesús se vuelven sospechosas.

---

14 Para más sobre la kénosis, véase Michael Riccardi, "Veiled in Flesh the Godhead See: A Study of the Kenosis of Christ", *MSJ* 30.1 (primavera 2019): 103-127.

En segundo lugar, el nacimiento virginal permite la preexistencia de la persona y la naturaleza divinas. El eterno Hijo de Dios existía antes de la milagrosa concepción en el vientre de María. La concepción natural hubiera producido una segunda persona, pero Jesús, como el Dios-hombre, es solo una persona con dos naturalezas. Como dijo Isaías: "Porque un niño nos es nacido, hijo nos es dado" (Is. 9:6; véase el comentario previo sobre este versículo, bajo "Preexistencia", p. 146).

En tercer lugar, sin la concepción virginal de Jesús no puede haber garantía de que fuera sin pecado. Los descendientes de Adán son pecadores, porque este pecó; los descendientes de Adán mueren (Ro. 3:23; 5:12-19; 6:23; cf. Sal. 51:5). La muerte puede producirse antes de que un bebé pueda discernir entre el bien y el mal, y antes incluso de que ese pequeño sea capaz de entender el evangelio de la salvación por medio de Jesucristo. La muerte infantil necesita la doctrina del pecado original, porque no hay muerte aparte del pecado. El Jesús sin pecado solo puede experimentar la muerte de su cuerpo humano cuando Dios pusiera sobre Él todo el pecado y la culpa de los elegidos (2 Co. 5:21).

En cuarto lugar, la eliminación del nacimiento virginal compromete la totalidad de la vida y el ministerio de Jesús, así como de las doctrinas que los acompañan. Si fallara alguna doctrina individual, dentro de la enseñanza bíblica respecto a Jesús, esto conduciría a cuestionar todo lo que le concierne en el registro del Nuevo Testamento.

Por último, la concepción/el nacimiento virginal de Jesús debe formar parte de la confesión de fe del cristiano. Su nacimiento le proporcionó a Jesús un cuerpo de carne. El espíritu del anticristo niega que Jesús viniera en carne (1 Jn. 4:1-3; 2 Jn. 7). La confesión del creyente declara que Jesús asumió carne y sangre (He. 2:14) con el fin de apartar el pecado (1 Jn. 3:5). Esa confesión aparece en la primera línea del himno cristiano primitivo citado por Pablo en 1 Timoteo 3:16: "Dios fue manifestado en carne".

La humanidad

La Biblia menciona muchos títulos distintos para Jesús en su humanidad.

- La "descendencia" o simiente de la mujer (Gn. 3:15; Gá. 4:4),
- "Redentor" (Job 19:25-27; Gá. 3:13),
- "Mesías" o "Ungido" (heb.) y "Cristo" (gr.) (Sal. 2:2; Jn. 1:41; 4:25; Hch. 18:28),
- "Siervo" (Is. 52:13; Hch. 4:27[LBLA]),
- "Jesús" (Mt. 1:21),
- "Hijo de David" (Mt. 12:23; 21:9; Mr. 12:35-37; Ro. 1:1-4),
- "Hijo del Hombre" (Mr. 2:10; Jn. 12:34; Hch. 7:56; Ap. 1:13; cf. Dn. 7:13),
- "El Escogido" (Lc. 9:35, LBLA; cf. Mt. 12:18; 1 P. 1:20),
- "El Cordero de Dios" o "el Cordero" (Jn. 1:29; Ap. 5:6, 8, 12, 13),
- "El primogénito" o el preeminente (Ro. 8:29; Col. 1:15; He. 1:6),

- "El postrer Adán" (1 Co. 15:45-49; cf. Ro. 5:14; 1 Co. 15:21-22),
- "Mediador" (1 Ti. 2:5-6),
- "Sumo sacerdote" (He. 3:1),
- "Legislador y juez" (Stg. 4:12; cf. Mt. 28:18),
- "Abogado" (1 Jn. 2:1),
- "El León de la tribu de Judá" (Ap. 5:5),
- "La raíz de David" (Ap. 5:5).

La unión hipostática. En el 325 d.C., el Concilio de Nicea afirmó la revelación de las Escrituras respecto a que Jesús era verdaderamente Dios. Luego, en el 451 d.C., el Concilio de Calcedonia acordó que Jesús era a la vez humano y divino, con la implicación de una "unión hipostática" de las dos naturalezas sin confusión, sin cambio, sin división y sin separación.[15]

Él es una sola persona con dos naturalezas: la divina y la humana. Por lo tanto, Él tiene una voluntad divina y una voluntad humana, pues cada naturaleza posee su propia voluntad. En Juan 17:24, la voluntad divina de Cristo aparecerá en su relación trinitaria con el Padre antes de la fundación del mundo. Sin embargo, en el jardín de Getsemaní, Jesús conforma su voluntad humana a la del Padre (Mt. 26:39).

Jesús experimentó el nacimiento (Mt. 2:1), crecimiento (Lc. 2:40), agotamiento (Jn. 4:6), sueño (Mr. 4:38), hambre (Mt. 4:2; 21:18), sed (Jn. 4:7; 19:28), enojo (Mr. 3:5), tristeza (Mt. 26:37), llanto (Lc. 19:41; Jn. 11:35), compasión (Mt. 9:36), amor (Mr. 10:21; Jn. 11:3, 5, 36), gozo (Lc. 10:21; Jn. 15:11), tentación (Mt. 4:1; He. 4:15), oración (Mt. 14:23; He. 5:7), sufrimiento (Mt. 16:21; Lc. 22:44; He. 2:18), y muerte (Mr. 15:37-39; Lc. 23:44-46; Jn. 12:24, 33; Ro. 5:6, 8; Fil. 2:8). Jesús fue, en realidad, verdadera y completamente humano, a la vez que verdadera y completamente Dios.

Hebreos 2:17-18 habla sobre la necesidad de la humanidad de Cristo y de los grandes resultados obtenidos por su humanidad: "Por lo cual debía ser en todo semejante a sus hermanos, para venir a ser misericordioso y fiel sumo sacerdote en lo que a Dios se refiere, para expiar los pecados del pueblo. Pues en cuanto él mismo padeció siendo tentado, es poderoso para socorrer a los que son tentados".

Respecto a este maravilloso misterio de la unión hipostática de las dos naturalezas de Cristo, John Walvoord observa que "aunque los atributos de una naturaleza nunca se atribuyen a la otra, los atributos de ambas naturalezas se arrogan de la

---

15 Las porciones claves de la definición del Concilio de Calcedonia respecto a la unión hipostática son las palabras: "...el mismo Hijo, nuestro Señor Jesucristo, el mismo perfecto en Deidad y también perfecto en humanidad; verdadero Dios y verdadero hombre... uno y el mismo, Cristo, Hijo, Señor, Unigénito, para ser reconocido en dos naturalezas, inconfundibles, incambiables, indivisibles, inseparables; por ningún medio la distinción de las naturalezas desaparece por la unión, más bien es preservada la propiedad de cada naturaleza y concurrentes en una Persona y una Sustancia...". En Philip Schaff, *The Creeds of Christendom*, vol. 2, *The Greek and Latin Creeds* (Nueva York: Harper and Row, 1877), 62-63.

forma adecuada a su persona".[16] Es decir, todo lo que pueda decirse de una de las naturalezas de Cristo puede decirse, con acierto, de Cristo como persona completa. Por ejemplo, el comentario de Pablo en Hechos 20:28 no significa que la naturaleza divina tenga sangre, porque Dios es espíritu (cf. Jn. 4:24). Sin embargo, porque la "sangre" es una propiedad de la naturaleza humana de Cristo y "Dios" es una propiedad de su naturaleza divina, Pablo puede decir de Jesús que Dios compró la iglesia con su propia sangre. Las propiedades de ambas naturalezas pueden declararse en la sola persona de Cristo. Walvoord proporciona, de manera muy útil, siete clasificaciones que se resumen más abajo, por las cuales se puede distinguir entre las referencias bíblicas a la naturaleza y la persona de Cristo:[17]

1. Las referencias bíblicas a la persona completa de Cristo, en la que ambas naturalezas son esenciales: Isaías 9:6-7; Mateo 1:21; Hebreos 4:14.
2. Referencias a la persona total, pero los atributos son ciertos en el caso de su deidad: Juan 2:24-25; Juan 3:13; 5:17.
3. Referencias a la persona total, pero los atributos son verdaderos respecto a su humanidad: Mateo 4:1-2; Lucas 2:7; 2:40; Juan 4:6.
4. Aparente contradicción en las referencias que describen a la persona completa, según un atributo de su naturaleza divina, pero basadas en su naturaleza humana: Hechos 20:28; Apocalipsis 1:17-18.
5. Aparente contradicción en las referencias que describen a la persona completa, según un atributo de su naturaleza humana, pero basadas en su deidad: Juan 6:62; Romanos 9:5.
6. Referencias que describen a la persona completa, según su deidad, pero basadas en ambas naturalezas: Lucas 23:43; Juan 6:11; 6:61; Colosenses 3:3-4.
7. Referencias que describen a la persona completa, según su humanidad, pero basadas en ambas naturalezas: Mateo 27:46 (este es el clamor de Jesús: "Elí, Elí, ¿lama sabactani? Esto es: Dios mío, Dios mío, ¿por qué me has desamparado?". Como Dios no puede dejar ni abandonar a Dios, en su clamor, el Padre lo abandona temporalmente conforme a su humanidad. Como Dios-hombre, Jesús muere con respecto a su humanidad, porque la naturaleza divina no puede morir); Juan 5:17.

Así, la teología bíblica de la persona y las naturalezas de Cristo debe basarse en una cuidadosa lectura de las Escrituras, junto con un reconocimiento de nuestro entendimiento limitado.

El conocimiento limitado de Cristo. En Marcos 13:32 (cf. Mt. 24:36), Jesús dice: "Pero de aquel día y de la hora nadie sabe, ni aun los ángeles que están en el cielo,

---

16 John F. Walvoord, *Jesus Christ Our Lord* (Chicago: Moody Press, 1969), 116.
17 Walvoord, *Jesus Christ Our Lord*, 117-118.

ni el Hijo, sino el Padre". Sin embargo, Jesús pronunció estas palabras durante el tiempo de su encarnación, y este límite a su conocimiento corresponde solo a su verdadera naturaleza humana. Incluso durante su encarnación, Jesús siguió siendo omnisciente en lo que respecta a su naturaleza divina.

Opiniones erróneas sobre la persona de Cristo

Los conceptos erróneos sobre Jesús surgen de la lectura descuidada y sin discernimiento de la Biblia, que se compone de la naturaleza caída del hombre y la enemistad de los incrédulos. Esto ha llevado a muchas ideas equivocadas respecto a la persona de Cristo. En la iglesia primitiva, surgieron muchos de esos errores y desafiaron a la ortodoxia cristológica de quienes creían en la Biblia.

Ebionismo. Esta herejía insistía en la humanidad de Cristo hasta el punto de excluir su deidad, y negaba la preexistencia de Cristo, una opinión que estaba influenciada por las enseñanzas judías del siglo i. Esta herejía desapareció en el siglo v.

Gnosticismo. Esta herejía comenzó como un movimiento con raíces en la filosofía (y otros elementos místicos) griega (platónica) anteriores a la iglesia neotestamentaria. Sin embargo, ya en el siglo ii el gnosticismo gradualmente asimiló elementos cristianos. El dogma principal del gnosticismo se hacía eco del concepto de Platón respecto a que la materia era mala y el espíritu bueno. Sus partidarios creían que una serie de emanaciones habían venido de "Dios" y cada uno de ellos se convertía cada vez más en materia y menos en espíritu; por tanto, era más mala y menos buena. Una de ellas, el Demiurgo, era el responsable por el mundo material malo, y los gnósticos equiparaban este Demiurgo con Jehová del Antiguo Testamento. Los gnósticos describían al Demiurgo como antagonista del "Cristo" espiritual. Este "Cristo" no tenía un cuerpo humano real (véase "Docetismo", más abajo). El concepto gnóstico de la salvación consistía en una *gnosis* (o conocimiento) especial que solo una elite poseía.

Adopcionismo/modalismo. En la iglesia primitiva, algunos aceptaban una opinión que sostenía que Dios adoptó (de ahí el término *adopcionismo*) como hijo al hombre Jesús, en algún momento después de su nacimiento, quizá en su bautismo o en su resurrección. Los adopcionistas eran uno de los grupos monarquianistas, esos que negaban la Trinidad y se referían al único Dios como gobernador o monarca. El monarquianismo enfatizaba la unicidad de Dios, una visión unitarista. Sus partidarios creían que Dios simplemente aparecía en tres modos diferentes: Padre, Hijo y Espíritu. Sabelio fue uno de los primeros modalistas (de ahí surgió el sabelianismo) y fue excomulgado en el 217 d.C.

Docetismo. Los docetistas derivan su nombre del término griego *dokeúo*, que significa "parecer" o "aparecer". Este grupo insistía en la deidad de Cristo, a la vez que rechazaban su verdadera humanidad. Como los docetistas sostenían que la existencia material es inherentemente mala (platonismo), creían que Jesús no tenía cuerpo y, por lo tanto, el Hijo de Dios apareció en la tierra como una ilusión, una clase de teofanía.

Arrianismo. La herejía arriana surgió de las enseñanzas de Arrio (250–336 d.C.), un anciano de la iglesia de Alejandría, en Egipto. Fue la herejía más seria de la iglesia primitiva. Los arrianos veían a Cristo como solamente un ser creado y sostenían que Cristo no era de la *misma* sustancia de Dios, sino de una sustancia *similar.*

Los Concilios de Nicea (325 d.C.) y Constantinopla (381 d.C.) respondieron a esta herejía. El debate se centró en la presencia o la ausencia de una *iota* ("i") en una única palabra griega: *homoiousia* ("sustancia similar") o *homoousia* ("misma sustancia"). La diferencia se reducía a si Cristo era verdaderamente Dios o no, y los concilios declararon su convicción, basándose en las Escrituras, de que Cristo era verdadera y completamente Dios y hombre. Atanasio (295–373 d.C.), quien más tarde se convirtió en obispo de Alejandría, se alzó en defensa del testimonio bíblico respecto a la verdadera deidad de Jesucristo. Los concilios resultaron en la afirmación de que Cristo era "Dios de Dios, Luz de Luz, Dios verdadero de Dios verdadero, engendrado, no creado, de la misma naturaleza del Padre".

Apolinarismo. Los apolinarianos —que tomaban su nombre de Apolinario (*ca.* 315–*ca.* 392 d.C.), obispo de Laodicea— negaban la plena humanidad de Cristo, si bien aceptaban que tenía un cuerpo humano, negaban que poseyera un alma humana.

El Concilio de Constantinopla condenó las enseñanzas del apolinarismo por ser heréticas, en el 381 d.C., y el Concilio de Calcedonia actuó del mismo modo, en el 451 d.C.

Nestorianismo. Nestorio de Constantinopla (*ca.* 381–*ca.* 451 d.C.) atribuyó una personalidad dual a Cristo: dos personas y dos naturalezas, en lugar de una persona y dos naturalezas.

Eutiquianismo. Otra controversia era llamada monofisismo ("una naturaleza") o eutiquianismo, así llamado por su creador, Eutiquio de Constantinopla (*ca.* 378–*ca.* 454 d.C.). Este sostenía que la deidad y la humanidad de Cristo carecían de distinción: ambas estaban fusionadas en una tercera naturaleza que, en última instancia, no podía ser reconocida ni como Dios ni como hombre. Una variación del eutiquianismo, que afirmaba que Cristo tenía solo una voluntad, llegó a conocerse como monotelismo. El Concilio de Calcedonia condenó el eutiquianismo en el 451 d.C. y el Tercer Concilio de Constantinopla condenó el monotelismo en el 680 d.C.

VIDA DE CRISTO

El bautismo[18]

Cuando Juan el Bautista bautizó a Jesús (Mr. 1:1-10; Jn. 1:19-31; Hch. 19:4), el propósito fue revelar la presencia personal del Mesías en cumplimiento de las profecías veterotestamentarias. Juan el Bautista identificó al Mesías como "el Cordero de Dios que quita el pecado del mundo" (Jn. 1:29).

Jesús explicó el propósito de su bautismo: "Deja ahora, porque así conviene que cumplamos toda justicia" (Mt. 3:15). Al someterse al bautismo de Juan, Cristo obedeció la voluntad de Dios y se identificó con los pecadores. Al final, llevaría los pecados de estos para que su justicia perfecta pudiera serles imputada (2 Co. 5:21). Este acto de obediencia en el bautismo era una parte necesaria de la vida recta que Él vivió y que sería imputada a los creyentes. El bautismo marcó su identificación con aquellos cuyos pecados Él llevaría (Is. 53:11; 1 P. 3:18) y afirmaba, de manera pública, su mesianismo mediante el testimonio directo del cielo (Mt. 3:17; cf. Sal. 2:7 e Is. 42:2).[19]

La tentación

Después de que Juan bautizara a Jesús (Mt. 3:13-17), el Espíritu Santo llevó a Jesús al desierto para ser tentado por Satanás (Mt. 4:1-11). El involucramiento del Espíritu al conducir a Jesús a la situación con Satanás demuestra que esta prueba era conforme al propósito soberano de Dios.

Las tentaciones de Satanás atacaron a Jesús en su humanidad, ya que Dios mismo (y, por tanto, Jesús, según su naturaleza divina) "no puede ser tentad[o] por el mal" (Stg. 1:13). De hecho, Dios nunca actúa siquiera como agente para tentar a alguien con el mal. Sin embargo, de acuerdo a su designio soberano, sí ordena a los demonios, a Satanás y a otros agentes humanos para tentarnos, y Dios usa esas tentaciones para sus propios sabios y santos propósitos (Job 1–2; Lc. 22:31-32; 2 Co. 12:7-10). De acuerdo con las categorías enumeradas en 1 Juan 2:16, Satanás tentó a Jesús con el hambre como uno de "los deseos de la carne" (Mt. 4:2-3; 1 Jn. 2:16), y puso a Dios a prueba como una exhibición de "la vanagloria de la vida" (Mt. 4:5-6; 1 Jn. 2:16), y con la posesión de los reinos del mundo y toda su gloria para satisfacer "los deseos de los ojos" (Mt. 4:8-9; 1 Jn. 2:16). A lo largo de este período específico de prueba, como durante toda su vida terrenal, Jesús fue tentado "en todo según nuestra semejanza, pero sin pecado" (He. 4:15).

La Biblia es explícita respecto a que Jesús *no pecó* (1 Jn. 3:5), pero ¿*podría* haber pecado, ya sea en pensamiento o hecho? Esto plantea la cuestión de la pecabilidad o la impecabilidad de Cristo. Los que sostienen la pecabilidad de Cristo —que Él

---

18 Adaptado de MacArthur, *MacArthur Study Bible: English Standard Version*, 1364. Usada con permiso de Thomas Nelson/HarperCollins Christian Publishing.

19 Para más datos sobre la relevancia del bautismo de Jesús, véase "La obediencia de Cristo" en el cap. 7 (p. 272).

podría haber pecado aun cuando no lo hizo— se enfocan en dos puntos principales. Primero, ellos dicen que debido a que aun los humanos no caídos son capaces de pecar (cf. Gn. 3:1-6), y dado que en su encarnación Jesús asumió una naturaleza humana plena y verdadera, Él también podría haber pecado. Según ellos, sostener lo contrario es comprometer la genuina humanidad de Cristo. Segundo, los defensores de la pecabilidad sostienen que la incapacidad para pecar socavaría la genuinidad de las tentaciones de Cristo; la capacidad de ser tentado implica la capacidad de pecar. Por lo tanto, sostener que Jesús no podía pecar es comprometer la clara enseñanza bíblica de que Él fue tentado en todo según nuestra semejanza (He. 4:15).

Sin embargo, las Escrituras argumentan a favor de la impecabilidad de Cristo. En primer lugar, en Juan 14:30, Jesús declara que el gobernador de este mundo (Satanás, cf. Ef. 2:2; 1 Jn. 5:19) "nada tiene en mí". Es decir, en Jesús no había otra cosa que pureza perfecta y un anhelo cierto de hacer la voluntad del Padre (Jn. 4:34). Para que Jesús hubiera podido pecar, Satanás hubiera debido "tener" algo "en" Cristo —un gran deseo o disposición para pecar— para explotar con estímulos externos, pero no había nada como eso. En segundo lugar, en Juan 5:19, Jesús dice: "De cierto, de cierto os digo: No puede el Hijo hacer nada por sí mismo, sino lo que ve hacer al Padre". Como está fuera de toda discusión que el Padre nunca podría pecar, cuando Jesús dice que Él *no puede hacer nada* sino lo que ve hacer al Padre está afirmando explícitamente su propia incapacidad de pecar.

Esto no es socavar la genuina humanidad de Jesús, como afirman los defensores de la pecabilidad. Aunque Adán y Eva podían pecar antes de la caída, a diferencia de Jesús su humanidad no estaba unida hipostáticamente a la naturaleza divina. Pero debido a que Jesús eran *tanto* completa y verdaderamente humano *como* completa y verdaderamente divino, y debido a que Dios no puede pecar (Stg. 1:13), Jesús no podría haber pecado. Sostener lo contrario es sugerir que, por el hecho de ser verdaderamente humano, Jesús no podía ser verdaderamente Dios; sería circunscribir la deidad de Jesús por su humanidad y negar el principio fundamental de la unión hipostática. La capacidad de pecar no es absolutamente *esencial* para la humanidad; de lo contrario, dejaríamos de ser humanos en nuestro estado glorificado, cuando ya no podamos pecar.

La visión de la impecabilidad no socava la genuinidad de las tentaciones de Cristo. La visión de la pecabilidad concibe a la tentación como si el que es tentado debe siempre ser atraído o seducido por el pecado en cuestión. Pero ser atraídos o seducidos por el pecado es en sí mismo pecaminoso; un deseo por un fin ilícito es en sí mismo un deseo ilícito (cf. Mt. 5:27-28; Col. 3:5). Como Jesús fue tentado en los mismos aspectos que nosotros, pero *sin* pecado (He. 4:15), las tentaciones de Jesús nunca incluyeron la urgencia interna hacia la desobediencia que caracteriza tan a menudo nuestras tentaciones (cf. Stg. 1:14), porque Jesús consideraba que era su *comida* —nutrición y sustento— hacer la voluntad del Padre (Jn. 4:34). En vez de ser seducciones desde dentro, las tentaciones de Jesús eran seducciones a pecar desde afuera (cf. Mt. 4:1-11). La pureza perfecta de su pensamiento, afectos y deseos significaba que Jesús solo podía salir victorioso sobre sus tentaciones. A menudo, las Escrituras hablan de nuestras pruebas como que refinan nuestra fe por el fuego, como es refinado el oro (cf. 1 P. 1:7). Sin embargo, si el oro es genuino no hay ninguna posibilidad de que pudiera ser consumido por el fuego de la prueba. La prueba demuestra la pureza del oro, y la incapacidad del oro respecto a fracasar en la prueba no hace que el fuego sea menos genuino. De hecho, como nunca cedió a las tentaciones, Él soportó toda su fuerza real. Así, la tentación para Jesús fue más real y más poderosa que para cualquier otro ser humano.

El relato de la tentación de Jesús plantea el tema de la relación —y dependencia— de Jesús con el Espíritu Santo. Varias profecías del Antiguo Testamento anuncian que el Mesías dependería del Espíritu Santo (véanse Is. 11:2-3; 42:1; 61:1-3).

La dependencia de Cristo del Espíritu Santo puede verse en su concepción (Mt. 1:20), su bautismo (Mt. 3:16-17) y su tentación en el desierto (Mt. 4:1). Cristo se apoyaba en el Espíritu para tener poder en su ministerio (Lc. 4:14) y, especialmente, en su predicación (Lc. 4:17-22, el cumplimiento de Is. 61:1-2; Mt. 12:15-21, el cumplimiento de Is. 42:1-3). Cristo "por medio del Espíritu" dio mandamientos a sus apóstoles elegidos (Hch. 1:2) y echaba demonios "por el Espíritu de Dios" (Mt. 12:28). Cuando Jesús sanaba, lo hacía de acuerdo a su naturaleza humana, por el poder del Espíritu (Hch. 10:38). El Espíritu Santo capacitó a Jesús para que pudiera resistir las horas de la prueba antes y durante la crucifixión: las agonías internas de Getsemaní, la humillación ante Pilato y Herodes, las burlas y la corona de espinas, el camino al Gólgota y la crucifixión. Jesús se ofreció como un sacrificio sobre la cruz a través del Espíritu (cf. He. 9:14). En la resurrección de Cristo de entre los muertos, las tres personas de la Deidad tuvieron un papel (cf. Ro. 8:11; Jn. 10:17-18; véase también Jn. 2:19-22). Desde la concepción hasta la resurrección y, por inferencia, aun hasta la glorificación, Jesús fue sostenido por el Espíritu Santo de acuerdo a su naturaleza humana.

La transfiguración

El suceso conocido como la transfiguración vino en un punto de inflexión en el ministerio de Jesús y proporcionó a los discípulos la seguridad de que Cristo era el Mesías. Jesús había anunciado su muerte inminente (Mt. 16:21) y esta visión previa de la gloria era para asegurar a los discípulos que el reino que Él prometió sería establecido. Él mismo presentó esa verdad en Mateo 16:28: "De cierto os digo que hay algunos de los que están aquí, que no gustarán la muerte, hasta que hayan visto al Hijo del Hombre viniendo en su reino". Pedro habla de la transfiguración en términos similares (cf. 2 P. 1:16-18). La luz brillante del rostro de Cristo durante la transfiguración ("resplandeció su rostro como el sol, y sus vestidos se hicieron blancos como la luz", Mt. 17:2) presagiaba la gloria del "Hijo del Hombre viniendo sobre las nubes del cielo, con poder y gran gloria" (Mt. 24:30). El apóstol Juan describió una visión similar de la gloria de Cristo en Apocalipsis 1:14-16 (véase también Ap. 19:11-16).

El apóstol Pablo llamó a Jesús el "Señor de gloria" (1 Co. 2:8; cf. He. 1:1-3; 2 Co. 4:3-6). El acontecimiento de la transfiguración demostró, de un modo más poderoso y radical, que Jesús era la verdadera gloria de Dios. Aunque la primera venida de Cristo fue en humildad, la segunda será en gloria, vestido de luz.

ENSEÑANZAS DE CRISTO

Las enseñanzas de Jesús revelan que Él era un maestro y un narrador experto que poseía conocimiento y sabiduría, más que cualquier otra persona. En todos los entornos y con cualquier oyente, Jesús manifestaba dominio en la comunicación.

Sus parábolas

No hay un mejor ejemplo de Jesús como maestro experto que sus enseñanzas a través de parábolas. Una parábola consiste en lo que podría ser una larga analogía, pero se presenta bajo la forma de una historia que a menudo es breve e ingeniosamente simple, tomada de la vida cotidiana. Jesús se destacaba en el uso de las parábolas. Las suyas "personifican la clara y poderosa profundidad de su mensaje y de su estilo de enseñanza".[20] Dicho esto, numerosos intérpretes malinterpretan y tergiversan el método y el significado de las parábolas de Jesús.

En primer lugar, Jesús no habló en parábolas exclusivamente para hacer que su enseñanza fuera accesible para las multitudes.[21] Desde el principio de su ministerio, Jesús empleó muchas analogías gráficas (cf. Mt. 5:13-16), cuyo significado era bastante claro dentro del contexto de su enseñanza. Sin embargo, las parábolas exigían *más explicación* (cf. Mt. 13:36) y Jesús las utilizó para *oscurecer* la verdad de los incrédulos, como juicio, aunque al mismo tiempo las aclaró más para sus discípulos (Mt. 13:11-12). En un momento dado de su ministerio galileo, empezó a hablar a las multitudes *solo* en parábolas (Mt. 13:34). El que Jesús velara la verdad de los incrédulos actuó como juicio y misericordia a la vez. Fue juicio, porque los mantuvo en la oscuridad que ellos amaban (cf. Jn. 3:19), pero fue misericordia porque ya habían rechazado la luz, de modo que cualquier exposición a más cantidad de verdad no habría hecho más que aumentar su condenación eterna.

En segundo lugar, Jesús no usó las parábolas porque demostraran ser un método mejor de enseñanza que los discursos didácticos o la exhortación sermónica. En realidad, los cuatro Evangelios recogen más discursos (al menos cuarenta y cinco[22]) que parábolas (treinta y nueve).

Las parábolas de Jesús no eran historias alegóricas con significados ocultos y complejos; tienen un propósito principal y sencillo, y los detalles de las parábolas no poseen algún significado simbólico o espiritual. Cuando el simbolismo de

---

20 John MacArthur, *Parables: The Mysteries of God's Kingdom Revealed through the Stories Jesus Told* (Nashville: Thomas Nelson, 2015), xiii.

21 Este párrafo está adaptado de MacArthur, *MacArthur Study Bible: English Standard Version*, 1382. Usado con permiso de Thomas Nelson/HarperCollins Christian Publishing.

22 Véase la tabla en W. Graham Scroggie, *A Guide to the Gospels* (Old Tappan, NJ: Revell, s.f.), 556-557.

una parábola tiende a ser más complejo, Jesús suele explicarlo para sus oyentes, de manera que no se pierda su propósito principal.[23]

Como maestro experto, Jesús manejó las preguntas difíciles de sus críticos, pero mostró comprensión por sus estudiantes. Él se comunicaba bien con todas las clases y edades. Sus enseñanzas siempre estaban basadas en la revelación divina.

LOS MILAGROS DE CRISTO

Jesús demostró su deidad y su función como Mesías por medio de muchos milagros (Mt. 11:4-5). Los profetas y los apóstoles también llevaron a cabo milagros, pero fue por un poder externo a ellos mismos (Éx. 14:13; Jos. 3:5; Hch. 3:12). Los milagros de Jesús se produjeron por medio de su poder divino inherente (Mt. 4:23-24; Jn. 10:25, 37-38; 15:24; 20:30-31).

En ocasiones, los milagros que Jesús realizó resultaron en fe (Jn. 2:11; 9:30-33; 11:45) o crearon una disposición en los oyentes de Jesús a escuchar sus enseñanzas (Mr. 12:37; Lc. 5:15). Sin embargo, la mayoría de la gente lo rechazó, a pesar de sus milagros. Estos no convencen necesariamente a las personas para creer en el Señor ni en su mensaje del evangelio (Mt. 13:58; Lc. 16:31; Jn. 2:23-25; 12:37; 15:24).

Los milagros de Jesucristo demuestran su deidad, su origen sobrenatural, su poder como Creador y su autoridad como Señor soberano de toda la creación. Su ministerio confrontó la cosmovisión antisobrenatural de su época y, de igual manera, confronta la presente cosmovisión comprometida con el naturalismo uniformitario de los científicos seculares. "Es imposible eliminar los elementos sobrenaturales de la vida y la obra de Jesús, como lo han intentado hacer los críticos antisobrenaturalistas. El Jesús de Nazaret histórico y el Cristo divino están ligados de manera inseparable, porque son exactamente la misma persona. Jesús fue y es el Dios-hombre".[24]

ARRESTO Y JUICIOS

¿Qué relevancia tienen el arresto y los juicios de Jesús para la doctrina bíblica de Cristo? Los relatos bíblicos del arresto y los juicios de Jesús no son meros datos históricos, sino que son pruebas explícitas de su mesianismo.

El arresto de Jesús

La descripción profética del Mesías acusado y conducido a juicio implica algo parecido a un arresto (Is. 53:8), y Él mismo lo anunció de antemano (Mt. 17:22; 20:18). El arresto revela el plan perfecto de Dios y la voluntaria obediencia de Cristo a ese plan, independientemente de las consecuencias para Él personalmente (Mt. 26:39; Hch. 2:23).

Antes de sus juicios, los líderes judíos ya habían tramado una conspiración

---

23 MacArthur, *Parables*, caps. 1–3.
24 John MacArthur, *Juan*, CMNT (Grand Rapids, MI: Portavoz, 2006), 86.

para "prender con engaño a Jesús, y matarlo" (Mt. 26:4). Los líderes estaban tan convencidos de que Jesús era un falso profeta y un blasfemo, que aceptaron de buen grado la responsabilidad de su muerte (Mt. 27:25).

Sin embargo, el arresto, flagelación y muerte de Jesús deben ser explicados por algo más que el odio de personas malvadas. Los líderes judíos, Herodes y Poncio Pilato habían conspirado para matar a Jesús (Mt. 27:2, 26; Lc. 23:12; cf. Hch. 4:27), pero todo eso fue "por el determinado consejo y anticipado conocimiento de Dios" (Hch. 2:23). Las "manos de [hombres] inicuos" (Hch. 2:23) lo crucificaron, pero eso fue "para hacer cuanto tu mano y tu consejo [de Dios] habían antes determinado que sucediera" (Hch. 4:28). Como Isaías profetizó, "con todo eso, Jehová quiso quebrantarlo" (Is. 53:10). En realidad, todo fue según el plan de precreación del Dios omnisciente (cf. 1 P. 1:18-21).

En el momento de su arresto, Jesús proporcionó una evidencia externa adicional de su deidad. Cuando los que lo perseguían le dijeron que estaban buscando a "Jesús de Nazaret" (Jn. 18:3-5), Él se identificó, diciendo: "Yo soy". Instantáneamente, los que lo buscaban "retrocedieron, y cayeron a tierra" (Jn. 18:5-6). El poder de su palabra hablada y de su presencia hizo que los soldados y oficiales cayeran a tierra; incluso Judas cayó. La autodeclaración reveladora de Jesús fue simplemente "Yo soy", el mismo título de deidad que le fue revelado a Moisés en la zarza ardiente, en Éxodo 3:14. Esta es la autodeclaración final semejante a aquellas que pronunció Jesús durante su ministerio terrenal (véase "Las declaraciones 'Yo soy'", más abajo, para una lista de todas esas declaraciones en el Evangelio de Juan; otras manifestaciones similares solo ocurren tres veces en los demás Evangelios: Mt. 22:32; Mr. 6:50; 14:62).

Las declaraciones "Yo soy"[25]

Veintitrés veces encontramos el significativo "Yo soy" de nuestro Señor (*egó eimí*), en el texto griego de este Evangelio (Jn. 4:26; 6:20, 35, 41, 48, 51; 8:12, 18, 24, 28, 58; 10:7, 9, 11, 14; 11:25; 13:19; 14:6; 15:1, 5; 18:5, 6, 8). En varias de ellas, une su "Yo soy" con siete metáforas tremendas que expresan su relación salvadora hacia el mundo:

> "Yo soy el pan de vida" (Jn. 6:35, 48, 51).
> "Yo soy la luz del mundo" (Jn. 8:12).
> "Yo soy la puerta de las ovejas" (Jn. 10:7, 9).
> "Yo soy el buen pastor" (Jn. 10:11, 14).
> "Yo soy la resurrección y la vida" (Jn. 11:25).
> "Yo soy el camino, y la verdad, y la vida" (Jn. 14:6).
> "Yo soy la vid verdadera" (Jn. 15:1, 5).

25 Traducido de MacArthur, *MacArthur Study Bible: English Standard Version*, 1550. Usado con permiso de Thomas Nelson/HarperCollins Christian Publishing.

Durante su arresto, hubo pruebas adicionales de la deidad de Cristo. Cuando Pedro desenvainó su espada y le cortó la oreja a Malco, el siervo del sumo sacerdote (Jn. 18:10), Jesús volvió a pegarla a la cabeza del hombre de manera milagrosa (Lc. 22:51). Además de ese milagro físico de curación, Jesús declaró que podía pedir "más de doce legiones de ángeles" para que fueran en su ayuda (Mt. 26:53-54).

Dios mismo había preordenado hasta los más mínimos detalles de cómo moriría Jesús (Hch. 2:23; 4:27-28). Por tanto, morir fue el acto de sumisión consumada a la voluntad del Padre. En todo esto, Jesús mismo tenía el control absoluto (cf. Jn. 10:17-18). Estos acontecimientos durante su arresto manifiestan su soberanía divina y el cumplimiento intencionado de las profecías del Antiguo Testamento respecto a Él.

Los juicios de Jesús

El Sanedrín. Como queda claro en los relatos de los Evangelios, los juicios de Jesús consistieron en un juicio religioso por el Sanedrín y un juicio civil por los gobernantes seculares, Pilato y Herodes (cf. Lc. 22–23).[26] El Sanedrín había sido establecido siguiendo el modelo del consejo de ancianos en Números 11:16. Sin embargo, en la época de Jesús, el Sanedrín se había corrompido y se había convertido en un cuerpo con motivaciones políticas; era más una extensión del poder romano que un tribunal de justicia. Estaba dominado por los saduceos, que negaban abiertamente los elementos sobrenaturales del Antiguo Testamento. La pura conveniencia política y su deseo de aplacar a los romanos fueron los motivos de la conspiración para arrestar y crucificar a Cristo (cf. Jn. 11:47-53).

Principios de justicia. A pesar de la corrupción, se habían establecido ciertos principios para asegurarse de que los juicios fueran justos y misericordiosos. En los casos de pena capital: (1) Tenía que haber dos testigos creíbles contra el acusado, quien tenía el derecho de presentar pruebas que pudieran contradecir las acusaciones; los acusadores falsos eran severamente sancionados (Dt. 19:16-19). (2) El consejo tenía que observar un día completo de ayuno entre la emisión de la sentencia y la ejecución del criminal. Ese requisito impedía los juicios y las ejecuciones apresuradas. (3) Para mantener la justicia, el consejo solo podía juzgar causas cuando un partido externo —no un miembro del consejo— hubiera presentado los cargos. (4) El consejo tenía que presumir que el acusado era inocente hasta alcanzar un veredicto oficial de culpabilidad. (5) Las causas penales no se celebraban de noche y, si un juicio estaba ya en curso cuando caía la noche, la sesión se suspendía hasta el día siguiente.

Casi todas estas normativas fueron violadas sin el menor recato en el juicio de

---

26 John MacArthur, *One Perfect Life: The Complete Story of the Lord Jesus* (Nashville: Thomas Nelson, 2012), 437na. La siguiente descripción del Gran Sanedrín y su sistema de juicio está adaptado del libro de John MacArthur, *The Murder of Jesus: A Study of How Jesus Died* (Nashville: Thomas Nelson, 2004), 102-105. Usado con permiso de Thomas Nelson/HarperCollins Christian Publishing. Publicado en español por Editorial Portavoz con el título *El asesinato de Jesús.*

Cristo. Su juicio fue injusto e ilegal según prácticamente todos los principios de la jurisprudencia conocidos en aquella época. El juicio que el Sanedrín impuso sobre Jesús fue un extenso acto de deliberada injusticia, el mayor extravío judicial de la historia del mundo.

Los juicios religiosos. Jesús fue llevado primero ante Anás, el suegro de Caifás (y sumo sacerdote *de facto*) ante quien enfrentaría su primer juicio legal (Jn. 18:12-14). El juicio bajo Anás consistió en un examen preliminar (Jn. 18:12-14, 19-23). Cuando Anás interrogó a Jesús sobre su enseñanza, Jesús le señaló a quienes lo habían escuchado, tras lo cual fue golpeado por uno de los oficiales. Cuando Jesús indicó que todos sabían que Él estaba en lo correcto, respecto a la necesidad de testigos, nadie respondió porque sus oponentes judíos no tenían intención alguna de ofrecerle un juicio justo (Jn. 11:47-57). Anás lo remitió a Caifás y al Sanedrín (Jn. 18:24).

A continuación, se celebró una sesión ante el Sanedrín; Caifás presidía el consejo formal (Mt. 26:57–27:2). Aunque habían buscado muchos testigos falsos, estos no se pusieron de acuerdo de ninguna manera sustancial que permitiera seguir adelante con el juicio. Jesús mantuvo silencio, pues no vio la necesidad de defenderse contra una presentación tan débil. Finalmente, Caifás le pidió que declarara si de verdad era "el Cristo, el Hijo de Dios" (Mt. 26:63). Jesús confirmó la identificación, mediante la apelación al Salmo 110:1 y Daniel 7:13. Al oír esto, Caifás rasgó sus vestiduras y declaró a Jesús culpable de blasfemia, y el concilio expresó su conclusión y exigió que fuera ejecutado. Por supuesto, Jesús decía la verdad respecto a su deidad. Entonces, los que lo rodeaban comenzaron a abusar de Él, pero Jesús nunca usó los poderes de su deidad de un modo simplista, y tampoco los usó ahora para evitar su sufrimiento y muerte.

Los juicios civiles. El tercer juicio tuvo lugar ante el gobernador romano, Poncio Pilato, y esto iniciaba la fase de los juicios civiles de Jesús (Jn. 18:28-38). La acusación que las autoridades judías presentaron contra Jesús en este tribunal civil no era blasfemia (el veredicto del juicio religioso), sino sedición. Ellos mintieron deliberadamente y acusaron a Jesús de aconsejar que no se pagaran los tributos al César (Lc. 23:2; cf. 20:20-25) y de afirmar que Él era rey. Pilato se concentró en la acusación de que Él afirmaba ser el "Rey de los judíos" (Jn. 18:33). Jesús le respondió que su reino no era "de este mundo" (Jn. 18:36). Su reino no era parte de este mundo, no fue establecido por el esfuerzo humano y no era parte del maligno sistema del mundo. Por aquel entonces, su reino no representaba ninguna amenaza física ni política para Israel ni para Roma.

Jesús no negó ser rey, sino que indicó un propósito más alto para su venida: "para dar testimonio a la verdad" (Jn. 18:37). Nuevos intercambios solo desconcertaron a Pilato, pero él ya había tomado una decisión: no halló en Jesús culpa que mereciera la muerte (Jn. 18:38). Los judíos renovaron sus acusaciones y pidieron su ejecución, pero Jesús permaneció en silencio, para sorpresa de Pilato (Mt. 27:12-14). Jesús pudo haber guardado silencio en cumplimiento de la profecía (Is. 42:1-2; 53:7), o porque Pilato lo había declarado inocente (Lc. 23:4; Jn. 18:38)… o ambas cosas. Sin embargo, ante la ferocidad del pueblo, temió exonerar a Jesús. Sintió alivio al enterarse de que Jesús era galileo, porque eso le proporcionaba una excusa para enviárselo a Herodes (Lc. 23:5-6).

El cuarto juicio de Jesús continuó en el ámbito político, con su comparecencia ante Herodes Antipas (Lc. 23:6-12).[27] Herodes Antipas era un miembro de la dinastía herodiana. Él había ejecutado a Juan el Bautista uno o dos años antes (Mt. 14:1-12). Nadie tenía más curiosidad ni avidez por encontrarse personalmente con Jesús, pero el Señor rehusó satisfacer la cínica curiosidad de Herodes. En frente de Herodes, Jesús permaneció total y completamente en silencio. Jesús sabía cómo había tratado Herodes a Juan el Bautista. Todo lo que dijera a un corazón tan maligno sería desperdiciado. El silencio era la única respuesta adecuada en tales circunstancias.

Tras un breve tiempo, Herodes se cansó de interrogar a Jesús y decidió burlarse de Él: "Entonces Herodes con sus soldados le menospreció y escarneció, vistiéndole de una ropa espléndida; y volvió a enviarle a Pilato" (Lc. 23:11). Lucas añade una nota al pie histórica: "Y se hicieron amigos Pilato y Herodes aquel día; porque antes estaban enemistados entre sí" (Lc. 23:12). Fue una alianza impía, una amistad basada en aquello que tenían en común: el trato cobarde y desdeñoso que le habían dado a Cristo, aun cuando tanto Herodes como Pilato se dieron cuenta de que Jesús era inocente de las acusaciones de sedición hechas por los judíos (Lc. 23:13-16).

Cuando Herodes envió a Jesús de vuelta a Pilato para el quinto y final juicio (Mt. 27:15-26; Mr. 15:6-15; Lc. 23:13-25; Jn. 18:39–19:16), Pilato procedió a buscar una forma de liberar a Jesús mediante el ofrecimiento de que fuera Él el prisionero que acostumbraban soltar con motivo de la Pascua, pero los judíos no quisieron permitirlo y pidieron que el indultado fuera Barrabás (Mt. 27:18-22). Al lavarse las manos para simbolizar que él no tenía culpa, Pilato anunció que los judíos mismos eran culpables de la sangre de aquel hombre inocente (Mt. 27:24). El acto final de Pilato en este drama fue liberar a Barrabás, hacer que azotaran a Jesús y entregárselo a los verdugos romanos para la crucifixión (Mt. 27:26).

La ejecución de Jesús[28]

El sufrimiento anterior a la crucifixión. Los soldados romanos no tenían ni idea de a quién estaban atormentando. Ellos tenían sus órdenes de flagelar y crucificar

---

27 La siguiente descripción de la comparecencia de Jesús ante Herodes Antipas está adaptada del libro de MacArthur, *Murder of Jesus*, 176-178. Usado con permiso de Thomas Nelson/HarperCollins Christian Publishing. Publicado en español por Editorial Portavoz con el título *El asesinato de Jesús*.

28 La siguiente descripción del sufrimiento y la crucifixión de Jesús está adaptada del libro de MacArthur, *Murder of Jesus*, 190-206. Usado con permiso de Thomas Nelson/HarperCollins Christian Publishing. Publicado en español por Editorial Portavoz con el título *El asesinato de Jesús*.

a Jesús, pero la cruel burla que organizaron en torno a Él reveló la propia maldad de ellos.

Lo despojaron de sus vestiduras, a excepción del manto que hicieron para Él. Es probable que lo hicieran a partir de una vestidura que uno de los soldados hubiera desechado. Mateo indica que era de escarlata (Mt. 27:28), pero Marcos y Juan lo denominan "púrpura" (Mr. 15:17; Jn. 19:2), y sugieren así que era una túnica desteñida, una burla de los colores reales.

Su objetivo era, claramente, burlarse por completo de su afirmación de ser rey. Con ese fin, también fabricaron una corona de espinas. Eran, sin lugar a duda, las espinas más largas y puntiagudas que podían encontrarse, algunas tenían púas de hasta cinco centímetros que penetrarían profundamente en su cabeza, cuando se ejercía fuerte presión sobre la corona. La caña en su mano, que representaba un cetro, era un intento más de satirizar su reivindicación real.

Los soldados se burlaban de Jesús: "¡Salve, Rey de los judíos!". A continuación, le escupieron y uno de ellos usó la caña para golpearlo una y otra vez en la cabeza. El apóstol Juan recoge que también lo golpearon con las manos (Jn. 19:3). Sin embargo, Jesús siguió en silencio: "Cuando le maldecían, no respondía con maldición; cuando padecía, no amenazaba, sino encomendaba la causa al que juzga justamente" (1 P. 2:23). Jesús sabía que estas cosas formaban parte del plan del Padre para Él, de modo que las sufrió todas de buen grado y con paciencia. Soportó la burla, los azotes, la humillación y la vergüenza (Is. 50:6-7).

Y entonces, "le llevaron para crucificarle" (Mt. 27:31). A las víctimas de crucifixión se las obligaba a llevar su propia cruz, pero para alguien en la debilitada condición de Jesús, habría sido prácticamente imposible. Por eso, "cuando salían, hallaron a un hombre de Cirene que se llamaba Simón; a este obligaron a que llevase la cruz" (Mt. 27:32).

El último mensaje público de Cristo se pronunció en el camino al Calvario (véase Lc. 23:27-31). Parte del mensaje era una referencia a Oseas 10:8: "Y dirán a los montes: Cubridnos; y a los collados: Caed sobre nosotros". Era una advertencia funesta del desastre que estaba por llegar.

En concordancia con la Ley (Nm. 15:35; cf. He. 13:12), la crucifixión de Jesús tuvo lugar fuera de la ciudad, pero, de acuerdo a la costumbre romana, era una ubicación muy transitada. Elegida cuidadosamente para convertir todo en un espectáculo público.

Mateo escribe: "Le dieron a beber vinagre mezclado con hiel; pero después de haberlo probado, no quiso beberlo" (Mt. 27:34). Marcos 15:23 explica que la amarga bebida era mirra, que actúa como suave narcótico. Es posible que los soldados se lo ofrecieran por su efecto adormecedor, pero Jesús la escupió, porque no quería que sus sentidos fueran insensibilizados. Había venido a la cruz para ser portador del pecado y quería sentir el pleno efecto del pecado con el que cargaba. El vinagre y la hiel cumplían la profecía mesiánica de Salmos 69:19-21.

La crucifixión. La intensa vergüenza de la crucifixión iba acompañada de un dolor físico igualmente intenso; pero, hasta en medio de un sufrimiento sin par, Cristo pronunció palabras de verdad y de gracia.

Las profecías respecto a la crucifixión. La profecía de Génesis 3:15 menciona que la "simiente" de la mujer sería herida en el talón; esto señalaba hacia la cruz. El Salmo 22 describe el proceso de crucifixión cientos de años antes de que los romanos perfeccionaran la práctica.

El método y los efectos de la crucifixión. Salmos 22:16 dice: "Horadaron mis manos y mis pies" (cf. Lc. 24:39-40); véase la conversación con Tomás [Jn. 20:25 y 27]). Esta es una profecía y una descripción exacta de la manera en que Cristo fue ejecutado. Cristo fue clavado a la cruz, en lugar de ser atado con correas de cuero. Lo clavaron probablemente a través de sus muñecas y pies (cf. Gn. 3:15).

Después de que la víctima fuera clavada a la cruz, varios soldados elevaban la parte superior de la cruz y deslizaban la parte inferior de la misma en un profundo agujero de poste. La cruz caía de golpe y con una sacudida, lo que provocaba que todo el peso de la víctima repercutiera de inmediato en los clavos de las muñecas y los pies. Esto irradiaba un tremendo dolor por todo el cuerpo por el estiramiento de los huesos, ya que las principales articulaciones se retorcían de repente hasta salir de su posición natural, cumpliendo así el Salmo 22: "He sido derramado como aguas, y todos mis huesos se descoyuntaron" (Sal. 22:14).

Por lo general, la muerte solía producirse por una lenta asfixia. El cuerpo de la víctima colgaba de tal manera que el diafragma se oprimía gravemente. Una vez perdida la fuerza o la sensación en las piernas, la víctima era incapaz de empujar hacia arriba para respirar, y la muerte se producía con rapidez. Por esta razón, en ocasiones los romanos quebraban las piernas por debajo de las rodillas, para apresurar este proceso (cf. Jn. 19:31). Para los miembros del Sanedrín, que Jesús colgara allí, indefenso y moribundo, era la prueba de que Él no era quien afirmaba ser. Se mofaban de Jesús por su confianza en Dios (Mt. 27:42-43). Pero, al hacer eso, sus palabras eran el cumplimiento casi literal de la profecía de Salmos 22:8.

Como siempre, Jesús no injurió a quienes lo insultaban, sino que sus únicas palabras sobre sus atormentadores, mientras colgaba de la cruz, fue una tierna súplica a Dios en la que pedía misericordia para ellos (Lc. 23:34).

Las siete últimas frases de Jesús en la cruz. Mientras Cristo colgaba de la cruz del Calvario, habló siete veces. Las últimas palabras pronunciadas por una persona antes de la muerte han tenido, a menudo, gran relevancia para sus seres queridos. Las que salieron de los labios de Cristo no tienen parangón por su riqueza[29] y están cargadas de una profunda relevancia teológica, que ayuda a los creyentes a comprender mejor su persona, su carácter, su sufrimiento y su obra redentora.

---

29 MacArthur, *Murder of Jesus*, 209-224.

1. Una súplica de perdón: "Padre, perdónalos, porque no saben lo que hacen" (Lc. 23:34).

El perdón divino consiste en que Dios renuncia a su justa retribución que los pecadores merecen por los pecados cometidos contra Él. Como Dios-hombre, el perdón de Cristo procede de una naturaleza humana compasiva y empática combinada con el poder, la justicia, la santidad, la misericordia y la gracia de Dios, a través de su deidad (cf. Éx. 34:6-7).

2. Una promesa de salvación: "De cierto te digo que hoy estarás conmigo en el paraíso" (Lc. 23:43).

La segunda frase desde la cruz llegó como respuesta a la sincera petición de uno de los criminales crucificados junto a Jesús, que dijo: "Acuérdate de mí cuando vengas en tu reino (Lc. 23:39-42)". Jesús sabía que las palabras de ese hombre revelaban un corazón verdaderamente arrepentido, herido por su propio pecado y deseoso de la misericordia y el perdón del Salvador. La promesa revela la deidad de Cristo en que solo Dios puede conocer el estado del corazón y el destino último de cualquier individuo.

3. Una provisión para su madre: "Mujer, he ahí tu hijo… He ahí tu madre" (Jn. 19:26-27).

Uno de los episodios más conmovedores que sucedieron durante la crucifixión es cuando Jesús se dirige a la madre que le había dado su humanidad (Is. 49:1). La profecía de Simeón había tenido su amargo cumplimiento (cf. Lc. 2:34-35). En esta frase de Jesús, el hijo de María centra toda su atención en ella y en su necesidad de cuidado. A Juan, el discípulo más cercano al corazón de Jesús, el Salvador le encomendó el cuidado de su relación terrenal más preciosa: su madre. En esto, el hombre perfecto demostró su cumplimiento del mandamiento de honrar a los padres (Éx. 20:12; Ef. 6:2-3).

4. Una pregunta al Padre: "Dios mío, Dios mío, ¿por qué me has desamparado?" (Mt. 27:46).

Ningún hombre puede comprender por completo la importancia de este grito de los labios de Jesús. En esto radica el misterio de la unión hipostática (véase "Humanidad" [p. 158]). La presencia de la oscuridad (Mt. 27:45) simbolizaba tanto la pérdida de la luz de la comunión como la realidad del abandono. Sin embargo, el Padre y el Hijo no se separaron en su ser ni en su esencia, a través de esta experiencia. La unidad de la Trinidad permaneció intacta.

Los dolores físicos de la crucifixión no eran nada comparados con la ira del Padre que se vertió sobre Jesús. En ese período de oscuridad, de alguna forma incomprensible, el Padre lo había abandonado. "Aunque con toda seguridad no hubo interrupción en el amor del Padre hacia Él *como Hijo*, sin embargo, Dios se apartó de Él y lo abandonó *como nuestro Sustituto*".[30]

El aspecto sustitutivo de la muerte de Cristo no se basa tan solo en su muerte física. Cristo tuvo que soportar el derramamiento de la ira no mitigada de Dios contra el pecado, para satisfacer por completo la justicia. La verdadera expiación sustitutiva implicó, por tanto, una dolorosa sensación de distanciamiento del Padre, expresada por Cristo, en su sincera pregunta de Mateo 27:46: "Dios mío, Dios mío, ¿por qué me has desamparado?". Aunque fue temporal, la agonía que Cristo experimentó al absorber la ira del Padre fue el equivalente completo al infierno.[31]

Este es el sufrimiento que Jesús anticipó en el huerto de Getsemaní cuando oró: "pase de mí esta copa" (Mt. 26:39). La "copa" se refiere al mayor de todos los sufrimientos para el Dios-hombre perfectamente sin pecado; la ira de Dios se derramó sobre Él cuando se convirtió en ofrenda expiatoria. Una copa suele ser el símbolo de la ira divina contra el pecado, en el Antiguo Testamento (Is. 51:17, 22; Jer. 25:15-17, 27-29; Lm. 4:21-22; Ez. 23:31-34; Hab. 2:16). Cristo "llevar[ía] los pecados de muchos" (He. 9:28) y la plenitud de la ira divina caería sobre Él (Is. 53:10-11; 2 Co. 5:21). Este fue el precio del pecado con el que cargó, que Él pagó por completo. Su grito de angustia en Mateo 27:46 reflejaba la amargura extrema de la copa de ira que pronto recibiría.

5. Una súplica en busca de alivio: "Tengo sed" (Jn. 19:28).

Esta quinta frase pronunciada en la cruz es una sola palabra en el texto griego, y revela la condición humana de esta experiencia: la sed física surge de un agotamiento intenso y de la agonía física. A pesar de ello, esta frase tan concisa revela más que su humanidad, revela su conocimiento de las Escrituras y su determinación a cumplir todo lo que ellas afirmaban sobre Él. El salmista había escrito: "Me pusieron además hiel por comida, y en mi sed me dieron a beber vinagre" (Sal. 69:21). Juan pone empeño en decir que la frase de Jesús fue "para que la Escritura se cumpliese" (Jn. 19:28).

---

30 MacArthur, *Murder of Jesus*, 221.

31 Esto tiene que distinguirse de las doctrinas herejes de ciertos líderes carismáticos que enseñan que, en la cruz, Jesús se convirtió realmente en un pecador, o que fue al infierno de forma literal a sufrir más castigo. Más bien, como sustituto nuestro, Jesús llevó el castigo mismo que correspondía a su pueblo: la ira del Padre en toda su plenitud. Aunque la ira derramada sobre los pecadores en el infierno es eterna, por la dignidad y el mérito de su persona, Jesús pudo extinguir la ira de Dios en solo tres horas de sufrimiento. En este sentido, Él llevó el peso completo de cada maldición y castigo que merecían nuestros pecados.

6. Una proclamación de victoria: "Consumado es" (Jn. 19:30).

La sexta frase de Jesús desde la cruz, como la anterior, es una sola palabra en el texto griego: *¡Tetélestai!* Su grito fue triunfante y lleno de rico significado, ya que la forma griega implica que el grado de terminación continuaría. Jesús no se refería a que su vida terrenal había acabado, sino que había completado la obra que el Padre le había encomendado realizar. De hecho, la frase en Salmos 22:31 es "él hizo esto", que también es una sola palabra en hebreo. Jesús celebró el mayor triunfo en la historia del universo, porque su obra expiatoria estaba acabada. Todas las profecías de las Escrituras respecto a la obra redentora del Mesías se habían cumplido y la justicia de Dios estaba plenamente satisfecha. El rescate del pecado se había pagado íntegramente; la paga del pecado estaba saldada para siempre y para todos los escogidos de Dios a lo largo de toda la historia. A Cristo solo le quedaba morir para poder resucitar de los muertos. Nada se puede añadir a la obra acabada de Cristo para la salvación.

7. Una oración de consumación: "¡Padre, en tus manos encomiendo mi espíritu!" (Lc. 23:46).

Cristo dirigió su frase final desde la cruz al Padre, como había hecho con la primera ("Padre, perdónalos, porque no saben lo que hacen", Lc. 23:34) y la cuarta ("Dios mío, Dios mío, ¿por qué me has desamparado?", Mt. 27:46). Estas tres frases eran oraciones, oraciones del Hijo del Hombre. En su humanidad, Jesús vivió como un hombre de oración y murió como tal (cf. Mt. 14:23; 19:13; 26:36-44; He. 5:7).

Cristo murió como ningún otro hombre. En un sentido, fue asesinado por hombres impíos (Hch. 2:23). En otro sentido, el Padre lo envió a la cruz y lo sujetó a padecimiento (Is. 53:10). Sin embargo, todavía en otro sentido, nadie le quitó la vida a Jesús. Él mismo la entregó voluntariamente por aquellos a los que amaba, con generosidad y de manera sacrificial (Jn. 10:17-18).

SU MUERTE Y EXPIACIÓN[32]

Cómo murió es una cosa; por qué lo hizo es infinitamente más importante. El hecho bíblico es que su muerte era necesaria, estaba determinada desde antes de la fundación del mundo y era una necesidad para la salvación de los pecadores.

La muerte de Cristo

La teología cristiana se centra en la obra salvadora de Jesucristo en su muerte sustitutoria y en su resurrección de entre los muertos. Estas dos verdades forman

---

32 Puede verse un tratamiento completo de la expiación de Cristo en el cap. 7.

el mensaje central del evangelio respecto a la salvación (véase 1 Co. 15:1-5; cf. defensa de Pablo, Hch. 26:22-23).

El apóstol Pedro, al hablar de "la salvación de vuestras almas", bosquejó la misma obra de Cristo en dos actos con respecto al evangelio (cf. 1 P. 1:9-12).

La expiación de Cristo

La revelación veterotestamentaria sobre el sacrificio.[33] La sustitución penal significa que Cristo se entregó para sufrir y morir, llevando Él mismo el castigo completo por el pecado, en lugar de todos los pecadores a los que Dios salva. Dios preparó a la humanidad para la expiación, el sacrificio sustitutivo de Cristo, proporcionando una temprana enseñanza sobre el sacrificio. El Antiguo Testamento presenta doce principios básicos respecto a los sacrificios de animales:

1. Solo los creyentes deberían ofrecer sacrificios veterotestamentarios; creyentes que deberían ser adoctrinados y obedientes (es decir, exhibir la enseñanza y la conducta correctas). Levítico 1:2-3 y 2:1 hablan de creyentes israelitas, mientras que Levítico 17:8 y 22:18, 25 lo hacen de creyentes extranjeros (cf. Nm. 15:14-16; Is. 56:6-8).
2. Los sacrificios veterotestamentarios deberían ser la demostración externa de una fe vital. Sin fe, los sacrificios son inútiles (He. 11:4; cf. 1 S. 15:22-23; Sal. 51:15-19; Is. 1:11-15; Mi. 6:6-8).
3. Los sacrificios veterotestamentarios no salvan del pecado ni lo perdonan. Los sacrificios levíticos no incluyen ninguna provisión para eliminar o acabar con la naturaleza pecaminosa de ningún individuo. Los sacrificios de animales son insuficientes para expiar de un modo completo y definitivo los pecados de los seres humanos; solo una vida humana puede expiar del todo una vida humana (cf. Lv. 1:3 con Sal. 49:5-9; cf. Gá. 3:10-14; He. 10:1-18; 1 P. 1:18-19).
4. Los sacrificios veterotestamentarios no eliminan el castigo temporal por el pecado, en especial, el pecado voluntario y desafiante. Muchos pecados exigen el castigo capital: ningún sacrificio animal vale de nada ante tal pecado (Lv. 24:10-23; Nm. 15:30).
5. Los sacrificios veterotestamentarios tienen por objeto principal la comunión con Dios. En lo exterior, simbolizan el perdón por los pecados, que trajo una reconciliación mesurada con el Dios que cumple el pacto con Israel (Éx. 29:42-43; 30:36).
6. Los sacrificios veterotestamentarios declaran, enfatizan y magnifican el pecado y sus consecuencias (Ro. 3:19-20; 5:20; 7:5-11; Gá. 3:21-22).

---

33 Esta sección está adaptada de William D. Barrick, "Penal Substitution in the Old Testament", *MSJ* 20, no. 2 (2009): 2, 6-8. Usado con permiso de *MSJ*.

7. Los sacrificios veterotestamentarios declaran, enfatizan y magnifican la santidad, la justicia, el amor, la gracia, la misericordia y la soberanía de Dios (Sal. 119:62; Neh. 9:13; Mt. 23:23; Ro. 7:12). Esto expresa la función dual del sacrificio en el Antiguo Testamento. Por una parte, el pecado *aparta* a la humanidad *de Dios*.[34] Por otra parte, el sacrificio, que por su derramamiento de sangre manifiesta la terrible naturaleza y las consecuencias del pecado, es teocéntrico, es decir vuelve la atención de los pecadores *hacia Dios*. Sus sacrificios propician la justa ira de Dios y los reconcilia con Dios.

8. Los sacrificios veterotestamentarios demuestran que la legislación mosaica no le ofrece al creyente del Antiguo Testamento un acceso independiente a Dios (He. 9:8-10).

9. Los sacrificios veterotestamentarios demuestran que el deseo de Dios, con respecto a las ofrendas de su pueblo (el dar), no excede la normal capacidad de ellos. Los objetos sacrificiales (ganado, ovejas, cabras, palomas; harina, aceite, vino e incienso) están inmediatamente a disposición del israelita individual.

10. Los sacrificios veterotestamentarios enfatizan el ministerio del sacerdocio (Lv. 1:9; 2:8; 4:20; 6:6; He. 5–10; 1 P. 2:5).

11. Los sacrificios veterotestamentarios implican el reconocimiento del pacto de Dios con su pueblo (Lv. 2:13; Sal. 50:5, 16).

12. Dios ordena los sacrificios veterotestamentarios, en parte para sustentar el sacerdocio. La comunidad del pacto provee para aquellos que ministran (Lv. 7:34-35; Neh. 13:5; Mal. 3:8-10).

En resumen, mediante la ofrenda de sacrificios, el creyente del Antiguo Testamento se identifica, de forma externa, con el pacto de Dios y con el pueblo de su pacto. Esta demostración externa debería ser el resultado de la fe verdadera. Sin embargo, cuando esa fe de iniciación está ausente, el sacrificio es inútil; es un simple gesto desprovisto de cualquier valor espiritual (esto es, una falsa confesión). Dios aborrece el falso sacrificio y no puede aceptarlo como adoración verdadera (cf. 1 S. 15:22; Sal. 50:7-15; Is. 1:13-15).

Con estos principios en mente, el lector puede considerar cómo trata el Antiguo Testamento con los sacrificios sustitutivos penales. El carnero proporcionado por el "ángel [mensajero] del Señor", como sustituto para Isaac en Génesis 22:1-14, ilustra la dación de vida como sustituto. La propia muerte de Isaac "se efectuó a través de un sustituto, un animal cuya muerte literal proporcionó plena satisfacción a las exigencias de Dios".[35]

34 Norman H. Snaith, *The Distinctive Ideas of the Old Testament* (Nueva York: Schocken, 1964), 60.
35 Eugene Merrill, *Everlasting Dominion: A Theology of the Old Testament* (Nashville: Broadman, 2006), 236.

La revelación veterotestamentaria sobre el sacrificio sustitutivo de Cristo.[36] Para entender la relación del sistema veterotestamentario sacrificial con la persona del Mesías es necesario examinar con mayor detenimiento los textos claves. Los textos más relevantes son Éxodo 12 (la fiesta de la Pascua), Levítico 16 (el día de la expiación) y, quizá el más importante de todos, Isaías 52:13–53:12.

Éxodo 12: La Pascua. Dios instituyó la observancia de la Pascua, en la que el cordero pascual servía de sacrificio sustitutivo para los hijos primogénitos israelitas. En Éxodo 12:3, el Señor instruye a Moisés respecto al sacrificio del cordero de la Pascua: "En el diez de este mes tómese cada uno un cordero según las familias de los padres, un cordero por familia". La frase "por familia" podría implicar sustitución. En Éxodo 12:12, el Señor afirma que ejecutará sus juicios al pasar por la tierra de Egipto. Los israelitas que sigan las instrucciones y apliquen la sangre del cordero sacrificado a los dinteles de la puerta de su casa escaparán a ese juicio (Éx. 12:13, 23, 27). Y los israelitas obedientes escapan efectivamente a la muerte (Éx. 12:30).

En el sacrificio de la Pascua, el Señor perdona por gracia a los israelitas culpables, por medio de la sangre sacrificial de los animales, y preserva su propia santidad mediante el cumplimiento de sus promesas para liberar a su pueblo de Egipto (Éx. 12:12-13; cf. Lv. 22:32-33). "El simbolismo obvio es que se ha producido una muerte, y esta muerte sustituye a la de los primogénitos".[37] El Nuevo Testamento confirma la naturaleza sustitutiva del sacrificio de la Pascua. En 1 Corintios 5:7, Pablo establece, como mínimo, una analogía entre la naturaleza sustitutiva del cordero de la Pascua y la muerte sacrificial de Cristo en la cruz. Por tanto, no es de sorprender que Jesús fuera crucificado durante la Pascua (Mt. 26:2).

Levítico 16: El día de la expiación. De todos los sacrificios y las festividades, el día de la expiación supera a todos los demás en su relevancia respecto a la relación de Israel con Jehová. La institución de esta fiesta se realiza poco después del juicio de Dios sobre los sacerdotes Nadab y Abiú (Lv. 10:1-20). El énfasis recae, por tanto, en la necesidad de expiación incluso para los pecados de los sacerdotes. Si estos se contaminan, no pueden mediar entre el pueblo y Dios. Sin mediadores, los pecaminosos israelitas no pueden acercarse a la presencia de Dios y esta no puede seguir morando en medio de ellos.

El "chivo expiatorio" (Lv. 16:8-10, NTV) simboliza la eliminación del pecado de la presencia de la gloria de Dios en medio de su pueblo (cf. Sal. 103:12; Mi. 7:19). En el día de la expiación, tanto el chivo expiatorio como el otro macho cabrío bastaban como ofrenda por el pecado (Lv. 16:5). Algunos intérpretes ven una alusión al chivo expiatorio en Isaías 53:6 y Hebreos 13:12.[38]

---

36 Esta sección está adaptada de William D. Barrick, "Penal Substitution in the Old Testament", *MSJ* 20, no. 2 (2009): 8-21. Usado con permiso de *MSJ*.

37 Leon Morris, *The Apostolic Preaching of the Cross*, 3ra. ed. (Grand Rapids, MI: Eerdmans, 1965), 117.

38 Por ejemplo, Mark F. Rooker, *Leviticus*, New American Commentary 3A (Nashville: Broadman, 2000), 221, 226.

La descripción de imponer manos sobre la cabeza del macho cabrío (Lv. 16:21-22) representa la transferencia legal de los pecados de Israel al macho cabrío vivo. Sirve de sustituto, condenado a morir en el desierto, aislado de Israel. El chivo expiatorio lleva sobre él "todas las iniquidades" de los israelitas (Lv. 16:22). Además, Levítico 16:24, 29-34 indica que todo el ritual provee expiación para los pecados de los sacerdotes, así como del pueblo. El ritual del día de la expiación exhibe el aspecto penal de la sustitución. El término hebreo para "rescate" (*kófer*) representa el concepto de "sustituto", porque describe ese medio por el cual se transfiere el mal o la culpa y, de ese modo, lo elimina. El uso del término *kófer* como "rescate" se relaciona de forma explícita tanto con la sustitución como con el castigo.

El día de la expiación se erige como observancia central del sistema sacrificial en el libro de Levítico, y proporciona un símbolo de la expiación real por medio del Señor Jesucristo (He. 8–10). La idea principal de Hebreos (cf. He. 8:1) está en directo contraste con la idea principal de la ley mosaica (cf. He. 9:8).

Isaías 52:13–53:12: El sacrificio del siervo sufriente. Este es, en realidad, el primer Evangelio, al revelar, setecientos años antes de su venida, la vida y la obra del único Sacrificio verdadero y perfecto, que quitó realmente el pecado. Isaías describe, en primer lugar, los sufrimientos del siervo de Jehová, cuyos sufrimientos y aflicciones no son suyos. Ese hecho identifica los sufrimientos del siervo como sustitutivos: "Ciertamente llevó él nuestras enfermedades, y sufrió nuestros dolores" (Is. 53:4). El simbolismo sustitutivo de Isaías 53:6, "Mas Jehová cargó en él el pecado de todos nosotros", está sacado de Levítico 16. Los elementos vicarios de los sufrimientos de Cristo en su muerte están relacionados, de una forma bastante estrecha, con los elementos sustitutivos de Isaías 52:13–53:12. En segundo lugar, el lenguaje de Isaías 53 incluye, con toda claridad, el aspecto penal (cf. 53:5: "herido… molido… castigo… llaga"). En tercer lugar, las referencias neotestamentarias claves incluyen un aparente eco de Isaías 53, como en Mateo 26:28: "esto es mi sangre del nuevo pacto, que por muchos es derramada para remisión de los pecados" (cf. Ro. 8:3; Gá. 1:4; He. 5:3; 10:8, 18, 26; 13:11; 1 P. 3:18; 1 Jn. 2:2; 4:10).

El siervo de Jehová llevó, voluntariamente, el castigo por las iniquidades de "muchos". Su muerte sacrificial no sucedió por algún tipo de abuso o acción forzada, sino que más bien Él, de forma deliberada, decidió, aceptó y se sometió a su sufrimiento. Isaías 53:10 ("cuando haya puesto su vida en expiación por el pecado") y 53:12 ("derramó su vida hasta la muerte") exponen la misma idea respecto al sacrificio voluntario del siervo.

En realidad, el siervo de Jehová cumple todos los requisitos para ser el sacrificio sustitutivo: (1) identificarse con los pecadores condenados ("por la rebelión de mi pueblo fue herido", Is. 53:8), (2) ser impecable y sin mancha ni arruga que estropearan su sacrificio ("nunca hizo maldad, ni hubo engaño", 53:9; "justo", 53:11), y (3) ser aceptable a Jehová ("Jehová quiso quebrantarlo", 53:10).

Los escritores del Nuevo Testamento entendieron, con acierto, la intención inequívoca de Isaías, al descubrir todas las razones para tomar el texto como directamente mesiánico. Obsérvense los paralelos entre el pasaje del siervo en Isaías y Marcos 10:43-45 como un ejemplo: el siervo sufriente de Jehová (Is. 52:13) es el "siervo de todos" (Mr. 10:44; cf. Is. 53:6, "de todos nosotros"), quien es "grande" (Mr. 10:43), porque Él "será engrandecido y exaltado, y será puesto muy en alto" (Is. 52:13). Como "esclavo" se entregó a sí mismo (lit., "su alma") como ofrenda por la culpa (Is. 53:10), el equivalente directo de "para dar su vida [lit., alma] en rescate" (Mr. 10:45). La ofenda del siervo por la culpa/rescate superó y trascendió al castigo de muerte para cubrir el pecado, intencional y no intencional, en el lugar de "muchos" (Mr. 10:45; Is. 52:14; 53:12).

La obra expiatoria de Cristo logró la salvación para los elegidos. Jesucristo es Salvador: "En ningún otro hay salvación; porque no hay otro nombre bajo el cielo, dado a los hombres, en que podamos ser salvos" (Hch. 4:12; cf. 2 Ti. 1:10; Tit. 2:13). Su sangre limpia del pecado (He. 13:12; 1 Jn. 1:7). Él es el Mediador del nuevo pacto (He. 12:24). Como Salvador, Cristo da vida a los creyentes en el presente (2 Co. 4:10; 2 Ti. 1:1) y es Él mismo el modelo para la resurrección futura de los creyentes (2 Co. 4:14; 1 Ts. 4:14). Por su obra expiatoria, Cristo es el Pastor que posibilita que los creyentes hagan buenas obras (He. 13:20-21). Él es Aquel en quien está situada y es bendecida la iglesia (Ef. 2:13).

SU RESURRECCIÓN Y ASCENSIÓN

Sin la resurrección de Cristo, su muerte sacrificial no provee la base para la salvación del pecado (1 Co. 15:13-19). Por tanto, no considerar la enseñanza bíblica respecto a la obra de Cristo puede acabar con su muerte expiatoria.

La revelación veterotestamentaria sobre la resurrección de Cristo

Dado que tanto Jesús como los escritores del Nuevo Testamento declaran que los hechos relevantes sobre Cristo ya habían sido revelados por medio de los profetas del Antiguo Testamento (Lc. 24:25-27, 44-47; Hch. 2:25-32; 1 Co. 15:3-4), es importante considerar las pruebas textuales que respaldan su afirmación.

Varias referencias veterotestamentarias a la resurrección del Mesías aparecen en Job y en el Salterio (cf. Job 19:25-27). Pablo cita Salmos 16:10 y afirma que la resurrección de Cristo era un prerrequisito para que un día ocupe el trono de David sobre la tierra (Hch. 13:34-37).

En Hechos 2:30-35, Pedro cita Salmos 16:10 entre una cita de 2 Samuel 7 (el pacto davídico) y el Salmo 110, un salmo mesiánico clave. Esto indica que los tres textos deberían ser considerados mesiánicos y que la resurrección del Mesías debería esperarse.

El hecho mismo de que el Mesías ocupe su asiento a la diestra del Padre, demuestra que ha resucitado de los muertos. Su exaltación (equivalente a su gloria) asume que ya no está en la tumba. Dado que David no está sentado a la derecha del Padre, para Pedro es evidente que David no hablaba de sí mismo, sino de su futuro descendiente, el mayor Hijo de David. Jesús ya usó Salmos 110:1 para revelarles a los fariseos que Él era de verdad el Señor (Mt. 22:41-46), de modo que Pedro está transmitiendo meramente lo que Jesús enseñó.

Historia neotestamentaria de la resurrección de Cristo

Jesús mismo anunció de antemano que se levantaría de los muertos (cf. Mt. 17:9; Lc. 18:31-33; Jn. 2:19-22) y, claro está, los cuatro escritores de los Evangelios son unánimes a la hora de registrar que Jesús resucitó de entre los muertos, el primer día de la semana (Mt. 28:1-10; Mr. 16:1-11; Lc. 24:1-12; Jn. 20:1-10).

La doctrina neotestamentaria de la resurrección de Cristo

Cuando Jesús resucitó de entre los muertos, experimentó una resurrección corporal que implicaba su plena humanidad. Su cuerpo resucitado le permitía digerir comida (Lc. 24:41-43; cf. Hch. 10:41); otros seres humanos, que seguían en su carne mortal, pudieron tocar el cuerpo de Jesús (Mt. 28:9; cf. Lc. 24:38-40; Jn. 20:17). Las heridas de la crucifixión de Jesús seguían presentes y visibles en su cuerpo resucitado, como pudo atestiguar Tomás (Jn. 20:25-29). La resurrección de Cristo logró algunos de los siguientes inmensos y gloriosos resultados:

1. El cumplimiento de las profecías del Antiguo Testamento ("La revelación veterotestamentaria sobre la resurrección de Cristo", véase arriba)
2. El cumplimiento de las propias predicciones de Jesús ("Historia neotestamentaria de la resurrección de Cristo", véase más arriba)
3. La confirmación de la deidad del Hijo (Ro. 1:4)
4. La perfección de la obediencia de Jesús a la voluntad de su Padre (Jn. 10:17-18)
5. La prueba de que el Padre aceptó la obra expiatoria de Cristo en su muerte sacrificial en la cruz (Ro. 4:25)
6. La provisión de la regeneración para los elegidos (1 P. 1:3)
7. La seguridad de que los creyentes no perecerán por culpa de sus pecados (1 Co. 15:17-18)
8. La seguridad de la justificación de los creyentes y de que no serán nunca condenados por Dios (Ro. 8:1-11, 31-34)
9. La apertura del camino para que Cristo envíe el Espíritu Santo a morar en los creyentes y formar con ellos la iglesia, el cuerpo de Cristo (Jn. 16:7)
10. La declaración de Cristo como Cabeza de la iglesia y gobernador de la creación (Ef. 1:19-23; Col. 1:15-19)
11. El estímulo para establecer el primer día de la semana para adorar a Cristo y servirlo en las asambleas locales (Mt. 28:1; Jn. 20:19; Hch. 20:7; 1 Co. 16:2),
12. La garantía de una vida futura de resurrección para todos los creyentes (Jn. 5:26-29; 14:19; Ro. 4:25; 6:5-10; 1 Co. 15:20, 23)
13. La confirmación del cumplimiento futuro del pacto davídico (Hch. 2:29-36; 13:34-37)

14. La garantía de que Cristo juzgará al mundo (Jn. 5:24-30; Hch. 17:31)
15. La glorificación y exaltación del Hijo con la gloria que una vez compartió con el Padre (Jn. 17:5; Fil. 2:8-9; 1 P. 1:10-11, 20-21)

No existe acontecimiento mayor en la historia de la redención que la resurrección de Cristo, porque completa y valida su muerte sacrificial, y promueve el programa del reino con un Rey eternamente vivo. Para poder experimentar la salvación hay que creer en la resurrección (Ro. 10:9-10).

La ascensión del Cristo resucitado

Las Escrituras enseñan que Cristo ascendió de nuevo al cielo para sentarse a la diestra de su Padre (Hch. 2:33; cf. He. 1:8) y a la gloria que Él había conocido con el Padre (Jn. 17:5; cf. Jn. 16:5). Los discípulos habían escuchado del propio Jesús que ascendería a su Padre (Jn. 16:16-17; cf. 7:33-34; 8:21; 14:19, 28-29) y Jesús cumplió sus declaraciones, partió físicamente de la tierra y ascendió al cielo desde el monte de los Olivos (Hch. 1:9-11). El Padre lo recibió en su gloria (1 Ti. 3:16) y Cristo está ahora sentado en el trono del Padre (Ap. 3:21), a su diestra (Hch. 5:31; Ef. 1:19-20), el trono del reino de Dios universal y eterno (Mr. 16:19; Hch. 5:31; 7:55-56; Ef. 1:19-20). Su sesión en el trono del Padre testifica de la realidad de su obra de redención acabada (He. 10:12-13; 12:2).

La ascensión de Cristo quedó confirmada por las visiones de Esteban (Hch. 7:55-56), Pablo (Hch. 9:3-5; 22:6-8; 26:13-15) y Juan (Ap. 4:1; 5:6). Para Pablo, la ascensión de Jesús dejó una impresión duradera y fue un elemento clave en su experiencia de la salvación: el Mesías vivo, resucitado, ascendido y celestial le habló desde el cielo.

El Cristo glorificado[39]

INTERCESOR CELESTIAL

El ministerio presente de Cristo en gloria a favor de su pueblo ocurre en su intercesión celestial. Él ha ascendido a la diestra del Padre, donde media como abogado y Sumo Sacerdote de los creyentes (Ro. 8:34; He. 7:25; 9:24; 1 Jn. 2:1). Allí, el Salvador "intercede por nosotros" (Ro. 8:34) y sirve como Sumo Sacerdote exaltado para todos los creyentes (He. 8:1-2; cf. Jn. 17). Así, la esperanza del piadoso Job se ha cumplido: "Mas he aquí que en los cielos está mi testigo, y mi testimonio en las alturas" (Job 16:19).

EL ARREBATAMIENTO

Todos los aspectos restantes del ministerio posresurrección de Cristo están relacionados con su obra futura. Su iglesia espera el llamado de Cristo a la verdadera iglesia, que es su cuerpo, para que suba a estar con Él. Esto se ha denominado el

---

39 Para una explicación más exhaustiva de estos temas, véase el cap. 10, "El futuro".

"arrebatamiento" de la iglesia (cf. 1 Ts. 4:13-18). Así como Jesús murió y resucitó, lo mismo sucederá con los que han muerto en Cristo (1 Co. 15:51-58; 1 Ts. 4:14). No hay juicio conectado a este acontecimiento; es para los creyentes. Esta recogida inminente y divina de creyentes para llevarlos al cielo, como prometió Jesús (Jn. 14:1-3), es un suceso sin señales y es el que sigue en el programa redentor.

Pablo vivía y hablaba como si pudiera ocurrir durante el transcurso de su vida; es decir, él creía que era algo inminente (Ro. 13:11; 1 Co. 6:14; 10:11; 16:22; Fil. 3:20-21; 1 Ti. 6:14; Tit. 2:13).

La frase "el Señor mismo... descenderá" (1 Ts. 4:16) cumple la promesa de Jesús en Juan 14:1-3. Hasta entonces, permanece en el cielo (1 Ts. 1:10; He. 1:1-3). Los creyentes que hayan muerto resucitarán primero (1 Ts. 4:16; 1 Co. 15:52). Los que estén vivos en el momento del arrebatamiento acompañarán a esos muertos, que resucitan primero, y todos "recibir[án] al Señor en el aire" (1 Ts. 4:17).

EL TRIBUNAL DE CRISTO[40]

El Señor Jesucristo —el Juez de todas las personas (Jn. 5:22-23)— juzgará a los creyentes en lo que se denomina el tribunal de Cristo (2 Co. 5:10; cf. 1 Co. 3:10-15). El término "tribunal" alude de manera metafórica al lugar donde el Señor se sentará para evaluar la vida de los creyentes con el propósito de darles recompensas eternas. El tribunal (*béma*) se refiere a una plataforma elevada donde los atletas griegos victoriosos acudían a recibir sus coronas o el lugar de juicio, como cuando Jesús compareció ante Poncio Pilato (Mt. 27:19; Jn. 19:13). Corinto tenía una plataforma así donde se dispensaban tanto las recompensas atléticas como los veredictos legales (Hch. 18:12-16). En el *béma*, Cristo juzgará las acciones que se produzcan durante la vida terrenal del creyente. Esto no incluye los pecados, ya que en la cruz se pagó por completo la pena correspondiente (Ef. 1:7).

LA SEGUNDA VENIDA

El término griego *parousía* (Mt. 24:3, 27, 37, 39; 2 Ts. 2:8; Stg. 5:7-8) significa literalmente "presencia". En el Nuevo Testamento, este término apunta a una "venida" única y distinta. Los escritores del Nuevo Testamento usan este término en ocasiones para designar la segunda venida de Cristo (también se utiliza en alusión al arrebatamiento en 1 Ts. 2:19; 3:13; 4:15; 5:23). Otro sustantivo griego, *apokálupsis* (1 Co. 1:7; 2 Ts. 1:7; 1 P. 1:7, 13; 4:13), que significa "descubrir o retirar el velo", también describe la revelación de Cristo, en su segunda venida como Rey sobre todo.

Jesús volverá a la tierra con poder divino y gloria para juzgar a los habitantes vivos de la tierra (Mt. 24:30; 25:31-46; Lc. 9:26; cf. Dn. 7:13; Tit. 2:13; 2 P. 3:12; Jud. 14; Ap. 1:7). Los profetas del Antiguo Testamento hablan con frecuencia del

---

40 Esta sección está adaptada de MacArthur, *MacArthur Study Bible: English Standard Version*, 1723. Usado con permiso de Thomas Nelson/HarperCollins Christian Publishing.

juicio futuro de Dios. Sofonías describe de manera explícita el juicio de Dios al presentar al Mesías como el "poderoso" que traerá salvación a la tierra (Sof. 3:17; cf. Sof. 1:3 en Mt. 13:41; Sof. 1:15 en Mt. 24:29).

El Padre ya le ha dado toda la autoridad al Hijo para la ejecución del juicio (Jn. 5:27; cf. Mt. 25:31-32).

EL REINO MILENIAL[41]

Cuando regrese con su iglesia arrebatada y glorificada, Cristo establecerá su reino milenial en la tierra (Hch. 1:9-11; 1 Ts. 4:13-18; Ap. 20:1-6). En Apocalipsis 20, seis veces se hace mención al reinado de Cristo que durará mil años. No hay razón para no tomar estas referencias como un período literal de mil años durante el cual Jesucristo reinará en la tierra en cumplimiento de numerosas profecías, tanto del Antiguo Testamento (2 S. 7:12-16; Sal. 2; Is. 11:6-12; 24:23; Am. 9:8-15; Mi. 4:1-8; Zac. 14:1-11) como de la propia enseñanza de Jesús (Mt. 24:29-31, 36-44).

En el ámbito de la sociedad, Cristo abolirá la guerra y establecerá la paz (Is. 9:7; Mi. 4:3-4). La justicia prevalecerá sobre toda raza y casta de la humanidad (Sal. 72:4; Is. 65:21-22), y Dios reclamará los despojos sociales (Sal. 72:16; Is. 61:4).

En el ámbito político, Cristo se establecerá como gobernante internacional absoluto (Sal. 2:8-10; Is. 2:2-4) y establecerá su capital mundial en Jerusalén (Jer. 3:17). En su reino, Cristo pondrá fin a la animosidad de las naciones hacia los judíos (Zac. 8:13, 23).

Eclesiásticamente, Cristo reinará como Sacerdote-Rey sobre Israel y sobre la comunidad mundial (Sal. 110:4; Zac. 6:12-13). En el reino mesiánico, Israel se convertirá en el líder religioso del mundo (Éx. 19:6; Is. 61:6, 9) y la capital religiosa del mundo será Jerusalén (Zac. 14:16-17). Como resultado, el templo en Israel será el punto focal de adoración (Ez. 40–48; Hag. 2:6-9).

En el reino milenial, la vicerregencia de la humanidad sobre la creación que Adán tenía que ejercer —pero perdió en la caída— será restaurada por Cristo en su reinado. El propósito de Dios para su creación y el gobierno sobre la misma que el hombre debía implementar, como se describe en Salmos 8:3-9, dará su fruto. Jesucristo, como el principal "hijo del hombre" (Sal. 8:4), cumplirá el papel de la humanidad como único representante perfecto de la raza humana. Hebreos 2:5-14 revela que "todavía no vemos que todas las cosas le sean sujetas" a Cristo (2:8), porque su reino mediador no ha comenzado. Al final, hasta el príncipe que reina ahora en este mundo, Satanás (Jn. 12:31; Ef. 2:2) estará bajo el reinado y el poder del reino de Cristo. Mientras Satanás reine como príncipe de este mundo, el reino davídico de Cristo estará aún por establecerse. Por esta razón, Jesús enseñó a sus discípulos a orar: "Venga a nosotros tu reino" (Mt. 6:10). "Amén. ¡Ven Señor Jesús!" (Ap. 22:20).

---

41 Esta sección está adaptada de William D. Barrick, "The Kingdom of God in the Old Testament", *MSJ* 23, no. 2 (2012): 179-180, 184. Usado con permiso de *MSJ*.

EL JUICIO DEL GRAN TRONO BLANCO

Después del reino milenial, Cristo juzgará a los muertos incrédulos ante el gran trono blanco (Ap. 20:11-15). Como Mediador entre Dios y la humanidad (1 Ti. 2:5), la Cabeza de su cuerpo, la iglesia (Ef. 1:22; 5:23; Col. 1:18), y el Rey universal que viene, que reinará sobre el trono de David (Is. 9:6-7; Ez. 37:24-28; Lc. 1:31-33), Cristo es el Juez final de todos los que no depositen su confianza en Él como Señor y Salvador (Mt. 25:14-46; Hch. 17:30-31).

LA ETERNIDAD FUTURA

Al final de la historia de este mundo, Dios reunirá consigo todas las cosas en el nuevo cielo y la nueva tierra que Él creará (Ap. 21:1-5). El nuevo estado eterno estará totalmente unificado bajo Cristo (cf. 1 Co. 15:27-28).

El paraíso de eternidad es revelado, pues, como un reino magnífico. Sin embargo, la verdadera gloria de la eternidad futura se basa en el hecho de que todos los creyentes morarán en la presencia del Señor Jesucristo, en una gloriosa comunión con Dios en Cristo. El hombre Jesucristo será el centro de la gloria divina en el cielo, desde donde la misma se difundirá sobre todos los santos (Jn. 17:24).

De hecho, esta comunión con Cristo parece ser el significado de las Escrituras cuando hablan conjuntamente de Dios y del Cordero (el Salvador inmolado), y revelan la felicidad de los santos en el cielo: "Porque el Cordero que está en medio del trono los pastoreará, y los guiará a fuentes de aguas de vida; y Dios enjugará toda lágrima de los ojos de ellos" (Ap. 7:17; cf. Ap. 21:3-4). Finalmente, declara el apóstol Juan: "Y no vi en ella templo; porque el Señor Dios Todopoderoso es el templo de ella, y el Cordero. La ciudad no tiene necesidad de sol ni de luna que brillen en ella; porque la gloria de Dios la ilumina, y el Cordero es su lumbrera" (Ap. 21:22-23).

Preguntas:

1. ¿Cuál es la enseñanza escritural de la "preexistencia" de Jesucristo?
2. ¿Cuáles son las obras del Hijo (segundo miembro de la Trinidad) en el Antiguo Testamento?
3. ¿Cuáles son las profecías mesiánicas principales en el Antiguo Testamento?
4. ¿Cuáles son las pruebas clave de la deidad de Jesucristo? (textos y títulos)
5. ¿Cuál es el significado de *kénosis*?
6. ¿Por qué es importante afirmar el nacimiento virginal de Jesucristo?
7. ¿Cuáles son las pruebas principales de la humanidad de Jesucristo?
8. ¿Cuál es el significado de *unión hipostática*?
9. ¿Cuáles son las opiniones equivocadas que intentan explicar la relación de las dos naturalezas (divina y humana) de Cristo?
10. ¿Cuáles son los eventos principales de la vida de Cristo y por qué son significativos (qué nos enseñan sobre Él y su ministerio)?

11. ¿De qué manera los sacrificios del Antiguo Testamento (esp. Lv. 16) y las profecías (esp. Is. 53) revelan y explican el significado e importancia de la muerte de Jesucristo en la cruz?

12. ¿Por qué es significativa la resurrección corporal de Jesús para la fe y esperanza de los creyentes?

13. ¿Cuáles son los aspectos del Cristo glorificado, y por qué son significativos para los creyentes que viven hoy?

5

DIOS ESPÍRITU SANTO

Pneumatología

ESTE CAPÍTULO PRESENTA al Espíritu Santo, la tercera persona de la Deidad trina. La verdad sobre el Espíritu Santo aparece a lo largo de las Escrituras, desde Génesis hasta Apocalipsis.

Introducción al Espíritu Santo

RESEÑA BÍBLICA

El término hebreo *rúaj* aparece 378 veces en el Antiguo Testamento, y 79 de esas veces se refieren específicamente al Espíritu Santo. El término idéntico en arameo ocurre 11 veces (solo en Daniel). *Rúaj* significa principalmente "espíritu" (1 S. 16:14), "viento" (Éx. 10:13) o "aliento" (Gn. 6:17, LBLA). El contexto casi siempre determina la pretendida referencia: por ejemplo, el Espíritu de Dios (Gn. 6:3); el espíritu del hombre (Job 10:12); una actitud (Pr. 16:18); la parte inmaterial del hombre (Sal. 31:5).

Se alude al Espíritu Santo desde el momento de la creación (Gn. 1:2) y hasta el último libro del Antiguo Testamento (Mal. 2:15). El Espíritu de Dios aparece con mayor frecuencia en Isaías (15 veces), Ezequiel (15 veces), Números (7 veces), Jueces (7 veces), 1 Samuel (7 veces) y Salmos (5 veces).

La revelación neotestamentaria sobre el Espíritu Santo es más extensiva. El término griego *pneúma* aparece 379 veces en el Nuevo Testamento y se refiere al Espíritu Santo en más de 245 de esas ocasiones. *Pneúma* se refiere al Espíritu Santo en veintitrés libros (excepto Filemón, Santiago, 2 Juan y 3 Juan). El Espíritu Santo hace acto de presencia a lo largo del Nuevo Testamento, desde Mateo 1:18 hasta Apocalipsis 21:10. Se le menciona con mayor frecuencia en Hechos (56 veces), Romanos (28 veces) y 1 Corintios (22 veces). Uno de los temas más dominantes es que el Espíritu Santo es un regalo de Dios para cada creyente (Ro. 5:5; 2 Co. 1:22; 5:5; Gá. 3:5; Ef. 1:13-14; 1 Ts. 4:8; 1 Jn. 3:24; 4:13).

PERSONEIDAD Y DEIDAD DEL ESPÍRITU SANTO

El Espíritu Santo es una persona, como lo son Dios Padre y Dios Hijo. Es mencionado más de 320 veces como tal en la Biblia. La personeidad no se mide por elementos físicos o corporales, sino que es determinada por la posesión de tres características básicas: (1) cognición/intelecto, (2) volición/voluntad y (3) emoción/afecto.[1] La Biblia proporciona pruebas más que suficientes de que el Espíritu Santo posee todos los elementos esenciales de la personeidad. Así, al Espíritu se le reconoce como la tercera persona de la Deidad trina.

Ejemplos de su cognición/intelecto: Él conoce, y aconseja e imparte sabiduría (Is. 11:2); posee una mente (Ro. 8:27; 1 Co. 2:10-13); inspiró las Escrituras y proporciona la verdad (Hch. 1:16; He. 3:7; 10:15; 1 P. 1:11; 2 P. 1:21; cf. Jn. 14:17, 26; 15:26; 16:13; 1 Jn. 4:6); testifica (Jn. 15:26; 1 Jn. 5:7-8).

Ejemplos de su afecto/emoción: experimenta gozo (1 Ts. 1:6); sufre por el pecado (Is. 63:10; Ef. 4:30); ama (Ro. 5:5; 15:30; Gá. 5:22).

Ejemplos de su volición/voluntad: contiende con los pecadores (Gn. 6:3; Hch. 7:51); dirige a los creyentes y distribuye dones espirituales (Hch. 16:6-7; cf. 1 Co. 12:11; He. 2:4).

NOMBRES Y ATRIBUTOS DEL ESPÍRITU SANTO

Una de las pruebas principales de la triunidad de la Deidad involucra las designaciones (nombres) del Espíritu Santo con relación al Padre y al Hijo.

Por ejemplo, con relación al Padre es llamado: "su Espíritu" (Nm. 11:29, LBLA; Ro. 8:11); "tu Espíritu" (Sal. 139:7; 51:11); "el Espíritu de Dios" (Gn. 1:2; Mt. 3:16; 1 Co. 2:11), "…de nuestro Dios" (1 Co. 6:11), "…del Dios vivo (2 Co. 3:3) y "…de Jehová el Señor" (Is. 61:1).

En relación al Hijo es llamado: "el Espíritu de Jesús" (Hch. 16:7, LBLA); y "de Cristo" (Ro. 8:9; 1 P. 1:11; cf. Fil. 1:19); "el Espíritu de su Hijo" (Gá. 4:6).

Otras designaciones son únicas para el Espíritu Santo: "el Espíritu eterno" (He. 9:14); "tu buen Espíritu" (Sal. 143:10, LBLA); "el Espíritu Santo" (Mt. 1:18); o simplemente "el Espíritu" (Nm. 11:17, LBLA; Mt. 4:1).

Los atributos claves del Espíritu incluyen: Él es "el Espíritu de consejo y de poder" (Is. 11:2, LBLA); "de fe" (2 Co. 4:13); "de gloria" (1 P. 4:14); "de gracia" (He. 10:29; cf. Zac. 12:10); "de santidad" (Ro. 1:4); "de vida" (Ro. 8:2); "de verdad" (Jn. 14:17; 15:26; 16:13; 1 Jn. 4:6, RVA-2015; cf. 1 Jn. 5:6); "de sabiduría y de entendimiento" (Is. 11:2, NTV; Ef. 1:17). Esencialmente, Él es el "ayudador" (Jn. 14:26; 15:26; 16:7).

IMÁGENES VERBALES DEL ESPÍRITU SANTO

La Biblia usa varias metáforas que describen los ministerios principales del Espíritu

---

1 El lenguaje de "emoción" y "afecto" no significa que los afectos de Dios son pasiones involuntarias, como suele ser el caso de las emociones humanas. Como declara la Confesión de Westminster, Dios no tiene "cuerpo, miembros o pasiones"… es "inmutable" (2.1). Véase "Inmutabilidad" en el cap. 3, "Dios Padre" (p. 98).

Santo. Esos ministerios son mayormente exclusivos del Nuevo Testamento y el ministerio del Espíritu a Cristo, a los apóstoles y a los creyentes.

Vestido (Lc. 24:49)

El Hijo les dijo a los discípulos que el Padre enviaría "la promesa" para que pudieran ser "investidos (gr. *endúo*) de poder desde lo alto" (Lc. 24:49). Una comparación de este pasaje con Juan 14:16-17 muestra que la "promesa" es el Espíritu Santo. Dios, soberanamente, inviste a su pueblo con el Espíritu (cf. Col. 3:12-14).

Paloma (Mt. 3:16; Mr. 1:10; Lc. 3:22; Jn. 1:32)

La paloma era un símbolo de candor e inocencia (gr. *akéraios*, Mt. 10:16; véase *akéraios* usado en Ro. 16:19 y Fil. 2:15 con referencia a los creyentes) e incluso de justicia. Así, en el bautismo de Cristo, el Hijo identificó su ministerio como uno que cumplía toda justicia (Mt. 3:15), y el Espíritu (ilustrado por la paloma, que representaba la justicia) inauguró el ministerio de justicia de Cristo (Mt. 3:16).

Fuego (Hch. 2:3)

La presencia de Dios a menudo es representada por el fuego (Éx. 3:2-6; 13:21; Lv. 9:24; Hch. 7:30-33). El uso del fuego en Hechos 2:3 aparece en el día de Pentecostés y, de la forma más adecuada, retrata la presencia visible del Espíritu Santo.

Aceite (2 Co. 1:21; 1 Jn. 2:20, 27)

El ungimiento con aceite en las Escrituras simboliza el nombramiento a puestos importantes: el sacerdocio (Éx. 40:12-15); David, ungido para ser rey de Israel (1 S. 16:13); los discípulos de Jesús para ser apóstoles (2 Co. 1:21; cf. Hch. 2:1-4). Cristo —que significa "el ungido" (en hebreo *mashíaj* y en griego *Cristós*)— fue ungido con el Espíritu Santo (Hch. 4:27; 10:38) para el ministerio. Los creyentes, llamados "real sacerdocio" (1 P. 2:9), son ungidos con el Espíritu Santo para que puedan conocer la verdad sobre Cristo (1 Jn. 2:20, 27). Pablo fue ungido por el Espíritu Santo para su apostolado (2 Co. 1:21-22).

Promesa (2 Co. 1:22; 5:5; Ef. 1:14)

En tres textos del Nuevo Testamento (2 Co. 1:22; 5:5; Ef. 1:14), se dice que el Espíritu Santo es dado a cada creyente como garantía (gr. *arrabón*, "adelanto, depósito o promesa") de su plena salvación. El Espíritu Santo es la promesa de Dios de que aquello que Él comenzó en el momento en que la persona creyó en Cristo será completado (Fil. 1:6).

Sello (2 Co. 1:22; Ef. 1:13; 4:30)

Un sello es una señal de seguridad. El Padre estampó su sello en el Hijo (Jn. 6:27). Dios pone su sello sobre los apóstoles (2 Co. 1:22). El Señor sella a los creyentes (Ef. 1:13; 4:30). El sello que Dios puso en todos los creyentes (gr. *sfragízo*) es el Espíritu Santo.

Agua (Jn. 7:38-39; Hch. 1:5; 2:33; 1 Co. 12:13 [2 veces]; Tit. 3:5-6)

Se describe al Espíritu Santo como (1) agua que da vida (Jn. 7:38-39; 1 Co. 12:13b; Tit. 3:5-6); (2) agua que permite la vida (Hch. 1:5; 2:33); y (3) agua que sustenta la vida (1 Co. 12:13a).

En 1 Corintios 12:13b, Pablo habló salvíficamente del Espíritu Santo, como el agua que uno consume (1 Co. 12:13b; cf. Jn. 4:14). Cristo habló del Espíritu Santo como ríos de agua viva (Jn. 7:38-39; cf. Ez. 36:25-27). Pablo representó al Espíritu Santo como agua que se derrama para el lavado de la regeneración (Tit. 3:5-6). En el tiempo del reino milenial de Cristo, Dios verterá su Espíritu de manera redentora sobre la casa de Israel (Is. 32:15; 44:3; Ez. 39:29; Jl. 2:28-29).

Viento (Jn. 3:8; Hch. 2:2; 2 P. 1:21)

El término griego *pneúma* puede traducirse "espíritu" (Mt. 5:3), "Espíritu" (Mt. 1:18), "viento" (Jn. 3:8) o "aliento" (Ap. 13:15), según lo determine el contexto. En Juan 3:8, Jesús comparó el fenómeno del viento a la obra del Espíritu de Dios en la salvación en que es invisible, inesperada e impredecible, aunque a la vez cumple siempre su fin de manera poderosa (cf. Ez. 37:9-14).

Lucas describió el sonido de la venida del Espíritu Santo en Pentecostés como el estruendo de un viento recio (Hch. 2:2).

Pedro describió el proceso de la realización de las Escrituras usando el viento como un emblema de la obra de inspiración del Espíritu Santo (2 P. 1:21). Así como el viento arrastra a un barco en el mar, el Espíritu Santo "inspiró" a los apóstoles a escribir el Nuevo Testamento.

MINISTERIOS DEL ESPÍRITU SANTO

El Espíritu Santo ministró a Cristo de muchas maneras significativas: profetizó sobre Él (Is. 11:1-2; 42:1-4; 61:1-3; Zac. 12:10); llevó a cabo su concepción virginal y su nacimiento (Mt. 1:18, 20; Lc. 1:34-35); lo ungió y empoderó (Mt. 3:13-17; Mr. 1:9-11; Lc. 3:21-22; Jn. 1:29-34; cf. Mt. 12:15-21; Lc. 4:17-21; también Mt. 12:28; Lc. 4:14-15; 11:20; Hch. 10:38); lo llenó y dirigió (Lc. 4:1-2; Jn. 3:34; cf. Mt. 4:1; Mr. 1:12; Lc. 4:1, 14; Hch. 1:2); lo levantó de entre los muertos (Ro. 1:4; 8:11).

De manera similar, el Espíritu también ministra al pueblo de Cristo. El Señor prometió a los discípulos que, después de su partida, Él les enviaría al "Consolador", el Espíritu Santo (Jn. 16:7). Para los creyentes, el Espíritu convence (Jn. 16:8-11), regenera (Jn. 3:5-6, 8; Tit. 3:5); ilumina (1 Co. 2:10-13); adopta (Ro. 8:15); bautiza (1 Co. 12:13); sella (2 Co. 1:22; Ef. 1:13-14; 4:30); mora en ellos (Ro. 8:9-11; 1 Co. 3:16; 6:19); enseña (Jn. 14:26; Hch. 15:28; 1 Jn. 2:20, 27); da testimonio (Hch. 5:32; Ro. 8:16; 9:1; 1 Jn. 5:6-8); empodera (Éx. 31:1-3; Jue. 13:25; Hch. 1:8); llena (Lc. 4:1; Hch. 2:4; Ef. 5:18); fortalece (Ef. 3:16); llama al ministerio (Hch. 13:2-4); santifica (Ro. 15:16; 1 Co. 6:11; 2 Ts. 2:13; 1 P. 1:2); e intercede (Ro. 8:26-27; Ef. 6:18; Jud. 20; cf. 1 Jn. 5:14-15). Además, el Espíritu Santo también es la fuente de comunión

(2 Co. 13:14; Fil. 2:1); libertad (2 Co. 3:17-18); vida y paz (Ro. 8:6); poder (Ro. 15:13; 1 Co. 2:4; Ef. 3:16); sabiduría (Is. 11:2); y unidad (Ef. 2:18; 4:3-4).

PECADOS CONTRA EL ESPÍRITU SANTO

Los creyentes pueden pecar contra el Espíritu Santo al contristarlo, mentirle, ponerlo a prueba y descuidarlo (Ef. 4:30; Hch. 5:3, 9; Gá. 3:3-6; 5:17), y apagarlo (1 Ts. 5:19).

Los incrédulos pecan contra el Espíritu Santo al blasfemarlo (Mt. 12:31; Mr. 3:29; Lc. 12:10); al rebelarse contra Él o resistirlo (Gn. 6:3; Neh. 9:30; Is. 30:1; 63:10; Hch. 7:51; Gá. 5:17); al afrentarlo o provocarlo (He. 3:10; 10:29).

Deidad y triunidad del Espíritu Santo

La deidad y la triunidad del Espíritu Santo han sido cuestionadas en ocasiones (véase también el cap. 3, "Dios Padre" y el cap. 4 "Dios Hijo"). Cuando esto ha ocurrido, se debió a que se ha hecho caso omiso al contenido de las Escrituras, ya sea por simple incredulidad o porque la lógica humana ha suplantado errónea-mente la inspirada Palabra de Dios. La Biblia enseña la deidad del Espíritu Santo.

DEIDAD

Atribuciones

En Hechos 5, Pedro confronta a Ananías y le pregunta: "¿Por qué llenó Satanás tu co-razón para que mintieses al Espíritu Santo?" (5:3). A continuación, lo acusa: "No has mentido a los hombres, sino a Dios" (5:4). El apóstol equipara el mentirle al Espíritu Santo con mentirle a Dios. De este modo identifica al Espíritu Santo como Dios.

Como las palabras de Jehová se atribuyen, en ocasiones, al Espíritu Santo (cp. Sal. 95:8-11 con He. 3:7-11; Is. 6:8-10 con Hch. 28:25-27; y Jer. 31:33-34 con He. 10:15-17), el Espíritu Santo es equiparado con Jehová.

Los cristianos son llamados "templo de Dios" (1 Co. 3:16; 6:19) porque el Espíritu Santo, que es Dios, mora en ellos (Ro. 8:9, 11; 2 Ti. 1:14).

La obra de Dios en la formación de la iglesia (1 Co. 12:18, 24, 28) también se atribuye al Espíritu Santo (1 Co. 12:11), indicando que Él es Dios.

Jesús dijo: "Cualquiera que blasfeme contra el Espíritu Santo, no tiene jamás perdón, sino que es reo de juicio eterno" (Mr. 3:29; cf. Mt. 12:31-32; Lc. 12:10). Este pasaje demuestra, de nuevo, la deidad del Espíritu Santo, dado que solo se puede blasfemar contra Dios.[2]

Atributos, acciones y asociaciones

El Espíritu Santo posee las perfecciones de Dios: eternalidad (He. 9:14); gloria (1 P. 4:14; cf. Is. 42:8; 48:11); santidad (Sal. 51:11; Is. 63:10-11; Mt. 1:18; Ro. 1:4);

---

2   Para una explicación sobre la naturaleza de la blasfemia del Espíritu Santo, véanse "La blasfemia contra el Espíritu Santo y la apostasía", más adelante (p. 197), y "El pecado imperdonable" en el cap. 6, "El hombre y el pecado" (p. 264).

omnipotencia (Gn. 1:1-2; Lc. 1:35; Ro. 1:4); omnipresencia (Sal. 139:7-10; cf. Jer. 23:24); omnisciencia (Is. 40:13; 1 Co. 2:10-11). Esas características divinas certifican que el Espíritu Santo es, ciertamente, Dios.

Las acciones del Espíritu Santo incluyen la creación (Gn. 1:2; Job 26:13; 33:4); la inspiración (2 P. 1:20-21); la regeneración (Jn. 3:5-8; Tit. 3:5) y la santificación (2 Ts. 2:13; 1 P. 1:2), y esas son las acciones de Dios.

Varios pasajes de las Escrituras asocian claramente al Espíritu Santo con los otros miembros de la Deidad: Mateo 28:19, las instrucciones para el bautismo; 1 Corintios 2:10-13, el Padre (Dios) y el Espíritu se complementan de igual manera uno al otro en la revelación, la iluminación y la interpretación de la Palabra de Dios; 2 Corintios 13:14, los tres miembros de la Deidad se mencionan y se sitúan en un plano de igualdad en esta bendición paulina trinitaria; Apocalipsis 1:4-6, esta invocación trinitaria juanina vincula al Padre, al Espíritu y al Hijo como coiguales. En Juan 14:16, 26; 15:26; 16:7, el Espíritu es llamado el "otro Consolador" (gr. *álos*, "otro del mismo tipo"), donde el otro Consolador en vista es Jesús, un miembro de la Deidad trina.

Opiniones equivocadas

Las herejías históricas más graves respecto al Espíritu Santo se dividen en dos categorías: (1) la negación de que el Espíritu Santo fuera una persona y (2) la negación de que el Espíritu Santo fuera Dios eterno que, por consiguiente, era una negación de la triunidad de Dios.

Sabelianismo. Esta herejía blasfema, que data de finales del siglo II o principios del siglo III, sugería que había un solo Dios en tres manifestaciones o modos, por lo que también es conocida como modalismo. También se la ha llamado como monarquianismo porque afirmaba radicalmente al "único Dios" (monarca; monoteísmo). Los que sostenían esta visión creían que estaban protegiendo la doctrina del único Dios de la falsa enseñanza de que había tres dioses. Al hacer eso, sin embargo, estaban rechazando la triunidad de Dios.

Arrianismo. Esta herejía de principios o mitad del siglo IV enseñaba que el único Dios creó al Hijo en la eternidad pasada quien, a su vez, creó al Espíritu Santo. Aunque esta falsa enseñanza afirmaba la personeidad tanto de Cristo como del Espíritu Santo (a diferencia del sabelianismo), negaba su deidad y, por consiguiente, la triunidad de Dios. Como el sabelianismo, el arrianismo enseñaba que la Deidad consistía en una persona con la esencia de la deidad. Esta falsa doctrina fue confrontada en el Concilio de Nicea (325 d.C.) y en el Concilio de Constantinopla (381 d.C.).

Socinianismo. Esta aberración del siglo XVI afirmaba la personeidad de Cristo, aunque negaba su deidad. Rechazaba, asimismo, la personeidad del Espíritu Santo, su deidad y, como resultado, también la triunidad de Dios. Varios movimientos unitaristas modernos afirman gran parte del socinianismo.

TRIUNIDAD[3]

La declaración doctrinal de The Master's Seminary resume así, de forma sucinta, esta preciosa verdad: "Enseñamos que solo hay un Dios vivo y verdadero (Dt. 6:4; Is. 45:5-7; 1 Co. 8:4), un Espíritu infinito y omnisciente (Jn. 4:24), perfecto en todos sus atributos, uno en esencia, que existe eternamente en tres Personas —Padre, Hijo y Espíritu Santo (Mt. 28:19; 2 Co. 13:14)— cada una de las cuales merece adoración y obediencia por igual". Hay un Dios que subsiste eternamente en tres personas distintas cosustanciales, coiguales y coeternas.

Aunque ningún texto declara ni explica la plenitud asociada con el incomprensible Dios trino (Is. 40:28), la triunidad de Dios aparece implícita y explícitamente a lo largo de la Biblia.

En varios textos del Antiguo Testamento, Dios usa el pronombre plural "nosotros" en referencia a sí mismo (cf. Gn. 1:26; 3:22-23; Is. 6:8). Esto da cabida a una pluralidad en la Deidad. El término hebreo traducido "uno" (*ekjád*) en Deuteronomio 6:4 sugiere una pluralidad, "Jehová uno es". El término (*ekjád*) transmite con frecuencia la idea de unidad en la diversidad: p. ej. Génesis 1:5, un día en dos partes, mañana y tarde; Génesis 2:24, una pareja en dos cónyuges; Éxodo 24:3, una voz en muchas personas; Éxodo 26:6, un tabernáculo en múltiples partes; Números 13:23, un racimo de muchas uvas. Por lo tanto, en Deuteronomio 6:4, *ekjád* puede entenderse como una referencia a un Dios en tres personas.

Más tarde, en el progreso de la revelación, Isaías escribe de tres personas cuando se refiere al único Dios de Israel: "me" (es decir, Cristo) envió, "Jehová el Señor" y "su Espíritu" (Is. 48:16). De manera similar, Isaías 61:1 afirma: "El Espíritu de Jehová el Señor está sobre mí", es decir, sobre Cristo y, de hecho, Cristo interpretó este texto exactamente de esa forma, en Lucas 4:18-19.

En el siguiente paso del progreso de la revelación escrita de Dios, las pruebas del Nuevo Testamento se vuelven más directas y frecuentes al mostrar que Padre, Hijo y Espíritu Santo son de la misma esencia divina y coiguales, un Dios en tres personas que expresan unidad en la diversidad. Las tres personas aparecen juntas en numerosos textos del Nuevo Testamento (véanse Mt. 3:16-17; 28:19; Lc. 1:35; Jn. 15:26; cf. 14:16, 26; 16:7-10, 14-15; Ro. 8:11; 15:30; 2 Co. 13:14; He. 9:13-14; 1 Jn. 4:2; Jud. 20-21).

Un texto clave entre los textos trinitarios es Efesios 1:3-14, que habla del involucramiento de cada persona en la salvación de los creyentes: el Padre elige (1:3-6), el Hijo redime (1:7-12) y el Espíritu sella (1:13-14).

---

3   Sección adaptada de Richard Mayhue, "Editorial: One God—Three Persons", *MSJ* 24, no. 2 (2013): 161-165. Usado con permiso de *MSJ*. Para una explicación más concienzuda de la triunidad de Dios, consúltese el cap. 3, "Dios Padre".

Con el canon completo de las Escrituras, los padres de la iglesia primitiva escribieron sobre la Trinidad con una mayor claridad. Por ejemplo, Ireneo (*ca.* 120-202 d.C.) se refirió claramente a "Dios, el Padre, no creado, más allá de toda comprensión, invisible Dios único y hacedor de todo"; y al "Verbo de Dios, el Hijo de Dios, Cristo Jesús nuestro Señor"; y al "Espíritu Santo, por medio de quien los profetas profetizaron y los patriarcas fueron adoctrinados sobre Dios". También Gregorio Nacianceno (*ca.* 330–*ca.* 389 d.C.) escribió "El Hijo no es el Padre... sin embargo es todo lo que el Padre es. El Espíritu no es el Hijo... A pesar de ello, todo lo que el Hijo es, Él es. Los tres son un todo único en su Deidad y este todo único consta de tres personalidades".[4]

Finalmente, Agustín (354-430 d.C.) escribió: "Lo que fuere que... se hable de Dios respecto a Él mismo, se pronuncia de forma individual con relación a cada persona, es decir, del Padre, del Hijo y del Espíritu Santo; y de manera conjunta de la Trinidad misma, no en forma plural, sino singular".[5] También, cuando los primeros concilios de obispos comenzaron a componer las declaraciones dogmáticas, afirmaron la verdad de la Trinidad. Por ejemplo, el Credo niceno-constantinopolitano (*ca.* 381 d.C.)[6] y el (pseudo) Credo Atanasiano (*ca.* 375-525 d.C.):

> He aquí la fe católica: veneramos a un Dios en Trinidad y a la Trinidad en unidad; sin confundir las personas, sin dividir la Sustancia [Esencia].
>
> Porque una es, en efecto, la persona del Padre, otra la del Hijo, otra la del Espíritu Santo.
>
> Pero la Deidad del Padre, el Hijo y el Espíritu Santo es toda una: una gloria igual y una misma eterna majestad.[7]

En este credo hay al menos siete líneas de pensamiento que afirman la Trinidad:

1. El Padre es Dios.
2. El Hijo es Dios.
3. El Espíritu Santo es Dios.
4. El Padre no es el Hijo.
5. El Padre no es el Espíritu Santo.

---

4   Ireneo, *Proof of the Apostolic Preaching*, trad. Joseph P. Smith, Ancient Christian Writers 16 (Londres: Longmans, Green, 1952), 50. Gregorio Nacianceno, *On God and Christ: The Five Theological Orations and Two Letters to Cledonius*, trads. Fredrick Williams y Lionel Wickham (Crestwood, NY: St. Vladimir's Seminary Press, 2002), 122-123.

5   Agustín de Hipona, *On the Holy Trinity*, en *A Select Library of the Nicene and Post-Nicene Fathers of the Christian Church*, ed. Philip Schaff (Nueva York: Charles Scribner's Sons, 1905), 3:92 (5.8.9).

6   Philip Schaff, *The Creeds of Christendom*, vol. 2, *The Greek and Latin Creeds* (Nueva York: Harper & Brothers, 1889), 58-59.

7   Schaff, *The Creeds of Christendom*, 2:66.

6. El Hijo no es el Espíritu Santo.

7. Hay exactamente un Dios.[8]

La obra del Espíritu Santo en la salvación

Las Escrituras enseñan que los beneficios salvíficos comprados por la cruz de Cristo se aplican a los creyentes a través de la obra del Espíritu Santo.[9]

LA REGENERACIÓN

Cuando el Espíritu aplica la salvación, el primer paso es la regeneración. La realidad de que todo ser humano, que alguna vez vivió, ha sufrido de mortandad espiritual es fundamental para entender la regeneración (Ro. 3:23; Ef. 2:1, 5). Solo Dios Padre, Dios Hijo y Dios Espíritu Santo pueden dar una nueva vida espiritual a aquellos que estaban anteriormente muertos en sus pecados (Ro. 8:2, 6, 10-11). La regeneración aborda, de forma directa, este acto de la gracia de Dios.

Imágenes verbales

Las Escrituras describen la regeneración mediante cuatro imágenes particulares: (1) el nacimiento espiritual, (2) la purificación espiritual, (3) la creación espiritual y (4) la resurrección espiritual.

El nacimiento espiritual (Tit. 3:5). El término griego, por lo general traducido "regeneración", es *palingenesia* —una combinación de *palin* ("de nuevo") y *genesia* ("nacido"), y así, literalmente, es "nacido de nuevo" (cf. Gá. 4:29). La palabra solo aparece dos veces en el Nuevo Testamento: Mateo 19:28 la usa para referirse al milenio como un mundo regenerado; en Tito 3:5 se refiere a la salvación. En 1 Pedro 1:3, 23 (NVI) se usa el término griego *anagennáo*, que significa de manera literal "nacido de nuevo". En Juan 3, cuando Jesús habló con Nicodemo, le dijo que era necesario "nacer de nuevo" y usó dos palabras griegas que significan literalmente "nacido de lo alto" y que se refieren a un renacer espiritual provocado por Dios, quien mora arriba (Jn. 3:3, 7; cf. Stg. 1:17). La primera epístola de Juan se refiere una y otra vez a nacer de Dios (1 Jn. 2:29; 3:9; 4:7; 5:1, 4, 18).

Purificación espiritual (Tit. 3:5). Pablo usa en dos ocasiones el término griego *loutrón* en referencia a los que están sucios de pecado (Is. 64:6) y son lavados por la regeneración (Ef. 5:26; Tit. 3:5). Después de que Pablo hace un recuento de los muchos pecados odiosos de los corintios (1 Co. 6:9-10), usa el término griego *apolóuo* para describir que son lavados, algo que él asocia a la santificación y la justificación (1 Co. 6:11).

---

8   Véase la ilustración titulada "El escudo de la Trinidad", en el cap. 3 (p. 109).

9   Para más sobre la doctrina de la salvación, en particular con respecto a la obra de regeneración del Espíritu Santo, véase cap. 7, "La salvación", esp. "El llamamiento interno: La regeneración" (p. 304).

Creación espiritual (Tit. 3:5). Pablo usa el término griego *anakaínosis,* que significa literalmente "nuevo otra vez", y que se traduce "renovación". Es una palabra compuesta que usa *kainós,* que significa "nuevo en calidad", en contraste con *néos* que quiere decir "nuevo en relación con el tiempo". En sus epístolas, Pablo empleó ambos términos para "nuevo". Al enfatizar la novedad respecto a la calidad de vida, escogió *kainós* para describir la creación redentora de Dios (2 Co. 5:17; Gá. 6:15; Ef. 4:24); cuando quería dar a entender la novedad en el tiempo de la renovación de la vida espiritual, se volcaba por *néos* (Col. 3:10). Por la regeneración en el sentido de una renovación espiritual, los cristianos tienen una nueva naturaleza (2 Co. 5:17), con nuevas capacidades espirituales (Ro. 6:18, 20; 1 Co. 12:3). El creyente regenerado ha sido agraciado con una condición incluso mejor que la que poseía Adán (antes de la caída). Adán era meramente inocente, pero el creyente es regenerado; es la recreación espiritual del Espíritu Santo en la imagen de justicia.

Resurrección espiritual (Jn. 6:63). Tanto Pablo (2 Co. 3:6) como Juan (Jn. 6:63) declaran que el Espíritu da vida. En otros lugares, las Escrituras declaran que Dios imparte vida (Jn. 5:21; Ro. 4:17; 6:13; Ef. 2:5; Col. 2:13). Juan revela que Cristo da vida (Jn. 5:21). Es obvio que hay un esfuerzo trinitario coordinado en traer vida espiritual.

El Antiguo Testamento

Es claro que los creyentes del Antiguo Testamento como los del Nuevo Testamento experimentaron la regeneración. Dado que solo aquellos que han "nacido de nuevo" —es decir, los regenerados— pueden estar en el reino de Dios (Jn. 3:3, 5, 7) y como los creyentes veterotestamentarios estaban salvíficamente en el reino de Dios, los santos del Antiguo Testamento fueron, necesariamente, creyentes regenerados. Si lo planteamos desde un ángulo diferente, dado que es imposible que un creyente sea justificado por Dios sin ser regenerado, y dado que los creyentes veterotestamentarios fueron justificados (Gn. 15:6; Ro. 4:1-12; véase Sal. 32:1-2), entonces los santos del Antiguo Testamento fueron regenerados.

Involucramiento trinitario

Los tres miembros de la Deidad estuvieron involucrados en algún aspecto de la regeneración, ya que las Escrituras afirman que los tres imparten vida: el Padre (Jn. 1:13; 2 Co. 5:17-19; Ef. 2:4-6; Col. 2:13; Stg. 1:18; 1 P. 1:3; 1 Jn. 5:11); el Hijo (Jn. 1:12; 5:21); el Espíritu Santo (Jn. 3:3, 5-7; 6:63; Tit. 3:5).

El Espíritu Santo y la Palabra de Dios

La salvación solo llega por la voluntad de Dios y no por la del hombre (Jn. 1:13; Ef. 2:8-10; Stg. 1:18). Las Escrituras enfatizan que la regeneración tiene lugar por la interacción complementaria del Espíritu de Dios (Jn. 3:3, 5-7; Gá. 3:2-3, 14; 1 Ts. 1:5; Tit. 3:5) con la Palabra de Dios (Ro. 1:16; 1 Ts. 1:5; 2:13; 1 P. 1:23).

Por consiguiente, la regeneración involucra la impartición instantánea de la vida espiritual eterna, por parte del Dios trino, a las personas que estaban antes espiritualmente muertas, pero que han aceptado a Cristo por fe, por la gracia de Dios. Este acto de gracia eficaz se efectúa en su totalidad por el Espíritu Santo a través de la Palabra de Dios.

La blasfemia contra el Espíritu Santo y la apostasía

Las Escrituras identifican dos casos en los que las personas se excluyen decisivamente de la obra regeneradora del Espíritu. En primer lugar, están los que cometen el pecado irremisible o imperdonable de la blasfemia contra el Espíritu Santo (Mt. 12:31-32: Mr. 3:28-30; Lc. 12:10). En Mateo 12, Jesús identificó el error de los fariseos de no creer en Él y de sus acusaciones contra Él (12:24) como blasfemia contra el Espíritu Santo (12:31), pues era por el Espíritu que Él realizaba sus obras de compasión y poder. Esa blasfemia es imperdonable (Mt. 12:32). El rechazo de los fariseos de aceptar lo que ellos sabían que era verdad, y sus difamatorias acusaciones en contra de Él probaban que habían pasado el punto de arrepentimiento y perdón.

En segundo lugar, las Escrituras describen a esas personas que falsifican su profesión de fe en Cristo con el término *apostasía*, un término que significa "alejarse". Esas personas exterior y temporalmente aparentan estar realmente regenerados por el Espíritu, pero como eventualmente se apartan y abandonan la fe (p. ej., He. 2:1-3; 3:7-13; 6:4-6; 2 P. 2:20) prueban que nunca fueron realmente convertidos (cf. 1 Jn. 2:19). Es imposible que quien ha abandonado de verdad la fe, a la luz de la plena revelación, sea renovado de nuevo y se arrepienta (He. 6:4-6). La apostasía consiste en el firme rechazo hacia Cristo procedente de un corazón duro y en considerar que la verdad de Dios es falsa.

Con frecuencia, la conciencia sensible de los creyentes genuinos les produce preocupación respecto a si quizás han pecado de manera tan grave que hayan cometido el pecado imperdonable o que hayan apostatado. Sin embargo, esos actos atroces de dureza de corazón y la apostasía no son las marcas de quienes aman a Cristo. Los creyentes que pecan deben seguir apartándose del pecado y confiar en la suficiencia de la vida, la muerte y la resurrección de Cristo para salvarlos de la ira de Dios. Cristo ha prometido no abandonar jamás a los suyos (Mt. 28:20; He. 13:5), ni dejar que los arranquen de Él (Jn. 10:28-29). Dios promete acabar su obra de salvación (Fil. 1:6), de modo que nada pueda separar a los verdaderos creyentes del amor de Dios en Cristo (Ro. 8:38-39). Los creyentes temerosos deben autoexaminarse, arrepentirse del pecado, acudir solo a Cristo en busca de justicia, regocijarse en la suficiencia de su amor salvador y seguirle con renovada fuerza.

EL BAUTISMO DEL ESPÍRITU SANTO

Después de que el Espíritu de Dios regenera a una persona, se producen al menos seis mejoras espirituales relevantes que involucran al Espíritu. Todas ellas suceden concurrentemente con la salvación, pero cada una de ellas es tratada de manera individual en las Escrituras:

1. Cristo *bautiza* al creyente con el Espíritu y lo integra en el cuerpo de Cristo (1 Co. 12:13).
2. El Padre *sella* al creyente con el Espíritu Santo como marca de propiedad y garantía de la salvación de uno (Ef. 1:13).
3. El Espíritu *mora* en el creyente (1 Co. 3:16).
4. El Espíritu *llena/controla* al creyente (Ef. 5:18).
5. El Espíritu *produce* fruto espiritual en la vida del creyente (Gá. 5:22-23).
6. El Espíritu *capacita* al creyente para el servicio en la iglesia (1 Co. 12:4).

Cristo prometió la venida del Espíritu (Jn. 14:16-17; Hch. 1:4-5), que tuvo lugar en Pentecostés (cincuenta días después de la Pascua), que celebraba la fiesta judía de las semanas (Éx. 34:22, también conocida como la fiesta de la cosecha, Éx. 23:16). Mientras los judíos celebraban las primicias de la cosecha física (Lv. 23:15-17), la era del nuevo pacto para la iglesia inauguró las primicias de la cosecha de salvación del Espíritu Santo (Hch. 2:1-4; cf. Ro. 8:23; Jn. 4:35).

Consideraciones bíblicas

La *expectativa* del bautismo del Espíritu aparece en los cuatro Evangelios y Hechos 1. La *experiencia* de este bautismo se inició en Hechos 2, como se nos recuerda en Hechos 11. La *explicación* del bautismo en el Espíritu vino más tarde, en 1 Corintios 12.

Expectativa. Mateo 3:11-12, Marcos 1:8, Lucas 3:16-17 y Juan 1:32-34 informan de la referencia de Juan el Bautista sobre que Cristo bautizaba con el Espíritu Santo. La preposición griega *en* debería traducirse "en" o "con", ya que esas interpretaciones se han usado con anterioridad en el sentido obvio de "por medio de", en alusión al agua.[10] Así como uno es sumergido (*baptízo*) "en", "con" o "por medio de" agua, también es bautizado "en", "con" o "por medio" del Espíritu Santo.

En estos textos aparecen tres tipos de bautismos: (1) el bautismo en agua, que indica el arrepentimiento previo; (2) el bautismo en el Espíritu, que señala la salvación y la entrada a la iglesia universal, el cuerpo de Cristo (1 Co. 12:13); y (3) el bautismo de fuego, que apunta al juicio de los incrédulos (Mt. 3:12; 25:41; Lc. 3:16; Jn. 15:6; Ap. 20:14-15).

Mientras se preparaba para ascender al cielo, desde el monte de los Olivos, el Señor les recordó a sus discípulos lo que Juan el Bautista había dicho respecto al bautismo del Espíritu y les indicó que en unos pocos días se produciría el cumplimiento inicial, mientras esperaban en Jerusalén (Hch. 1:4-5).

---

10 Daniel B. Wallace, *Greek Grammar Beyond the Basics: An Exegetical Syntax of the New Testament* (Grand Rapids, MI: Zondervan, 1996), 374.

Experiencia. En el día de Pentecostés, sucedió lo que Juan y Cristo habían anunciado previamente (Hch. 2:1-21). Lucas no lo recoge de manera explícita, sin embargo, Pedro confirmó después que fue en Pentecostés que el Espíritu "cayó sobre" los apóstoles, porque él observó que "cayó el Espíritu Santo sobre ellos [los gentiles] también, como [cayó] sobre nosotros *al principio*" (Hch. 11:15). Así, él concluyó que lo que le estaba ocurriendo a la familia de Cornelio (Hch. 10:44-46) había ocurrido en Pentecostés.

Explicación. Si bien los relatos históricos de los Evangelios y Hechos no proporcionan ninguna *explicación* respecto al significado o relevancia del bautismo del Espíritu, Pablo explicó su significado en 1 Corintios 12:13: "Porque por un solo Espíritu fuimos todos bautizados en un cuerpo, sean judíos o griegos, sean esclavos o libres; y a todos se nos dio a beber de un mismo Espíritu".

Para resumirlo, el bautismo en el Espíritu se produce cuando Jesucristo, el Señor de su iglesia, desde Pentecostés en adelante y por medio del Espíritu, coloca a los cristianos en su cuerpo, la iglesia, en el momento en que una persona deposita su fe en Cristo como Salvador y Señor. Al hacer Cristo esto, los cristianos son sumergidos en el cuerpo universal de Cristo y participan de él, por la voluntad soberana del Salvador.

Algunos eventos posteriores registrados en Hechos parecen levantar algunas pocas preguntas. Jesús les había dicho a sus discípulos que predicaran el evangelio en Jerusalén, en Judea, en Samaria y hasta lo último de la tierra (Hch. 1:8). Los apóstoles obedecieron, y los hitos de esta expansión se narran en Hechos 2; 8; 10-11; y 19. Conforme procedieron desde Jerusalén hasta Éfeso, de los judíos a los gentiles, cada progreso quedó marcado por circunstancias especiales. A medida que cada nuevo grupo era añadido a la iglesia —samaritanos (Hch. 8:14-19), gentiles (10:44-48) y creyentes del antiguo pacto (19:1-7)—, cada grupo recibía una bienvenida especial del Espíritu Santo. Los inusuales eventos y manifestaciones que aparecían en esos puntos históricos de transición tenían la intención de señalar el progreso histórico del evangelio, pero no buscaban establecer la experiencia normativa de la iglesia para todos los tiempos. Al comparar esas narrativas históricas con las secciones didácticas pertinentes de las epístolas, resulta claro que las experiencias señaladas en Hechos 2; 8; 10-11 y 19 fueron excepciones a la norma, dadas en orden para validar e ilustrar históricamente la difusión del evangelio durante el particular período de transición del judaísmo temeroso de Dios al cristianismo del nuevo pacto, como es narrado en el libro de Hechos. No han sido la expectativa y las experiencias normativas del ministerio del evangelio a lo largo de los siglos posteriores y hasta el día de hoy.[11]

11 Véase Walter C. Kaiser Jr., "The Baptism in the Holy Spirit as the Promise of the Father: A Reformed Perspective", en *Perspectives on Spirit Baptism: Five Views*, ed. Chad Owen Brand (Nashville: Broadman, 2004), 15-37.

En resumen, el bautismo del Espíritu es un acto posicional, que tiene lugar en la vida de cada cristiano junto con la regeneración. Los textos en Hechos que se refieren al bautismo del Espíritu posterior a la conversión están asociados con la naturaleza transicional del período descrito en Hechos. En 1 Corintios 12:13 se recoge la doctrina *normativa* del bautismo en el Espíritu y declara que resulta en una nueva posición en el cuerpo de Cristo para todos los cristianos, en el momento de la fe en Cristo. Por la naturaleza carnal de los cristianos corintios, a quienes iba dirigido este pasaje de Pablo, se puede deducir que no tiene necesariamente influencia alguna en la santidad subsecuente. La iglesia, el cuerpo espiritual de Cristo, se forma a medida que Cristo sumerge a los creyentes en el Espíritu y los une a todos los otros cristianos, comenzando desde Pentecostés.

EL SELLADO DEL ESPÍRITU SANTO

El Espíritu de la promesa (Ef. 1:13) ha sido dado por Dios como garantía de la futura herencia del creyente en gloria. Pablo desarrolló este tema del *sellado* usando dos términos griegos: *sfragízo,* "sellar" y *arrabón,* "arras" (2 Co. 1:21-22; 5:5; Ef. 1:13-14; 4:30). Ambos términos se originaron con un sentido secular, pero Pablo se apropió de ellos más tarde como imágenes verbales para especificar el ministerio relevante de salvación que involucra al Espíritu Santo. *Sfragízo,* o "sellar", representa una práctica antigua de colocar cera blanda en la correspondencia o la propiedad de uno, sobre la que a continuación se presionaba un sello con una marca única que identificaba, de manera inequívoca, al propietario u originador. Simbolizaba seguridad, protección, propiedad, autoridad y autenticidad. *Arrabón,* o "garantía", era un adelanto financiero o un depósito que se entregaba como prueba de buena fe de que los pagos restantes llegarían para completar una transacción de negocio. Comunicaba la idea de una promesa que fomentara certeza y seguridad.

En el contexto de la salvación, el sello apunta a que Dios es el propietario del creyente, quien ha sido comprado por precio: la sangre de Jesucristo, el Hijo de Dios (1 Co. 6:19-20). Dios sella al creyente (2 Co. 1:22; 5:5) con el Espíritu Santo, así como antes selló a Cristo (Jn. 6:27). Por tanto, el Espíritu Santo es el verdadero sello (2 Co. 1:22) que autentifica al cristiano como hijo de Dios.

Todos los verdaderos creyentes reciben el sello del Espíritu Santo, a causa de su salvación (Ro. 8:9). Así como uno es salvo por gracia, por medio de la fe en Cristo, también recibe por gracia el sello de Dios, que es el Espíritu Santo.

El propósito inmediato del sello es identificar a aquellos que un día recibirán el pleno y definitivo beneficio de la salvación, a saber, la resurrección (Ro. 8:20-23). Por esta razón, Romanos 8:23 habla de la vida presente del creyente como tener "las primicias del Espíritu", ya que hay mucho más por venir en el día futuro de la resurrección y de la redención del cuerpo del creyente (2 Co. 5:4-5; Ef. 1:14; 4:30).

El Espíritu no solo es el sello de Dios en los creyentes, sino también su garantía (2 Co. 1:22; 5:5; Ef. 1:14), promesa, adelanto y depósito que certifica con absoluta seguridad la certeza de que aquello que Dios comenzó, Él lo completará (Fil. 1:6). El Espíritu es "el Espíritu Santo de la promesa, que es las arras de nuestra herencia hasta la redención de la posesión adquirida, para alabanza de su gloria" (Ef. 1:13-14; cf. Jn. 10:28-29; Ro. 8:31-39).

La obra del Espíritu Santo en la santificación[12]

INTRODUCCIÓN[13]

Los títulos para los creyentes

El Nuevo Testamento emplea una variedad de términos para referirse a los creyentes. El término "cristiano" (gr. *cristianós*) solo aparece en tres ocasiones en las Escrituras (Hch. 11:26; 26:28; 1 P. 4:16). El término favorito en los Evangelios y en Hechos es "discípulo" (gr. *mathetés*), que aparece más de 250 veces. A lo largo del Nuevo Testamento, se usa con frecuencia "hermano" (gr. *adelfós*) y la rara aparición de "hermana" (gr. *adelfé*, Flm. 2; 2 Jn. 13). Otra expresión llamativa es "esclavo" (gr. *doúlos*), en contraste con Cristo, como "Señor" (gr. *kúrios*).

Cada uno de los cinco términos mencionados más arriba parecen bastante adecuados y obvios. Sin embargo, otra referencia al creyente no es tan obvia: "santo" (gr. *jágios*). Es la más sorprendente, enigmática y menos merecida. Escasamente usada en los Evangelios y en Hechos, "santo" es la terminología preferida en las Epístolas y en Apocalipsis.

¿Por qué "santo"? El término se centra en el atributo de santidad de Dios (cf. Is. 6:1-8) y su designio de que todos los creyentes verdaderos en Cristo demuestren y emulen cada vez más esta cualidad como su marca de autenticidad cristiana (cf. He. 12:10). El Espíritu de santidad (Ro. 1:4), al que en otros lugares se alude como el Espíritu Santo (Sal. 51:11; Is. 63:11; Mt. 1:18; Jud. 20), personifica este atributo preeminente. Al centrarse en este título para los creyentes, la explicación que sigue explorará las implicaciones salvadoras de la santificación y de la santidad cuando aparecen en textos bíblicos tan familiares como Mateo 5:48; Romanos 8:28-30; Filipenses 1:6; 1 Juan 3:2-3 y Judas 24-25.

Los tiempos de la salvación

En el Nuevo Testamento, tres grupos de palabras distintos describen de forma sinónima la salvación en términos de aquello que es pasado, presente y futuro: esos son (1) Completitud/Perfección (gr. *teleióo*, *teleíos*), (2) Salvación (gr. *sózo*, *sotería*, *sotérion*), y (3) Santificación (gr. *jagiázo*, *jagiasmós*, *jágios*). Cada grupo de palabras es usado para describir la salvación en los tres tiempos (identificados en las

---

12 Para una explicación más detallada de la santificación, consúltese el cap. 7, "La salvación".

13 Esta sección está adaptada de Richard L. Mayhue, "Sanctification: The Biblical Basics", *MSJ* 21, no. 2 (2010): 143-157. Usado con permiso de *MSJ*.

siguientes líneas por los números 1, 2 y 3). Algunos pasajes describen la salvación como un evento pasado: los creyentes han sido (1) "perfeccionados" (He. 10:14); son (2) "salvados" (Tit. 3:5); son (3) "santificados" (1 Co. 6:11). Algunos pasajes describen a la salvación como un evento presente: los creyentes (1) están experimentando la "completitud" (2 Co. 7:1); (2) se están "ocupando" de su salvación (Fil. 2:12); (3) están viendo su progresiva "santificación" (1 Ts. 4:3-4, 7). Algunos pasajes describen la salvación como un evento futuro: los creyentes (1) serán "hechos perfectos" (He. 12:22-23); (2) verán la "salvación" (Ro. 13:11); (3) serán "santifi[cados] por completo" (1 Ts. 5:23).

La enseñanza de esos versículos puede ser resumida con las siguientes observaciones:

1. "Salvación", "santificación" y "completitud"/"perfección" pueden usarse de manera sinónima en las Escrituras como grupos de palabras con una importancia salvadora relevante.
2. La salvación es una parte de la santificación en su sentido más amplio, y esta, a su vez, es parte de la salvación en su sentido más pleno.
3. Por tanto, la salvación y la santificación son inseparables. No se puede tener la una sin la otra.
4. Cada uno de estos tres grupos de palabras puede describir el pasado, el presente o el futuro.
5. Cada uno de estos tres grupos de palabras puede describir la inauguración, la continuación o la culminación en el contexto de la redención.
6. Cada uno de estos tres grupos puede describir parte de la salvación o su totalidad.
7. Las Escrituras afirman que la persona ya es aquello en lo que la persona se está convirtiendo.
8. En la Biblia se le ordena a la persona que sea ahora lo que no puede ser por completo hasta la eternidad.

Las perspectivas de la salvación respecto al tiempo

Un estudio de los siguientes versículos permitirá que las Escrituras hablen por sí mismas respecto a las tres perspectivas de la santificación con respecto al tiempo: posicional, progresiva y perfectiva.

La santificación posicional: Hechos 20:32; 26:18, 1 Corintios 1:2, 30; 6:11; Efesios 5:26; 2 Tesalonicenses 2:13; Hebreos 10:10; 1 Pedro 1:2.

La santificación progresiva: Juan 17:17; Romanos 6:19, 22; 2 Corintios 3:18; 7:1; 1 Tesalonicenses 4:3, 4, 7-8; 2 Timoteo 2:21.

La santificación perfectiva: 1 Tesalonicenses 3:13; 5:23.

En resumen, como es enseñada en las Escrituras, la santificación es la obra salvadora de Dios:

1. Inaugurada por Dios y en la que participan los tres miembros de la Deidad.
2. Continuada por Dios en esta vida hasta que se complete en el cielo.
3. Que no puede separarse de la justificación o glorificación.
4. Empoderada por la Palabra y el Espíritu de Dios.
5. Una vez iniciada, no puede perderse, detenerse ni deshacerse.
6. Que impulsa una respuesta santa de obediencia bíblica a la obra del Espíritu Santo por parte de aquellos que son santos genuinos.
7. Que no erradica el pecado del creyente hasta la glorificación.
8. Que provee una esperanza confiada en esta vida por una esperanza eterna cierta para la próxima vida.

MORADA DEL ESPÍRITU SANTO

Respecto al ministerio del Espíritu Santo al habitar en el creyente se han postulado dos visiones. Una parte propone que la forma en que el Espíritu moraba en las personas en el Antiguo Testamento es la misma que en el Nuevo Testamento.[14] La otra parte sostiene que el ministerio de residencia del Espíritu, que comenzó en Pentecostés, en Hechos 2, difería de manera relevante al del Antiguo Testamento.[15]

Primero, es adecuado echar un vistazo a lo que afirman el Antiguo y el Nuevo Testamento respecto a esta residencia del Espíritu. Una vez reunidas las pruebas se podrá alcanzar la conclusión apropiada.

Antiguo Testamento

En varias ocasiones se afirma que el Espíritu Santo moraba en creyentes del Antiguo Testamento. Primero, Josué es descrito como "varón en el cual hay espíritu" (Nm. 27:18). Segundo, el Espíritu entró en Ezequiel y lo capacitó para su ministerio profético (Ez. 2:2; 3:24). Esto parece haber sucedido en dos ocasiones separadas y significa que el Espíritu Santo partió después de la primera vez que moró en él, y regresó por segunda vez. Tercero, Pedro se refiere a un tiempo cuando el Espíritu de Cristo moraba de manera activa en los profetas del Antiguo Testamento (1 P. 1:10-11; la frase "Espíritu de Cristo" se refiere al Espíritu Santo, cf. Hch. 16:7; Ro. 8:9; Gá. 4:6; Fil. 1:19).

Se ha afirmado que el Espíritu también moró en José y en Daniel (Gn. 41:38; Dn. 4:8-9, 18; 5:11-14; 6:3). Sin embargo, este testimonio puede ser cuestionado porque vino de varios reyes paganos (Faraón, Nabucodonosor, la reina esposa de Belsazar, Belsazar y Darío), quienes no sabían nada del Espíritu Santo de Dios y, por tanto, no estaban cualificados para ser testigos expertos. Existen varios textos adicionales en el Antiguo Testamento que hablan de que Dios puso su Espíritu en

---

14 Leon J. Wood, *The Holy Spirit in the Old Testament* (Grand Rapids, MI: Zondervan, 1976), 69-70.
15 James M. Hamilton Jr., *God's Indwelling Presence: The Holy Spirit in the Old and New Testaments* (Nashville: B&H Academic, 2006).

el corazón de la nación de Israel (Ez. 11:19; 36:26-27; 37:14). Esta promesa divina será cumplida en el reino milenial de Cristo, después de su segunda venida.

En ocasiones mucho más numerosas, en lugar de hablar de que el Espíritu morara en las personas, el Antiguo Testamento indica que el Espíritu Santo venía "sobre" líderes particulares de Israel como un acto de empoderamiento. También fue este el lenguaje usado para Simeón, quien sostuvo en sus brazos a Cristo, cuando era un bebé, en el templo (Lc. 2:25-35). Este lenguaje, que impide que el Espíritu habitara en las personas, aparece en el Antiguo Testamento desde Éxodo hasta Joel (véase Éx. 31:3; 35:30-31; Nm. 11:17, 25; 24:2; Dt. 34:9; Jue. 3:10; 6:34; 11:29; 14:6, 19; 15:14; 1 S. 10:10; 11:6; 19:23; 16:13; 19:20; 1 Cr. 12:18; 2 Cr. 15:1; 20:14; 24:20; Is. 61:1; Ez. 3:24; 11:5).

En raras ocasiones, el Espíritu también reubicó físicamente a personas (1 R. 18:12; 2 R. 2:16; Ez. 3:12, 14; 8:3; 11:1, 24; 37:1; 43:5). Esto también ocurrió en la era postpentecostés con Felipe y Juan (Hch. 8:39-40; Ap. 21:10).

En resumen, la morada del Espíritu en el Antiguo Testamento era infrecuente, involucraba líderes selectos de Israel, era temporal e involucraba el empoderamiento para un servicio específico.

Nuevo Testamento

Los términos griegos *oikéo, enoikéo* y *katoiketérion* describen al Espíritu Santo como "morando en" los verdaderos creyentes. Sin esta residencia del Espíritu Santo, una persona no es un verdadero creyente (Ro. 8:9; Jud. 19). Los seis pasajes claves que explican que el Espíritu mora en los creyentes incluyen Romanos 8:9, 11; 1 Corintios 3:16; 6:19; Efesios 2:22 y 2 Timoteo 1:14. Tomados en contexto, todos los usos, excepto uno, se refieren a los creyentes como *individuos*. Sin embargo, Efesios 2:22 parece referirse a una residencia tanto en sentido individual como colectivo, y alude al cuerpo de Cristo, la iglesia.

Las principales características de esa residencia en el Nuevo Testamento se pueden resumir como sigue:

1. Siempre comienza en la salvación.
2. Incluye a todos los creyentes de forma individual.
3. Es permanente.
4. Es cohesiva en el sentido colectivo de la iglesia universal.
5. Es un empoderamiento para un vivir santo y un servicio productivo.

Al comparar las cualidades del morar del Espíritu en el Antiguo Testamento con sus distintivos en el Nuevo Testamento, se pueden observar unos contrastes muy claros. Entonces, ¿el Espíritu Santo moraba en los santos del Antiguo Testamento y en los creyentes del Nuevo Testamento de la misma manera?

¿Moró el Espíritu Santo de forma idéntica en los creyentes del Antiguo y del Nuevo Testamento?

Parece seguro que el Espíritu Santo no moró en los creyentes del Antiguo Testamento del mismo modo que en los creyentes en Pentecostés y más adelante, por las siguientes razones:

1. Las diferentes características que se han mencionado más arriba muestran un contraste entre cómo moró el Espíritu en los creyentes en el Antiguo Testamento y en el Nuevo.

2. Aunque todos los creyentes del Antiguo Testamento, como los del Nuevo, fueron regenerados por el poder del Espíritu de Dios, en ningún lugar las Escrituras enseñan que dicha residencia del Espíritu Santo fuera un componente necesario de la salvación en el Antiguo Testamento.

3. En Juan 7:39, Jesús afirmó de manera explícita que el Espíritu Santo no había sido dado todavía en el sentido del bautismo, de la residencia y de la llenura del Espíritu para todos los creyentes.

4. En Juan 14:17, Cristo dijo del Espíritu Santo: "…porque mora con vosotros, y estará en vosotros". El verbo griego *méno,* traducido aquí "mora", se vertería de forma más adecuada como "permanecer", ya que no se usa *oikéo, enoikéo* ni *katoiketérion.* Por lo tanto, Jesús les dijo que mientras que en el futuro (postpentecostés) el Espíritu "estará *en*" los creyentes, en el presente Él solo "mora *con*" ellos.

5. En Juan 13–17, Jesús les dijo a los discípulos que esperaran que ocurriera algo relevante, porque cuando Él partiera, sería enviado el Espíritu Santo en su lugar. El antiguo pacto estaba siendo sustituido por el nuevo (Hebreos 8). La morada del Espíritu Santo formaría parte del nuevo.

6. No habría necesidad de que las Escrituras hablaran de forma explícita de las pocas personas en las que moró el Espíritu en el Antiguo Testamento, si Él hubiera residido en todos los santos del Antiguo Testamento.

7. En 1 Samuel 16:14 se dice que el Espíritu Santo se apartó de Saúl y, en Salmos 51:11, David ora para que Dios no aparte su Espíritu Santo de él. Estos pasajes parecen tener mayor sentido si uno entiende que hablan del empoderamiento del Espíritu Santo y no de la salvación.

8. El morar del Espíritu en los creyentes en el Nuevo Testamento no solo alude a individuos, sino también a la iglesia de forma corporativa. Dado que esta no se inició hasta Pentecostés, el Antiguo Testamento no habría tenido algo así como el morar del Espíritu en el Nuevo Testamento.

LLENURA DEL ESPÍRITU

El ministerio de la llenura del Espíritu Santo tuvo lugar tanto en el Antiguo como en el Nuevo Testamento. Las referencias a la llenura del Espíritu se encuentran, por primera vez, en Éxodo 31:3 y, por última vez, en Colosenses 1:9. Hay tres períodos que revelan las variaciones de énfasis y de manifestación: (1) prepentecostés (de Génesis a Juan, *ca.* 1440 a.C.–30 d.C.), (2) Pentecostés (Hechos 1–2, 30 d.C.), y (3) postpentecostés (Hechos 3 hasta el rapto, 30 d.C. hasta el rapto).

El término hebreo *malé* (gr. *empíplemi* [Septuaginta]) se usa en el Antiguo Testamento. El Nuevo Testamento emplea tres términos griegos, pero de significado muy similar: (1) *pímplemi,* (2) *pléres* y (3) *pleróo.* Todas estas palabras conllevan la idea básica de dominio o de control total. Cuando describen la obra del Espíritu Santo, transmiten la idea general de la soberanía divina como la causa y la sumisión humana como el efecto.

Prepentecostés

Antiguo Testamento. Con respecto al ministerio de la llenura del Espíritu Santo, la era prepentecostés puede dividirse en dos amplios períodos. El primero abarca todo el Antiguo Testamento.

Ocasiones. Menciones de "llenura" que se produjeron durante (1) la construcción del tabernáculo (Éx. 31:2-3; 35:31-35, *ca.* 1444 a.C.), (2) el liderazgo de Josué (Dt. 34:9, *ca.* 1405 a.C.), (3) la edificación del templo de Salomón (1 R. 7:14, 40, 45, *ca.* 966 a.C.), y (4) el ministerio de Miqueas (Mi. 3:8 [cf. Zac. 4:6], *ca.* 700 a.C.).

Observaciones. Las ocasiones de llenura en el Antiguo Testamento fueron notablemente infrecuentes e implicaron la preparación o capacitación de líderes escogidos para que llevaran a cabo los planes de Dios en momentos especiales de la historia de Israel. Ninguno de estos acontecimientos de llenura involucró un carácter producido por el Espíritu. La llenura del Espíritu Santo es muy parecida a estas otras descripciones del Antiguo Testamento: "sobre los cuales también reposó el espíritu" (Nm. 11:26), Jehová "pus[o] su espíritu sobre ellos" (Nm. 11:29) y "el Espíritu de Dios vino sobre él" (Nm. 24:2).

Los Evangelios. El segundo período anterior a Pentecostés es la época del ministerio de Jesús.

Ocasiones. La "llenura" se menciona, de forma explícita, tan solo cuatro veces en los Evangelios, todas ellas en Lucas. Juan el Bautista (Lc. 1:15); Elisabet (Lc. 1:41); Zacarías (Lc. 1:67) y Cristo (Lc. 4:1; cf. Lc. 3:22). En dos instancias hay una llenura implícita: Jesús (implícitamente) "llenado" siendo niño (Lc. 2:40); Cristo (implícitamente) llevó a cabo una llenura cuando sopló sobre los discípulos y dijo: "Recibid el Espíritu Santo" (Jn. 20:22). Este acto se puede entender como la promesa de Cristo de que el Espíritu Santo vendría en Pentecostés, tal como Él había prometido (Jn. 14:26-27; Hch. 1:4; 2:4).

Observaciones. Como en el Antiguo Testamento, en los Evangelios la llenura solo involucraba la capacitación del Espíritu a individuos escogidos para un ministerio muy único, que no se repetiría. Desde la primera mención veterotestamentaria de la "llenura" hasta la última mención en los Evangelios —todo el período prepentecostés, que duró unos 1475 años—, solo se cita a nueve individuos (excepto los once discípulos) como personas que fueron llenadas por el Espíritu Santo. Claramente, los casos de llenura del Espíritu antes de Pentecostés eran poco comunes, limitados y muy excepcionales.

Pentecostés

Ocasión. Después de la resurrección de Cristo y su ascensión al cielo (Hch. 1:1-11), los Once (a los que más tarde se les uniría Matías, Hch. 1:13, 15-26), miembros de la familia (Hch. 1:14) y otros creyentes (Hch. 1:15) se reunieron en Jerusalén para esperar y orar por aquello que Cristo prometió en el aposento alto (Jn. 13–17) y en Hechos 1:4-5, respecto al inminente ministerio del Espíritu Santo.

El Espíritu Santo llegó el día de Pentecostés (Hch. 2:1-4), y los ciento veinte creyentes fueron bautizados por Cristo con el Espíritu Santo y los añadió a la iglesia (véase "El bautismo" [p. 415]; 1 Co. 12:13). Comenzó una nueva fase del programa de Dios (de Israel a la iglesia). Aquellos 120 fueron llenos del Espíritu Santo (Hch. 2:3-4) y fueron capacitados por el Espíritu para hablar en otras lenguas que no habían conocido antes (Hch. 2:4-12). Además, todos fueron llenos del Espíritu Santo en el sentido del carácter producido por el Espíritu (cf. Ef. 5:18-21).

Observaciones. La capacitación especial del Espíritu continuó, como había sido el patrón histórico, pero en Pentecostés, la llenura se convirtió en la experiencia de todos los cristianos y no solo de unos cuantos individuos escogidos para ocasiones especiales. Una nueva dimensión que involucraba el carácter producido por el Espíritu para todos los cristianos también empezó en Pentecostés (Ef. 5:18-21).

Pospentecostés

El Espíritu Santo continuó capacitando a individuos escogidos y varios grupos selectos de personas para el ministerio, hasta el primer viaje misionero de Pablo inclusive (Hch. 11:24; 13:9, 52). Se puede asumir que el Espíritu Santo siguió produciendo carácter piadoso en todos los cristianos (cf. Ef. 5:18-21).

Hasta *ca*. 48 d.C. El período que comienza en Pentecostés y cubre el primer viaje misionero de Pablo, proporciona ilustraciones adicionales de la llenura del Espíritu en la era de la iglesia. Las Escrituras registran ocho ocasiones de capacitación del Espíritu Santo, desde el 30 al 48 d.C.: Pedro (Hch. 4:8); cristianos (Hch. 4:31); los siete (Hch. 6:3, 5); Esteban (Hch. 7:55; cf. 6:10); Pablo (Hch. 9:17); Bernabé (Hch. 11:24); Pablo (Hch. 13:9-11); Pablo, Bernabé y otros (Hch. 13:52).

48 d.C. y años subsiguientes. Desde Hechos 14 hasta Apocalipsis 22, no hay mención alguna de "llenura" relacionada con la capacitación o el equipamiento, como había sido el caso en el Antiguo Testamento, los Evangelios, Pentecostés, el período posterior a Pentecostés y durante el primer viaje misionero. Se asume, por tanto, que la "llenura" descrita en Efesios 5:18-21 prevaleció como forma exclusiva de llenura, que comenzó con el segundo viaje misionero que se inició en Hechos 14.

Efesios 5:18-21.[16] Pablo escribió: "No os embriaguéis con vino, en lo cual hay disolución; antes bien sed llenos del Espíritu" (5:18). El apóstol empezó explicando lo que *no* es ser lleno.

En primer lugar, ser lleno del Espíritu Santo no es una experiencia dramática de ser vigorizado y espiritualizado en un estado de piedad avanzada; no es un efecto temporal que resulta en experiencias de éxtasis. En el otro extremo, no es una noción de intentar hacer de forma estoica lo que Dios quiere que hagamos, con la bendición del Espíritu Santo, con nuestras propias fuerzas. No es lo mismo que poseer el Espíritu Santo o ser habitado por Él (porque Él habita en todo creyente en el momento de la salvación; cf. Ro 8:9). Tampoco describe el proceso de recibirlo progresivamente, por grados. Todos los cristianos no solo poseen el Espíritu Santo, sino que lo tienen en su plenitud. Ser lleno del Espíritu no es lo mismo que el bautismo del Espíritu (véase arriba 1 Co. 12:13 y el bautismo del Espíritu). Por último, ser lleno del Espíritu no es lo mismo que estar sellado o asegurado por Él. Esto es un hecho consumado (Ef. 1:13). En ningún sitio se les ordena a los creyentes o se les exhorta a que el Espíritu Santo more en ellos, que sean bautizados o sellados por Él. El único mandamiento es "sed llenos".

Por otra parte, Pablo usa el término "llenar" con respecto a la salvación en Filipenses 1:11 ("fruto de justicia"; cf. Stg. 3:18). Emplea, asimismo, "llenar" para explicar la santificación en Efesios 5:18-21 (cf. Col. 1:9-10). Efesios 1:23 y 3:19 son ecos de 5:18, aunque Romanos 15:13-14 y Colosenses 3:12–4:6 son paralelos al contexto más amplio de Efesios 5:15–6:9. El enfoque de Pablo es que da por sentada la salvación de los efesios y en 5:18-21 explica la responsabilidad que tienen en el proceso de santificación de ser llenos del Espíritu.

Mandamiento. A diferencia de todas las menciones anteriores de la "llenura" del Espíritu, en Efesios 5:18, Pablo ordena a los creyentes que *sigan* siendo llenados o controlados por el Espíritu Santo; emplea el imperativo para insistir en que se sometan de forma continua al control del Espíritu Santo, porque es la voluntad de Dios (Ef. 5:17).

Condiciones. Los cristianos obedecen este mandamiento al no entristecer al Espíritu Santo (Ef. 4:30) o apagarlo (1 Ts. 5:19) con hábitos pecaminosos (Ef. 5:18) o mentirle (Hch. 5:3, 9).

Los cristianos necesitan caminar con sabiduría (Ef. 5:15), y caminar y vivir en el Espíritu (Gá. 5:16, 25), que es por la Palabra de Dios, aplicada por el Espíritu de Dios. Conocer las Escrituras produce el efecto de ser lleno del Espíritu (cf. Col. 3:12–4:6 con Ef. 5:15–6:9).

Confirmaciones. La principal característica de la salvación de uno y la

---

16 Esta sección está adaptada de John MacArthur, *Efesios*, CMNT (Grand Rapids: Editorial Portavoz, 2002), 283-284.

santificación posterior es una obediencia constante, habitual y creciente a la Palabra de Dios, que está empoderada por la habitación del Espíritu Santo. Efesios 5:19–6:9 ilustra algunos detalles principales. La evidencia de la llenura incluye ofrecer una respuesta continua y agradecida al Señor, independientemente de las propias circunstancias de la vida (Ef. 5:20; cf. 1 Ts. 5:18). También incluye vivir en una relación humilde con otros, incluyendo a otros cristianos (Ef. 5:21), las esposas con sus maridos (Ef. 5:22-24), los maridos con sus esposas (Ef. 5:25-33), los hijos con los padres (Ef. 6:1-3), los padres con los hijos (Ef. 6:4), los empleados con sus jefes (Ef. 6:5-8) y los patrones con sus empleados (Ef. 6:9.)

Todos los indicadores representativos de Efesios 5–6 se amplían en otros textos neotestamentarios como 1 Corintios 13:4-7; Gálatas 5:22-23 y 2 Pedro 1:5-11.

EL FRUTO DEL ESPÍRITU

Vivir por el Espíritu produce fruto (Gá. 5:22-23; cf. Jn. 15; Fil. 1:11). Pablo escribió extensamente sobre la obra del Espíritu en Gálatas. Primero explicó la obra de salvación del Espíritu Santo (Gá. 3:2-3, 5, 14; 4:6, 29; 5:5) y prosiguió con la obra de santificación del Espíritu Santo (Gá. 5:16-18, 22-25). Allí compara las obras de la carne (Gá. 5:19-21) con el fruto del Espíritu (Gá. 5:22-23). Más tarde, en Efesios, habló de forma similar de los hechos infructuosos de las tinieblas (Ef. 5:3-7, 11) y los comparó con el fruto de la luz (Ef. 5:8-9).

En general, el fruto producido por el Espíritu puede definirse como el pensamiento y la vida cristianos en obediencia a las Escrituras, que honra a Dios. Se puede clasificar en seis categorías:

1. Fruto de actitudes (Gá. 5:22-23; Ef. 5:9)
2. Fruto de acciones (Col. 1:10; Tit. 3:8, 14)
3. Fruto de adoración (He. 13:15)
4. Fruto de hablar el evangelio (Ro. 1:13; Col. 1:5-6)
5. Fruto de decir la verdad (Ef. 5:9; 1 Jn. 4:2)
6. Fruto de dar en abundancia (Ro. 15:26-28; 2 Co. 9:6-8, 13; Fil. 4:17)

A los gálatas se les instó a "andar en el Espíritu" (Gá. 5:16, 25), a ser "guiados por el Espíritu" (Gá. 5:18), a producir "el fruto del Espíritu" (Gá. 5:22-23) y, al actuar así, a "vivir por el Espíritu" (Gá. 5:25). Fruto (gr. *karpós*), en Gálatas 5:22, es singular, no plural, por cuanto los verdaderos creyentes manifestarán todos estos elementos de manera simultánea. Las nueve cualidades representativas (Gá. 5:23, "tales cosas") se refieren a toda la obra de la labor santificadora del Espíritu en la vida de aquel que ha sido declarado justo por fe en el Señor Jesucristo. Esta imagen es de una clase similar a las quince facetas del diamante denominado "amor" en 1 Corintios 13:4-7, las cualidades de un anciano (1 Ti. 3:1-7; Tit. 1:6-9) y las cualidades encomiadas y ordenadas a los creyentes en Cristo (Col. 3:12-17; 2 P. 1:5-11).

No es de sorprender que Pablo empiece su explicación del fruto espiritual con la característica del amor (Jn. 13:35; cf. 15:8).

Amor. La muerte sustitutiva de Cristo proveyó el ejemplo supremo de amor (gr. *agápe*). Afirmó: "Nadie tiene mayor amor que este, que uno ponga su vida por sus amigos" (Jn. 15:13). Pablo exigió que este amor supremo fuera la característica del amor de un marido por su esposa: "Maridos, amad a vuestras mujeres, así como Cristo amó a la iglesia, y se entregó a sí mismo por ella" (Ef. 5:25). Primera Corintios 13:8 promete que "el amor nunca deja de ser".

Así, el amor es un atributo divino comunicable, que es central del carácter del Padre (1 Jn. 4:8), exhibido por Cristo en la cruz y facultado en los creyentes por el Espíritu Santo. El amor puede definirse ampliamente como el compromiso consciente, sacrificial y volitivo por el bienestar de otra persona, en obediencia a la Palabra de Dios (2 Jn. 6), independientemente de la respuesta de esa persona o de lo que uno recibe o no del otro, o de lo que nos cueste ese amor.

Gozo.[17] El gozo (gr. *jará*) es una felicidad basada en las inalterables promesas divinas y las eternas realidades espirituales. Es la sensación de bienestar que se experimenta cuando se sabe que todo está bien entre uno mismo y el Señor (1 P. 1:8). El gozo no es el resultado de circunstancias favorables, sino un agradecimiento profundo, interno y perdurable a Dios por su bondad, que no disminuye ni se interrumpe incluso en las circunstancias más dolorosas y graves (Jn. 16:20-22; 1 Ts. 1:6). El gozo es un regalo de Dios y, como tal, los creyentes no deben "inventarlo", sino que han de deleitarse en las bendiciones que ya poseen (Fil. 4:4).

Paz.[18] El resultado de la paz (gr. *eiréne*) es una respuesta ordenada, resuelta y tranquila a cualquier cosa que la vida ponga por delante (Fil. 4:6). La paz que produce el Espíritu Santo sobrepasa el entendimiento humano (Fil. 4:6), es una calma interior que resulta de la confianza en la relación salvadora de uno con Cristo. La forma verbal del término griego denota unión y se refleja en la expresión "tenerlo todo bajo control". La paz, como el gozo, no está determinada por las circunstancias propias (Jn. 14:27; Ro. 8:28; Fil. 4:7, 9).

Paciencia. La paciencia (gr. *makrothumía*) implica un autocontrol que no toma represalias de forma reactiva. Soporta los agravios infligidos por otros, sin necesidad de venganza y acepta de buen grado las situaciones irritantes o dolorosas.

---

17 Esta sección está adaptada de John MacArthur, ed., *The MacArthur Study Bible: English Standard Version* (Wheaton, IL: Crossway, 2010), 1751. Las tablas y las notas de *The MacArthur Study Bible: English Standard* proceden de *The MacArthur Study Bible*, copyright © 1997 por Thomas Nelson. Usadas con permiso de Thomas Nelson/HarperCollins Christian Publishing.

18 Esta sección está adaptada de MacArthur, *The MacArthur Study Bible: English Standard Version*, 1751. Usada con permiso de Thomas Nelson/HarperCollins Christian Publishing.

Ser sufrido es el término que capta el sentido básico. Pablo manifestó paciencia (2 Co. 6:1-10, esp. 6:6), y tanto Santiago (Stg. 5:7-11) como Pedro (1 P. 3:20; 2 P. 3:15) elogiaron el fruto de la paciencia.

Benignidad. La benignidad (gr. *jrestótes*) se expresa como una tierna y amable preocupación por los demás que activamente busca formas de servirles. El Padre (Ro. 2:4; Tit. 3:4) y el Hijo (Mt. 11:30) exhibieron benignidad en el acto de la salvación. Los creyentes deben ser benignos los unos con los otros (Ef. 4:32; Col. 3:12) y deben encomendarse a los demás por medio de la benignidad (2 Co. 6:6).

Bondad. La bondad (gr. *agathosúne*) manifiesta una capacidad activamente determinada de tratar con las personas buscando el mejor interés de la gloria de Dios, incluso cuando se requiere la confrontación y la corrección. La bondad está asociada al "fruto de la luz" (Ef. 5:8-9). El término griego para "bondad" no aparece en ningún lugar de la literatura griega, excepto en la Biblia, donde se afirma, en la traducción del Antiguo Testamento, la Septuaginta, que la "bondad" es un atributo de Dios (Neh. 9:25).

Fe. La fe (gr. *pístis*) es un compromiso interno que se expresa, de manera consistente, como una lealtad externa que permanece fidedigna respecto a las propias convicciones espirituales. El capítulo once de Hebreos hace un recuento de la fe y la fidelidad de los santos del Antiguo Testamento. Dios ejemplifica la fidelidad en su propio carácter divino (Ro. 3:3). Y, en la septuagésima semana de Daniel, se insta a los santos a ser fieles frente a un posible martirio (Ap. 13:10; 14:12).

Mansedumbre. La mansedumbre (gr. *praútes*), a veces se traduce como "docilidad", describe básicamente la fuerza controlada expresada por un corazón humilde. En su antiguo sentido secular, el término griego significaba una suave brisa o una bestia domada, es decir, la fuerza utilizada para bien y no para mal. Pablo calificó así a Cristo (2 Co. 10:1; cf. Mt. 11:29). La mansedumbre describe tres actitudes: (1) sumisión a la voluntad de Dios (Col. 3:12); (2) educabilidad (Stg. 1:21) y (3) consideración por los demás (Ef. 4:2).

Templanza. El autocontrol (gr. *enkráteia*), que significa literalmente "en fuerza", se refiere a un control interno de los apetitos y las pasiones que resulta en un dominio espiritual que se somete de manera consistente a la causa mayor de la voluntad de Dios, y no la del hombre. Es una cualidad elogiada de la piedad (2 P. 1:6), una con la que Pablo describió la disciplina de un atleta ganador (1 Co. 9:25). Para la iglesia de Creta, pastoreada por Tito, Pablo incluyó la práctica sistemática de esta cualidad como uno de los rasgos del anciano (Tit. 1:8).

En resumen, el Nuevo Testamento usa el simbolismo del fruto para comparar a los cristianos con los que no lo son y que carecen de la obra de santificación del Espíritu

Santo. En primer lugar, la carencia de fruto identifica al incrédulo, mientras que la abundancia del mismo autentifica al verdadero creyente (Mt. 13:18-23; esp. 13:23; Jn. 15:2-6). En segundo lugar, los creyentes producen buen fruto, mientras que los incrédulos producen un fruto podrido (Mt. 7:16-20; 12:33; Lc. 6:43-44; Gá. 5:19-23).

Los dones espirituales en el servicio a la iglesia

En el Nuevo Testamento todo creyente está dotado para servir en el cuerpo de Cristo, la iglesia.

Varias palabras griegas del Nuevo Testamento nos ayudan a explicar cómo funciona esto. Primero, *járis* (Ro. 12:6; 1 P. 4:10), por lo general traducida "gracia", indica un favor inmerecido o no ganado. Es la base para el término *járisma* (Ro. 11:29; 12:6; 1 Co. 1:7; 12:4, 9, 28, 30-31; Ef. 4:7; 1 P. 4:10), que significa "don de gracia". Ambas palabras se usan juntas en Romanos 12:6 y en 1 Pedro 4:10 para proveer el sentido más pleno de los dones espirituales de la iglesia. En segundo lugar, *pneumatikós,* usado en 1 Corintios 12:1 y 14:1 en el contexto de los dones, añade la dimensión de ser *espiritual* en contraste con ser *natural* (cf. *psujikós* en 1 Co. 2:14-15; 15:46). En otras palabras, son dones asociados con el Espíritu Santo, que tienen una naturaleza espiritual y que son dados con un propósito espiritual. Finalmente, *merismós* (He. 2:4) transmite la idea de que el originador y el distribuidor de estos dones es Dios y no los seres humanos.

Los dones espirituales del Nuevo Testamento tienen un sentido trinitario. Dios Padre ha planeado y asignado los dones (1 Co. 12:18, 28). Dios Hijo ha provisto estos dones (Ef. 4:7-8, 11). Dios Espíritu Santo mora en el creyente y empodera a las personas con dones espirituales (1 Co. 12:11). Las tres personas de la Deidad están involucradas (1 Co. 12:4-6).

VISIÓN GENERAL DE LOS DONES

En el Nuevo Testamento se pueden encontrar al menos siete listas de dones. No hay dos iguales; por tanto, son representativas, no exhaustivas: véanse 1 Corintios 12–13, Romanos 12, Efesios 4 y 1 Pedro 4.

Aunque las listas exponen principalmente los dones dados por el Espíritu Santo, varias de ellas hablan tanto de los dones como de las funciones con los dones. Los apóstoles, los profetas y los maestros están incluidos con los dones en 1 Corintios 12:28-30. Por el contrario, Efesios 4:11 enumera exclusivamente a apóstoles, profetas, evangelistas y pastores/maestros.

Las siguientes observaciones constituyen algunas de las descripciones y conclusiones más importantes de la revelación de Dios respecto a los dones espirituales:

1. La salvación es un don *járisma*, es decir, un don inmerecido por la gracia de Dios (Ro. 6:23; Ef. 2:8; Tit. 2:11).
2. El Espíritu Santo es también un don *járisma*, es decir, un don inmerecido

por la gracia de Dios (Ro. 5:5; 1 Ts. 4:8; 1 Jn. 3:24; 4:13; cf. Hch. 2:38; 10:45; He. 6:4).

3. Como el bautismo del Espíritu, los dones espirituales acompañan a la salvación.

4. La voluntad de Dios, y no la de los seres humanos, determina los dones individuales (1 Co. 12:11, 18, 24; He. 2:4).

5. Los dones espirituales son permanentes e irrevocables (Ro. 11:29).

6. Los dones espirituales recibidos con la salvación deben distinguirse de los talentos naturales que se poseen desde el nacimiento físico (1 Co. 12:11). Sin embargo, el Espíritu Santo puede, con toda certeza, usar ambos tipos de dones para sus propios propósitos divinos.

7. Los dones espirituales solos no hacen necesariamente espiritual al cristiano, como queda demostrado por la iglesia corintia (1 Co. 14:20). El carácter espiritual es la prioridad suprema (Col. 1:28).

8. Todos los cristianos, sin excepción, tienen dones (1 Co. 12:7, 11; Ef. 4:7; 1 P. 4:10) y pueden ser más de uno, con el resultado de una combinación única de dones.

9. El Espíritu Santo produce una variedad de dones (1 Co. 12:4), que los cristianos emplean en toda una diversidad de ministerios (1 Co. 12:5-6) y de resultados (1 Co. 12:6).

10. Los dones individuales mejoran el bien corporativo (1 Co. 12:7), por medio del servicio de los cristianos entre sí (1 P. 4:10).

11. Los dones han de ejercerse en amor (1 Co. 13:8, 13), porque sin amor es inútil la práctica de los dones (1 Co. 13:1-3).

12. Los dones difieren según la gracia recibida de Dios (Ro. 12:6; Ef. 4:7) y deben ser ministrados por los cristianos como buenos administradores de la gracia de Dios (1 P. 4:10).

13. Las Escrituras ordenan a los cristianos que ejerzan sus dones (Ro. 12:6; Ef. 4:11-14) como una responsabilidad y una obligación.

14. El propósito principal de los dones permanentes es para la edificación de la iglesia (1 Co. 14:4-5, 12, 17, 26; cf. Ef. 4:12-13).

15. El productivo ejercicio de los dones propios dan gloria a Dios (1 P. 4:11).

DONES TEMPORALES (REVELADORES/CONFIRMATORIOS)[19]

La siguiente explicación aborda tanto los dones temporales que cesaron con la era apostólica[20] como los dones permanentes que siguen hasta el final de la era de la igle-

---

19 Gran parte de la siguiente exposición sobre milagros y dones temporales está adaptada de Richard Mayhue, *The Healing Promise: Is It Always God's Will to Heal?* (Fearn, Ross-shire, Escocia: Mentor, 1997), 167-172. Usado con permiso de Christian Focus.

20 Para una explicación más detallada respecto a los dones temporales específicos y su cese, consulte el cap. 9, "La iglesia". Consulte también los artículos de los dos números de *Master's Seminary*

sia. Las siete listas de dones recogen estos dones temporales y permanentes de tres maneras. En primer lugar, dos listas enfatizan los dones temporales (1 Co. 12:8-10; 13:8-9). En segundo lugar, dos listas se enfocan en los dones permanentes (Ro. 12:6-8; 1 P. 4:10-11). Finalmente, tres listas enumeran una combinación de dones temporales y permanentes (1 Co. 12:28-30; 13:1-3; Ef. 4:11). Los dones temporales sirvieron tanto para propósitos reveladores como confirmatorios al autentificar a los mensajeros especiales de Dios y la inauguración de la era del nuevo pacto.

En primer lugar, consideremos el inspirado comentario de Pedro en Hechos 2:22: "Varones israelitas, oíd estas palabras: Jesús nazareno, varón aprobado por Dios entre vosotros con las maravillas, prodigios y señales que Dios hizo entre vosotros por medio de él, como vosotros mismos sabéis". Aquí, Pedro se hace básicamente eco de Cristo, quien aseveró que sus obras certificaban su afirmación de su deidad y de ser el Mesías (Jn. 11:47-48).

En segundo lugar, Pablo hizo una declaración directa sobre los milagros en relación con los apóstoles en 2 Corintios 12:12. Él observó que las marcas (*semeía*) de un apóstol eran señales, prodigios y milagros: fenómenos sobrenaturales para autentificar al mensajero apostólico y, así, validar su mensaje (Hch. 2:43; 5:12; Ro. 15:19; He. 2:1-4). Esto es similar a los profetas del Antiguo Testamento: Dios cumplió los mensajes de los profetas y llevó a cabo milagros a través de ellos (cf. Dt. 13:1-5; 18:21-22) para distinguir entre los profetas verdaderos y los falsos.

En tercer lugar, el autor de Hebreos (He. 2:3-4) sostuvo que Dios usó milagros para autentificar el mensaje de la salvación.

Estos pasajes enseñan que el principal propósito de Dios para los milagros era *autentificar a sus mensajeros (profetas y apóstoles), porque eran portadores de la revelación verdadera de Dios.* Esto es así tanto para dones temporales de revelación, como para los dones temporales de confirmación.

El modelo bíblico de milagros autentificadores

La revisión de la historia bíblica revela tres períodos principales durante los cuales Dios realizó milagros por medio de personas. En comparación, tales milagros, realizados a través de agentes humanos, solo sucedieron raras veces en otras eras. Estos tres períodos principales son los siguientes:

1. Los ministerios de Moisés y Josué, *ca.* 1450–1390 a.C.
2. Los ministerios de Elías y Eliseo, *ca.* 860–800 a.C.
3. Los ministerios de Cristo y sus apóstoles, *ca.* 30–60 d.C.

Aun así, en aquellos períodos, los milagros no fueron la norma para todos los siervos de Dios. Al referirse a Juan el Bautista, el Señor declaró: "Os digo que entre

Journal dedicado al cesacionismo y a los dones reveladores: *MSJ* 14, no. 2 (2003): 143-327, y *MSJ* 25, no. 2 (2014): 17-93.

los nacidos de mujeres, no hay mayor profeta que Juan el Bautista; pero el más pequeño en el reino de Dios es mayor que él" (Lc. 7:28). A pesar de ello, el apóstol Juan escribe sobre el Bautista: "Juan, a la verdad, ninguna señal hizo; pero todo lo que Juan dijo de este, era verdad" (Jn. 10:41). Más tarde, el mensaje de Juan fue reivindicado por los milagros de Cristo. Por tanto, la estatura de un hombre de Dios no se demostraba principalmente mediante señales y milagros, sino por la veracidad del mensaje.

Advertencia de la historia extrabíblica

Los informes de milagros no se limitan a la historia bíblica o incluso al cristianismo. En realidad, si el mero número de los supuestos milagros se usara para medir la autenticidad de una religión, el cristianismo verdadero quedaría eclipsado por la religión falsa. El hecho de que pretendidos milagros ocurran fuera de la fe cristiana debería hacer que los cristianos no se fiaran de aquellos que afirman hacerlos.

La historia de los presuntos milagros en la esfera del cristianismo, desde el 100 d.C., es abundante en el ámbito de la sanidad. El notable teólogo, Benjamín Warfield, observó:

> Hay pocas o ninguna prueba de que se realizaran milagros durante los primeros cincuenta años de la iglesia postapostólica; son ligeras y sin importancia en los cincuenta años siguientes; se hacen más abundantes durante el siglo siguiente (el tercero); y solo son abundantes y precisas en el siglo IV, para aumentar más aún en el siglo V, y más allá. Por tanto, si las evidencias realmente valen de algo, en lugar de una disminución progresiva y regular, hubo un aumento creciente y constante de milagros desde el principio en adelante.[21]

Es necesario que los cristianos presten atención a las advertencias de la historia, independientemente de su propia postura respecto a los milagros realizados por medio de agentes humanos. Satanás hará todo lo posible para inducir al error y engañar a los cristianos, a lo largo del callejón sin salida de los supuestos milagros (2 Co. 11:13-15). Quienes han participado en este engaño se acercarán un día a Jesús con afirmaciones de haber realizado milagros en su nombre, pero Él les responderá: "Nunca os conocí; apartaos de mí, hacedores de maldad" (Mt. 7:23).

Cese de los dones revelatorios y confirmatorios

¿Han seguido existiendo realmente los milagros y los dones temporales por medio de agentes humanos, más allá de la era apostólica? No existe ni una sola declaración bíblica clara y explícita que especifique si los milagros realizados por medio de hombres y los dones temporales cesaron con los apóstoles, o continuaron, pero, si se consulta todo el consejo de Dios, se descubrirá la respuesta. Los argumentos a

---

21 Benjamin B. Warfield, *Counterfeit Miracles* (1918; reimp. Edimburgo: Banner of Truth, 1972), 10.

favor del cese de los dones reveladores de señales pueden construirse en respuesta a tres preguntas.[22]

La pregunta del "qué". Primero, ¿qué *son* los dones bíblicos de profecía, lenguas y sanidad? La profecía era la proclamación infalible de revelación directa, infalible de Dios (Dt. 13:1-5; 18:20-22). El bíblico don de lenguas era la capacidad sobrenatural, otorgada por el Espíritu, de cristianos selectos para hablar en lenguajes humanos que antes no sabían (Hch. 2:1-11; 1 Co. 12:30), acompañado por alguien capacitado para interpretar lenguas (1 Co. 14:28), practicado en la asamblea de la iglesia (1 Co. 14:26) para edificación de los creyentes (1 Co. 14:5, 26) y como una señal de juicio para los incrédulos (1 Co. 14:21-22). El don de sanidad era la capacidad sobrenatural para sanar a voluntad (p. ej. Hch. 16:18), instantáneamente (p. ej. Mr. 1:42) y de forma irreversible (p. ej. Mt. 14:36; Lc. 5:12-13) enfermedades y defectos orgánicos (Jn. 9:1-37; Hch. 3:1-10), de tal manera que es obvio incluso a los detractores más hostiles (p. ej. Mt. 12:24; Hch. 4:16-17).

Es apropiado, entonces, preguntar si los siervos más fieles de la iglesia de Cristo han visto que esos dones, definidos bíblicamente, están siendo practicados desde la fundación de la iglesia. Ni en la historia ni en el presente *esos* dones han continuado. Aunque algunos podrían usar la terminología bíblica, los supuestos "dones" practicados en el presente son poco parecidos a los originales bíblicos. La profecía ha sido redefinida para que incluya falibles impresiones personales; las lenguas han sido redefinidas como un idioma privado; y la sanidad ha sido redefinida como progresiva, incompleta y reversible. Si las Escrituras enseñan que los dones del Nuevo Testamento de profecía, lenguas y sanidad continúan hoy, es difícil explicar por qué el Espíritu no está dando de manera manifiesta *esos* dones a los creyentes, sino que está dando esas contrapartes contemporáneas ciertamente diferentes.

La pregunta del "por qué". Segundo, ¿por qué fueron dados esos dones? ¿Qué propósito buscaban cumplir? Hebreos 2:3-4 enseña que el propósito para los dones de revelación fue, fundamentalmente, autenticar a los mensajeros del evangelio: "[La salvación ha] sido anunciada primeramente por el Señor, nos fue *confirmada* por los que oyeron, *testificando* Dios juntamente con ellos, con señales y prodigios y diversos milagros y repartimientos del Espíritu Santo según su voluntad". Los dones revelatorios fueron dados para confirmar la proclamación del evangelio y eran un testimonio de Dios para la autentificación del mensaje de los apóstoles (cf. Hch. 2:22; Ro. 15:18-19; 2 Co. 12:12).

Tal autentificación era necesaria porque los apóstoles estaban trayendo un nuevo

---

22 Estamos en deuda con el Dr. Nathan Busenitz por este bosquejo conceptual. Para una defensa más completa del cesacionismo, véase John MacArthur, *Strange Fire: The Danger of Offending the Holy Spirit with Counterfeit Worship* (Nashville: Thomas Nelson, 2013).

mensaje y una nueva revelación, primero a la comunidad judía que había sido severamente advertida de no añadir a las palabras de Jehová, y luego al mundo gentil que las consideraba una necedad. Ellos no podían simplemente afirmar que habían recibido una nueva revelación y esperar que fuera aceptada en las sinagogas. Por lo tanto, Dios confirmó su mensaje testificando de su genuina comisión a ellos a través de dones milagrosos.

¿Pero tenemos necesidad de esa revelación autentificadora hoy? No, porque hoy nosotros tenemos lo que los creyentes del siglo i no tenían: el canon completo de las Escrituras, la revelación completa de la mente de Dios a su pueblo. Ahora, los sesenta y seis libros del Antiguo y el Nuevo Testamento plenamente suficientes son su propia autentificación. Dios basa nuestra fe en el mensaje apostólico; no en la continuidad de señales y maravillas, sino en la suficiencia de las Escrituras, pues ellas testifican de la gloria de Cristo mejor que el relato testimonial de Pedro sobre la transfiguración (2 P. 1:16-21), mejor que incluso la resurrección de los muertos (Lc. 16:31). El propósito de los dones revelatorios ha sido sustituido por las mismas Escrituras.

La pregunta del "cuándo". Tercero, ¿podemos decir con seguridad *cuándo* han cesado esos dones? Cuando Pablo revela el misterio del nuevo hombre, la iglesia, él habla de ella como una familia espiritual: "Así [vosotros]… sois… miembros de la familia de Dios, edificados sobre el fundamento de los apóstoles y profetas, siendo la principal piedra del ángulo Jesucristo mismo, en quien todo el edificio, bien coordinado, va creciendo para ser un templo santo en el Señor" (Ef. 2:19-21). El pensamiento clave es que la familia espiritual de la iglesia está construida sobre el *fundamento* de los apóstoles y profetas del Nuevo Testamento (cf. 3:5), con Cristo como la principal piedra del ángulo de ese fundamento. En la infancia de la iglesia, este nuevo organismo espiritual todavía no había recibido la plenitud de la revelación del nuevo pacto. Los apóstoles y profetas eran los que cargaban con la revelación de la iglesia; por lo tanto, eran considerados su fundamento porque la Palabra de Dios es el fundamento de la iglesia, y la Palabra de Dios todavía estaba siendo revelada progresivamente a través de ellos.

Sin embargo, escribir las Escrituras no era la única función de los apóstoles y profetas. Los apóstoles practicaban los dones de sanidad y milagros, dado que son llamados las "señales de apóstol" (2 Co. 12:12). Obviamente, los profetas practicaban el don de profecía. Pero, bajo la rúbrica de "profetas" en Efesios 2:20, también tenemos que admitir el don de lenguas, porque la interpretación de lenguas era virtualmente equivalente a la profecía (1 Co. 14:27-29). Entonces, la profecía, las lenguas y las sanidades y milagros caen bajo la rúbrica de "apóstoles y profetas", que eran el fundamento de la iglesia.

Cuando uno construye un edificio, no sigue poniendo fundamento hasta que el edificio es terminado. El fundamento es colocado y entonces se construye el edificio sobre ese fundamento. Cristo continúa edificando su iglesia (cf. Ef. 4:16), pero el fundamento fue colocado cuando el ministerio revelatorio de los apóstoles y profetas ha sido completado y la plenitud de la revelación de Dios fue expuesta en las Escrituras. La iglesia, entonces, fue edificada sobre ese fundamente revelatorio, no al añadir revelación, sino por estar sobre aquello que ya fue revelado, proclamándolo y avanzando en su poder salvífico y santificador.

En resumen, ¿cuándo cesaron los dones de profecía, lenguas y milagros y sanidades? Cesaron cuando cesaron los "apóstoles y profetas", es decir, cuando el fundamento de la iglesia había sido decisivamente colocado por la compleción del canon de las Escrituras. Todo intento de ejercitar dichos dones hoy es derribar el edificio que ha sido construido, derribar su fundamento y tratar de colocarlo otra vez.

Los siguientes nueve dones/oficios temporales y milagrosos sirvieron a propósitos revelatorios o confirmatorios, y cesaron al final de la era apostólica porque sus propósitos ya se habían cumplido:

1. Apóstol (1 Co. 12:28; Ef. 4:11): Hombres directamente comisionados por el Cristo resucitado y enviados para fundar y establecer la iglesia.
2. Discernimiento de espíritus (1 Co. 12:10): a capacitación divina para discernir las declaraciones verdaderas de las falsas pronunciadas por personas que afirmaban, de forma engañosa, que sus palabras eran revelaciones proféticas de Dios.
3. Sanidad (1 Co. 12:9, 28, 30): Facultad divina de restaurar la salud inmediata de los enfermos (sin que sea necesaria la respuesta por fe de quienes están siendo sanados; p. ej., Hch. 3:7; 9:40; 16:18; 20:10).
4. Milagros (1 Co. 12:28): Capacitación divina para llevar a cabo obras de poder que contravienen o exacerban los procesos normales de la naturaleza.
5. Profecía (1 Co. 12:10; Ef. 4:11): Capacitación divina de recibir y comunicar la revelación verbal directa de Dios al hombre.
6. Lenguas (1 Co. 12:10, 28; 13:1): Capacitación divina de hablar en una lengua real y humana que no se haya aprendido con anterioridad.
7. Interpretación de lenguas (1 Co. 12:10, 30; cf. 14:26-28): Capacitación divina para interpretar las palabras de alguien que hable en lenguas.
8. Palabras de ciencia (1 Co. 12:8; 13:2, 8): Capacitación divina de comunicar una palabra directa de conocimiento profundo del Señor para guiar a la iglesia local en el entendimiento de una profecía (se considera un don de revelación, porque está ligado a la profecía en 13:8).
9. Palabra de sabiduría (1 Co. 12:8): Capacitación divina para transmitir una palabra directa del Señor para guiar con habilidad a la iglesia local, en una decisión específica (se considera un don revelador, porque está relacionado con la palabra de conocimiento que, a su vez, está vinculado a la profecía en 13:8).

DONES PERMANENTES (HABLAR/SERVIR)

Los siguientes dones/oficios permanentes implican propósitos de palabra y servicio que han continuado desde la era apostólica hasta el momento presente:

1. Evangelista (Ef. 4:11): Capacitación divina de explicar, exhortar y aplicar con eficacia el evangelio a aquellos que no son salvos.
2. Exhortación (Ro. 12:8): Capacitación divina para estimular con eficacia la santidad práctica en el corazón y la acción a través del aliento, el consuelo, la amonestación y la súplica.
3. Fe (1 Co. 12:9; 13:2): Capacitación divina para confiar en Dios en todos los detalles de su obra, incluso cuando el resultado parezca incierto. Este don produce una gran seguridad de que Dios cumplirá sus propósitos.
4. Dar (Ro. 12:8; 1 Co. 13:3): Capacitación divina de dar al Señor bienes terrenales de manera generosa, gozosa y sacrificial para la obra del ministerio.
5. Ayudar/servir (Ro. 12:7; 1 Co. 12:28): Capacitación divina de ayudar de manera sacrificial y sumisa a suplir las necesidades de otros cristianos.
6. Liderar/administrar (Ro. 12:8; 1 Co. 12:28): Capacitación divina para gobernar con celo a los cristianos y conducirlos a la meta de cumplir la voluntad de Dios.
7. Misericordia (Ro. 12:8): Capacitación divina para detectar las necesidades físicas, emocionales y espirituales de otras personas, empatizar con ellas y ayudarlas con alegría supliendo esas necesidades.
8. Profecía/predicación (Ro. 12:6): Capacitación divina no reveladora de anunciar, es decir, proclamar las Escrituras.
9. Pastor/maestro (Ef. 4:11): Capacitación divina para pastorear a los cristianos, mediante el liderazgo, la provisión, la alimentación, la protección y, dicho de otro modo, el cuidado de ellos.
10. Discernimiento espiritual (1 Co. 12:10): Capacitación divina para identificar formas de error doctrinal y engaño religioso. Esto representa el aspecto ministerial permanente del don. Como "padre de mentiras" (Jn. 8:44), Satanás busca continuamente falsificar la verdadera obra de Dios, al disfrazarse de ángel de luz (cf. 2 Co. 11:14); obrando principalmente por medio de falsos maestros que imparten "doctrinas de demonios" (1 Ti. 4:1). Hay quienes forman parte de la iglesia de hoy y que han recibido una capacidad importante para identificar la falsedad, al contrastarla con la verdad bíblica.
11. Enseñanza (Ro. 12:7; 1 Co. 12:28): Capacitación divina para interpretar con claridad, explicar y aplicar las Escrituras a los cristianos.

PREGUNTAS IMPORTANTES

Naturalmente, los creyentes tienen un número de preguntas y preocupaciones sobre los dones espirituales. Por lo tanto, busquemos algunas respuestas. Lo más probable es que cada cristiano tenga una "mezcla única de dones diversos" y no solo "un don" exclusivo, es decir, cada cristiano tiene una mezcla única de varios dones —una capacidad que es espiritual respecto a su fuente y naturaleza (1 Co. 1:7; 7:7; 1 P. 4:10)— y no solo un don exclusivo. Además, la misma salvación es un *járisma*, es decir, un don gratuito (Ro. 6:23), y el mismo Espíritu Santo es un don como parte de la salvación (Ro. 5:5; 1 Ts. 4:8; 1 Jn. 3:24; 4:13). Sin embargo, cada creyente tiene una única diversidad de dones, "a cada uno le es dada la manifestación del Espíritu para provecho" (1 Co. 12:7). Los dones espirituales son diversos (1 Co. 12:12-27), ya que, de entre las diferentes listas de dones del Nuevo Testamento, ninguna es igual (Ro. 12:6-8; 1 Co. 12:8-10, 28-30; 13:1-3, 8; cf. 1 Co. 7:7). El tipo de dones espirituales que las personas reciben no indica necesariamente su nivel de espiritualidad. En las listas de las cualidades deseadas para los líderes de la iglesia y los creyentes maduros no se enfatizan los dones espirituales (Gá. 5:22-23; 1 Ti. 3:1-7; Tit. 1:5-9; cf. 1 Co. 13:4-7).

¿Cómo pueden identificar los cristianos sus dones espirituales? Como los dones espirituales tienen la intención primaria de ser usados en el contexto de la iglesia local, es probable que cuando los cristianos se sirvan unos a otros, otros reconozcan y comenten sobre los dones espirituales de alguno de ellos. Un individuo puede tener una inclinación personal para alguna área de servicio o ministerio, por lo que al servir en esa área uno puede maximizar un ministerio particular con el mínimo esfuerzo. Sobre todo, debe recordarse que los dones espirituales están destinados a la edificación de la iglesia (1 Co. 14:12) y al servicio mutuo (1 Co. 12:7; 1 P. 4:10); no son para la autoexaltación, sino para la edificación de otros (1 P. 4:10) y para la gloria de Dios (1 P. 4:11).

La obra del Espíritu Santo en la creación

En las Escrituras se dice muy poco sobre el Espíritu Santo y la creación (véase "La creación" en el cap. 3, "Dios Padre" (p. 137). A pesar de ello, la participación del Espíritu Santo aparece en el primer capítulo de la Biblia, exactamente donde uno esperaría encontrarlo. Cuando Dios dijo: "Hagamos al hombre a nuestra imagen, conforme a nuestra semejanza", usó tres veces el pronombre plural (Gn. 1:26). Aquí, las Escrituras insinúan innegablemente que Dios Padre, Dios Hijo y Dios Espíritu Santo estuvieron los tres involucrados en la creación. Génesis 1:2 describe, en realidad, un aspecto de la contribución del Espíritu Santo (véanse Job 26:13 y Sal. 33:6).

El Espíritu Santo y las Escrituras[23]

El Espíritu de verdad (Jn. 14:17, 26; 15:26; 16:7, 13; 1 Jn. 4:6; 5:7) ha estado involucrado activamente en todos los aspectos de mediación de la Palabra de Dios, desde la revelación e inspiración hasta la aplicación.

Cristo enseñó que, en su ausencia, el Paracleto vendría a los apóstoles para

---

23 Para un análisis más profundo de las Escrituras, véase el cap. 2; "La Palabra de Dios".

equiparlos y exhortarlos a seguir enseñando lo que Cristo había enseñado (Jn. 14:16, 26), a ayudarlos a dar testimonio de Cristo (Jn. 15:26-27), y a ayudarlos a convencer al mundo con su mensaje de verdad (Jn. 16:7-11). En estos cuatro pasajes del Evangelio de Juan, el término griego *parákletos* se traduce mejor como "Ayudador". El énfasis de Juan está en el Paracleto que ayuda a los discípulos, de forma específica, para que *conozcan*, *recuerden* y *prediquen* la verdad sobre Cristo. Los cinco primeros capítulos de Hechos confirman, además, que el Paracleto vino y ayudó a los discípulos a conocer la verdad y a declararla con poder (Hch. 1:8; 2:4, 33; 4:8, 31; 5:32).

Esta obra del Espíritu con los apóstoles pone el fundamento del ministerio de este con relación a las Escrituras. Pablo habló de este aspecto del ministerio del Espíritu en 1 Corintios 2:10-16, cuando abordó la obra del Espíritu de revelación e inspiración (2:10-11), instrucción (2:12-13), iluminación, afirmación y utilización (2:14-16).

REVELACIÓN E INSPIRACIÓN

El término *revelación* alude, por regla general, al desvelamiento divino, ya sea por medios ordinarios o especiales, de lo que era previamente desconocido para los seres humanos (1 Co. 2:10-11). La inspiración solo se aplica a la Palabra escrita de Dios: por medio de ella, el Espíritu Santo protege la revelación de Dios del error a través de los escritores humanos, con el fin de proveer un escrito completamente veraz y fidedigno, hasta las mismísimas palabras usadas (2 Ti. 3:16-17). Pedro explicó también la inspiración, al exponer que las profecías de las Escrituras no se pronunciaron por un acto de la voluntad humana, sino más bien por hombres que fueron dirigidos por el Espíritu Santo (2 P. 1:20-21). Juan estaba en el Espíritu (Ap. 1:10) cuando recibió la revelación inspirada de los siete espíritus (Ap. 1:4), una expresión que alude a que el Espíritu Santo usa el número de la perfección (siete), que habla de su plenitud del Espíritu (cf. Ap. 4:5; 5:6).

La función del Espíritu Santo en la revelación halla confirmación de muchos de los que hablaron en nombre de Dios; en el Antiguo Testamento (véanse 2 S. 23:2; Neh. 9:20, 30; Is. 63:11, 14; Hag. 2:5; Ez. 3:24, 27; Mi. 3:8; Zac. 7:12); y en el Nuevo Testamento (véanse Hch. 2:25-26; Mt. 10:20; Mr. 13:11; Lc. 12:12; Hch. 11:28; 1 Co. 2:10; 1 P. 1:10-12). El Espíritu Santo no solo prestó ayuda en la revelación, sino también en la inspiración (cf. Is. 59:21; Jn. 16:13; Ef. 3:5; Ap. 1:4, 10).

En ocasiones, los escritores bíblicos hablan específicamente de textos bíblicos que fueron revelados e inspirados por el Espíritu Santo: Mateo (Mt. 22:43); Marcos (Mr. 12:36, citando Sal. 110:1); Lucas (Hch. 1:16, 20, citando Sal. 41:9; 69:25; 109:8; Hch. 4:25-26, citando Sal. 2:1-2; Hch. 28:25-27, citando Is. 6:9-10); el autor de Hebreos (He. 3:7-11, citando Sal. 95:7-11; He. 9:1-8, citando Éx. 25–26).

INSTRUCCIÓN, ILUMINACIÓN Y AFIRMACIÓN

El Espíritu es dado para instruir y enseñar a los creyentes (Neh. 9:20; 1 Co. 2:13; 1 Jn. 2:27; cf. 1 Co. 2:14-16). Pablo oró por los efesios para que "el Dios de nuestro

Señor Jesucristo, el Padre de gloria, os dé espíritu de sabiduría y de revelación en el conocimiento de él, alumbrando los ojos de vuestro entendimiento, para que sepáis..." (Ef. 1:17-18).

El Salmo 119 menciona con mucha frecuencia la necesidad humana de instrucción divina. En nueve ocasiones, el salmista pide con insistencia: "Enséñame tus estatutos" (Sal. 119:12, 26, 33, 64, 66, 68, 108 ["juicios"], 124, 135). Se puede suponer que recurrió al Espíritu Santo en busca de instrucción. Lo que Cristo hizo por los discípulos al abrir su mente para que entendieran las Escrituras (Lc. 24:45), el Espíritu Santo lo hace por los cristianos.

Iluminación puede referirse a la salvación de uno (2 Co. 4:4, 6; cf. Hch. 26:18; He. 6:4) o a la necesidad del creyente de mayor entendimiento o iluminación respecto a la Biblia. El salmista que oró para que el Espíritu Santo le enseñara, también pidió iluminación: "Abre mis ojos, y miraré las maravillas de tu ley" (Sal. 119:18; cf. 119:27, 34, 73, 125, 144, 169; Ef. 1:18). Entonces testificó sobre el beneficio de la iluminación: "La exposición de tus palabras alumbra; hace entender a los simples" (Sal. 119:130).

Aunque la iluminación del Espíritu Santo es indispensablemente útil, no lo es en ciertas cosas y hay ciertas cosas que no puede hacer. La iluminación no funciona aparte de la Palabra de Dios (Sal. 119:18; Lc. 24:45). No garantiza que todos los cristianos concuerden doctrinalmente, porque el elemento humano puede causar una falsa doctrina (Gá. 2:11-21). No significa que todo lo que respecta a Dios sea conocible (Dt. 29:29), o que los maestros humanos sean innecesarios (Ef. 4:11; 1 Ti. 3:2; 2 Ti. 4:2). La iluminación no es una experiencia de una sola vez ni un sustituto del estudio específico y personal de la Biblia (2 Ti. 2:15).

Además de instruir e iluminar a los cristianos, el Espíritu Santo también da testimonio al creyente respecto a la veracidad y la fiabilidad de las Escrituras. Al menos tres textos del Nuevo Testamento hablan de este aspecto del ministerio del Espíritu con respecto a la Palabra de Dios (Hch. 5:32; He. 10:15; 1 Jn. 5:6). El testigo más estelar e intachable de la Biblia es el Espíritu de verdad (Jn. 14:17).

UTILIZACIÓN

El Espíritu no solo está involucrado en los aspectos de comunicación y enseñanza de las Escrituras (1 Co. 2:4-5; 1 Ts. 1:5), sino que también empodera a los creyentes en su obediencia. Los resultados muy similares de permitir que la palabra de Cristo more en el creyente (Col. 3:16-17) y de dejar que el Espíritu Santo controle la vida del creyente (Ef. 5:18-20) ilustran que, además del lado intelectual de conocer las Escrituras, Él está igualmente involucrado en dinamizar la volición de los creyentes en obedecerlas.

Asimismo, el Espíritu provee a los cristianos el armamento espiritual para la lucha contra la oscuridad espiritual de Satanás y los demonios, y los ayuda a emplearlo. Una parte vital del armamento cristiano es "la espada del Espíritu, que es la palabra de Dios" (Ef. 6:17). Por tanto, ya sea que implique andar en el camino de Cristo o pelear para la gloria de Cristo, la conexión inseparable del Espíritu Santo con las Escrituras impulsa al creyente hacia la victoria.

Preguntas:

1. ¿Cuáles son los aspectos de la personeidad y cuáles son las pruebas escriturales de que el Espíritu es una persona?
2. ¿Cuáles son las diferentes imágenes verbales o metáforas en las Escrituras que ilustran las cualidades o ministerios del Espíritu?
3. ¿Cuáles son los ministerios del Espíritu hacia Cristo? ¿Hacia los creyentes?
4. ¿Cómo pecan los creyentes contra el Espíritu? ¿Y los incrédulos?
5. ¿Cuáles son las atribuciones, atributos, acciones y asociaciones del Espíritu?
6. ¿Cuáles son las opiniones equivocadas mencionadas en este capítulo sobre el Espíritu?
7. ¿Cuáles son los argumentos o pruebas para el Espíritu con relación a la triunidad de Dios?
8. ¿Cómo son definidos y defendidos los ministerios del Espíritu de regeneración, bautismo y sellado?
9. ¿Cuáles son las diferencias entre la obra del Espíritu de morar en el creyente en el Antiguo Testamento y en el Nuevo Testamento?
10. ¿Cómo se distingue la obra de llenado del Espíritu de otros ministerios del Espíritu?
11. ¿Cuáles son las diferentes eras históricas que informan sobre la obra de llenado del Espíritu?
12. ¿Qué es el "fruto del Espíritu"? ¿Por qué es importante? Y ¿cómo debe ser producido?
13. ¿Cuáles son los diferentes tipos de dones espirituales?
14. ¿Por qué es importante distinguir los tipos de dones espirituales?
15. ¿Cuáles son los ministerios del Espíritu con respecto a las Escrituras?

6

EL HOMBRE Y EL PECADO

Antropología y hamartiología

Introducción a la doctrina del hombre

IMPORTANCIA DE LA ANTROPOLOGÍA

La antropología es el estudio de la humanidad (gr. *anthropos*, "hombre" o "humanidad"). Las universidades y escuelas seculares ofrecen cursos de antropología, pero lo hacen desde una perspectiva centrada en el hombre. Para entender apropiadamente al hombre, debe hacerse desde una perspectiva bíblica y centrada en Dios.

La antropología bíblica es importante. En primer lugar, la antropología responde a preguntas fundamentales como ¿quién soy yo?, ¿por qué estoy aquí?, ¿cuál es mi propósito en la vida?, ¿hacia dónde me dirijo?

En segundo lugar, por haber sido creado en último lugar, en el sexto día de la semana de la creación, el hombre es único y el punto culminante de la creación de Dios. "El hombre es coronado como rey de la creación, y se le ha dado dominio sobre todas las criaturas inferiores".[1]

En tercer lugar, la antropología nos ayuda a comprender nuestra relación con Dios. Al ser el hombre una criatura a imagen de Dios, aprendemos cómo se supone que debe actuar y relacionarse con Él.

En cuarto lugar, la antropología bíblica aborda y nos instruye en temas específicos como el aborto, la eutanasia, la homosexualidad, el transexualismo y el ecologismo. Gran parte de la confusión y el pecado del mundo respecto a estos temas surge de una visión deficiente de Dios y del hombre. La antropología bíblica nos guía en la aplicación de una cosmovisión cristiana a los problemas críticos que afronta nuestro mundo.

En quinto lugar, la visión bíblica respecto al hombre refuta las ideologías y filosofías falsas, como el humanismo secular, el naturalismo científico, la evolución darwiniana, el comunismo marxista, la psicología freudiana y el posmodernismo.

---

1 Louis Berkhof, *Teología sistemática* (Grand Rapids, MI: Libros Desafío, 2005), 215.

También expone nociones erróneas sobre el hombre en las religiones falsas como el hinduismo y el budismo, entre otras.

Aunque la humanidad se compone tanto de hombres como de mujeres, es apropiado usar el término *hombre* para referirse a la humanidad. El término hebreo traducido "hombre" en la Biblia, *adám*, se emplea tanto para la humanidad en general como para distinguir al varón de la mujer. El sentido universal de *adám* se encuentra en Génesis 1:27 y 5:1-2. En ambos pasajes, *adám* (u "hombre") incluye al varón y a la hembra. Por tanto, existe una base bíblica para usar *hombre* en referencia a la humanidad. Sin embargo, *adám* (u "hombre") también es usado del hombre como distinto a la hembra (como en Gn. 2:22, 25). Esto no refleja una parcialidad negativa contra la mujer. Este capítulo usará términos como *humanidad* y *personas* para referirse a la humanidad en general; no obstante, *hombre* en su sentido más amplio también es apropiado y se usará.[2]

CREACIONISMO REPENTINO[3]

El origen del universo físico ha surgido como uno de los campos de batalla bíblicos más significativos en el siglo xx. Queda muy lejos del propósito de este capítulo una exposición completa de los diversos puntos de vista sobre la creación, pero la postura que aquí presentamos es el "creacionismo repentino".[4] Este es el criterio de las Escrituras y el contexto para entender la creación del hombre en el sexto día. Las verdades fundamentales, incluidos la grandeza y el poder de Dios, se pierden cuando uno abandona el claro sentido de Génesis 1 y 2 respecto a que Dios creó directamente la tierra en seis días literales.

La creación del universo no fue un proceso largo, como tampoco lo fue la del hombre. El poder y la gloria de Dios se manifestaron en una creación repentina, que incluía tanto a la tierra como al hombre. Las declaraciones específicas sobre el poder de Dios en la creación tienen lugar a lo largo de las Escrituras (cf. Neh. 9:6; Is. 44:24; Jer. 32:17; Hch. 14:15; He. 1:10; Ap. 4:11). Esta creación fue *ex nihilo*; la creación material y espiritual surgió de la nada (cf. He. 11:3; Sal. 33:6, 9; Ro. 4:17).

Además de estas afirmaciones rotundas de que Dios creó el universo, la Biblia también hace declaraciones definitivas en relación con la naturaleza de la creación. En Éxodo 20:8-11, Moisés ilustra cómo debía celebrarse el cuarto mandamiento respecto al descanso del sábado al referirse a la creación como el modelo. El hombre debe trabajar por seis días porque Dios hizo los cielos y la tierra en seis días. Como los días de trabajo eran medidos en segmentos de veinticuatro horas, los períodos de creación que servían de prototipo debían también ser de una duración

---

2   Véase Wayne Grudem, *Teología sistemática: Una introducción a la doctrina bíblica* (Miami, FL: Editorial Vida, 2007), 459-460.

3   Esta sección está adaptada de Richard Mayhue, "Editorial: Scripture on Creation", *MSJ* 23, no. 1 (2012): 1-6. Usado con permiso de *MSJ*.

4   Para una información adicional sobre esta opinión, véase "La creación" en el cap. 3, "Dios Padre" (p. 137).

equivalente. La ilustración no tendría sentido si no se estuviera hablando de días de igual duración.

Las Escrituras atribuyen la obra de la creación al poder de Dios (Ro. 1:20), para su gloria (Sal. 19:1), y revelar su dominio (Sal. 97:9). Tales declaraciones están en armonía con la visión de la divina creación repentina, pues solo el creacionismo repentino testifica del poder de Dios desde el comienzo. La verdad de que el hombre fue creado a la imagen de Dios (Gn. 1:26) parece indicar una creación divina repentina, pues la imagen no fue el resultado de un largo proceso evolutivo. Declaraciones del Nuevo Testamento sobre el rol de Cristo en la creación se ajusta mejor con la visión de la creación repentina (cf. Jn. 1:3; Col. 1:16) y, en Marcos 10:6, Jesús afirmó que el hombre fue parte de la creación desde el principio y no un desarrollo subsecuente.

Al considerar la glorificación venidera de los creyentes, podemos recoger también pruebas del creacionismo repentino. En un momento, Dios resucitará y glorificará los cuerpos de los que forman su pueblo (Dn. 12:2; Jn. 5:29; Ro. 8:23; 1 Co. 15:51; 1 Ts. 4:16-17). Serán creados de nuevo, instantáneamente, del polvo de la tierra. Es como una repetición de la creación de Adán, solo que esta vez Dios no creará un único cuerpo, sino millones de ellos.

Además, lo que Dios le hará a esta tierra al final de su existencia es una prueba del creacionismo repentino. En un rápido ejercicio de poder divino, Dios destruirá la tierra y el universo presentes, que están malditos, en una intensa implosión atómica. En su lugar creará "cielos nuevos y tierra nueva" (2 P. 3:10-13). Dios creará repentinamente el nuevo universo desde la nada, así como creó repentinamente este universo presente.

Génesis 1–2 también constituye un respaldo para la creación de la tierra por parte de Dios en un corto período de tiempo. Primero, el término traducido "día" (heb. *yom*) en Génesis 1 se refiere al período de luz dentro de un ciclo de veinticuatro horas, o a todo el período de oscuridad y luz (veinticuatro horas). La única excepción es Génesis 2:4, donde "día" se refiere a todo el período de creación.

Segundo, la palabra hebrea para "día" (*yom*) nunca se emplea de forma figurada cuando viene acompañada por un adjetivo numérico como "tercer" o "cuarto" (esto es, un ordinal). Siempre es un período de veinticuatro horas. Además, el plural hebreo para "día" nunca se usa de forma figurada en el Antiguo Testamento fuera de un contexto de creación (p. ej., Éx. 20:9).

Tercero, los términos "tarde" y "mañana" en Génesis 1 nunca se emplean de forma figurada en el Antiguo Testamento. Siempre describen un día de veinticuatro horas. Dios define "día" en Génesis 1:5 como un período de luz al que le sigue otro de oscuridad. Tras crear la luz (Gn. 1:3) y provocar una separación espacial entre la oscuridad y la luz con respecto a la tierra (Gn. 1:5), Dios estableció el ciclo de luz y oscuridad como medida principal del tiempo: un día (Gn. 1:5). Este ciclo es una rotación completa de la tierra o un día de veinticuatro horas.

Todos estos puntos juntos muestran que Dios creó la tierra y todo lo que hay en ella, en seis días consecutivos de veinticuatro horas. La especie humana no evolucionó a partir de formas de vida inferiores, sino que fue creada por decreto divino a través del ejercicio de la voluntad divina de Dios, a partir del polvo inerte (Gn. 2:7; 3:19; Ec. 3:20; 12:7).[5]

ADÁN COMO PERSONA HISTÓRICA

La Biblia presenta a Adán como un hombre histórico real. La interpretación más simple y natural de Génesis 1 declara que Dios creó a Adán, como persona específica, en el sexto día de la creación. Génesis 2 ofrece más detalles sobre la creación de Adán y Eva. La relación de Adán con otras personas históricas apoya la declaración de que era realmente una persona específica. Adán es el padre de Caín, Abel y Set (Gn. 4:1-2, 25; 5:1-3). También se dice que tuvo relaciones conyugales con su esposa Eva para tener a Caín y Set, y Génesis 5:3 declara, además, que Adán fue padre de Set a los 130 años de edad. Estos detalles no pueden identificarse legítimamente como un lenguaje poético o figurado que describe algo diferente a la realidad.

El Nuevo Testamento también afirma que Adán era un personaje histórico. La genealogía de Jesús en Lucas incluye a Adán (3:38; 1 Cr. 1:1). El apóstol Pablo creía sin duda en un Adán literal. Sus comentarios sobre Adán y Jesús en Romanos 5:12-21 tienen sentido solo si ambos son personajes históricos. El hombre Adán trae muerte, culpa y condenación a todos los que están en Él (esto es, a todos los que poseen vida humana, excepto el Señor Jesús), mientras que el hombre Cristo trae vida, justicia y justificación a todos aquellos a quienes se les concede vida espiritual por medio de su fe-unión con él. Si Adán no fuera una persona, la comparación pierde sentido, incluido el papel de representante de la humanidad que ostenta Jesús como Salvador.

De un modo parecido, Pablo contrasta varias veces a Adán y a Jesús en 1 Corintios 15 (15:22, 45, 47, 49).

La idea de Pablo es que, de la misma manera que los seres humanos somos portadores de la imagen de Adán, con la glorificación venidera llevaremos la semejanza de Jesús. La comparación supone que tanto Adán como Jesús son personas históricas que representan a la humanidad (cf. 1 Ti. 2:13).

La historicidad de Adán no es un asunto trivial. Un Adán literal es fundamental para entender el origen y la historia de la raza humana, la naturaleza de la humanidad, el origen del pecado, el comienzo de la muerte humana y animal, la necesidad de salvación, la base de los acontecimientos históricos de Génesis, la razón para el orden funcional en la iglesia y hasta la existencia futura de la humanidad.[6]

---

5   Para una defensa bíblica más exhaustiva de una tierra joven y del creacionismo de seis días literales, véase Terry Mortenson y Thane H. Ury, eds., *Coming to Grips with Genesis: Biblical Authority and the Age of the Earth* (Green Forest, AZ: Master Books, 2008).

6   Para una defensa adicional de la historicidad de Adán, véase William D. Barrick, "A Historical Adam: Young-Earth Creation View", en *Four Views on the Historical Adam*, eds. Matthew Barrett y Ardel B. Caneday, Counterpoints: Bible and Theology (Grand Rapids, MI: Zondervan, 2013), 197-227.

Creado a imagen de Dios

EL HOMBRE CREADO DIRECTAMENTE POR DIOS

Génesis 1:1 revela la creación de los "cielos y la tierra" (1:1) y todas las cosas materiales e inmateriales (cf. Col. 1:16) en seis días literales (Gn. 1:3-31). Durante los primeros cinco días y el principio del sexto, se emplean las frases "Sea..." o "Haya..." o similar para describir los actos creativos de Dios (Gn. 1:3, 6, 9, 11, 14, 20, 24). Sin embargo, con la creación del hombre se usa una frase diferente: "Hagamos al hombre..." (Gn. 1:26). Este cambio acentúa que el hombre es único en la creación de Dios.

Sin embargo, Génesis 2 está totalmente dedicado a la creación de la humanidad, incluida la forma en que fueron hechos el primer hombre y la primera mujer. También, diversos términos como "hacer" o "hecho" (heb. *asá*) (1:26, 31; 2:18; 5:1; 6:7), "crear" (heb. *bará*) (1:27; 5:1-2) y "formó" (heb. *yatsar*) (2:7, 8) enfatizan la involucración activa de Dios en la creación del hombre.

A lo largo de las Escrituras se confirma que Dios creó al hombre de manera directa (cf. Sal. 100:3; Mt. 19:4; Stg. 3:9).

Que Dios creara al hombre significa que la existencia humana no es autónoma, sino que depende de Dios. Pablo dejó esto claro en Hechos 17:28, cuando declaró: "en él vivimos, y nos movemos, y somos". La única razón por la que estamos vivos es porque Dios existe, nos creó y sustenta nuestras vidas.

En segundo lugar, la creación directa significa que el hombre no es Dios, que no es divino ni tampoco el ser más supremo que existe. Entre Dios y el hombre existe una brecha metafísica u ontológica. El hombre nunca puede ser Dios ni debería buscar serlo.

En tercer lugar, como criatura, el hombre está obligado a someterse a Dios. No es libre de hacer todo lo que desee, como si sus actos no tuvieran consecuencias delante de Dios (cf. Ec. 11:9). Todo lo que el hombre hace debe considerarse a la luz de la voluntad de Dios para él.

En cuarto lugar, el hombre tiene una función única en la creación de Dios. Génesis 1:26-28 revela que está llamado a multiplicarse, a llenar la tierra y a sojuzgarla. El salmista declaró: "Jehová... ha dado la tierra a los hijos de los hombres" (Sal. 115:16). Incluso en la eternidad, el hombre reinará eternamente en la nueva tierra (cf. Ap. 21:1; 22:5).

En quinto lugar, el hombre fue creado para dar gloria a Dios. Isaías 43:6-7 dice que Dios declara que su pueblo ha sido creado para su gloria: "Todos los llamados de mi nombre; para gloria mía los he creado, los formé y los hice". Todo lo que el hombre hace debería ser para la gloria de Dios (1 Co. 10:31).

EL HOMBRE COMO IMAGEN DE DIOS (*IMAGO DEI*)

Las Escrituras revelan que el hombre es hecho a "imagen" y "semejanza" de Dios (Gn. 1:26-27; 5:1-2; 9:6; 1 Co. 11:7; Stg. 3:9). El término hebreo para "imagen" (*tselem*) significa "copia", pero también conlleva la idea de "representación". El término hebreo para "semejanza" (*demut*) puede referirse a "patrón" o "forma". Su uso en Génesis 1:26 indica que el hombre ha sido formado a partir de Dios; es un hijo de Dios. Génesis 5:3 apoya este entendimiento, que revela que Set era un hijo a la "semejanza" de su padre, Adán. Uniendo estos dos significados, podemos llegar a la conclusión de que el hombre puede hacer las veces de representante de Dios, porque es un hijo de Dios.

¿Qué implica que los seres humanos sean hechos a imagen de Dios?

Aunque los seres humanos no son divinos, que sean creados a "imagen" y "semejanza" de Dios conlleva verdades significativas. Primero, se afirma que la imagen de Dios es para todas las personas, varones y mujeres por igual (Gn 1:27) y, por extensión, para cada etnia (cf. Hch. 17:26). Aunque de géneros distintos, tanto el varón como la mujer son iguales como personas y en su valía.

Segundo, incluso después de la caída (cf. Gn. 3) todas las personas siguen poseyendo la imagen y la semejanza de Dios. Génesis 5:1-3 afirma esto para todos los descendientes de Adán y Eva. Génesis 9:6 indica que la pena capital es el castigo apropiado para el asesinato ya que el hombre todavía es la imagen de Dios, y Santiago 3:9 condena que se maldiga a los hombres, ya que "están hechos a la semejanza de Dios". Esto también confirma que, tras la caída, las personas siguen llevando algo de la semejanza de Dios. La imagen fue desfigurada por la maldición, pero la imagen y la semejanza de Dios, aunque distorsionadas, no se eliminaron.

Tercero, la imagen de Dios explica la capacidad de la humanidad de vivir en relación con los demás. Las tres personas del Dios trino —Padre, Hijo y Espíritu Santo— han disfrutado de una amorosa comunión personal, perfecta y eterna entre sí. Dios es amor y ese amor se expresó perfectamente en la eternidad pasada, en el seno de la Trinidad (Jn. 5:20; 17:24, 26). Así pues, el hombre está diseñado a imagen de Dios como ser relacional, que no solo es capaz de relacionarse con otras personas y con Dios de una manera amorosa, sino que se le exige hacerlo a fin de experimentar la realización (Gn. 2:18, 22-24).

Cuarto, porque el hombre es hecho a imagen de Dios, se le requiere y se le capacita para "señorear" y "sojuzgar" la tierra en nombre de Dios (Gn. 1:26 y 28). El término hebreo para "señorear", usado dos veces en Génesis 1:26-28, es *radá* y significa "tener dominio", "gobernar", o "dominar".[7] Más adelante, en Salmos 110:2, el término se refiere al gobierno futuro del Mesías: "Jehová enviará desde Sion la vara de tu poder; domina [*radá*] en medio de tus enemigos". También, la palabra hebrea traducida "sojuzgar" en Génesis 1:28 es *kabásh*, que significa "traer a esclavitud", incluso por la fuerza (cf. 2 S. 8:11). El derecho del hombre a dominar la creación se afirma en Salmos 8:4-8, un texto citado en Hebreos 2:5-9, que declara que, en "el mundo venidero", la humanidad gobernará la tierra. Lo hará a través

---

7   Véase Francis Brown, S. R. Driver y Charles A. Briggs, *A Hebrew and English Lexicon of the Old Testament* (Oxford: Clarendon, 1962), 921.

del hombre supremo, Jesús el Mesías, quien también compartirá su reinado con los que estén unidos a Él (cf. 1 Co. 15:27; Ap. 5:10). El hombre es el portador de la imagen de Dios y hace las veces de mediador-rey en la tierra. Dios le encomienda la tarea de gestionar el mundo como representante suyo.

¿De qué manera es el hombre la imagen de Dios?

¿De qué manera exactamente es el hombre la imagen de Dios? El punto de vista *sustantivo* afirma que la imagen de Dios es una característica dentro de la propia composición del hombre: el cuerpo físico del hombre o alguna característica física, o una cualidad psicológica o espiritual como la razón, la memoria, la voluntad o la capacidad moral. El punto de vista *funcional* alega que la imagen de Dios es algo que los seres humanos hacen, como el señorear o sojuzgar la tierra o el tener dominio sobre la creación (Gn. 1:26-28). El punto de vista *relacional* declara que la relación es la imagen de Dios. Esta perspectiva fue popular entre los teólogos neortodoxos y existenciales.

Probablemente, lo mejor es comprender que la imagen de Dios es sustantiva o estructural para el hombre, y que la función y relación son las *consecuencias* de que el hombre es, estructuralmente, la imagen de Dios. Como el hombre es la imagen de Dios, es capaz de ejercer relaciones de dominio y experiencia. Según Génesis 1:26-28, el hombre está hecho a imagen de Dios (Gn. 1:26a), y *entonces* se le encarga la tarea de dominar, someter la tierra y relacionarse (Gn. 1:26b-28).

La estructura de la imagen impregna el ser del hombre y consiste en complejas cualidades y atributos del hombre que lo hacen humano. Esto incluye sus componentes físicos y espirituales. Todo lo que hace de uno una persona humana tiene relación con la imagen de Dios. Las siguientes características ayudan a definir más al hombre como un portador de la imagen:

Ontológicamente, el hombre es un ser vivo, personal, consciente de sí mismo, activo y con personalidad. Es una unidad compleja de alma/espíritu y cuerpo.

Volicionalmente, el hombre tiene una voluntad y la capacidad de elegir entre diversas opciones. Puede discernir lo correcto de lo incorrecto. Este aspecto volitivo separa al hombre de los animales y de las demás criaturas mencionadas en Génesis 1-2.

Intelectualmente, el hombre tiene una mente racional. Es consciente de sí mismo, de su entorno, de los demás y de Dios. Puede pensar de forma crítica y lógica. Posee memoria, imaginación, creatividad y capacidades lingüísticas para comunicarse y entender los pensamientos de los demás.

Emocionalmente, el ser humano experimenta un amplio abanico de emociones y sentimientos como miedo, ira, culpa, ansiedad, remordimiento, vergüenza, felicidad y gozo.

Relacionalmente, el hombre está equipado para participar en relaciones con Dios y con otras personas. Jesús indicó que los mayores mandamientos son amar a Dios y a los demás (Mt. 22:36-40). Solo las *personas* pueden dar y recibir amor.

Funcionalmente, el hombre tiene lo que necesita para llenar, gobernar y sojuzgar la tierra en nombre de Dios y para su gloria. Varones y mujeres tienen cuerpos capaces de reproducirse e interactuar con un entorno físico. La humanidad posee el ingenio de implementar una estrategia exitosa para la tierra.

JESÚS COMO LA IMAGEN DE DIOS

Jesucristo es la quintaesencia de la imagen de Dios. Él es el "postrer Adán" (1 Co. 15:45) y la imagen del Dios invisible" (Col. 1:15). El término griego para "imagen" es *eikón* y se compara con el término hebreo para imagen, *tsélem*. Expresa tanto "representación" como "manifestación". Dios es espíritu y, por tanto, es invisible; sin embargo, como Dios-hombre, Jesús es la imagen del Dios invisible.

Además, Hebreos 1:3 declara que Jesús es "el resplandor de su gloria, y la imagen misma de su sustancia". En este versículo, el término griego para "imagen", *caraktér*, se refiere a un "sello" o "impresión" en una moneda o sello. Por tanto, Jesús, como el postrer Adán es la impresión o el sello perfecto de Dios. Cuando miramos a Jesús, vemos todo lo que Dios tenía planeado para el hombre.

La constitución humana

Las Escrituras usan diversos términos para referirse a los seres humanos. Cinco de los términos más comunes incluyen *cuerpo*, *alma*, *espíritu*, *corazón* y *conciencia*. Es útil examinar cada uno de ellos.

CUERPO

La constitución del hombre incluye un componente físico. Según Génesis 2:7: "Jehová Dios formó al hombre del polvo de la tierra". Existe un vínculo entre la tierra y el hombre. El hombre viene de la tierra. Del mismo modo que la creación es material, los portadores de la imagen de Dios poseen un elemento material, llamado frecuentemente "cuerpo".

En el Antiguo Testamento, dos términos hebreos principales se refieren al "cuerpo". *Gueviyá* aparece doce veces para un cuerpo vivo (Gn. 47:18; Neh. 9:37) o un cadáver (1 S. 31:10, 12). *Basar*, traducido frecuentemente "carne", aparece en 266 ocasiones. Se refiere a (1) un familiar sanguíneo (Gn. 29:14; 2 S. 5:1); (2) la humanidad colectivamente (Gn. 6:12-13; Job 34:15); (3) toda cosa viviente (Gn. 9:15-17); (4) la esencia material del cuerpo (Gn. 2:23; 17:14; Job 19:26); (5) toda la persona (Lv. 17:11; Sal. 16:9; 63:1; Ec. 4:5); y (6) la persona débil, dependiente, y temporal (Gn. 6:3; 2 Cr. 32:8; Sal. 78:39; Is. 40:6).

En el Nuevo Testamento, la palabra griega para "cuerpo" es *sóma*. Puede referirse a (1) el cuerpo físico (Mr. 5:29; Ro. 8:11; Gá. 6:17; Stg. 2:16); (2) toda la persona (Ro. 12:1; Ef. 5:28; Fil. 1:20); y (3) la naturaleza caída, carnal (Ro. 6:6; 8:13; Fil. 3:21).

Génesis 1:31 declara que todo lo que Dios hizo fue "bueno en gran manera". Esto incluye el cuerpo humano. Aunque el cuerpo humano es el "cuerpo de la humillación" (Fil. 3:21) y está sujeto a la muerte (Ro. 7:24), los creyentes pueden esperar la resurrección del cuerpo en el arrebatamiento (1 Ts. 4:13-18). Debido a que Jesús murió y resucitó corporalmente, Él es las primicias de la resurrección a la vida eterna y la garantía de que otros también resucitarán corporalmente (1 Co. 15:20-24). Los creyentes pueden esperar un cuerpo glorificado cuya fuente es el cielo (2 Co. 5:1-5). Esta es una gran esperanza para los cristianos que "esperamos al Salvador, al Señor Jesucristo; el cual transformará el cuerpo de la humillación nuestra, para que sea semejante al cuerpo de la gloria suya" (Fil. 3:20-21). Los santos del Antiguo Testamento y los martirizados durante el período de la tribulación resucitarán en el tiempo del reino de Jesús (Dn. 12:2; Ap. 20:4).

La resurrección, claro, no es solo para los creyentes. Los impíos resucitarán para el castigo eterno (cf. Jn. 5:28-29; Ap. 20:11-15).

ALMA

Otro aspecto importante de la naturaleza del hombre es el *alma* (heb. *néfesh*, gr. *psujé*). La palabra hebrea *néfesh* se refiere frecuentemente a una persona en su totalidad como ser viviente (Gn. 2:7). En la mayoría de sus usos, *néfesh* es sinónimo de ser humano.

También hay lugares en los que *néfesh* tiene el sentido menos amplio de referirse únicamente a la parte inmaterial de una persona (cf. Gn. 35:18) y, en ocasiones, *néfesh* se refiere al principio vital que da vida al cuerpo (cf. Lv. 17:11). También puede vincularse con las funciones interiores de la persona, como el intelecto, la voluntad y las emociones (Lm. 3:20).

La palabra del Nuevo Testamento griego para "alma", *psujé*, aparece unas 110 veces. Se traduce "alma", "vida" y "yo". Este término denota (1) toda la persona (Hch. 2:41; Ro. 13:1; 2 Co. 12:15); (2) el ser esencial o el asiento de la identidad personal, frecuentemente en relación con Dios y la salvación (Mt. 10:28, 39; Lc. 1:46; Jn. 12:25); (3) la vida interior del cuerpo (Hch. 20:10; Ef. 6:6); (4) el intelecto (Hch. 14:2; Fil. 1:27); (5) la voluntad (Mt. 22:37; Ef. 6:6); (6) las emociones (Mt. 26:38; Mr. 14:34); y (7) la vida moral y espiritual (He. 6:19; 1 P. 1:22; 3 Jn. 2).

En la muerte física, el alma sobrevive (Lc. 12:20; Ap. 20:4). Finalmente, todas las almas se unirán con cuerpos resucitados (Ap. 6:9-11; 20:4).

ESPÍRITU

También se hace referencia a la parte inmaterial del hombre como "espíritu". La palabra hebrea para "espíritu" es *rúaj*, y se usa para el viento (Gn. 8:1; Am. 4:13), el aliento físico (Job 9:18; Sal. 135:17), el Espíritu de Dios (Sal. 51:11; 106:33; Is. 42:1), y la fuerza vital de las criaturas inferiores (Gn. 6:17; Ec. 3:19, 21).

En relación con los seres humanos, *rúaj* se refiere a (1) toda la persona (Sal. 31:5; Ez. 21:7); (2) el poder que da vida al cuerpo (Gn. 2:7; Jue. 15:19; Job 27:3); (3) las capacidades mentales: intelecto (Gn. 41:8; Ez. 20:32), entendimiento espiritual

(Job 20:3; 32:8), sabiduría (Éx. 28:3), voluntad (Dn. 5:20) y emociones (1 S. 1:15; Pr. 15:13); y (4) la transparencia del alma ante Dios (Sal. 51:10; Is. 26:9).

El término griego para "espíritu" es *pneúma*. Connota la fuerza vital que da vida al cuerpo y se pierde en la muerte (Mt. 27:50; Hch. 7:59; Stg. 2:26; Ap. 11:11). Frecuentemente se refiere a la interacción con Dios y el ámbito espiritual (Ro. 1:9; 8:16; 1 Co. 14:14; Ap. 21:10). Y se usa habitualmente para el Espíritu Santo (Gá. 5:18).

En resumen, *rúaj* y *pneúma* se emplean en las Escrituras para referirse a (1) el viento o el aliento (Gn. 8:1; Jn. 3:8), (2) una actitud o disposición (Mt. 5:3), (3) el Espíritu Santo (Gn. 1:2; Mt. 1:18, 20), (4) espíritus angélicos (1 S. 16:14; Mt. 8:16; Lc. 7:21), y (5) el espíritu humano (Gn. 41:8; Hch. 17:16).

CORAZÓN

En la Biblia, el corazón no es tanto el órgano físico sino el asiento de los pensamientos, las actitudes, las motivaciones y las acciones de una persona. Las palabras hebreas para "corazón" son *leb* y *lebáb*, y pueden referirse a toda la persona (Sal. 22:26) o al núcleo de la vida interior (Éx. 7:3, 13; Sal. 9:1; Jer. 17:9). Del corazón "mana la vida" (Pr. 4:23), tanto los pensamientos buenos como los malos (Gn. 6:5; 1 R. 3:12; Job 8:10), las intenciones (Éx. 35:5; Dn. 5:20), las emociones y las pasiones (Dt. 19:6; 1 S. 1:8), y las acciones. La conciencia está vinculada con el corazón (1 S. 24:5; Job 27:6).

La palabra griega para "corazón" es *kardía*. Se refiere a la facultad de gobierno de la persona (Mt. 18:35; Ro. 6:17; 2 Co. 5:12). Jesús reafirmó la enseñanza del Antiguo Testamento de que todos los pensamientos y hechos fluyen del corazón (Mt. 15:19; cf. Lc. 6:45). El corazón también es la fuente del intelecto (Mt. 9:4; cf. Hch. 8:22).

Todas las personas nacen con un corazón oscuro y malvado que es "engañoso… y perverso" (Jer. 17:9). Los corazones incrédulos son necios y entenebrecidos (cf. Ro. 1:21), pero los creyentes reciben corazones nuevos (Ez. 36:26) que son por gracia puros, (Mt. 5:8), buenos (cf. Lc. 8:15) y sinceros (cf. He. 10:22). El cristiano experimenta un nuevo corazón que ama a Dios, desea obedecerle, está purificado y produce buen fruto.

CONCIENCIA

La conciencia es una facultad dada por Dios de evaluación moral respecto a lo correcto y lo incorrecto, el bien y el mal. La conciencia le proporciona a una persona el conocimiento de sí misma y la capacidad racional, y le alerta en lo concerniente a la moralidad de sus acciones. La conciencia funciona como un árbitro moral divino.

Aunque el concepto está sin duda ahí, el Antiguo Testamento no tiene un término específico para "conciencia". Por ejemplo, Salomón pidió a Dios un "corazón entendido" para "discernir entre lo bueno y lo malo" (1 R. 3:9). Abigail le dijo a David que no debía tener "motivo de pena ni remordimientos por haber derramado sangre sin causa" (1 S. 25:31).

El término griego para "conciencia" es *suneídesis*, que aparece mayormente en los escritos de Pablo. En Romanos 2:14-15, Pablo escribe de la conciencia de los gentiles, que no tienen acceso a la ley mosaica escrita y aun así saben lo que Dios exige de ellos. Todas las personas nacen con un conocimiento innato de lo correcto y lo incorrecto basado en la ley de Dios; eso es la conciencia.

TRES OPINIONES SOBRE LA CONSTITUCIÓN HUMANA

Monismo

El monismo es la opinión de que la persona humana es un elemento material; no hay alma o partes inmateriales. El materialismo secular afirma que la materia es la única sustancia en el universo. No existe ninguna entidad espiritual, y las actividades mentales y espirituales son productos químicos del cerebro. En la muerte física, no hay una parte inmaterial que sobreviva.

Dicotomismo

El dicotomismo sostiene que el hombre es un ser de dos partes, que se compone de un cuerpo y de un elemento inmaterial llamado "alma" o "espíritu". No existe una distinción real entre los dos términos, que son intercambiables. Por tanto, el dicotomismo afirma a la persona humana como una combinación de cuerpo y alma/espíritu. Aunque una persona tiene un cuerpo físico, el alma/espíritu da vida al mismo y sobrevive a la muerte física. Los dicotomistas cristianos apuntan a Génesis 2:7 —Dios formó al hombre de la tierra (material) y le infundió aliento de vida (inmaterial). También señalan a Mateo 10:28, donde Jesús parece afirmar una distinción entre cuerpo y alma.

Tricotomismo

El tricotomismo también afirma que el hombre se compone de múltiples partes, pero sostiene que es un ser de tres partes que comprende el cuerpo, el alma y el espíritu. El primer elemento del hombre es el cuerpo, que es la parte material de una persona. La segunda parte es el alma, que es el elemento psicológico del hombre; el alma es la base de la razón, la emoción, la personalidad y la interacción social. La tercera parte es el espíritu, que se identifica habitualmente como el elemento religioso que percibe y responde a los asuntos espirituales y a Dios. Mientras se dice que el alma interactúa con áreas horizontales relacionadas con la experiencia del hombre con la gente y la naturaleza, el espíritu lo hace con los asuntos verticales como la experiencia del hombre con Dios. La presencia del espíritu distingue supuestamente a los humanos de los animales.

Dos pasajes que parecen distinguir "espíritu" y "alma" son 1 Tesalonicenses 5:23 (que también menciona "cuerpo") y Hebreos 4:12.

El tricotomismo fue popular entre los padres alejandrinos de la iglesia primitiva, especialmente Clemente de Alejandría (*ca.* 150–*ca.* 215) y Orígenes (*ca.* 184–*ca.* 254).

Evaluación de los tres puntos de vista

El monismo materialista debe rechazarse ya que niega la existencia de Dios y todas las realidades espirituales.

Las formas cristianas de monismo afirman acertadamente que la persona humana es un ser unificado, pero son incapaces de reconocer la diversidad dentro de la unidad. La Biblia afirma una distinción entre cuerpo y alma (Mt. 10:28) y una parte inmaterial que sobrevive a la muerte física (Ap. 6:9-11).

Tanto el dicotomismo como el tricotomismo afirman correctamente que el hombre se compone de más que materia. La controversia se centra en si existe o no una distinción sustantiva entre alma y espíritu. La evidencia bíblica indica que no. "Alma" y "espíritu" se usan indistintamente en las Escrituras, y ambos términos indican funciones similares en relación con Dios, otras personas y la naturaleza. Por tanto, es difícil argumentar que son partes distintas de una persona. Algunos versículos incluso colocan juntos "alma" y "espíritu" en una forma paralela, mostrando que se está considerando el mismo concepto (Job 7:11; Is. 26:9; Lc. 1:46-47).

Los usos de los términos "espíritu" y "alma" en 1 Tesalonicenses 5:23 y Hebreos 4:12 en realidad no apoyan el tricotomismo. Son términos diferentes para el mismo aspecto inmaterial de la persona, usados juntos por énfasis, como en Lucas 10:27, donde Jesús menciona amar a Dios con todo el "corazón", el "alma", las "fuerzas", y la "mente"… Términos como "corazón", "alma" y "espíritu" son conceptos superpuestos, no partes distinguibles.

Sin embargo, como las Escrituras presentan a la persona como un ser unificado pero complejo, la designación "unidad compleja" es preferible a dicotomismo.[8] Lo material (cuerpo) y lo inmaterial (alma/espíritu) funcionan juntos en una persona y engloban tanto la unidad como la diversidad.

La salvación de Dios trae finalmente restauración a toda la persona. El Espíritu Santo regenera a los pecadores muertos, volviéndolos espiritualmente vivos para Dios (Tit. 3:5), pero Jesús también redimirá y glorificará sus cuerpos (Ro. 8:23; Fil. 3:20-21).

Origen del alma

Existen tres puntos de vista principales que conciernen al origen del alma: preexistencia, creacionismo y traducianismo.

La preexistencia es la creencia (Platón, *et al.*) de que el alma preexistió antes de la concepción. Orígenes (*ca.* 184–*ca.* 254) enseñaba que Dios creó originalmente un número fijo de espíritus, algunos de los cuales se unieron a cuerpos materiales y se volvieron humanos. El islamismo también defiende una forma de preexistencia antes del nacimiento. Esta visión no tiene base bíblica.

---

8   Véase James R. Beck y Bruce Demarest, *The Human Person in Theology and Psychology: A Biblical Anthropology for the Twenty-First Century* (Grand Rapids, MI: Kregel, 2005), 137.

El "creacionismo" (aplicando el término de manera estrecha a este solo caso) enseña que Dios crea cada alma individual y es añadida a un cuerpo humano natural. La base escritural para este punto de vista se extrae de varios pasajes: Génesis 2:7 (Dios sopló en la nariz del hombre "aliento de vida"); Eclesiastés 12:7 ("el espíritu vuelve a Dios que lo dio"); Isaías 42:5 (Dios "da aliento al pueblo que mora sobre ella [la tierra], y espíritu a los que por ella andan"); Zacarías 12:1 (Dios "form[ó] el espíritu del hombre dentro de él"); Hebreos 12:9 (Dios es el "Padre de los espíritus"). Podemos encontrar una base para el punto de vista creacionista en la historia de la iglesia; Jerónimo (*ca.* 340–420), Tomás de Aquino (1225–1274), y Juan Calvino (1509–1564) afirmaron esta opinión. Una importante debilidad de aplicar el punto de vista "creacionista" a este tema es que los actos de la creación directa de Dios cesaron el sexto día de la creación.

El traducianismo dice que el alma se transmite de padres a hijos por el proceso natural de procreación, tal como ocurre con el cuerpo. Aunque Dios es sin duda el Creador del hombre, y el cuerpo y alma de Adán fueron creados directa y específicamente por Dios, Él usa el medio secundario de la procreación humana para proporcionar, a cada persona, un cuerpo y un alma. Los seguidores del traducianismo en la historia de la iglesia incluyen a Tertuliano (*ca.* 160–*ca.* 220), Gregorio de Nisa (*ca.* 330–*ca.* 395) y Martín Lutero (1483–1546). Aunque no hay evidencia escritural definitiva, la posición traducianista parece la mejor. Dios es el Creador del hombre, pero Él también ordenó la procreación humana para que la tierra se llenara (Gn. 1:28). Dios usa medios naturales para la procreación, pero Él es la Causa Final del proceso. Como una unidad compleja de cuerpo y alma/espíritu, todo nuestro ser, incluyendo el alma, es un resultado del proceso de procreación ordenado por Dios.

Género

EL GÉNERO CREADO POR DIOS

A pesar de la confusión moderna sobre el género y los roles de género, la Biblia es clara respecto a que Dios creó el género y la sexualidad humana (Gn. 1:27; cf. Mt. 19:4). El género no es fluido o flexible; no está determinado por las preferencias o sentimientos de uno, y no ocurre por accidente o mediante un proceso evolutivo. El primer hombre fue creado varón directamente por Dios (Gn. 2:7). Más tarde, Dios tomó una costilla del hombre y formó a la primera mujer (Gn. 2:21-22). Entonces, el hombre y la mujer no fueron creados de la misma manera. Esta diferencia señala a las distinciones funcionales entre hombres y mujeres. Los roles que hombres y mujeres tienen en la sociedad, la familia y la iglesia se fundamentan en las diferencias entre hombres y mujeres que Dios instituyó en la creación.

La realidad objetiva del género no solo está basada en el relato bíblico de la creación, sino que es asumida en la aplicación práctica de la ley de Dios (cf. Dt. 22:5). Desviarse de los planes de Dios para el género y la sexualidad es rebelarse contra Dios (cf. Ro. 1:24-27).

GÉNERO, MATRIMONIO Y PROCREACIÓN

El varón y la mujer fueron creados para tener relación, no para aislarse. El hombre fue creado con la necesidad de una "ayuda" (cf. Gn. 2:18a) y la mujer fue creada para ser esa ayuda (heb. *ézer*) (cf. Gn. 2:18b).

Cuando Dios hizo a la mujer a partir de la costilla de Adán, la trajo delante de él (Gn. 2:23) y Adán inmediatamente se dio cuenta de que esa mujer era su compañera idónea.

El propósito de Dios para el hombre y la mujer (Gn. 2:24) era un compromiso de por vida a la unidad: "una carne" en matrimonio. El término "unirse" (heb. *dabác*) significa "fuerte apego personal y devoción", e involucra la unión sexual en el corazón de la unidad, así como los hijos, que son uno partiendo de dos. Sin embargo, la unidad del matrimonio va más allá que eso, involucrando la dependencia mutua en todas las áreas de la vida. La unidad y la intimidad deben impregnar la relación matrimonial.

El matrimonio solo tiene una definición y está sancionada por Dios: la unión de un hombre y una mujer (Gn. 2:23-24). El matrimonio debe ser un pacto público, formal y reconocido oficialmente entre un hombre y una mujer. Una cohabitación conyugal prolongada no establece el matrimonio ni es equivalente al mismo (Jn. 4:18). Cuando se ha establecido un matrimonio válido antes de la fe en Cristo, la pareja debe mantener el pacto y permanecer casada (1 Co. 7:24).

La relación hombre-mujer en el matrimonio está diseñada para la procreación. Las estructuras biológicas del hombre y la mujer han sido diseñadas por Dios para producir hijos. Según Génesis 1:28, Dios bendijo al varón y a la mujer, y dijo: "Fructificad y multiplicaos; llenad la tierra…". La orden de procreación dada a Adán se repitió a Noé (Gn. 9:1, 7). No todos los matrimonios llegan a tener hijos, pero los arreglos que evitan la procreación natural, en principio (es decir, arreglos homosexuales) no reflejan el diseño original de Dios para el matrimonio. Las uniones homosexuales no pueden ser llamadas correctamente "matrimonios", dado que involucran un solo género, no poseen la capacidad de procrear y no pueden proporcionar el tipo de compañerismo sexual según el propósito de Dios.

LA HOMOSEXUALIDAD[9]

Desviaciones y perversiones del diseño de Dios para el matrimonio comenzaron inmediatamente después de la caída. La inocencia sexual de la primera pareja (Gn. 2:25) pronto fue reemplazada por la culpa y la vergüenza (Gn. 3:7; 8–10).

La perversión sexual también se extendió rápidamente. La poligamia aparece en Génesis 4:19. La perversión sexual demoníaca, en Génesis 6:2. Otras desviaciones incluyen la lascivia (Gn. 9:22), el adulterio (o casi adulterio) (Gn. 12:15-19), la fornicación (Gn. 16:4), el incesto (Gn. 19:36), la violación (Gn. 34:2), la prostitución

---

9   Esta sección está adaptada de John MacArthur, "God's Word on Homosexuality: The Truth about Sin and the Reality of Forgiveness", *MSJ* 19, no. 2 (2008): 153-174. Usado con permiso de *MSJ*.

(Gn. 38:15) y el acoso sexual (Gn. 39:7). La homosexualidad aparece a gran escala en Génesis 19.

El matrimonio es bueno y santo, pero la homosexualidad es una rebelión perversa que amenaza el propósito de Dios para el matrimonio y la familia. La Biblia presenta la homosexualidad como pecado y declara explícitamente que los homosexuales practicantes no heredarán el reino de Dios (1 Co. 6:9-10). La homosexualidad pervierte el designio de Dios de que el matrimonio refleje la relación de Cristo con su iglesia (cf. Ef. 5:31-32). Al alterar los participantes del matrimonio, la actividad o el matrimonio homosexual distorsionan la imagen del evangelio que Dios pretendía que el mismo retratara.

En Génesis 1:27, las palabras hebreas para "varón" y "hembra" son enfáticas, y dan el sentido de "el único varón y la única hembra". Este es el paradigma del matrimonio de Dios. Con base en este paradigma de un hombre y una mujer establecido en la creación, el resto de las Escrituras prohíbe estrictamente cualquier actividad sexual fuera del matrimonio, incluyendo toda fornicación (Hch. 15:29; 1 Co. 6:9; He. 13:4), adulterio (Éx. 20:14; Lv. 20:10; Mt. 19:18), zoofilia (Éx. 22:19; Lv. 18:23; 20:15-16; Dt. 27:21) y homosexualidad (Lv. 18:22; 20:13; Ro. 1:26-27).

La homosexualidad en Génesis

La oposición de Dios a la conducta homosexual se ilustra en su respuesta a las perversiones de los hombres de Sodoma en Génesis 19. El mismo término *sodomía*, que viene de ese incidente, se refiere a la conducta homosexual practicada por los sodomitas. Lot reconoció las pasiones homosexuales de aquellos hombres como inherentemente impías (Gn. 19:7), y porque los sodomitas eran tan perversos, el Señor destruyó toda la ciudad con fuego y azufre (Gn. 18:20-33; 19:23-29; cf. 2 P. 2:6 y Jud. 7).

Sodoma establece que los hombres depravados no pueden buscar la sensualidad y la impiedad y escapar del juicio de Dios (Mt. 25:41; Ro. 1:18; 2:5, 8; Ef. 5:6; 1 Ts. 2:16; 2 Ts. 1:8; He. 10:26-27; Ap. 6:17). Las Escrituras hacen referencia a Sodoma y Gomorra más de veinte veces, como una ilustración y una advertencia de lo que acontecerá a los que viven vidas tan impías (cf. Mt. 10:14-15; 11:23-24; Lc. 17:28-32).

La homosexualidad y el código mosaico

El código legal mosaico declara que la homosexualidad es detestable a la vista de Dios (Lv. 18:22 y 29:13). La homosexualidad se menciona en Levítico 18 y 20 en el contexto de otros pecados sexuales y se trata como moralmente igual al adulterio, al incesto y a la zoofilia. El hecho de que los cristianos ya no estén más bajo el código mosaico no significa que las actitudes de Dios hacia estos pecados sexuales, incluyendo la homosexualidad, hayan cambiado. El Nuevo Testamento reafirma que la actividad homosexual es pecado.

La visión de Dios de la conducta homosexual se revela en la palabra "abominación". Esta aparece repetidamente en este contexto (Lv. 18:22, 26, 27, 29, 30; 20:13) y también es un término encontrado frecuentemente en el libro de Deuteronomio (cf. Dt. 7:25; 12:31; 17:1, 4; 18:9-14; 27:15). Del mismo modo que la idolatría es una ofensa perpetua para el carácter moral de Dios, también lo es cualquier perversión del designio de Dios para el matrimonio.

La homosexualidad y Romanos 1

El apóstol Pablo reitera la prohibición contra la homosexualidad en Romanos 1:26-27. Este pasaje considera tanto la homosexualidad masculina como el lesbianismo. El juicio de Dios cae sobre ambos porque implican actos no naturales. La palabra traducida "uso" ("relaciones", NVI, gr. *jrésis*) era una forma común de hablar de relaciones sexuales y, en este contexto, se refiere a actos homosexuales. Esa conducta brota de las "pasiones vergonzosas" impulsadas por la lujuria egoísta, no el amor. El matrimonio es una institución sagrada y cualquier actividad sexual con otra persona que no sea el cónyuge está estrictamente prohibida por Dios (Gá. 5:19; He. 13:4). Esto no solo incluye la fornicación y el adulterio, sino cualquier forma de homosexualidad, ya que estas son contrarias al diseño divino establecido en la creación.

La personeidad[10]

EL INICIO DE LA PERSONEIDAD

Mientras que se han presentado varios puntos de vista en relación con la personeidad, solo uno es bíblico. La personeidad comienza en la concepción.

La experiencia científica demuestra que la vida humana comienza en la concepción, cuando se completan los veintitrés pares de cromosomas. El óvulo fecundado contiene entonces una estructura genética completa y fija (ADN).[11] La manifestación de la personeidad aparece rápidamente después de la concepción. La Biblia se refiere a los bebés en el vientre en términos personales: por ejemplo, los hijos de Rebeca (Gn. 25:21-22; cf. Ro. 9:10-13), Job (Job 3:3), Jeremías (Jer. 1:5) y Juan el Bautista (Lc. 1:41). Otros pasajes hacen referencia al conocimiento íntimo y al involucramiento de Dios con personas en el vientre (p. ej., Job 10:8-11; Sal. 139:13-16; Is. 44:24). Éxodo 21:22-25 muestra rotundamente que los aún no nacidos deben considerarse personas. Este pasaje indica que, si un hombre golpea a una mujer encinta y el niño nace vivo sin sufrir daño, aquel debe pagar una multa. Pero, si el niño sufre daño, debe ejecutarse la ley de la represalia, incluyendo la muerte si el niño muere ("pagarás vida por vida"). El bebé en el vientre debe ser una persona, ya que se exige la pena de muerte si este muere. Por esta norma, la práctica del aborto es asesinato pues involucra la muerte de una persona, un ser humano.[12]

---

10 "Personeidad" es un término filosófico que significa "la cualidad de ser persona, el carácter estructural de la persona".

11 Beck y Demarest, *The Human Person*, 43.

12 Para mayor información sobre este tema, véase Beck y Demarest, *The Human Person*, 45.

EL FINAL DE LA VIDA HUMANA

Desde la caída (Gn. 3, véase más adelante), la muerte humana ha sido la dura e inevitable realidad final. La muerte es el "rey de los espantos" (Job 18:14) y Pablo se refería a la muerte como un "enemigo" al que se debe derrotar (1 Co. 15:26).

Aunque se considera frecuentemente como algo natural, la muerte es una intrusión en la creación de Dios. Él creó a los humanos para la vida, no para la muerte. En su estado original, el hombre no fue creado para morir, aunque la muerte era, sin embargo, una posibilidad si el hombre se rebelaba contra su Creador (Gn. 2:16-17). Jesús conquistó a la muerte por medio de su resurrección y el hecho de que la muerte se eliminará finalmente en el estado eterno futuro (Ap. 21:4) demuestra que la misma no es inherente al ser humano.

Dios mantiene un control soberano sobre la vida y la muerte (1 S. 2:6; Job 12:10). En el futuro, Dios echará a la muerte al lago de fuego, después del juicio del gran trono blanco y antes del estado eterno (Ap. 20:14).

La Biblia vincula la muerte con el aliento final de una persona (Job 14:10). Génesis 25:8 dice: "Y exhaló el espíritu, y murió Abraham". Se dice lo mismo de Ismael (Gn. 25:17). Sobre la cruz, "Jesús, dando una gran voz, expiró" (Mr. 15:37).

La realidad de la personeidad comienza en la matriz y se extiende hasta su aliento final, el fin de la vida. Hasta la muerte, la Biblia trata a todos los seres humanos como personas con dignidad. Dado que ser a imagen de Dios es algo estructural al ser humano, nunca llega un punto en el que una persona se vuelve algo menos que una persona completa. Esto incluye a los ancianos y a los gravemente discapacitados. Algunos argumentan que la personeidad solo existe si la persona puede funcionar con una determinada capacidad. Pero eso hace que la personeidad dependa de lo que el humano hace en lugar de lo que es. Entender esta idea descarta la matanza de personas que la sociedad podría considerar indignas de vivir. Un entendimiento bíblico de la vida humana coloca una barrera delante de la terminación de una vida simplemente porque esa persona no puede "contribuir a la sociedad", independientemente de cómo pueda definirse eso. Desde la concepción hasta el último aliento, todos los seres humanos son creaciones de Dios y se los debería tratar como tales.

EL DESTINO TRAS LA MUERTE

Cese de la existencia

Los que se aferran al punto de vista naturalista creen que la muerte significa el cese de la existencia (p. ej., el antiguo filósofo Epicuro, 341–270 a.C.). Como los naturalistas creen que toda la realidad, incluidos los humanos, solo se compone de materia, la muerte del cuerpo significa (para ellos) un final permanente de la existencia de uno. Como la conciencia y los pensamientos solo están vinculados al tejido cerebral, una vez que el cuerpo humano muere, toda conciencia y todo pensamiento cesan completamente. La Biblia niega rotundamente este punto de vista (cf. He. 9:27).

Continuación del alma solamente

Algunos (p. ej., los filósofos griegos Sócrates (*ca.* 470–399 a.C.) y Platón (*ca.* 428-348 a.C.) creen que las personas poseen un alma inmaterial que sobrevive a la muerte física para existir en otra esfera —en el cielo o en alguna existencia del alma—, pero que el cuerpo físico (al que Sócrates consideraba una prisión) es temporal y no resucitará. Solo el alma es inmortal. El ministro liberal Harry Emerson Fosdick (1878–1969) dijo: "Creo en la persistencia de la personalidad después de la muerte, pero no creo en la resurrección de la carne".[13]

Aniquilacionismo

El aniquilacionismo enseña que solo algunas personas —los creyentes— vivirán para siempre, experimentando la resurrección del cuerpo, mientras que otros —los impíos— dejarán de existir. Los que abogan por esto sugieren que esta aniquilación ocurrirá en la muerte física, en un juicio venidero, o después de un período finito de castigo en el infierno. Los aniquilacionistas sugieren que los pasajes que hablan de castigo "eterno" o "para siempre" para los perdidos no hacen referencia a un tormento interminable y consciente. Solo las consecuencias de ser extinguidos duran para siempre. Philip Edgcumbe Hughes (1915–1990) declaró: "La destrucción eterna es destrucción sin fin… la destrucción de la obliteración".[14] Para Edward Fudge, el lenguaje bíblico de un lago de fuego es un símbolo de "aniquilación irreversible".[15]

Dos supuestas creencias teológicas sostienen el punto de vista de la aniquilación. La primera es que el carácter de Dios no concuerda con el castigo consciente, eterno. Supuestamente, el amor de Dios no puede armonizarse con ese destino. El segundo es que la inmortalidad no es inherente a la existencia del hombre. La inmortalidad se concede a aquellos que confían en Dios, mientras que se le niega a los que están perdidos. Es una recompensa para aquellos que reciben la salvación, pero se les niega a quienes no lo hacen.

El sueño del alma

La noción de sueño del alma, o *psicopaniquia*, afirma que la muerte física pone un final temporal a la existencia consciente de la persona hasta un día posterior, el de la resurrección. Este punto de vista niega un estado intermedio de existencia consciente después de la muerte, y afirma que el alma de los creyentes duerme en vez de ir directamente al cielo. Sus partidarios reivindican el apoyo bíblico para el sueño del alma en Eclesiastés 9:5 y Daniel 12:2. Los defensores del sueño

---

13 Harry Emerson Fosdick, *The Modern Use of the Bible* (Nueva York: Macmillan, 1924), 99.

14 Philip Edgcumbe Hughes, *The True Image: The Origin and Destiny of Man in Christ* (Grand Rapids, MI: Eerdmans, 1989), 405.

15 Edward W. Fudge, *The Fire That Consumes: A Biblical and Historical Study of Final Punishment* (Fallbrook, CA: Verdict, 1982), 117.

del alma incluyen a los testigos de Jehová, los adventistas del séptimo día, y los cristadelfianos.

La reencarnación

La reencarnación, o transmigración del alma, afirma que, en el momento de la muerte física, el alma de una persona habita otra entidad, como otro ser humano o un animal. Los reencarnacionistas creen que todas las cosas vivientes experimentan un ciclo de nacimientos, muertes y nuevos nacimientos hasta que consiguen una unión impersonal con la realidad más elevada (en el hinduismo, "Brahmán"), entonces el ciclo de la reencarnación acaba. La mayoría de individuos experimentan la reencarnación miles de veces como es determinado por la ley del karma. El karma funciona como una ley de causa y efecto que determina la existencia de uno en la siguiente vida.

Millones de hindúes, budistas y jainistas creen en la reencarnación. El cada vez mayor pluralismo religioso ha traído la reencarnación a las sociedades occidentales. Encontramos formas de reencarnación en el neopaganismo, la brujería, el ocultismo y las filosofías de la Nueva Era.

Entrada a un estado intermedio en espera de la resurrección

El punto de vista cristiano tradicional es que el alma/espíritu vive en un estado intermedio entre la muerte y la resurrección corporal. Aunque la persona humana es una unidad compleja de cuerpo y alma/espíritu, la muerte provoca una separación temporal entre el cuerpo y el alma. El cuerpo regresa a la tierra, mientras que el alma reside en otra esfera. El alma del creyente reside con Dios en el cielo, pero la del incrédulo queda separado de Dios y va al infierno. En la resurrección venidera, el alma y el cuerpo de todas las personas estarán unidos para siempre en el cielo, o en el infierno, definitivamente.

Evaluación de los puntos de vista

La evidencia bíblica se alinea rotundamente con el punto de vista de que las almas entran en un estado intermedio a la espera de la resurrección. Esta interpretación se basa mayormente en tres verdades: (1) la persona humana posee un alma inmaterial; (2) existe un estado intermedio; y (3) hay una resurrección futura.

En secciones anteriores sobre el alma y la constitución humana, ya expusimos que la persona humana posee un alma inmaterial. Con relación al estado intermedio, Pablo afirmó que estar separado del cuerpo significaba estar con el Señor (2 Co. 5:8; Fil. 1:23). Jesús le indicó al ladrón en la cruz que aquel mismo día estaría con Él en el paraíso (Lc. 23:43). Esteban también oró y rogó, mientas lo apedreaban, que Jesús recibiera su espíritu (Hch. 7:59-60). Estos ejemplos refutan las perspectivas del cese de la existencia, de la reencarnación y del sueño del alma. La vida consciente existe después de la muerte física.

Múltiples pasajes enseñan también sobre una resurrección futura del cuerpo (cf.

Job 19:25-26; Is. 26:19; Dn. 12:2; Jn. 5:28-29; Ro. 8:23; Fil. 3:21; 1 Co. 15:23; 1 Ts. 4:13-18). La clara enseñanza de la Biblia sobre la resurrección corporal venidera refuta el punto de vista de que solo el alma continúa después de la muerte. La perspectiva de la aniquilación rechaza el testimonio de las Escrituras respecto a que los impíos experimentarán un tormento eterno y consciente. La Biblia usa el lenguaje del "fuego eterno" (Mt. 25:41) y declara que "el humo de su tormento sube por los siglos de los siglos" (Ap. 14:11) y que "no tienen reposo de día ni de noche" (Ap. 14:11). No tener reposo indica autoconciencia. Finalmente, Jesús puso la vida y el castigo eternos uno al lado del otro en Mateo 25:46: "E irán estos [los impíos] al castigo eterno, y los justos a la vida eterna". Así como la vida eterna no tiene fin para los creyentes, el castigo eterno tampoco lo tendrá para los incrédulos. La relación entre ambos es simétrica, no asimétrica.

El hombre y la sociedad

LA ETNICIDAD Y LAS NACIONES

Una parte importante, pero con frecuencia descuidada, de la antropología bíblica concierne a la etnicidad y a las naciones. ¿Cómo encajan los diversos grupos de personas en los propósitos de Dios?

Del mismo modo que Dios es unidad (un Dios) y pluralidad (tres personas), los portadores de la imagen de Dios evidencian tanto unidad como diversidad. La humanidad está unificada, ya que todos los seres humanos son descendientes de Adán, pero existen muchos grupos étnicos y naciones (cf. Hch. 17:26). Adán, que trasciende la diversidad étnica y las naciones, era la cabeza de la raza humana. Dios creó a Adán y Eva con la capacidad genética de producir una multiplicidad de razas y diversos colores de piel. Dios le ordenó al hombre que se multiplicara y llenara la tierra (Gn. 1:26-28), esta multiplicación y llenado de la tierra involucrarían a diferentes grupos de personas.

Después del diluvio global, Noé representó a la humanidad como aquel de quien emergería de nuevo la diversidad. Los hijos de Noé — Sem, Cam y Jafet— llegaron a ser las cabezas de diversos pueblos en el mundo (cf. Gn. 9:19). En Génesis 10–11, la tabla de las naciones y el relato de la Torre de Babel revelan que el programa de Dios involucra naciones y etnicidad. Usar a Abraham para bendecir a todas las naciones también es el telón de fondo para el plan de Dios (Gn. 11:27-12:3). Las narrativas del Antiguo Testamento describen una amplia diversidad de naciones y pueblos, e indican que esta diversidad fue parte del plan de Dios desde el principio (cf. Gn. 12:3; 22:18).

El Nuevo Testamento también revela una conciencia de y un propósito para las naciones. Con el comienzo del Nuevo Testamento, Jesús es quien bendecirá tanto a Israel como a los gentiles. De ahí que Simeón profetizara que Jesús sería "luz para revelación a los gentiles, y gloria de [su] pueblo Israel" (Lc. 2:31-32). Después de la muerte y resurrección de Jesús, el evangelio se proclamó al mundo entero, y el propio Jesús ordenó a sus seguidores: "Id, y haced discípulos a todas las naciones"

(Mt. 28:19). El día de su ascensión, Jesús afirmó la expectativa de un reino restaurado para el Israel nacional, pero proclamó la necesidad de llevar el evangelio a todos los grupos de personas del mundo (Hch. 1:6-8). Como recoge el libro de Hechos, el evangelio se diseminó desde Jerusalén a Samaria, y hasta el más amplio mundo gentil. El Concilio de Jerusalén también dio testimonio de que el resucitado Hijo de David trajo salvación mesiánica a los gentiles como tales (Hch. 15:13-18), y esto significaba que no necesitaban incorporarse a Israel ni observar la ley mosaica.

El apóstol Pablo impartió una enseñanza clara en sus epístolas respecto a la etnicidad en la iglesia. Así, Gálatas 3:28 explica que los creyentes comparten de igual manera la salvación y las bendiciones espirituales en Cristo, independientemente de la raza, el género o el estatus social. Efesios 2:11–3:6 declara que los gentiles creyentes son coiguales con los judíos creyentes en el pueblo de Dios, y participan juntos en los pactos y las promesas que vinieron a través de Israel. Los gentiles creyentes no se convierten en judíos espirituales, sino que judíos y gentiles comparten una vida común, juntos en la iglesia. La unidad entre judíos y gentiles se basa en la muerte de Jesús y la eliminación de la ley mosaica (Ef. 2:13-16). Y así, Colosenses 3:9-11 habla de una renovación en Cristo "donde no hay griego ni judío, circuncisión ni incircuncisión, bárbaro ni escita, siervo ni libre". La salvación es igualmente accesible a todos los grupos. Por lo tanto, toda animosidad u odio sobre las bases de la etnicidad es una violación pecaminosa de esas verdades bíblicas.

El último libro de la Biblia también describe las bendiciones universales. Cristo salvará a representantes de toda tribu, lengua, pueblo y nación, y estos reinarán cuando el reino venga a la tierra (Ap. 5:9-10). Apocalipsis 7:4-9 revela la salvación tanto de las tribus de Israel como de los pueblos de todas las naciones. Apocalipsis 21:3 usa el término griego *laoí* para referirse a los "pueblos" de Dios, y mostrar así la diversidad étnica en la nueva tierra. Apocalipsis 21:24, 26 da testimonio de que las naciones con sus reyes traerán contribuciones a la Nueva Jerusalén. Y Apocalipsis 22:2 declara que las hojas del árbol de la vida mantienen la curación y la armonía entre las naciones. Nunca más existirán la hostilidad étnica o nacional, solo la armonía.

EL GOBIERNO HUMANO

El gobierno humano es una institución creada por Dios para proveer orden social en el mundo.

Principios bíblicos de gobierno humano

La exposición más extensa del apóstol Pablo sobre el propósito del gobierno se encuentra en Romanos 13:1-7. El apóstol Pedro expresó la misma opinión sobre gobierno humano en 1 Pedro 2:13-14. En estos dos pasajes hallamos varias verdades.

1. Dios ha designado al gobierno humano (Ro. 13:1-2) como su "servidor" (Ro. 13:4). El gobierno es parte del bien común de Dios para la humanidad.

2. Como Dios designó al gobierno, resistirlo es resistir a Dios. Quienes resisten su autoridad serán juzgados (Ro. 13:2).

3. Un propósito del gobierno es castigar a "los malhechores" (1 P. 2:14). Por tanto, quien ostenta la autoridad es "vengador para castigar al que hace lo malo" (Ro. 13:4). El gobierno funciona como el intermediador de Dios para reprimir el mal.

4. El gobierno tiene derecho a ejecutar la pena capital: "No en vano lleva la espada" (Ro. 13:4). Cuando Pilato le dijo a Jesús que tenía la autoridad para crucificarlo (Jn. 19:10), Él no lo discutió, pero le hizo saber a Pilato que dicha autoridad procedía de Dios: "Ninguna autoridad tendrías contra mí, si no te fuese dada de arriba" (Jn. 19:11).

5. Otra función del gobierno es aprobar y alabar a quienes hacen el bien (Ro. 13:3; 1 P. 2:14). Los ciudadanos pacíficos, que respetan la ley, no deben temer a las autoridades. Pocos gobiernos harán daño a quienes obedecen sus leyes; en su lugar, buscan honrarlos.

6. El gobierno es una causa de "terror" para quienes hacen cosas malas (Ro. 13:3). Los que quebrantan la ley deben temer al consiguiente castigo. Incluso los gobiernos más impíos pueden impedir la conducta criminal.

7. Todas las personas, y en especial los cristianos, deben "someterse" al gobierno humano (Ro. 13:1, 5; 1 P. 2:13). El verbo "someterse" se usaba para la obediencia absoluta de un soldado a su superior. La única excepción surge de si obedecer una orden civil significa desobedecer un mandato de Dios (Éx. 1:7; Dn. 3:16-18; 6:7, 10). En este caso, "es necesario obedecer a Dios antes que a los hombres" (Hch. 5:29).

8. Obedecer al gobierno alivia la conciencia (Ro. 13:5).

9. Las personas deben pagar impuestos y mostrar respeto a las autoridades gobernantes (Ro. 13:7). Jesús ratificó los impuestos cuando dijo: "Dad, pues, a César lo que es de César" (Mt. 22:21).

El gobierno humano justo, a la espera del Mesías

Aunque las sociedades existieron después de la creación, Dios estableció el poder del gobierno como institución mediadora después del diluvio. El gobierno humano fue originalmente instituido para proteger la vida humana y castigar a quienes toman injustamente una vida humana (Gn. 9:5-6). Aquí, Dios concedió al gobierno el derecho de infligir la pena capital a quienes matan a una persona hecha a imagen de Dios, algo que no debe llevarse a cabo en actos de venganza personal, sino por un gobierno establecido al que se le ha otorgado la responsabilidad y el derecho de castigar a los malhechores.

En un mundo caído, los gobiernos humanos son siempre susceptibles a la corrupción y la maldad. Aun la institución dada por Dios de la Ley revelada a Moisés (Éxodo; Deuteronomio) no podría garantizar un "buen gobierno". Algo central a un gobierno justo es un líder justo, y el único líder justo que el mundo alguna vez conocerá es el Mesías, el Señor Jesucristo (cf. Is. 9:6-7; 11:4-5). Cuando Cristo vuelva, vendrá con sus ángeles para juzgar a las naciones de la tierra (Mt. 25:31-46) y establecer su reinado. Los doce apóstoles gobernarán entonces bajo su mandato y con la iglesia sobre la nación de Israel restaurada (Mt. 19:28; Ap. 2:26-27; 5:10).

Las naciones en el reino milenial y el estado eterno

Existirán naciones y gobiernos durante el reino milenial de Jesús, ya que Apocalipsis 20:3 dice que Satanás será eliminado de la tierra en ese momento "para que no engañase más a las naciones". Esto significa que las naciones existirán en esa era. Isaías 2:2-4 revela que el Señor tomará entonces decisiones ejecutivas en favor de las naciones y establecerá una armonía internacional. Cuando el reinado de mil años de Jesús se acerque a su fin, Satanás será liberado de su prisión y "saldrá a engañar a las naciones" (Ap. 20:7-8). Aquellos de entre las naciones que se unan a él serán destruidos con fuego del cielo (Ap. 20:9-10).

Las naciones también existirán en el estado eterno. Apocalipsis 21:24, 26 hace referencia a "naciones" y "reyes de la tierra" que "traerán su gloria" a la nueva Jerusalén. Las hojas del árbol de la vida mantendrán la armonía entre estas naciones (Ap. 22:2), que reinarán sobre la nueva tierra, en la presencia de Dios Padre y su Hijo Jesús (Ap. 22:1-5).

LA CULTURA HUMANA

La cultura humana tiene raíces en Génesis 1-2. A la orden dada al hombre para que gobierne y someta a la tierra y a sus criaturas (Gn. 1:26, 28) se la conoce como "el mandato cultural", ya que el hombre debía usar sus capacidades y estatus como portador de la imagen de Dios para controlar la creación en su nombre. Esto incluía la tierra, la vegetación, los animales, las aves y las criaturas acuáticas. En Génesis 2:15, Dios puso a Adán en el huerto de Edén "para que lo labrara y lo guardase". Se le proporcionó al hombre una vocación terrenal, y esto creó la cultura.

La cultura incluye obras, arte, música, educación y todos los ámbitos en los que el hombre interactúa con su entorno. Dios es el Creador de la cultura, y el hombre está llamado a llevarla a cabo en nombre de Dios. La caída de Génesis 3 dañó la capacidad humana de desarrollar una cultura que honre a Dios. El hombre cayó bajo sentencia de muerte, y tanto su entorno como todos sus componentes fueron malditos. El ser humano trabajaría duro, pero la tierra obraría contra él con espinos y cardos, y acabaría consumiéndolo en muerte (Gn. 3:17-19). Aun así, la cultura fue evidente y valorada a lo largo de las primeras etapas de la historia humana.

Jubal fue el primero que compuso y tocó música. Fue "padre de todos los que tocan arpa y flauta" (Gn. 4:21). Tubal-caín fue el primero en especializarse en los metales (Gn. 4:22). Después del diluvio, Noé se centró en la agricultura: "Después comenzó Noé a labrar la tierra, y plantó una viña" (Gn. 9:20, con resultados lamentables, cf. 9:21). La cultura también se adaptó para usos colectivos, aunque infames, como en Génesis 11, en el relato de la Torre de Babel. Las personas aprendieron a hacer ladrillos y construir con ellos (Gn. 11:3-4). Los detalles de "ladrillo en lugar de piedra" y "asfalto en lugar de mezcla" muestran destreza cultural en la arquitectura, aunque aquí los hombres la usaron para hacerse un gran nombre y seguir ubicados en un área en contra del mandato de Dios de multiplicarse y llenar la tierra (Gn. 9:1).

Durante el tiempo de los patriarcas de Israel, la cultura se centró en pastorear rebaños (Gn. 37:13-17). Se construían moradas temporales en invierno, y en primavera se buscaban pastos para los rebaños. Más adelante, el pueblo hebreo se cruzó con Egipto, cuya cultura era sofisticada para su época. Mientras estuvo encarcelado en Egipto, José interactuó con el "copero" y el "panadero" de Faraón (Gn. 40:1-2). Cuando llegó al liderazgo en Egipto, José ayudó a los egipcios a reunir grano para la inminente sequía (Gn. 41:53-57). Cuando el pueblo hebreo fue esclavizado en Egipto, se le encargó la tarea de edificar "ciudades de almacenaje" para Faraón (Éx. 1:11).

Moisés fue educado en la cultura de Egipto (Hch. 7:22), aunque su lealtad estuvo con el pueblo de Dios: los hebreos. Cuando estos fueron liberados de Egipto en el éxodo, saquearon la riqueza de los egipcios (Éx. 12:36). El pacto mosaico del Sinaí contenía instrucciones culturales, como la edificación del tabernáculo, que ocuparía el centro de la vida de adoración de Israel. Dos artesanos dotados, Bezaleel y Aholiab, dirigirían esta obra (Éx. 31:2-6). Pero el uso malvado de la cultura, por parte de Israel, se manifestó cuando el pueblo construyó un becerro de oro para adorarlo (Éx. 32). El contraste entre Éxodo 31 y 32 destaca la cultura en un mundo caído. Como portadores de la imagen de Dios, los hombres son capaces de realizar grandes obras culturales, pero, lejos de la voluntad de Dios, la cultura puede utilizarse para la idolatría y la impiedad.

La cultura fue prominente en la vida de David. Era un músico y salmista dotado. Su ejemplo muestra que deberían emplearse instrumentos para alabar al Señor, incluidos trompetas, panderetas, cuerdas, flautas y címbalos (Sal. 150:3-5). Salomón también invirtió mucho esfuerzo artístico y materiales en la construcción del glorioso y hermoso primer templo (1 R. 7-8). Cuando la reina de Sabá vio la sabiduría de Salomón, el templo, la comida en su mesa, el orden de sus siervos y sus ropas, quedó sin aliento (1 R. 10:4-5). Estaba abrumada por la belleza y el orden de la cultura de Israel, en aquel momento cumbre del reino de Israel.

Mientras se encontraban cautivos, Daniel y tres amigos se convirtieron en un ejemplo de ser educados en las costumbres de la cultura babilónica, sin poner en peligro su devoción al Dios de la Biblia. Se negaron a comer de los alimentos del rey o adorar a una estatua de oro (Dn. 1 y 3).

Mientras clamaban contra la desobediencia al pacto de Israel, los profetas de la nación también predijeron una restauración futura de Israel con gloria cultural (cf. Is. 60:5-7 y 65:17-25).

Cuando llegó Jesús, proclamó la cercanía del reino de Dios en todas sus dimensiones (Mt. 4:17), sin embargo, tanto los líderes como el pueblo de Israel lo rechazaron (Mt. 11-12). No obstante, la muerte de Jesús expió los pecados y sentó las bases para la reconciliación y restauración de Israel, de todas las naciones y de todas las cosas (Hch. 3:21; Col. 1:20; Ap. 5:9-10). Cuando Jesús vuelva en gloria, habrá un "nuevo mundo". Los que dejen todo para seguirlo recibirán casas, miembros de la familia y tierras en su reino (Mt. 19:28-29).

En resumen, Dios creó la cultura. Él hizo un mundo diverso y le encomendó al hombre la tarea de gobernarlo y someterlo para su gloria. No hay dicotomía entre Dios y la cultura o el hombre y la cultura. Dios espera que el hombre gobierne con éxito sobre su creación (Sal. 8:4-8), aunque el cumplimiento completo de esta expectativa espera por el reino de Jesús en el "mundo venidero" (He. 2:5-8). En este mundo caído, la cultura está infestada de pecado, por lo que también debe haber una purga con fuego de todos los resquicios negativos de un mundo caído, incluida la cultura humana caída (2 P. 3:8-13). En la nueva tierra, la cultura siempre apuntará a la gloria de Dios. La cultura del cielo cumplirá esta función con absoluta perfección santa.

El pecado

La pecaminosidad universal del hombre es obvia y verificable. Nos impacta de manera individual y social. Está profundamente arraigada en nosotros y se manifiesta de forma continua. A lo largo de la historia, las sociedades han reconocido consistentemente la pecaminosidad natural del hombre. Sin embargo, en la sociedad occidental moderna de los dos últimos siglos, muchos han intentado negar la realidad del pecado. Mucha gente hoy ve a los seres humanos como natural y básicamente buenos. Atribuyen los males de las guerras, la pobreza y el sufrimiento humano a ideologías y filosofías malvadas (fascismo, racismo), o a situaciones económicas inequitativas o, en algunas instancias, a individuos malvados que no son característicos del resto de la humanidad (básicamente buena). El comportamiento pecaminoso de los individuos es explicado (incluso excusado) cuando las personas son vistas primariamente como el producto de su entorno, su formación social o impulsos o carencias psicológicos. La sociedad ha ido tan lejos al acomodar su propia depravación que es reticente a considerar moralmente culpable a nadie por casi ninguna conducta. Al mismo tiempo, nuestra sociedad ha cambiado de dirección y tiende ahora hacia el relativismo moral. Hoy, lo correcto y lo incorrecto, lo bueno y lo malo, no se definen en términos absolutos, sino que se consideran de forma subjetiva. Se considera que son los individuos y las sociedades, y no Dios, quienes tienen la autoridad para determinar qué es incorrecto. Una gran mayoría de personas cree ahora que la verdad y la moral son flexibles, subjetivas, no fijas, y no tienen interés alguno en lo que declaran las Escrituras. En nuestra era de la autoestima y la subjetividad, a las personas no les gusta pensar que son malas.

DEFINICIÓN DEL PECADO

El estudio del pecado se llama *hamartiología*. Esta designación procede de la palabra griega para "pecado", *hamartía*. El pecado es una realidad compleja y polifacética. En el hebreo del Antiguo Testamento, *jatá* se traduce a menudo "pecar" o "pecado" (Gn. 20:6; Éx. 10:16). La palabra también está vinculada con errar el blanco (Jue. 20:16; cf. Pr. 19:2). Este término está estrechamente relacionado con el sustantivo griego *hamartía* ("pecado") y su forma verbal *hamartáno* (Ro. 3:23).

Pashá es otro fuerte término hebreo para el pecado en el Antiguo Testamento. La palabra significa "rebelarse", "transgredir" o "traicionar" (cf. Is. 1:2). Asimismo, la palabra hebrea *abár* significa "transgredir" o "pasar por alto". En un contexto moral se refiere a transgredir un mandamiento o violar un pacto (Nm. 14:41; Jue. 2:20).

Existen diversos términos griegos para "pecado" en el Nuevo Testamento. La palabra *adikía* significa "impiedad" o "injusticia" (Ro. 1:18; 2 Ts. 2:12). El término *planáo* hace hincapié en "vagar" o "descarriarse" (2 Ti. 3:13; 2 P. 3:17). Pecado también es *anomía*, que significa "ilegalidad", esto es, rechazar la ley de Dios (1 Jn. 3:4). *Apeithéo* es ser desobediente y voluntariamente obstinado hacia la voluntad de Dios (Ro. 11:31; Jn. 3:36). *Asébeia* puede traducirse "impiedad" o "maldad" (Jud. 18). *Ágnoia* se refiere a la ignorancia o la ausencia de entendimiento (Ef. 4:18). *Parábasis* es una violación de la ley de Dios o una desviación de esta (Ro. 2:23). Esos términos bíblicos representativos demuestran la naturaleza multidimensional del pecado.

El pecado debe entenderse desde un punto de vista teocéntrico o centrado en Dios. En esencia, el pecado es una violación de la relación Creador-criatura. El hombre solo existe porque Dios lo hizo, y está obligado en todos los sentidos a servir a su Creador. El pecado hace que el hombre asuma el papel de Dios, y declare la autonomía para sí mismo aparte del Creador. Por tanto, la visión más global de la fuente del pecado es la exigencia de autonomía.

Como Dios es el Creador de todas las cosas, todas las criaturas están obligadas a obedecerlo y vivir según su voluntad. El pecado de Satanás se debió al orgullo: "Seré semejante al Altísimo" (Is. 14:14). El pecado de Adán fue desobediencia e incredulidad (cf. Gn. 3:6; Ro. 5:18-19). Por lo tanto, el pecado es actuar de manera autónoma y usurpar la autoridad de Dios.

En su detallado tratado sobre la pecaminosidad de la humanidad, en Romanos 1-3, Pablo explicó cómo las criaturas pecaminosas violaron su relación con el Creador: "Cambiaron la verdad de Dios por la mentira, honrando y dando culto a las criaturas antes que al Creador, el cual es bendito por los siglos. Amén" (Ro. 1:25). Por tanto, la idolatría se produce cuando la persona cambia la adoración a Dios por la adoración a las criaturas. La paz y la plenitud que solo proceden de adorar al Dios verdadero se pierden cuando la adoración se dirige en cambio a las criaturas. Al rechazar al Creador, el corazón incrédulo busca satisfacerse a sí mismo con aquello que no puede proporcionar un gozo duradero ni una realización verdadera: posesiones materiales, éxito, admiración, relaciones inmorales, drogas, alcohol, juego u otros muchos sustitutos. Quienes se entregan a tales cosas, se vuelven esclavos de ellas (2 P. 2:19).

En el contexto de Romanos 1, Pablo aclaró que las personas necias, de corazón entenebrecido, "cambiaron la gloria del Dios incorruptible en semejanza de imagen de hombre corruptible, de aves, de cuadrúpedos y de reptiles" (Ro. 1:23). Destacó la homosexualidad tanto de hombres como de mujeres: "Pues aun sus mujeres cambiaron el uso natural por el que es contra naturaleza, y de igual modo también los hombres, dejando el uso natural de la mujer, se encendieron en su lascivia unos con otros, cometiendo hechos vergonzosos hombres con hombres, y recibiendo en sí mismos la retribución debida a su extravío" (Ro. 1:26-27).

A la luz de estos factores ofrecemos esta breve definición del pecado: *El pecado es cualquier falta de conformidad con la voluntad de Dios en actitud, pensamiento o acción, cometida activa o pasivamente. El centro de todo pecado es la autonomía, que es la sustitución de Dios por uno mismo. Siempre estrechamente asociados con el pecado están sus productos: orgullo, egoísmo, idolatría y falta de paz (shalóm).*

LA RELACIÓN DE LA DOCTRINA DEL PECADO CON OTRAS DOCTRINAS

La doctrina del pecado es inseparable de todas las demás doctrinas bíblicas. Está vinculada con la doctrina de Dios, ya que el pecado es principalmente contra Dios (Sal. 51:4). La doctrina del pecado define directamente a la humanidad como caída y afecta a todos ya que el pecado caracteriza cada vida en el nacimiento; corrompe la relación de todos, con Dios, con otras personas y con la creación; y lleva todo a la muerte. La doctrina del pecado afecta obviamente a la doctrina de la salvación, ya que los pecadores necesitan ser rescatados, pero son incapaces de salvarse a sí mismos. Como pecan de forma profunda y generalizada, los pecadores necesitan la salvación por gracia. La doctrina del pecado tiene relación con Jesucristo, porque Jesús es el postrer Adán, el siervo sufriente, el Mesías y la simiente de la mujer (Gn. 3:15), Aquel que conquista el pecado y todas sus formas y efectos, redime a los creyentes, restaura la creación y derrota a Satanás. Jesús hace todo esto expiando los pecados de su pueblo. Sin su muerte perfecta y sustitutiva no habría salvación del pecado. Y sin su resurrección y exaltación como Señor de todo, el hombre no sería capaz de gobernar la creación como Dios prometió y espera. Tanto Satanás como los ángeles caídos pecaron contra Dios y fueron eliminados de su presencia. No hay salvación para Satanás y los demonios que lo siguieron. Mientras los ángeles santos son espíritus que ministran y sirven a las personas que heredan la salvación (He. 1:14), Satanás y sus espíritus malignos son engañadores que tientan a la humanidad para que desobedezca a Dios. La iglesia es la comunidad de personas salvadas del pecado en esta era. Es, asimismo, la embajadora global de Dios para proclamar la reconciliación a los pecadores. La iglesia proclama el evangelio del perdón de los pecados que se halla en Jesucristo. Este mundo caído está dominado por el pecado y sus efectos. Pero un día Cristo gobernará en justicia durante el período del milenio (Ap. 20:1-6), Satanás y sus demonios serán lanzados en última instancia al lago de fuego (Ap. 20:10), y el pecado y sus efectos se eliminarán finalmente con el estado eterno venidero (Ap. 21:4).

EL ORIGEN DEL PECADO

Satanás

La Biblia culpa al primer hombre, Adán, del pecado y la muerte en el mundo (Ro. 5:12). Sin embargo, el pecado de la primera pareja fue impulsado por la tentación de Satanás a través de una serpiente (Gn. 3:1; cf. Ap. 20:2).

Génesis no describe la caída de Satanás, pero es probable que Ezequiel 28 e Isaías 14 aludan a ella. Ambos pasajes hablan de reyes humanos (de Tiro y Babilonia), pero lo que se describe va mucho más allá de cualquier monarca humano. En su lugar, ambos pasajes describen el primer pecado en el cosmos. Ezequiel 28:13 dice: "En Edén, en el huerto de Dios estuviste". Se nos explica que Satanás era un "querubín grande, protector... en el santo monte de Dios" (Ez. 28:14). La referencia al "querubín" significa que Satanás era un ángel en la presencia de Dios. Ezequiel 28:15 declara a continuación: "Perfecto eras en todos tus caminos desde el día que fuiste creado, hasta que se halló en ti maldad". Isaías 14:14 señala que el deseo de ser como Dios (el "Altísimo") fue la razón de la rebelión del líder de la adoración angélica (Is. 14:11-12).

Adán y Eva

Eva fue engañada y seducida (Gn. 3:1-5; cf. 2 Co. 11:3) por la serpiente y comió primero del árbol y después le entregó el fruto a Adán (Gn. 3:6). Aun así, las Escrituras responsabilizan principalmente a Adán, ya que él, no Eva, era la cabeza representativa de la humanidad. Romanos 5:12 culpa explícitamente a Adán, la cabeza representativa, por el pecado y la muerte en el mundo.

Como Dios no puede pecar y no tienta a nadie (Stg. 1:13), y como Lucifer, los ángeles que lo siguieron y Adán y Eva fueron todos creados sin pecado, surge la siguiente pregunta: ¿de dónde se originó el pecado? Muchos creen que, al ser Dios Todopoderoso, la culpa del pecado debe ser suya. Esto es falso. Sin duda, el origen del pecado es un misterio profundo y oscuro, pero Dios no es la causa imputable del mismo. Debido a que las personas creadas pecaron, la capacidad de pecar tenía que existir en ellas como una posibilidad. El pecado tuvo lugar porque Satanás, Adán y Eva escogieron ejercer su voluntad de desobedecer a Dios en lugar de amarlo. En consecuencia, como criaturas, no pueden escapar a la responsabilidad ante su Creador.

El pecado no sorprende a Dios. Él es capaz de vencer el pecado e incluso lo ha ordenado para exhibir su gloria de forma más plena; pero la culpa del pecado descansa sobre las personas que eligen desobedecer. La soberanía absoluta de Dios no socava en absoluto la responsabilidad del hombre.[16] Esto es cierto para Satanás,

---

16 Para profundizar sobre cómo la soberanía de Dios sobre el pecado y el mal no lo convierte en causa imputable de ambos, véase en el cap. 3, "El decreto, la elección y el problema del mal" (p. 120).

para los ángeles caídos y para Adán y Eva, quienes transmitieron su pecaminosidad a todos sus descendientes.

Las consecuencias de la caída

CONSECUENCIAS PERSONALES

El pecado siempre decepciona y nunca satisface. Adán y Eva se enfrentaron de inmediato con esta realidad. Las secuelas de su acto pecaminoso revelan las consecuencias del pecado. Al aceptar la mentira de la serpiente, Adán y Eva esperaban ser como Dios, iluminados y realizados. Sin embargo, ocurrió lo contrario. Cuando Eva y Adán comieron del árbol prohibido, sus ojos "fueron abiertos" pero no de la forma que ellos esperaban (Gn. 3:7). No descubrieron el contentamiento y la felicidad. En su lugar, experimentaron culpa y vergüenza. Fueron de repente conscientes de su desnudez y cosieron hojas de higuera para cubrirse (Gn. 3:7).

Además de la vergüenza, vino otra consecuencia: el temor. Cuando la pareja oyó que Dios caminaba en el huerto, "se escondieron de la presencia de Jehová" (Gn. 3:8), y Adán dijo: "tuve miedo" (Gn. 3:10). El pecado causa miedo y hace esconderse de Dios.

Otra consecuencia del pecado fue la culpa. Cuando Dios le pidió explicaciones a Adán, este pareció culpar a Eva: "La mujer que me diste por compañera me dio del árbol, y yo comí" (Gn. 3:12). En realidad, Adán culpaba a Dios cuando dijo: "La mujer que *tú* me diste por compañera...". Después, cuando Dios le preguntó a Eva qué había hecho, ella culpó al animal y contestó: "La serpiente me engañó, y comí" (Gn. 3:13). La posición universal por defecto entre las personas caídas es culpar a otros de su pecado.

Estas consecuencias personales del pecado son severas. El pecado promete esclarecimiento y paz, pero en su lugar trae vergüenza, miedo y culpa, así como muerte (Gn. 2:17-19). Y, como muestra la siguiente sección, las consecuencias llegan incluso más lejos que esto.

EL IMPACTO DE LA CAÍDA SOBRE LAS RELACIONES

Las consecuencias negativas del pecado van más allá de la inquietud y la desesperación personales. El hombre fue creado para relacionarse con Dios, con otras personas y con la creación. La caída del hombre dañó las tres conexiones.

La relación con Dios

Lo primero y más importante es que la relación del hombre con Dios quedó rota. El hombre murió espiritualmente. (Véase "La muerte espiritual", más adelante).

Además, el pecado acarrea la ira de Dios, que es el desagrado justo de Dios hacia el pecado (cf. Ro. 1:18; Ef. 5:6). El pecado también invita al castigo de Dios. Como Él es santo y justo, debe castigar el pecado. Jesús señaló que los malvados irán "al castigo eterno" (Mt. 25:46).

El pecado crea enemistad, una situación hostil entre partes. Romanos 5:10 afirma que, antes de la salvación en Cristo, las personas son "enemigas" de Dios. Los incrédulos son "ajenos de la vida de Dios" (Ef. 4:18). Asimismo, "los designios de la carne son enemistad contra Dios" (Ro. 8:7). La responsabilidad por la enemistad recae únicamente en el hombre.

La relación con las personas

Después, el pecado alteró todas las relaciones humanas. En primer lugar, Dios dijo que la mujer daría a luz en medio de grandes dolores, de forma que hasta procrear a otra persona sería difícil (Gn. 3:16a).

En segundo lugar, también habría tensión entre el hombre y la mujer en la unión básica y necesaria del matrimonio. Dios le dijo a Eva: "Tu deseo será para tu marido, y él se enseñoreará de ti" (Gn. 3:16b). Aunque "deseo" podría referirse a un deseo físico por su marido, es probable que implique también el deseo de controlar. Génesis 4:7, que tiene una construcción paralela, usa "deseo" en un sentido controlador: "Si no hicieres bien [Caín], el pecado está a la puerta; con todo esto, a ti será su deseo, y tú te enseñorearás de él". Así pues, Génesis 3:16 predice lucha y conflicto dentro del matrimonio, la más íntima relación de amor.

En tercer lugar, se promete y se materializa el conflicto en general entre las personas en la sociedad. Caín mató a su hermano Abel por envidia (Gn. 4:8). Lamec mató a un joven que lo había golpeado (Gn. 4:23). La historia de la humanidad manifiesta continuamente odio, conflicto, asesinatos y guerra.

La relación con la creación

El pecado del hombre afectó negativamente su relación con la creación. El mandato al hombre de dominar y sojuzgar la tierra y sus criaturas no se revocó (Sal. 8:4-8), pero la creación obra ahora contra el hombre y frustra sus esfuerzos. Dios le dijo a Adán: "Maldita será la tierra por tu causa; con dolor comerás de ella todos los días de tu vida" (Gn. 3:17). La tierra maldita conducirá al hombre al "dolor". También se le dice a Adán: "Espinos y cardos te producirá, y comerás plantas del campo. Con el sudor de tu rostro comerás el pan" (Gn. 3:18-19a). Así pues, la interacción del hombre con la tierra será difícil, y esta lo consumirá a su muerte (Gn. 3:19b). El plan de Dios para un gobierno exitoso del hombre sigue sin cumplirse. Hará falta el postrer Adán, Jesús (1 Co. 15:45), y los que creen en Él, para gobernar con justicia la tierra (Ap. 5:10). Esto ocurrirá cuando Jesús vuelva y establezca su reino milenial (Ap. 20:1-6).

En resumen, Adán y sus descendientes no solo padecerán y morirán como individuos, sino que también sufrirán sus relaciones. Únicamente el Señor Jesús será capaz de restaurar la relación de la humanidad con Dios, con los demás y con la creación. Como el "postrer Adán" (1 Co. 15:45), amará a Dios y a las personas de forma perfecta y manifestará un control absoluto sobre la creación.

TRES FORMAS DE MUERTE

Las consecuencias generalizadas y devastadoras del pecado pueden resumirse en una palabra: muerte. Dios le advirtió a Adán: "Mas del árbol de la ciencia del bien y del mal no comerás; porque el día que de él comieres, ciertamente morirás" (Gn. 2:17). La muerte es el castigo por la desobediencia. Es un concepto complejo que implica (1) la muerte espiritual, (2) la muerte física y (3) la muerte eterna.

La muerte espiritual

Cuando Adán y Eva pecaron, la muerte física no tuvo lugar de inmediato. Adán vivió novecientos treinta años (Gn. 5:5). Sin embargo, la muerte espiritual se produjo al instante. La muerte espiritual es el estado de distanciamiento espiritual de Dios. Como resultado del pecado de Adán, todas las personas (a excepción del Señor Jesucristo) nacen espiritualmente muertas (Ef. 2:1, 5). Para Adán y Eva, el pecado provocó la separación de Dios, el destierro de su presencia y la pérdida de la vida espiritual (Gn. 3:23-24). Todos sus descendientes han nacido, de igual manera, en un estado de muerte espiritual, que también deja a una persona sin respuesta a la verdad espiritual (Ro. 8:7-8; 1 Co. 2:14; 2 Co. 4:4; Ef. 4:17-18). Solo por el milagro divino de la regeneración, Dios pone fin a la muerte espiritual y crea de nuevo a los pecadores, y los vivifica para sí (2 Co. 4:6).

La muerte física

El proceso de la muerte física comenzó cuando Adán y Eva pecaron. Dios le dijo a Adán: "Polvo eres, y al polvo volverás" (Gn. 3:19). Incluso antes de que cualquier ser humano muriera, la muerte animal tuvo lugar al matar Dios a un animal para vestir a Adán y Eva con su piel (Gn. 3:21). La muerte humana se produjo por primera vez cuando el primer hijo de Adán y Eva —Caín— asesinó a su hermano Abel (Gn. 4:8). La lista de los descendientes de Adán, en Génesis 5, revela con claridad que la muerte pasó a ser el final de toda vida humana, al repetir después del nombre de cada persona: "… y murió" (Gn. 5:5, 8, 11, 14, 17, 20, 27, 31). Además de las pasadas excepciones de Enoc y Elías, y las futuras de los que estén vivos en el momento del arrebatamiento (1 Ts. 4:13-18), la muerte física consumirá a todos los descendientes de Adán. El escritor de Hebreos declara: "Está establecido para los hombres que mueran una sola vez, y después de esto el juicio" (He. 9:27). La vida física se volvió breve después del diluvio. Moisés expresó: "Los días de nuestra edad son setenta años; y si en los más robustos son ochenta años, con todo, su fortaleza es molestia y trabajo, porque pronto pasan, y volamos" (Sal. 90:10).

La muerte eterna

La muerte eterna espera a aquellos que mueren físicamente mientras están espiritualmente muertos. Los que mueren en la incredulidad se enfrentarán para siempre al lago de fuego (Ap. 20:11-15). Juan se refiere a esto como "la segunda muerte"

(Ap. 20:6). Aunque no provoca que las personas dejen de existir, la muerte eterna sigue siendo una clase de muerte, ya que implica destrucción eterna, castigo por los pecados y separación de la presencia de Dios que bendice. Solo aquellos que son liberados por la obra misericordiosa del Señor Jesús escapan de la muerte eterna. Apocalipsis 20:6 declara: "Bienaventurado y santo el que tiene parte en la primera resurrección; la segunda muerte no tiene potestad sobre éstos".

EL PECADO ORIGINAL

La doctrina del *pecado original* concierne a la pregunta de cómo afectó a toda la raza humana el pecado de Adán. Mientras que "pecado original" se refiere al primer pecado cometido por Adán, también engloba el estado y la condición pecaminosos de todas las personas por causa de su relación con Adán, que es la razón por la que las personas son depravadas y están manchadas por el pecado desde la concepción.

Varios versículos sostienen el concepto de pecado original, incluido Salmos 51:5: "He aquí, en maldad he sido formado, y en pecado me concibió mi madre", y Efesios 2:3: "Nosotros… éramos por naturaleza hijos de ira, lo mismo que los demás". Romanos 5:12-21 es el pasaje más detallado de las Escrituras sobre este tema. Este pasaje también es una de las secciones más debatidas en Romanos, ya que se han presentado varias opiniones con respecto a cómo impacta el pecado de Adán en la humanidad.

Respecto a Romanos 5:12 se declaran cuatro verdades. Primero, el pecado entró en el mundo "por un hombre", Adán. Segundo, el pecado trajo la muerte. Tercero, la muerte se extendió a todas las personas. Cuarto, la razón por la que la muerte se extendió a todas las personas es "por cuanto todos pecaron". Este último concepto es el más discutido. Agustín empleó traducciones latinas de Romanos 5:12 que interpretaban la frase griega *epí jós* con el sentido de *in quo* ("en quien"), y esto traduce la última parte del versículo "en quien [esto es, en Adán] todos pecaron". Agustín tomó eso como que se refiere a que todas las personas estaban efectivamente *en* Adán, y participaron realmente de su pecado (véase "Realismo" más adelante). La mayoría de las traducciones actuales optan, en su lugar y con acierto, por un sentido causal: "Por cuanto todos pecaron".

La traducción errónea del latín de Romanos 5:12, no obstante, interpreta los versículos subsecuentes conectando todo el pecado humano a Adán. En los versículos 18-19, Pablo explica que "por la transgresión de uno vino la condenación a todos los hombres" y que "por la desobediencia de un hombre los muchos fueron constituidos pecadores". En el versículo 15 también declara: "Por la transgresión de aquel uno murieron los muchos". Además, el tiempo aoristo para "pecaron" (gr. *jémarton*), al final de Romanos 5:12 ("por cuanto todos pecaron") apunta a un acontecimiento histórico específico. Por tanto, existe una conexión directa entre el pecado de Adán y la pecaminosidad de sus descendientes. ¿Pero cuál es esta conexión? Se han ofrecido varias respuestas.

Solidaridad no explicada

Una opinión es que Romanos 5:12-21 revela una solidaridad vaga no explicada entre Adán y todas las personas. Supuestamente existe alguna conexión, pero los defensores de esta idea opaca sugieren que no puede conocerse con certeza. Debemos contentarnos con no saber. Esta posición de solidaridad no explicada parece ser la predeterminada para quienes no están satisfechos con las demás opiniones mencionadas seguidamente.

Mal ejemplo

Algunos sostienen que el pecado de Adán es un mal ejemplo para todas las personas. Cuando estas pecan, siguen el mal precedente de Adán. Los humanos no son realmente culpables por el pecado de Adán ni heredan una naturaleza pecaminosa de él. No existe transmisión directa de pecado entre las personas y Adán. Esta opinión, de Adán como mal ejemplo, está vinculada históricamente con Pelagio (*ca.* 354–*ca.* 420), el monje británico que rechazó la doctrina de que todos los humanos poseen una naturaleza de pecado. Pelagio enseñó que las personas eran capaces de obedecer a Dios sin la gracia divina. Por tanto, todas las personas son como Adán cuando este fue creado y todas son libres de obedecer o desobedecer a Dios.

Este punto de vista del mal ejemplo es erróneo, ya que no comprende de forma adecuada la pecaminosidad de las personas tras la caída de Adán (Ef. 2:1, 5). Tampoco hace justicia a la comparación entre Adán y Cristo en Romanos 5:12-21. Además, si Adán es solo un mal ejemplo, ¿significa esto que Cristo es tan solo un buen ejemplo y que se nos deja para que nos salvemos a nosotros mismos? Si juzgamos a través de la confianza de Pelagio en la libertad de la voluntad humana para la salvación, uno tiene que responder afirmativamente. Su condena por herejía en el Concilio de Éfeso en el 431 está por tanto justificada.

Naturaleza pecaminosa heredada

La idea de una naturaleza pecaminosa heredada afirma que todas las personas reciben una naturaleza corrupta y pecaminosa de Adán. Así, hay una conexión real entre Adán y sus descendientes, es decir, todos los seres humanos. Pero la *culpa* del pecado de Adán *no* es heredada. Aunque la naturaleza pecaminosa heredada puede ser suficiente para considerar pecadora a una persona condenada por Dios, esta idea mantiene que tal condenación no se debe a que la culpa de Adán se impute a sus descendientes ni que se les tenga en cuenta a ellos.

Existen variaciones de esta perspectiva entre los arminianos, quienes han afirmado que tanto la culpa como la corrupción de Adán se transmiten a todos sus descendientes, pero que la gracia preveniente, comprada por la supuesta expiación universal de Cristo, elimina la culpa y la depravación que vienen de Adán. A nadie, aparte de Adán, se le considera responsable por lo que él hizo. Una persona solo se vuelve responsable como pecadora cuando elige pecar.

Aunque afirma con acierto que todas las personas tienen una naturaleza corrupta a partir de Adán, esta idea no reconoce que el pecado de este traiga directamente la culpa a todas las personas. Pablo explicó: "Por la transgresión de uno vino la *condenación* a todos los hombres" (Ro. 5:18), un término inherentemente legal que establece la culpa. Este versículo enseña, por tanto, que las personas reciben más que una simple naturaleza corrupta, ya que la transgresión de Adán conduce a la condenación. Todos los seres humanos son constituidos pecadores por la acción de Adán (Ro. 5:19).[17] Asimismo, el concepto arminiano de la gracia preveniente y la expiación universal, que elimina o neutraliza la culpa que viene de Adán, no tiene base bíblica.[18]

Realismo

También conocido como el punto de vista agustino o seminal, el *realismo* afirma que toda la humanidad estaba físicamente presente en Adán cuando este pecó. Como primer hombre, representaba de forma colectiva a la naturaleza humana, de la cual forman parte todos sus descendientes. Y todos estaban en Adán en forma de simiente cuando él pecó. Esto significa que sus descendientes se encontraban en sus lomos y participaban de su pecado. Y, como todos tomaron parte en el pecado de Adán, todas las personas son moralmente culpables y condenadas por hacerlo. Por ello, tanto la naturaleza corrupta como la culpa se trasmiten de forma natural desde Adán.

La base para el realismo se obtiene de Hebreos 7:9-10, que enseña que Leví —el biznieto de Abraham— pagó los diezmos a Melquisedec a través de Abraham, ya que "aún estaba en los lomos de su padre [Abraham] cuando Melquisedec le salió al encuentro". De hecho, la acción de Abraham fue la acción de Leví. Esto también podría ser cierto para Adán y sus descendientes; la acción (pecar) de Adán fue la acción (pecar) de sus descendientes.

El punto de vista del realismo afirma que la conexión entre el pecado de Adán y el de la humanidad es más que un simple mal ejemplo de Adán o una naturaleza de pecado heredada. En su lugar, todas las personas participaron realmente en el pecado de Adán. Así que la culpa y la condenación son merecidas, porque todos pecaron en realidad. El realismo ofrece una explicación sobre cómo pueden todas las personas ser apropiadamente culpables por el pecado de Adán. Cuando este pecó, todos lo hicieron en él. Si esto es así —argumentan los defensores de esta opinión—, nadie puede hacer la acusación de que personas "inocentes" están erróneamente imputadas con el pecado de Adán, ya que todas participaron realmente en su transgresión.

Sin embargo, no somos nosotros quienes debemos juzgar lo adecuado de las declaraciones legales de Dios. La suposición de que sería injusto imputarle el

---

17 Véase en el cap. 7 la sección titulada: "La base de la justificación: justicia imputada" (p. 332).

18 Véase en el cap. 7 la sección titulada "El autor de la regeneración" (p. 305) y "El alcance de la expiación" (p. 281).

pecado de Adán al hombre, a no ser que hubiéramos participado realmente en su transgresión, estropea el paralelismo entre Adán y Cristo en Romanos 5:12-21. Nadie cuestiona que la imputación forense de justicia a los pecadores sea adecuada. No diríamos que los pecadores son incorrectamente imputados con la justicia de Cristo, a no ser que participaran real y seminalmente en su obediencia.

Y, por supuesto, no lo hicimos. La unión entre Cristo y su pueblo no es una unión seminal, porque Cristo no fue padre de ningún hijo físico. En su lugar, es una unión legal. Dios cuenta —imputa legalmente o cuenta judicialmente— la obediencia de Cristo, nuestro representante, como *nuestra* obediencia. Para que el paralelismo entre el primer y el postrer Adán se sostenga (Ro. 5:12-21; cf. 1 Co. 15:45), el pecado de Adán debe transmitirse de la misma manera que la justicia de Cristo. Por tanto, así como Adán era el representante de toda la humanidad, Dios cuenta —imputa legalmente o cuenta judicialmente— su desobediencia como la de todos los que estaban en él. Quienes adujeran que tal imputación es errónea o inadecuada, porque no todos participaron realmente en el pecado de Adán, muestran su incoherencia cuando no aducen lo mismo contra la imputación de la justicia de Cristo. Lo primero provoca objeciones, porque es castigo, mientras que lo segundo se excusa, porque es un regalo. Como John Murray explica:

> La analogía instituida en Romanos 5:12-19 (cf. 1 Co. 15:22) presenta una formidable objeción a la construcción realista. Los realistas admiten que no hay unión "realista" entre Cristo y los justificados... Por tanto, en base a las premisas realistas, se puede suponer una disparidad radical entre el carácter de la unión existente entre Adán y su posteridad, por un lado, y la existente entre Cristo y los suyos, por otro... Pero no hay atisbo de que esa clase de discrepancia se materializara si la distinción entre la naturaleza de la unión en ambos casos fuera tan radical como debe suponer el realismo... [Y] el caso no es simplemente que no haya atisbo de esta clase de diferencia; el paralelismo sostenido milita contra cualquier suposición así... Este hincapié no solo sostenido en el hombre único Adán y el hombre único Cristo, sino también sobre la transgresión de uno y el acto justo del otro, apunta a una identidad básica en lo que se refiere a *modus operandi*.[19]

Liderazgo representativo

La postura más aceptable es que el pecado de Adán se imputa a todos los que se unieron a él como el representante de la humanidad. La culpa de Adán es nuestra culpa. Aunque afirma que una naturaleza corrupta se transmite desde Adán, el liderazgo representativo enseña que todas las personas son condenadas por su relación directa con Adán.

---

19 John Murray, "The Imputation of Adam's Sin: Second Article", *Westminster Theological Journal* 19, no. 1 (1956): 36.

El punto de vista del liderazgo representativo (a menudo denominado *liderazgo federal*) afirma que la acción de un representante es determinante para todos los miembros unidos a él. Cuando Adán pecó, representaba a todas las personas; por tanto, su pecado se adjudica a sus descendientes.

Un ejemplo de liderazgo que afecta a otros se encuentra en Josué 7, con Acán y su familia. La derrota de Israel en Hai se atribuyó a Acán. Aunque solo él había cometido este acto pecaminoso, sus hijos e hijas fueron apedreados con él, y cargaron con el castigo junto a Acán por su acto (Jos. 7:24-25). De forma parecida, la culpa del pecado de Adán se imputa o coloca sobre el resto de la familia de la humanidad.

Los que afirman el punto de vista del liderazgo representativo apelan primero a los paralelismos establecidos con Jesús en Romanos 5:12-21 (expuestos con anterioridad bajo el punto de vista del realismo). Romanos 5:18 declara que "por la justicia" de Jesús "vino a todos los hombres la justificación de vida", y Romanos 5:19 afirma que la obediencia de Jesús es imputada a otros como su propia justicia. Aquí, la lógica sugiere que si la justificación y la justicia del Señor Jesús se imputan a quienes están en Él, ocurre lo mismo con la culpa del pecado de Adán respecto a aquellos a los que él representaba. Como ya se ha declarado, el paralelismo Adán-Cristo, en Romanos 5:12-21, se explica mejor por medio de la idea de la representación. Así como se considera que los cristianos son justos, porque la justicia ajena de Cristo (es decir, una justicia externa al creyente) se imputa a todos los que son de Cristo, la culpa de Adán se imputa a todos sus descendientes, aunque no pecaran personalmente cuando él lo hizo.

Los adeptos a este punto de vista también apelan a 1 Corintios 15:22, que afirma: "Porque así como en Adán todos mueren, también en Cristo todos serán vivificados". Este versículo muestra que la muerte y la vida están vinculadas con Adán y Cristo como dos representantes de la humanidad. Además, Romanos 5:14 enseña explícitamente que los descendientes de Adán no cometieron el pecado de Adán (…"los que no pecaron a la manera de la transgresión de Adán"). Así pues, se lo relaciona con sus descendientes como su cabeza representativa y, por tanto, el acto de Adán se imputa a otros, aunque estos no cometieran en realidad su pecado.

En resumen, ambos hombres —Adán y Cristo— se ven como representantes de la humanidad y, para ambos, los efectos de sus acciones se transmiten a otros. Adán es el representante de la humanidad pecaminosa y Jesús lo es de la humanidad justa. Significativamente, aunque este punto de vista hace hincapié en la imputación vía liderazgo en el caso de Adán, también engloba la corrupción heredada de él y transmitida a toda la humanidad.[20]

---

20 Aunque el punto de vista representativo a menudo ha sido asociado con el "pacto de obras", uno no necesita afirmar tal pacto a fin de mantener el liderazgo representativo. De hecho, ni siquiera los pactantes que afirman el liderazgo federal lo vinculan al pacto de las obras (p. ej., Anthony A. Hoekema, *Created in God's Image* [Grand Rapids, MI: Eerdmans, 1994], 161n65).

Aunque históricamente se hace referencia a ella como *liderazgo federal*, la etiqueta *liderazgo representativo* es preferible, porque transmite mejor que tanto Adán como Cristo actúan como representantes legales de aquellos a los que se considera en cada uno de ellos. Como se explicó anteriormente, esta postura tiene mayor sentido a partir de los paralelismos entre Adán y Cristo articulados en Romanos 5 y 1 Corintios 15.

Algunos sugieren que el punto de vista del liderazgo representativo es contrario al sólido testimonio bíblico de que los hijos no serán considerados responsables de los pecados de sus padres (cf. Dt. 24:16 y Ez. 18:20). Sin embargo, no hay conexión real entre la doctrina del pecado original y estos pasajes, que abordan la culpa y el castigo por el pecado *personal*.

EL VIEJO HOMBRE Y EL NUEVO HOMBRE

La relación de Adán y Jesús con la humanidad también está conectada con los conceptos del "viejo hombre" y el "nuevo hombre", que se encuentran dos veces en las cartas de Pablo (Ef. 4:22-24 y Col. 3:9-10). La palabra griega para "hombre" en ambos pasajes es *ánthropos*. Algunos traducen esto de forma justificable "vieja naturaleza" y "nueva naturaleza".

En Colosenses 3:9-10, Pablo les recuerda a sus lectores cristianos que uno se "desviste" del viejo hombre para "revestirse" del nuevo. Esto es una declaración de hecho, no un mandamiento. Los cristianos ya no son el viejo hombre, sino el nuevo. Este cambio se produjo cuando creyeron en Cristo.

Con respecto a Efesios 4:22-24, existe un debate respecto a si Pablo les está ordenando a sus lectores que se desvistan del viejo hombre para vestirse del nuevo o si se trata de la aseveración de que los cristianos ya son un nuevo hombre, de forma muy parecida a Colosenses 3:9-10. Como quiera que sea, Pablo está haciendo hincapié en que se ha obrado una transformación en Cristo. Los cristianos han pasado del viejo hombre al nuevo, y deben vivir a la luz de esta realidad.

¿Pero qué pretende transmitir Pablo con "viejo hombre" y "nuevo hombre", y qué relación tiene esto con las doctrinas del hombre y el pecado? El viejo hombre es la naturaleza no regenerada y conectada con Adán. Engloba todo lo que una persona es en Adán, antes de la unión con Cristo. El nuevo hombre es la naturaleza regenerada, unida con Cristo, que sustituye al viejo hombre. Cuando alguien se convierte en cristiano, se viste del nuevo hombre y pasa a ser una "nueva criatura" en Cristo (2 Co. 5:17). Deja de ser el viejo hombre, el hombre no regenerado. El nuevo hombre en Cristo es una realidad. Pero los cristianos siguen luchando con la carne y deben dejar de lado continuamente los deseos carnales. Tienen que andar en el poder del Espíritu Santo para no satisfacer "los deseos de la carne" (Gá. 5:16).

Estos paradigmas del "viejo hombre" y el "nuevo hombre" son distinciones importantes que contrastan la humanidad en Adán y la humanidad en Cristo. Se está en Adán o en Cristo; no existe otra opción. Según Romanos 5:18-19, estar en

Adán significa muerte, culpa y condenación. Sin embargo, estar en Cristo significa vida, justificación y justicia.

DEPRAVACIÓN TOTAL

La Biblia enseña lo que se ha denominado depravación total (o generalizada) para describir la corrupción y la contaminación del pecado transmitido desde Adán. La depravación total hace hincapié en el impacto devastador del pecado sobre la persona y cubre tres conceptos relacionados: (1) la contaminación y corrupción de todos los aspectos de la persona; (2) la incapacidad total de la persona de agradar a Dios; y (3) la universalidad en la que todos son concebidos y nacen como pecadores. Juntas, estas cosas muestran el terrible estado de la humanidad no redimida, incapaz de glorificar a Dios y sin disposición alguna a hacerlo.

La depravación total no significa que las personas no salvas actúen siempre tan mal como les sea posible. Tampoco significa que no puedan realizar actos de relativa bondad. Los incrédulos pueden hacer buenas cosas por la sociedad, por sus amigos y por su familia. Estos actos son de una bondad relativa, que se corresponde con lo que Jesús dijo: "Pues si vosotros, siendo malos, sabéis dar buenas dádivas a vuestros hijos…" (Mt. 7:11).

En cuanto a la primera característica de la depravación total, el pecado es total o generalizado por cuanto todos los componentes de una persona están contaminados por el pecado. No hay parte en el hombre que escape a ello. Esto incluye los aspectos materiales e inmateriales de la persona: cuerpo y alma. El cuerpo está en decadencia y se dirige a la muerte física y, a lo largo del camino, funciona como instrumento para la actividad malvada. La parte espiritual del hombre también está totalmente corrompida. Esto incluye el pensamiento, la razón, los deseos y los afectos del hombre. De ahí que Pablo concluya: "Para los corrompidos e incrédulos nada les es puro; pues hasta su mente y su conciencia están corrompidas" (Tit. 1:15). En referencia a los impíos, Pablo habla de "la vanidad de su mente" (Ef. 4:17). El corazón también es inmoral. Jeremías 17:9 dice: "Engañoso es el corazón más que todas las cosas, y perverso; ¿quién lo conocerá?". Jesús también enseña que los hechos impíos se producen desde el corazón (Mr. 7:21-23). En múltiples ocasiones, la Biblia aborda tanto el pensamiento corrupto como el corazón malvado. Pablo afirmó que quienes no están en Cristo tienen "el entendimiento entenebrecido, ajenos de la vida de Dios por la ignorancia que en ellos hay, por la dureza de su corazón" (Ef. 4:18). Asimismo, los hombres pecadores "se envanecieron en sus razonamientos, y su necio corazón fue entenebrecido" (Ro. 1:21).

En segundo lugar, el pecado es total porque el hombre es incapaz de agradar a Dios por sí mismo. Pablo declara: "Por cuanto los designios de la carne son enemistad contra Dios; porque no se sujetan a la ley de Dios, *ni tampoco pueden*; y los que viven según la carne no pueden agradar a Dios" (Ro. 8:7-8; cf. Jn. 6:44; 1 Co. 2:14). Y Jesús afirma: "Separados de mí nada podéis hacer" (Jn. 15:5).

En tercer lugar, el pecado es universal porque todos los seres humanos son pecadores. En 1 Reyes 8:46 leemos: "Porque no hay hombre que no peque". Y Salmos 14:3 amplía: "Todos se desviaron, a una se han corrompido; no hay quien haga lo bueno, no hay ni siquiera uno". Toda la sección de Romanos 1:18–3:20 se dedica a mostrar que todas las personas son pecadoras e incapaces de salvarse a sí mismas, y llega a la conclusión de que "todos pecaron, y están destituidos de la gloria de Dios" (Ro. 3:23).

Por tanto, espiritualmente el hombre no se halla en un estado de neutralidad relativa, donde es capaz de aceptar o rechazar a Dios y su evangelio. Él aborrece a Dios de forma activa (Ro. 8:7) y no puede aceptar la verdad espiritual (1 Co. 2:14). La depravación total del hombre demuestra la soberanía absoluta de Dios en la salvación. El hombre no puede hacer nada. Dios debe realizarlo todo como un don de gracia soberana.

Cuestiones del pecado

¿SON ALGUNOS PECADOS PEORES QUE OTROS?

¿Son todos los pecados iguales a los ojos de Dios, o algunos pecados son peores que otros? Todos los pecados son equivalentes en el sentido de que cada uno de ellos hace a la persona culpable y digna de la ira de Dios. La raíz de todo pecado es la autonomía y la sustitución de Dios por uno mismo. Por muy pequeño que pueda parecer un pecado, es una afirmación de que la persona está actuando independientemente de Dios. Quebrantar cualquier mandamiento es un ataque contra el Legislador divino (cf. Stg. 2:10-11). Hasta un único pecado contra un Dios infinitamente santo exige un castigo infinito.

Al mismo tiempo, las Escrituras hablan de la realidad de que algunos pecados se consideran mayores que otros. Cuando se le muestran a Ezequiel las abominaciones del templo, Dios le advierte: "Verás abominaciones mayores que hacen estos" (Ez. 8:13). Jesús explicó que quienes lo entregaron a Pilato cometieron un "mayor pecado" (Jn. 19:11). En Mateo 11:20-24, Jesús dijo que a las ciudades judías que oyeron el mensaje del reino les iría peor en el día del juicio que a las gentiles que no lo hicieron. Un conocimiento mayor conlleva una responsabilidad mayor. En Lucas 12:47-48, Jesús enseñó que un siervo que conociera la voluntad del Señor, pero no la hiciera, sería tratado con mayor dureza que quien no la conociera. Asimismo, Santiago declaró que a los maestros les espera un juicio más estricto: "Hermanos míos, no os hagáis maestros muchos de vosotros, sabiendo que recibiremos mayor condenación" (Stg. 3:1).

Estas dos realidades bíblicas se armonizan al considerar que existe un aspecto cuantitativo a la vez que cualitativo en el pecado y el castigo. Toda la humanidad es culpable de pecar contra un Dios de santidad infinita. Por tanto, todos los que mueren sin arrepentirse ni confiar en Cristo se enfrentan al mismo castigo cuantitativamente eterno por sus pecados. Y así, al ser Dios estrictamente justo, castigará a quienes han cometido ofensas cualitativamente mayores con un castigo cualitativamente mayor. El carácter de su sufrimiento será de una proporción exacta a los crímenes que han cometido (p. ej., 2 P. 2:17; Jud. 13).

EL PECADO IMPERDONABLE

En Mateo 12:31-32, Jesús habló del pecado imperdonable. Las confrontaciones con los beligerantes fariseos son el contexto para la declaración de Jesús en ese pasaje. En 12:22-24, los fariseos acusaron a Jesús de echar fuera demonios por el poder de Satanás. La verdad es que Jesús echaba fuera demonios por el poder del Espíritu Santo, para demostrar que el reino había venido sobre las personas (12:28). Este era el significado correcto de sus milagros. Expulsar demonios por el Espíritu Santo demostraba que el reino de Dios estaba obrando por medio del Mesías. En efecto y de hecho, los fariseos estaban negando la obra del Espíritu Santo. Esto era derogatorio y blasfemo, y un rechazo deliberado y final del Espíritu Santo que estaba obrando a través de Jesús, al atribuir la obra de Dios en Cristo a Satanás.

La realidad es que todos los que finalmente rechazan al Señor Jesús en esta vida, que no lo aceptan con fe salvadora, no pueden ser perdonados, ya que el perdón solo se ofrece a quienes creen en Él. Aunque el pecado imperdonable descrito en Mateo 12 implicaba una dureza de corazón definitiva contra Jesús, cuando Él estaba en la tierra, el rechazo impenitente hacia el Señor Jesucristo es siempre un pecado que queda sin perdonar, ya que el perdón solo se encuentra a través de la fe y el arrepentimiento en Cristo. Por el contrario, cualquiera que viene a Cristo con verdadero arrepentimiento y una fe genuina será perdonado (cf. Jn. 6:37; Ro. 10:9).[21]

EL PECADO QUE CONDUCE A LA MUERTE

En 1 Juan 5:16, el apóstol menciona dos tipos de pecados respecto al "hermano" cristiano. En primer lugar, declara que hay un pecado que no conduce a la muerte. Y, en segundo lugar, habla de un pecado que sí lo hace. ¿Cuál es el "pecado de muerte"? Es posible que Juan se esté refiriendo a un creyente practicante que demuestra a través del pecado habitual que no es un cristiano auténtico (1 Jn. 3:6). Por tanto, el pecado en cuestión concierne al pecado de un incrédulo que conduce a la muerte eterna. La apostasía es imperdonable. En este caso, orar por la restauración es inútil, porque Dios ya ha establecido el futuro de aquel que lo rechaza (He. 6:6).

Otra opinión es que el pecado de muerte podría referirse a un verdadero creyente cuya vida, como la de algunos en Corinto (1 Co. 11:29-30), trajo vergüenza a Cristo y, por tanto, la disciplina de Dios desembocó en muerte prematura. El pecado del cristiano es tan grave que Dios toma la vida de la persona. Por ejemplo, Ananías y Safira murieron al instante cuando mintieron al Espíritu Santo ante la iglesia (Hch. 5:1-11).

Ambos puntos de vista reflejan la verdad bíblica y cuesta saber con certeza cuál de ellos tenía Juan en mente. En ambos casos, concluye que la oración por los que cometen un pecado de muerte no producirá los resultados que uno podría esperar pues la oración no es conforme a la voluntad de Dios (1 Jn. 5:14-15).

---

21 Para ver más sobre el pecado imperdonable, véase la sección en el cap. 5 titulada "La blasfemia contra el Espíritu Santo y la apostasía" (p. 197).

¿EXISTEN PECADOS MORTALES Y VENIALES?

La Iglesia Católica Romana promueve los conceptos de pecados mortales y veniales. Supuestamente, los pecados mortales son pecados intencionales y graves como el asesinato, el adulterio y la fornicación, y resultan en la pérdida de la justificación y en la muerte espiritual. Si una persona muere con un pecado mortal sobre su alma, está perdida para siempre. El remedio para un pecado mortal es el sacramento de la penitencia, que restaura la justificación a la persona. Un pecado venial es un pecado menor o perdonable que no rompe la comunión con Dios ni resulta en la separación eterna de Dios. Por ejemplo, aunque la difamación intencional es un pecado mortal, la persona que dice algo desagradable en el momento, sin reflexionar mucho, podría ser culpable de un pecado venial.

La Biblia no afirma la diferenciación de pecados mortales y veniales, ni los supuestos remedios sacramentales o penitenciales para ellos. Todos los pecados establecen una culpa legal y, sin fe en Cristo, los pecadores son dignos de la separación eterna de Dios. Ambas categorías de pecados mortales y veniales operan dentro de una visión incorrecta de la salvación, en la que la justificación se considera un proceso durante el cual una persona puede cometer ciertos pecados que la eliminan de tener una relación con Dios, mientras que otros pecados no la perjudican. El punto de vista bíblico es que, en el momento de la fe salvadora, el cristiano es declarado justo (justificación solo por fe) por la justicia imputada de Cristo (Ro. 4:3-5). Todos los pecados son perdonados a fin de que nada pueda separar al cristiano de la comunión con Dios (Ro. 8:1, 38-39). Además, la idea católicorromana de la penitencia meritoria, como algo necesario para la eliminación de un pecado mortal, es un error que ataca a la suficiencia del sacrificio expiatorio de Jesús por el pecado. En lugar de mirar a sus propios actos de penitencia, el cristiano recurre al sacrificio de Cristo como pago completo por la totalidad de su pecado (He. 10:10-18).

EL PECADO Y EL CRISTIANO

La Biblia no enseña la posibilidad de la perfección moral[22] en esta vida o antes de la resurrección, por tanto, los cristianos pecarán (cf. 1 Jn. 1:8). Pero cuando una persona confía en Cristo, recibe tanto el perdón de los pecados como la justicia de Cristo y es liberada eternamente de la condenación (Ro. 8:1). Cristo murió por nuestros pecados (1 Co. 15:3), por lo que todos los pecados —pasados, presentes y futuros— son perdonados. Dios, quien comenzó una buena obra en nosotros, será fiel en completar lo que empezó (Fil. 1:6). El pecado no apartará al cristiano del amor de Dios; de hecho, Pablo afirma que nada "nos podrá separar del amor de Dios, que es en Cristo Jesús Señor nuestro" (Ro. 8:39).

Sin embargo, mientras que los casos de pecado personal no pueden romper la *unión* del creyente con Cristo, sí tienen un impacto negativo sobre la *comunión*

---

22 Para más detalles sobre la refutación bíblica de la doctrina del perfeccionismo, véase "Santificación perfeccionada" en el cap. 7 (p. 349).

del creyente con Cristo. Cuando los cristianos pecan, contristan al Espíritu Santo (Ef. 4:30). El pecado también acarrea la disciplina de Dios (cf. He. 12:6; Ap. 3:19).

El pecado es un asunto serio en la vida del cristiano. Daña el crecimiento espiritual y el testimonio por Cristo. Aunque los cristianos no se enfrentarán nunca al castigo judicial por los pecados, comparecerán ante el tribunal de Cristo para rendir cuentas de los actos realizados estando en el cuerpo, sean buenos o malos (2 Co. 5:10). Se quema la escoria y la recompensa eterna reflejará lo que quede (1 Co. 3:12-15).

LA VENIDA DEL "HOMBRE DE PECADO"

Antes de la segunda venida de Cristo, la Biblia predice la venida de un "hombre de pecado" específico, una figura definitiva del anticristo, que será la personificación consumada del pecado y del mal. Durante el venidero día del Señor, esta persona será una imitación del Señor Jesús por parte de Satanás (2 Ts. 2:3-4). Jesús es el Dios-hombre que es la personificación de la justicia y del amor. Pero el hombre de Satanás será lo contrario. Pablo lo llamó "el hombre de pecado" y "el hijo de perdición" (2 Ts. 2:3).

Las condiciones que rodean a este "hombre de pecado" se detallan en 2 Tesalonicenses 2. Allí, Pablo refutó la creencia errónea de que el "día del Señor" ya había comenzado. Él reveló que dos acontecimientos coincidirían con la llegada del día del Señor y, como ninguno de ellos se había producido, el día del Señor no podía haber llegado. El primer acontecimiento sería una rebelión masiva en la que se produciría una gran apostasía contra Dios. El segundo sería la llegada del hombre de pecado —"el hombre de perdición"— que se opondría a Dios y exigiría ser adorado (2 Ts. 2:3-4). En el versículo 7, Pablo habla del misterio de iniquidad, que viene del griego *anomía* y significa "contra la ley" o "ilegal", y en este contexto significa "ser contrario a la ley y a los propósitos de Dios".

El pasaje de 2 Tesalonicenses prosigue y describe la actividad de este hombre de pecado (cf. 2 Ts. 2:4-10). Se opondrá a Dios y se autoexaltará (2 Ts. 2:4) y se sentará en el templo de Dios en Jerusalén y declarará ser Dios (cf. Dn. 9:27; Mt. 24:15). El escatológico hombre de pecado desempeñará su actividad "por obra de Satanás" (2 Ts. 2:9-10). Así como Jesús, que realizó sus milagros en el poder del Espíritu Santo, este hombre será empoderado por Satanás. Vendrá con "señales y prodigios mentirosos" que intensificarán el "engaño de iniquidad" de las personas perdidas que están pereciendo.

El hombre de pecado tendrá una carrera corta (2 Ts. 2:8) y será echado al lago de fuego. Su reinado de maldad será sustituido por el reino de justicia gobernado por el Señor Jesucristo (Is. 11; Zac. 14).

DIOS Y EL PROBLEMA DEL MAL

Algunos usan la realidad del mal y el sufrimiento como razón para rechazar a Dios. Supuestamente, si Dios fuera totalmente bueno y todopoderoso, el mal y el sufrimiento no existirían, pero en vez de refutar a Dios, la existencia de estos dos solo puede explicarse de un modo adecuado desde una visión cristiana del mundo, arraigada en la perspectiva bíblica de la creación y la caída. (Véase "El problema del mal y la teodicea" en el cap. 3, "Dios Padre" [p. 133]).[23] Pero algunos comentarios son apropiados aquí a la luz de la función del pecado en la producción del mal y del sufrimiento.

Uno debe recordar que Dios es el Rey soberano del universo, que hace lo que desea sin tener que responder al hombre (Ro. 9:20). Dios no está siendo juzgado, y cualquier contradicción aparente entre la existencia de Dios y la realidad del mal no es más que eso, algo aparente, no real. Cuando se entiende esta realidad, varios puntos pueden ayudarnos a entender el mal y el sufrimiento.

En primer lugar, Dios creó el mundo y declaró que todo lo que había en él era "bueno en gran manera" (Gn. 1:31). El pecado y la muerte no existían durante la semana de la creación. Adán los introdujo más adelante (Gn. 3; cf. Ro. 5:12). Dios le advirtió a Adán que comer del árbol del conocimiento del bien y del mal acarrearía la muerte (Gn. 2:15-17), pero Adán desobedeció voluntariamente a su Creador, a quien tenía que rendir cuentas. La responsabilidad por el pecado le corresponde al hombre pecador. Dios no es la causa imputable del mal (cf. Ro. 3:5-6; 9:14).

En segundo lugar, al desobedecer a Dios, Adán introdujo tanto el mal natural como el moral en el mundo. Al pecar contra Dios, el hombre trajo hostilidad en las relaciones humanas y el mal moral en la creación. El pecado también afectó al orden natural. Como el hombre era el pináculo de la creación y se le había encomendado la tarea de dominar y sojuzgar al resto de ella, su pecado impactó en toda la naturaleza. Dios maldijo la tierra por el pecado del hombre y, así, la naturaleza obra ahora contra el hombre (Gn. 3:17). Pablo explica que "la creación fue sujetada a vanidad, no por su propia voluntad" (Ro. 8:20). Por tanto, la responsabilidad de un mundo caído radica en el hombre y no en Dios.

¿Pero por qué no repara Dios sencillamente el mundo o interviene para detener las tragedias o los actos de maldad? La respuesta es, en parte, que la humanidad está experimentando las consecuencias del pecado. Dios hizo al hombre su vice-rregente, y este poseía todo lo necesario para gobernar la tierra con éxito. Pero, al pecar, Dios ya no estaba obligado a protegerlo de las consecuencias de su rebelión.

En tercer lugar, Dios no dejó al hombre solo para que se hundiera en la miseria y sufriera sin esperanza. Introdujo la promesa de restaurar la creación y derrotar al poder maligno subyacente a la serpiente (Gn. 3:15), un plan que culmina en última instancia en Jesucristo y que se cumplirá en su primera y segunda venidas. Asimismo, Dios trae un bien común no merecido a la humanidad (Mt. 5:45). Refrena el mal (2 Ts. 2:7); instituyó la conciencia para limitar la libertad del pecador (Ro. 2:14-15) y el gobierno humano para castigar a los hacedores de maldad (Ro. 13:1-7). Dios mismo experimentó también los efectos de un mundo caído cuando Jesús pasó a ser el "varón de dolores" (Is. 53:3) quien vivió, sufrió y murió en una

---

23 Véase también la sección en el cap. 3 titulada: "Objeción 4: El decreto de Dios hace que Él sea la causa responsable del pecado" (p. 132).

cruz como portador del pecado, bajo la ira divina. La muerte y resurrección de Jesús establecieron el fundamento para la restauración venidera de todas las cosas (Col. 1:20; Ap. 5:9-10). Nadie puede decir, sin errar, que Dios es un mero observador lejano del mal y del sufrimiento. Jesús abandonó el cielo y sufrió como ninguna otra persona lo ha hecho, con el fin de liberar a los pecadores del sufrimiento eterno.

Finalmente, llegará un día de juicio en el que Dios pondrá todas las cosas en orden. Él recompensará lo correcto y castigará lo incorrecto. Pablo destacó que, cuando Jesús venga, "aclarará también lo oculto de las tinieblas, y manifestará las intenciones de los corazones; y entonces cada uno recibirá su alabanza de Dios" (1 Co. 4:5). Los justos, que han recibido la salvación en Cristo, experimentarán la gloria que supera con creces los sufrimientos de esta vida (Ro. 8:18). Esta verdad proporciona una perspectiva eterna a nuestros sufrimientos personales en este mundo caído. Llegará un día en el que todas las lágrimas de aflicción serán eliminadas y la muerte no será más (Ap. 21:4). Los creyentes experimentarán eternamente las alegrías de una nueva tierra, y el pecado cesará para siempre. Como Pablo explicó: "El aguijón de la muerte es el pecado… Mas gracias sean dadas a Dios, que nos da la victoria por medio de nuestro Señor Jesucristo" (1 Co. 15:56-57). Y Dios amará por siempre a todos sus hijos, como siempre ha amado a su Hijo eterno (Jn. 17:24-26).

Preguntas:

1. ¿Por qué es importante la antropología bíblica?
2. ¿Cuáles son los argumentos para el creacionismo repentino divino?
3. ¿Qué enseña la Biblia sobre la imagen de Dios en el hombre, y cuáles son las implicaciones de esa enseñanza?
4. ¿Cuáles son los diferentes términos usados para referirse a la persona humana en las Escrituras? (Indica los textos y las definiciones).
5. ¿Cuáles son los tres puntos de vista sobre la constitución humana?
6. ¿Cuáles son las tres perspectivas sobre el origen del alma humana?
7. ¿Qué enseña la Biblia sobre el género y los temas relacionados como el matrimonio y la homosexualidad?
8. ¿Cuáles son las opiniones sobre el destino de los seres humanos después de la muerte?
9. ¿Qué enseña la Biblia sobre etnicidad, gobierno humano y cultura humana?
10. ¿Cuál es la definición bíblica de pecado, y cómo se relaciona la doctrina del pecado con otras doctrinas bíblicas?
11. ¿De dónde vino el pecado?
12. ¿Cuáles fueron y cuáles son las consecuencias de la caída (Gn. 3)?
13. ¿Cuáles son las diferentes opiniones sobre el pecado original? (Indica los textos y la explicación).
14. ¿Qué es la depravación total?

7

LA SALVACIÓN

Soteriología

Introducción a la soteriología

Al llegar a la doctrina de la soteriología, el estudiante de las Escrituras llega al pináculo de la teología cristiana, porque los temas y los asuntos que se tratan en el estudio de la salvación tienen muchísimo que ver con el corazón mismo del evangelio y con el núcleo central de la historia redentora. Como se ha demostrado en el capítulo 6, el hombre ha fracasado por completo respecto a gobernar sobre la creación como representante de Dios en la tierra; ha pecado contra Dios en la desobediencia de Adán y ha caído del estado original de la bendita comunión que experimentó en el huerto. Como resultado, todos los descendientes de Adán son concebidos en pecado, nacen como enemigos de Dios y son condenados a perecer eternamente en el infierno.

Y, aun así, Dios es el Salvador que ha actuado por gracia salvadora para redimir del pecado y de la muerte a aquellos que creen. Su plan de redención comenzó en la eternidad pasada, cuando Dios Padre puso su amor elector en los pecadores que no lo merecían y determinó rescatarlos de la caída y de las merecidas consecuencias de su desobediencia. El Padre envió a su Hijo para que llevara a cabo la redención en beneficio de los elegidos y envió al Espíritu Santo para que aplique la redención a los elegidos. Así, mientras que el plan de redención del Padre fue analizado en el capítulo 3, este capítulo sigue una forma trinitaria al examinar el logro del Hijo y la aplicación de la redención del Espíritu, y arroja luz sobre las siguientes doctrinas: expiación, llamado y regeneración, arrepentimiento y fe, unión con Cristo, justificación, adopción, santificación, perseverancia de los santos y glorificación.

La realización de la redención

En 1 Corintios 15, el apóstol Pablo nos dice que el corazón mismo del evangelio es "que Cristo murió por nuestros pecados, conforme a las Escrituras; y que fue sepultado, y que resucitó al tercer día, conforme a las Escrituras" (1 Co. 15:3-4). Como se ha demostrado en el capítulo 6, la depravación del hombre ha establecido la *necesidad* de la salvación. Y, según hemos visto en el capítulo 3, la elección incondicional del Padre ha formado el *plan* de salvación. Pero es la expiación de Dios Hijo la que *ha llevado a cabo* esa redención en el espacio y en el tiempo. La enseñanza distintiva del cristianismo bíblico es que Dios mismo ha hecho una expiación completa por los pecadores, y ha llevado a cabo esto por el sacrificio sustitutivo de su propio Hijo en la cruz, al margen de cualquier contribución de parte de los pecadores. Si nos vamos a comprometer fundamentalmente con el evangelio, debemos dedicarnos a una comprensión exacta, contundente y bíblica de la expiación.

EL PLAN DE SALVACIÓN Y LA MISIÓN DEL HIJO

En el capítulo 3, examinamos la enseñanza bíblica respecto al plan de redención del Padre: su propósito de rescatar a sus criaturas del pecado y de la muerte y restaurarlos a una relación correcta consigo mismo. El Dios trino ideó un plan eterno en el que la salvación del hombre se llevaría a cabo mediante la obra redentora de Dios Hijo, y en la que los beneficios salvadores asegurados por dicha obra redentora serían aplicados por Dios Espíritu Santo. El segundo miembro de la Trinidad nacería por el Espíritu Santo como el Dios-hombre (Mt. 1:18; Lc. 1:35), viviría una vida de obediencia perfecta al Padre en el poder del Espíritu (Mt. 3:15; Ro. 5:18-19), entregaría su vida como un sacrificio por los pecados de su pueblo (Jn. 10:14-15; He. 9–10; Ap. 5:9) y resucitaría como las primicias y la garantía de la resurrección de ellos (Ro. 4:25; 1 Co. 15:22-23, 42-57). Es esencial entender que la misión redentora del Hijo nace de este plan trinitario de salvación. La expiación efectuada por el Hijo está inextricablemente arraigada en el propósito del Padre de salvar a aquellos a quienes ha escogido. Cristo no se estaba embarcando al azar en una misión ideada por Él mismo (Jn. 6:38), sino que estaba actuando estrictamente conforme a un plan específico, acordado, ideado en los consejos eternos de la Trinidad.

Varios pasajes de las Escrituras dan testimonio de este plan pretemporal y determinado de la salvación. En primer lugar, ciertos pasajes identifican la obra expiatoria del Hijo como algo divinamente predeterminado (Lc. 22:22; Hch. 2:23; 4:27-28; Ef. 3:11; cf. 1:9, 11; 2 Ti. 1:9; 1 P. 1:20). Además, se suele hablar de la misión del Hijo como una cuestión de obediencia a la voluntad del Padre, indicando que el Padre le había dado a conocer su voluntad al Hijo en un acuerdo anterior y que Jesús estaba actuando consistentemente con la directiva previa del Padre (Jn. 10:18; 17:4-5; Fil. 2:8; He. 10:7). En tercer lugar, vemos la realidad de este acuerdo en la promesa del Padre de recompensar al Hijo una vez completada su obra (Sal. 2:7-8; Is. 53:10-12; cf. Fil. 2:9-11). Finalmente, quizá el aspecto más significativo del plan eterno de salvación es que el Padre le da al Hijo individuos específicos, a cuyo favor Él tiene que llevar a cabo la redención. Es decir, que el Padre le encarga al Hijo que sea el sacrificio representativo y sustitutivo de un pueblo particular, a saber, todos aquellos —y exclusivamente ellos— que el Padre ha escogido para salvación. Varios comentarios de Jesús en el Evangelio de Juan lo confirman, cuando Él habla de lograr la salvación para las personas que el Padre le ha dado (Jn. 6:37-40; 10:14-15, 29; 17:1-3, 6, 9, 24). Este plan eterno e intratrinitario de salvación moldea y condiciona cada aspecto de la misión del Hijo cuando este aborda la ejecución de la redención. La expiación lleva a cabo el propósito eterno del Dios trino.

LA CAUSA DE LA EXPIACIÓN

La motivación del Dios trino para concebir el plan de redención tiene dos aspectos. En primer lugar, el amor de Dios es la causa de la expiación. Hay quienes malinterpretan la expiación como que es el Hijo amoroso que apacigua la ira de un Padre enojado, y conciben el amor del Padre como la consecuencia en lugar de la causa de la expiación. Pero el Padre no ama a su pueblo basándose estrictamente en que Jesús murió por ellos, sino que Jesús murió por el pueblo de Dios, porque el Padre los amó (Jn. 3:16; Ro. 5:8; 1 Jn. 4:9-10). En otras palabras, el plan de redención nace del beneplácito del amor electivo gratuito y soberano del Padre (Ef. 1:4-5, 9). Porque "el Señor se encariñó… y… eligió" a su pueblo (Dt. 7:7, NVI), decretó efectuar su redención por medio de la obra expiatoria de Cristo.

Además de su amor, la justicia de Dios también es la causa de la expiación de Cristo. Una vez que el Dios trino hubo decretado en su amor reconciliar consigo a aquellos a los que había escogido, Él decretó llevar esto a cabo de un modo que fuera coherente con su justicia. Para que Dios reconcilie consigo a esos pecadores culpables, el pecado debe ser castigado, hay que satisfacer la ley quebrantada y la ira de Dios ha de ser justamente apaciguada. Todos estos objetivos se saldan en la persona y la obra del Señor Jesucristo, quien cumplió la ley (Mt. 3:15; Ro. 5:18-19; Gá. 4:4-5), pagó la pena por el pecado (1 P. 2:24) y apagó la ira de Dios (He. 2:17) en nombre de los elegidos. Como afirma Pablo, el Padre ofrece a su Hijo "como propiciación por medio de la fe en su sangre, para manifestar su justicia" (Ro. 3:25). El pecado no se pasa por alto, sino que se castiga en Cristo y, por tanto, Dios "[manifiesta] en este tiempo su justicia, a fin de que él sea el justo, y el que justifica al que es de la fe de Jesús" (Ro. 3:26).

LA NATURALEZA DE LA EXPIACIÓN

Las Escrituras emplean varios temas para describir lo que Cristo logró en la cruz. La obra de Cristo fue una obra de sacrificio sustitutivo, en el que el Salvador llevó la pena del pecado en lugar de los pecadores (1 P. 2:24); es una obra de propiciación, en la que la ira de Dios contra el pecado se satisface plenamente y se agota en la persona de nuestro sustituto (Ro. 3:25); es una obra de reconciliación, en la que la separación entre el hombre y Dios se vence y se hace la paz (Col. 1:20, 22); es una obra de redención, en la que aquellos que están esclavizados al pecado son rescatados por el precio de la preciosa sangre del Cordero (1 P. 1:18-19); y es una obra de conquista, en la que el pecado, la muerte y Satanás son derrotados por el poder de un Salvador victorioso (He. 2:14-15). Cada uno de estos temas es digno de estudio y será el tema de la exposición de esta sección.

La obediencia de Cristo

Ahora bien, existe un principio unificador en las Escrituras que abarca las muchas facetas de la expiación de Cristo: la obediencia. Existen tres sentidos en los que la obediencia encapsula la totalidad de la obra sustitutiva de Cristo. En primer lugar, las Escrituras caracterizan la obra de Cristo como obediencia al plan divino de salvación, como hemos visto antes (Jn. 6:38; cf. 12:49; Jn. 10:17-18; 14:31; Fil. 2:8; He. 10:7, 9).

En segundo lugar, era necesario que Cristo fuera obediente a todos los mandamientos del Padre con el fin de ser el sacrificio sustitutivo adecuado para los pecadores. En el Antiguo Testamento, para que el castigo por los pecadores fuera ejecutado sobre un sustituto, era imperativo tener un sustituto sin mancha ni defecto (Éx. 12:5; Lv. 22:20-21; cf. 1:3, 10; 3:1, 6; 22:18-25). El mismo principio se extiende al sacrificio expiatorio de Cristo, quien es nuestro Cordero pascual (1 Co. 5:7; cf. Is. 53:7; Jn. 1:29; 1 P. 1:18-19; Ap. 5:12) y el cumplimiento de los sacrificios levíticos (He. 9:23). Para que Cristo fuera el sustituto adecuado para llevar el castigo por el pecado en lugar de los pecadores, Él mismo tenía que ser sin pecado: santo, inocente, inmaculado y apartado de los pecadores (He. 7:26). Por esta razón, las Escrituras vinculan la vida de Cristo, en la que "por lo que padeció aprendió la obediencia" (He. 5:8), con su aptitud para convertirse en "autor de eterna salvación para todos los que le obedecen" (He. 5:9; cf. 2:18; 4:15).

Finalmente, era necesario que Cristo fuera obediente a la ley de Dios, con el fin de proveer la justicia que es la base de la justificación. La ley de Dios consistía en dos aspectos claves: los mandamientos prescriptivos, que requerían una obediencia completa, y las sanciones penales por quebrantar dichos decretos. El hombre pecaminoso no ha cumplido ninguno de los dos, por lo que Cristo tuvo que remediar ambos. En la cruz, "Cristo nos redimió de la maldición de la ley, hecho por nosotros maldición" (Gá. 3:13; cf. Dt. 21:23); esto es, soportar la ira de Dios en nuestro lugar. Pero Él vivió una vida de perfecta obediencia para proveer la justicia que se nos acredita a nosotros por medio de la fe (Ro. 4:3-5; Fil. 3:9). Por esta razón, Pablo contrasta al primer Adán con Cristo, el postrer Adán (1 Co. 15:22, 45), y afirma: "Porque así como por la desobediencia de un hombre los muchos fueron constituidos pecadores, así también por la obediencia de uno, los muchos serán constituidos justos" (Ro. 5:19; cf. Gá. 4:4-5). El pecado de Adán proporciona un registro de desobediencia humana real y vivida que, contado como nuestro por medio de nuestra unión con él, se convierte en la base sobre la cual Dios declara justamente culpables a todos los hombres (Ro. 5:12). Del mismo modo, la obediencia vicaria de Cristo proporciona el registro real y vivido de la justicia humana que, contada como nuestra por medio de nuestra unión con Él, se convierte en la base sobre la cual Dios declara justos a pecadores culpables (1 Co. 1:30; cf. Ro. 10:4;

2 Co. 5:21). Esto significa que el Señor Jesucristo hizo más que morir por nuestros pecados; también vivió para cumplir nuestra justicia (Mt. 3:15).[1]

Sustitución penal

Tras el encabezamiento general de la obediencia al Padre, la descripción más fundamental que uno pueda adscribir a la expiación es que se trata de una obra de sustitución penal. Es decir, en la cruz, Jesús sufrió la pena por los pecados de su pueblo (de ahí que sea *penal*), como sustituto del mismo (de ahí que sea una *sustitución*). La depravación del hombre hace que sea incapaz de pagar la pena de su pecado. Sin embargo, Dios, en su amor, ha designado al Señor Jesucristo para que ocupe el lugar de los pecadores y lleve su pecado, su culpa y su castigo y, de ese modo, satisfacer la ira de Dios en su nombre.

Por esta razón, Isaías caracteriza al siervo sufriente como aquel que "llevó nuestras enfermedades y sufrió nuestros dolores" (Is. 53:4), quien "llev[ó] el pecado de muchos" (Is. 53:12). "Jehová cargó en él el pecado de todos nosotros" (Is. 53:6) y, así, "llevará las iniquidades de ellos" (Is. 53:11). Por lo tanto, cuando Jesús viene al mundo, Juan el Bautista lo anuncia como "el Cordero de Dios que quita el pecado del mundo" (Jn. 1:29), esto es, al tomar el pecado sobre sí mismo. El apóstol Pablo declara que "por nosotros, [el Padre] lo *hizo* pecado [a Jesús]" (2 Co. 5:21a), en el mismo sentido en el que hace que nos convirtamos en la justicia de Dios (2 Co. 5:21b): por imputación, es decir, al contar nuestra culpa como suya. La maldición de la ley bajo la cual estábamos fue llevada por Cristo, quien se convirtió en maldición por nosotros (Gá. 3:13). El apóstol Pedro afirma: "Quien llevó él mismo nuestros pecados en su cuerpo sobre el madero, para que nosotros, estando muertos a los pecados, vivamos a la justicia". Luego, citando el relato de Isaías sobre el siervo sufriente, añade: "Por cuya herida fuisteis sanados" (1 P. 2:24; cf. He. 9:28). El Señor Jesucristo llevó el castigo de los pecados de su pueblo y, de esta forma, les trajo bendición: "Mas él herido fue por nuestras rebeliones, molido por nuestros pecados; el castigo de nuestra paz fue sobre él" (Is. 53:5).

Además de estas claras afirmaciones, el Nuevo Testamento añade el concepto de sustitución penal a la cruz de Cristo, mediante el uso de cuatro preposiciones griegas que tienen, todas ellas, fuerza sustitutiva: *perí* ("por", "con respecto a", 1 P. 3:18; 1 Jn. 2:2; 4:10), *diá* ("a causa de", "por el bien de", 2 Co. 8:9; cf. 1 Co. 8:11), *antí* ("en lugar de" o "en vez de", Mt. 20:28; Mr. 10:45), y *júper* ("en nombre de", Lc. 22:19-20; Jn. 10:11, 15; Ro. 5:6; 2 Co. 5:21; Gá. 2:20; Ef. 5:25; Tit. 2:14; He. 2:9).

La expiación penal-sustitutiva está entretejida en la tela de la revelación del nuevo pacto de principio a fin, porque es el corazón mismo del mensaje del evangelio. En

---

1   Para más información sobre lo que se denomina tradicionalmente la obediencia activa de Cristo, véase más adelante "La base de la justificación: justicia imputada" (p. 332). Para un tratamiento completo, véase John MacArthur y Richard Mayhue, eds. gens. *Teología sistemática* (Grand Rapids, MI: Editorial Portavoz, 2018), 530-533, 627-631.

libre y voluntaria obediencia a su Padre, el Señor Jesucristo ha ocupado el lugar de los pecadores, ha muerto como sacrificio por el pecado y la culpa de ellos, ha propiciado la ira del Padre hacia ellos, los ha reconciliado con el Dios por quien fueron creados, los redimió de la esclavitud del pecado y de la muerte y ha vencido el dominio del pecado y de Satanás en sus vidas. Cada uno de estos temas —sacrificio, propiciación, reconciliación, redención y conquista— es una faceta distinta de la obra sustitutiva de Cristo y merece un examen ulterior.

Sacrificio. Partiendo de las prescripciones del Antiguo Testamento para la adoración sacrificial a Dios, el Nuevo Testamento identifica explícitamente la muerte de Cristo como un sacrificio por los pecados, el cumplimiento de la Pascua (1 Co. 5:7; cf. Éx. 12) y los sacrificios levíticos (He. 9:23, 26; cf. Lv. 16). La comida pascual fue el entorno de la Última Cena de Jesús con sus discípulos donde instituyó el nuevo pacto y declaró que su cuerpo sería quebrado y su sangre derramada por ellos (Mt. 26:17-29; Mr. 14:12-25; Lc. 22:7-20). De esta manera, Él declaró que su muerte sería el cumplimiento de la festividad de la Pascua, el cordero inmolado como un sacrificio sustitutivo por la redención de su pueblo (Jn. 1:29; cf. 1:36; 1 P. 1:18-19). Así como la sangre del cordero sacrificado protegió a Israel de la ejecución del juicio de Dios, así también la sangre del Cordero inmolado, Jesús, protege a su pueblo de la ira del Padre contra su pecado.

Así como el sumo sacerdote entraba más allá del velo, al Lugar Santísimo, también Cristo es el gran Sumo Sacerdote (cf. He. 3:1; 4:15; 7:26; 8:1), quien ha traspasado el velo del tabernáculo celestial (su propia carne, He. 10:20) hasta la presencia misma de Dios. Y, aunque el sumo sacerdote rociaba de la sangre del macho cabrío sacrificial sobre el propiciatorio para hacer expiación, el Señor Jesús derramó su propia sangre (He. 9:21-22; 12:24; 1 P. 1:2) y, puesto que esta es infinitamente más valiosa que la de machos cabríos y becerros, aseguró así una redención eterna. Él es, por tanto, el cumplimiento tanto del sumo sacerdote como del sacrificio; es, a la vez, el oferente y la ofrenda, porque "se ofreció a sí mismo sin mancha a Dios" (He. 9:14; cf. Ef. 5:2; He. 7:27; 9:23, 26, 28; 10:10, 12, 14). Además, Él es el cumplimiento del propiciatorio, donde la sangre era derramada y la ira evitada (Ro. 3:25). Finalmente, Jesús también es el cumplimiento perfecto del chivo expiatorio, sobre quien es puesta toda la iniquidad (Is. 53:6; 2 Co. 5:21; 1 P. 2:24). Cuando el sol del mediodía quedó envuelto en oscuridad, por así decirlo, el Padre estaba poniendo sus manos sobre la cabeza del Hijo, confesando sobre Él los pecados de su pueblo y desterrándolo de su presencia (He. 13:12; cf. Mt. 27:46). "Fuera del campamento", lejos de la presencia del Señor y de su pueblo, era el lugar donde debían echar los restos de los sacrificios (Lv. 4:12, 21; 6:11; 8:17; 9:11; 16:27; cf. He. 13:11); era en aquel lugar solitario donde se aislaba a los leprosos para que llevaran su vergüenza (Lv. 13:46) y donde debían ser apedreados los blasfemos (Lv. 24:14, 23). A ese lugar de vergüenza y aislamiento fue desterrado el Hijo de Dios, para que pudiera ser acogido en la santa presencia de Dios.

Propiciación. Al recibir el pleno ejercicio de la ira del Padre contra los pecados de su pueblo, Cristo satisfizo el justo enojo de Dios contra el pecado y, así, apartó su ira de nosotros, quienes, de no haber sido por nuestro sustituto, estábamos sujetos a sufrirlo por nosotros mismos. Eso es lo que el Nuevo Testamento identifica como propiciación (Ro. 3:24-25; He. 2:17; 1 Jn. 2:2; 4:10). Sin embargo, algunos han sostenido que "propiciación" es una traducción equivocada para este particular término griego (*jilasmós, jiláskomai*). En lugar de ser un sacrificio que aparta la ira de Dios, sostienen que habla de expiación, la cancelación o eliminación del pecado. Pero hay una clara justificación bíblica para interpretar *jiláskomai* como un sacrificio que evita la ira.

El grupo de palabras griegas de *jiláskomai* también traduce el término hebreo *kafár*, que a menudo significa satisfacer la ira de Dios. Tres pasajes ilustran esto claramente. En primer lugar, cuando Israel cometió su primer acto de descarada idolatría con el becerro de oro, Dios respondió con ira (Éx. 32:10). Sin embargo, al siguiente día, Moisés buscó interceder ante Dios en favor del pueblo: "Subiré ahora a Jehová; quizá le aplacaré [heb. *kafár*; gr. *ejiláskomai* (Septuaginta) *acerca de vuestro pecado*" (Éx. 32:30). En segundo lugar, cuando el pueblo cometió inmoralidad con mujeres moabitas y empezaron a adorar a los dioses de Moab, el Señor, una vez más, respondió con ira (Nm. 25:3), manifestada en una plaga (Nm. 25:8-9). Finees, uno de los sacerdotes, se indignó tanto por la descarada rebeldía que mató a los idólatras con una lanza, y la plaga fue controlada (Nm. 25:7-8). El Señor elogió a Finees por su justa indignación, diciendo: "Finees... ha hecho apartar mi furor de los hijos de Israel... [él] tuvo celo por su Dios e *hizo expiación* [heb. *kafár*; gr. *ejiláskomai* (Septuaginta)] por los hijos de Israel" (Nm. 25:11-13). Otra vez, propiciación es sinónimo de hacer expiación. En tercer lugar, en respuesta a la rebelión del pueblo contra Moisés y Aarón, se encendió la ira del Señor contra Israel, otra vez en forma de plaga (Nm. 16:45, 48-49). Moisés le indicó a Aarón: "Toma el incensario, y pon en él fuego del altar, y sobre él pon incienso, y ve pronto a la congregación, y haz expiación [heb. *kafár*; gr. *ejiláskomai* (Septuaginta)] por ellos, porque el *furor* ha salido de la presencia de Jehová; la mortandad ha comenzado" (Nm. 16:46). Aarón hizo conforme a lo que dijo Moisés: "Y él puso incienso, e hizo expiación [heb. *kafár*; gr. *ejiláskomai* (Septuaginta)] por el pueblo, y se puso entre los muertos y los vivos; y cesó la mortandad" (Nm. 16:47-48). Una vez más surge un claro paralelismo entre hacer expiación y apartar la ira de Dios contra el pecado, tal como se ejerce en forma de plaga.

Por tanto, cuando los escritores del Nuevo Testamento usan el grupo de palabras del griego *jiláskomai* —es decir, el mismo grupo de términos usado para traducir el hebreo *kafár* en la Septuaginta—, es razonable esperar que denote propiciación exactamente como en el Antiguo Testamento, sobre todo dado los contextos en los que se usa este vocablo. Por ejemplo, el primer uso de "propiciación" en el Nuevo Testamento lo encontramos en Romanos 3:25, después de que Pablo hubo dedicado dos capítulos a detallar cómo se enciende la ira de Dios contra el pecado de toda la humanidad (Ro. 1:18; 2:5, 8; 3:5). El hilo de la ira divina se ha entrelazado tanto a lo largo de esta sección de apertura de la carta que el lector casi espera ser confrontado con la forma en que Dios proveerá para su aplacamiento. Esto lo vemos precisamente en Romanos 3:21-26: Dios ha puesto a su Hijo, el Señor Jesucristo, "como propiciación por medio de la fe en su sangre" (Ro. 3:25). Dios ha satisfecho su ira contra el pecado al rociar la sangre del Cordero sin mancha sobre el propiciatorio del altar celestial (He. 9:11-15, 23-24). Él ha castigado los pecados de su pueblo en un sustituto y, así, su ira se ha apartado de ellos.

Por lo tanto, la relevancia de la propiciación es que identifica la obra de Cristo como un sacrificio que carga con la ira. No se puede pasar meramente por alto el pecado, sino que debe ser castigado, ya sea en el pecador en el infierno o en Cristo, el sustituto, en la cruz. Toda la ira que Dios habría ejercido sobre los pecadores elegidos en los eternos tormentos del infierno fue derramada por completo en nuestro sustituto, en aquellas terribles tres horas en el Calvario. Debido a esto, ya no hay más ira para el pueblo de Cristo. Dios es propicio hacia ellos, porque se ha pagado por su pecado.

Reconciliación. El pecado del hombre no solo ha traído sobre él culpa y ha encendido la ira de Dios, sino que también ha producido una alienación del hombre respecto a Dios (p. ej. Gn. 3:8, 22-24; Is. 59:2). Dios se ha convertido en enemigo del hombre (Ro. 5:10), y la mente del hombre es "enemistad" contra Dios (Ro. 8:7). Por esta razón, las Escrituras también hablan de la expiación como una obra de reconciliación, por medio de la cual se elimina la base de la enemistad entre Dios y los hombres —a saber, la culpa del pecado y el castigo de la ira de Dios— y es removida y se trata con ella, logrando así la paz (Ro. 5:10-11; 2 Co. 5:18-19; Ef. 2:16; Col. 1:20-22).

Varias características de la doctrina de la reconciliación surgen de esos textos. En primer lugar, la reconciliación es una obra de Dios, llevada a cabo en la persona de Cristo por medio de la eficacia de su sangre (2 Co. 5:18; Col. 1:20). El hombre no efectúa esta reconciliación mediante un acto que elimine la hostilidad de Dios hacia su pecado. Más bien, los pecadores reciben la reconciliación como don, de forma pasiva, por medio de la obra de Cristo (Ro. 5:11). En segundo lugar, las Escrituras presentan la reconciliación como una obra acabada y realizada por el sacrificio de Cristo. Cada uno de los pasajes anteriores indica que la reconciliación se produjo en el pasado por medio de la muerte de Cristo, una vez y para siempre. En tercer lugar, la reconciliación es fundamentalmente legal. Esto queda demostrado por el paralelismo de Romanos 5, donde la frase "fuimos reconciliados con Dios mediante la muerte de su Hijo" es paralela a "estando ya justificados en su sangre" en el versículo inmediatamente precedente (Ro. 5:9-10). Dado que la justificación es legal y paralela a la reconciliación, es probable que esta también debiera entenderse en términos legales. Pablo elimina toda duda en 2 Corintios 5:19, cuando identifica explícitamente la obra de la reconciliación como que Dios "no tom[ó] en cuenta [los] pecados [del mundo]". "Tomar en cuenta" viene aquí del término griego *logízomai*, término neotestamentario más común para "imputación" (p. ej., Ro. 4:1-25). Al imputar nuestros pecados a Cristo, nuestro chivo expiatorio, ejerciendo su ira sobre Él como sustituto nuestro e imputando su justicia a nosotros (2 Co. 5:21), Dios ha eliminado la base de su enemistad contra nosotros, es decir, la culpa del pecado. Así como la propiciación es el aplacamiento de la ira de Dios contra los pecadores, la reconciliación es la anulación de su enemistad contra ellos.

A causa de la expiación de Cristo, los pecadores, que una vez estuvieron separados de Dios, pueden ser ahora restaurados a una amorosa comunión con Él para conocerlo y adorarlo, propósito para el cual fueron creados: "Porque también Cristo padeció una sola vez por los pecados, el justo por los injustos, para llevarnos a Dios" (1 P. 3:18).

Redención. La expiación de Cristo también es caracterizada como redención, aquello mediante lo cual el hombre es redimido de la esclavitud del pecado y de la ley, por el pago de la sangre derramada de Cristo como rescate.

Cuando un israelita se había empobrecido tanto que tenía que venderse como esclavo, la ley de Dios establecía disposiciones para que su familia lo redimiera de la esclavitud mediante el pago de precio (Lv. 25:47-55). De manera similar, pues, los pecadores están en la esclavitud del pecado (Ro. 6:6) y Cristo los ha redimido mediante el precio de rescate de su vida (Mt. 20:28; Mr. 10:45; cf. 1 Ti. 2:6). Por esta razón, Pablo puede exhortar a los creyentes a glorificar a Dios en su cuerpo, porque "ha[n] sido comprados por precio" (1 Co. 6:20; cf. 7:23). Los creyentes han sido "rescatados ["redimidos" en algunas versiones]... no con cosas corruptibles, como oro o plata, sino con la sangre preciosa de Cristo, como de un cordero sin mancha y sin contaminación" (1 P. 1:18-19). Contrastada aquí con plata y oro, la sangre de Cristo se identifica de manera explícita como el precio por el cual se compra la redención. Así, cuando el apóstol Juan describe a las criaturas que en el cielo adoran al Cristo ascendido, observa que lo alaban por su obra expiatoria (Ap. 5:9; cf. Hch. 20:28). Al pueblo de Cristo —es decir, a "los que siguen al Cordero por dondequiera que va"— se los denomina, por tanto, los "redimidos" (Ap. 14:3-4), los comprados, porque tienen "redención por su sangre" (Ef. 1:7; cf. Col. 1:14). Cristo redime a los pecadores de la maldición de la ley (Gá. 3:13; cf. 4:4-5), del pago y poder del pecado (Ro. 6:18, 22; Tit. 2:14; He. 9:15), y eventualmente de la presencia del pecado (Ro. 8:23; cf. Lc. 21:28; Ef. 4:30).

Conquista. Al pagar la pena del pecado y liberar a su pueblo del pecado y de la muerte, Jesús también logró una victoria de conquista sobre Satanás y los principados, las potestades, los gobernadores y las "huestes espirituales de maldad en las regiones celestes" (Ef. 6:12). Dado que "el mundo entero está bajo el maligno" (1 Jn. 5:19; cf. 2 Co. 4:4; Ef. 2:2), vencer la pena y el poder del pecado en la vida de su pueblo es triunfar sobre Satanás (Mt. 12:29; cf. Lc. 11:21-22). Por su obra redentora en la cruz, Cristo le propinó el golpe mortal decisivo a Satanás y a su reino de oscuridad, y cumplió —es decir, inauguró, aunque no consumó todavía— el propósito para el cual vino al mundo: "para deshacer las obras del diablo" (1 Jn. 3:8; cf. Jn. 12:31; 16:11). Cuando nos perdonó "todos los pecados, anulando el acta de los decretos que había contra nosotros, que nos era contraria, quitándola de en medio y clavándola en la cruz" (Col. 2:13-14), eliminó la base de las acusaciones de Satanás en contra de nosotros. Por tanto, Pablo escribe: "Y despojando a los principados y a las potestades, los exhibió públicamente, triunfando sobre ellos en la cruz" (Col. 2:15). A través del triunfo paradójico de su muerte, Él "destru[yó] por medio de la muerte al que tenía el imperio de la muerte, esto es, al diablo, y libr[ó] a todos los que por el temor de la muerte estaban durante toda la vida sujetos a servidumbre" (He. 2:14-15). Y, al tercer día, Jesús exhibió su victoria sobre el poder del pecado y de la muerte, al resucitar de la tumba. Era imposible que lo retuvieran las garras de la muerte (Hch. 2:24) porque, al haberla derrotado, "las llaves de la muerte y del Hades" le pertenecen (Ap. 1:17-18).

Resumen. Este es, pues, el carácter de la expiación penal sustitutiva de Cristo. La culpa de nuestro pecado exigía la pena de muerte; por tanto, el Cordero de Dios fue sacrificado como ofrenda expiatoria por nosotros. La ira de Dios se encendió contra nuestro pecado y, por ello, Cristo fue presentado como propiciación para cargar con esa ira en lugar de nosotros. La contaminación de nuestro pecado nos separó de Dios, provocó su santa enemistad contra nosotros y, así, mediante la expiación por el pecado, Cristo ha reconciliado a Dios con el hombre. Obediente al pecado, el hombre era esclavo del pecado a través de la ley, que manifestó el pecado en nuestras vidas, y por ello Cristo ha pagado el precio de rescate de su preciosa sangre a Dios Padre, con el fin de redimirnos de dicha esclavitud. Al hacerlo, ha saqueado la casa de Satanás, ha vencido a la muerte y a su capitán, mediante el ejercicio de su propio poder.

LA SUFICIENCIA DE LA EXPIACIÓN[2]

Si hay que aplicar una descripción a la naturaleza de la expiación penal, sustitutiva de Cristo, es que es un sacrificio perfectamente suficiente. Varios rasgos establecen su perfecta suficiencia.

En primer lugar, es una expiación objetiva, una obra realizada de manera independiente y aparte de aquellos que acabarán participando de sus beneficios. Ninguna obra o respuesta a la gracia añade a esta razón de nuestra salvación ni la activa. Que no quepa duda de que aquellos que experimentan de forma subjetiva los beneficios de la expiación deben responder en arrepentimiento y fe, pero tales respuestas pertenecen a la *aplicación* de la redención —no su *cumplimiento*—, y son ellos mismos comprados por la obra perfecta que Cristo ha efectuado. "¡Consumado

---

2   Esta sección sigue la útil presentación de John Murray en *La redención consumada y aplicada*, 52-59.

es!" fue el grito triunfante desde la cruz, y no "ha comenzado". Como con la obra de elección del Padre, que "no depende del que quiere, ni del que corre" (Ro. 9:16), y con la obra de aplicación del Espíritu, en la que Él sopla donde desea (Jn. 3:8), así ocurre también con la obra redentora del Hijo. La salvación es del Señor (Jon. 2:9) y, por tanto, se ha realizado perfectamente *por* Él, hace dos mil años, y es ajena a aquellos que cosecharán sus bendiciones divinas.

En segundo lugar, la suficiencia de la expiación se establece por su finalidad. Es una obra única, acabada e irrepetible. La Iglesia Católica Romana enseña precisamente lo contrario y degrada la suficiencia de la obra de Cristo al proponer repetir su sacrificio en la ceremonia de la misa.[3] Esto está en un contraste explícito con el consistente testimonio del libro de Hebreos (He. 7:26-28; 9:11-12, 25-28; 10:10-14). Estos pasajes niegan de un modo explícito que Cristo tuviera que ofrecerse una y otra vez (He. 9:25). Sugerir tal cosa es impugnar el carácter de Cristo mismo, porque fue la debilidad de los sumos sacerdotes la que exigía sus ofrendas una y otra vez (He. 7:28). Sin embargo, en nuestro Sumo Sacerdote no hay semejante debilidad; Él es el Hijo eternamente perfecto: santo, inocente, sin mancha y apartado de los pecadores (He. 7:26). Y, puesto que el Hijo de Dios es intrínsecamente digno, su sacrificio fue mejor (He. 9:23; cf. 8:6), de tal naturaleza que perfecciona —para siempre— a aquellos por quienes fue ofrecido (He. 10:14). ¿Se pueden violentar estos textos hasta el punto de sugerir que el sacrificio de Cristo tiene que repetirse? Una doctrina tan perversa drena la cruz de su poder salvador mismo, porque "donde hay remisión de estos [los pecados], no hay *más* ofrenda por el pecado" (He. 10:18; cf. Ro. 6:10). Si quedara una ofrenda por hacer, no habría habido perdón de pecados.

Finalmente, la suficiencia de la expiación se establece en su eficacia. Es decir, al morir en la cruz, Cristo ha salvado *realmente* a su pueblo. Él no vino a realizar una salvación hipotética, posible o meramente disponible, sino a "salv[ar] a su pueblo

---

3   "En el Sacrificio de la Misa, y en el Sacrificio de la Cruz, el Don Sacrificial y el Principal Sacerdote que ofrece el sacrificio son idénticos; solo la naturaleza y el modo de la ofrenda son diferentes... Según la opinión tomística, *en cada Misa, Cristo también efectúa una actividad sacrificial inmediata real* que, sin embargo, no debe concebirse como una totalidad de muchos actos sucesivos, sino como un acto sacrificial ininterrumpido del Cristo transfigurado. El propósito de este sacrificio es el mismo que en el Sacrificio de la Misa, y que en el Sacrificio de la Cruz; primeramente, la glorificación de Dios, en segundo lugar, la *expiación*, la acción de gracias y el llamamiento" (Ludwig Ott, *Fundamentals of Catholic Dogma*, ed. James Canon Bastible, trad. Patrick Lynch, 4ª ed. [Rockford, IL: TAN Books, 1974], 408, énfasis añadido). Igual de impresionante es la declaración siguiente del sacerdote católico romano John O'Brien: "Cuando el sacerdote pronuncia las tremendas palabras de la consagración, mete su mano en los cielos, baja a Cristo de su trono, y lo coloca sobre nuestro altar para ser ofrecido de nuevo como la Víctima por los pecados del hombre... Aunque la bendita Virgen fue el medio humano por el cual Cristo se encarnó una única vez, el sacerdote baja a Cristo del cielo y lo hace presente en el altar como Víctima eterna por los pecados del hombre, no una sola vez, ¡sino mil veces! El sacerdote habla y, ¡he aquí!, Cristo, el Dios eterno y omnipotente, inclina su cabeza en humilde obediencia a la orden del sacerdote". John A. O'Brien, *The Faith of Millions: The Credentials of the Catholic Religion*, ed. rev. (Huntington, IN: Our Sunday Visitor, 1974), 256.

de sus pecados" de verdad (Mt. 1:21). Él no vino a hacer que los hombres fueran redimibles, sino a redimirlos. No murió de forma potencial, sino real, y por tanto no efectuó una expiación provisional, sino efectiva. Cuando el Señor de gloria se preparó para entregar su espíritu al cuidado del Padre, consciente de que había llevado a cabo la obra que vino a hacer, declaró: "Consumado es" (Jn. 19:30). La redención se había realizado. Nuestro Sumo Sacerdote había efectuado de verdad la purificación por los pecados y, una vez acabada su obra, se sentó (He. 1:3). El Buen Pastor había quitado de verdad los pecados de sus ovejas (1 Jn. 3:5) y había cargado con ellos sobre su propio cuerpo (1 P. 2:24). Había apaciguado de verdad el pleno ejercicio de la ira del Padre (Ro. 3:25), se había convertido realmente en una maldición por nosotros (Gá. 3:13) y había pagado así, de un modo exhaustivo, la totalidad de la pena por nuestros pecados. Al hacerlo, compró de verdad la redención de su pueblo mediante el precio del rescate de su propia sangre (Hch. 20:28; Ap. 5:9). Cada uno de estos pasajes es una declaración de cumplimiento eficaz. Insertar de manera artificial el concepto de provisión o de potencialidad en alguno de estos textos es forzar la teología propia en el significado llano de las Escrituras.

De hecho, este elemento de eficacia ha sido inherente en el concepto bíblico de la expiación desde su principio en la ley levítica (Lv. 4:20, 26, 31, 35; 5:10, 13, 16, 18; 6:7; 12:8; 14:20, 53; 19:22). Cuando el sacerdote hacía expiación, realizaba una verdadera reparación, y esa expiación producía su efecto pretendido del perdón de pecados.[4] Por tanto, cuando el mismo grupo de palabras griegas (*jiláskomai, jilasmós, jilastérion*) que se usó para traducir *kafár* en la Septuaginta, aparece en el Nuevo Testamento para describir la obra expiatoria del Mesías, el lector entiende naturalmente que la misma eficacia es inherente al concepto de la expiación de Cristo. La muerte de Jesús no hizo que los pecados fueran perdonables; llevó a cabo el perdón. Su expiación no fue hipotética, potencial ni provisional; fue una expiación eficaz.[5]

---

4   Por supuesto, con esto no queremos afirmar que los pecados fueran perdonados de otra forma que no fuera por medio de la expiación de Cristo, porque todos los sacrificios del antiguo pacto miraban al futuro, y derivaban su eficacia del sacrificio final de Cristo (Ro. 3:24-26; He. 9:11–10:18). No obstante, sobre la base de la obra de Cristo, por gracia Dios se permitió ser temporalmente propiciado por los sacrificios que le prescribió a Israel.

5   Nada de esto pretende sugerir que los elegidos fueron justificados ni que se les concedió la fe salvadora y el arrepentimiento en el momento de la muerte de Cristo en el siglo I. Tampoco sugiere que alguien sea salvo al margen de la fe. Suponer esto es confundir la realización de la redención con su aplicación. Más bien, hablar de la expiación definitiva y de la salvación realizada es afirmar que Cristo ha soportado todo el castigo de la ira de Dios contra los pecados de su pueblo, ha pagado la pena completa por ellos y ha satisfecho la totalidad de la ira de Dios. Significa que Él ha hecho todo lo necesario para asegurar por completo la salvación de aquellos por los que murió: hacer que sea cierta y definitiva la aplicación de los beneficios de la salvación a todos aquellos para quienes Cristo los compró. Finalmente, quiere decir que no se puede añadir nada a la obra de Cristo para investirla de poder o eficacia, sino que, por haber llevado nuestro sustituto realmente toda la pena de la condenación del pecado, "ahora, pues, ninguna condenación hay para los que están en Cristo Jesús" (Ro. 8:1).

EL ALCANCE DE LA EXPIACIÓN

Una vez comprendida la gloriosa naturaleza de la obra expiatoria de Cristo, ahora es preciso responder la pregunta respecto a su alcance. ¿Por quién murió Cristo? ¿En beneficio de quién se ofreció Él como sacrificio penal sustitutivo? ¿Por quién propició la ira de su Padre? ¿A quién reconcilió Cristo con Dios y a quién redimió de la esclavitud al pecado y a Satanás?

Las respuestas dadas a esta pregunta vital suelen dividirse en dos categorías generales. La escuela de pensamiento universalista responde que Cristo ha pagado por los pecados de todas las personas sin excepción que hayan vivido jamás. A esto se le suele denominar *expiación general, ilimitada* o *universal*.[6] Por el contrario, los *particularistas* enseñan que Cristo murió como sustituto de los elegidos: solo para aquellos individuos particulares a quienes el Padre escogió en la eternidad pasada y se los entregó a su Hijo. Aunque esta postura se ha conocido desde hace mucho tiempo como *expiación limitada* —que la expiación de Cristo se limita a los escogidos—, muchos defensores han opinado que semejante etiqueta puede malinterpretarse fácilmente y han preferido llamarla *expiación definida* o *redención particular*. A lo largo de la exposición de la soteriología en el presente volumen, la redención particular ha sido afirmada. En esta sección serán las Escrituras quienes la defiendan.

Para iniciar este debate, debemos comprender cuál es la pregunta precisa bajo consideración. Formular la pregunta de por quién murió Cristo no equivale a inquirir a quién debería predicarse el evangelio. Tanto los particularistas como los universalistas reconocen de buen grado que el evangelio debería proclamarse a todas las personas sin excepción; Cristo se ofrece genuinamente como Salvador a todo el que quiera apartarse de sus pecados y confiar en Él para justicia. La pregunta tampoco es: ¿Para el perdón de los pecados de quién es suficiente la obra de Cristo? Ambas partes concuerdan en que, de haber elegido Dios salvar a más pecadores de los que ha elegido en realidad, Cristo no habría tenido que sufrir más de lo que sufrió con el fin de salvarlos. Asimismo, la pregunta no es ¿quién será finalmente salvo? Ambos lados estipulan que los beneficios de la salvación de Cristo solo se aplicarán a aquellos que se arrepienten y creen en Él. Así, tanto los particularistas como los universalistas pueden suscribirse al dicho popular de que la expiación es "suficiente para todos, aunque eficaz solo para los elegidos". Eso no es, en modo alguno, una disputa respecto a si alguno de los beneficios no salvadores que resultan de la expiación corresponde a los no elegidos. Si Dios no hubiera tenido la intención de salvar a los pecadores por medio de la expiación de

---

6   Aunque *universalista* es una designación común para aquellos que creen que todas las personas, sin excepción, serán finalmente salvas, esto no es lo que se pretende aquí. En el debate sobre el alcance de la expiación, el término se refiere a aquellos que creen que la expiación tiene un alcance universal; es decir, que Cristo murió por todos sin excepción, aun cuando su aplicación se limitará solo a los elegidos. Esto incluye a los arminianos, los amiraldianos e, hipotéticamente, a los universalistas.

Cristo, es probable que hubiera infligido juicio de inmediato al hombre pecaminoso como lo hizo con los ángeles caídos (2 P. 2:4). Aun así, porque Dios pretendió salvar a su pueblo por medio de Cristo en la plenitud del tiempo, incluso aquellos a los que Él no salvará habrán disfrutado, en última instancia, de los beneficios de la gracia común, de la paciencia divina y de un aplazamiento temporal del juicio divino. Por consiguiente, para evitar la confusión y la contención innecesarias, se debería reconocer que la postura propia sobre el alcance de la expiación no tiene por qué afectar a la respuesta de uno a estas otras preguntas. En su lugar, la pregunta es: ¿El lugar de quién ocupó Cristo como sacrificio sustitutivo cuando cargó con toda la furia de la justa ira del Padre contra el pecado? La respuesta es: solo de aquellos que nunca soportarán esa ira, a saber, únicamente los elegidos.

Otra razón de que este debate a menudo conduce a la frustración tiene que ver con la metodología. Con demasiada frecuencia, los universalistas citan varios versículos sueltos que contienen las palabras "todos" o "mundo", consideran el tema cerrado y declaran que la interpretación particularista es una violación de la "simple lectura" del texto. A pesar de ello, este tipo de planteamiento no tiene en cuenta el contexto de estos textos aislados junto con el resto de la enseñanza de las Escrituras y, por tanto, demuestra que lo que se reivindica a menudo como la "simple lectura" no es más que una lectura superficial.

Numerosos pasajes de las Escrituras contienen un lenguaje universalista, aunque no hablan de cada individuo sin excepción. Por ejemplo, Romanos 5:18 declara: "Así que, como por la transgresión de uno vino la condenación a todos los hombres, de la misma manera por la justicia de uno vino a todos los hombres la justificación de vida". La supuesta "simple lectura" de este texto parecería requerir que las dos frases, "todos los hombres", se interpretaran de idéntica forma en ambas mitades del versículo. Semejante postura conduce, sin embargo, a afirmar la doctrina de la salvación universal o a negar la doctrina del pecado original. Todos sin excepción están condenados en Adán (Ro. 5:12), aunque no todos reciben la justificación y la vida indiscriminadamente (Mt. 7:13, 22-23; Ap. 21:8). En Romanos 5:12-21, Pablo contrasta a Adán con Cristo, como las dos cabezas representativas de la humanidad, y esto arroja luz sobre su intención en 5:18. Así como los actos de Adán afectan a todos los hombres que están en él, las acciones de Cristo también afectan a todos aquellos que están en Él. Por tanto, la consideración del contexto puede corregir una lectura superficial de un pasaje aislado de las Escrituras.

En otros ejemplos, el lenguaje universal es sencillamente la convención del lenguaje común. Cuando los fariseos dijeron de Jesús: "Mirad, el mundo se va tras él" (Jn. 12:19), no querían decir que todos los seres humanos vivos de la tierra, en ese momento, hubieran empezado a seguir a Cristo. Cuando Pablo declaró: "Todas las cosas me son lícitas" (1 Co. 6:12; cf. 10:23), no afirmaba tener la libertad de hacer cualquier cosa y sin excepción, porque reconocía que no estaba sin ley, sino "bajo la ley de Cristo" (1 Co. 9:21). Por tanto, la presencia del lenguaje universal no debería interpretarse de forma automática como "todos sin excepción". Como cualquier otra cosa, es necesario interpretar el lenguaje universal del modo adecuado, según su contexto, y conforme a la totalidad de la enseñanza bíblica.

En lugar de bombardear textos sueltos a diestra y siniestra, es fundamental considerar la clara enseñanza de las Escrituras respecto a la *naturaleza* de la misión de Cristo para llevar a cabo la redención. La enseñanza bíblica acerca de la naturaleza de la expiación tiene una influencia relevante sobre la comprensión adecuada de su alcance. Para apoyar el criterio particularista de la expiación se han de considerar varias líneas del testimonio bíblico.

Particularismo trinitario

El comienzo de este capítulo presenta la enseñanza bíblica respecto al plan divino de la salvación y su relación con la misión del Hijo. Se demostró que la decisión de que el Hijo adoptara carne humana y rescatara a los pecadores de la muerte y del juicio no fue tomada de manera unilateral, sino de acuerdo con un plan trinitario aprobado. En perfecta unidad, el Padre le encargó al Hijo que fuera, en el poder del Espíritu Santo, para salvar a los pecadores. El Padre envió al Hijo con un propósito específico, para que cumpliera una misión particular (véase Jn. 4:34; cf. 6:38; 10:17-18; 17:4; Fil. 2:8; He. 10:7). Todo lo que el Hijo previó lograr en su misión salvadora fue precisamente ese propósito para el cual lo había enviado el Padre. Existe una unidad perfecta de propósito y de intención en la voluntad salvadora del Padre y del Hijo.

Sin embargo, el Padre no ha escogido a todos para salvación (Ro. 8:29-30, 33; 9:22-23; Ef. 1:4-5). Si la elección del Padre es particular, no universal, y si el Padre y el Hijo están perfectamente unidos en su voluntad y su propósito salvadores, es imposible que la expiación del Hijo tuviera que ser universal y no particular.[7] Sin embargo, esta es la inevitable conclusión de aquellos que niegan la redención particular. Expresado de otro modo, si la expiación es universal, entonces la elección es universal o el Padre y el Hijo tienen intenciones contradictorias entre sí. Pero las Escrituras refutan ambas nociones. La voluntad salvadora del Padre se expresa en su elección particular (que ha escogido a algunos, y no a todos, para que sean salvos), y el Hijo ha venido a hacer la voluntad de su Padre, quien lo envió.

¿Cuál es esa voluntad? Jesús explicó de manera explícita: "Y esta es la voluntad del Padre, el que me envió: Que de *todo lo que me diere*, no pierda yo nada, sino que lo resucite en el día postrero" (Jn. 6:39). Existe un grupo de individuos escogidos que el Padre le ha dado al Hijo, y Él ha efectuado su obra redentora a favor *de estos*. Ellos son todos aquellos que acabarán viniendo a Él (Jn. 6:37) y creerán (Jn. 6:40), porque han sido atraídos con eficacia por el Padre (Jn. 6:44, 55-65); son las ovejas por quienes el Hijo entrega su vida (Jn. 10:14-15, 27), y a quienes Él da

---

7   Como escribe Robert L. Reymond: "Es impensable creer que Cristo dijera: 'Reconozco, Padre, que tu elección y tus intenciones salvadoras acaban tan solo en una porción de la humanidad, pero como mi amor es más inclusivo y expansivo que el tuyo, no me satisface morir solo por aquellos que tú has elegido. Voy a morir por todos'". Reymond, *Systematic Theology*, 678.

vida eterna (Jn. 6:40; 10:28; 17:2). Cristo afirma claramente: "Tuyos eran, [Padre], y me los diste" (Jn. 17:6; cf. 17:9, 24), y claramente los distingue del resto del mundo (17:9). Estos individuos que pertenecían al Padre antes de la fundación del mundo no pueden ser otros que los elegidos, a quienes Él ha escogido para salvación. Son, por lo tanto, estos —y solo estos— los que el Padre le da al Hijo; y, así, estos —y solo estos— son aquellos por los que el Hijo efectúa la redención.

Por consiguiente, no es de sorprender que leamos las muchas formas en que las Escrituras identifican a unas personas *en particular* como los beneficiarios de la obra de Cristo en la cruz. Él ha entregado su vida como rescate por *muchos* (Mt. 20:28; Mr. 10:45; cf. Is. 53:12; Mt. 26:28), no por todos. Él es el Buen Pastor, quien da su vida por sus *ovejas* (Jn. 10:11-15), no por las cabras que no son suyas (cf. Jn. 10:26). Él es aquel que ama a los hermanos y da su vida por sus *amigos* (Jn. 15:13). Él es el gran Redentor, quien compró a la *iglesia* de Dios con su propia sangre (Hch. 20:28). Él es el esposo de la *iglesia* (Ap. 19:7; cf. Jn. 3:29), a la cual amó y por la cual se entregó (Ef. 5:25). Fue entregado por los *elegidos* (Ro. 8:32-33), por quienes sigue intercediendo (Ro. 8:34; cf. Jn. 17:9). Y es el santificador de "*un pueblo propio*, celoso de buenas obras" (Tit. 2:14).[8]

En virtud de su propia unidad de esencia, el Padre, el Hijo y el Espíritu Santo están perfectamente unidos con respecto a su voluntad y su propósito salvador. Cristo fue enviado por la autoridad del Padre y en el poder del Espíritu Santo para salvar ni más ni menos personas que las escogidas por el Padre y regeneradas por el Espíritu (cf. Ef. 1:3-14). El Padre ha elegido a algunos, no a todos; el Espíritu regenera a unos, no a todos. Sugerir que Cristo ha hecho expiación por todos, y no solo por algunos, es poner a las personas de la Trinidad en completo desacuerdo entre sí; es verse forzado a decir que la voluntad del Hijo no es la del Padre ni la del Espíritu. Esto no solo amenaza la consustancialidad de las personas de la Trinidad, sino que contradice rotundamente las propias declaraciones explícitas de Cristo respecto a que había abordado su misión salvadora exactamente para hacer la voluntad de su Padre. Así como el Padre le ha dado al Hijo unas personas en particular de entre todo el mundo, Cristo dio su vida por ellas: sus ovejas, los suyos, la iglesia. La unidad en la Trinidad exige una expiación particular.

---

8   Algunos sostienen que, aunque Cristo ha muerto por sus ovejas, no quiere decir que no muriera también por las cabras. Pero, existen pruebas de que al menos algunas de estas designaciones particularizantes son necesariamente exclusivas. En primer lugar, Pablo identifica como "elegidos de Dios" a aquellos a los que el Padre entregó a su Hijo (Ro. 8:32-33), una categoría que excluye necesariamente a los no escogidos. En segundo lugar, como Jesús declara "pongo mi vida por las ovejas" (Jn. 10:14-15), justo momentos antes de que declarara a los fariseos "vosotros... no sois mis ovejas" (Jn. 10:26), es legítimo deducir que Él no había entregado su vida por aquellos fariseos. En tercer lugar, Pablo convierte el amor sacrificial de Cristo por la iglesia en el patrón para el amor del marido por su esposa (Ef. 5:25-27), y los maridos deberían amar a sus esposas de un modo especial y diferente a como aman a todos los demás. En esos casos, el énfasis en los elegidos sí implica la exclusión de los no elegidos.

Expiación eficaz

Tal vez el argumento más común de aquellos que se aferran a alguna forma de expiación ilimitada es que Cristo murió por todos sin excepción, en un sentido *provisional*. Cristo murió para *proveer* salvación para todos, aunque no para asegurarla de manera infalible para cualquiera en particular. Se afirma que Él ha muerto *potencialmente* por todos, de manera que existe el potencial de que se apliquen a cualquiera los beneficios de su sacrificio, por medio del arrepentimiento y de la fe. La clave del argumento universalista consiste en formular la expiación de Cristo como algo intrínsecamente ineficaz.

Sin embargo, como vimos anteriormente, el atributo de la eficacia es inherente y fundamental para el concepto bíblico de la expiación. Reconsiderando, las Escrituras enseñan que Cristo ha llevado a cabo realmente —no de forma potencial, provisional ni hipotética, sino real— la salvación de su pueblo en virtud de su obra en la cruz. Es casi tautológico afirmar que cuando las Escrituras aseveran que nuestro sustituto "llevó él mismo nuestros pecados en su cuerpo sobre el madero" (1 P. 2:24), significa que Él llevó nuestros pecados en su cuerpo sobre el madero de manera *real*, no potencial. Cuando las Escrituras declaran "Mas él herido fue por nuestras rebeliones, molido por nuestros pecados; el castigo de nuestra paz fue sobre él, y por su llaga fuimos nosotros curados" (Is. 53:5), sería exegéticamente monstruoso concluir que solo fue potencialmente traspasado o molido, que su castigo solo produjo una paz potencial o que sus heridas provocaron tan solo una sanidad potencial. Sería inyectar artificialmente el concepto de la *potencialidad* en unos textos que hablan de un logro eficaz y objetivo. No. Cristo fue *realmente* traspasado, molido, castigado y herido y, por tanto, consiguió una paz y una sanidad reales. Las Escrituras no afirman: "por sus llagas fuisteis hechos sanables". No aseveran: "por sus llagas fuisteis llevados a un estado en el que *podríais* ser sanados si cumplís ciertas condiciones que activen el alcance hipotéticamente universal de las llagas de Cristo".[9] El texto expresa simplemente: "por cuya herida fuisteis sanados". Es decir, que el sufrimiento y la muerte objetivos y sustitutivos de Cristo consiguieron realmente la sanidad espiritual de aquellos por quienes Él murió; aquellos, que, por la intrínseca valía y eficacia del sacrificio de Cristo, "no solo puedan ser salvos, sino son salvos, deben ser salvos, y no pueden por ninguna posibilidad correr el riesgo de ser otra cosa que salvos".[10]

El Nuevo Testamento describe consistentemente la eficacia de la expiación: Jesús realmente expió nuestros pecados (1 Jn. 3:5), aplacó la ira del Padre contra nosotros (Ro. 3:25; He. 2:17-18), nos reconcilió con Dios (Col. 1:22) y compró

---

9   Tomamos prestado el lenguaje de Carl R. Trueman, "Definite Atonement View", en *Perspectives on the Extent of the Atonement: 3 Views*, ed. Andrew David Naselli y Mark A. Snoeberger (Nashville: B&H Academic, 2015), 42.

10   Charles Spurgeon, "Particular Redemption," en *The New Park Street Pulpit* (Londres: Alabaster and Passmore, 1856), 4:135.

nuestra redención (Hch. 20:28; Ap. 5:9). Él no vino a posibilitar la salvación ni a hacer al hombre salvable, sino a salvar decisivamente a su pueblo (Mt. 1:21). En su obra expiatoria, Cristo no proveyó una salvación hipotética, sino que más bien aseguró de un modo infalible la salvación de aquellos por quienes murió al soportar realmente su castigo.[11]

Dado que la expiación de Cristo es, pues, inherentemente eficaz, y que se ha convenido que no todos serán finalmente salvos, el alcance de la expiación debe ser limitado. La otra única opción es sugerir que Dios exige primero el pago de la pena por el pecado a Cristo en la cruz y, después, también a los pecadores incrédulos en el infierno. Pero, con toda seguridad, este doble enjuiciamiento es del todo incoherente con la justicia de Dios. Si hubiera quedado ira por derramar sobre el pecador incrédulo, esa ira no habría sido satisfecha por la obra sustitutiva de Cristo. Si al pecador le quedara una pena que pagar en el infierno, entonces ese castigo no habría sido pagado por Cristo en la cruz. Esto nos deja solo dos opciones: o (1) el sacrificio de Cristo fue impotente e ineficaz, o (2) el poderoso y eficaz sacrificio de Cristo se llevó a cabo por un número específico de personas. Dado que la primera opción es blasfema y explícitamente contraria a las Escrituras, estamos obligados a abrazar la segunda. Dado que Cristo satisfizo realmente toda la ira del Padre contra los pecados de aquellos por los que murió, no se puede afirmar una expiación universal y, a la vez, negar la salvación universal.[12]

En última instancia, entonces, ambos lados limitan la expiación: el particularista limita su alcance, mientras que el universalista restringe su eficacia. Con todo, una expiación ineficaz (aparte de contradecir a las Escrituras) socava fundamentalmente el evangelio mismo, porque una expiación ineficaz no es expiación en absoluto. Una expiación ineficaz es una expiación que no expía.[13]

11 J. I. Packer escribe de un modo conmovedor: "Cristo no ganó una salvación hipotética para creyentes hipotéticos, una mera posibilidad de salvación para cualquiera que pudiera creer, sino una salvación real para su propio pueblo escogido. Su preciosa sangre nos salva a todos realmente; los pretendidos efectos de su autosacrificio le siguen de hecho, solo porque la cruz fue lo que fue. Su poder salvador no depende de que se *le* añada la fe; su poder salvador es tal que la fe fluye *de* ella. La cruz *aseguró* la plena salvación de todos aquellos por los que Cristo murió" ("Saved by His Precious Blood: An Introduction to John Owen's *The Death of Death in the Death of Christ*", en J. I. Packer y Mark Dever, *In My Place Condemned He Stood: Celebrating the Glory of the Atonement* [Wheaton, IL: Crossway, 2007], 123, énfasis añadido).

12 Otra vez, Packer sostiene: "Si vamos a afirmar la sustitución penal para todos sin excepción, debemos inferir una salvación universal o, si no, eludir la eficacia salvadora de la sustitución para cualquiera; y si vamos a afirmar la sustitución penal como acto salvador eficaz de Dios, debemos deducir una salvación universal o, de otro modo, evitar esta inferencia, restringir el alcance de la sustitución y convertir esta última en una sustitución para algunos y no para todos" ("What Did the Cross Achieve? The Logic of Penal Substitution", en *In My Place Condemned He Stood*, 90-91).

13 Por lo tanto, debemos concluir con Spurgeon que los universalistas pueden guardarse su expiación ineficaz: "Los arminianos afirman que Cristo murió por todos los hombres. Pregúnteles qué quieren decir con esto. ¿Murió Cristo para asegurar la salvación de todos los hombres? Ellos responden: "No, desde luego que no". Les formulamos la siguiente pregunta: ¿Murió Cristo para

La unidad de la obra sumosacerdotal de Cristo

Tomando prestada la estructura conceptual del sistema sacrificial veterotestamentario, las Escrituras hablan con frecuencia de Cristo como el gran sumo sacerdote de su pueblo (He. 2:17; 3:1; 4:14-15; 5:1, 5, 10; 6:19-20; 8:1-6; 9:11-12, 25). Así, excepto cuando el Nuevo Testamento contrasta, de forma explícita, el ministerio sacerdotal de Cristo con el de los sacerdotes del Antiguo Testamento (p. ej., He. 7:27), existe una continuidad básica entre ellos. La obra de los sacerdotes levíticos arroja, pues, luz sobre el alcance de la expiación en la inseparable unidad entre la obra de sacrificio del sacerdote y su obra de intercesión.

En el día de la expiación, el sumo sacerdote debía matar un macho cabrío como sacrificio por los pecados del pueblo de Israel (Lv. 16:9). Sin embargo, la muerte sacrificial no era el fin de la obra sacrificial. Después de degollar al animal, se le exigía llevar "la sangre detrás del velo adentro", al Lugar Santísimo, y "la sangre... esparcir[la] sobre el propiciatorio y delante del propiciatorio" (Lv. 16:15; cf. 16:18-19). Es esta doble obra —tanto el degollamiento del macho cabrío como el rociado intercesor de su sangre— la que efectuaba la expiación por los pecados de Israel. Este no solo fue el caso del día de la expiación, sino también de todos los sacrificios que requerían la muerte de animales. El sacerdote debía matar primero al animal y, a continuación, "ofrec[er] la sangre, y [rociarla] alrededor sobre el altar" (Lv. 1:5; cf. 1:11; 3:2, 8, 13; 4:6-7, 17-18, 25, 30, 34; 5:9; 7:2; 17:6).

La observación que debemos hacer de estos rituales es que el alcance del sacrificio del sacerdote es idéntico al de su intercesión. El sumo sacerdote nunca sacrifica al macho cabrío por todas las personas en todo el mundo gentil y luego rocía su sangre solo por Israel. No, el sacrificio y la intercesión eran dos lados de la misma moneda expiatoria, y ambas cosas eran solo por Israel.

El mismo principio se aplica a la unidad del doble ministerio sumosacerdotal de Cristo. El autor de Hebreos describe a Cristo como nuestro gran Sumo Sacerdote, quien se ofreció a sí mismo como el sacrificio perfecto y, a la vez, entró en el Lugar Santísimo para interceder por su pueblo (He. 9:24). En otras palabras, la ofrenda sacrificial que Cristo hizo de sí mismo está inextricablemente vinculada a su obra

asegurar la salvación de algún hombre en particular? Contestan: "No". Si son coherentes, estarán obligados a admitir esto. Ellos dicen: "No; Cristo ha muerto para que cualquier hombre pueda ser salvo si"... y a continuación enumeran ciertas condiciones de la salvación. Entonces decimos que volvemos a la vieja declaración: Cristo no murió para asegurarle la salvación a nadie, más allá de toda duda, ¿no es así? Usted tiene que replicar: "No"; está obligado a reconocerlo... Ahora bien, ¿quién limita la muerte de Cristo? Usted mismo. Afirma que Cristo no murió para asegurar infaliblemente la salvación de nadie. Perdón, pero cuando señala que limitamos la muerte de Cristo, respondemos: "No, mi querido señor, es usted quien lo hace". Afirmamos que Cristo murió para asegurar infaliblemente la salvación de una multitud incontable, quien por medio de la muerte de Cristo no solo puede ser salva, sino que es salvada, debe ser salvada y no puede en modo alguno correr el riesgo de ser otra cosa que salvada. Gracias por su expiación; puede guardársela. Nosotros no renunciaremos nunca a la nuestra solo porque sí" ("Particular Redemption", 4:135).

intercesora por su pueblo, en la presencia de Dios (He. 4:14-15; 7:25; 1 Jn. 2:1). Es decir, Cristo intercede por todos aquellos por los que murió, y murió por todos aquellos por los que intercede (cf. Ro. 8:29-39, esp. vv. 32-34).

Por lo tanto, la pregunta clave es: ¿intercede Cristo ante el Padre por todos los hombres sin excepción, o solo por los elegidos? Con toda seguridad, es esto último. ¿Está orando Cristo al Padre por la salvación y la bendición de los no elegidos, una petición que el Padre le negará a su Hijo porque no tiene intención de salvar a estos? ¿Están tan divididas las personas de la Trinidad? Una vez más, la doctrina de la expiación ilimitada abriría una brecha entre la voluntad del Padre y la del Hijo, y esto tiene implicaciones desastrosas para el trinitarianismo bíblico. Además, Cristo mismo responde a esta pregunta en la oración sumosacerdotal de Juan 17. Aquí, el Gran Sumo Sacerdote está intercediendo ante el Padre por aquellos por quienes pronto se ofrecerá como sacrificio, y afirma explícitamente: "Yo ruego *por ellos; no* ruego por el mundo, sino por los que me diste; porque tuyos son" (Jn. 17:9). Jesús ofrece su intercesión sumosacerdotal solo a aquellos a quienes el Padre le ha dado (cf. Jn. 6:37, 39, 44, 65; 10:29; 17:2, 6, 20, 24), a saber, los "elegidos" de Romanos 8:33.

Dado que la obra sacerdotal de sacrificio y la intercesión están inextricablemente vinculadas y, dado que es impensable que Cristo se negara a interceder por aquellos por quienes Él derramó su preciosa sangre, debemos concluir que el alcance de la expiación —como la intercesión de Cristo— se limita a los elegidos.

El argumento de Romanos 8:29-39

En Romanos 8:29-39, Pablo habla de manera explícita del alcance de la expiación cuando en el versículo 32 afirma que el Padre no escatima a su Hijo, sino que lo entregó "por todos nosotros". ¿Quiénes son esos "todos nosotros" por quienes Cristo fue entregado a la muerte? Pablo responde esta pregunta de varias maneras. En primer lugar, si buscamos un antecedente para "por todos nosotros" (8:32), hallamos otro "nosotros" en 8:31, en alusión a aquellos de los que Dios está a *favor*. Si proseguimos nuestra búsqueda de un antecedente, descubrimos que se trata de aquellos a los que Dios antes conoció, predestinó, llamó, justificó y glorificó (8:29-30). Si avanzamos, vemos que aquellos por los que Cristo fue entregado son aquellos a quienes Dios dará, por gracia, todos los beneficios de la salvación comprados por la muerte de Cristo, porque "¿cómo no nos dará también con él todas las cosas?" (8:32). Romanos 8:33 identifica, pues, de manera explícita a esas personas como "los elegidos de Dios" y aquellos a los que justifica; y 8:34 los iden- tifica como aquellos por quienes Cristo intercede. Finalmente, aquellos por quienes Cristo murió son los que nunca podrán ser separados del amor de Cristo (8:35-39).

De estas observaciones se deberían extraer varias conclusiones. En primer lugar, dado que los no elegidos no reciben todos los beneficios de la salvación de la gracia de Dios, como promete Romanos 8:32 (en particular, el ser rescatados del castigo eterno), no forman parte del "todos nosotros" por quienes Cristo fue entregado. En segundo lugar, dado que Pablo identifica el "todos nosotros" por quienes Cristo fue entregado como los "escogidos de Dios" en 8:33, Cristo no fue entregado por todos los no elegidos. En tercer lugar, dado que todos aquellos por los que Cristo fue entregado también serán los beneficiarios de su ministerio intercesor a la diestra del Padre, y dado que Cristo no intercede por los no elegidos, ellos no están incluidos en el "todos nosotros", por quienes Cristo fue entregado. En cuarto lugar, dado que todos aquellos por los que Cristo fue entregado no pueden ser separados del amor de Cristo, y que los no elegidos serán, de hecho, separados del amor de Cristo en castigo eterno, estos últimos no están incluidos en el "todos nosotros" por quienes Cristo fue entregado. Una vez más, el alcance de la expiación de Cristo demuestra estar necesariamente limitada a los elegidos.

Encontrarles sentido a los textos universalistas

Los argumentos positivos precedentes son suficientes para establecer la redención particular como doctrina bíblica. Sin embargo, la objeción más común contra limitar el alcance de la expiación procede de varios pasajes de las Escrituras que parecen contradecirlo explícitamente mediante el uso de un lenguaje universalista en relación con la muerte de Cristo: "Porque de tal manera amó Dios al *mundo*, que ha dado a su Hijo unigénito" (Jn. 3:16); Cristo Jesús "se dio a sí mismo en rescate por *todos*" (1 Ti. 2:6), etc. Por tanto, con el fin de que el caso de la redención particular se sostenga, estos textos universalistas deben explicarse de un modo que (1) armonice con los preceptos de la redención particular, y (2) resulte coherente con la interpretación gramático-histórica contextual.

Usualmente, en respuesta a la argumentación presentada arriba, se presentan tres categorías de textos para la redención particular. Primero, están los textos que hablan de Cristo que muere por "todos". Segundo, están los textos que hablan de Cristo que muere por "el mundo". Tercero, están los textos que parecen indicar que Cristo murió por quienes finalmente perecerán. La siguiente sección abordará cada una de esas tres categorías, presentando un ejemplo clave de cada una. [14]

Cristo murió por todos. En primer lugar, están los textos que hablan de Cristo que murió por "todos". Los universalistas con frecuencia apelan a esos textos y simplemente afirman que "todos" siempre deben significar "todas las personas sin excepción". Con toda seguridad, hay ejemplos en los que este es el caso: todos, sin excepción, han "peca[do] y están destituidos de la gloria de Dios" (Ro. 3:23; sin embargo, incluso aquí hay una excepción: el Señor Jesucristo). Pero hay varios pasajes de las Escrituras donde "todos" simplemente no puede significar "todos sin excepción" (p. ej. Mt. 10:22; Jn. 18:20; Ro. 5:18; 11:32). Pablo mismo limita el lenguaje universalista cuando comenta sobre Salmos 8:6 en 1 Corintios 15:27: "Y cuando dice que todas las cosas han sido sujetadas a él, claramente se exceptúa aquel que sujetó

---

14 Para un análisis más extenso que aborde más textos, véase MacArthur y Mayhue, *Teología sistemática*, pp. 566-576.

a él todas las cosas". Es decir, en este caso, "todas las cosas" no significa "todas las cosas sin excepción". Por tanto, "todo" no es una expresión autodefinitoria. Aunque en algunos contextos se pueda entender legítimamente como una alusión a cada persona que haya vivido jamás (es decir, todas sin excepción), en otros contextos puede comprenderse justificadamente como refiriéndose a todas las clases de personas de todo el mundo (es decir, todas sin distinción). El factor determinante del sentido adecuado de "todos" no son las suposiciones de uno *a priori*, sino más bien el contexto del pasaje particular en el que aparece el término. Cuando esos pasajes son sujetos al escrutinio de la exégesis contextual, queda claro que ninguno de ellos respalda una expiación ilimitada.

Uno de los textos más populares que suele presentarse para respaldar una expiación ilimitada es 1 Timoteo 2:3-6, que dice: "Dios nuestro Salvador, el cual quiere que todos los hombres sean salvos y vengan al conocimiento de la verdad. Porque hay un solo Dios, y un solo mediador entre Dios y los hombres, Jesucristo hombre, el cual se dio a sí mismo en rescate por todos, de lo cual se dio testimonio a su debido tiempo". Este pasaje parece enseñar una expiación universal (todos). De nuevo, este pasaje debe leerse en su contexto. Cuando Pablo escribió 1 Timoteo, ciertas personas enseñaban una "diferente doctrina" (1:3), se desviaban de la sana doctrina y se apartaban a "vana palabrería" (1:6). Estos falsos maestros ambicionaban ser "doctores de la ley" (1:7), y su especulación respecto a las genealogías (1:4) y prohibición del matrimonio y ciertos alimentos (4:1-3) indican que su falsa doctrina consistía en un elitismo judío exclusivo. Las declaraciones universalistas de Pablo, a lo largo de la epístola (cf. 1 Ti. 2:2, 4, 6; 4:10) tienen perfecto sentido a la luz del contexto de esta falsa doctrina elitista. Él no enseña que Cristo muriera por todos sin excepción, sino más bien que, al contrario de la falsa enseñanza, Cristo murió por todos sin distinción.[15] Esta conclusión se refuerza cuando insta a que se ore "por todos los hombres" (1 Ti. 2:1); con esto no quiere decir todas las personas del mundo entero por nombre (porque esto sería imposible), sino más bien todas las clases de personas: "por los reyes y por todos los que están en eminencia" (1 Ti. 2:2). Asimismo, justo después del pasaje en cuestión, Pablo habla de su nombramiento apostólico como maestro de los gentiles (1 Ti. 2:7), e indica, además, que su intención es hablar de todos sin distinción (es decir, no solo los judíos, sino también los gentiles). Finalmente, hay que recordar que el rescate que Jesús pagó no fue potencial, sino real y eficaz. Si aceptamos la interpretación universalista de 1 Timoteo 2:6, debemos (1) abrazar la salvación final universal o (2) denigrar la eficacia de la expiación. En su lugar, la interpretación particularista parece la

---

15 Hasta I. Howard Marshall, quien sostenía una expiación ilimitada, escribió: "Lo más probable es que este impulso universalista sea la respuesta correctiva a una comprensión elitista exclusiva de la salvación, relacionada con la falsa enseñanza… El contexto muestra que la inclusión de los gentiles junto con los judíos en la salvación es, aquí, la principal cuestión". *A Critical and Exegetical Commentary on the Pastoral Epistles*, en colaboración con Philip H. Towner, ICC (Edimburgo: T&T Clark, 2006), 420, 427.

más sensata respecto a todos los datos bíblicos. Pablo usa la palabra "todos" en alusión a todas las clases de personas con el fin de socavar el elitismo judío hereje que se había apoderado de Éfeso.

Cristo murió por el mundo. Además de los pasajes que hablan de Cristo muriendo por "todos", también se usan los textos que dicen que Cristo murió por "el mundo" o "por todo el mundo" para sostener la idea de una expiación ilimitada. Del mismo modo, esos textos deben interpretarse de acuerdo a su contexto. En el caso en que esos pasajes describen el alcance de la expiación, adecuadamente significan "todos sin distinción" en lugar de "todos sin excepción". Dos ejemplos bastarán.

Quizás el texto más comúnmente usado en apoyo a la expiación universal es Juan 3:16. Los universalistas afirman que, al entregar a su Hijo unigénito a una muerte sustitutiva y sacrificial, Dios ha expresado su amor por el mundo entero, que ellos entienden como una alusión a todos los individuos que habrán vivido sobre la tierra. Sin embargo, en este pasaje nada exige que "mundo" se interprete como "todos sin excepción". En realidad, existe una buena razón para entender que se trata de "todos sin distinción". En especial, Jesús está explicándole la salvación a Nicodemo, "un hombre de los fariseos… [y] principal entre los judíos" (Jn. 3:1). Los fariseos, como casi todo Israel en la época de Jesús, consideraban a los gentiles impuros y apartados del pacto de las promesas de Dios. Cuando Jesús habla de la salvación con este gobernante de los judíos, le indica que el amor de Dios no acaba en Israel solamente, sino también en los hombres y las mujeres de todo el mundo, tanto gentiles como judíos. Además, se debe observar el propio particularismo de Jesús en este mismo versículo. Cristo ha sido entregado para que todo aquel que *cree* (gr. *pás jó pisteúon*, lit. "los creyentes") no se pierda, mas tenga vida eterna. Jesús limita claramente el alcance de su muerte expiatoria a aquellos que acabarán creyendo en Él para salvación.

La alternativa universalista crearía numerosos problemas. Por ejemplo, si Cristo hubiera sido enviado para expiar por cada individuo sin excepción, ¿no habría incluido esto a aquellos pecadores que ya habían muerto y que estaban pagando por sus pecados en el infierno? Pero, ¿por qué razón? ¿Para darles una oportunidad de arrepentirse? Sin embargo, esa oportunidad ya había pasado, porque ya habían experimentado el juicio divino (cf. He. 9:27). Un problema aún mayor sería que al manifestar que Cristo expió por personas que por fin perecerían en el infierno, el universalista limita, necesariamente, la eficacia del sacrificio de Cristo. Si Él puede expiar por los pecados de alguien y esa persona todavía puede ir al infierno, entonces algo que no es la expiación de Cristo es responsable en última instancia de la salvación.

En 1 Juan 2:2 hay varias cuestiones similares en juego. Juan escribe: "Y él es la propiciación por nuestros pecados; y no solamente por los nuestros, sino también por los de todo el mundo". Aquí tenemos una declaración de la naturaleza de la expiación (propiciación), seguida de otra respecto al alcance o extensión de dicha obra (el mundo entero). La lectura superficial del texto parece dejar al lector en tensión, en un principio, porque la propiciación —es decir, la verdadera satisfacción de la ira de Dios contra nosotros— para todos sin excepción exigiría una salvación final universal. Una vez más, dicha interpretación es insostenible, porque las Escrituras nos enseñan que finalmente no todos serán salvos (Mt. 7:13, 23; 25:31-46; 2 Ts. 1:9; Ap. 21:8).

A estas alturas, existen dos opciones. En primer lugar, los universalistas aceptan la interpretación superficial de "todo el mundo" como "todos sin excepción" y, por tanto, modifican la *naturaleza* propiciatoria de la expiación y le atribuyen el sentido de "una propiciación potencial". Este movimiento interpretativo va, sin embargo, en contra de todo lo que las Escrituras enseñan respecto a la naturaleza eficaz de la propiciación. No hay base exegética para semejante interpretación. La segunda opción es la del particularista. Este interpreta la naturaleza de la propiciación conforme al resto de la enseñanza bíblica y busca un modo de entender "todo el mundo" de manera que evite agredir la gramática, el contexto y la intención del autor de 1 Juan 1–2 y, a la vez, impedir las implicaciones problemáticas del universalismo. Esta vía de interpretación está disponible; significa comprender "todo el mundo" como una referencia a "todos sin distinción", en lugar de "todos sin excepción". Esta opción encaja mejor desde el punto de vista léxico porque respeta la definición uniforme que la Biblia hace de *jilasmós* como satisfacción eficaz de la ira. También es más adecuada al contexto, porque Juan está escribiendo a iglesias acosadas por la falsa enseñanza del perfeccionismo sin pecado (1 Jn. 1:6-10), probablemente vinculado a un incipiente gnosticismo que prometía que la clave para la victoria espiritual se encontraba en un conocimiento secreto que solo poseían los gnósticos. Así, cuando Juan escribe sobre el alcance del logro del Salvador, repudia todos los vestigios del exclusivismo: Cristo no es la propiciación por nuestros pecados solamente, seamos judíos en lugar de gentiles, gnósticos en vez de otros cristianos, o creyentes de Asia Menor y no de todo el resto del mundo. No, Él es la propiciación por los pecados del pueblo de Dios dispersado por todo el mundo.

Una interpretación así solo se confirma mediante el paralelo sintáctico de Juan 11:49-52. Allí, Juan recoge la profecía de Caifás sobre la muerte de Cristo: "que un hombre muera por el pueblo" (Jn. 11:50). Juan comenta a continuación: "Esto no lo dijo por sí mismo, sino que como era el sumo sacerdote aquel año, profetizó que Jesús había de morir por la nación; y no solamente por la nación, sino también para congregar en uno a los hijos de Dios que estaban dispersos" (Jn. 11:51-52). Nótese el paralelismo:

Juan 11:51-52: "...que Jesús había de morir por la nación; y no solamente por la nación, sino también para congregar en uno a los hijos de Dios que estaban dispersos".

1 Juan 2:2: "Y él es la propiciación por nuestros pecados; y no solamente por los nuestros, sino también por los de todo el mundo".

Por tanto, este otro comentario de la pluma de Juan respaldaría la interpretación de "todo el mundo" en 1 Juan 2:2 como "todos sin distinción", es decir, los hijos de Dios dispersados por todo el mundo (cf. Jn. 10:16). De hecho, en Apocalipsis 5:9, Juan también escribe de forma explícita sobre la expiación particular de Cristo, que él describe como para todos sin distinción, porque los santos cantan: "Digno eres de tomar el libro y de abrir sus sellos; porque tú fuiste inmolado, y con tu sangre nos has redimido para Dios, de todo linaje y lengua y pueblo y nación". Juan no afirma que el Cordero rescató a todo linaje y lengua y pueblo y nación, algo que encajaría en la interpretación universalista, sino que rescató a gente *de* todo linaje y lengua y pueblo y nación; es decir, no todos sin excepción, sino todos sin distinción.

Con respecto a 1 Juan 2:2, entonces, la interpretación particularista de "todo el mundo" encaja en el lenguaje, el contexto y la intención del autor del pasaje, no contradice ningún otro pasaje de las Escrituras, es paralelo a otros pasajes escritos por Juan y evita las conclusiones interpretativas indeseables de una salvación final universal o una propiciación ineficaz, una de las cuales es inevitable en la interpretación universalista. Así, la interpretación particularista es bíblica y teológicamente preferible.

Cristo murió por algunos que finalmente perecerán. Un conjunto final de textos sugiere que algunos que son objeto de la muerte de Cristo pueden perecer finalmente por sus pecados en el infierno. Si las Escrituras enseñan que algunos por los que murió Jesús pagarán en cierto momento por sus propios pecados, queda claro que la muerte de Jesús no fue, de hecho, eficaz. En ese caso, sería inconsistente decir que Jesús murió por todos sin excepción, aun cuando no todos sin excepción son salvos.

Sin embargo, los autores de las Escrituras a menudo se refieren a quienes, a pesar de ser falsos hermanos, se muestran como creyentes genuinos. A menudo, a eso se lo llama "el juicio de caridad". Es decir, se representaban a sí mismos como pertenecientes a la comunidad del pacto y, por tanto, se los consideraba y se hablaba de ellos como verdaderos creyentes, mientras permanecían en la iglesia (p. ej. Jn. 12:4; He. 3:12–4:7). Sin embargo, su salida final de la comunidad del pacto demuestra que nunca pertenecieron de verdad a Cristo, porque nada puede separar al verdadero creyente del amor de Cristo (Ro. 8:35-39; cf. Jn. 10:27-30; Fil. 1:6). Por tanto, aunque el abuso de la libertad cristiana tiene el potencial de "contristar" (Ro. 14:15) y "herir la conciencia" (1 Co. 8:12) del hermano más débil, un hermano verdadero por quien Cristo murió jamás se perderá finalmente. Si una persona así cae de la fe, en primer lugar, queda manifiesto que no había sido nunca un verdadero hermano (1 Jn. 2:19).

El comentario de Pedro sobre los falsos maestros en 2 Pedro 2:1 está relacionado con esto. Aquí, Pedro indica que los falsos maestros fueron "comprados" o "rescatados" (gr. *agorázo*) por el Señor (gr. *despótes*) y, no obstante, se enfrentarán a la destrucción eterna. Por tanto, los universalistas argumentan que Cristo el

Señor murió por todos sin excepción, y que hasta compró a los falsos maestros, pero que, por no haber sido nunca salvos en realidad, finalmente no participaron de los beneficios de la salvación de la muerte de Cristo.

Sin embargo, al menos cinco consideraciones nos impulsan a rechazar esta interpretación. En primer lugar, en todos los casos excepto uno del Nuevo Testamento (Jud. 4), el término "Señor" (gr. *despótes*) no se usa para indicar al Hijo, sino al Padre. Así, la obra redentora de Cristo en la cruz probablemente no se tiene en cuenta aquí. En segundo lugar, es muy probable que se esté utilizando *agorázo* en un sentido no soteriológico, pues nunca es usado en un sentido salvífico sin estar acompañado con la palabra para "precio" (1 Co. 6:20; 7:23; Ap. 5:9; 14:3-4).[16] En tercer lugar, Pedro está aludiendo claramente a Deuteronomio 32:6, que reprende: "¿Así pagáis a Jehová, pueblo loco e ignorante? ¿No es él tu padre que te creó? Él te hizo y te estableció". El lenguaje de "negar al Señor quien los compró" sirve para identificar a los falsos maestros de la época de Pedro con los falsos profetas de Israel. En cuarto lugar, es probable que Pedro esté concediendo, pongamos por caso, la premisa de que los falsos maestros son creyentes verdaderos. En otras palabras, como expresa Schreiner: "*Parecía como si* el Señor hubiera comprado a los falsos maestros con su sangre (2 P. 2:1), aunque en realidad no pertenecían de verdad al Señor".[17] Pedro es, por tanto, sarcástico al decir: "Aquellos que afirman ser redimidos niegan por sus hechos y su doctrina al Señor que, según afirman, los ha comprado. Ellos no son mejores que los falsos profetas de Israel". En quinto lugar, si se lleva a su conclusión lógica, la interpretación universalista no solo niega una redención eficaz —que las Escrituras afirman explícitamente (Ef. 1:7; Col. 1:14)—, sino también la doctrina de la perseverancia de los santos, es decir, que quien es verdaderamente redimido no puede perderse (Jn. 10:27-30; Ro. 8:31-39; 1 Jn. 2:19).

Resumen

En resumen, aunque varios textos de las Escrituras empleen el lenguaje universalista con respecto al alcance de la muerte de Cristo, ni uno solo de ellos, bajo análisis exegético, apoya una expiación ilimitada. Más bien, cuando se interpretan en contexto, los pasajes referidos a la muerte de Cristo por "todos" y por "el mundo" se usan para hablar de todos sin distinción y no de todos sin excepción, y los pasajes que puedan parecer indicar que aquellos por quienes Cristo murió pueden perecer finalmente en sus pecados demuestran no enseñar tal cosa.

Porque las Escrituras revelan (1) que las tres personas de la Trinidad están enteramente unidas en su voluntad y su propósito salvíficos, (2) que la expiación no es nunca potencial ni provisional, sino siempre real y eficaz, (3) que el ministerio

16 Gary D. Long, *Definite Atonement* (Nutley, NJ: Presbyterian and Reformed, 1976), 72.

17 Thomas R. Schreiner, "'Problematic Texts' for Definite Atonement in the Pastoral and General Epistles", en David Gibson y Jonathan Gibson, *From Heaven He Came and Sought Her: Definite Atonement in Historical, biblical, Theological, and Pastoral Perspective* (Wheaton, IL: Crossway, 2013), 390.

del sacrificio sumosacerdotal de Cristo es coextensivo con su ministerio sumosacerdotal de intercesión, (4) que varios pasajes de las Escrituras hablan de la obra
expiatoria de Cristo en términos particularistas, y (5) que ningún pasaje de las
Escrituras enseña que Cristo expió para todos sin excepción; por tanto, la Palabra
enseña que el alcance de la expiación de Cristo no es universal, sino que está limitado tan solo a los elegidos.

LA RESURRECCIÓN, LA ASCENSIÓN Y LA INTERCESIÓN

Asimismo, es necesario mencionar que la obra intercesora de Cristo no se agotó
en la cruz. Él no solo "fue entregado por nuestras transgresiones"; también fue
"resucitado para nuestra justificación" (Ro. 4:25). Además, también ascendió a la
diestra del Padre para gobernar sobre todas las cosas (Ef. 1:20-23), donde se dice que
los creyentes están sentados con Él (Ef. 2:6). Porque Él ascendió, envió al Espíritu
Santo a morar de forma permanente en cada miembro de su iglesia (Jn. 14:16-17;
16:7) y empoderarnos para santidad y servicio. Aún más, Él intercede ahora por
nosotros a la diestra del Padre (Ro. 8:34; He. 7:25), ora para nuestro mayor beneficio
espiritual, nos defiende de nuestro Acusador, santifica nuestras oraciones y nos
ministra en nuestro tiempo de necesidad (cf. He. 4:16).[18]

La culminación de nuestro estudio de la realización de la redención debe ser
la adoración al Dios trino por la obra del Hijo. Una teología precisa debe resultar
en una doxología trascendente (véase el cántico de los santos y los ángeles en
Ap. 5:9-13).

La aplicación de la redención

Por la suficiencia de la obra expiatoria de Cristo, si se le pregunta a un creyente
cuándo lo salvó Dios, existe un sentido en el que debería responder: "Hace dos
mil años". Y, sin embargo, nadie viene a este mundo siendo salvo. Todos somos
concebidos en iniquidad (Sal. 51:5), muertos en nuestros delitos y pecados (Ef. 2:1),
por naturaleza hijos de ira (Ef. 2:3) y enemigos de Dios (Ro. 5:10; 8:7-8). Aunque
todas las bendiciones de la salvación fueron compradas de una vez por todas en
la cruz, el pueblo de Dios no disfruta de los beneficios de la obra de Cristo hasta
que el Espíritu Santo los *aplica* a los creyentes individuales, hasta que nacen del
Espíritu para arrepentimiento y fe, son unidos a Cristo y, de ese modo, son justificados, adoptados y apartados para una vida de santidad y servicio para Dios. Por
esta razón debemos distinguir entre la realización y la aplicación de la redención.

En la sabiduría de Dios, el Espíritu Santo no aplica de inmediato al creyente, en
la conversión, toda la plenitud de los beneficios asegurados por la obra de Cristo.
En su lugar, estas bendiciones se nos imparten poco a poco, en etapas. Además,
incluso esos aspectos de la salvación que se aplican de manera simultánea deben

---

18 Para ver más sobre la resurrección, la ascensión y la intercesión presente de Cristo, véase el cap. 4,
    "Dios Hijo".

distinguirse, no obstante, de forma adecuada los unos de los otros. Por ejemplo, aunque somos justificados y adoptados en el mismo momento, tanto la justificación como la adopción son bendiciones únicas. Hacer que una de ellas se integre a la otra le roba a cada una su gloria distintiva. Como un precioso diamante, la gloria de la aplicación de la redención es polifacética, y solo se comprende del todo cuando cada faceta individual contribuye a la brillantez del conjunto. Así, el estudio de la soteriología se ocupa de explorar el carácter distintivo de cada aspecto de la aplicación de la redención.

EL ORDEN DE LA SALVACIÓN

Estos aspectos de la salvación no solo son diferentes entre sí, sino que también están interrelacionados de forma lógica y, en ocasiones, de manera cronológica. El *ordo salutis*, una expresión latina que significa "orden de salvación", pretende definir estas relaciones lógicas y cronológicas entre las diversas etapas de la aplicación de la redención.[19] Algunos han cuestionado si es adecuado intentar siquiera una cosa así, ya que sostienen que la Biblia no nos provee un *ordo salutis* detallado. Sin embargo, existe una base bíblica relevante para reconocer un orden de salvación (p. ej. Jn. 1:12-13; Ro. 8:29-30). Sugerir que la glorificación es otra cosa que el último paso en la aplicación de la redención, o que la fe es dada con posterioridad a la justificación, sería violar el sentido simple de varios pasajes (glorificación: Ro. 8:23; Fil. 3:20-21; justificación: Ro. 3:28; 5:1). Por tanto, hablar de orden lógico o de prioridad no es endilgarle al texto de las Escrituras la "lógica humana" de una forma poco natural, sino leer el texto de la lógica divina y el orden que el Espíritu de Dios mismo ha revelado sencillamente. Este es el objetivo del *ordo salutis* bíblico.

El ordo salutis *y Romanos 8:29-30*

El texto más claro que habla del orden de la salvación es Romanos 8:29-30. Allí, Pablo escribe: "Porque a los que antes conoció, también los predestinó para que fuesen hechos conformes a la imagen de su Hijo, para que él sea el primogénito entre muchos hermanos. Y a los que predestinó, a estos también llamó; y a los que llamó, a estos también justificó; y a los que justificó, a estos también glorificó". A medida que examinemos este texto, descubriremos los principios del *ordo salutis*.

En primer lugar, aunque el conocimiento previo y la predestinación no pertenecen a la aplicación de la redención, encajan, no obstante, de manera natural en un orden definido. Incluso el prefijo de ambas palabras (gr. *pro*) habla de que el conocimiento previo y la predestinación son antecedentes de los últimos aspectos de la redención (cf. Ef. 1:4-5; 1 P. 1:20). Por tanto, el consejo eterno de la Trinidad,

---

19 Es importante reconocer esta distinción entre el orden lógico y el cronológico. Ciertas bendiciones son otorgadas simultáneamente (p. ej., regeneración y fe), mientras que mantienen un orden definido de causa y efecto entre las dos (p. ej., la regeneración es la causa, no la consecuencia, de la fe).

en la que el Padre establece su amor electivo en aquellos a quienes pretende salvar, ancla toda la actividad salvadora que tiene lugar en la realización y la aplicación de la redención.

En segundo lugar, Pablo menciona la glorificación en el último lugar de esta secuencia. Ya hemos visto que la glorificación es el rasgo final en la aplicación de la redención, ya que describe la erradicación del pecado y de la enfermedad de nuestro cuerpo actual, y nos salva de una manera verdadera y consumada del pecado y de todos sus efectos (Ro. 8:19-25; 1 Co. 15:50-57; Fil. 3:20-21). Por consiguiente, independientemente de cómo se relacionen entre sí otros elementos de la salvación, es seguro que la glorificación debe ser la última en el *ordo salutis*. El llamamiento y la justificación deben preceder a la glorificación.

¿Cuál es, pues, la relación entre el llamamiento y la justificación? En primer lugar, se debe observar que el llamado que Pablo tenía en mente aquí es el llamado eficaz de Dios, que resulta en la salvación (p. ej., 1 Co. 1:9, 24, 26; 2 Ti. 1:9; 2 P. 1:3, 10; cf. Jn. 11:43-44), y no en un llamado general que pueda ser rechazado (p. ej., Mt. 22:14; Hch. 7:51). Esto es así, porque él afirma que todos aquellos que son así llamados, también son justificados y glorificados (Ro. 8:30). Nadie que escuche este llamado deja de recibir las bendiciones salvadoras de la justificación y de la glorificación. En segundo lugar, dado que Pablo pone el conocimiento previo y la predestinación en primer lugar, y la glorificación en el último, tenemos motivos para concluir que tiene un orden definido en mente cuando enumera estos diversos aspectos de la salvación. Por tanto, porque menciona el llamado antes de la justificación, es adecuado entender que el llamamiento precede a la justificación. Por consiguiente, el orden de la aplicación de la redención, tal como se presenta en Romanos 8:30, es el llamado eficaz, la justificación y después la glorificación.

El ordo salutis *y otros textos del Nuevo Testamento*

Romanos 8:29-30 no trata exhaustivamente cada aspecto de la aplicación de la redención. No hay mención alguna a la regeneración, la fe o la santificación, entre otros beneficios de la salvación. Para entender dónde encajan estas otras doctrinas en el orden de la salvación, debemos examinar el resto del Nuevo Testamento.

En primer lugar, puede resultar más fácil situar el don de la fe en el orden de la salvación, ya que las Escrituras son claras en que esta es la condición para la justificación. Se dice que los pecadores son justificados "por fe" (Ro. 3:28; 5:1; Gá. 3:24), "mediante la fe" (Gá. 2:16, LBLA), y "por la fe" (Fil. 3:9). Un pecador no será declarado justo a los ojos de Dios, a menos que crea; y solo por medio de la instrumentalidad de la fe puede tomar posesión de la justicia de Dios en Cristo. Por tanto, es adecuado situar la fe antes de la justificación y, porque la fe es la causa instrumental de la justificación, nada debería interponerse entre ellas. Por consiguiente, podemos añadir la fe a nuestro *ordo salutis* como sigue: el llamamiento eficaz, la fe, la justificación y, después, la glorificación.

Además, debemos considerar también que la fe salvadora es siempre una fe penitente, porque la fe que acude a Cristo para salvación se aparta necesariamente del pecado y de la autojusticia (Hch. 26:17-18; 1 Ts. 1:9). Por esta razón, el evangelio se predica como un llamado tanto a arrepentirse como a creer (Mr. 1:14-15; Hch. 20:21), porque el uno no puede existir sin el otro. El arrepentimiento es tan vital para la fe salvadora que el apóstol Santiago declara que separarlos es matar la fe, porque esta sin obras (es decir, "frutos dignos de arrepentimiento", Lc. 3:8) está muerta (Stg. 2:17, 26). Una fe así no es verdadera ni salvadora, sino del todo inútil (Stg. 2:20). El arrepentimiento que salva es el arrepentimiento que cree, y la fe que salva es la fe del penitente (cf. Mt. 4:17; Lc. 24:47; Jn. 3:16; 20:31). Así, el arrepentimiento y la fe son dos caras de la misma moneda, y juntas constituyen la conversión (cf. Hch. 15:3). Y al tener que apartarse lógicamente *de* algo, antes de poder acudir *a* otra cosa, el arrepentimiento va colocado antes de la fe. Por tanto, nuestro orden queda como sigue: el llamado eficaz, la conversión (el arrepentimiento y la fe), la justificación y, después, la glorificación.

Un desacuerdo relevante rodea la relación entre la regeneración y la fe, aunque las Escrituras parecen presentar claramente la fe como consecuencia del nuevo nacimiento. En primer lugar, al estar el hombre natural muerto en pecado (Ef. 2:1-3) y, por tanto, ser incapaz de entender y aceptar las cosas del Espíritu de Dios (1 Co. 2:14), es absolutamente incapaz de tener fe hasta que el Espíritu dinamiza la vida espiritual en él (Jn. 6:65). En segundo lugar, Jesús declara que el nuevo nacimiento es el prerrequisito para ver (Jn. 3:3) y entrar (Jn. 3:5) en el reino de Dios. Sin duda, ver el reino es una figura retórica para ejercer la fe salvadora (cf. He. 11:1), y no se puede rebatir que se entra al reino en la conversión (es decir, cuando el pecador se arrepiente y cree en el evangelio). Resulta, pues, que el nuevo nacimiento es lógicamente anterior a la fe. En tercer lugar, el apóstol Juan declara: "Todo aquel que cree que Jesús es el Cristo, es nacido de Dios" (1 Jn. 5:1). En este versículo, los tiempos verbales son significativos. Así, Juan asevera que todos los que ahora creen en Jesús *han sido* nacidos de Dios. La misma relación (como se evidencia en las construcciones gramaticales idénticas) existe entre el nuevo nacimiento y la práctica de la justicia (1 Jn. 2:29), el amor (1 Jn. 4:7) y vencer al mundo (1 Jn. 5:4). Sin embargo, ninguno de estos precede —y menos aún causa— la regeneración. Finalmente, existe una buena razón para creer que el llamamiento y la regeneración hablan de dos aspectos de la misma realidad, a saber, el llamado a la vida espiritual, por una parte, y la impartición de la vida espiritual, por la otra.[20] Si el llamamiento y la regeneración

---

20 En 2 Corintios 4:6, Pablo compara la creación del mundo por la palabra de Dios (cf. Gn. 1:3; Sal. 33:6) a la regeneración del pecador mediante la palabra de Dios (cf. Stg. 1:18; 1 P. 1:23, 25). Cuando se habla de la creación del mundo, no distinguimos el mandamiento de Dios de crear de su acto de creación. Él hizo existir el universo literalmente por su palabra. Deberíamos adoptar el mismo acercamiento a la creación de la vida espiritual en el pecador. El mismo llamamiento crea la vida que ordena. Así, el llamado eficaz debería identificarse con la regeneración. Para una excelente defensa de esta opinión, véase el apéndice 3 de Matthew Barrett, *Reclaiming Monergism: The Case for Sovereign Grace in Effectual Calling and Regeneration* (Phillipsburg, NJ: P&R, 2013).

pueden identificarse, pues, entre sí, es comprensible que, cuando Pablo habla de llamado en Romanos 8:30, no necesite incluir la regeneración, porque los concibe como un solo y mismo acto. Dado que ya se ha demostrado que la fe es posterior al llamamiento, es lógico concluir que, aunque son temporalmente simultáneos, la regeneración lógicamente precede y engendra la fe. Por consiguiente, podemos seguir construyendo nuestro *ordo salutis*: llamado eficaz/regeneración, conversión (arrepentimiento y fe), justificación y, después, glorificación.

A estas alturas, los aspectos restantes de la aplicación de la redención son relativamente fáciles de situar. Como con la justificación, se dice que los creyentes toman posesión de la gracia de la adopción por fe (Jn. 1:12; Gá. 3:26). Esta es una buena causa para considerar la justificación y la adopción como bendiciones contemporáneas. Sin embargo, es adecuado que la adopción siga lógicamente a la justificación. De hecho, los creyentes no podrían recibir en justicia los derechos legales de la vida en la familia de Dios mientras permanecieran destituidos del estatus correcto ante Él. Dios debe declararnos justos primero, antes de acogernos en la familia de Aquel "cuyo nombre es Santo" (Is. 57:15). Además, la fe por la cual nos apropiamos de la justificación y de la adopción es una fe que obra continuamente por medio del amor (Gá. 5:6). Aunque la regeneración, la conversión, la justificación y la adopción ocurren, todas ellas, de manera instantánea, la santificación es un proceso progresivo que tiene lugar a lo largo de la vida cristiana (2 Co. 3:18). Por tanto, la santificación es posterior a la adopción, pero anterior a la glorificación. El proceso de la santificación está marcado por la perseverancia del creyente en la fe (Mt. 24:13) y su crecimiento en la seguridad de la salvación (2 P. 1:10; 1 Jn. 5:13).

Por tanto, basándonos en el análisis bíblico anterior, descubrimos que las Escrituras proporcionan el siguiente *ordo salutis*:

1. Conocimiento previo/predestinación/elección (Dios escoge a algunos para salvación)
2. Llamamiento eficaz/regeneración (nuevo nacimiento)
3. Conversión (arrepentimiento y fe)
4. Justificación (declaración de un estatus legal correcto)
5. Adopción (situados en la familia de Dios)
6. Santificación (crecimiento progresivo en santidad)
7. Perseverancia (permanecer en Cristo)
8. Glorificación (recibir un cuerpo de resurrección)

Ahora pasamos a una explicación más concienzuda de estas doctrinas respecto a la aplicación de la redención.

EL LLAMAMIENTO EXTERNO: LA PROCLAMACIÓN DEL EVANGELIO

Cuando Pablo habla de la doctrina del llamamiento divino en Romanos 8:30, tiene en mente el llamado eficaz, o regeneración, por el cual Dios llama, soberanamente, al pecador a salir de la muerte espiritual para entrar en la vida espiritual. De hecho, cuando las Epístolas del Nuevo Testamento hablan del llamamiento divino, en todos los casos se refieren a este llamado interno y eficaz. Sin embargo, los Evangelios hablan de otro llamamiento que se suele denominar llamado externo, llamamiento general o llamamiento del evangelio. Esto alude a la proclamación verbal del mismo, por el cual todos los pecadores son llamados a apartarse de su pecado y confiar en Cristo para salvación (Mt. 22:14).

En otras palabras, existe una distinción entre el llamamiento de Dios (llamado interno) y el llamamiento del predicador (llamado externo). El llamado interno solo es para los elegidos, y siempre conduce al pecador a la salvación. Por el contrario, el llamado externo es para todas las personas sin distinción, y es a menudo rechazado. Por esta causa, el llamado externo no pertenece apropiadamente al *ordo salutis*, porque los beneficios salvíficos de la redención de Cristo se aplican siempre y exclusivamente de manera eficaz a los elegidos. No obstante, por ser el llamado externo del evangelio el medio por el cual Dios emite el llamado eficaz de la regeneración, es un componente necesario en el estudio de la aplicación de la redención.

La necesidad del llamado externo

Romanos 10:13 declara que el llamado externo es básicamente para que el pecador "clame" al Señor pidiendo salvación:

> porque todo aquel que invocare el nombre del Señor, será salvo. ¿Cómo, pues, invocarán a aquel en el cual no han creído? ¿Y cómo creerán en aquel de quien no han oído? ¿Y cómo oirán sin haber quien les predique? ¿Y cómo predicarán si no fueren enviados? Como está escrito: ¡Cuán hermosos son los pies de los que anuncian la paz, de los que anuncian buenas nuevas! Mas no todos obedecieron al evangelio; pues Isaías dice: Señor, ¿quién ha creído a nuestro anuncio? Así que la fe es por el oír, y el oír, por la palabra de Dios (Ro. 10:13-17).

Este texto indica con claridad que proclamar el mensaje del evangelio es absolutamente imperativo para que las personas sean salvas. El pecado ha penetrado hasta el núcleo central del ser humano, de manera que no solo es pecador por elección, sino por naturaleza (cf. Ro. 8:7; 1 Co. 2:14; Ef. 2:3; 4:17-18). La revelación que Dios hizo de sí mismo en el mundo natural (Ro. 1:19-20) es suficiente para que todos sean inexcusablemente culpables ante Dios, y para convencer a los hombres de su pecaminosidad y del juicio venidero, tanto temporal (1:21-31) como eterno (1:32). La solución para la condición espiritual condenatoria de la humanidad no se encuentra en la revelación natural ni en que el pecador mire dentro de sí mismo ni a sus propios recursos. Para que la salvación llegue a alguien, el mensaje del evangelio respecto a la vida, la muerte, la sepultura y la resurrección del Hijo de Dios, enviado desde el cielo para salvar a los pecadores por gracia, por medio de la fe al margen de las obras, debe serles proclamado. La palabra de verdad es el medio por el cual Dios produce el nuevo nacimiento (Stg. 1:18; 1 P. 1:23, 25). Por esta razón, se aclama al evangelio como "el poder de Dios para salvación" (Ro. 1:16-17). Dios se complace en salvar a aquellos que creen por la locura del mensaje predicado (1 Co. 1:18-21). Por consiguiente, debemos enviar predicadores del evangelio.

Los elementos del llamamiento externo

A la luz de que el llamamiento externo del evangelio es esencial para la salvación, es imperativo que comprendamos lo que constituye ese llamamiento. Al menos tres elementos deben comunicarse en la proclamación del evangelio. En primer lugar, el predicador del evangelio debe explicar los hechos de la santidad de Dios, de la pecaminosidad del hombre y de la obra de Cristo en la realización de la redención. Dios es el Creador de todas las cosas (Sal. 24:1) y, como su criatura, el hombre tiene que rendirle cuentas a Dios, su Juez. Él es perfectamente santo (Mt. 5:48); es la esencia de todo lo bueno, tanto que no puede tener comunión alguna con nadie que no llegue a la perfección moral (1 Jn. 1:5; cf. Stg. 2:10). Aun así, las Escrituras declaran que todas las personas han pecado contra Dios al quebrantar su ley y, por tanto, no alcanzan el nivel perfecto de justicia requerido para tener comunión con Él (Ro. 3:23). El veredicto pronunciado sobre la totalidad de la humanidad es: "No hay justo, ni aún uno" (Ro. 3:10), y la sentencia resultante es la muerte: "Porque la paga del pecado es muerte" (Ro. 6:23). El pecado contra un Dios infinitamente santo exige un castigo infinito; por tanto, esta muerte no es meramente física o temporal, sino también espiritual y eternal. El justo castigo para todo pecado es el infierno: el tormento consciente por siempre, lejos de la presencia salvadora del Señor (Mt. 13:50; 25:46; 2 Ts. 1:9; Ap. 14:11).

En este estado miserable de cosas, Dios da un paso adelante en su gracia soberana. Aunque el hombre estaba indefenso bajo el peso del pecado, sin manera de pagar su pena y escapar a sus resultados (Ro. 5:6), Dios Hijo se hizo hombre para vivir la vida perfectamente justa que los hijos de Adán no han sido capaces de vivir, para morir una muerte sustitutiva en lugar de su pueblo (Ro. 5:6, 8) y absorber en su propia persona la pena completa de la ira del Padre contra el pecado de ellos (Is. 53:6; 2 Co. 5:21; 1 P. 2:24). Después de morir en lugar de los pecadores, fue sepultado, y al tercer día resucitó de entre los muertos triunfando sobre la muerte y el pecado (Ro. 4:25; 1 Co. 15:4; He. 2:14-18), y ascendió a la diestra del Padre en el cielo (Ef. 1:20-23). A menos que un predicador explique con precisión la difícil situación del hombre en el pecado y la encarnación, la expiación sustitutiva y la resurrección de Cristo, el evangelio no ha sido predicado.

Aunque creer estos hechos del evangelio es absolutamente esencial para la salvación, esto no es suficiente; de hecho, incluso los demonios creen los hechos verdaderos de Dios y su evangelio (Stg. 2:19). Para que un pecador tenga un interés salvador en Cristo, debe responder a estos hechos apartándose del pecado y confiando en Cristo para justicia. Por tanto, un segundo elemento fundamental del llamamiento externo es el llamamiento más formal del predicador para que el pecador se arrepienta y crea (Mr. 1:14-15; Hch. 20:21; cf. 1 Ts. 1:9). Es decir, la presentación bíblica del evangelio llama a los pecadores a (1) reconocer su pecado y culpa delante de Dios (Lc. 15:18), (2) abandonar toda esperanza de alcanzar el perdón mediante buenas obras (He. 6:1), (3) renunciar a su vida gobernada por el pecado y el "yo" (Is. 55:7; Lc. 9:23) y (4) depositar toda su confianza en la justicia de Cristo solamente para ser aceptado por Dios y reconciliado con Él (Ro. 10:4, 9; Fil. 3:4-9). Solo por la fe y el arrepentimiento puede el pecador tomar posesión de los beneficios objetivamente comprados por Cristo. Además, este llamado al arrepentimiento y a creer debe transmitirse con mayor urgencia. Los predicadores no deben presentar a Cristo al pecador de un modo frío y desinteresado; más bien, impulsados por el temor del Señor (2 Co. 5:11), tienen que persuadir a los hombres e implorarles con empeño: "Reconciliaos con Dios" (2 Co. 5:20).

Un tercer elemento necesario del llamamiento externo es la promesa del perdón de los pecados y de la vida eterna. Cuando llamamos a los pecadores al arrepentimiento y la fe, debemos presentarles las incomparables bendiciones prometidas a quienes son obedientes al llamado del evangelio (Jn. 3:16; Hch. 2:38; 3:19; 13:38-39). En última instancia, la mayor promesa del evangelio es que los pecadores, una vez alejados de Dios, pueden ser reconciliados en una relación correcta con Él (Ef. 2:18; 1 P. 3:18), incluso convertirse en hijos de Dios (Jn. 1:12). Por tanto, una presentación del evangelio centrada en Dios no solo proclamará las magníficentes promesas de perdón y de vida eterna, sino que también declarará que la vida eterna consiste en el conocimiento del trino Dios y en la comunión con Él (Jn. 17:3), y lo presentará a Él, el Dador, como el mayor regalo del evangelio.

Las características del llamamiento externo

El llamamiento externo a la salvación, tal como se presenta en el evangelio, está marcado por varias características claves. En primer lugar, es un llamamiento general o universal. Es decir, las buenas nuevas del arrepentimiento y la fe para el perdón de los pecados deben proclamarse a todas las personas sin distinción. Mientras que el llamamiento interno a la regeneración solo se dirige a los elegidos, el llamado externo del evangelio se debe predicar de manera indiscriminada a elegidos y reprobados por igual. Dios se representa a sí mismo con el deseo ferviente de que los impíos se arrepientan (Ez. 18:23, 32; 33:11; cf. 2 Co. 5:20) y, conforme a ese deseo, llama desbordante de entusiasmo a todas las personas (Is. 55:1, 3). Les ruega a los pecadores que lo busquen, y está ansioso por tener compasión de ellos y perdonarlos (Is. 55:6-7). Él ordena, sin discriminación, que "todos los términos de la tierra" acudan a Él y sean salvos (Is. 45:22). El Señor Jesús predicaba el evangelio incluso a aquellos que lo rechazaban (Mt. 22:2-14; Lc. 14:16-24) e invitaba a todos los cansados a hallar descanso en Él (Mt. 11:28-30). Esta universalidad está representada en la Gran Comisión de la iglesia de hacer "discípulos de todas las naciones" (Mt. 28:19; cf. Lc. 24:47) y a predicar "el evangelio a toda criatura" (Mr. 16:15). Por tanto, no es de sorprender verlo modelado en la predicación apostólica, cuando Pablo declaró a los filósofos del Areópago que Dios "manda a todos los hombres en todo lugar, que se arrepientan" (Hch. 17:30). En realidad, la universalidad del evangelio no puede negarse.

Una segunda característica del llamamiento externo es que es un ofrecimiento sincero, *bona fide*. Algunos objetan que porque Dios solo pretende salvar a aquellos a quienes ha elegido, para concederles arrepentimiento y fe, el llamamiento universal del evangelio no puede ser genuino por parte de Dios. Esto es ni más ni menos que una acusación blasfema de quienes han exaltado su propio razonamiento por encima de la revelación de Dios, quien llama de verdad a todos al arrepentimiento y se representa a sí mismo con el deseo sincero de que los impíos se arrepientan (Ez. 18:23; cf. 18:32; 33:11). ¿Puede alguien dudar de la sinceridad del Dios que exclama: "¡Oh si me hubiera oído mi pueblo, si en mis caminos hubiera andado Israel!"? (Sal. 81:13; cf. Ro. 10:21). Aunque pueda resultar difícil entender cómo se pueden reconciliar las declaraciones de compasión hacia los no elegidos con las doctrinas de la elección soberana y la redención particular, ¡no es una opción concluir que Dios no quiere decir lo que afirma![21] El Dios que "de quien quiere, tiene misericordia" y "al que quiere endurecer, endurece" (Ro. 9:18) es el Dios que no se complace en la muerte de los impíos. Razonar que lo primero es incompatible con lo segundo no es una opción para el cristiano que cree en la Biblia.

El ofrecimiento de la salvación, comunicado en el llamamiento externo del evangelio, está condicionado al arrepentimiento y la fe. Para que sea un ofrecimiento genuino y bien intencionado por parte de Dios, solo tiene que estar sinceramente dispuesto a proveer las bendiciones prometidas una vez satisfechas las condiciones del ofrecimiento. Y este es precisamente el caso; si alguno se arrepiente y confía en Cristo, Dios lo *perdonará* y lo salvará. Sin embargo, tal arrepentimiento y fe son imposibles para el hombre natural (Ro. 8:7-8; 1 Co. 2:14). Aparte de la gracia regeneradora, ningún hombre se arrepentirá jamás ni creerá. Así, en el caso de los no elegidos, las condiciones del ofrecimiento no se satisfarán nunca. Sugerir que el ofrecimiento de Dios no es sincero —en realidad, ¡que finge sinceridad!—, porque no proporciona la gracia necesaria para vencer la depravación del hombre, es suponer que Dios está obligado a tener gracia para con todos. A este tipo

---

21 Como comenta Berkhof: "El llamamiento externo es un llamamiento de buena fe, un llamamiento hecho con seriedad. No se nos da la invitación con la esperanza de que no la aceptaremos. Cuando Dios llama al pecador para que acepte a Cristo por la fe, ardientemente lo desea; y cuando promete la vida eterna a los que se arrepienten y creen, su promesa es confiable. Esto se deduce de la naturaleza íntima de Dios, de su veracidad. Es una blasfemia pensar que Dios fuera culpable de equivocación y de engaño, que diría una cosa dando a entender otra, que ardientemente suplicara que el pecador se arrepienta y crea para salvación, y al mismo tiempo no lo deseara en ningún sentido de la palabra". Berkhof, *Teología sistemática*, 551.

de noción, el Señor mismo responde: "¿No me es lícito hacer lo que quiero con lo mío? ¿O tienes tú envidia, porque yo soy bueno?" (Mt. 20:15). El alfarero tiene potestad sobre el barro "para hacer de la misma masa un vaso para honra y otro para deshonra" (Ro. 9:21). Dios no está obligado a dar gracia a ningún hombre, y menos aún a todos ellos. La deficiencia en el llamado del evangelio radica en la depravación del hombre y no en una supuesta parquedad en la gracia de Dios. Sugerir semejante cosa es similar a las más altas tendencias de la blasfemia.

Finalmente, una tercera característica del llamamiento externo es que en y por sí mismo no es eficaz. A diferencia del llamamiento eficaz, el llamamiento externo puede ser resistido. Jesús hace esta distinción en su conclusión de la parábola del banquete de boda: "Porque muchos son llamados, y pocos escogidos" (Mt. 22:14). Es decir, muchos están invitados a participar del banquete de las bendiciones de vida eterna, pero como el Padre solo ha escogido a unos cuantos y no a todos, pocos son llamados con eficacia. Por tanto, muchos de los invitados rechazan el llamado externo. Cualquier caso en el que se predica y se rechaza el evangelio es la prueba de la ineficacia del llamamiento externo (p. ej., Jn. 3:18; 6:64; 12:37; Hch. 7:51; 17:32). Por esta misma razón, el llamamiento externo es insuficiente para la salvación.

EL LLAMAMIENTO INTERNO: LA REGENERACIÓN

Por las deficiencias del llamamiento externo, los pecadores necesitan un llamamiento soberanamente eficaz, inherentemente poderoso para vencer los efectos de la depravación y que pueda llevarlos al arrepentimiento y a la fe salvadora. En su estado natural, el hombre es un cadáver espiritual (Ef. 2:1), del todo insensible a la verdad espiritual proclamada en el evangelio. Por esta razón, el hombre natural siempre rechazará el evangelio, porque las cosas del Espíritu de Dios "para él son locura, y no las puede entender, porque se han de discernir espiritualmente" (1 Co. 2:14). Las Escrituras dicen que el hombre está espiritualmente ciego, y así no ve la gloria de Cristo en el evangelio (2 Co. 4:4; cf. Ro. 1:21-22; Ef. 4:17-18). También está espiritualmente sordo; no puede percibir la verdad anunciada en el evangelio de la gracia (Is. 6:9-10; Mt. 13:15; Jn. 8:43). Aún más, la voluntad y los afectos del hombre están totalmente desordenados por el pecado (Jer. 17:9), porque su corazón es de piedra (Ez. 11:19; 36:26), frío y no responde al significado y la gloria de la verdad divinamente revelada.

"Pero Dios, que es rico en misericordia, por su gran amor con que nos amó, aun estando nosotros muertos en pecados, *nos dio vida* juntamente con Cristo" (Ef. 2:4-5). En el ejercicio de su placer soberano, Dios emitió un llamamiento eficaz en el corazón de los elegidos. Él invita poderosamente al pecador a salir de su muerte y su ceguera espirituales y, en virtud del poder creador de su palabra, le imparte una nueva vida espiritual, dándole un nuevo corazón junto con ojos para ver y oídos para oír, y así lo capacita para arrepentirse y creer en Cristo para salvación (Ro. 8:30; 1 Co. 1:24; 2 Ti 1:9; 1 P. 5:10; 2 P. 1:3). Él llama de forma eficaz a su pueblo "de las tinieblas" y "a su luz admirable" (1 P. 2:9), para "cuantos el Señor… llamare" (Hch. 2:39), "a la comunión con su Hijo" (1 Co. 1:9), para que pertenezcan a Cristo (Ro. 1:6), y "a su reino y gloria" (1 Ts. 2:12). Este es el milagro divino de la regeneración, o el nuevo nacimiento.

El autor de la regeneración

El autor de este cambio radical en la naturaleza del hombre no puede ser el mismo hombre, sino más bien el Creador de toda vida, incluida la vida eterna: solo Dios. A diferencia de otros aspectos de la aplicación de la redención, en la regeneración el hombre es enteramente pasivo; Dios es el único agente activo que produce el milagro creativo del nuevo nacimiento.

Es relevante que las Escrituras usen el simbolismo de nacer de nuevo para describir esta obra de regeneración (Jn. 3:3-8; 1 P. 1:3, 23; 1 Jn. 3:9). En la esfera física, un niño no contribuye en nada a su concepción ni a su nacimiento. Depende por completo de la voluntad de sus padres para venir al mundo. De la misma manera, Jesús elige esta analogía para enseñar que los pecadores muertos y depravados no pueden contribuir a su renacimiento a la vida espiritual, sino que dependen completamente de la voluntad soberana de Dios para la regeneración. Jesús declara: "De cierto, de cierto te digo, que el que no naciere de nuevo, no puede ver el reino de Dios" (Jn. 3:3). El pecado ha infectado y corrompido tanto a la humanidad, que se requiere nada más y nada menos que la renovación total del alma para la salvación. Cuando Nicodemo pregunta cómo puede ocurrir esto, Jesús no le proporciona una lista de deberes religiosos con los que poder colaborar con la gracia de Dios. En su lugar, apunta a la voluntad soberana de Dios y declara: "El viento sopla de donde quiere" (Jn. 3:8). Como observa John Murray, "El viento no está a nuestra disposición, y tampoco lo está la operación regeneradora del Espíritu".[22] La humanidad pecaminosa no puede inducir este nuevo nacimiento.

Aparte del simbolismo del nuevo nacimiento, las Escrituras afirman de forma explícita que la regeneración es un acto exclusivo de Dios. El apóstol Juan declara que los hijos de Dios nacidos en regeneración "no son engendrados de sangre, ni de voluntad de carne, ni de voluntad de varón, sino de Dios" (Jn. 1:13). Esta verdad impide que el esfuerzo humano tenga algo que ver en la regeneración. Ninguna herencia o linaje ancestral, ninguna religión o sistema sacramental creados por el hombre, ni siquiera la decisión de la voluntad del hombre pueden producir la regeneración. Los hijos de Dios son nacidos *de Dios*. Lejos de depender de la voluntad del hombre, los pecadores son dados a luz en la vida espiritual por el ejercicio de la voluntad *de Dios* (Stg. 1:18). Aunque el hombre estaba muerto en sus pecados, totalmente indefenso para traerse él mismo a la vida, "Dios… nos dio vida juntamente con Cristo" (Ef. 2:4-5; cf. Col. 2:13). Según la gran misericordia del Padre, "nos hizo renacer" (1 P. 1:3).

22 Murray, *La redención consumada y aplicada*, 100.

La obra monergista[23] de Dios en la regeneración está inequívocamente exhibida en Ezequiel 36:25-27, en donde Dios promete un día cuando llevará la regeneración a su pueblo, eliminando sus corazones de piedra y dándoles un corazón de carne. En solo tres versículos, Dios usa el tiempo futuro seis veces, e insiste que este trasplante espiritual de corazón es por completo obra suya. En el siguiente capítulo, Dios ilustra su propia soberanía y la impotencia del hombre mediante la descripción de la regeneración futura de Israel usando la imagen de insuflar vida a un valle lleno de huesos secos (Ez. 37:1-11). El hombre natural tiene la misma incapacidad de darse vida él mismo como una pila de huesos muertos y secos. Dios declara a continuación: "He aquí yo *abro* vuestros sepulcros, pueblo mío, y os haré subir de vuestras sepulturas… Y *pondré* mi Espíritu en vosotros, y viviréis" (Ez. 37:12, 14).

Estos pasajes en Ezequiel apuntan al papel del Espíritu Santo en la regeneración. Muchos textos mencionan de manera explícita a la persona del Padre como el agente de la regeneración (Stg. 1:17-18; 1 P. 1:3; cf. Ro. 8:30; 1 Co. 1:9). Sin embargo, las Escrituras también indican que el Espíritu Santo participa en esta obra. Jesús señala que nacer de nuevo es ser "nacido del Espíritu" (Jn. 3:5, 6, 8; cf. 6:63). El apóstol Pablo declara que Cristo nos salva mediante "el lavamiento de la regeneración y por la renovación en el Espíritu Santo" (Tit. 3:5). Podemos concluir, por tanto, que aunque el Padre es el agente supremo de la regeneración y nos invita a pasar de la muerte a la vida, el Espíritu Santo es la causa eficaz de la regeneración, que lleva a cabo la voluntad del Padre al darnos vida espiritual.

La naturaleza de la regeneración

El término griego para "regeneración" (gr. *palingenesía*) solo aparece dos veces en el Nuevo Testamento. En Mateo 19:28, Jesús usa la palabra para referirse a la renovación de la creación que comenzará en el reino milenial, y llegará a la consumación en los nuevos cielos y la nueva tierra. En Tito 3:5, Pablo dice: "Nos salvó, no por obras de justicia que nosotros hubiéramos hecho, sino por su misericordia, por el lavamiento de la regeneración y por la renovación en el Espíritu Santo". Aquí,

---

23 *Monergismo* es una palabra derivada del griego *monos* que significa "uno", y *ergos*, que significa "obra". Habla de que hay un agente en funcionamiento. Los teólogos han empleado este término para describir la visión de la regeneración sobre la que se argumenta aquí, que Dios es el único agente obrando en la regeneración, mientras que el hombre es totalmente pasivo. Por otra parte, el *sinergismo* habla de "trabajar juntos", y describe una visión de la regeneración en la que el hombre colabora con Dios. John Miley, teólogo wesleyano y sinergista, escribió: "La regeneración no es una obra absoluta del Espíritu… Existen prerrequisitos que no pueden satisfacerse sin nuestra propia mediación libre. Debe haber una ferviente vuelta del alma a Dios, un profundo arrepentimiento por el pecado y una verdadera fe en Cristo. Tales son los requisitos de nuestra propia intermediación. No hay regeneración para nosotros sin ellos". *Systematic Theology* (Nueva York: Hunt & Eaton, 1892), 2:336. Una enseñanza así contradice por completo el énfasis sobre la actividad de Dios y la impotencia del hombre respecto a la regeneración. Para una defensa magistral de la regeneración monergista, véase Matthew Barrett, *Salvation by Grace: The Case for Effectual Calling and Regeneration* (Phillipsburg, NJ: P&R, 2013).

aprendemos que la regeneración se caracteriza tanto por el lavamiento como por la renovación. Estos conceptos también están presentes en Juan 3:5, donde Jesús afirma que el nuevo nacimiento consiste en "nac[er] de agua y del Espíritu", una referencia a Ezequiel 36:25-26, que describe metafóricamente la regeneración como ser rociado con agua limpia y recibir un nuevo corazón. Entonces, la regeneración habla de una purificación del pecado y de una creación de la vida espiritual. Es una renovación purificadora.

Esta impartición divina de vida espiritual es una recreación fundamental de la totalidad de la persona. Pablo explica con claridad: "De modo que si alguno está en Cristo, nueva criatura es; las cosas viejas pasaron; he aquí todas son hechas nuevas" (2 Co. 5:17). No es meramente el espíritu o el alma del pecador que es una nueva creación, sino que él mismo, la totalidad de su persona, es una nueva creación. Así como la depravación del hombre es total —es decir, así como el pecado ha impregnado tanto la naturaleza del hombre como para no dejar parte alguna en él sin tocar por la corrupción del pecado—, así también la regeneración alcanza la totalidad del hombre. El Espíritu Santo abre los ojos ciegos de la mente (Hch. 26:18; 2 Co. 4:4, 6; Ef. 1:18), reemplaza, por así decirlo, la mente de la carne por la del Espíritu (Ro. 8:5-9) —en realidad, con la mente de Cristo mismo (1 Co. 2:16)—, de manera que el hombre regenerado comprende todas las cosas que una vez no pudo entender (1 Co. 2:15; cf. 1 Jn. 2:20, 27). El Espíritu quita el corazón de piedra del pecador e implanta en él un corazón de carne capaz de percibir y amar la verdad espiritual (Ez. 11:19; 36:26; cf. Dt. 30:6). Los afectos son, pues, renovados a semejanza de Cristo, de manera que el nuevo hombre odia el pecado (Mt. 5:4), ama la justicia (Mt. 5:6; Jn. 3:21), tiene sed del Dios a quien una vez aborreció (Sal. 27:4; 42:1-2), ama y se regocija en Cristo a quien una vez consideró una locura (1 P. 1:8; cf. 2 Co. 5:16). Con renovados afectos, la voluntad del pecador está finalmente liberada de la esclavitud del pecado para ser libre en la justicia. Ahora quiere lo que Dios quiere (Sal. 40:8), porque el Espíritu de Dios está produciendo dentro de él "así el querer como el hacer, por su buena voluntad" (Fil. 2:13; cf. Ez. 36:27). La mente, el corazón y la voluntad del hombre, una vez sujetos al pecado y a la muerte espiritual, son ahora renovados para vida. El pecador regenerado es verdaderamente un "nuevo hombre, creado según Dios en la justicia y santidad de la verdad" (Ef. 4:24).

Quizá la ilustración más vívida de la regeneración viene de 2 Corintios 4. En este pasaje, Pablo describe el estado del hombre natural cuando declara: "El dios de este siglo cegó el entendimiento de los incrédulos, para que no les resplandezca la luz del evangelio de la gloria de Cristo, el cual es la imagen de Dios" (2 Co. 4:4). Estar espiritualmente muertos (cf. Ef. 2:1) es estar desprovistos de la vida espiritual que les permita ver el verdadero valor de la gloria de Cristo revelada en el evangelio. La esencia de la muerte espiritual es la ceguera espiritual. La percepción espiritual del hombre está tan desordenada por el pecado que no tiene gusto por lo que es objetivamente deleitable (es decir, el evangelio de la gloria de Cristo), pero está infatuado por lo que es objetivamente repulsivo y repugnante (es decir, el pecado y la gloria del "yo"). El hombre no regenerado persigue lo que es inútil, porque está ciego a su perjuicio y rechaza lo que es más precioso, porque está ciego a su valor. Así, cuando la belleza objetiva de Cristo se presenta en el mensaje del evangelio, el hombre no regenerado no ve gloria en él y, por tanto, abandonado a sí mismo, todas y cada una de las veces escogerá rechazar el evangelio.

¿Cuál es, pues, el remedio para tan miserable condición? No hay esperanza en la voluntad esclavizada del hombre, sino solo en la gracia soberana y el poder dador de vida de Dios. Pablo responde que el remedio para la ceguera espiritual del hombre es la regeneración monergista: "Porque Dios, que mandó que de las tinieblas resplandeciese la luz, es el que resplandeció en nuestros corazones, para iluminación del conocimiento de la gloria de Dios en la faz de Jesucristo" (2 Co. 4:6). Pablo compara la regeneración a la creación original de Dios del mundo. En el principio, Dios habló y el universo fue creado de la nada (Sal. 33:6; 148:5): "Y *dijo* Dios: Sea la luz; y fue la luz" (Gn. 1:3), instantáneamente "llam[ando] las cosas que no son, como si fueran" (Ro. 4:17, LBLA). En la regeneración, Dios pronuncia el mandamiento en los corazones oscurecidos y muertos —"Sea la luz"— y nace instantáneamente en nosotros la luz de la vida espiritual eterna donde no existía.[24] Dios hace brillar la luz de la vida en el corazón ciego. Nos proporciona nuevos ojos espirituales para que veamos finalmente el pecado tal como es —en toda su fealdad objetiva—, y así ver finalmente a Cristo como quien es, en toda su hermosura y su gloria objetivas. Y cuando los pecadores tienen por fin ojos espirituales que funcionan y la luz necesaria para ver las cosas como son en realidad, se apartan con asco de la suciedad del pecado (arrepentimiento) y aceptan con avidez al Cristo cuya gloria pueden ver al fin (fe).

Por esta razón, los teólogos hablan de la gracia regeneradora de Dios como irresistible.[25] No es que uno no pueda resistirse nunca a la gracia de Dios (Hch. 7:51); más bien, en la irresistible gracia de la regeneración, Dios vence la resistencia natural del hombre al evangelio, iluminando su corazón y abriendo sus ojos a la gloria de Jesús. La gracia irresistible no significa, pues, que el hombre esté coaccionado o forzado al arrepentimiento y la fe; no se violenta su voluntad. En su lugar, esta gracia *libera* la voluntad del hombre; abre nuestros ojos para que podamos comparar con precisión la gloria del pecado con la gloria de Cristo. Es imposible que alguien, con la vista espiritual restaurada por medio de la regeneración, pudiera ver el pecado y a Cristo, uno al lado del otro, y no apartarse del pecado y aceptar

---

24 Así, el llamado eficaz de la regeneración crea la misma vida que ordena. John Murray explica: "El llamado está investido con la eficacia por la cual somos enviados hacia el destino previsto: somos guiados efectivamente a la comunión con Cristo. Hay algo determinante sobre el llamado de Dios; por su poder y gracia soberanos no puede dejar de lograrlo" (*Redemption Accomplished and Applied*, 91).

25 La *gracia irresistible* es la *I* del acrónimo TULIP (por sus siglas en inglés) que resume las doctrinas de la gracia. Las demás letras representan *la depravación total, la elección incondicional, la expiación limitada* y *la perseverancia de los santos*.

a Cristo con fe salvadora. Como declara la Confesión de Westminster, venimos a Él "más libremente, pues por su gracia so[mos] hechos dispuestos".[26] En el análisis final, la gracia regeneradora es irresistible, porque *Cristo* también lo es, y porque la gracia regeneradora abre nuestros ojos espirituales a su irresistibilidad.

Los medios de la regeneración[27]

Al ser el Padre el agente supremo de la regeneración, y el Espíritu su causa eficaz, las Escrituras identifican a la misma Palabra de Dios —de manera específica el mensaje del evangelio— como causa o medio instrumental de la regeneración (Stg. 1:18; 1 P. 1:23-25; cf. 2 Ts. 2:14). Así, por medio del evangelio predicado, el Espíritu de Dios obra poderosamente para abrir los ojos de nuestro corazón a la gloria de Cristo. Mientras que el llamado externo es insuficiente para la regeneración, es absolutamente necesario, porque el llamado externo de la predicación del evangelio es el vehículo para el llamamiento interno de la regeneración. No hay fe sin la palabra predicada (Ro. 10:17).

Esto deja fuera la visión no bíblica sacramental de la regeneración. Aunque los proponentes de la regeneración bautismal apelan a Juan 3:5 para enseñar que el nuevo nacimiento es mediado a través del bautismo, hay varias razones por las que no deberíamos entender "naciere de agua" como alusión al bautismo cristiano. En primer lugar, Jesús no lo menciona en ningún momento de su interacción con Nicodemo, pero enfatiza repetidamente la necesidad de la fe para la salvación (Jn. 3:15, 16, 18, 36). Si el bautismo fuera el instrumento necesario para nacer de nuevo, resulta difícil explicar por qué Jesús limitaría su mención a una referencia indirecta. En segundo lugar, la regeneración bautismal contradice la declaración de Jesús en Juan 3:8 que, respecto al nuevo nacimiento, el Espíritu es como el viento que sopla donde quiere. Este lenguaje describe la libertad soberana del Espíritu, una imagen incongruente con vincular la regeneración a un acto ritual y físico de la voluntad humana. John Piper observa con acierto que, en ese caso, "el viento estaría muy limitado por el sacramento".[28] En tercer lugar, Jesús espera que Nicodemo, el maestro de Israel, entienda su enseñanza sobre el nuevo nacimiento (Jn. 3:10). Sin embargo, el bautismo cristiano no existía aún en ese tiempo. Tiene poco sentido amonestarlo por no entender una práctica que todavía no había sido instituida.

En su lugar, uno esperaría que Jesús amonestara a Nicodemo por no comprender la enseñanza del Antiguo Testamento sobre la cuestión y, en realidad, esta es la explicación más probable de sus palabras. El Antiguo Testamento suele utilizar el simbolismo del agua y del Espíritu para representar la purificación espiritual y la renovación, nunca el bautismo (cf. Nm. 19:17-19; Is. 4:4; 32:15; 44:3; 55:1; Jl. 2:28-29;

---

26 Confesión de Westminster, en Philip Schaff, ed. *The Creeds of Christendom*, vol. 3, *The Evangelical Protestant Creeds* (1877; reimpr. Grand Rapids, MI: Baker, 1998), 624-625.

27 Se han adaptado porciones de esta sección de John MacArthur, *Comentario MacArthur del Nuevo Testamento: Juan* (Grand Rapids, MI: Editorial Portavoz, 2011), 109-110.

28 John Piper, *Más vivo que nunca* (Grand Rapids, MI: Editorial Portavoz, 2009), 40.

Zac. 13:1). En la profecía de Ezequiel sobre el nuevo pacto, encontramos la célebre frase sobre el agua y el Espíritu en el contexto de la regeneración:

> *Esparciré sobre vosotros agua limpia*, y seréis limpiados de todas vuestras inmundicias; y de todos vuestros ídolos os *limpiaré*. Os daré corazón nuevo, y pondré espíritu nuevo dentro de vosotros; y quitaré de vuestra carne el corazón de piedra, y os daré un corazón de carne. Y *pondré dentro de vosotros mi Espíritu*, y haré que andéis en mis estatutos, y guardéis mis preceptos, y los pongáis por obra (Ez. 36:25-27).

Cuando Jesús habló de ser nacido de agua y del Espíritu, estaba declarando que la regeneración era una verdad revelada por todo el Antiguo Testamento (p. ej., Dt. 30:6; Jer. 31:31-34; Ez. 11:18-20) y, por tanto, una verdad con la que Nicodemo debería haber estado familiarizado. Contra este trasfondo veterotestamentario, el argumento de Cristo era inequívoco: sin el lavado espiritual del alma, una purificación realizada por el Espíritu Santo (Tit. 3:5), y únicamente por medio de la palabra del evangelio (Ef. 5:26; 1 P. 1:23-25), nadie puede entrar en el reino de Dios.[29] Dado este entendimiento adecuado de Juan 3:5, se demuestra que la doctrina de la regeneración bautismal no tiene base bíblica. El evangelio mismo es el único instrumento del nuevo nacimiento.

La relación de la regeneración con la fe

Una de las preguntas más comunes relacionadas con la soteriología evangélica concierne a la relación entre la regeneración y la fe. ¿Qué produce qué? ¿Produce el acto de fe del hombre la obra de regeneración del Espíritu, o es la obra de regeneración del Espíritu la que produce el acto de fe del hombre? Las Escrituras responden de múltiples maneras a favor de esto último: la regeneración es la causa, no la consecuencia, de la fe salvadora.

Antes que nada, debemos observar que regeneración y fe no son distinguibles en términos de tiempo, sino en términos de causalidad lógica. Algunos rechazan la noción de que la regeneración causa la fe porque quieren evitar decir que alguien puede ser regenerado *sin* fe salvadora. Pero eso es confundir el orden lógico con el orden cronológico. Desde una perspectiva temporal, la regeneración y la fe ocurren simultáneamente. No obstante, aunque ambos eventos pueden ocurrir al mismo tiempo, uno sigue siendo la causa del otro. Para ilustrar esto, consideremos una vez más el simbolismo de 2 Corintios 4. Pablo describe la regeneración como la apertura de los ojos ciegos y la fe como la percepción espiritual de la gloria de Cristo (cf. Jn. 3:3; He. 11:1). Ahora bien, el hombre percibe luz en el momento mismo que abre sus

---

29 Para un examen minucioso de diversas interpretaciones de "nacido de agua", véase D. A. Carson, *The Gospel according to John*, Pillar New Testament Commentary (Grand Rapids, MI: Eerdmans, 1991), 191-196.

ojos; no transcurre tiempo entre la apertura de sus ojos y su percepción de la luz, son simultáneos. Sin embargo, su percepción de la luz es causalmente dependiente de que abra sus ojos. Ver no provoca que abra sus ojos; su visión es la *consecuencia* de que sus ojos hayan sido abiertos. Del mismo modo, aunque se producen en el mismo instante exacto, la fe del pecador no provoca su regeneración, sino que la apertura de sus ojos espirituales en la regeneración es la causa de la vista espiritual de la fe.

Además, la enseñanza de la Biblia respecto a la incapacidad espiritual natural del hombre excluye cualquier concepto de sinergismo en la regeneración. En su estado de muerte espiritual (Ef. 2:1-3), el hombre es incapaz hasta de entender las cosas del Espíritu, y menos aún de recibirlas (1 Co. 2:14). La mente del pecador es tan hostil a Dios que es literalmente incapaz de someterse a la ley de Dios (Ro. 8:7) y, por tanto, no puede agradar a Dios en sentido alguno (Ro. 8:8), incluido el ejercicio de la fe (He. 11:6). El hombre está ciego al valor de la gloria de Dios revelada en Cristo y está irremediablemente enamorado del pecado, a pesar de su inutilidad. Sugerir que un pecador en semejante estado podría, al margen de la gracia regeneradora del Espíritu Santo, sacar del interior de su propia falta de vida la fe salvadora, que Dios declara ser su don soberano (Ef. 2:8), es subestimar por completo la naturaleza miserable de la depravación humana. En cambio, Jesús dice: "Ninguno puede venir a mí, si el Padre que me envió no le trajere" (Jn. 6:44), y "por eso os he dicho que ninguno puede venir a mí, si no le fuere dado del Padre" (Jn. 6:65). Venir a Jesús es sinónimo de creer en Él —porque es esta forma de venir que resulta en salvación (Jn. 6:40)— y esta "atracción" de Juan 6:44 es el don del que habla Juan 6:65, ambos en alusión al llamado eficaz e irresistible de Dios en la regeneración. Por consiguiente, Jesús está enseñando que, por la depravación del pecador, nadie puede venir a Él en fe salvadora, a menos que el Padre le conceda el don de ser atraído de manera eficaz en la regeneración.[30]

El apóstol Juan también comenta explícitamente sobre la relación entre la regeneración y la fe. En 1 Juan 5:1, escribe: "Todo el que cree [presente] que Jesús es el Cristo ha nacido [antecedente] de Dios, y todo el que ama al padre ama también a sus hijos" (NVI). El participio presente "cree" indica una acción continua presente, aunque el pasivo perfecto del indicativo "ha nacido" habla de una acción pasada cuyos resultados siguen en el tiempo presente.[31] En otras palabras, todos los que

---

30 Algunos sinergistas objetan que es inconsistente describir la atracción del Padre como eficaz, ya que "atraer" connota persuasión más que determinación. Con frecuencia argumentan que "atraer" no significa "arrastrar". Curiosamente, el término griego *jélco*, traducido "atrae" en Juan 6:44, alude a menudo a un movimiento decisivo, eficaz como arrastrar. Otras apariciones neotestamentarias de *jélco* se refieren a pescadores que tiran de una red de pescar (Jn. 21:6, 11), un soldado que saca su espada de la vaina en mitad de la batalla (Jn. 18:10), hombres furiosos que arrastran a un extranjero ante el tribunal (Hch. 16:19), y una multitud que arrastra a un sospechoso de traición fuera de su ciudad con la intención de matarlo (Hch. 21:30). Lejos de una seducción inefectiva, la atracción del Padre en Juan 6:44 es el llamamiento efectivo y decisivo de la regeneración.

31 Wallace, *Greek Grammar Beyond the Basics: An Exegetical Syntax of the New Testament*, 573.

creen en el presente que Jesús es el Cristo *han nacido* de Dios. Juan representa, pues, la fe como la consecuencia, no la causa, del nuevo nacimiento.

Esta lectura de la gramática de 1 Juan 5:1 se confirma mediante el examen de una selección de paralelos gramaticales en la misma carta. Existen otros dos casos en los que Juan emplea un participio activo presente en concierto con un pasivo perfecto del indicativo para ilustrar la relación entre el nuevo nacimiento y sus hechos concomitantes:

> Si sabéis que él es justo, sabed también que todo el que hace [presente] justicia es nacido de él [antecedente] (1 Jn. 2:29).

> Amados, amémonos unos a otros; porque el amor es de Dios. Todo aquel que ama [presente], es nacido [antecedente] de Dios, y conoce a Dios (1 Jn. 4:7).

Estos dos pasajes emplean, precisamente, la misma construcción gramatical que aparece en 1 Juan 5:1. En el primer texto, Juan enseña que un patrón habitual de justicia practicada es una indicación del nuevo nacimiento. La relación causal entre la práctica de la justicia y el nuevo nacimiento ¡no es que el hombre ha nacido de nuevo como resultado de hacer buenas obras! Pablo contradice claramente un pensamiento así en Tito 3:5, donde se opone explícitamente a que el nuevo nacimiento venga sobre la base de buenas obras. No, la impartición de la nueva vida espiritual en la regeneración es la causa de una práctica continua de buenas obras (cf. Ef. 2:10). En el segundo texto, Juan destaca una buena obra en particular: todo aquel que ama ha nacido de Dios. Aquí, una vez más, la relación entre el amor y la regeneración es evidente: el amor no causa el nuevo nacimiento, sino que es la consecuencia del mismo. Sugerir otra cosa socava fundamentalmente el evangelio de la salvación solo por gracia. Por consiguiente, si debemos concluir que practicar la justicia (1 Jn. 2:29) y amar a los hermanos (1 Jn. 4:7) son consecuencias, y no causas, de la regeneración, no podemos llegar a otra conclusión que no sea que la fe es también una consecuencia de la regeneración, ya que 1 Juan 2:29; 4:7 y 5:1 son gramaticalmente idénticos.[32]

Dada la claridad de las imágenes bíblicas de la regeneración, las implicaciones de la depravación total del hombre y los explícitos comentarios de Jesús y el apóstol Juan, el estudiante de las Escrituras tiene que concluir que, aunque la regeneración y la fe se experimentan de forma simultánea, la regeneración precede lógicamente

---

32 Primera de Juan 5:4 también es significativo. Aunque la construcción gramatical no es idéntica, sí es, no obstante, similar. Aquí Juan habla del nuevo nacimiento en el tiempo perfecto ("todo el que ha nacido de Dios", NVI) y de un concomitante del nuevo nacimiento en el tiempo presente ("vence al mundo", NVI). Otra vez, la relación causal entre los dos es clara: uno no vence al mundo a fin de ser nacido de nuevo, sino más bien uno vence al mundo como consecuencia de haber nacido de nuevo. En la siguiente oración, Juan identifica la victoria que vence al mundo: nuestra fe. Nuevamente, la fe es identificada como la consecuencia, no la causa, del nuevo nacimiento.

a la fe y es su causa. Los pecadores no creen en Cristo con el fin de nacer de nuevo, sino más bien al revés.

Los resultados de la regeneración

La vida divina nacida en el alma del hombre en la regeneración no queda estancada después del momento de la conversión. En la abundante gracia de Dios, el Espíritu sigue fortaleciendo progresivamente el carácter santo nacido en la regeneración a lo largo de la vida del creyente. Es decir, el resultado de la regeneración es la santificación. Aunque una exposición completa de la santificación viene después, merece la pena mencionar varios aspectos de ella que las Escrituras identifican como resultados del nuevo nacimiento.

En primer lugar, el creyente regenerado convierte necesariamente la justicia en una práctica, como afirma el apóstol Juan: "Todo el que hace justicia es nacido de él" (1 Jn. 2:29). El tenor dominante de la vida del creyente es de creciente santidad (Ro. 6:4; Ef. 2:10; 4:24). Para ponerlo negativamente: "Todo aquel que es nacido de Dios, no practica el pecado, porque la simiente de Dios permanece en él; y no puede pecar, porque es nacido de Dios" (1 Jn. 3:9). La naturaleza del hombre ha cambiado fundamentalmente de la muerte en el pecado a la vida en Cristo (Ro. 6:11), y así no convierte el pecar en una práctica. Esto no significa que el hijo de Dios haya cesado por completo de pecar en el momento de la regeneración (Ro. 7:14-25; 8:12-13), sino que la vida del creyente se caracteriza por dejar atrás los hábitos del pecado y vivir de acuerdo a los hábitos de la justicia (Ef. 4:22-24). Aquellos que profesan ser salvos, pero no progresan en cultivar patrones de vida en obediencia a los mandamientos de Cristo, no pueden reivindicar con legitimidad ser verdaderos hijos de Dios. Al ser el nuevo nacimiento la obra del Espíritu (Tit. 3:5, véase arriba), los que han nacido de nuevo llevan necesariamente el fruto del Espíritu y se caracterizan cada vez más por el amor, el gozo, la paz, la paciencia, la benignidad, la bondad, la fe, la mansedumbre y la templanza (Gá. 5:22-23).

En segundo lugar, la vida regenerada está marcada por vencer las influencias malignas del sistema de este mundo (1 Jn. 5:4). El mundo está lleno de los deseos de la carne, los deseos de los ojos y la vanagloria de la vida (1 Jn. 2:15-17), todas estas cosas son herramientas de Satanás, en cuyo poder yace todo el mundo (1 Jn. 5:19). Satanás maneja esas herramientas como instrumentos de tentación en la vida de los creyentes profesantes, con el ferviente deseo de causar un naufragio de la fe y, así, manchar el nombre de Cristo (1 Ti. 1:19; cf. Stg. 2:17). Sin embargo, Juan declara que el hijo regenerado de Dios resiste a las presiones y las tentaciones por medio de una fe perseverante que camina en obediencia al Señor; nunca se rinde final y decisivamente a las tentaciones de Satanás, porque Cristo lo protege (1 Jn. 5:18). Los creyentes no necesitan vivir con el temor de perder su salvación, ya que perseverar en la fe es la herencia de aquellos que nacen verdaderamente de lo alto.

En tercer lugar, el hijo de Dios obedece de buen grado y con deleite; para él, "sus mandamientos no son gravosos" (1 Jn. 5:3). Los moralistas santurrones pueden, mediante una potente fuerza de voluntad, ser capaces de llevar su conducta a una conformidad con los principios externos de la Palabra de Dios (cf. Mt. 15:8), pero esta tarea les resulta una tarea gravosa. No pueden exclamar con el salmista: "¡Oh cuánto amo yo tu ley!" (Sal. 119:97), y "el hacer tu voluntad, Dios mío, me ha agradado, y tu ley está en medio de mi corazón" (Sal. 40:8). Deleitarse en la obediencia requiere un nuevo corazón, una nueva naturaleza recreada a semejanza de Dios (Ef. 4:24). Por la gracia de Dios, este es el derecho de nacimiento de todo hijo verdadero de Dios. El creyente regenerado no está esclavizado a realizar el deber que odia; más bien, en virtud de la obra del Espíritu, su corazón está liberado para amar la ley que se le ordena obedecer (Ro. 6:11-22).

Finalmente, el hijo de Dios ama a sus hermanos en la fe y vive para servirlos sacrificialmente. Juan escribe: "Amados, amémonos unos a otros; porque el amor es de Dios. Todo aquel que ama, es nacido de Dios, y conoce a Dios" (1 Jn. 4:7). Dios mismo es amor (1 Jn. 4:8, 16); es su naturaleza misma. Aquellos que son nacidos de Dios comparten su naturaleza (2 P. 1:4) y, por tanto, reflejarán su naturaleza sirviendo y beneficiando a los demás (1 Jn. 3:16-18). Quienes de verdad han nacido de nuevo manifiestan un amor evidente por la iglesia, porque el hijo de Dios ama a los hijos de Dios (1 Jn. 5:1), y se dedica a satisfacer las necesidades de sus hermanos y hermanas en Cristo.

LA CONVERSIÓN

Cuando Dios prende la luz de la regeneración en el corazón del pecador, abre los ojos espirituales de la persona para que pueda ver la decadencia del pecado y la valía de Cristo (Hch. 26:18; 2 Co. 4:6), quien es perfectamente adecuado para perdonar nuestros pecados y proveer la justicia que necesitamos para vida eterna. Al final, equipada como está con la capacidad de percibir la realidad, el alma nacida de nuevo se aparta necesaria e inmediatamente del pecado con repulsión, y ávidamente corre para aceptar a Cristo. Esa vuelta desde el pecado y la incredulidad es el *arrepentimiento*, y esa avidez para abrazar a Cristo como Salvador del pecado y como Señor sobre la propia vida es la *fe*. Juntos, el arrepentimiento y la fe forman el acto único de la *conversión*.

Debería ser evidente que el arrepentimiento y la fe están íntimamente relacionados y que, incluso, son inseparables el uno de la otra. Son, en realidad, dos caras de una misma moneda. En primer lugar, su conexión sigue una lógica simple: es imposible que alguien se aparte de algo sin acudir a otra cosa. Sin embargo, la inseparabilidad del arrepentimiento y la fe también es una necesidad teológica. Para un corazón regenerado, la belleza de la gloria de Cristo es irresistiblemente convincente y eclipsa las falsas glorias del pecado, así como el resplandor del sol del mediodía hace que las estrellas sean invisibles. Sugerir que uno podría aceptar a Cristo sin proponerse repudiar el pecado de forma decisiva es sugerir que el pecado es más objetivamente deseable que Cristo para el corazón regenerado. Por el contrario, para el pecador que acaba de despertar, Cristo es un tesoro de inestimable valor y, para conseguirlo, se renuncia a todo con deleite (Mt. 13:44-46; Fil. 3:8). Así, la fe que salva es una fe contrita, como el arrepentimiento que salva es un arrepentimiento que cree. Por esta razón, el llamamiento del evangelio a la salvación es una invitación tanto a arrepentirse como a creer (Mr. 1:15; Hch. 20:21; 26:18; 1 Ts. 1:9). En la verdadera conversión, siempre hay un apartamiento *del* pecado (arrepentimiento) y una simultánea vuelta *a* Dios en Cristo (fe). Es imposible que una cosa suceda sin la otra.

No obstante, aunque son acciones simultáneas, cada vez que son mencionadas juntas, el Nuevo Testamento enumera el arrepentimiento en primer lugar (Mr. 1:15; Hch. 19:4; 20:21; He. 6:1), lo que indica una prioridad lógica. Por esta razón, trataremos primero el arrepentimiento y después la fe.

El arrepentimiento

El arrepentimiento bíblico no es un mero cambio de pensar, aunque envuelve un reconocimiento intelectual del pecado y un cambio de actitud hacia el mismo. Tampoco es meramente vergüenza o tristeza por el pecado, aunque el arrepentimiento genuino siempre involucra un elemento de remordimiento. El verdadero arrepentimiento bíblico es también una reorientación de la voluntad humana, una decisión intencional de abandonar toda injusticia y, en su lugar, perseguir la justicia. Entonces, el arrepentimiento genuino involucra la mente, el corazón y la voluntad.[33]

Intelectualmente, el arrepentimiento empieza con un reconocimiento del pecado. Debemos comprender la verdadera naturaleza impía del pecado y, como resultado, reconocer humildemente que somos pecadores que hemos quebrantado la ley de Dios, estamos destituidos de su gloria y, por lo tanto, somos culpables ante Él. Experimentar el aspecto intelectual del arrepentimiento es declarar con Job: "Yo hablaba lo que no entendía" (Job 42:3; cf. 42:6), y confesar como hizo David: "Pequé contra Jehová" (2 S. 12:13; cf. Sal. 51:3-4). Es confesar con humildad la necesidad propia de gracia y de misericordia, y pedir perdón (Sal. 51:1-2).

Emocionalmente, el arrepentimiento genuino está marcado por un pesar, un remordimiento y hasta un lamento sinceros por el pecado propio (cf. Mt. 5:4). Los santos del Antiguo Testamento representaban con frecuencia su apesadumbrado arrepentimiento, golpeándose el muslo (Jer. 31:19), sentándose sobre un montón de cenizas (Job 42:6), y vistiendo cilicio y sentándose sobre cenizas (Jon. 3:5-6; cf.

---

33 Geerhardus Vos escribe: "De las tres palabras que son usadas en los Evangelios en griego para describir el proceso, una enfatiza el elemento emocional de lamentarse, tristeza por el pasado perverso curso de la vida, *metamélomai* (Mt. 21:29-32); una segunda expresa un cambio profundo de la completa actitud mental, *metanoéo* (Mt. 12:41; Lc. 11:32; 15:7, 10); la tercera denota un cambio en la dirección de vida, una meta que es sustituida por otra, *epistréfomai* (Mt. 13:15 [y paralelos]; Lc. 17:4; 22:32). El arrepentimiento no está limitado a una sola facultad de la mente: involucra a todo el hombre, intelecto, voluntad y afectos" (*The Teaching of Jesus concerning the Kingdom of God and the Church* [1903; reimp., Nutley, NJ: Presbyterian & Reformed, 1972], 92–93).

Mt. 11:21). Esta tristeza cierta y penitente es algo distinto de lo que Pablo denomina "tristeza del mundo", que produce muerte (2 Co. 7:10; cf. Mt. 19:22; 27:3-5). No obstante, aunque la pesadumbre no debería equipararse estrictamente al arrepentimiento, es un componente necesario del mismo y, con frecuencia, un poderoso impulso para apartarse genuinamente del pecado. Como declara Pablo: "La tristeza que proviene de Dios produce el arrepentimiento que lleva a la salvación, de la cual no hay que arrepentirse" (2 Co. 7:10, NVI). Por tanto, el verdadero arrepentimiento siempre incluirá al menos algún elemento de contrición; no es el pesar por haber sido descubierto ni la tristeza por las consecuencias, sino un espíritu quebrantado por la sensación de haber pecado contra Dios y el anhelo de ser restaurado a la comunión con Él (Sal. 51:12, 17).

Finalmente, el arrepentimiento implica un cambio de dirección, una transformación de la voluntad. Lejos de ser tan solo un cambio de mente, el arrepentimiento constituye la determinación de abandonar la obcecada desobediencia y rendir la voluntad a Cristo. El impío renuncia a sus malos pensamientos (Is. 55:7), se vuelve de su maldad y practica el derecho y la justicia (Ez. 33:19); se aparta de sus perversos caminos (Jon. 3:10; cf. 2 Cr. 7:14). Es el rechazo resuelto de uno mismo y del propio modo de vida pecaminoso, y la aceptación de Cristo para justificar y santificar la justicia. Como tal, mientras que el arrepentimiento genuino no debe ser estrictamente definido como un cambio en la conducta, una vida cambiada *es* el fruto que dará inevitablemente el arrepentimiento genuino (Is. 1:16-17; Lc. 3:8-14; Hch. 26:20). Aunque los pecadores no son salvos *mediante* buenas obras, lo son *para* ellas (Ef. 2:10; Tit. 2:14; 3:8). La persona que se ha arrepentido genuinamente dejará de hacer el mal y empezará a vivir con rectitud. Cuando no hay una diferencia observable en la conducta, no puede haber confianza alguna de que se haya producido el arrepentimiento (Mt. 3:8; 1 Jn. 2:3-6; 3:17).[34]

En resumen, las Escrituras enseñan, pues, que el arrepentimiento empieza cuando el pecador reconoce humildemente su pecado y su necesidad de perdón. Entender lo ofensivo de su pecado ante Dios produce gran pesar, tristeza y hasta vergüenza y humillación. Su repugnancia hacia sí mismo y su injusticia lo conducen a repudiar su impiedad, y a apartarse con decisión de una vida de pecado. Al apartarse de su anterior forma de vida, pasa a confiar y servir al Dios que es digno de toda adoración. En Cristo encuentra perdón y se restaura la comunión con su Creador. Finalmente, no considera ese perdón como la etapa final, sino que amorosamente se propone desde el corazón vivir en obediencia a la voluntad revelada de Dios, empoderado por la obra del Espíritu Santo. La prueba de su arrepentimiento interno se manifiesta, pues, en sus hechos externos.

El arrepentimiento es un elemento básico de la conversión y, por tanto, es un elemento indispensable del mensaje del evangelio. No solo es el arrepentimiento

34 John MacArthur, *The Gospel according to Jesus: What is Authentic Faith?*, ed. rev. (Grand Rapids, MI: Zondervan, 2008), 180, 182.

mencionado junto a la fe en la proclamación del evangelio (Mr. 1:15; Hch. 20:21; He. 6:1), sino también muchos pasajes en las Escrituras llaman al arrepentimiento solo para apropiarse de la salvación (Mt. 4:17; Mr. 1:15; Lc. 5:32; 13:3, 5; 24:47; Hch. 2:38; 3:19; 17:30). Esto no contradice la verdad de que la fe es el único instrumento de la justificación, sino más bien ilustra que la relación entre el arrepentimiento y la fe es tan íntima que la mención del uno implica la otra: que uno no puede apartarse del pecado sin acudir a Cristo en fe, y viceversa. Las Escrituras son inequívocamente claras: el arrepentimiento no es un elemento opcional, sino un componente básico del verdadero evangelio. Aquellos que insisten en que es posible confiar salvíficamente en Cristo sin arrepentirse del pecado —creer en Jesús como Salvador, pero no someterse a Él como Señor— se encuentran en directa contradicción con el evangelio, según Jesús y los apóstoles.[35]

Fe

Mientras que el arrepentimiento es el acto de *alejarse* del pecado, la fe es la vuelta del alma *a* Dios y a confiar en Cristo para proveer perdón, justicia y vida eterna. A medida que el milagro del nuevo nacimiento destierra la ceguera de la muerte espiritual, los ojos del corazón recreado del pecador se fijan en la gloria de Jesús y se deleitan en encontrar en Él al supremo y suficiente Salvador, con perfecta capacidad para limpiar de pecado, proporcionar justicia perfecta y satisfacer el alma. Al contemplar la gloria de Dios en el rostro de Cristo (2 Co. 4:6), el pecador acepta a Jesús de todo corazón, se encomienda a todo lo que Cristo es y se compromete con ello. Así, la fe salvadora es el compromiso fundamental de la totalidad de la persona con la totalidad de Cristo; el creyente acepta con su mente, su corazón y su voluntad a Jesús como Salvador, Abogado, Proveedor, Sustentador, Consejero, Dios y Señor.

Por tanto, como el arrepentimiento, la fe salvadora se compone de elementos intelectuales, emocionales y volitivos: conocimiento (lat. *notitia*), consentimiento (lat. *assensus*), y confianza (lat. *fiducia*) respectivamente. La mente abraza el conocimiento, el reconocimiento y la comprensión de la verdad respecto a la persona y la obra de Cristo. El corazón da su consentimiento, o la confianza y la afirmación establecidas de que la salvación de Cristo es adecuada para la propia necesidad espiritual. La voluntad responde con confianza, compromiso personal a Cristo y apropiación de Él como única salvación eterna.[36] Cada uno de estos componentes requiere una ilustración adicional.

Conocimiento. El elemento más básico de la fe es el conocimiento. El pensamiento contemporáneo concibe la fe como lo opuesto al conocimiento: que la

35 Para una exposición detallada de la controversia sobre "el señorío de Cristo en la salvación", así como una rigurosa refutación de la presunta teología de la "gracia gratuita", véanse John MacArthur, *El Evangelio según Jesucristo* (El Paso, TX: Casa Bautista de Publicaciones, 1991) y MacArthur, *El evangelio según los apóstoles* (El Paso, TX: Casa Bautista de Publicaciones, 2016).

36 MacArthur, *The Gospel according to the Apostles*, 27.

fe es lo que entra en funciones cuando uno no tiene suficiente conocimiento. Sin embargo, el concepto bíblico de la fe no es un salto existencial en la esfera oscura o una esperanza sentimental del tipo de "pedir un deseo a una estrella fugaz". Lejos de ser una alternativa al conocimiento, la verdadera fe está basada en el conocimiento; tiene su fundamento seguro y sólido en el conocimiento de la verdad divinamente revelada.

Las Escrituras testifican de esto numerosas veces. En primer lugar, la Biblia representa a menudo el conocimiento de verdades particulares como la razón causal de la fe. Por ejemplo, la fe en Cristo para salvación está basada en "sab[er] que el hombre no es justificado por las obras de la ley, sino por la fe de Jesucristo" (Gá. 2:16). Creemos en Cristo para salvación *porque sabemos* que las obras no justifican. De manera similar, Pablo basa la fe del creyente en su futura resurrección en el conocimiento de la resurrección de Cristo: "Y si morimos con Cristo, creemos que también viviremos con él; sabiendo [es decir, 'porque sabemos'[37]] que Cristo, habiendo resucitado de los muertos, ya no muere" (Ro. 6:8-9; cf. 2 Co. 4:13-14; 1 P. 5:9). Estos pasajes dejan en claro que la fe bíblica y el conocimiento de la verdad no son enemigos, sino que el segundo es la base de la primera.

En segundo lugar, las Escrituras a menudo emplean la frase "creemos que…" seguido de las afirmaciones de la verdad proposicional que identifican el contenido de la fe salvadora.[38] Uno debe creer que Jesús es Dios (Jn. 8:24; 13:19; cf. Éx. 3:14) y que es uno con el Padre (Jn. 14:10-11), que es el Mesías y el Hijo de Dios (Jn. 11:27; 20:31; 1 Jn. 5:1, 5), que fue enviado por el Padre (Jn. 11:42; 16:27, 30; 17:8, 21), que murió por los pecados y que resucitó de entre los muertos (1 Ts. 4:14; cf. Ro. 10:9), que Dios existe y que "es galardonador de los que le buscan" (He. 11:6), y que los pecadores son salvos por gracia tan solo por medio de la fe (Hch. 15:11; cf. 15:9). Ya que la fe salvadora viene de oír el mensaje del evangelio respecto a Cristo (Ro. 10:17), el conocimiento de los hechos divinamente revelados de la santidad de Dios, de la pena del pecado, de la identidad de Cristo y de lo que Él ha efectuado por los pecadores es la razón misma de la fe salvadora.

Es evidente, pues, que la verdadera fe salvadora tiene una sustancia objetiva. Creer no es un salto a ciegas en la oscuridad ni una especie de confianza etérea al margen del conocimiento. La verdad del mensaje del evangelio, tal como se revela en Cristo y en las Escrituras, proporciona una base fáctica, histórica, intelectual para nuestra fe. Por tanto, no creemos conforme a nuestros caprichos subjetivos; creemos la verdad (2 Ts. 2:11-12; cf. Jn. 8:46; 1 Ti. 4:3). La fe que no está basada en esta verdad objetiva y proposicional no es fe en absoluto.[39]

---

37 El participio *eidótes* (lit., "sabiendo") tiene aquí una fuerza causal: "porque sabemos". Véase Wallace, *Greek Grammar Beyond the Basics*, 631.

38 Reymond, *Systematic Theology*, 727.

39 MacArthur, *The Gospel according to the Apostles*, 29-30.

Consentimiento. Aunque conocer los hechos es *necesario* para la fe, no es *suficiente*. Conocer la verdad sin creerla ni abrazarla es del todo posible. Muchos estudiantes de las Escrituras han comprendido intelectualmente sus grandes verdades y aun así las rechazaron por creerlas falsas. Muchos comprenden las verdades del evangelio, pero no se arrepienten y confían en Cristo. Por esta razón, se dice que la fe conlleva un elemento emocional y otro intelectual. La fe no solo conoce la verdad, sino que también da crédito a la verdad tal como la revelan las Escrituras y la acepta. La verdad es conocida y creída.

El escritor de Hebreos habla de este consentimiento como un componente de la fe, cuando la define como "la certeza de lo que se espera, la convicción de lo que no se ve" (He. 11:1). Certeza alude a un fundamento, el suelo sobre el que se ha construido algo. La fe es descrita como una certeza sobrenatural, una convicción producida por Dios respecto a la verdad de las promesas bíblicas y a la fiabilidad de Cristo. Lo que no se puede ver con los ojos físicos se desvela a los ojos espirituales por la fe. Más adelante en el capítulo, aprendemos que la fe de Moisés consistía en la resuelta convicción de que la riqueza de la gloria de Cristo era más valiosa que los tesoros de Egipto (He. 11:24-27). No se limitó a comprender con el intelecto que Cristo era más precioso; estaba persuadido en lo profundo de su corazón de que esto era verdad. La convicción de Pablo, resuelta y colmada de fe respecto a la soberanía de Cristo, fue la que alimentó su resistencia frente al sufrimiento más intenso, porque él afirmó: "Yo sé a quién he creído, y estoy seguro de que es poderoso para guardar mi depósito para aquel día" (2 Ti. 1:12).

Con respecto a la conversión, aquel que posee la fe salvadora acepta, pues, de todo corazón, la verdad de su propia pecaminosidad y de lo adecuado que es Cristo para salvarlo. El creyente recién despertado está absolutamente convencido de que es impotente de ocuparse de la inevitable miseria de su condición espiritual, y acude a Cristo con la segura convicción de que su suficiencia es la respuesta perfecta a su fracaso espiritual. Esta fe salva al pecador (cf. Mr. 10:46-52).

Confianza. Más aún, en la fe hay algo más que un mero conocimiento y una simple aceptación de la verdad. Santiago nos indica que los demonios conocen y creen la verdad del monoteísmo (Stg. 2:19). Nicodemo creía que Jesús era un maestro enviado de Dios (Jn. 3:2). Agripa creía que el Antiguo Testamento hablaba la verdad (Hch. 26:27). Judas estaba convencido de que Jesús era el Cristo (Mt. 27:3-5). Aun así, ninguno de ellos poseía la fe salvadora. La fe empieza por el conocimiento y el consentimiento, pero no se detiene hasta alcanzar la confianza en Cristo para la salvación personal.[40] Es decir, la fe salvadora va más allá de "creer *que*" y llega

---

40 Como observa Murray perspicazmente: "La fe es conocimiento que se convierte en convicción, y es convicción que se transforma en confianza. La fe no puede detenerse antes de llegar al autocompromiso con Cristo, una transferencia de la confianza en nosotros mismos y en todos los recursos humanos para depender tan solo de Cristo para la salvación. Es un recibir y un descansar en Él", *La redención consumada y aplicada*, 110.

a "creer *en*"; supera el asentir mentalmente a la verdad *sobre* Cristo y alcanza la confianza personal *en* Cristo y la dependencia *de* Él para el perdón de los pecados y la reconciliación con Dios.

El apóstol Pablo narra la historia de su propia conversión en Filipenses 3. Caracteriza al cristiano verdadero como alguien que no deposita su confianza en la carne (Fil. 3:3), que no mira en su interior —a sus privilegios heredados o sus logros religiosos— para adquirir la justicia que Dios requiere. En efecto, en su vida de fariseo había puesto una confianza plena en su carne: en su herencia, su posición social, su ritualismo religioso, su tradicionalismo, su dedicación y su sinceridad, y hasta en la observancia externa de los mandamientos de Dios (Fil. 3:4-6). Confió en estas credenciales carnales para que lo elevaran al estándar de la justicia de Dios. Pero ese error desapareció después de su encuentro con el Cristo resucitado, en el camino a Damasco. Cuando Dios le abrió los ojos del corazón en la regeneración, Pablo llegó a considerar como pérdida toda la autojusticia que antes contaba como ganancia (Fil. 3:7). Lo consideró todo como pérdida con el fin de "ser hallado en él, no teniendo mi propia justicia, que es por la ley, sino la que es por la fe de Cristo, la justicia que es de Dios por la fe" (Fil. 3:8-9). Había pasado de depender de sí mismo para justicia a confiar solo en Cristo para justicia (cf. Ro. 10:4; 2 Co. 5:21).

Quien tiene fe salvadora no solo confía en Cristo para justicia, sino que también lo recibe a Él como un tesoro. Pablo consideraba el conocer a Jesús personalmente como un valor tan incomparable que estaba dispuesto a perderlo todo en su vida con tal de ganarlo a Él (Fil. 3:8). Jesús mismo habló de la conversión como hallar un tesoro (Mt. 13:44-46). El hombre cuyo corazón ha sido despertado en la regeneración es como aquel que se tropieza con un tesoro enterrado, de valor incalculable. Por el valor incalculable del tesoro que es Cristo Jesús, el pecador renuncia de buen grado a todo lo que tiene para poder aferrarse del Salvador, a quien considera supremamente precioso (Lc. 9:23; 14:26-33; cf. Mt. 10:37-39). Estos textos deberían advertir al estudiante de las Escrituras respecto a concebir la fe salvadora como aquello que usa a Cristo simplemente para escapar del castigo. La fe salvadora es, por excelencia, la ávida aceptación de una *persona*: la recepción sincera y muy agradable de Cristo por la plenitud de quien Él es, es decir, la fuente de toda justicia, vida y satisfacción para el alma recién nacida (Mt. 5:6; Jn. 4:13-14; 6:35).

Finalmente, en este aspecto volitivo de la fe, uno no solo confía en Cristo, sino que también se encomienda a sí mismo *a* Él, porque creer en una persona involucra un compromiso personal. Aquel que confía en Cristo se coloca bajo su custodia tanto para vida como para muerte. El creyente se fía del consejo del Señor, confía en su bondad y se encomienda a su tutela por toda la eternidad. Entonces, la fe salvadora es el pecador, en la integridad de su ser, que acepta la totalidad de Cristo. Por esta razón, las Escrituras suelen usar metáforas para la fe como mirar a Jesús (Jn. 3:14-15; cf. Nm. 21:9), comer su carne y beber su sangre (Jn. 6:50-58; cf.

4:14), recibirlo (Jn. 1:12) y venir a Él (Mt. 11:28; Jn. 5:40; 6:35, 37, 44, 65; 7:37-38). Uno no demuestra su fe en que el pan satisface el hambre con solo confesar: "El pan satisface", sino cuando lo come. Del mismo modo, tampoco se demuestra la fe en Cristo solo con afirmar "¡Creo!", sino al venir a Cristo, recibir todo lo que Él es y encomendándole todo lo que el creyente es. En resumen, la fe es apoyarse por completo en Cristo: para la redención, la justicia, el consejo, la comunión, el sustento, la dirección, el socorro, para su señorío y para todo aquello que en la vida pueda satisfacer de verdad.

Esto significa que la verdadera fe salvadora funciona en amorosa obediencia (cf. Gá. 5:6). El capítulo once de Hebreos está dedicado a ilustrar este principio único. Tras definir la naturaleza de la fe verdadera en los primeros versículos, el autor repasa toda la historia redentora para demostrar que la fe *funciona*. La fe ofrece (He. 11:4); camina (11:5); construye (11:7); bendice (11:20-21); esconde (11:23); se marcha (11:24-27); conquista (11:30) y más. En resumen, la fe obedece. Obliga a actuar conforme a la verdad que se profesa creer. En la conversión, la fe salvadora no hace nada, sino recibir de forma pasiva la provisión de Cristo. Sin embargo, la fe verdadera no permanece nunca pasiva; se pone de inmediato manos a la obra, no como medio de ganar el favor divino, sino como consecuencia de haber recibido la gracia de Dios que obra de manera poderosa en nuestro interior (Col. 1:29). Conforme nos ocupamos de nuestra salvación con temor y temblor, es Dios quien obra en nosotros tanto el querer como el hacer por su buena voluntad (Fil. 2:12-13).[41]

Los dones que siguen dando

No podemos dejar de mencionar otros dos rasgos del arrepentimiento y la fe. En primer lugar, tanto el arrepentimiento como la fe son dones soberanos de Dios mismo. Aunque es cierto que la fe de arrepentimiento se ofrece a los pecadores como su responsabilidad y la condición para su justificación, la corrupción de su mente, afectos y voluntad imposibilitará que se arrepientan de verdad y crean. La obra soberana del Espíritu en la regeneración, la renovación del corazón del hombre y la apertura de sus ojos espirituales son lo único que lo capacitan para apartarse del pecado y del "yo", y confiar solo en Cristo para justicia. Por esta razón, las Escrituras no hablan de la fe de arrepentimiento como una decisión soberana de

---

41 MacArthur explica: "¿Mezcla esto la fe y las obras, como a algunos les gusta decir? En absoluto. Que no haya confusión sobre esto. La fe es una realidad *interna* con consecuencias *externas*. Cuando afirmamos que la fe abarca la obediencia, estamos aludiendo a la *actitud* de obediencia recibida de Dios, y no intentando convertir las *obras* en parte de la definición de la fe. Dios transforma el corazón creyente en un corazón obediente; es decir, un corazón ávido por obedecer. La fe misma es completa antes de que se produzca una sola obra.

Pero no nos equivoquemos: la fe real siempre producirá obras justas. La fe es la raíz; las obras son el fruto. Al ser Dios mismo el viñador, el fruto está garantizado. Por ello, cada vez que las Escrituras presentan ejemplos de fe —como aquí en Hebreos 11—, inevitablemente se la ve obediente, en funcionamiento y activa". MacArthur, *The Gospel according to the Apostles*, 34.

la voluntad humana, sino como aquello que se concede de manera sobrenatural como don de la gracia de Dios. Tanto el arrepentimiento (Hch. 5:31; 11:18; 2 Ti. 2:25) como la fe (Hch. 18:27; Ef. 2:8-9; Fil. 1:29) son dones soberanos de Dios.

En segundo lugar, como don divino, la fe de arrepentimiento que salva nunca podría ser, pues, pasajera ni temporal. Tiene una cualidad perdurable que garantiza que durará hasta el final, de manera que el arrepentimiento y la fe caracterizan el estilo de vida del verdadero cristiano. Así, cuando Pedro le preguntó a Jesús cuántas veces debía perdonar a un hermano que pecara contra él (Mt. 18:21), Jesús respondió: "Si tu hermano pecare contra ti, repréndele; y si se arrepintiere, perdónale. Y si siete veces al día pecare contra ti, y siete veces al día volviere a ti, diciendo: Me arrepiento; perdónale" (Lc. 17:3-4). El principio es que uno debería arrepentirse con la misma frecuencia con la que peca. En sus cartas a las iglesias de Asia, Cristo dio instrucciones a los creyentes (es decir, "a todos los que amo") en la iglesia de Laodicea de que fueran "celoso[s] y [se] arrepi[ntieran]" (Ap. 3:19), lo que demuestra que el arrepentimiento no solo es un acontecimiento de una sola vez en la conversión, sino que se espera incluso de los verdaderos cristianos. El Señor también enseñó a sus discípulos que tuvieran la costumbre de orar pidiendo perdón (Mt. 6:12), algo que necesariamente exige un arrepentimiento continuo. El apóstol Juan declara, de forma similar: "Si confesamos nuestros pecados, él es fiel y justo para perdonar nuestros pecados, y limpiarnos de toda maldad" (1 Jn. 1:9). El tiempo presente de "confesamos" indica una actividad constante. Así, los creyentes muestran que ellos son aquellos a los que Dios ha perdonado y purificado, porque están confesando sus pecados continuamente. En resumen, aunque la justificación libera al creyente de la pena del pecado, la presencia del pecado sigue permaneciendo en su carne irredenta. Por consiguiente, al seguir pecando contra Dios y los demás, debemos seguir arrepintiéndonos. En la vida del creyente, el espíritu de arrepentimiento debe ser tan residente como lo es su pecado remanente.

Esto mismo es cierto en el caso de la fe.[42] Las familiares palabras de Habacuc 2:4: "El justo por su fe vivirá" (cf. Ro. 1:17; Gá. 3:11; He. 10:38), no hablan de un acto momentáneo de creer, sino de una confianza viva y perdurable en Dios. Hebreos 3:14 enfatiza la permanencia de la fe genuina. Su durabilidad misma es la prueba de su realidad: "Porque somos hechos participantes de Cristo, con tal que retengamos firme hasta el fin nuestra confianza del principio". La fe que Dios proporciona no puede evaporarse nunca. Y la obra de salvación no puede al final ser frustrada (1 Co. 1:8; Fil. 1:6; Col. 1:22-23).[43] El apóstol Pablo resume la totalidad de la vida cristiana cuando declara: "Lo que ahora vivo en la carne, lo vivo en la fe del Hijo de Dios, el cual me amó y se entregó a sí mismo por mí" (Gá. 2:20; cf.

---

42 Este párrafo está adaptado de John MacArthur, "The Lordship Controversy", Grace to You, consultado el 14 de abril de 2016, http://www.gtycanada.org/Resources/Articles/A293.

43 MacArthur, *The Gospel according to Jesus*, 189.

He. 10:39). La vida cristiana debe distinguirse por la confesión diaria del pecado, lamentarse y apartarse de él, así como una fe perseverante en la persona de Cristo y las promesas de Dios.

LA UNIÓN CON CRISTO

Una de las verdades más preciosas de todas las Escrituras es la doctrina de la unión del creyente con el Señor Jesucristo. El concepto de estar unidos a Él habla de la intimidad espiritual más vital que se pueda imaginar entre el Señor y su pueblo. Aunque Cristo se relaciona con los creyentes como Señor, Amo, Salvador y Maestro, no están meramente asociados con Él como objeto de su gracia salvadora y su amor. No es que los cristianos adoren simplemente a Jesús, lo obedezcan u oren a Él, aunque estos privilegios serían desde luego suficientes. En su lugar, se identifican tan íntimamente con Él y Él con ellos, que las Escrituras aseveran que están unidos: Él está en ellos y ellos están en Él. El Señor y su pueblo comparten una vida espiritual común, de tal manera que Pablo pudo afirmar que "nuestra vida está escondida con Cristo en Dios" (Col. 3:3), que Cristo mismo es nuestra vida (Col. 3:4), y que Cristo vive en nosotros (Gá. 2:20). Unido a su pueblo de esta forma, Cristo actúa como representante y sustituto de ellos; es decir, Dios considera que aquello que Cristo ha realizado en nombre de su pueblo ha contado para ellos como si lo hubieran hecho ellos mismos. Por la unión con Cristo, los creyentes han sido crucificados con Él (Gá. 2:20), han muerto con Él (Ro. 6:8; Col. 2:20), han sido sepultados con Él (Ro. 6:3-4), han resucitado con Él (Ef. 2:5-6; Col. 3:1), y hasta han sido entronizados en el cielo con Él (Ef. 2:6). Él es, pues, el Mediador de todos los beneficios de la salvación, porque Dios nuestro Padre "nos bendijo con toda bendición espiritual en los lugares celestiales *en Cristo*" (Ef. 1:3).

Una unión espiritual tan íntima es exclusiva del cristianismo. En ninguna otra religión se afirma que el objeto de adoración se convierte en la vida del adorador. Los musulmanes no hablan de estar en Alá ni en Mahoma; los budistas no afirman nunca estar en Buda. Pueden seguir las enseñanzas de sus respectivos líderes, pero los cristianos son los únicos de quienes se puede aseverar que están *en* Cristo, unidos a Él como su representante, sustituto y mediador.

Este concepto de unión con Cristo es tan dominante como precioso. Representado en la mayoría de los casos por la diminuta preposición "en", la unión de los creyentes con Cristo impregna el Nuevo Testamento. Se suele decir a menudo que los creyentes están "en Cristo" (1 Co. 1:30; 2 Co. 5:17), "en el Señor" (Ro. 16:11), y "en Él" (1 Jn. 5:20). De manera similar, también se menciona que Cristo está en su pueblo (Ro. 8:10; 2 Co. 13:5; Ef. 3:17), una noción que Pablo define como la mismísima "esperanza de gloria" (Col. 1:27). En ocasiones, ambos aspectos de unión con Cristo se presentan en el mismo texto, solo para enfatizar más la intimidad de la mutua residencia de Cristo y del creyente (p. ej. Jn. 6:56; 15:4; 1 Jn. 4:13). Claramente, la importancia de la unión del creyente con Cristo no puede exagerarse.

La unión con Cristo y la soteriología

La relación entre la doctrina de la unión con Cristo y el resto de la soteriología ha sido, desde hace mucho tiempo, tema de debate. Esto se debe a que no es solo otra fase en la aplicación de la redención, como la regeneración, la fe o la justificación. En su lugar, la unión con Cristo es la matriz de la que fluyen todas las demás doctrinas soteriológicas. De hecho, como expresa Pablo en Efesios 1:3, nuestra unión con Cristo es la fuente de toda bendición espiritual que recibimos: desde la elección del Padre en la eternidad pasada, a la tarea redentora del Hijo a través de su vida, muerte, sepultura y resurrección, hasta llegar a la glorificación de los santos con Cristo en el cielo. Por esta razón, el gran teólogo John Murray denominó la unión del creyente con Cristo "la verdad central de toda la doctrina de salvación".[44] Es el principio unificador de toda la soteriología, que se extiende desde la eternidad pasada a la futura.

En primer lugar, la elección del Padre está arraigada en Cristo. Pablo declara que "[el Padre] nos escogió en Él [Cristo] antes de la fundación del mundo" (Ef. 1:4). También nos indica en 2 Timoteo 1:9 que Dios nos proporcionó gracia "en Cristo Jesús antes de los tiempos de los siglos". Aunque la obra de elección del Padre se produjo antes de nuestra existencia, su elección para salvar a su pueblo es, no obstante, en Cristo. Esto significa que nunca hubo un tiempo en el que Dios contemplara a sus elegidos al margen de su unión vital con Cristo.

En segundo lugar, las Escrituras enseñan que Dios consideró que los escogidos estaban unidos con Cristo durante cada acto de la realización de la redención por parte del Hijo. En Él tenemos redención y perdón (Ef. 1:7; Col. 1:14). Estamos unidos a Él en su perfecta vida de obediencia. Al cumplir Él toda justicia (Mt. 3:15), los que están unidos a Él también están vestidos de su justicia (Gá. 3:27), es decir, se les acredita su obediencia (Ro. 5:19; 1 Co. 1:30; 15:22). Esta unión también fue la base sobre la que nuestro pecado pudo ser justamente imputado a Cristo. El Padre cuenta a los elegidos como habiendo vivido la vida de Jesús, porque considera que este ha vivido la nuestra y, por lo tanto, lo castigó en consecuencia (2 Co. 5:21; 1 P. 2:24). Por tanto, se afirma que hemos "muerto con Cristo" (Ro. 6:8; Col. 2:20; cf. Col. 3:3; 2 Ti. 2:11), que "nuestro viejo yo [ha sido] crucificado con Él" (Ro. 6:6). Y no solo esto, sino que fuimos "sepultados con Él" (Ro. 6:4; Col. 2:12), resucitados de entre los muertos con Él (Ef. 2:6; Col. 2:12; 3:1); incluso, que estamos "senta[dos]… en los lugares celestiales con Cristo" (Ef. 2:6). Su vida es nuestra vida, su castigo es el nuestro, su muerte es la nuestra, su resurrección es la nuestra, su justicia es la nuestra, su ascensión y glorificación, las nuestras. En resumen, aunque no habíamos nacido aún, Dios consideró a su pueblo en unión con su Salvador, a lo largo de la realización de su obra redentora. Cristo no vivió, murió y resucitó por un grupo sin rostro y anónimo; la redención fue extraordinariamente personal, ya que siempre se reconoció que el cuerpo estaba unido a la cabeza (Ef. 5:23, 25).

---

44 Murray, *La redención consumada y aplicada*, 160.

En tercer lugar, así como el plan y la realización de la redención se producen en Cristo, también la aplicación de la redención. Los creyentes nacen de nuevo a la fe salvadora en unión con Cristo. Pablo describe la regeneración del creyente cuando afirma que "nos dio vida juntamente con Cristo" (Ef. 2:5), y somos "creados en Cristo Jesús" (Ef. 2:10). Si alguien está unido a Cristo, es una nueva criatura (2 Co. 5:17), que es otra forma de decir que se ha nacido de nuevo en unión con Cristo. Esta impartición de la nueva vida espiritual emerge de inmediato en fe de arrepentimiento, el instrumento por el cual uno se apropia de forma subjetiva de todas las bendiciones espirituales planeadas por el Padre y adquiridas por el Hijo (Gá. 2:20). Unidos con Cristo por fe, los creyentes se apropian de su justicia (Fil. 3:9) y, por tanto, son justificados en Él (Gá. 2:17), porque no hay condenación para los que están en Cristo Jesús (Ro. 8:1). Declarados, pues, justos en Cristo, los creyentes son adoptados en la familia de Dios, por medio de Cristo (Ef. 1:5; cf. Gá. 3:26), y son santificados en Él para santidad y servicio a Dios (1 Co. 1:2).

La unión con Cristo es, asimismo, la fuente de la santificación progresiva y de la perseverancia del creyente. A Cristo se lo denomina nuestra santificación, porque nuestra santificación fluye de Él (1 Co. 1:30). Solo producimos fruto de justicia mientras estamos conectados a nuestra vid (Jn. 15:4-5). Los miembros del cuerpo crecen hasta alcanzar la madurez mientras reciben la comunicación de vida de su Cabeza (Ef. 4:15-16). Por tanto, los creyentes "[murieron] a la ley mediante el cuerpo de Cristo", porque solo cuando son "de otro, del que resucitó de los muertos" pueden caminar en su vida de resurrección y, de ese modo, "llev[ar] fruto para Dios" (Ro. 7:4; cf. 6:4-11). Crecer en santidad es imposible al margen de la unión con Cristo. Además, es sobre la base de esta unión que los creyentes verdaderos siempre perseveran hasta el final (Jn. 10:27-28), porque mientras están en Cristo, nada los puede separar del amor del Padre (Ro. 8:38-39). En realidad, ni siquiera la muerte corta esta unión, porque los cristianos que mueren son llamados "muertos en Cristo" (1 Ts. 4:14, 16).

Finalmente, con base en esta unión con Cristo, los creyentes serán resucitados de entre los muertos. Él es las primicias de nuestra resurrección, como reconforta Pablo a los corintios: "Mas ahora Cristo ha resucitado de los muertos; primicias de los que durmieron es hecho. Porque por cuanto la muerte entró por un hombre, también por un hombre la resurrección de los muertos. Porque así como en Adán todos mueren, también en Cristo todos serán vivificados" (1 Co. 15:20-22). En otro lugar, Pablo razona: "Porque si fuimos plantados juntamente con él en la semejanza de su muerte, así también lo seremos en la de su resurrección" (Ro. 6:5; cf. 8:17).

Es, pues, evidente que la unión de los creyentes con Cristo abarca cada fase de la salvación, desde la elección en la eternidad pasada hasta la glorificación en la eternidad futura. Aquellos a los que Dios ha escogido, Cristo los ha comprado; y a quienes el Espíritu da vida nunca son contemplados al margen de su unión con Cristo. Aun así, esta unión no se realiza en la experiencia del pecador antes de su conversión, porque el apóstol Pablo habla de un tiempo en el que los creyentes estaban "sin Cristo, alejados de la ciudadanía de Israel y ajenos a los pactos de la promesa, sin esperanza y sin Dios en el mundo" (Ef. 2:12). Y prosigue: "Pero ahora en Cristo Jesús, vosotros que en otro tiempo estabais lejos, habéis sido hechos cercanos por la sangre de Cristo" (Ef. 2:13). Es decir, el pecador pasa de la separación a la unión con Cristo cuando se convierte en participante del evangelio comprado por la sangre de Jesús, de cuyos beneficios se apropia solo por fe (Ro. 3:25; 4:24; Gá. 3:24). Por esta razón tratamos nuestra unión con Cristo en este punto, al ocuparnos de la aplicación de la redención.

La naturaleza de la unión del creyente con Cristo

¿Qué significa exactamente que los creyentes están unidos a Cristo? Las Escrituras responden al ilustrar la intimidad de esta unión con numerosas metáforas. Al entenderlas, podemos alcanzar conclusiones sanas, bíblicas, respecto a la naturaleza de nuestra unión con Cristo.

En primer lugar, las Escrituras usan la imagen de un edificio y su fundamento. En Efesios 2:19-22, Pablo habla de la iglesia como una familia, un edificio espiritual establecido sobre el fundamento de la revelación divina comunicada por los apóstoles y los profetas. Así como cada piedra de un edificio literal está cortada con precisión para encajar cómoda, fuerte y bellamente con todas las demás partes, y descansar perfectamente sobre el fundamento, así también la unidad y la estabilidad de la iglesia dependen de Cristo, su cimiento. Solo al ser edificados sobre Cristo y permanentemente unidos a Él, la piedra angular, los creyentes hallan que su existencia, su apoyo y su seguridad espirituales están bien fundados.

En segundo lugar, la unión del creyente con Cristo se describe como la unión entre la vid y sus ramas (Jn. 15:4-5). Así como las ramas dependen de la vid para su vida, fuerza y sustento, el creyente también depende de la unión con Cristo para todo alimento y crecimiento espirituales. Aparte de Cristo, la vid, nosotros, las ramas, no podemos producir fruto; somos del todo inútiles, desprovistos de cualquier vitalidad espiritual, a menos que permanezcamos conectados a nuestra vid.

En tercer lugar, las Escrituras también usan la metáfora del matrimonio para describir la unión entre Cristo y su iglesia. A esta se la representa a menudo como la esposa de Cristo (2 Co. 11:2; Ap. 19:7; 21:9), y a Cristo como el esposo y la cabeza de la iglesia (Ef. 5:22-33). En Efesios 5, Pablo basó todas sus instrucciones para la relación marido-mujer sobre la de Cristo con *su* esposa. Al final de esta exposición, Pablo dice del matrimonio: "Grande es este misterio; mas yo digo esto respecto de Cristo y de la iglesia" (Ef. 5:32). La parábola del matrimonio ilustra que la unión del creyente con Cristo es íntima, orgánica (una carne), legal e inquebrantable.

En cuarto lugar, quizá la mayor metáfora provista para ilustrar la unión con Cristo es la unión de la cabeza y el cuerpo (Ro. 12:5; 1 Co. 12:12-13, 27; Ef. 1:22-23). También ilustrado en el texto del matrimonio de Efesios 5, Pablo dice: "Cristo es cabeza de la iglesia, la cual es su cuerpo" (Ef. 5:23). Aquel que nutre y cuida su propio cuerpo se ama a *sí mismo* (Ef. 5:28-30), por la unión tan íntima que existe entre la cabeza y el cuerpo. Los cuerpos de los creyentes son miembros del propio cuerpo de Cristo, hasta el punto de que unirse a una prostituta es unir a Cristo con una ramera (1 Co. 6:15-16). Por tanto, lo que le sucede a la cabeza le ocurre al cuerpo, y viceversa. Esta metáfora sienta las bases para entender la *naturaleza legal y representativa* de la unión del creyente con Cristo, donde Él obedece (Ro. 5:18-19; cf. 1 Co. 1:30), muere (Col. 2:20), resucita (Col. 3:1) y asciende (Ef. 2:6) en lugar de ellos, de tal manera que se considera que ellos han realizado todas estas cosas. Al ser esta unión legal —es decir, porque Cristo es la cabeza representativa de su pueblo— no hay ningún elemento de la vida, la muerte, la sepultura, la resurrección y la ascensión terrenales en las que el creyente no participa por estar en Él.

En resumen, podemos hablar, pues, de al menos cinco características de la unión del creyente con Cristo. En primer lugar, es una unión orgánica. Es decir, Cristo y los creyentes forman un cuerpo, del cual Él es la cabeza y ellos los miembros. Así, lo que es cierto respecto a la cabeza, también lo es respecto al cuerpo. En segundo lugar, es una unión legal, que hace a Cristo adecuado para ser la cabeza representativa de su pueblo y que los prepara a ellos para ser los beneficiarios de su obra sustitutiva de salvación. En tercer lugar, es una unión vital en la que toda vida y vitalidad espirituales fluyen de la vid a las ramas, de tal manera que la vida de Cristo se convierte en el principio que domina y anima la vida de los creyentes (Gá. 2:20). En cuarto lugar, se la puede llamar unión espiritual no solo porque se comunica vida espiritual y se fortalece dentro del creyente, sino también porque esta unión tiene su fuente en el Espíritu Santo que es su mediador (Ro. 8:9-10; 1 Co. 12:13; Jn. 14:16-18). Finalmente, es una unión permanente que nunca puede cortarse, ya que nada puede separarnos del amor de Dios que es en —es decir, que es nuestro en unión de— Cristo Jesús, Señor nuestro (Ro. 8:38-39).

Implicaciones de la unión del creyente con Cristo

El estudio precedente proporciona un número de implicaciones con respecto a la unión de los creyentes con Cristo. En primer lugar, dado que el Hijo está unido al Padre y al Espíritu, los creyentes, por su participación en Cristo, también son hechos uno con Dios Padre y Dios Espíritu Santo. Jesús ora, por tanto, para que la unidad de la iglesia refleje la unidad que comparte con su Padre (Jn. 17:21). Así, se afirma que estamos en el Padre (1 Ts. 1:1) y el Padre en nosotros (1 Jn. 4:15). De manera similar, se dice que los creyentes están en el Espíritu (Ro. 8:9) y el Espíritu en nosotros (2 Ti. 1:14). En un misterio indecible, nosotros, que una vez estuvimos apartados, aislados y sin Dios en el mundo, somos recogidos en la vida divina del Dios trino mismo (2 P. 1:4). Este es un gran motivo de adoración.

En segundo lugar, quienes son uno con Cristo también son uno con todos los demás que son uno con Cristo. Esto habla de la unidad fundamental de todos los creyentes en Cristo. Los cristianos no tienen meramente una relación *personal* con Jesús, sino más bien una relación *corporativa* con Él, porque estamos unidos a todos aquellos que lo están con Él. Somos los miembros unificados de su cuerpo

(Ro. 12:5; 1 Co. 12:26; Ef. 5:23), las piedras vivas de la casa espiritual de Dios edificada sobre el fundamento, que es Cristo (Ef. 2:19-22; 1 P. 2:4-5). Sugerir que se puede estar unido a Jesús al margen de su iglesia es arrancar la cabeza del cuerpo. No hay unión con Cristo que no derive en la comunión con su iglesia (1 Co. 1:9; cf. 1 Jn. 1:3). En realidad, la unidad de la Trinidad es la base de la oración de Jesús por la unidad de su iglesia (Jn. 17:21). ¡Qué motivación para perseguir con diligencia la unidad del Espíritu en el vínculo de la paz entre todos los creyentes! (Ef. 4:3).

Finalmente, debemos entender la relevancia de que cada beneficio espiritual recibido en la salvación solo viene por medio de Cristo. Como escribió John Owen, esta unión "es la causa de todas las demás gracias de las que somos hechos partícipes; todas se nos comunican en virtud de nuestra *unión* con Cristo. Por consiguiente, es nuestra adopción, nuestra justificación, nuestra santificación, nuestra perseverancia, nuestra productividad, nuestra resurrección, nuestra gloria".[45] Solo cuando compartimos en Cristo tenemos una participación en lo que Él es. No se halla bendición espiritual alguna en todo el mundo, si no es en Jesús. Por consiguiente, si debemos tener interés en las bendiciones de Cristo, debemos tener interés en su persona. Los dones solo están inmersos en el Dador.

LA JUSTIFICACIÓN

En la sección anterior, examinamos cómo la unión del creyente con Cristo es la fuente de la que fluye toda bendición espiritual. El resultado inmediato de esa unión es el don gratuito de Dios de la justificación, por la cual Él declara justos a los creyentes, por su unión con el Justo, el Señor Jesús. La aplicación de la redención sigue desplegándose. En la regeneración, Dios lleva a cabo esa operación divina en el alma del pecador por la cual produce nueva vida espiritual en él. En la conversión, Dios concede los dones necesarios del arrepentimiento y de la fe mediante los cuales estamos unidos a Cristo, y nos adueñamos de las bendiciones de la salvación. Luego, en la justificación, Dios declara legalmente que ya no somos vistos como culpables bajo la ley divina, sino que somos perdonados y considerados justos a los ojos de Dios.

En la justificación, Dios provee la respuesta a la pregunta teológica y religiosa más básica a la humanidad: ¿Cómo pueden los pecadores llegar a estar en una correcta relación con el santo Dios del universo? En cada era de la historia humana, la religión ha respondido que podemos llegar al cielo si somos buenas personas. Los diversos sistemas religiosos del mundo inventan listas de rituales y ceremonias que deben ser realizados para conseguir una medida de justicia que puede ser útil en el tribunal de Dios. Sin embargo, la respuesta que Jesús mismo proporciona es que, para que el hombre pueda entrar al cielo, necesita una justicia que sobrepase la justicia incluso de las personas más religiosamente devotas en el mundo (Mt. 5:20).

---

45 John Owen, *An Exposition of the Epistle to the Hebrews*, vol. 21 en *The Works of John Owen* (1648; reimp., Edimburgo: Banner of Truth, 1967), 150, cursivas en el original.

De hecho, necesita ser perfecto, así como Dios es perfecto (Mt. 5:48). Para que el hombre pueda reconciliarse con Dios, no necesita tan solo ser una buena persona; es necesario que sea una persona perfecta. Tiene que tener una justicia perfecta, porque Dios mismo es perfecto y requiere perfección.

Desde el mismo comienzo, es necesario entender que la salvación es una cuestión de justicia. Las personas están condenadas a la muerte espiritual eterna porque carecen de la justicia que un Dios perfectamente santo posee y exige para la comunión con Él. Y la única forma en que los pecadores se reconcilien con Dios es que reciban la justicia que le pertenece a Dios mismo. El evangelio salva, porque Dios le da su propia justicia al hombre (Ro. 1:16-17; 3:20-26; 10:3-4; 2 Co. 5:21; Gá. 2:21; 3:21-24; Fil. 3:9). Debido a esto, la doctrina de la justificación fluye del centro mismo del corazón del evangelio y del alma del cristianismo mismo. Es, como declaró Martín Lutero, el artículo por el cual la iglesia está firme o cae,[46] ya que concierne a la única forma en que el hombre pecaminoso puede ser declarado justo a los ojos de Dios.[47]

La respuesta del hombre a esta pregunta trascendental es intentar ordenar su vida mediante algún estándar moral o ritual; si lo hace con éxito, puede contribuir en algo a su salvación y, por tanto, alcanzar una justicia aceptable para su dios. Sin embargo, la Biblia niega sistemáticamente que alguien pueda ser justificado por sus propias obras. En su lugar, la salvación es la justicia de Dios imputada al creyente solo por gracia, solo por medio de la fe en Cristo. Tome un momento para leer los siguientes pasajes bíblicos: Romanos 3:21-28, Gálatas 2:16 y Gálatas 3:21-26, donde la distinción entre fe y obras es muy clara.

Esos textos demuestran que solo hay dos religiones: la del logro humano, por el cual el hombre se esfuerza para contribuir a su propia justicia, y la religión del logro divino, por el cual Dios efectúa la justicia por la vida santa y la muerte sustitutiva del Hijo de Dios y, después, proporciona gratuitamente esa justicia como don, por medio de la fe solamente. La religión del logro humano abarca cualquier otro sistema religioso en la historia de la humanidad: desde la búsqueda del nirvana en el budismo, los cinco pilares del islamismo, y los sacramentos y actos de penitencia del catolicismo romano. El cristianismo bíblico es la única religión de logro divino. Al ser los cristianos justificados solo por la fe, su estatus ante Dios no está en modo alguno relacionado con el mérito personal. Las buenas obras y la

---

46 "Porque si este artículo [es decir, la justificación] permanece firme, la iglesia también; si este artículo se derrumba, la iglesia también" (Martín Lutero, *D. Martin Luthers Werke: Kritische Gesamtausgabe* [Weimar, Germany: H. Böhlau, 1883-1993], 40:3.352.3).

47 Para el lector actual, es posible que la íntima relación entre "justicia" y "justificación" no sea tan obvia como habría sido para un lector griego. En el lenguaje original del Nuevo Testamento, los términos "justo", "justicia", "justificar" y "justificación", todos derivan de la misma palabra raíz y aparecen en las siguientes formas respectivas *díkaios, dikaiosúne, dikaióo, dikaíosis* (y en hebreo: *tsaddíc, tsédec/tsedacá, tsadóc, tsadác*). Ser justificado significa, pues, sencillamente, ser declarado justo a los ojos de Dios, como desarrollaremos más adelante de un modo más completo.

santidad práctica no son las bases para la aceptación de Dios. Él recibe como justos a aquellos que creen, no por alguna cosa buena que vea en ellos —ni siguiera por su propia obra santificadora en sus vidas—, sino exclusivamente sobre la base de la justicia de Cristo que se cuenta por gracia a su favor, tan solo por medio de la fe. Como expresa Pablo: "Al que no obra, sino cree en aquel que justifica al impío, su fe le es contada por justicia" (Ro. 4:5).[48]

Por consiguiente, podemos definir la justificación como ese acto instantáneo de Dios, por el cual le imputa al pecador que cree, como don de su gracia, la justicia plena y perfecta de Cristo por medio de la fe solamente y lo declara legal y perfectamente justo a sus ojos, y perdona al pecador de toda injusticia, liberándolo así de toda condenación.[49] Desglosaremos los elementos de esta definición a lo largo del resto de esta sección.

La naturaleza de la justificación: una declaración legal

Antes de examinar cualquier aspecto particular de la justificación, debemos tener claro lo que la Biblia enseña respecto a la naturaleza de la justificación misma. La justificación es una declaración legal o forense de justicia y no una impartición o infusión de justicia. Describe aquello que Dios *declara* sobre el creyente, no lo que *hace para cambiarlo*. En realidad, la justificación misma no efectúa cambio real alguno en la naturaleza o el carácter del pecador.[50] Es un cambio instantáneo del estatus de uno ante Dios, y no una transformación gradual que se produce dentro de aquel que es justificado.[51]

Declaraciones legales como esta son bastante comunes en la vida cotidiana. Cuando el portavoz de un jurado anuncia al tribunal que el acusado no es culpable, el estatus legal de este cambia instantáneamente. Segundos antes, la ley lo consideraba como "el acusado", inocente hasta que se demuestre lo contrario. Sin embargo, como resultado del veredicto del portavoz, no es culpable a los ojos de la ley. Con todo, el veredicto del jurado no *hace* al hombre no culpable; sus propios actos son la base de su culpabilidad o su inocencia. Tampoco declara su vida libre de toda maldad. El anuncio del portavoz declara, simplemente, el estatus del acusado ante la ley. De manera similar, la justificación de la que hablan las Escrituras es el veredicto divino de "no culpable–totalmente justo" pronunciado sobre el pecador. En el caso de la justificación, no se trata de que el acusado sea inocente, sino de que otro ha pagado por completo la pena por sus delitos.

El desacuerdo respecto a la naturaleza de la justificación es uno de los debates claves que divide al cristianismo bíblico y el catolicismo romano hasta el día de hoy. La teología católica enseña que la justificación no es meramente forense, sino

---

48 MacArthur, *The Gospel according to the Apostles*, 69-70.
49 MacArthur, *The Gospel according to Jesus*, 196.
50 MacArthur, *The Gospel according to the Apostles*, 70.
51 MacArthur, *The Gospel according to Jesus*, 196.

transformadora. En otras palabras, según la enseñanza católica romana, "justificar" no significa "*declarar* justo", sino "*hacer* justo". Ahora bien, es cierto que la gracia salvadora de Dios es transformadora; aquellos que son declarados justos en la conversión serán hechos progresivamente justos durante el transcurso de su vida cristiana. Sin embargo, esta transformación progresiva no define la realidad de la justificación bíblica, sino la de la santificación. Cuando no se distinguen estas dos aplicaciones íntimamente relacionadas, aunque distintas, de la redención, el catolicismo romano colapsa la santificación en la justificación. La consecuencia inevitable es que la propia justicia imperfecta del creyente sustituye la perfecta justicia de Cristo como única razón de la justificación. El resultado es "mi propia justicia, que es por la ley" que, como Pablo indica en Filipenses 3:9, no es la justicia salvadora de Dios. Por causa de esto, no entender la naturaleza de la justificación como una declaración legal y, en su lugar, tergiversarla en un proceso transformador, destruye el fundamento mismo del evangelio.

Las Escrituras mismas testifican de esta verdad, ya que los escritores bíblicos usan con frecuencia los términos justificación y rectitud de un modo que debe ser declarativo en lugar de transformador.[52] En el Antiguo Testamento, con frecuencia la palabra es usada en contextos judiciales (Éx. 23:7; Dt. 25:1; 1 R. 8:31-32; Job 9:15; Is. 43:9, 26; Jer. 12:1). Como se ha explicado antes, los jueces no *hacen* justas o malvadas a las personas. No infunden justicia o maldad en el carácter de la persona. En su lugar, el juez declara meramente que un acusado es inocente o culpable. En realidad, Dios declara: "El que justifica al impío, y el que condena al justo, ambos son igualmente abominación a Jehová" (Pr. 17:15; cf. Is. 5:23). Si la justificación fuera transformadora, ¿cómo podría decirse que hacer justo al impío es una abominación? ¡Transformar el carácter de una persona impía e infundirle justicia sería un acto justo! Así, un entendimiento transformador de la justificación viola el sentido de estos textos. Justificar al impío no es hacerlo justo, sino declararlo justo cuando no lo es.

Asimismo, la justificación demuestra ser declarativa y no transformadora en aquellos casos en los que se dice que Dios es quien es justificado. En Lucas 7:29, las personas "justificaron a Dios". Si el sentido de la justificación fuera transformador, esto significaría que el pueblo efectuó una transformación moral positiva en Dios, que es ni más ni menos que una blasfemia. La RVC presenta adecuadamente el sentido en la traducción "reconocieron la justicia de Dios". Es decir, la justicia de Dios fue reivindicada y demostrada (cf. Ro. 3:26).

---

52 Con esto no queremos afirmar que las Escrituras no usen nunca estos términos en un sentido ético (cf., p. ej., Sal. 11:7; 1 Ti. 6:11). Sin embargo, como observa Schreiner: "El uso ético del término en algunos contextos no necesita la conclusión de que el término no es forense en otros… textos". (Thomas Schreiner, *Faith Alone: The Doctrine of Justification: What the Reformers Taught… and Why It Still Matters*, The Five Solas [Grand Rapids, MI: Zondervan, 2015], 158n1). La pregunta es, en esos textos claves que describen la justicia salvadora de Dios concedida a los pecadores, ¿apoya el contexto al entendimiento forense de la justificación? Nuestra respuesta es afirmativa.

Además, la justificación suele contrastarse claramente con la condenación (Ro. 5:18; 8:33-34; 2 Co. 3:9; cf. Job 9:20; Sal. 94:21; Pr. 17:15). Pero condenar a alguien no significa hacer a esa persona impía; quiere decir emitir un veredicto y declarar que es impía. Para que se sostenga el paralelo entre la justificación y la condenación, también debemos entender que la justificación no significa hacer justo, sino declarar justo.

Por consiguiente, cuando vamos a los textos que hablan de que Dios justifica al creyente en un sentido salvador (p. ej., Ro. 3:20-28; 4:4-5; 5:1; Gá. 2:16; 3:11, 21-26; 5:4), deberíamos comprenderlos como alusión a la declaración instantánea de Dios respecto a que el pecador se encuentra en un estado de aceptación ante Él. Estos pasajes enseñan que Dios declara justo al creyente como don de su gracia, que el creyente recibe por fe solamente, al margen de las obras.

La base de la justificación: justicia imputada

¿Pero en qué sentido es justa esa declaración de Dios? Proverbios 17:15 declara: "El que justifica al impío... [es]... abominación a Jehová". Sin embargo, Romanos 4:5 afirma explícitamente que Dios "justifica al *impío*". ¿Cómo puede Dios declarar justos a aquellos que son realmente culpables, sin participar en algo abominable? La respuesta a esa pregunta es la doctrina de la imputación, en la que los pecadores que son impíos son tenidos como justos sobre la base de la obra de Cristo. Es un doble acto; Dios imputa —es decir, cuenta, acredita o reconoce— nuestro pecado a Cristo y lo castiga a Él en nuestro lugar, e imputa la justicia de Cristo a los creyentes, concediéndoles vida eterna en Él.

Perdón de pecados: la imputación de nuestro pecado a Cristo. En primer lugar, Dios le imputa nuestro pecado a Cristo: "Al que no conoció pecado, por nosotros lo hizo pecado, para que nosotros fuésemos hechos justicia de Dios en él" (2 Co. 5:21). Ahora bien, ¿en qué sentido "hizo" el Padre "pecado" al Hijo por nosotros? Tan solo en uno: el Padre consideró como que Jesús había cometido todos los pecados de aquellos que alguna vez se arrepentirían y creerían en Él. En realidad, no convirtió a Jesús en pecador; sería una blasfemia sugerir que el Dios-hombre hubiera sido hecho en realidad pecador, porque Dios no puede pecar. En su lugar, el Padre considera judicialmente que Cristo ha cometido los pecados de aquellos por quienes murió. Así como el chivo expiatorio llevaba la culpa de Israel cuando Aarón confesaba los pecados del pueblo sobre su cabeza (Lv. 16:21), así "Jehová cargó en él el pecado de todos nosotros" (Is. 53:6), de manera que en realidad Cristo: "llevó él mismo nuestros pecados en su cuerpo sobre el madero" (1 P. 2:24; cf. Is. 53:4-6). Y así como la sangre del macho cabrío de la ofrenda por el pecado se rociaba sobre el propiciatorio para propiciar la ira de Dios (Lv. 16:15), también Cristo "[fue puesto por Dios] como propiciación por su sangre (Ro. 3:25, LBLA).[53]

---

53 La palabra para propiciatorio, en Levítico 16:15 [Septuaginta], es la misma para propiciación en Romanos 3:25: *jilastérion*.

Aunque innumerables pecadores escaparán al castigo divino, ningún pecado quedará jamás sin castigo, porque cada pecado de los elegidos se le ha acreditado a Cristo y ha sido castigado en Él en la cruz. De este modo, la justicia divina está plenamente satisfecha. El pecado no ha sido meramente barrido bajo la alfombra; ha sido castigado justamente en un sustituto. Este es el evangelio por medio del cual Dios demuestra su justicia, "a fin de que él sea el justo, y el que justifica al que es de la fe de Jesús" (Ro. 3:26).

Por tanto, porque los pecados del creyente han sido imputados a Cristo —y castigados en Él—, ya no se los tiene en cuenta, sino que han sido perdonados y cubiertos (Ro. 4:7-8). Por tanto, el creyente justificado no se enfrenta a la condenación (Ro. 8:1, 33-34), sino que disfruta de la paz con Dios (Ro. 5:1), y la esperanza cierta de la vida eterna (Ro. 8:30; Tit. 3:7).

Provisión de justicia: la imputación de la justicia de Cristo a nosotros. Sin embargo, el perdón de los pecados no agota la obra de Dios en la justificación. De hecho, si el único beneficio que reciben los creyentes en la justificación fuera el perdón de los pecados, podríamos no ser salvos. La antigua definición de la justicia de la escuela dominical —"como si yo no hubiera pecado nunca"— es inadecuada, porque la salvación no es meramente un asunto de no pecaminosidad, sino de justicia (Mt. 5:20, 48). La ley de Dios consiste tanto en demandas positivas como en sanciones penales. Es decir, requiere tanto (1) que las criaturas de Dios lleven a cabo ciertos deberes adecuados a su justicia y (2) que pasen por un cierto castigo si no los realizan. El hombre no ha hecho ninguna de estas cosas. No vivimos una vida de perfecta justicia ni caminamos en obediencia a Dios en todas las cosas, ni lo amamos a Él con todo nuestro corazón, alma, mente y fuerza, ni a nuestro prójimo como a nosotros mismos. Tampoco podríamos pagar la pena que nuestra desobediencia exige, sin perecer eternamente en el infierno. Por tanto, para que seamos salvos, nuestro sustituto no solo debe pagar nuestra pena, y absorber la ira de Dios contra nuestro pecado, sino también obedecer todas las exigencias positivas de la ley que se nos requerían a nosotros.

A esta doble naturaleza de la obra sustitutiva de Cristo se alude, en ocasiones, como su *obediencia pasiva* y *su obediencia activa*.[54] Sin la provisión positiva de

---

54 John Murray explica: "La ley de Dios tiene a la vez sanciones penales y demandas positivas. Exige no solo el pleno cumplimiento de sus preceptos, sino también la imposición de la pena debido a todas las infracciones e incumplimientos. Es esta doble exigencia de la ley de Dios la que se tiene en cuenta cuando se habla de la obediencia activa y pasiva de Cristo. Cristo, como vicario de su pueblo, quedó bajo la maldición y condenación debido al pecado, y también cumplió la ley de Dios en todas sus demandas positivas. En otras palabras, afrontó la culpa del pecado y cumplió a la perfección las demandas de la justicia. Cumplió a la perfección las demandas penales y preceptivas de la ley de Dios. La obediencia pasiva se refiere a lo primero, y la obediencia activa a lo último" (Murray, *La redención consumada y aplicada*, 21-22).

justicia, el mero perdón nos habría dejado en un estado de inocencia o neutralidad moral, como el de Adán antes de la caída; se consideraría que no hemos pecado nunca, pero como si tampoco hubiéramos obedecido jamás. Por esta razón, las Escrituras hablan de que el pecador justificado es contado como justo, además de ser perdonado. El apóstol Pablo declara: "Pero al que obra, no se le cuenta el salario como gracia, sino como deuda; mas al que no obra, sino cree en aquel que justifica al impío, su fe le es contada por justicia" (Ro. 4:4-5; cf. Gn. 15:6; Is. 61:10).

En el capítulo siguiente, Pablo identifica la justicia que se les imputa a los creyentes como la propia justicia de Cristo. En Romanos 5:12-19, Pablo compara y contrasta las dos cabezas representativas de la humanidad: (1) Adán y (2) Cristo, el postrer Adán (cf. 1 Co. 15:45). Su argumento alcanza el clímax en Romanos 5:18-19:

> Por tanto, como por la transgresión de un hombre [Adán] resultó en la condenación de todos los hombres, así también, por la justicia de uno [de Cristo] llegó la justificación de vida a todos los hombres. Porque, así como a través de la desobediencia de un hombre los muchos fueron constituidos pecadores, también por la obediencia de un hombre los muchos serán constituidos justos (trad. del autor).[55]

El principal argumento de Pablo es el siguiente: Adán desobedeció a Dios, y su desobediencia fue contada para condenación de todos los que estaban en él. Del mismo modo, Cristo obedeció a Dios, y su obediencia se acreditó para justicia a todos los que están en Él. Muy lejos de ser una "ficción legal", tanto la imputación del pecado como la imputación de la justicia tienen base en las acciones reales y vividas de Adán y Cristo.

Por tanto, con respecto a la justificación, Dios no solo satisface las exigencias penales de la ley por imputar nuestro pecado a Cristo y castigarlo en nuestro lugar, sino que también satisface las exigencias positivas de la ley al imputarnos la justicia de Cristo. Así, nos "convertimos" en la justicia de Dios en Cristo del mismo modo en que Cristo fue "hecho" pecado por nosotros: por medio de una consideración judicial, es decir, por imputación (2 Co. 5:21). En la justificación, la perfecta justicia que Dios requiere (Mt. 5:20, 48) no obra en nosotros de un modo transformador, sino que se nos acredita por medio de nuestra unión con Cristo, el Justo, quien ha cumplido toda justicia por nosotros (Mt. 3:15; Ro. 10:4; 1 Co. 1:30; Gá. 3:27). Cuando somos "hallados en Él", no tenemos una justicia propia obtenida por medio del cumplimiento de los mandamientos; más bien

---

55 Para una explicación de esta traducción, véase MacArthur y Richard Mayhue, *Teología sistemática*, p. 630nn140-141.

nos aferramos a la justicia externa de Dios que viene por medio de la fe en Cristo (Fil. 3:9).[56]

En resumen, en Cristo tenemos un sustituto que ha pagado nuestra pena *y*, a la vez, ha logrado nuestra justicia. Cristo proveyó perdón mediante la expiación de nuestros pecados en la cruz. Así como nuestros pecados fueron acreditados a *su* cuenta, del mismo modo su justicia se considera como *nuestra*. Su perfecta justicia es, pues, la base sobre la que nos afirmamos ante Dios. Los pecadores no son justificados por haber algo bueno en ellos; Dios puede declararnos justos —puede justificar al impío, y aun así seguir siendo justo—, porque nos imputa, por gracia, la perfecta justicia de su propio Hijo amado. Así, la única base de justificación es la justicia de Cristo, que se nos acredita como don solo por gracia (cf. Ro. 3:24; Ef. 2:8-9; Tit. 3:7).

El medio de justificación: fe solamente

La realización de la redención por parte de Cristo ocurrió hace dos mil años, aparte de cualquier influencia humana. Pero ¿cómo puede aplicarse a mí personalmente la obra objetiva de Cristo? ¿Por qué medio pueden imputarse mis pecados a Cristo y su justicia a mí? La respuesta consistente de las Escrituras es que somos justificados por medio de la fe sola, aparte de las obras. La fe nos une a Cristo en su muerte y su resurrección, de manera que su castigo cuenta como nuestro, y su justicia como nuestra.

La exposición más clara de la doctrina de la justificación solo por fe viene de las cartas de Pablo, en especial, del libro de Romanos (3:22-28; 5:1; 9:30; 10:4, 6, 10) y de Gálatas (2:16; 3:22, 24, 26). Tome un momento para leer cada uno de esos textos citados. Descubrirá que uno debe perder la esperanza de ser declarado justo mediante sus propias obras y confiar solo en Cristo por justicia.

Aunque Jesús nunca explicó formalmente la doctrina de la justificación (como lo hace Pablo en Romanos y Gálatas), la doctrina de *sola fide* subraya e impregna toda su predicación del evangelio. Por ejemplo, en Juan 5:24, Jesús declaró: "El que oye mi palabra… ha pasado de muerte a vida". Sin experimentar sacramento o ritual alguno, y sin período de espera o purgatorio alguno, el creyente pasa de la muerte a la vida. El ladrón en la cruz es otro ejemplo. Basándose en la prueba más escasa de su fe, Jesús le dijo que estaría en el cielo ese mismo día (Lc. 23:43). Para procurar la salvación no se le exigió ningún sacramento u obra.

---

56 Algunos teólogos objetan que como Pablo usa la frase "la justicia de Dios", no se refiere por tanto a la obediencia de Cristo. Pero compárese 2 Pedro 1:1: "La justicia de nuestro Dios y Salvador, Jesucristo". Además, la justicia imputada a los creyentes es la justicia de Dios *precisamente porque* es la justicia de Cristo (cf. Ro. 1:17; 3:21-22; 10:3-4). Como argumenta Murray: "Es la justicia del Dios-hombre, una justicia que da la talla respecto a los requisitos de nuestra situación pecaminosa y maldecida por el pecado, una justicia que satisface todas las exigencias de una justificación completa e irrevocable, que cumple todas esas exigencias, porque es una justicia de propiedad y carácter divinos, una justicia incontaminada e inviolable". *La redención consumada y aplicada*, 124.

Sin embargo, la única ocasión en la que Jesús declaró realmente "justificado" a alguien, nos proporciona la mejor apreciación en su forma de enseñar la doctrina. En Lucas 18:9-14, Jesús le cuenta una parábola a un respetado fariseo que confía en sus propias obras por justicia, en contraste con un despreciado publicano que, sin pensar en sí mismo, buscó a Dios por perdón. En un giro inesperado, Jesús declara que el publicano creyente volvió a su casa justificado, mientras que el fariseo que obraba permaneció muerto en sus pecados. El publicano no buscó el favor de Dios sobre las bases de algo que él hubiera hecho —ni siquiera algo que Dios hubiera logrado en él—, sino solo por lo que Dios había realizado por él. El publicano sabía que tenía una deuda imposible de pagar y sabía que no podría pagarla. Sabía que incluso sus mejores obras eran pecado y, por tanto, no ofreció hacer nada para Dios. Sencillamente, buscó que Dios hiciera por él lo que él mismo no podía hacer. Finalmente, este hombre se marchó justificado sin llevar a cabo obras de penitencia, sacramentos o rituales. Su justificación fue completa sin obras de ninguna clase y a través solo de la fe.

Tal vez la más clara afirmación de la justificación solo por fe aparece en Romanos 4, cuando Pablo utiliza los tratos de Dios con Abraham para ilustrar que su evangelio tenía raíces antiguas. En el versículo 3 cita Génesis 15:6, mencionando que Dios le imputó justicia a Abraham por medio de la fe de Abraham. Sus obras no tuvieron nada que ver en ello, en absoluto, porque Pablo sigue diciendo: "Pero al que obra, no se le cuenta el salario como gracia, sino como deuda; mas al *que no obra*, sino cree en aquel que justifica al impío, su fe le es contada por justicia" (Ro. 4:4-5). Aquí, Pablo niega explícitamente la enseñanza de que las obras constituyan parte alguna de la base de la justificación. Si tuviéramos que hacer alguna buena obra para nuestra salvación, la justicia que resultaría no se la podría denominar nunca como un "don". El obrero gana un salario. Sin embargo, quien recibe la salvación es justificado "gratuitamente por su gracia [de Dios]" (Ro. 3:24), y un regalo solo puede darse al margen de cualquier obra. La gloriosa consecuencia de esta preciosa doctrina es que la salvación es totalmente gratuita. Con la mano vacía, el pecador se aferra a la justicia de Cristo solo por medio de la fe.

Es importante declarar que la fe en Cristo no es la *base* de la justicia del creyente, sino meramente el *medio* o instrumento a través del cual la recibimos. Esta es una importante distinción, porque muchas personas depositan su esperanza del cielo sobre el hecho de que tuvieron el buen juicio de creer el evangelio. Pero un entendimiento así socava la verdad de que somos salvos solo por gracia. La justicia no puede basarse en mi fe sin que esta justicia se convierta en "mi propia justicia" (Fil. 3:9). Si la justicia salvadora está basada en que el pecador haga algo —incluso creer—, ya no es una justicia ajena dada como un don y, por tanto, no puede ser la justicia de Dios que se requiere para salvación. En este caso, la fe se convertiría en una obra, y la "gracia ya no es gracia" (Ro. 11:6). La santidad de Dios es tan magníficamente perfecta que toda nuestra justicia tiene que ser un don gratuito de su gracia soberana, porque jamás podríamos ganarla. Así, Dios declara justos a los pecadores, no porque su fe les haya conseguido la justicia, sino porque Cristo la logró y porque Dios les ha dado a los pecadores ese don por medio de la fe.[57] Muy lejos de ser la moneda con la que compramos la salvación de Dios, la fe es únicamente adecuada para la gracia (Ro. 4:16), porque no es nada más que el brazo extendido y la mano vacía que confiesa: "¡No tengo nada! ¡Estoy en bancarrota de cualquier recurso espiritual o capacidad! Señor, recibo tu regalo de salvación en Cristo".

El resultado de la justificación: buenas obras

Quizá la objeción más común a la doctrina de la *sola fide* sea la acusación de que el apóstol Santiago la contradice explícitamente. ¿Cómo puede reconciliarse el comentario de Santiago: "Vosotros veis, pues, que el hombre es justificado por las obras, y no solamente por la fe", con la doctrina de la justificación solo por la fe? (Stg. 2:24). La respuesta es que Santiago usa el término "justificado" en un sentido distinto a como lo emplea Pablo en los textos ya citados. En particular, Santiago habla de la justificación en el sentido de la "vindicación" o "la demostración de la justicia".

Las Escrituras usan a menudo la palabra "justificación" en este sentido. Por ejemplo, leemos en una confesión de la iglesia primitiva que Cristo "fue manifestado en carne" y "justificado en el Espíritu" (1 Ti. 3:16; cf. Lc. 10:29). Ciertamente, el Señor Jesús no tenía necesidad alguna de justificación forense, de ser legalmente declarado justo. En su lugar, este pasaje habla de la justificación de Cristo por parte del Espíritu, mediante los muchos milagros que efectuó (Hch. 2:22), así como la vindicación suprema de la resurrección (Ro. 1:4). Del mismo modo, Santiago usa el término "justificado" en el sentido de "vindicado" o "demostrado".

El contexto de Santiago 2 deja esto también claro. Santiago está comentando el sacrificio de Isaac por parte de Abraham, según el mandamiento de Dios (Stg. 2:21; cf. Gn. 22:1-14), un suceso que ocurrió muchos años después de que fuera declarado que Abraham "creyó a Jehová, y le fue contado por justicia" (Gn. 15:6). Por el contrario, cuando Pablo desea ilustrar la verdad de la imputación de la justicia por medio de la fe solamente, al margen de las obras (Ro. 4:6), escoge este ejemplo

---

57 Las famosas observaciones de Warfield son dignas de una afirmación sincera: "El *poder salvador* de la fe reside… no en sí misma, sino en el Salvador Todopoderoso sobre quien descansa. Nunca es por cuenta de su naturaleza formal como un acto físico que en las Escrituras se concibe que la fe es salvadora, como si este estado de ánimo o actitud de corazón fuera en sí mismo una virtud con reclamaciones sobre la recompensa de Dios… No es la fe la que salva, sino la fe en Jesucristo… Estrictamente hablando, no es ni siquiera la fe en Cristo la que salva, sino Cristo quien salva por medio de la fe. El poder salvador reside exclusivamente, no en el acto de fe ni en la actitud de fe, ni en la naturaleza de la fe, sino en el objeto de la fe… no podríamos malinterpretar más radicalmente [el concepto bíblico de la fe] que cuando se le transfiere a la fe incluso la más pequeña fracción de esa energía salvadora que se le atribuye exclusivamente a Cristo mismo en las Escrituras" (Benjamin B. Warfield, *The Works of Benjamin B. Warfield*, vol. 2, *Biblical Doctrines* (1932; reimp., Grand Rapids, MI: Baker, 2000), 504, cursivas en el original).

anterior de la vida de Abraham antes de que hubiera cualquier ley que pudiera seguir (Ro. 4:9-13). Sin embargo, Santiago no se está refiriendo a la justificación forense y a la imputación de la justicia. No está enseñando que las buenas obras son la base de nuestra salvación. En cambio, está hablando sobre las buenas obras que son la evidencia necesaria de nuestra salvación. La fe de Abraham, que le fue acreditada como justicia al margen de cualquier cosa que hubiera hecho, fue justificada por sus obras. En otras palabras, las obras de Abraham demostraron que su fe era verdadera, y no una fe muerta (cf. Stg. 2:17, 26). La verdadera fe se demuestra por sus obras (Stg. 2:18), pero esas obras son la prueba y el resultado de nuestra justificación y nuestra santificación inicial, y no la razón de nuestra justificación.

Lejos de refutar la doctrina de la *sola fide* a favor de los legalistas, el argumento de Santiago defiende la doctrina del ataque del error opuesto: el antinomianismo, la enseñanza que niega que la santificación sea el necesario fruto de la justificación. Mientras que el legalismo socava el evangelio, insistiendo en que debemos añadir nuestra obediencia a la obra de Cristo con el fin de ser justificados, el antino-mianismo pervierte el evangelio restando eficacia a la obra de Cristo, negando que quienes reciben a Cristo como Salvador deben también someterse a Él como Señor. Santiago echa abajo por completo esta sugerencia. Explica que la "fe" de quienes profesan ser cristianos y no hacen progresos en la santidad práctica, que siguen caminando en patrones de injusticia, no es fe verdadera y salvadora en absoluto. La suya es una fe muerta (Stg. 2:17, 26), demoníaca (Stg. 2:19), e inútil (Stg. 2:20) que los identifica como aquellos que se autoengañan y que Jesús nunca ha conocido (Mt. 7:21-23).

En realidad, Juan Calvino, el gran reformador y creyente en *sola fide,* se apoyó en la enseñanza de Santiago 2, cuando escribió: "Es, pues, la fe sola la que justifica y, sin embargo, la fe que justifica no está sola".[58] En otras palabras, la salvación no es *el resultado* de las buenas obras (Ef. 2:9), pero sí *resulta* necesariamente en buenas obras. Este es el propósito mismo de nuestra salvación: "Porque somos hechura suya, creados en Cristo Jesús *para buenas obras,* las cuales Dios preparó de antemano para que anduviésemos en ellas" (Ef. 2:10). Cristo no solo se entregó por nosotros para redimirnos de forma forense de toda maldad, sino también para "purificar para sí un pueblo propio, celoso de buenas obras" (Tit. 2:14). Aquellos que niegan que las buenas obras son el fruto necesario de la justificación recibida por medio de la fe solamente, convierten al Señor Jesucristo en medio Salvador: uno que salva de la pena del pecado, pero no de su poder. Sin embargo, las Escrituras nos enseñan que estamos unidos con Cristo no solo en su muerte, sino también en su resurrección, cuyo resultado necesario es una vida santa (Ro. 6:3-6; 2 Co. 5:14-15). Todos los cristianos verdaderos han sido "liberados" de la esclavitud del pecado y se han convertido en "esclavos de Dios", lo que resulta en santificación

---

58 Tomado de Calvino, "Acts of the Council of Trent with the Antidote" (1547), citado en Schreiner, *Faith Alone,* 62.

(Ro. 6:1-14, 22). Por consiguiente, aunque es la fe sola la que salva, esta nunca está sola, sino que va siempre acompañada del fruto de justicia (Fil. 1:11), producido por el Espíritu Santo en la vida del creyente (Gá. 5:22-25; cf. Jn. 15:8).[59]

Observaciones finales respecto a la justificación

En resumen, la justificación es ese aspecto de la aplicación de la redención en la que Dios declara legalmente que el pecador es justo a sus ojos. La base de esta declaración es la justicia de Cristo que llevó a cabo en lugar del pecador al (1) morir para proveer el perdón de los pecados y (2) caminar en perfecta obediencia a su Padre con el fin de proporcionar la justicia requerida para la comunión con Dios. Solo por gracia, Dios imputa nuestro pecado a Cristo para que pueda llevar verdaderamente nuestro castigo, y nos imputa la justicia de Cristo para que podamos comparecer ante Él en santidad perfecta. Esta imputación es tan solo por medio de la fe, aparte de cualquier obra por parte del pecador. Las buenas obras que necesariamente siguen a la justificación son las pruebas —no la base— de la fe verdadera y salvadora.

La doctrina de la justificación va directamente al corazón mismo del evangelio. Ofrece la única esperanza de salvación a los pecadores culpables quienes, aparte de Cristo, no tienen ninguna esperanza de una relación restaurada con el Dios santo del universo, pero que en Él están vestidos de la perfecta justicia que Dios requiere. La buena noticia del evangelio es que esta bendición se ofrece gratuitamente a todos los que la reciben, al margen de las obras, solo por medio de la fe. La doctrina de la justificación es el fundamento mismo de la promesa del evangelio de Juan 3:16: "De tal manera amó Dios al mundo, que ha dado a su Hijo unigénito, para que todo aquel que en él cree, no se pierda, mas tenga vida eterna", y de Romanos 8:1: "Ahora, pues, ninguna condenación hay para los que están en Cristo Jesús".

ADOPCIÓN

Aunque pueda parecer imposible mejorar dones como la regeneración, la conversión, la unión y la justificación, la Palabra de Dios habla de otra bendición espiritual en la aplicación de la redención: la adopción de los creyentes por parte de Dios como hijos suyos.[60]

---

59 Para un ejemplo bíblico más detallado contra el antinomianismo, representado de forma especial en la doctrina del "no señorío" de Zane Hodges y Charles Ryrie, véanse John MacArthur, *El evangelio según Jesucristo*, y John MacArthur, *El evangelio según los apóstoles*.

60 El trasfondo para el concepto neotestamentario de la adopción procede de la práctica de la adopción en la antigua Roma, bosquejada de forma conveniente en John MacArthur, *Slave: The Hidden Truth about Your Identity in Christ* (Nashville: Thomas Nelson, 2010), 155-157: "El proceso de adopción consistía en varios procedimientos legales específicos. El primer paso ponía fin por completo a las relaciones sociales y a la conexión legal del hijo adoptado con su familia natural. El segundo paso lo convertía en un miembro permanente de su nueva familia. Adicionalmente, se eliminaba cualquier obligación financiera previa, como si nunca hubiera existido. Para que la transacción se

El concepto de la adopción nos resulta familiar, porque sigue siendo común en nuestro mundo actual, y es un caso raro cuando la historia de cualquier adopción en particular no calienta el corazón. Mediante la intervención de un benefactor compasivo, los niños adoptados son acogidos en el amoroso hogar de una nueva familia, ansiosa de proveer protección, instrucción y la esperanza de un futuro. El Nuevo Testamento amplía esta bendición de la adopción humana, usándola como analogía para describir el amor paternal de Dios por nosotros. Éramos huérfanos espirituales bajo la cruel opresión del pecado y de Satanás. Por naturaleza éramos "hijos de ira" (Ef. 2:3), "hijos de desobediencia" (Ef. 2:2; 5:6), y hasta hijos del mismo diablo (Jn. 8:44). Nuestro único hogar era este mundo maldecido por el pecado que pasa rápidamente (1 Jn. 2:17). Nuestro único guardián era el enemigo declarado de nuestras almas (1 P. 5:8). Nuestro único futuro era la expectativa aterradora del juicio del infierno (He. 10:27).

Sin embargo, Dios, ansioso por manifestar la gloria de su gracia, intervino en favor de nosotros:

> En amor habiéndonos predestinado para ser adoptados hijos suyos por medio de Jesucristo, según el puro afecto de su voluntad, para alabanza de la gloria de su gracia, con la cual nos hizo aceptos en el Amado (Ef. 1:5-6).

> Pero cuando vino el cumplimiento del tiempo, Dios envió a su Hijo, nacido de mujer y nacido bajo la ley, para que redimiese a los que estaban bajo la ley, a fin de que recibiésemos la adopción de hijos (Gá. 4:4-5).

El eterno Hijo de Dios fue abandonado por su Padre para que pudiéramos ser acogidos como hijos. A un gran precio para Él, Dios tomó cada medida legal para rescatarnos del pecado y hacernos parte de su familia. Como fue planeado en la eternidad pasada, el Hijo compró a los creyentes en el Calvario, y finalmente ellos asieron la bendición de la adopción en el momento de la conversión, "pues —como afirma el apóstol Pablo— todos sois hijos de Dios por la fe en Cristo Jesús" (Gá. 3:26; cf. Jn. 1:12). En la adopción, Dios coloca legalmente a los pecadores regenerados y justificados en su familia, para que se conviertan en hijos e hijas de Dios y así disfrutar de todos los derechos y privilegios de quien es miembro de la familia eterna de Dios.

---

formalizara legalmente, se requería la presencia de siete testigos de reputación. Si era necesario, su testimonio podía refutar cualquier impugnación potencial a la adopción después de que el padre muriera. Una vez completada la adopción, el nuevo hijo o hija estaba entonces totalmente bajo el cuidado y control del nuevo padre. El padre anterior no tenía ya ninguna autoridad sobre su antiguo hijo. En las familias romanas, la autoridad del *paterfamilias* ('padre de familia') era definitiva y absoluta. Esa autoridad se extendía a los adoptados en la familia, comenzando en el momento de su adopción".

La bendición única de la adopción

Aunque se ha confundido con frecuencia con la regeneración, o contemplado tan solo como un aspecto más de la justificación, la bendición espiritual de la adopción es un privilegio único en la economía de la redención de Dios. Pensamos que llegamos a ser hijos de Dios como resultado de la regeneración: nacidos de nuevo. Pero la adopción habla de nacer en una familia. Aunque la regeneración y la adopción están íntimamente relacionadas, las Escrituras distinguen no obstante estas dos bendiciones con respecto al autor, a la naturaleza y al medio de cada una, como puede verse en el cuadro 7.1.

Tabla 7.1 Regeneración versus adopción en las Escrituras

	Regeneración	Adopción
Autor	Espíritu Santo (Jn. 3:5-6, 8; 6:63)	El Padre (Ef. 1:5)
Naturaleza	Transformadora (Ez. 36:26-27; cf. 2 Co. 5:17)	Legal (Jn. 1:12)
Medio	Palabra de Dios (Stg. 1:18; 1 P. 1:23-25)	Fe (Jn. 1:12; Gá. 3:26)

Además, la adopción no debería considerarse tan solo un subconjunto de la obra de justificación. Aunque tanto la justificación como la adopción son actos declarativos por medio de la fe, son bendiciones distintas. La justificación es la declaración legal de que uno es justo con respecto a las exigencias de la ley de Dios. Sin embargo, la adopción es la declaración legal del Juez divino de que aquel que es justificado ha sido hecho miembro de la familia del Juez divino.

Que se nos conceda una nueva vida espiritual en la regeneración es una bendición inefable. De modo que también es un extraordinario privilegio ser liberados de la pena del pecado y declarados justos en Cristo. Si el otorgamiento de los dones de Dios se hubiera detenido en la regeneración y la justificación, nadie cuestionaría su bondad ni consideraría que su gracia es deficiente. Sin embargo, en una extravagante expresión de amor, Dios adopta a los creyentes en su familia, para que no solo podamos relacionarnos con Él como el dador de la vida espiritual y proveedor de la justicia legal, sino también como nuestro Padre amoroso y compasivo. Por esta razón, la adopción ha sido designada, con razón, "el más alto privilegio que ofrece el evangelio"[61] y "el vértice de la gracia y el privilegio" que "hace tambalear la imaginación, a causa de su asombrosa condescendencia y amor".[62] En realidad, cuando el apóstol Juan consideró la realidad de la adopción del creyente, se vio llevado a otro estallido apostólico de alabanza: "Mirad cuál

61 J. I. Packer, *Knowing God*, ed. rev. (Downers Grove, IL: InterVarsity Press, 1993), 206.
62 Murray, *La redención consumada y aplicada*, 133.

amor nos ha dado el Padre, para que seamos llamados hijos de Dios" (1 Jn. 3:1). ¡Extraordinario en verdad!

¿Paternidad universal de Dios?

La noción de que los creyentes *se convierten* en los hijos de Dios en el momento de la conversión le propina el golpe de muerte a la doctrina de la paternidad universal de Dios: la enseñanza liberal protestante de que todos los seres humanos son hijos de Dios por defecto. Es cierto que las Escrituras hablan a veces de la paternidad de Dios en términos universales. Un ejemplo de eso está en Hechos 17:28-29. Sin embargo, el contexto de esta declaración indica con claridad que Pablo estaba hablando de la realidad de que Dios es el Creador de toda la humanidad y, por tanto, es el Padre universal solo en este sentido. Él es "Padre de los espíritus" (He. 12:9), "quien da a todos vida y aliento y todas las cosas" (Hch. 17:25), y Él "de una sangre ha hecho todo el linaje de los hombres" (Hch. 17:26). Por tanto, "en él vivimos, y nos movemos, y somos" (Hch. 17:28).[63]

No obstante, que Dios sea el Creador común de todos los seres humanos no significa que todos sean sus hijos en el sentido relacional indicado por la doctrina de la adopción. Jesús mismo habla con mayor severidad sobre esta cuestión, y observa que todos los incrédulos son hijos de Satanás mismo. Distingue con claridad entre su Padre y el padre de los fariseos (Jn. 8:38), niega que Dios sea el Padre de ellos (Jn. 8:42), y declara de forma explícita: "Vosotros sois de vuestro padre el diablo" (Jn. 8:44). El apóstol Juan comenta esta distinción entre los hijos de Dios y los hijos del diablo, y observa que estos últimos son aquellos que no practican la justicia (1 Jn. 3:10). Las Escrituras diferencian entre los hijos de la carne y los de Dios (Ro. 9:8), los hijos de la esclava y los hijos de la mujer libre (Gá. 4:22-31), y los hijos de luz y los de la oscuridad (Ef. 5:8). Estos pasajes se oponen a cualquier entendimiento de la paternidad universal de Dios. En realidad, en lugar de ser hijo de Dios, al hombre natural se lo describe como "los hijos de desobediencia" (Ef. 2:2; 5:6). Lejos de relacionarse naturalmente con Dios como hijos, todos los seres humanos caídos son "por naturaleza hijos de ira" (Ef. 2:3). A menos que algo drástico suceda —de hecho, nada menos radical que ser vivificados de entre los muertos (Ef. 2:4-5)—, el hombre en su condición natural no conocerá las bendiciones de un Padre amoroso, sino que más bien experimentará la ira de un Juez justo. Solo aquellos que reciben a Jesús y creen en su nombre reciben la potestad de convertirse en hijos de Dios (Jn. 1:12), porque todos los hijos adoptivos de Dios son "hijos de Dios por la fe en Cristo Jesús" (Gá. 3:26) como resultado de su obra de redención (Gá. 4:5).

---

63 Esta también puede ser la intención de Malaquías cuando reprende a los pecaminosos sacerdotes de su tiempo, preguntando: ¿No tenemos un mismo padre? ¿No nos ha creado un mismo Dios? (Mal. 2:10). Sin embargo, considerando su referencia al "pacto de nuestros padres" al final del versículo, es más probable que Malaquías se esté refiriendo a la paternidad de Dios respecto a Israel como nación del pacto (cf. Jer. 31:9; Os. 11:1).

Por tanto, más que una paternidad *esencial* de Dios o una paternidad *creativa* universal de Dios, estos pasajes sobre la adopción hablan de la paternidad *redentora* de Dios, en la que los pecadores justificados se convierten en hijos e hijas del Padre con todos los derechos y privilegios de los que disfruta un miembro de su familia.

Los privilegios de la adopción

¿Cuáles son, pues, esos derechos y privilegios de los que disfrutan los miembros de la familia de Dios? La principal bendición de nuestra adopción es que el Espíritu Santo mismo establece residencia permanente en nuestros corazones, nos libera del pecado y fomenta nuestra comunión con Dios (Ro. 8:15-16; Gá. 4:6-7). Aunque estábamos esclavizados al pecado y a la idolatría (Gá. 4:8), el Espíritu de adopción nos ha liberado de nuestra esclavitud a "la libertad gloriosa de los hijos de Dios" (Ro. 8:21; cf. 2 Co. 3:17). Ya no somos esclavos de un amo, sino hijos permanentes de nuestro Padre (Jn. 8:35), y el Espíritu mismo da testimonio en nuestros corazones para asegurarnos de que esta nueva relación es genuina. Tan íntimo es nuestro vínculo con el Dios del universo que el Espíritu nos impulsa a clamar a Él con el afecto de un hijo: "¡Abba! ¡Padre!" (Ro. 8:15; Gá. 4:6). El término arameo informal para "padre", *Abba,* señala la ternura y la intimidad más entrañables entre un padre y un hijo. Al margen de estos dos pasajes, solo aparece una vez más en el Nuevo Testamento: en los labios de Jesús mismo durante la hora más oscura de su periplo terrenal. En Getsemaní, cuando el Hijo derramó su corazón ante el Padre, y suplicó que la copa de la ira divina fuera apartada de Él, se dirigió a Él como "Abba" (Mr. 14:36). Cuanto menos resulta sorprendente pensar que a nosotros, que una vez estuvimos alejados de Dios por culpa de nuestro pecado (Ef. 4:18), se nos ha dado el privilegio de clamar al Padre como lo hizo su Hijo amado. La gloria de este pensamiento solo se ve superada por la realidad de que su grito de "Abba" fue ignorado para que el nuestro fuera oído.

Debido a que podemos relacionarnos con Dios como nuestro Padre, compartimos la riqueza de su amorosa compasión, protección, provisión y beneficencia. Su disposición hacia nosotros es la del padre con sus hijos, ávido por manifestar bondad y actuar en nuestro mayor interés (Sal. 103:13). El Señor mismo ilustra esta disposición a la compasión, cuando pregunta:

> ¿Qué padre de vosotros, si su hijo le pide pan, le dará una piedra? ¿o si pescado, en lugar de pescado, le dará una serpiente? ¿O si le pide un huevo, le dará un escorpión? Pues si vosotros, siendo malos, sabéis dar buenas dádivas a vuestros hijos, ¿cuánto más vuestro Padre celestial dará el Espíritu Santo a los que se lo pidan? (Lc. 11:11-13).

Dios no solo nos dará su Espíritu; como lo expresa el pasaje paralelo, sino que nos dará también las "buenas cosas" que le pedimos (Mt. 7:11). A causa de esto, no tenemos necesidad de angustiarnos por nuestras necesidades diarias, porque al

Padre le agrada proveer estas cosas para nosotros (Lc. 12:29-30). Inmediatamente después de este consuelo por parte de nuestro Señor, nos reconforta con la beneficencia del Padre con las que podrían ser las palabras más tiernas que pronunció jamás: "No temáis, manada pequeña, porque a vuestro Padre le ha placido daros el reino" (Lc. 12:32). Dios no es un mero benefactor distante, indiferente, aunque generoso. Así como un padre se deleita en bendecir a sus hijos con una herencia, en su buena voluntad —Él se deleita con sumo interés— nos hace partícipes de la plenitud de su mismo reino.

En su entusiasmo por bendecir a sus hijos adoptados va implícita la realidad de que podemos acercarnos al Señor de gloria en oración. Como afirmó Jesús, nuestro Padre está preparado para dar "buenas dádivas... a los que le pidan" (Mt. 7:11; Lc. 11:13), y proveer para las necesidades de la vida cuando buscamos primero su reino (Lc. 12:30-31), algo que se hace principalmente por medio de la oración. Por esta razón, cuando el Señor enseñó a sus discípulos a orar a Dios, los instruyó para que se dirigieran a Él así: "Padre nuestro que estás en los cielos" (Mt. 6:9). ¡Qué privilegio acercarse al trono de gracia con la confianza de que el Señor soberano es nuestro Padre celestial, que está ansioso por escuchar nuestras peticiones y bendecirnos desde su abundancia!

Otro privilegio de nuestra adopción como hijos es la amorosa disciplina paternal que recibimos de Dios. El autor de Hebreos nos aconseja: "Hijo mío, no menosprecies la disciplina del Señor, ni desmayes cuando eres reprendido por él; porque el Señor al que ama, disciplina, y azota a todo el que recibe por hijo" (He. 12:5-6; cf. Pr. 3:11-12). Cuando nos apartamos de la voluntad de Dios y nos hundimos en pensamientos y actos pecaminosos, Él ordenará providencialmente diversas dificultades y aflicciones en nuestras vidas para advertirnos de las consecuencias del pecado, para llevarnos al arrepentimiento y para cultivar una mayor madurez espiritual en nosotros (p. ej., 2 S. 12:10-12; 1 Co. 11:30). El autor de Hebreos prosigue y explica que, cuando experimentamos esta disciplina, "Dios [nos] trata como a hijos; porque ¿qué hijo es aquel a quien el padre no disciplina? Pero si se os deja sin disciplina... entonces sois bastardos, y no hijos" (He. 12:7-8). En realidad, cuando Dios retira su disciplina, es la indicación más grave de su juicio, ya que está entregando a su pueblo a su pecado y a sus consecuencias (Ro. 1:25-28). En la esfera humana, las Escrituras afirman que los padres que retienen la disciplina de sus hijos los odian (Pr. 13:24) y desean su muerte (Pr. 19:18). Por tanto, que Dios nos discipline como a sus hijos es un testimonio seguro de su ferviente amor y de su deseo sincero de nuestro mayor beneficio. Como sigue señalando el autor de Hebreos, "[Él nos disciplina] para lo que nos es provechoso, para que participemos de su santidad" (He. 12:10). Aunque en el momento, "ninguna disciplina... parece ser causa de gozo, sino de tristeza; pero después da fruto apacible de justicia a los que en ella han sido ejercitados" (He. 12:11). Cuando consideramos que existe una "santidad, sin la cual nadie verá al Señor" (He. 12:14), nos vemos obligados a valorar la amorosa disciplina de nuestro Padre, porque es adecuada para tener comunión con Él. ¡Qué privilegio que el Dios de los cielos se haya tomado un interés personal en nuestro bienestar espiritual, no solo para declararnos justos, sino también para obrar en nosotros una justicia práctica por su extraordinaria gracia!

Otro privilegio adicional de nuestra adopción en la familia de Dios es la unidad de la que disfrutamos con nuestros hermanos y hermanas en Cristo. La iglesia no es un mero club social ni una organización política entrelazada con intereses comunes o pasatiempos compartidos. En cambio, estamos objetivamente unidos unos a otros como miembros de la misma familia. No es de sorprender que los primeros cristianos se trataran entre sí como hermanos y hermanas (p. ej. Hch. 1:15-16; Ro. 12:1; 16:14; Fil. 4:1; 1 Ti. 5:1-2; cf. Mt. 12:46-50). Ahora bien, una familia no es un mero grupo de personas con algunos intereses compartidos y un aprecio subjetivo los unos por los otros. En su lugar, los hermanos y las hermanas están vinculados por algo mucho más profundo: por la unión objetiva que resulta del amor compartido por sus padres. Y, aunque puedan no relacionarse siempre unos con otros en los mejores términos, no hay desacuerdo ni conflicto que pueda quebrantar el vínculo objetivo que comparten. Esto mismo ocurre en el seno de la familia de Dios. Pueden surgir tensiones y desacuerdos entre nosotros y nuestros hermanos y hermanas en Cristo, sin embargo, así como nada nos puede separar de la amorosa unión que compartimos individualmente con Cristo (Ro. 8:38-39), tampoco se nos puede apartar de la unión que compartimos unos con otros de forma corporativa. Es con base en esta unión objetiva que buscamos "la unidad del Espíritu en el vínculo de la paz" (Ef. 4:3). Siempre que los cristianos hagan esto, nunca estaremos solos. Siempre nos perteneceremos los unos a los otros. Por la gracia de la adopción por parte de nuestro Padre, afrontamos las pruebas más oscuras junto con nuestros hermanos y hermanas, como familia de Dios.

Además de todos esos privilegios de los que disfrutamos en el momento presente, nuestra adopción como hijos de Dios también nos garantiza una participación en la herencia futura de la vida eterna. Pablo escribe que, si somos hijos adoptados, también debemos ser necesariamente herederos. Ya no somos esclavos, sino hijos, "y si hijo, también heredero de Dios" (Gá. 4:7); de hecho, "herederos de Dios y coherederos con Cristo" (Ro. 8:17). En las relaciones humanas, los hijos y las hijas heredan el patrimonio de sus padres cuando estos fallecen. Todo lo que pertenecía a los padres se les lega a los hijos, y ellos siguen adelante con el legado familiar. Del mismo modo, aunque por naturaleza no teníamos un derecho legítimo a todas las riquezas del reino de Dios, por gracia nos hemos convertido en los hijos adoptivos de Dios y, por tanto, herederos legales de "una herencia incorruptible, incontaminada e inmarcesible, reservada en los cielos" para nosotros (1 P. 1:4). Tan genuina es nuestra herencia que se nos describe como coherederos con Cristo (Ro. 8:17). Todo lo que Cristo recibirá por derecho divino como Hijo natural de Dios, nosotros lo recibiremos por la gracia divina como hijos adoptivos de Dios.[64] Porque

---

64 John MacArthur, *Romanos,* CMNT (Grand Rapids, MI: Editorial Portavoz, 2010), 495.

Cristo es el Hijo de Dios, todo lo que posee el Padre le pertenece a Él. Y porque estamos en Cristo, todo lo que es de Cristo es nuestro, "sea el mundo, sea la vida, sea la muerte, sea lo presente, lo por venir" (1 Co. 3:22), todo les pertenece a los hijos de Dios. Los redimidos están seguros de disfrutar de todas las bendiciones del cielo en la presencia de Dios, porque Él promete que "el que venciere heredará todas las cosas, y yo seré su Dios, y él será mi hijo" (Ap. 21:7). La principal de estas bendiciones celestiales es la promesa de un cuerpo glorificado a semejanza del cuerpo de la resurrección de Cristo, libre de todo pecado y enfermedad (1 Co. 15:23, 42-44; Fil. 3:20-21). Aunque en esta morada gemimos bajo los efectos de la maldición del pecado (2 Co. 5:2), esperamos la consumación de nuestra adopción como hijos e hijas de Dios, la redención de nuestros cuerpos (Ro. 8:23).

En un sentido, esta glorificación ha empezado en esta vida presente en forma de santificación progresiva, un privilegio más de nuestra adopción. Así como los hijos imitan a su padre, también se nos exhorta a "se[r], pues, imitadores de Dios como hijos amados" (Ef. 5:1). Una de las más ricas bendiciones de la gracia de Dios en la salvación es que Él le atribuye su nombre a su pueblo. Por gracia, Él busca el bienestar de su pueblo con el mismo celo con el que defiende el honor de su reputación, porque ellos llevan su nombre (cf. Jos. 7:9; 1 S. 12:22; Jer. 14:7, 9; Dn. 9:17-18). Como hijos de Dios llevamos el "nombre de la familia" de Dios y, como declara Isaías, su nombre es Santo (Is. 57:15; cf. 1 Cr. 29:16; Sal. 33:21; Is. 47:4; Lc. 1:49). Así, el apóstol Pedro nos insta: "como hijos obedientes, no os conforméis a los deseos que antes teníais estando en vuestra ignorancia; sino, como aquel que os llamó es santo, sed también vosotros santos en toda vuestra manera de vivir; porque escrito está: Sed santos, porque yo soy santo" (1 P. 1:14-16). Si clamamos a este Santo como Padre, deberíamos vivir una vida que se asemeje a su santidad (1 P. 1:17), y comportarnos como "irreprensibles y sencillos, *hijos de Dios* sin mancha en medio de una generación maligna y perversa" (Fil. 2:15).

La conclusión al estudio de la doctrina de la adopción debe ser un llamamiento a la santidad. La promesa de Dios para nosotros es: "Y seré para vosotros por Padre, y vosotros me seréis hijos e hijas" (2 Co. 6:18). Si disfrutamos de tan exaltada posición como hijos adoptados en la familia de Dios, gozando de todos los derechos y privilegios como hijos e hijas del Todopoderoso mismo, debemos responder tal como nos indica Pablo en el siguiente versículo: "Así que, amados, puesto que tenemos tales promesas, limpiémonos de toda contaminación de carne y de espíritu, perfeccionando la santidad en el temor de Dios" (2 Co. 7:1). Por tanto, ahora dirigimos nuestra atención a la doctrina de la santificación.

LA SANTIFICACIÓN

Habiendo llegado a este punto en este estudio de la aplicación de la redención, hemos considerado los beneficios adquiridos por la obra de Cristo que el Espíritu aplica de inmediato a los creyentes en el comienzo de la vida cristiana. En la regeneración, el pecador es vivificado, se le concede arrepentimiento y fe, se le une a

Cristo, se le declara justo con base en la justicia imputada de Cristo, y es adoptado en la familia de Dios. Sin embargo, la bendición de la santificación es un beneficio de la aplicación de la redención que, aunque comienza en la regeneración, se aplica a lo largo de toda la vida del cristiano. En la santificación, Dios, que obra de forma especial por medio del Espíritu Santo, aparta al creyente para sí (cf. 1 Co. 1:2), y lo hace cada vez más santo, lo transforma progresivamente a imagen de Cristo (Ro. 8:29; 2 Co. 3:18) al someter el poder del pecado en su vida y capacitarlo para llevar el fruto de la obediencia en su vida.

La relación entre la justificación y la santificación

La santificación está íntimamente conectada a la justificación, pero no debe confundirse con la justificación ni ser considerada como parte de la justificación, como en la teología católica romana. La justificación es la declaración judicial de justicia de una vez por todas, que define la posición legal del hombre ante Dios. La santificación es una transformación gradual, constante de su naturaleza. En la justificación, Cristo ha asegurado la justicia forense *para* el creyente; en la santificación, el Espíritu obra progresivamente una justicia práctica *en* el creyente. La justificación concierne a la *imputación* de justicia, mientras que la santificación tiene que ver con la *impartición* de la justicia. Confundirlas es, fundamentalmente, socavar el evangelio.[65]

La santificación posicional (definitiva)

Aunque principalmente la santificación se entiende como un proceso en el que el creyente es conformado a la imagen de Cristo (p. ej., las Escrituras hablan de los creyentes como "a los que *está santificando*", He. 10:14, NVI), ese proceso tiene un comienzo definitivo en la regeneración. Al aspecto de tiempo presente de la santificación se lo denomina con frecuencia santificación progresiva, mientras que al aspecto de tiempo pasado se le puede llamar santificación inicial, posicional o definitiva.

Como se ha explicado antes, la regeneración no solo es la impartición de la vida espiritual, sino también una purificación definitiva del pecado.[66] Por esta razón, Pablo designa a la regeneración como un lavamiento y una renovación a la vez (Tit. 3:5). Así, cuando el Espíritu imparte vida espiritual, abriendo los ojos del pecador a la suciedad del pecado y a la gloria de Jesús (2 Co. 4:4, 6), la naturaleza del hombre es santificada, transformada definitivamente en una nueva creación (2 Co. 5:17). La santa disposición que es fortalecida a lo largo de la santificación progresiva del creyente es esa misma disposición santa nacida en el creyente en la regeneración. En este sentido, la regeneración es el principio de la santificación.

65 Para más detalle sobre la relación entre la justificación y la santificación, véanse "La naturaleza de la justificación: una declaración legal" (p. 330) y "El resultado de la justificación: buenas obras" (p. 337).

66 Véanse "La naturaleza de la regeneración" (p. 306) y la explicación de Ezequiel 36:25-27 y Juan 3:5 en "Los medios de la regeneración" (p. 309).

Por esta razón, el Nuevo Testamento emplea a menudo la terminología de la santificación en tiempo pasado, y caracteriza al cristiano como aquel que ha sido inicialmente santificado por Dios (Hch. 20:32; 26:18; 1 Co. 1:2; 6:11). Tanto el Antiguo como el Nuevo Testamento identifican a todo el pueblo de Dios como santos, literalmente, "los santos" (p. ej., Sal. 16:3; 34:9; Dn. 7:18-27; Mt. 27:52; Hch. 9:13, 32, 41; Ro. 1:7; 8:27; 1 Co. 1:2; 2 Co. 1:1; Ef. 1:1; 6:18; Fil. 1:1; Col. 1:2; Jud. 3; Ap. 19:8). Lejos de identificarlos como espiritualmente personas de élite con base en sus méritos personales, como enseña la Iglesia Católica Romana, lo que hace santo a un creyente no es su justicia práctica, sino su justicia posicional. Todos los creyentes son santos, porque todos los creyentes han sido apartados por un Dios santo, y han sido unidos al santo Señor Jesús. Los creyentes han sido inicialmente —o posicionalmente— santificados.

La realidad más relevante en la santificación definitiva es que, mediante la unión con Cristo, el creyente es liberado del dominio del pecado. Aunque la rectitud y la justificación imputadas le conceden al cristiano la libertad de la pena del pecado, la santificación inicial le otorga la libertad del poder del pecado. Esta es precisamente la idea de Pablo en Romanos 6:1–7:6. Allí declara que los creyentes han muerto al pecado en virtud de su unión con Cristo, para que ya no sean esclavos del pecado. Como resultado, el derecho legal del pecado para gobernar sobre ellos se ha roto. Aunque una vez estuvieron esclavizados al pecado, los creyentes poseen el poder de la resurrección de Cristo para resistir la tentación, mortificar el pecado y buscar cada vez más la santidad. Por tanto, aunque el creyente puede luchar vigorosamente con el pecado, nunca debe llegar a sentirse cómodo con el pecado en su vida. Actuar así es hacer las paces con un enemigo destronado, someterse a un gobernador que ha sido vencido.

Esta libertad del dominio del pecado es el fundamento necesario para todo el progreso en la santificación progresiva. Los creyentes solo pueden obedecer los imperativos de Romanos 6:12-13 por la realidad indicativa de la libertad del pecado anunciada en Romanos 6:11 y 14. Este paradigma indicativo-imperativo es la diferencia entre la ética bíblica y el moralismo de la religión legalista o la filosofía naturalista. Solo es por la unión con Cristo en su muerte y resurrección que el creyente puede hacer algún progreso en la santidad práctica (Gá. 2:20; Col. 3:12). Por consiguiente, cualquier intento de mejorar moralmente al margen de la obra de la gracia de Dios es una falsificación fabricada por el hombre de la obra de la santificación que no halla favor con Dios, y que es del todo ineficaz (Ro. 8:8; 14:23; He. 11:6). El cristiano va en pos de la santidad práctica, no para entrar en una relación con Dios ni ganar su amor, sino porque ya es hijo de Dios y un receptor de su amor en Cristo. Así, es necesario luchar contra el pecado con la fuerza y en la libertad de esa misericordiosa realidad. Los creyentes en Cristo pueden ser victoriosos sobre el pecado solo porque —y deben ser victoriosos sobre el pecado precisamente porque— Cristo ha vencido al pecado en ellos en virtud de su muerte y su resurrección.

Santificación progresiva

Sin embargo, esta decisiva victoria sobre el dominio del pecado no deja al creyente completamente purificado. Aunque se ha pagado la pena del pecado, y el poder de este ha sido quebrantado, su presencia permanece en la carne del creyente y, por tanto, debe hacerlo morir de continuo. Así, la santificación que comienza de forma definitiva en la regeneración prosigue necesariamente a lo largo de toda la vida del cristiano. Este aspecto continuo de la santificación se denomina santificación progresiva.

La naturaleza progresiva de la santificación se sustancia en los numerosos llamados de la Biblia a la santidad en tiempo presente, que indican una acción en curso y continuada (Ro. 8:13; 12:2; He. 12:14). Además, varios pasajes afirman explícitamente la naturaleza progresiva de la santificación (Fil. 1:9; 3:12-14; Col. 3:9-10; 1 Ts. 3:12; 1 P. 2:2; 2 P. 3:18). De un modo muy claro, Pablo declara que cuando los creyentes contemplan la gloria de Cristo con los ojos del corazón, están siendo así "transformados de gloria en gloria en la misma imagen" (2 Co. 3:18). Los creyentes no son conformados a la imagen de Cristo en un instante, sino que experimentan una transformación progresiva gradual a su imagen. Por tanto, la obra del Espíritu Santo en los creyentes hará que aumenten en santificación a lo largo de su vida cristiana.

Santificación perfeccionada

Del mismo modo que la santificación tiene un comienzo definitivo en la regeneración, y aumenta a lo largo de la vida, también será llevada en algún momento a su completitud al final de la vida del creyente. Según el grado en que contemplamos la gloria de Cristo en esta vida, a ese grado somos santificados (2 Co. 3:18). Sin embargo, como en esta vida vemos a Jesús de un modo imperfecto (1 Co. 13:12), la perfección de nuestra santificación aguarda el día en que lo veremos cara a cara. Como dice el apóstol Juan: "Pero sabemos que cuando él se manifieste, seremos semejantes a él, *porque* le veremos tal como él es" (1 Jn. 3:2).

En contra de la doctrina del *perfeccionismo*, la santificación nunca puede ser completada en esta vida. Aunque las Escrituras a menudo exhortan a los creyentes a la santidad en un lenguaje que suena muy absoluto (p. ej., Mt. 5:48; 1 P. 1:15-16), no deberíamos asumir que un mandamiento para la perfección implica nuestra capacidad de ser perfectos. Las Escrituras contradicen explícitamente la suposición de que la existencia de un mandamiento implica necesariamente la capacidad del hombre para obedecer. Por ejemplo, Jesús enseña que la incapacidad moral para producir buenos frutos no absuelve al incrédulo de su responsabilidad de hacerlo ni de las consecuencias ciertas de no hacerlo (Mt. 7:18-19). Además, a todas las personas, de todas partes, se las hace responsables de arrepentirse y creer en el evangelio (Hch. 17:30; cf. Mr. 1:15), algo que, según afirman las Escrituras en otro lugar, son incapaces de hacer (Ro. 8:7-8; 1 Co. 2:14).

Los perfeccionistas apelan también a otros pasajes que hablan de la santificación completa (1 Ts. 5:23), de la perfección y la completitud (Col. 1:28; Stg. 1:4), y de la incapacidad de pecar (1 Jn. 3:6, 9), pero son interpretaciones erróneas. En 1 Tesalonicenses 5:23, la santificación completa se refiere a la santificación en la totalidad de la naturaleza del hombre, que Pablo menciona explícitamente en la frase siguiente: "vuestro ser, espíritu, alma y cuerpo". Él está orando para que Dios sostenga la fe de ellos a lo largo de su vida y, finalmente, lleve su obra santificadora a buen término, y perfeccione tanto el espíritu/alma como el cuerpo, cuando Cristo regrese (cf. Fil. 3:21). Los pasajes que hablan de "perfección" no se refieren a la santificación total, sino a la madurez espiritual, como se traduce a menudo el término en otros lugares (p. ej. 1 Co. 2:6; He. 5:14). Y las declaraciones de Juan se entienden correctamente solo cuando se traduce apropiadamente el tiempo presente del verbo. En lugar de enseñar que los cristianos no cometen nunca actos de pecado, Juan está enseñando que ningún cristiano verdadero sigue con un modo o patrón de vida de pecado como cuando su estado no era regenerado. En realidad, los demás comentarios de Juan en la misma carta excluyen enfáticamente cualquier noción de perfección sin pecado en esta vida (p. ej. 1 Jn. 1:8). Santiago comenta que "todos ofendemos muchas veces" (Stg. 3:2) y, como cometemos pecados a diario, el Señor Jesús nos indica que oremos cada día y pidamos perdón (Mt. 6:11-12; cf. 1 Jn. 1:9). Lejos de pensar en alcanzar la perfección en esta vida, todos los creyentes deberían gritar con Pablo:

> *No* que lo haya alcanzado ya, ni que ya sea perfecto; sino que prosigo, por ver si logro asir aquello para lo cual fui también asido por Cristo Jesús. Hermanos, yo mismo no pretendo haberlo ya alcanzado; pero una cosa hago: olvidando ciertamente lo que queda atrás, y extendiéndome a lo que está delante, prosigo a la meta, al premio del supremo llamamiento de Dios en Cristo Jesús (Fil. 3:12-14).

Luego, en una manifestación de ironía apostólica, añade la exhortación: "Así que, todos los que somos *perfectos* esto mismo sintamos; y si otra cosa sentís, esto también os lo revelará Dios" (Fil. 3:15). Los que son "perfectos" (es decir, verdaderamente maduros en lo espiritual) son los que entienden que no son perfectos, y reconocen la necesidad perenne de agotar esfuerzos en la búsqueda de la santidad personal.

El carácter de la santificación progresiva[67]

Mucha de la confusión sobre cómo buscar la santificación de un modo adecuado y exitoso procede, fundamentalmente, de malinterpretar la naturaleza de la

---

67 Gran parte de esta sección está adaptada de Michael Riccardi, *Sanctification: The Christian's Pursuit of God-Given Holiness* (Sun Valley, CA: Grace Books, 2015). Usado con permiso de Grace Books.

santificación. Los seguidores de Cristo deben, por tanto, entender el carácter de esta santidad que se les ordena buscar. Aunque varios pasajes de las Escrituras deban consultarse para aclarar esta verdad, dos textos primordiales destacan como especialmente pertinentes:

> Por tanto, amados míos, como siempre habéis obedecido, no como en mi presencia solamente, sino mucho más ahora en mi ausencia, ocupaos en vuestra salvación con temor y temblor, porque Dios es el que en vosotros produce así el querer como el hacer, por su buena voluntad (Fil. 2:12-13).

> Por tanto, nosotros todos, mirando a cara descubierta como en un espejo la gloria del Señor, somos transformados de gloria en gloria en la misma imagen, como por el Espíritu del Señor (2 Co. 3:18).

Estos y otros textos establecen varias conclusiones respecto a la naturaleza, el autor, los medios y la dinámica de la santificación progresiva.

La naturaleza de la santificación. La santificación es, fundamentalmente, la obra sobrenatural de Dios realizada en la naturaleza interna del hombre. Pablo declara que Dios está obrando *en* los creyentes, para producir en estos no solo el querer, sino también el hacer por su buena voluntad (Fil. 2:13). Es decir, Dios obra para que el creyente no se limite a santificar sus acciones externas, sino también sus deseos internos. Además, en 2 Corintios 3:18, Pablo habla de la santificación como que el creyente está "siendo transformado" a la imagen de Cristo, un término que describe un cambio interno en el carácter fundamental (Ro. 12:2; Ef. 3:16). Charles Hodge comenta las exhortaciones de Pablo a los creyentes para que sean renovados en el espíritu de su mente (Ef. 4:23), y observa con razón que

> la santificación… no consiste exclusivamente en una serie de nuevos actos de bondad. Es hacer que el árbol sea bueno con el fin de que el fruto también lo sea. Implica un cambio esencial de carácter. Como la regeneración no es una acción del sujeto de la obra, sino un nuevo nacimiento, una nueva creación, un avivamiento o comunicar nueva vida en el lenguaje de la Biblia… en su naturaleza básica la santificación no son acciones santas, sino tal cambio en el estado del alma que los actos pecaminosos se vuelven más infrecuentes, y las acciones santas cada vez más habituales y dominantes.[68]

Por tanto, los creyentes no deberían concebir la santidad como la reforma de las conductas externas, en las que las personas inclinan sus voluntades a efectuar

---

68 Charles Hodge, *Systematic Theology* (1871–1873; reimp., Grand Rapids, MI: Eerdmans, 1968), 3:226.

deberes sin que su motivo sea hacerlo para Dios; en su lugar, los creyentes deben reconocer que la santificación consiste fundamentalmente en la milagrosa transformación interna de los afectos. Para usar la metáfora de Hodge, no es tomar el fruto y engraparlo a la rama del árbol, sino más bien arraigar la rama en la vid, para que produzca el fruto en virtud de la unión vital del creyente con el Señor Jesucristo. Aunque la persona santa ciertamente efectúa lo que Dios ordena, lo hace porque ama a Dios y ama aquello que Dios ama. La santificación es la transformación espiritual de la mente y de los afectos que, a su vez, redirige la voluntad y los actos.

El autor de la santificación. Dado que la santificación no es básicamente externa, sino interna y sobrenatural, su autor debe ser Dios. Pablo, coherente con este entendimiento, declara que *"Dios* es el que en vosotros produce así el querer como el hacer, por su buena voluntad" (Fil. 2:13). El Dios de paz equipa a su pueblo para "ha[cer] su voluntad" y producir en ellos "lo que es agradable delante de él" (He. 13:20-21). Por esta razón, las Escrituras suelen emplear la voz pasiva en los textos claves sobre la santificación, y no les ordena a los creyentes que se transformen, sino que *sean transformados* (p. ej., Ro. 12:2; 2 Co. 3:18). Así, Berkhof concluye que la santificación "consiste fundamental y principalmente en una operación *divina* en el alma".[69] De manera más específica, las Escrituras identifican al Espíritu Santo como el miembro de la Deidad que es el agente divino de la santificación (Ro. 1:4; 2 Co. 3:18; Gá. 5:17, 22-23; 1 P. 1:2).

El medio de la santificación. Sin embargo, aunque se afirma que la santificación propiamente dicha es una obra interna del Espíritu, no quiere decir que el creyente no tenga nada que hacer en este asunto, ya que las Escrituras están repletas de exhortaciones e imperativos para que el creyente persiga la santidad. Pablo le ordena a la iglesia "ocupaos en vuestra salvación con temor y temblor", precisamente porque Dios está obrando dentro de ellos (Fil. 2:12-13). Pedro declara que, por la obra de Cristo, a los creyentes se les ha concedido "todas las cosas que pertenecen a la vida y a la piedad" y que han "huido de la corrupción que hay en el mundo a causa de la concupiscencia" (2 P. 1:3-4). Y sigue estos preciosos indicativos con un llamado entusiasta a la acción: "vosotros también, poniendo toda diligencia por esto mismo, añadid a vuestra fe virtud" (2 P. 1:5). Por tanto, lejos de ser una excusa para no trabajar, la obra santificadora de Dios en los creyentes es la misma base de nuestros esfuerzos. Así pues, debemos "segui[r]… la santidad, sin la cual nadie verá al Señor" (He. 12:14), "hac[er] morir las obras de la carne" (Ro. 8:13), "huir de la fornicación" (1 Co. 6:18), "[seguir] la justicia" (2 Ti. 2:22), y hasta "limpi[arnos] de toda contaminación de carne y de espíritu, perfeccionando la santidad en el temor de Dios" (2 Co. 7:1).

Por tanto, aunque los creyentes no pueden efectuar directamente la transformación interior de la santificación de su alma, y aunque se diga con acierto que es

---

69 Berkhof, *Teología sistemática*, 638; cursivas añadidas.

la obra del Espíritu, los creyentes no son pasivos en la santificación. En su lugar, el Espíritu Santo efectúa su transformación santificadora en el corazón de los creyentes a través del uso de medios que deben ser adecuados. El puritano escocés Henry Scougal provee una ilustración eficaz:

> Todo el arte y la industria del hombre no pueden formar la más diminuta hierba ni hacer crecer un tallo de maíz en el campo; es la energía de la naturaleza y las influencias del cielo las que producen este efecto; es Dios quien "hace producir el heno para las bestias, y la hierba para el servicio del hombre" (Sal. 104:14); y, aun así, nadie dirá que los esfuerzos del [agricultor] sean inútiles o innecesarios.[70]

En otras palabras, aunque es cierto que Dios es quien hace crecer la hierba y que la tierra produzca cosechas, solo un agricultor necio aguarda pasivamente que la tierra rinda su producto por fíat divino. En su lugar, reconoce que Dios crea frutas y hortalizas de la tierra por medio de los esfuerzos del agricultor. De manera similar, en y de por sí, el creyente es muy impotente para efectuar la santidad en su corazón, porque es la obra de Dios. Con todo, solo la persona necia espera pasivamente que su corazón crezca en justicia por fíat divino. En su lugar, el cristiano fiel reconoce que Dios hace crecer el fruto de la santidad mediante los esfuerzos del creyente. Los repetidos llamados de las Escrituras al esfuerzo, a la acción y a la obediencia son mandamientos para que los creyentes se pongan en el camino de los canales de la gracia santificadora que el Espíritu emplea para conformar al pueblo de Dios a su imagen.

Los medios de la santificación incluyen lo siguiente:

1. Leer y meditar en la Palabra de Dios (Sal. 1:2-3; 19:7-11; 119:105; Jn. 17:17; Hch. 20:32; 2 Ti. 3:16-17; He. 4:12; Stg. 1:23-25).
2. Orar (Sal. 119:37; Lc. 11:9; Fil. 4:6-7; He. 4:16; Stg. 4:2; 1 Jn. 1:9).
3. Tener comunión con los santos en el contexto de la iglesia local (Pr. 27:17; 1 Co. 12:7; Ef. 4:11-16, 25; He. 3:12-13; 10:24-25).
4. Interpretar las experiencias de la providencia de Dios según las Escrituras (Ro. 8:28-29), en especial las experiencias de las pruebas (Sal. 119:71; Ro. 5:3-5; 8:17; Fil. 3:10-11; He. 12:10; Stg. 1:2-4; 1 P. 1:3-7).
5. Guardar los mandamientos de Dios (Jn. 15:10).

La gracia santificadora fluye a través de todos estos canales y, por tanto, es responsabilidad de los cristianos ponerse en el camino de estas bendiciones. Aunque los creyentes no pueden efectuar la operación divina de la santificación de su propia

---

70 Henry Scougal, *The Life of God in the Soul of Man: Real Religion* (1677; reed., Fearn, Ross-shire, Escocia: Christian Focus, 2012), 78-79.

alma, deben buscar, no obstante, la santidad aprovechando los medios por los cuales el Espíritu de Dios realiza esta operación divina.

La dinámica de la santificación. La cuestión de la dinámica de la santificación concierne a cómo funciona esta en realidad. ¿Por qué la lectura y el estudio de la Palabra de Dios santifican? ¿De qué forma es la oración un medio de gracia? ¿Por qué la comunión con otros creyentes empuja al pueblo de Dios a una mayor santidad? Pablo escribe: "Por tanto, nosotros todos, mirando a cara descubierta como en un espejo la gloria del Señor, somos transformados" (2 Co. 3:18). Cuando los creyentes en Cristo contemplan su gloria, tal como se revela en la Palabra, con los ojos del corazón (Ef. 1:18), van siendo de este modo conformados a su imagen (cf. 2 Co. 4:17-18; He. 11:1, 26-27; 12:2; 1 Jn. 3:2). El medio fundacional de la santificación es la vista espiritual que contempla la gloria de Cristo. John Owen resume esta enseñanza bíblica:

> Vivamos en la contemplación constante de la gloria de Cristo, y la virtud procederá de Él para reparar todas nuestras decadencias, para renovar un espíritu correcto en nuestro interior, y hacernos abundar en todos los deberes de obediencia…
>
> Eso fijará el alma a ese objeto adecuado para dar deleite, complacencia y satisfacción… Cuando la mente esté llena de pensamientos de Cristo y su gloria, cuando el alma acto seguido se apegue a Él con intensos afectos, ellas expulsarán o no admitirán esas causas de debilidad e indisposición espirituales…
>
> Y nada entusiasmará y alentará más nuestras almas a tal efecto que la visión constante de Cristo y de su gloria.[71]

En otras palabras, cuando el creyente comprende la gloria de Cristo con los ojos de la fe, la visión de su hermosura satisface su alma de tal manera que no sigue buscando satisfacción en los placeres falsos y efímeros del pecado. La comprensión espiritual de la gloria de Cristo conforma los afectos de los creyentes a la divina voluntad, y los hace odiar el pecado y amar la justicia. Entonces, los afectos santificados dirigen la voluntad de tal manera que desea la justicia que ha llegado a amar y repudia el pecado que ha llegado a odiar. Finalmente, la transformación interna da fruto externamente al resultar la voluntad santificada en una vida santa.

Por consiguiente, conforme el creyente se aprovecha de los diversos medios por los cuales tomar posesión de la gracia santificadora del Espíritu, debe mirar con

---

71 John Owen, *Meditations and Discourses on the Glory of Christ*, en *The Works of John Owen*, vol. 1, *The Glory of Christ*, ed. William H. Goold (1854-1855; reimp., Edimburgo: Banner of Truth, 1976), 460-461.

los ojos de la fe la gloria transformadora de Cristo revelada por medio de estos recursos. La Palabra de Dios es un vehículo para la gloria de Dios (Éx. 33:18; 34:5-7; 1 S. 3:1, 21). La oración es la ocasión para la comunión personal con Dios, en la que el adorador busca el rostro de Dios (2 Cr. 7:14; Sal. 24:6; 27:8; 105:4; Os. 5:15) con el fin de poder contemplar su belleza transformadora (Sal. 27:4). La comunión en la iglesia local es una oportunidad de escuchar la Palabra predicada con destreza, de cantar cánticos de adoración con letras santificadoras sacadas de la verdad bíblica, de orar corporativamente como cuerpo de Cristo y de ver el evangelio representado en las ordenanzas del bautismo y de la comunión. Aparte de esto, cualquiera que sea el grado de la imperfecta conformación de los cristianos a la imagen de Cristo (Ro. 8:29; 2 Co. 3:18), ese será el grado en que reflejen la imagen de su gloria unos a otros. Finalmente, la obediencia misma es la vía para una mayor revelación de la gloria de Cristo a los ojos del corazón (Jn. 14:21). Cuando se ven confrontados a las tentaciones del pecado, los creyentes deben razonar consigo mismos y considerar que el pecado nunca entrega la satisfacción que promete. Deben considerar que la obediencia proporciona revelaciones más plenas del Salvador, quien es la fuente de todo placer y satisfacción verdaderos. Y, llevados por el deseo de un placer superior que se encuentra en Cristo, deben dedicarse a (1) la obra de mortificación, hacer morir las obras de la carne (Ro. 8:13), es decir, dejar a un lado el viejo "yo" (Ef. 4:22) y el pecado que con tanta facilidad enreda (He. 12:1) y que nubla la vista de la gloria de Cristo; y (2) a la obra de vivificación, revistiéndose del nuevo "yo" (Ro. 13:14; Ef. 4:24), es decir, disciplinarse con deleite para contemplar a Cristo en las Escrituras, en la oración, en la comunión, en la providencia y en la obediencia que fomenta una comunión más profunda con Él.

Al luchar por contemplar la gloria de Jesús por todos los medios de gracia, el seguidor de Cristo será poco a poco transformado a su imagen, desde adentro hacia afuera. Se comportará, pues, de un modo digno del evangelio (Fil. 1:27) y del Señor mismo (Col. 1:10), y se ocupará de su salvación con temor y temblor, tal como ordenan las Escrituras (Fil. 2:12). Como declara 2 Timoteo 2:21: "Así que, si alguno se limpia de estas cosas, será instrumento para honra, santificado, útil al Señor, y dispuesto para toda buena obra".

LA PERSEVERANCIA

¿La salvación en Cristo es eternamente segura? ¿Perseveran en la fe aquellos que conocen de verdad a Jesucristo como Salvador y Señor por fe, hasta el final de sus vidas? ¿O existe una posibilidad de que un cristiano genuino pudiera perder su salvación? ¿Pueden abandonar más tarde su fe quienes confían de forma genuina en Cristo para salvación y perder, así, en última instancia, la vida eterna? La enseñanza unificada de la totalidad de las Escrituras responde con un enfático *no* a cada una de estas preguntas. Todos aquellos que han nacido verdaderamente del Espíritu y están unidos a Cristo por fe, se mantienen seguros en Él por el poder de Dios y, así, perseveran en la fe hasta que vayan a estar con Cristo cuando mueran o cuando Él regrese. Esta doctrina suele etiquetarse, a menudo, como la perseverancia de los santos.[72]

El poder preservador del Dios trino

La seguridad eterna del verdadero creyente en Cristo se funda, en definitiva, en la naturaleza preservadora del Dios trino.

La voluntad soberana del Padre. En primer lugar, la seguridad del creyente se basa en el amor inmutable, en el poder infinito y en la voluntad salvadora del Padre. La salvación comenzó en la eternidad pasada, cuando Dios puso su amor salvador en sus elegidos y les concedió gracia en Cristo Jesús (2 Ti. 1:9), y nombró a Cristo para que fuera su Mediador. Las Escrituras describen este decreto como que el Padre le entregó los elegidos al Hijo (cf. Jn. 6:37, 39; 10:29; 17:2, 6, 9, 24), y los predestinó a ser conformados a la imagen del Hijo (Ro. 8:29). Es imposible que aquellos a quien el Padre ha predestinado a la semejanza de Cristo no alcancen este fin, porque "a los que predestinó, a estos también llamó; y a los que llamó, a estos también justificó; y a los que justificó, a estos también glorificó" (Ro. 8:30). La consumación final de la salvación del creyente es tan cierta y segura que Pablo puede hablar de los justificados como si ya hubieran sido glorificados. Todos aquellos a quienes Dios escogió, los justificó con base en la obra de justicia del Hijo, y a todos aquellos a quienes justificó también los glorificó. Es imposible que alguien que ha sido unido a Cristo y le fuera concedida su justicia en la justificación no sea también glorificado. El Padre no dejará de llevar la plenitud de su propósito electivo a su fin designado. Ninguno de aquellos por los que Cristo murió está sujeto a condenación (Ro. 8:31-34; cf. 8:1), y nada en toda la creación separará a los verdaderos creyentes del amor de Dios en Cristo (Ro. 8:35-39).

El Señor Jesús menciona este mismo punto en Juan 6:37-40. La voluntad del Padre es que Cristo no pierda a *ninguno* de aquellos que Él le ha dado, y que cada creyente elegido posea la vida eterna, y sea resucitado para gloria eterna en el día postrero. Y la voluntad del Padre no puede ser anulada por nada ni nadie (Job 42:2; Sal. 33:10-11; 115:3; Is. 46:9-10; Dn. 4:35), porque Él no solo está dispuesto por su gracia hacia su pueblo, sino que también es soberanamente poderoso para llevar a cabo sus fines deseados. Como afirma Jesús: "Yo les doy [a mis ovejas] vida eterna; y no perecerán jamás, ni nadie las arrebatará de mi mano. Mi Padre que me las dio, es mayor que todos, y nadie las puede arrebatar de la mano de mi Padre (Jn. 10:28-29). Mediante el más fuerte lenguaje negativo disponible en griego, Jesús declara enfáticamente que quienes pertenecen a Cristo por fe "no perecerán jamás" (Jn. 10:28), sino que tendrán vida eterna (Jn. 3:16). Basa la seguridad eterna de las ovejas de Cristo en el poder soberano del Padre quien las sostiene en su mano. El

---

72 Para un tratamiento más completo de la seguridad y la tranquilidad del creyente, véase John MacArthur, *Salvos sin lugar a dudas* (Grand Rapids, MI: Editorial Portavoz, 2015).

Padre es tan grande y poderoso que nadie podría arrancar de su mano a aquellos a los que Él sostiene para siempre.

Por esta razón, Pablo expresa su confianza de que "el que comenzó en vosotros la buena obra, la perfeccionará hasta el día de Jesucristo" (Fil. 1:6). Sin ninguna duda, Dios acaba lo que empieza. Dado que fue la gracia soberana del Padre —y no la libre voluntad del hombre— la que *comenzó* la obra de salvación en la vida de los pecadores (cf. Hch. 11:18; 16:14; Ef. 2:4-9; Fil. 1:29; Stg. 1:18), también ejercerá Dios el mismo poder soberano para llevar su extraordinaria obra a buen fin. Los creyentes pueden estar confiados en que perseverarán por el poder preservador del Padre.

Los méritos del Hijo. En segundo lugar, la seguridad del creyente está basada en los méritos de la obra salvadora de Cristo y en la eficacia de su intercesión presente. Nadie puede acusar a los elegidos de Dios, porque Cristo ha muerto, ha resucitado e intercede por los suyos (Ro. 8:33-34). Esta es la base sobre la cual nadie separará a los creyentes del amor de Cristo (Ro. 8:35-39). Además, la obra redentora del Hijo lleva a cabo su designio con perfecta eficacia. Como sustituto de su pueblo, el Hijo de Dios ocupó el lugar de los pecadores elegidos en la cruz, y llevó la plenitud del castigo divino contra los pecados de ellos (1 P. 2:24). Al hacerlo, ha propiciado del todo la ira del Padre contra su pueblo (Ro. 3:25; He. 2:17; 1 Jn. 2:2; 4:10), comprándolos y retirándolos del mercado de esclavos del pecado con el precio de su propia sangre (Hch. 20:28; Ap. 5:9). No solo esto, sino que, al resucitar a Cristo de los muertos, el Padre ha certificado también que su muerte ha expiado de forma suficiente por el pecado. La resurrección fue la gran justificación y validación de Cristo (1 Ti. 3:16), y verificó que el Padre había aprobado su obra completa, y que ya no quedaba más pena por pagar ni más ira que soportar para aquellos que están en Él. Por tanto, sugerir que los pecadores por los que Cristo se ofreció a sí mismo como propiciación pueden sufrir aún la pena eterna de la ira de Dios es menospreciar el mérito de su sacrificio redentor y contradecir el testimonio del Padre en la resurrección. Además, mediante la aplicación que el Espíritu hace de la obra redentora de Cristo, se le acredita al pecador la justicia de Cristo en la justificación. Es impensable que el Espíritu aplicara solo una porción de esos beneficios salvadores comprados por la redención de Cristo; el alma declarada justa con base en la obra de Cristo nunca será despojada de esa justicia para sufrir condenación (Ro. 8:1; cf. Hch. 13:38-39).

Además, Cristo no solo ha ofrecido un sacrificio infinitamente digno a favor de su pueblo, sino que también intercede continuamente por ellos ante el Padre (Ro. 8:34). Él ora, en particular, para asegurar la salvación eterna de los elegidos con una intercesión que es siempre eficaz. Jesús no salva a su pueblo de un modo en que la salvación puede ser decomisada o perdida. No, Él salva "perpetuamente" (He. 7:25), perfecta, completa y eternamente, asegurando que la salvación no se perderá. Cuando Satanás había exigido zarandear a Pedro como trigo, Jesús respondió asegurándole al discípulo: "Pero yo he orado por ti, para que no falle tu fe" (Lc. 22:31-32, NVI). La oración intercesora de Jesús es suficiente para asegurar la preservación de la salvación de Pedro, porque Él continúa: "Y tú, *cuando* —no «si»— te hayas vuelto a mí, fortalece a tus hermanos (Lc. 22:32, NVI). Todos los creyentes son beneficiarios de la intercesión perfectamente eficaz de su Gran Sumo Sacerdote, y así son guardados por el poder de Dios (1 P. 1:5).

El sello del Espíritu. En tercer lugar, la seguridad del creyente está basada en el ministerio sellador del Espíritu Santo. Pablo escribe: "En él también vosotros, habiendo oído la palabra de verdad, el evangelio de vuestra salvación, y habiendo creído en él, fuisteis sellados con el Espíritu Santo de la promesa, que es las arras de nuestra herencia hasta la redención de la posesión adquirida, para alabanza de su gloria" (Ef. 1:13-14; cf. 4:30). En la época de Pablo, imprimir el sello propio a algo expresaba los conceptos de seguridad, autentificación y propiedad. Dios sella a su pueblo con el Espíritu Santo mismo, proporcionando su propio Espíritu para que more personalmente en cada creyente como prenda de la herencia futura de la salvación (2 Co. 1:22; 5:5). El término griego traducido "arras" es un término comercial que se refiere a un depósito formal, un primer pago con la garantía de que el resto viene después. Dios no imprimiría su sello de propiedad en su pueblo haciendo que el Espíritu Santo mismo morara en ellos como promesa de su fidelidad formal para llevarlos a su herencia prometida y, a pesar de ello, fallar en cumplir por completo su promesa de vida eterna.

La fe perseverante del hijo de Dios

Aunque todos los verdaderos creyentes son soberanamente preservados en su salvación por el poder todopoderoso de Dios, su soberanía no elimina en modo alguno su responsabilidad de perseverar en la fe a lo largo de su vida. Como la soberanía de Dios en la conversión no mitiga la responsabilidad de arrepentirse y creer (Ro. 9:14-18; cf. Ro. 10:11-21), y así como la soberanía de Dios en la santificación no elimina la necesidad del esfuerzo sostenido en la búsqueda de la santidad (p. ej., Fil. 2:12-13; 2 P. 1:3-5), tampoco está la preservación soberana de Dios en desacuerdo con la necesidad de la perseverancia del creyente. Todos los creyentes verdaderos son "guardados por el poder de Dios mediante la fe, para alcanzar la salvación que está preparada para ser manifestada en el tiempo postrero" (1 P. 1:5). El poder de Dios es la fuerza preservadora decisiva, pero su poder guarda a su pueblo *por medio de la fe,* es decir, mediante la fe continua y perseverante que obra por medio del amor en cada creyente (Gá. 5:6).

Por tanto, las Escrituras emiten numerosos llamados a perseverar en la fe, e indican que no perseverar resultará en no asir la salvación final (Mt. 10:22; 24:12-13; Jn. 8:31). Los que no perseveran en su Palabra demuestran ser falsos discípulos, o "falsos hermanos" (2 Co. 11:26; Gá. 2:4), quienes afirman pertenecer a Jesús, pero no producen el fruto necesario que evidencia la conversión genuina. Cristo "[os] presenta[rá] santos y sin mancha e irreprensibles delante de él [el Padre]; *si en verdad permanecéis fundados y firmes en la fe,* y sin moveros de la esperanza del evangelio que habéis oído, el cual se predica en toda la creación que está debajo del cielo" (Col. 1:22-23; cf. He. 3:14). Estos pasajes indican con claridad que el creyente profesante debe perseverar en fe y obediencia, si ha de venir finalmente a la salvación. Las Escrituras no aseguran la vida eterna al cristiano profesante cuya vida no exhibe el fruto de una fe genuina (Stg. 2:14-16).

Una implicación de esta verdad es que muchas personas pueden mostrar señales externas de devoción a Cristo y su iglesia, y no ser interiormente verdaderos cristianos. Ilustrado mediante la semilla que cayó en suelo pedregoso, algunos que profesan ser cristianos parecen recibir la Palabra de Dios con gozo. Sin embargo, no tienen raíz, de modo que cuando llegan la tribulación y la persecución, se apartan de Cristo y abandonan su profesión de fe (Mt. 13:3-9, 18-23). Jesús advierte que algunos que hacen una entusiasmada profesión de fe en Cristo, y hasta parecen ejercer dones milagrosos del Espíritu Santo, llegarán al día del juicio esperando heredar la salvación, pero en su lugar serán enviados a la destrucción (Mt. 7:21-23). Curiosamente, Jesús no declara: "Una vez os conocí, pero no perseverasteis y os apartasteis de la fe". En su lugar, afirma *"Nunca* os conocí", e indica que incluso aquellos que hacen las más sinceras profesiones de fe, pero no la suplementan con el fruto del Espíritu (2 P. 1:5-10; Gá. 5:22-24), para empezar, nunca fueron verdaderos cristianos.

Esto es significativo, porque muchos objetan la doctrina de la perseverancia de los santos con base en la experiencia de ver que un amigo o familiar que hizo profesión de fe en Cristo, y más tarde se apartó. La experiencia, en concierto con varios pasajes de las Escrituras, que amenazan con la perdición final por no perseverar, les sugiere que los verdaderos cristianos pueden perder realmente su salvación. Sin embargo, las Escrituras enseñan que quienes no perseveran hasta el final revelan que nunca fueron verdaderos cristianos. El apóstol Juan escribe: "Salieron de nosotros —lo que significa que ciertas personas se asociaron con la iglesia, pero más tarde abandonaron—, pero no eran de nosotros; porque si hubiesen sido de nosotros, habrían permanecido con nosotros; pero salieron para que se manifestase que no todos son de nosotros" (1 Jn. 2:19).

Seguridad de la salvación[73]

¿Cómo puede uno, entonces, estar seguro de que es un creyente verdadero en Cristo y que no se apartará un día, revelando que nunca fue un verdadero cristiano? Las Escrituras llaman a quienes profesan la fe en Cristo a que se autoexaminen. Pablo

---

73 Esta sección está adaptada de MacArthur, *Saved without a Doubt: Being Sure of Your Salvation,* 67-91. Copyright © 2011 por John MacArthur. Usado con permiso de David C. Cook. Para reproducir este texto se requiere el permiso de la editorial. Todos los derechos reservados. Publicado en español por Editorial Portavoz con el título *Salvos sin lugar a dudas.*

insta a los corintios: "Examinaos a vosotros mismos si estáis en la fe; probaos a vosotros mismos" (2 Co. 13:5). De manera similar, Pedro exhorta a las iglesias que están bajo su cuidado: "Por lo cual, hermanos, tanto más procurad hacer firme vuestra vocación y elección" (2 P. 1:10). El apóstol Juan dedicó toda su primera epístola a este tema, y lo declaró al final: "Estas cosas os he escrito a vosotros que creéis en el nombre del Hijo de Dios, para que sepáis que tenéis vida eterna" (1 Jn. 5:13).

Los autores de las Escrituras deseaban claramente que los creyentes estuvieran seguros de su salvación, mediante el examen de sus vidas para tener pruebas de una vida espiritual genuina. Consideremos las siguientes once líneas de evidencias —ampliamente sacadas de las pruebas presentadas en 1 Juan—, por las que los cristianos pueden ganar seguridad de que su fe y su salvación son verdaderas.

1. Comunión con el Padre y el Hijo por medio del Espíritu Santo (1 Jn. 1:3; 5:1; cf. Sal. 34:8; 1 Co. 1:9; Gá. 2:20; He. 4:16).
2. El ministerio del Espíritu Santo en el corazón (1 Jn. 2:27; 4:13; cf. 1 Co. 2:10, 12; Gá. 5:22-23).
3. La oración contestada (1 Jn. 3:22; 5:14).
4. El anhelo por el regreso de Cristo (1 Co. 16:22; Fil. 3:20-21; 1 Jn. 3:1-3).
5. Discernimiento espiritual (1 Jn. 4:1-6; cf. 2:12-19).
6. Aguda consciencia de la santidad de Dios y de la culpa del pecado (1 Jn. 1:5-10; cf. Ro. 7:14-15; 2 Co. 7:10).
7. Patrones decrecientes de pecado (1 Jn. 3:8-9; cf. Ro. 6:14-18).
8. Patrones crecientes de obediencia (1 Jn. 2:3; cf. Jn. 8:31).
9. Rechazo de la mundanalidad (1 Jn. 2:15; cf. Stg. 4:4).
10. Ser rechazado por el mundo (1 Jn. 3:13; cf. Mt. 5:10-12; Jn. 3:19-20; 15:18-21; Fil. 1:29; 2 Ti. 3:12; 1 P. 4:12-14).
11. Amor por sus hermanos cristianos (1 Jn. 2:9-11; 3:10, 16-19; cf. Jn. 13:35; 1 Ts. 4:9).

LA GLORIFICACIÓN

El acto divino final en la aplicación de la redención es la glorificación.[74] La glorificación es la transformación radical del cuerpo y del alma de los creyentes, que los perfecciona en santidad y, por este medio, los hace aptos para la vida eterna en la nueva tierra en perfecta comunión con el Dios trino. Murray describe de un modo útil la glorificación como "la redención completa y final de la totalidad de la persona, cuando, en la integridad del cuerpo y el espíritu, el pueblo de Dios será conformado a la imagen del Redentor resucitado, exaltado y glorificado, cuando

---

74 Este breve tratamiento de la glorificación concierne a la doctrina de la resurrección desde una perspectiva soteriológica. Para una explicación adicional de la resurrección en el contexto de la escatología, incluida la programación de los acontecimientos, el efecto sobre la creación física y el destino de los incrédulos, véase cap. 10, "El futuro".

el cuerpo mismo de su humillación será conformado al cuerpo de la gloria de Cristo" (cf. Fil. 3:21).[75]

La consumación de la salvación

La resurrección del cuerpo es la consumación de nuestra salvación, el clímax de la redención, cuando el Espíritu se aplica a la terminación de la redención que el Padre planeó y que Cristo compró (Ro. 8:19-23, 30). A aquellos sobre quienes el Padre puso su amor electivo, los predestinó para salvación; y estos —cuya redención Cristo compró al morir en su lugar como propiciación por sus pecados— disfrutan de los beneficios de esa redención. En la justificación, son liberados de la pena —castigo— del pecado, y en la santificación, son librados del poder del pecado. En la glorificación, son finalmente liberados de la presencia misma del pecado tanto en el cuerpo como en el alma (Jn. 17:24; Ef. 5:27; cf. Jn. 6:39-40, 44, 54). De esta manera, la glorificación magnifica a Cristo de manera especial como la fuente preeminente de la hermosura de la santidad que se refleja en sus hermanos perfeccionados (Ro. 8:29).

La doctrina de la glorificación es absolutamente fundamental para la fe cristiana, tanto es así que el apóstol Pablo afirma que si no fuera verdad, nosotros, de entre todas las personas, seríamos los más dignos de lástima (1 Co. 15:12-19). Fue la esperanza de un cuerpo glorificado la que impulsó a Pablo a rendir por completo su cuerpo natural al maltrato y a la persecución que acompañaban la vida del ministro del evangelio (2 Co. 5:1; cf. 4:14-18). "Las aflicciones del tiempo presente no son comparables con la gloria venidera que en nosotros ha de manifestarse" y, por tanto, los creyentes aceptan de buen grado los padecimientos de Cristo si eso significa que "juntamente con él se[remos] glorificados" (Ro. 8:17-18; cf. Fil. 3:10-11). Es por ello que, aunque la vida, en un mundo y en un cuerpo que están maldecidos por el pecado, nos hace gemir, ese gemido se suaviza mediante la ansiosa anticipación de "la redención de nuestro cuerpo" (Ro. 8:23).

Como eterna ancla del alma, la resurrección fue también la gran esperanza del creyente del antiguo pacto en Jehová (Job 19:13-27; Dn. 12:2; Jn. 11:24; Hch. 24:14-15; He. 11:16). Basándose en este fundamento del Antiguo Testamento, el lector puede considerar la enseñanza explícita de las Epístolas del Nuevo Testamento sobre la resurrección del cuerpo como una elaboración y un desarrollo bien recibidos de la antigua esperanza viva del pueblo de Dios. Pablo revela que así como la condenación de Adán acarreó culpa a la raza humana y corrupción hasta la muerte, del mismo modo, la unión con el segundo Adán hará que todos los creyentes venzan al pecado y a la muerte y sean vivificados en Él (1 Co. 15:22, 45). Esto tiene lugar "en su debido orden: Cristo, las primicias; luego los que son de Cristo, en su venida. Luego el fin" (1 Co. 15:23-24; cf. 1 Ts. 4:13-17). De hecho, los muertos en Cristo y los que estén vivos en el momento de su venida serán glorificados en

---

75 Murray, *La redención consumada y aplicada*, 174.

un abrir y cerrar de ojos (1 Co. 15:51-53). En ese tiempo, la muerte misma —el ultimísimo enemigo— será destruida (1 Co. 15:26; cf. Hch. 2:24; He. 2:14-15; Ap. 1:17-18), lo que será la causa de una celebración victoriosa:

> Y cuando esto corruptible se haya vestido de incorrupción, y esto mortal se haya vestido de inmortalidad, entonces se cumplirá la palabra que está escrita: Sorbida es la muerte en victoria. ¿Dónde está, oh muerte, tu aguijón? ¿Dónde, oh sepulcro, tu victoria? ya que el aguijón de la muerte es el pecado, y el poder del pecado, la ley. Mas gracias sean dadas a Dios, que nos da la victoria por medio de nuestro Señor Jesucristo (1 Co. 15:54-57).

Nos regocijamos en la esperanza de la gloria de Dios (Ro. 5:2), y bendecimos al Dios y Padre de nuestro Señor Jesucristo porque, según su gran misericordia, Él ha hecho que nazcamos de nuevo a esta esperanza viva de "una herencia incorruptible, incontaminada e inmarcesible, reservada en los cielos para [nosotros], que so[mos] guardados por el poder de Dios mediante la fe, para alcanzar la salvación que está preparada para ser manifestada en el tiempo postrero" (1 P. 1:3-5).

Frente a una salvación tan grande, que dura desde la eternidad pasada hasta la eternidad futura, la única conclusión adecuada es añadir nuestras voces al coro celestial, esa "gran multitud, la cual nadie podía contar, de todas naciones y tribus y pueblos y lenguas, que estaban delante del trono y en la presencia del Cordero, vestidos de ropas blancas, y con palmas en las manos" (Ap. 7:9). Debemos clamar en adoración con ellos: "La salvación pertenece a nuestro Dios que está sentado en el trono, y al Cordero" (Ap. 7:10). ¡Gracias sean dadas a Dios por su don inefable!

Preguntas:

1. ¿Qué es el "plan trinitario de la salvación"?
2. ¿Cuál es la doble causa de la expiación?
3. ¿Qué significa expiación "penal sustitutiva"?
4. ¿Por qué la "obediencia" es el principio unificador que comprende las facetas de la obra expiatoria de Cristo?
5. ¿Cuál es el significado y relevancia de estos términos para la expiación: sacrificio, propiciación, reconciliación, redención, conquista?
6. ¿De qué maneras la expiación es "suficiente" y "eficaz"?
7. ¿Cuáles son los diferentes términos usados para describir las opiniones respecto al alcance de la expiación?
8. ¿Qué indica la unidad de la obra sumosacerdotal de Cristo sobre el alcance de la expiación?
9. ¿Qué indica el argumento de Romanos 8:29-39 sobre el alcance de la expiación?
10. ¿De qué manera entienden los siguientes textos cada uno de los lados del debate sobre la expiación: 1 Timoteo 2:3-6; Juan 3:16; 1 Juan 2:2?

11. ¿Qué es el *ordo salutis*?
12. ¿Qué es el "llamado externo"?
13. ¿Qué es el "llamamiento interno"?
14. ¿Cuál es la definición y relevancia de la "regeneración"?
15. ¿Cuáles son las partes principales de la "conversión"?
16. ¿Cuáles son los componentes de la fe salvadora (términos en latín)?
17. ¿Qué se entiende por "unión con Cristo"?
18. ¿Por qué es tan significativa la "justificación solo por fe"?
19. ¿Cuál es la naturaleza —y la base— de la justificación?
20. ¿Cuál es la definición y las características principales de los siguientes términos/conceptos: adopción, santificación, perseverancia, glorificación?

8

LOS ÁNGELES

Angelología

Introducción a los ángeles

Por regla general, las teologías suelen ignorar o tratar con brevedad la angelología. Sin embargo, la Biblia contiene una gran cantidad de información sobre estos seres espirituales, incluido Satanás y el ángel del Señor. Por consiguiente, esta sección intenta resumir lo que las Escrituras revelan respecto a los ángeles santos y los malignos.

La realidad bíblica de los ángeles

El término hebreo del Antiguo Testamento, *malák*, y el término griego del Nuevo Testamento, *ángelos*, generalmente pueden traducirse "mensajero", "enviado" o "embajador" cuando se refieren a los seres humanos, pero son usualmente traducidos como "ángel" cuando se refieren a seres creados no humanos, sobrenaturales. El contexto en el que aparecen estas palabras determina si se refieren a (1) seres humanos, (2) ángeles santos, (3) Satanás, (4) demonios, o (5) el ángel del Señor.

Las Escrituras cuentan la historia de los ángeles santos y los malignos, incluido Satanás. Dios creó a todos los ángeles (Neh. 9:6; Sal. 148:2-5; Col. 1:16) al principio de su creación de la tierra (cf. Job 38:4-7). La caída de Satanás (Ez. 28:15) y la rebelión de los demonios (Ap. 12:4) habrían ocurrido después de Génesis 2 (el séptimo día de la creación), pero antes de Génesis 3 (el engaño de Eva y la desobediencia de Adán).

La innegable existencia de los ángeles puede ser sustanciada por los cientos de veces que las Escrituras se refieren a ellos, desde Génesis 3:24 hasta Apocalipsis 22:16.

En el Antiguo Testamento, la categoría más amplia de referencias habla de mensajeros humanos, con alusiones al "ángel del Señor" en una cercana segunda posición. En solo 24 ocasiones, el término se refiere a los ángeles santos. El Antiguo Testamento no se refiere a Satanás ni a los demonios como "ángeles".

En el Nuevo Testamento, el término "ángel" aparece en los Evangelios, con marcado énfasis en Mateo y Lucas, mientras que Hechos, las Epístolas y Hebreos registran varias apariciones. El libro de Apocalipsis usa "ángel" o "ángeles" mucho más que ninguna otra sección del Nuevo Testamento. A diferencia del Antiguo Testamento, el Nuevo Testamento usa el término "ángel" o "mensajero" con relación a los ángeles santos, aunque también se ven algunas referencias a humanos, demonios, Satanás y el ángel del Señor.

La Biblia incluye solo 26 encuentros históricos específicos con ángeles (10 en el Antiguo Testamento y 16 en el Nuevo Testamento). Dichos eventos comenzaron con Abraham en Génesis 18 y continuaron hasta el tiempo de las visiones proféticas de Juan en Apocalipsis, cubriendo un total de alrededor de 2100 años, desde el *ca.* 2015 a.C. al *ca.* 95 d.C.

La naturaleza de los ángeles y los demonios

CUALIDADES ESPIRITUALES DE ÁNGELES Y DEMONIOS

Tanto los ángeles santos como los malignos son seres espirituales inmateriales (He. 1:14; cf. Lc. 24:39), y como tales no están atados al espacio físico. Las Escrituras prueban que esos seres espirituales pueden viajar entre el cielo y la tierra (Gn. 28:12; Jn. 1:51; cf. Dn. 9:20-23; 10:1-13, 20; Ap. 12:4, 9), y los demonios pueden entrar en una persona no regenerada (Mt. 12:43-45; Mr. 1:34; cf. 1 P. 5:8). Los ángeles santos pueden incluso aparecer visiblemente (Gn. 18:2; Nm. 22:31; 2 R. 6:15-17; Jn. 20:11-12; cf. He. 13:2).

Desde su creación (Job 38:4-7) y hasta el final de la séptima semana de Daniel, los ángeles santos residen en la esfera celestial de la presencia de Dios, el "tercer cielo" o paraíso (2 Co. 12:2-3; cf. Sal. 123:1). Cuando Cristo vuelva a la tierra para su reinado milenial, los ángeles que lo acompañen servirán a sus propósitos sobre la tierra (Mt. 25:31). Los que permanezcan en el servicio de adoración a Dios en el tercer cielo residirán con Dios y todos los redimidos en el nuevo cielo y la nueva tierra (Ap. 20:1–22:21, esp. 21:12). Mientras tanto, los demonios llevarán adelante sus planes malvados sobre la tierra en sumisión a Satanás, que recorre la tierra (1 P. 5:8).

En la esfera celestial, los ángeles santos batallan constantemente con los demonios (Dn. 10:13, 20-21; Ap. 12:7-9). También, como seres espirituales, los ángeles santos son "mayores en fuerza y potencia" que los seres humanos (2 P. 2:11). Son excepcionalmente fuertes y tienen poder para golpear o matar a humanos, y para rescatar o destruir (Gn. 19:1-26; 2 S. 24:10-17; 2 R. 19:35; Is. 37:36; Hch. 12:20-23).

No obstante, ningún ser espiritual es omnipotente como Dios (Sal. 103:20; 2 P. 2:11), omnisciente como Dios (Mt. 24:36) u omnipresente como Dios (Dn. 9:21-23; 10:10, 14).

POBLACIÓN DE LOS ÁNGELES Y LOS DEMONIOS

Como los ángeles no pueden procrear (Mt. 22:30) ni morir, tienen una población fija desde el tiempo de su creación (Neh. 9:6). Apocalipsis 12:4 indica que los ángeles malignos constituyen un tercio de la población angélica, mientras que los ángeles elegidos constituyen dos tercios. En ningún lugar de la Biblia se menciona el número exacto de ángeles, por lo que está más allá de nuestra comprensión.

El número de ángeles santos es claramente incalculable (Dt. 33:2; Sal. 68:17; Dn. 7:10; Jud. 14). Su población parece ser innumerable (He. 12:22): los ejércitos celestiales (2 Cr. 18:18; Sal. 103:21; 148:2) son como estrellas (1 R. 22:19), una multitud (Lc. 2:13) de miles de miles (Ap. 5:11; cf. Mt. 26:53). Está claro que no hay falta de ángeles santos a disposición de Dios para cumplir su voluntad y rendir la apropiada adoración y alabanza a su Creador.

Dentro de sus poblaciones, los ángeles y los demonios funcionan de acuerdo a sus poderosas jerarquías organizacionales descritas en términos como "autoridades", "gobernadores", "poderes", "dominios" y "tronos" (Ro. 8:38; 1 Co. 15:24; Ef. 1:21; 2:2; 3:10; 6:12; Col. 1:16; 2:15; 1 P. 3:22). Las Escrituras no explican con detalle el orden o función de esas jerarquías santas o malignas.

LAS CUALIDADES MORALES DE ÁNGELES Y DEMONIOS

Todos los ángeles fueron creados moralmente puros. Los ángeles santos permanecen así en perpetuidad, y se los llama santos (Mr. 8:38; Lc. 9:26), ángeles escogidos (1 Ti. 5:21), hijos de Dios (Job 1:6; 2:1), que no necesitan redención de un estado caído (He. 2:14-16) y no pueden morir en el futuro (Lc. 20:36).

Los demonios, por otro lado, son llamados inmundos, mentirosos y espíritus malignos (1 R. 22:22-23; Mt. 8:16; 10:1; Lc. 7:21; Gá. 1:8). La caída de los ángeles parece estar descrita en Ezequiel 28:15, en una extendida mirada profética de Satanás: "Perfecto eras en todos tus caminos desde el día que fuiste creado, hasta que se halló en ti maldad". La rebelión de esos ángeles debió haber ocurrido entre Génesis 2 y Génesis 3, en algún momento del día 7 o después (cf. Gn. 1:31, la creación de todos los ángeles estaba entre lo que "era bueno en gran manera").

Los ángeles santos no enfrentarán ningún juicio porque nunca pecaron. Satanás y sus demonios, sin embargo, serán juzgados en el juicio final por sus obras inmorales (Mt. 25:41; 2 P. 2:4; Jud. 6; Ap. 20:10). De hecho, ya han perdido la batalla sobre las almas de los creyentes "porque mayor es el que está en [los creyentes] que el que está en el mundo" (1 Jn. 4:4). El juicio original sobre los demonios por su rebelión inicial (Ap. 12:4) parece haber tenido distintas variaciones: un grupo fue echado directamente en el Abismo (2 P. 2:4; Jud. 6; cf. Lc. 8:31), y parte de ese grupo será liberado en la mitad de la semana setenta de Daniel (Ap. 9:1-11); un grupo especial de cuatro demonios fueron atados en el río Éufrates y serán liberados al final de la semana setenta de Daniel (Ap. 9:13-15); los otros demonios que fueron expulsados junto a Satanás continuarán llevando a cabo sus traicioneras órdenes, pero serán encarcelados con él durante el reinado milenial de Cristo, y luego liberados y juzgados eternamente (Is. 24:21-22; Mt. 25:41; 2 P. 2:4; Jud. 6; Ap. 12:7-10).

PERSONEIDAD DE ÁNGELES Y DEMONIOS

Los ángeles santos poseen los tres rasgos identificables de la personeidad. En primer lugar, los ángeles poseen intelecto, como se muestra en su sabiduría, al cantar, conversar y adorar (2 S. 14:20; Mt. 28:5; Job 38:7; He. 1:6), y la capacidad de hablar cualquier idioma humano. En segundo lugar, poseen emociones, como se ve en su gozo por el arrepentimiento de los pecadores y en su adoración temerosa de Dios (Sal. 148:2; Lc. 2:13-14; 15:10; He. 1:6). En tercer lugar, los ángeles poseen voluntad, como queda demostrado en su fuerte deseo de comprender las cosas relacionadas con la salvación (1 P. 1:10-12).

Los demonios también poseen intelecto (Mt. 8:29; Mr. 1:24; Lc. 8:26-39), incluyendo la capacidad de hablar cualquier idioma humano y ser los autores de doctrinas falsas (1 Ti. 4:1). Además, expresan sentimientos (Mt. 8:29; Mr. 1:24; 5:7; Stg. 2:19) y una voluntad maligna (Mt. 8:31).

Como seres espirituales, los ángeles y los demonios no tienen género y no pueden reproducir seres de su propio tipo (Mt. 22:30; Mr. 12:25; Lc. 20:35-36). Cuando los ángeles santos aparecen en las Escrituras, sin embargo, se les describe como hombres, no mujeres (Gn. 18:2; Dn. 10:16, 18; Mr. 16:5).

Roles y actividades de los ángeles y los demonios

ÁNGELES SANTOS

Los ángeles santos son mensajeros de la verdad de Dios (Ap. 1:1). Las Escrituras se refieren a ellos por medio de diecisiete nombres y títulos que definen su naturaleza y función como "mensajeros". A continuación, se mencionan cinco de esas referencias.[1]

1. *Arcángel* (Dn. 10:13, NTV; 1 Ts. 4:16; Jud. 9). Como Daniel se refiere a Miguel como "uno de los principales príncipes" (equivalente veterotestamentario de arcángel) hay, al menos, dos.

2. *Querubín* (Gn. 3:24; Éx. 25:18-22; 37:8; Ez. 1:4-28; 10:1-20; 28:14, 16). Este título expresa una diligente custodia, como es descrito en un puñado de relatos. Por ejemplo, Ezequiel escribió que Satanás era, en origen, un "querubín protector" (Ez. 28:14, 16); un querubín guardaba la entrada al Edén (Gn. 3:24); dos querubines eran los modelos del propiciatorio que protegía el arca del pacto (Éx. 25:18-22; 37:8; cf. He. 9:5); y los doce ángeles en las doce puertas de la Nueva Jerusalén son probablemente querubines (Ap. 21:12). Las cuatro criaturas de Ezequiel 1:5-14 son luego identificados como querubines (Ez. 10:20-22).

3. *Serafines* (Is. 6:2, 6). Esta clase de ángeles aparece solo en Isaías 6. Con un nombre que significa "seres ardientes", al menos dos serafines (v. 3) estaban relacionados con la santidad de Dios. Algunos han pensado que los querubines, los seres vivientes y los serafines podrían ser distintas versiones del mismo tipo de ángel.

4. *Seres vivientes* (Ap. 4:6; 19:4). Los seres vivientes en Apocalipsis 4:8, a diferencia de los de Ezequiel 1:5-14, tienen aspecto de y actúan como serafines (Is. 6:1-4) en

---

1   Para una lista completa de nombres, títulos y funciones de los ángeles, véase John MacArthur y Richard Mayhue, eds. gens., *Teología sistemática* (Grand Rapids, MI: Editorial Portavoz, 2018), 682-684.

que tienen seis alas y están involucrados en una destacable adoración (Ap. 4:6-11; 5:6-14; 7:11; 14:3; 19:4) así como en juicio (Ap. 6:1-7; 15:7).

5. *Estrellas del alba* (Job 38:7). A Satanás se le llama "Lucero" (Is. 14:12), y a los ángeles en general se les denomina "estrellas del cielo" (Ap. 12:4).

Los ángeles santos realizan varias actividades notables para la gloria del Dios trino.

1. Adorar, alabar y servir a Dios en el cielo (Is. 6:1-7; Job 1:6; 2:1; 38:7; Ap. 4:6-11; 5:8-13; 7:11-12).
2. Servir a Jesús en su vida y ministerio terrenales (Mt. 2:13; 4:11; Lc. 22:43; Jn. 1:51).
3. Proclamar los mensajes de la verdad de Dios (Dn. 8:16; 9:21; 10:13-14; Lc. 1:19, 26-38; Hch. 7:38, 53; Gá. 3:19; He. 2:2; Ap. 1:1; 14:6-7).
4. Actuar como instrumentos de juicio sobre individuos (Mt. 13:41- 42; 16:27; 2 Ts. 1:7-8), ciudades (Gn. 19:1, 12-13) y naciones (Ap. 8:6–11:19; 12:7-9; 16:1-21), y en el encarcelamiento de Satanás (Ap. 20:1-3).
5. Consolar y proteger a creyentes (Dn. 10:19; Sal. 34:7; 35:5-6; 91:11-12; Mt. 18:10; He. 1:14), y estar involucrados en la iglesia (1 Co. 4:9; 11:10; 1 Ti. 5:21).
6. Servir en la segunda venida de Cristo (Mt. 16:27; 25:31; 1 Ts. 4:16; 2 Ts. 1:7).
7. Actuar como testigos en y para la iglesia (1 Co. 4:9; 1 Ti. 5:21), y para el misterio que es la salvación del hombre caído (1 P. 1:12).

DEMONIOS

Un estudio de los nombres y títulos descriptivos para los demonios en el Antiguo y el Nuevo Testamento revelan mucho sobre su lealtad y naturaleza malignas. Algunos de ellos son mencionados a continuación:

1. *Demonio.* El lenguaje hebreo no tiene una palabra que se refiera uniformemente a los demonios, pero el Antiguo Testamento griego (Septuaginta) usa el término neotestamentario para demonio (daimónion) ocho veces para traducir distintas palabras hebreas para referirse a alguna forma de actividad demoníaca o adoración idólatra (Dt. 32:17; Sal. 91:6, cf. "Abadón" y "Apolión", Ap. 9:11; Sal. 96:5; 106:37; Is. 13:21; 34:14; 65:3; 65:11, cf. "copa" y "mesa" de "demonios", 1 Co. 10:21). En griego, el término aparece sesenta y tres veces con distintas variaciones, lo que lo transforma en el término común y consistente para los seres espirituales malignos en el Nuevo Testamento.
2. *Ángel.* Los demonios se entienden como "mensajeros" asociados con Satanás y el mal (Mt. 25:41; 2 Co. 12:7; 2 P. 2:4; Jud. 6; Ap. 12:7, 9).

3. *Espíritu* (Mt. 8:16; 12:45; Mr. 9:17, 20; Lc. 9:39; 10:20; 11:26; Hch. 16:16, 18; Ap. 16:14). Esta es la característica esencial de todos los ángeles, tanto electos como malignos. Veintitrés veces los demonios son descritos como moralmente impuros por el título de "espíritus inmundos" (Mt. 10:1; Ap. 18:2).

4. *Espíritu de mentira o engañador.* El "espíritu de mentira" (2 Cr. 18:21) es Satanás, "padre de mentira" (Jn. 8:44). Satanás envía espíritus de mentira (demonios) a dar mensajes falsos y diseminar doctrinas falsas (1 R. 22:22-23; 2 Cr. 18:22; 1 Ti. 4:1).

5. *Príncipe de Grecia, Príncipe de Persia* (Dn. 10:13, 20). Parece ser que el poder mundial gobernante de Persia, y su conquistador, Grecia (Dn. 8:1-8, 20-22), cada uno tenía un demonio que influenciaba el liderazgo humano de esas naciones. Este demonio peleó contra Miguel, el principal ángel santo y defensor de Israel (Dn. 10:21; 11:2; 12:1; cf. Jud. 9; Ap. 12:7). Sin embargo, estos pocos versículos no apoyan la equivocada enseñanza de demonios territoriales alrededor del mundo.

6. *Ejército de los cielos.* Este término puede usarse para los ángeles malignos (Dt. 4:19; 17:2-3; 2 R. 17:16; 21:3, 5; 23:4-5; Is. 24:21-22; 34:4), pero también puede ser usado para los cuerpos físicos en el cielo (Sal. 33:6; Is. 40:26) y los ángeles santos (1 R. 22:19; Neh. 9:6; Lc. 2:13).

7. *Estrellas.* Este término genérico para todos los ángeles, tanto santos como malignos, se usa en el contexto de Apocalipsis 12:4 para describir a un tercio de todos los ángeles que rechazaron a Dios y se alinearon con Satanás.

Lo demonios realizan varias acciones malignas, incluyendo las siguientes:

1. Habitan en seres humanos y animales (Mr. 5:1-16).
2. Afligen físicamente a las personas (Mr. 9:17, 22).
3. Aterrorizan a los seres humanos (1 S. 16:14-15; 18:10; 19:9; Hch. 19:13-16; 2 Co. 12:7).
4. Inician la falsa adoración (1 Co. 10:20-21).
5. Fomentan falsas doctrinas (1 Ti. 4:1).
6. Realizan señales y prodigios falsos (2 Ts. 2:9; Ap. 16:13-14).
7. Engañan a los profetas (1 R. 22:19-23).
8. Alientan la idolatría (Dt. 32:17; Sal. 106:37).
9. Urden la muerte (Jue. 9:23, 56-57).

Sin embargo, por fuertes que pudieran ser los demonios, también tienen graves debilidades y vulnerabilidades:

1. Involuntariamente, sirven a los propósitos de Dios (Jue. 9:23).
2. Cristo y el evangelio los aterrorizan (Mt. 8:29; Mr. 1:24; Stg. 2:19).

3. Obedecieron a Cristo (Mt. 8:32), a los Doce (Mt. 10:1-8) y a los setenta y dos (Lc. 10:17-20, NVI).

5. No pueden apartar a los creyentes en Cristo del amor de Dios (Ro. 8:38).

6. Pueden ser refrenados por el Espíritu Santo (2 Ts. 2:6; 1 Jn. 4:4).

7. Ya han sido juzgados por Dios (2 P. 2:4; Jud. 6) y lo serán de nuevo en el futuro (Ap. 20:10).

POSESIÓN Y AFLICCIÓN DEMONÍACAS

Quizá la cuestión más controversial respecto a los demonios es si un verdadero creyente puede ser demonizado. Como Satanás no puede controlar la vida total de uno que está habitado por el Espíritu Santo, la pregunta es si Satanás, a través de los demonios, puede ejercer un control parcial directo sobre un área de la vida de un cristiano. Formular una declaración bíblica conclusiva requiere enfoques léxicos, bíblicos, históricos, teológicos y prácticos.

Considerando el enfoque léxico, el Nuevo Testamento describe la influencia demoníaca sobre los humanos con cuatro frases. Las primeras dos totalizan 29 de 32 apariciones: que alguien "tenga un demonio" y que alguien esté "endemoniado". Las otras dos frases —"con un espíritu inmundo" y uno que es "afligido" con un espíritu inmundo— implican demonización. El hecho de que los demonios pueden "entrar", "salir", o ser "expulsados" (Mt. 8:16, 32; 9:33; 12:22-24; Mr. 1:34; 5:8, 13) habla del grado de control poderoso que un demonio puede ejercer dentro del cuerpo de una persona endemoniada. Todas las 32 apariciones del Nuevo Testamento, por lo tanto, se refieren a posesión demoníaca en vez de alguna forma menor de influencia demoníaca, como opresión o acoso demoníacos.

Hay 15 relatos bíblicos de habitación demoníaca (4 incidentes específicos en el Antiguo Testamento y 11 en el Nuevo Testamento). Las Escrituras no parecen apoyar la idea de que los verdaderos creyentes pueden experimentar posesión demoníaca interna. Hay dos instancias de habitación demoníaca potencial que han sido debatidas. Una de ellas concierne a Saúl en el Antiguo Testamento (cf. 1 S. 16; 18; 19), que era "el ungido de Jehová" (1 S. 24:6, 10), que a veces parecía ser un hombre de fe. Las Escrituras registran que Saúl era atormentado por demonios, que venían "sobre" él (1 S. 16:23; 18:10; 19:9), pero eso no sugiere que el espíritu maligno o dañino existiera *dentro* de Saúl.

La otra instancia se refiere a la mujer encorvada en Lucas 13:10-17, que estaba sufriendo de un "espíritu de enfermedad" (Lc. 13:11). Aunque Jesús se refirió a ella como una "hija de Abraham" (Lc. 13:16), parece que es una simple designación de su etnicidad judía sin considerar su fe personal en Dios. Así, no hay ninguna instancia en las Escrituras donde Satanás o los demonios residan dentro de un verdadero creyente y que deban ser expulsados.

Teológicamente, las Epístolas del Nuevo Testamento no advierten nunca a los creyentes sobre la posibilidad de la posesión demoníaca o cómo hay que expulsarlos, aunque se hable de Satanás y de los demonios con bastante frecuencia. Otros factores confirman la conclusión de que un verdadero creyente no puede ser poseído por demonios:

- La cohabitación del Espíritu Santo con espíritus inmundos en un verdadero creyente es inconcebible (cf. 2 Co. 6:14-18), especialmente en vista del sello protector del Espíritu (2 Co. 1:21-22; Ef. 4:30).
- El cristiano es "librado" de Satanás y trasladado al reino de Cristo (Col. 1:13).
- La victoriosa conquista en Cristo no permite que el maligno tenga dominio en la vida de un creyente (Ro. 8:37-39; 1 Co. 15:57; 2 Co. 2:14; 1 Jn. 2:13-14; 4:4).
- La idea de invasión demoníaca en la vida de un verdadero creyente no es bíblica de acuerdo con la promesa de 1 Juan 5:18.

Prácticamente hablando, expulsar demonios es necesario porque los demonios a veces sí habitan dentro de la gente, y el resultado es el inquebrantable control de su víctima. Las Escrituras describen algunos de los resultados como epilepsia (Mt. 17:14-18), ceguera (Mt. 12:22), sordera (Mr. 9:25), y mutismo (Mt. 9:32-33). La expulsión resulta en la sanación de tales aflicciones. Si uno encuentra una persona verdaderamente endemoniada, entonces debe reconocer la fuerza del enemigo, apelar a Dios en oración (cf. Jud. 9) y usar el poder de las Escrituras (Ro. 1:16) —especialmente el evangelio— para lidiar con la situación. No obstante, los creyentes verdaderos no necesitan liberación demoníaca porque la Biblia revela convincentemente que los verdaderos creyentes no pueden ser habitados por Satanás o los demonios. Sí pueden, sin embargo, ser atormentados, oprimidos y acosados externamente, incluso en un grado severo (cf. 2 Co. 12:7).

Satanás

La realidad del mal indica la existencia de un perpetrador real del mal. El testimonio bíblico afirma y describe a ese perpetrador como Satanás en 8 apariciones en el Antiguo Testamento (de 29 apariciones) y 19 apariciones del Nuevo Testamento (de 74 apariciones).

Satanás fue creado como el "querubín grande, protector", un ángel principal que servía en la presencia de Dios (Ez. 28:13-16). Ahora, Satanás lidera con rebeldía una banda de ángeles malignos (Mt. 25:41; Ap. 12:9), disfrazándose como ángel de luz (2 Co. 11:14).

Satanás exhibe las tres características básicas asociadas con la personeidad: intelecto (Mt. 4:1-11; 2 Co. 2:11; Ef. 6:11; 1 Ti. 3:7; 2 Ti. 2:26), sentimientos (1 Ti. 3:6; Ap. 12:12, 17) y voluntad (Lc. 22:31; 2 Ti. 2:26).

Como ser espiritual (1 R. 22:21-23; 2 Cr. 18:20-22; Ef. 2:2), Satanás puede a veces aparecer como una persona física (Mt. 4:3-11), y posee una extraordinaria movilidad para viajar entre el cielo y la tierra (Job 1:7; 2:2; 1 P. 5:8) para hacer su obra maligna en ambas esferas (1 R. 22:21-22; Job 1-2; Mt. 4:3-11; Ap. 12.10).

Satanás posee el poder más alto de los seres creados. Su poder es al menos igual al del arcángel Miguel (Dn. 10:13, 21; 12:1; Jud. 9; Ap. 12:7). Ningún ser humano posee el poder sobrenatural que tiene Satanás. Él es poderoso en el cielo (1 R. 22:19-23; 2 Cr. 18:18-22; Job 1:2; Zac. 3:1-5; Ap. 12:7) y en la tierra (Job 1:7; 1 P. 5:8). No obstante, Satanás no posee ninguno de los atributos de su Creador, como la omnipotencia, omnisciencia, omnipresencia, inmutabilidad o soberanía. De hecho, el poder de Satanás es limitado por Dios (Job 1:6-12; 2:1-6), rechazado por Cristo (Mt. 4:1-11; Hch. 10:38), vencido por los creyentes (Stg. 4:7; 1 Jn. 2:13-14; cf. Hch. 26:18), y será revocado permanentemente (1 Co. 15:24; Ap. 12:9-10; 20:1-3, 7-10).

EL CARÁCTER DE SATANÁS

Varios nombres y títulos para el maligno advierten de las intenciones y el carácter diabólicos. Tales atribuciones incluyen las siguientes:

1. *Satanás.* Este nombre aparece a lo largo del Antiguo y Nuevo Testamento, con los significados de "adversario", "enemigo" u "oposición". Satanás ha sido el principal iniciador, instigador y perpetrador de agresión maligna tanto contra como dentro de los propósitos y planes de Dios.
2. *Diablo.* Este es el segundo término más usado para Satanás en la Biblia y se utiliza en referencia a sus acusaciones calumniosas contra los verdaderos creyentes (Job 1-2 [Septuaginta]; Zac. 3:1) y, en última instancia, contra Dios.
3. *Maligno.* Es el tercer nombre usado más frecuentemente para el enemigo (Mt. 5:37; 6:13; 13:19, 38; Jn. 17:15; Ef. 6:16; 2 Ts. 3:3; 1 Jn. 2:13-14; 3:12; 5:18-19). El maligno carácter de Satanás se contrapone a la justicia de Cristo: la palabra hebrea transliterada "Belial" (Dt. 13:13; Jue. 19:22; 1 S. 2:12; 1 R. 21:13; Pr. 6:12; Nah. 1:15) se refiere a viles, malvados e indignos bribones alborotadores, y es aplicado al maligno, cuya maldad no tiene parangón (2 Co. 6:15). Es nada menos que irónico que Satanás se presente como el "acusador de los hermanos" ante Dios para acusar a los creyentes de no ser dignos de la gracia de Dios en la redención y el servicio (Zac. 3:1; Ap. 12:10).
4. *Lucifer.* La tradición, especialmente visible en algunas traducciones, ha popularizado este título en referencia al "portador de luz" o "estrella del día" o "hijo de la mañana" en Isaías 14:12. En contexto, el título parece describir al rey de Babilonia, pero también describe a Satanás por extensión. Apocalipsis 9:1 representa a Satanás como "una estrella que cayó del cielo", y Apocalipsis 9:11 lo identifica como "rey" sobre los demonios, quienes son representados como haber sido creados como "estrellas del cielo" (Job 38:7; Ap. 12:4).

5. *Serpiente*. El simbolismo de la serpiente de oro artesanal (Gn. 3:1, 4, 13-14) es inequívocamente identificada con el diablo o Satanás en cuatro ocasiones posteriores (Is. 27:1; 2 Co. 11:3; Ap. 12:9; 20:2). Esta figura es concebida apocalípticamente como un dragón (Is. 27:1; Ap. 12:3, 7, 9; 20:2), el leviatán, la serpiente veloz y tortuosa (Is. 27:1).

6. *Dios de este siglo*. El título "dios" (2 Co. 4:4; cf. Sal. 82:6) refleja la posición de Satanás, no su naturaleza, pues no es una deidad. Por la soberana ordenanza de Dios, Satanás recibió un poder y una posición superiores sobre la tierra (1 Jn. 5:19), empoderando a todas las religiones falsas (Ap. 2:9; 3:9) y reinando sobre los demonios (Mt. 9:34; 12:24; Mr. 3:22; Lc. 11:15; Ef. 2:2; Ap. 9:11). El nombre "Baal-zebub", de la deidad patrona de la ciudad filistea costera de Ecrón (2 R. 1:2-3), significa "señor, príncipe" y se refiere a la autoridad de Satanás sobre sus ángeles malignos (Mt. 12:24; Mr. 3:22; Lc. 11:15).

7. *Abadón* (Ap. 9:11). Esta palabra hebrea transliterada está asociada con muerte y destrucción en el Antiguo Testamento (Job 26:6; 28:22; 31:12; Sal. 88:11; Pr. 15:11; 27:20). Su contraparte griega, "Apolión", se refiere a Satanás como el rey angélico con dominio sobre demonios en el abismo en Apocalipsis 9:11.

LA ACTIVIDAD DE SATANÁS EN LA HISTORIA

Las Escrituras relatan muy pocos eventos históricos específicos que involucren a Satanás, pero los mismos representan bien su patrón diabólico siempre activo como el "príncipe de este mundo" (Jn. 12:31; 14:30; 16:11), que está trabajando constantemente sobre la tierra durante el tiempo presente. Las continuas actividades de Satanás según están registradas en las Escrituras incluyen las siguientes:

- "Como león rugiente, anda alrededor buscando a quien devorar" (1 P. 5:8).
- Dice mentiras (Jn. 8:44) e influye sobre las personas para que mientan (Hch. 5:3).
- Se disfraza como un ángel de luz (2 Co. 11:13-15).
- Arrebata el evangelio de los corazones incrédulos (Mt. 13:19; Mr. 4:15; Lc. 8:12).
- Mantiene bajo su poder a los incrédulos (Ef. 2:2; 1 Jn. 3:8-10; 5:19).
- Atrapa y engaña a los incrédulos, y los mantiene cautivos para que hagan su voluntad (2 Ti. 2:26).
- Tienta a los creyentes para que pequen (1 Co. 7:5; Ef. 4:27).
- Busca engañar a los hijos de Dios (2 Co. 11:3).
- Se aprovecha de los creyentes (2 Co. 2:11).
- Busca destruir la fe de los creyentes (Lc. 22:31).
- Atormenta a los siervos de Dios (2 Co. 12:7).
- Obstaculiza el progreso del ministerio (1 Ts. 2:18).
- Hace la guerra contra la iglesia (Ef. 6:11-17).

Las referencias del Antiguo Testamento a Satanás incluyen las siguientes:

1. Creación de Satanás: comienzo de la creación (Neh. 9:6; Job 38:7; Sal. 148:2, 5; Ez. 28:13, 15; Col. 1:16).
2. Caída moral de Satanás: postcreación (Is. 14:12-13; Ap. 12:4).
3. Engaño de Eva: postcaída moral (Gn. 3:1-6; 2 Co. 11:1-3; 1 Ti. 2:14; Ap. 12:9; 20:2).
4. Maldición edénica: postengaño (Gn. 3:15; Jn. 16:11; Ro. 16:20).
5. Acusar a Job (Job 1–2).
6. Disputa con Miguel (Jud. 9).
7. Provocación de David (1 Cr. 21:1).
8. Mentira a Acab (1 R. 22:1-40; 2 Cr. 18:1-34).
9. Influenciar al rey de Babilonia (Is. 14:12-14).
10. Influenciar al rey de Tiro (Ez. 28:12-17).
11. Acusar al sumo sacerdote (Zac. 3:1-2).

Las referencias neotestamentarias que involucran a Satanás incluyen las siguientes:

1. El nacimiento de Cristo (Ap. 12:4).
2. La tentación de Cristo (Mt. 4:1-11; Mr. 1:12-13; Lc. 4:1-13).
3. Debilitar a una mujer (Lc. 13:16).
4. Zarandear a Pedro (Lc. 22:31).
5. La traición de Judas (Lc. 22:3; Jn. 13:2, 27).
6. Influyó en la mentira de Ananías (Hch. 5:3).
7. Estorbó a Pablo (1 Ts. 2:18).
8. Aguijoneó a Pablo (2 Co. 12:7).
9. Expulsión final del cielo: en la mitad de la septuagésima semana de Daniel (Ap. 12:7-13).
10. Empoderamiento del anticristo y del falso profeta: en mitad de la septuagésima semana de Daniel (Ap. 13:2, 4).
11. Realizar señales falsas: última mitad de la semana setenta de Daniel (Ap. 16:13-14).
12. Encarcelamiento milenial: reino milenial de Cristo (Ap. 20:1-3).
13. Batalla final: fin del reino milenial de Cristo (Ap. 20:7-9).
14. Juicio final: fin del reino milenial de Cristo (Is. 27:1; Ap. 20:10).

ESTRATEGIAS DE SATANÁS

Pablo escribe a los corintios que los creyentes no deben permitir que Satanás se aproveche de nosotros "pues no ignoramos sus maquinaciones" (2 Co. 2:11). Comprender los esquemas del diablo ayuda a que los creyentes se preparen para resistirlo. Satanás es un estratega con maestría táctica (2 Co. 2:11; 11:3; Ef. 6:11) para engañar a la gente (1 Ti. 3:7; 2 Ti. 2:26) en un intento de llevar al mundo a su pensamiento pervertido y alejado de la pura verdad de Dios. Satanás comenzó su maligna actividad con Adán y Eva (Gn. 3:1-24) y la continuará hasta el final del tiempo (Ap. 12:9; 20:3, 8).

Las falsificaciones espirituales

El mal de Satanás y la perversión de la verdad están enmascarados por su magistral habilidad para imitar a Dios con falsificaciones espirituales. Sin haber recibido nuevos ojos espirituales a través de la regeneración por el Espíritu Santo, una persona considerará las mentiras de Satanás como la verdad. Las principales falsificaciones de Satanás enumeradas en las Escrituras incluyen las siguientes:

1. La Trinidad, como dragón/Satanás (Ap. 13:4), la bestia/el anticristo (Ap. 13:4), y falso profeta (Ap. 13:11; véase 16:13)
2. El reino, pero, en realidad, la "potestad de las tinieblas" (Col. 1:13)
3. Los ángeles (Mt. 25:41; 2 Co. 11:14; 12:7; Ap. 12:7)
4. El trono (Ap. 2:13)
5. Las iglesias (Ap. 2:9; 3:9)
6. La adoración (Ro. 1:25; Ap. 13:4)
7. Los obreros (2 Co. 11:13, 15)
8. Los Cristos (Mt. 24:5, 24; Mr. 13:22; 1 Jn. 2:18, 22)
9. Los profetas (Mt. 7:15; 24:11, 24; Mr. 13:22; 2 P. 2:1)
10. Los apóstoles (2 Co. 11:13; Ap. 2:2)
11. Los maestros (2 P. 2:1)
12. Los creyentes (Mt. 13:38, 40; 2 Co. 11:26; Gá. 2:4)
13. El evangelio (Gá. 1:6-7)
14. La teología (1 Ti. 4:1)
15. Los misterios (2 Ts. 2:7; Ap. 2:24)
16. Los milagros (Mt. 7:21-23; 2 Ts. 2:9; Ap. 16:13-14)
17. La comunión (1 Co. 10:20-21)

Objetivos de Satanás

Satanás apunta sus dardos de fuego (Ef. 6:16) a las mentes humanas (2 Co. 11:3). Los pensamientos del cristiano se convierten en el campo de batalla para la conquista espiritual, por eso el creyente debe ser espiritualmente fuerte en la mente (Mt. 22:37; Ro. 12:2; 2 Co. 4:4; 10:5; Fil. 4:8; Col. 3:2; 1 P. 1:13). Si los cristianos piensan de maneras contrarias a la Palabra de Dios, actuarán desobedientemente a la voluntad de Dios (cf. Pr. 23:7; 27:19). Por otro lado, si los creyentes piensan como Dios lo hace y viven de acuerdo a su Palabra (Col. 3:16), entonces está asegurada la victoria sobre los planes de Satanás.

Las narrativas históricas y las porciones de enseñanza de las Escrituras identifican cuatro de los objetivos mayores de Satanás contra el cristiano, que son señalados por tácticas específicas. Se mencionan brevemente a continuación:

1. Satanás intentará distorsionar o negar la verdad de la Palabra de Dios (Mt. 4:1-11; 13:3-4, 18-19; 16:23) utilizando, al menos, ocho herramientas:
   a. *El sensualismo.* Reemplazar la Palabra de Dios como la norma para determinar lo mejor de Dios para la vida de uno (Gn. 3:1-6, en oposición a 2 Ti. 3:16-17).
   b. *El sensacionalismo.* Creer que el éxito inmediato es más deseable que el éxito en el tiempo de Dios (Mt. 4:1-11, en oposición a 1 Co. 1:18-25).
   c. *El universalismo.* Creer que la humanidad compartirá la misma realidad eternal, así como comparten la misma realidad terrenal (Mt. 13:24-30, en oposición a Jn. 1:12-13; 3:36; 5:24).
   d. *El racionalismo.* Sustituir la fe simple como la de un niño, anclada en la Palabra de Dios, por la razón humana (Mt. 16:21-23, en oposición a Is. 55:9).
   e. *El existencialismo.* Elevarse como el amo de la propia alma y destino (2 Co. 4:4, en oposición a Jn. 3:16-21).
   f. *El ilusionismo.* Afirmar sin apoyo que todo lo que parece o afirma ser Dios *es* de Dios (2 Co. 11:13-15, en oposición a Dt. 13:1-5; 1 Jn. 4:1-4).
   g. *El ecumenismo.* Creer que todas las religiones sinceras implican expresiones válidas de adoración al Dios verdadero (Ap. 2:9; 3:9, en oposición a Hch. 4:12).
   h. *El humanismo.* Suponer que Satanás puede ser derrotado sin la ayuda de Dios (Jud. 9, en oposición a Jn. 15:5).

2. Satanás intentará desacreditar el testimonio del pueblo de Dios (Hch. 5:1-11; 1 Ti. 3:7). El hace esto en, al menos, cuatro maneras:
   a. *El situacionalismo.* Ver a la Palabra de Dios como bastante flexible como para ceder dependiendo del contexto (Hch. 5:1-11, en oposición a Sal. 119:89).
   b. *El individualismo.* Poner la propia satisfacción sobre la del cónyuge dentro del matrimonio (1 Co. 7:1-5, en oposición a Ef. 5:22-25).
   c. *El aislacionismo.* Asumir que la propia reputación personal no tiene ningún efecto sobre los demás (2 S. 12:14, en oposición a 1 Ti. 3:7; 6:1; Tit. 2:5).
   d. *El hedonismo.* Negar las responsabilidades en el hogar y satisfacer los propios deseos carnales al tiempo que se espera que la iglesia proporcione apoyo económico (en oposición a 1 Ti. 5:14-15; 2 Ts. 3:10).

3. Satanás intentará deprimir o destruir el entusiasmo del creyente para la obra de Dios (2 Co. 12:7-10) e influye en al menos cuatro maneras de pensar:

   a. *El materialismo.* Valorar las bendiciones materiales y físicas por encima de la propia relación espiritual con Jesucristo (en oposición a Mt. 6:33).

   b. *El derrotismo.* Verse como un fracaso y que ya no se es útil en el servicio del Rey (cf. Lc. 22:31-34, en oposición a Sal. 32:1-7).

   c. *El negativismo.* Encontrar la debilidad de una persona para evitar su servicio efectivo para Dios (en oposición a 2 Co. 12:7-10; Fil. 4:13).

   d. *El pesimismo.* Dudar de la capacidad de lograr algo significativo para Dios debido a las difíciles circunstancias de la vida (cf. 1 Ts. 2:17–3:2, en oposición a Sal. 37:23-24).

4. Satanás intentará diluir la efectividad del pueblo de Dios (1 Ti. 3:6; cf. 1 Cr. 21:1-8). Él hace esto, al menos, de cinco maneras:

   a. *El egotismo.* Atribuir los logros personales a capacidades propias en vez de hacerlo a las actividades de Dios en la propia vida (cf. 1 Cr. 21:1; 1 Ti. 3:6, en oposición a Jer. 9:24-25; 1 P. 5:6).

   b. *El nominalismo.* Creer que ser salvado y perdonado hace que el presente estilo de vida de uno no sea importante (cf. Zac. 3:1-5; 1 Jn. 2:1-6).

   c. *El cultismo.* Creer que la salvación se basa en las obras y no en la fe en Jesucristo (cf. Lc. 22:3-6, en oposición a Ef. 2:8-9).

   d. *El uniformismo.* Suspender el perdón y el consuelo a creyentes disciplinados a pesar de su arrepentimiento y cambio de corazón hacia Dios (en oposición a 2 Co. 2:5-11; Ef. 4:32).

   e. *El asertivismo.* Asumir que es saludable descargar el enojo con frecuencia y durante largos períodos de tiempo (en oposición a Ef. 4:26-27; Stg. 1:19-20).

El ataque prototípico de Satanás

El primer ataque de Satanás sobre los humanos dilucida por qué es conocido como "padre de mentira" y como "homicida desde el principio" (Jn. 8:44): desde que facilitó el pecado de Adán y Eva, todos en la raza humana han nacido muertos en el pecado (Ef. 2:1-3). En Génesis 3, Satanás engañó a Eva (2 Co. 11:3) para que rechazara la veracidad de Dios y actuara con independencia de Él. Los seis aspectos de ese asalto han constituido el método prototípico de Satanás para atacar a la humanidad desde ese momento.

1. *Disfraz.* En Génesis 3:1, Satanás llegó, y se disfrazó astutamente de serpiente. La palabra "astucia" es usada de manera negativa para referirse a artimaña (cf. Jos. 9:4).

2. *Diálogo.* Satanás le habló a la mujer con la meta de engañarla. Satanás usó tres tácticas sobre Eva que más tarde probarían ser fatales.

   a. Apartó a Eva de su esposo y entabló un diálogo aparentemente inocente con ella. Un matrimonio piadoso, sin embargo, está diseñado como una unión donde el esposo y la esposa se fortalecen, edifican y alientan el uno al otro.

   b. Sorprendió a Eva con su encuentro. Si Eva hubiera estado acostumbrada a la presencia de Dios, habría comprendido el peligro.

   c. Satanás hizo una pregunta aparentemente inocente. De acuerdo a la construcción hebrea, fue una pregunta realmente ridícula. Una paráfrasis moderna sería: "¿Estás bromeando, Eva? *En realidad*, Dios no dijo que no pudieras comer de ningún árbol del huerto, ¿no es así?".

3. *Duda*. Satanás plantó una semilla de duda sobre el mandamiento de Dios respecto a comer de los árboles del huerto (Gn. 2:16-17). La paráfrasis de Eva de las palabras originales de Dios indica que ella había comenzado a cuestionar la certeza de la muerte y el juicio, convirtiendo esa semilla de duda en una negación flagrante de la veracidad, aplicabilidad y fiabilidad de Dios.

4. *Negación*. En Génesis 3:4-5, Satanás alimentó a Eva con cinco mentiras disfrazadas de verdad a medias.

   a. Eva no moriría. En realidad, ellos no murieron de inmediato en un sentido físico, pero sí murieron inmediatamente espiritualmente en su relación con Dios, al ser separados espiritualmente de Él debido a su pecado. Esa muerte espiritual los llevó más adelante a su muerte física.

   b. La Palabra de Dios no es fiable, dado que Él dijo que ellos morirían, pero no lo hicieron. Sobre las bases de esa mentira, Eva pasó decisivamente a abandonar la autoridad de la palabra de Dios.

   c. El hombre puede llegar a ser como Dios: "sino que sabe Dios que el día que comáis de él, serán abiertos vuestros ojos, y seréis como Dios, sabiendo el bien y el mal". Satanás omitió la verdad de que Adán y Eva eran susceptibles de pecar, en vez de ser inmutablemente santos por naturaleza, como Dios. Como resultado de su pecado, toda la humanidad ha sido maldita con el pecado y han conocido el "bien" y el "mal" por experiencia.

   d. Dios deseaba mantener celosamente su unicidad y no compartirla con nadie. Satanás implicó que eso era malo, no bueno, pero Dios estaba protegiendo su deidad.

   e. La mentira fundamental es: "Yo, Satanás, velo por tus intereses. Créeme a mí, no a Dios".

5. *Deliberación*. La investigación empírica autónoma se originó con Eva, en Edén. Eva concluyó que la única forma de poder decidir si Dios tenía razón

o si estaba equivocado era ponerlo a prueba con su mente y sus sentidos. Cuando Eva creyó que la palabra de Dios ya no era autoritativa, es decir, que ya no dictaba lo que estaba bien o mal en su vida, ella eligió llevar a cabo tres pruebas sobre el árbol para ver si Dios o Satanás tenían razón (Gn. 3:6): (1) era bueno para comer, de acuerdo a los "deseos de la carne" (1 Jn. 2:16); (2) tenía un valor emocional o estético y fue un deleite para sus ojos (cf. 1 Jn. 2:16); (3) tenía valor intelectual, permitiéndole poseer la sabiduría de Dios (cf. 1 Jn. 2:16).

6. *Muerte*. Las mentes de Adán y Eva fueron afectadas y de repente percibieron el mal (Gn. 3:7). Antes, cuando estaban desnudos en el jardín, todo era puro (Gn. 2:25), pero, debido al pecado, de repente se dieron cuenta de que estaban desnudos, y trataron de cubrir su desnudez. La culpa había entrado en la raza humana: el hombre estaba separado espiritualmente de Dios y se escondía de Él (Gn. 3:9-11) y apareció un conflicto entre el hombre y la mujer cuando comenzaron a echarse la culpa mutuamente por su pecado (Gn. 3:12-13).

EL PAPEL DE SIERVO DE SATANÁS

A pesar de las poderosas actividades y estrategias de Satanás, la soberanía de Dios ha invalidado y vencido lo peor que Satanás podría ejecutar como "el dios de este mundo". Aun los peores ataques malvados de Satanás servirán a los mejores propósitos justos de Dios. Unas pocas ocasiones históricas de tales asaltos mencionados en las Escrituras se enumeran a continuación:

1. *Job 1-2*. Dios le dio autoridad a Satanás para que tocara todo lo que Job tenía (posesiones, familia y cuerpo), pero no la vida de Job (Job 1:12-19; 2:3-7). Aunque perdió todos sus bienes y a sus hijos, y sufrió horriblemente, Job no maldijo a Dios, sino que lo adoró (Job 1:21; 2:10). Job honró a Dios y demostró que eran falsas las acusaciones de Satanás respecto a que Job solo le era fiel a Dios por interés. Al final, Dios bendijo doblemente a Job por su sincera fidelidad hacia Dios, puesta a prueba por Satanás (Job 42:10).
2. *1 Samuel 16*. Después de que el Espíritu de Dios se apartara de Saúl (1 S. 16:14), un espíritu malo lo atormentaba (1 S. 16:14-16, 23; 18:10; 19:9). Solo lo aliviaba que David tocara el arpa, y esto hizo que amara mucho a David y lo hiciera su escudero. Todo esto llevó providencialmente a David a que matara a Goliat (1 S. 17:26-49) y eventualmente a convertirse en rey (2 S. 2:11; 5:4-5).
3. *1 Reyes 22:19-23 y 2 Crónicas 18:18-22*. En esos textos, Satanás encaja de manera adecuada con el "espíritu de mentira" detrás de la profecía falsa. El rol de Satanás como príncipe de los demonios explica el hecho de que el espíritu de mentira influyera a cuatrocientos profetas. Ante el mensaje

uniformemente positivo de los demonios a través de los cuatrocientos profetas falsos, quedó claro que Micaías era un profeta auténtico, y que su predicción de la derrota y muerte de Acab cumplía la palabra profética de Dios por medio de Elías (1 R. 22:37-38; cf. 21:17-19).

4. *1 Crónicas 21 y 2 Samuel 24*. En sus últimos años, David parece haber sentido que podía confiar más en el tamaño de su ejército que en el poder de Dios, sobre todo a la luz de la presión por parte del pueblo. En 1 Crónicas 21:1 se declara: "Pero Satanás se levantó contra Israel, e incitó a David a que hiciese censo de Israel". Joab se opuso fuertemente al censo, pero prevaleció la voluntad del rey. Así, David no buscó la sabiduría de los consejeros (Pr. 11:14; 24:6) ni escuchó el consejo de Dios (cf. Sal. 33:16-17), sino que pecaminosamente puso su confianza en sí mismo y en su ejército. Entonces, Dios empleó a Satanás (2 S. 24:1; cf. 1 Cr. 21:1) para probar la humildad de David, y el rey fracasó rotundamente.

5. *Zacarías 3*. Como en otras ocasiones, Satanás compareció ante Dios para acusar a Josué, el sumo sacerdote, representante de la nación de Israel, de ser indigno de recibir la bendición de Dios. La meta del Acusador era que Dios rechazara tanto a Josué como a Israel por sus "vestiduras viles" (Zac. 3:3-4). El Señor usó la ocasión de las acusaciones de Satanás para declarar que Israel no había perdido sus derechos a las promesas que Dios le hizo a Abraham y David, aun cuando la promesa esperaba un tiempo futuro cuando Israel llegaría a ser fiel al Señor (Zac. 12:10–13:1).

6. *Mateo 4*. Cristo fue tentado por Satanás en todos los aspectos de la debilidad humana (4:1-11; cf. He. 4:15; 1 Jn. 2:16). El diseño de Satanás era hacer que Cristo violara el plan de Dios y empleara el poder divino que había dejado a un lado en su humillación (cf. Fil. 2:7). El fracaso de Satanás en tentar a Cristo para que pecara demostró al menos tres verdades fundamentales respecto a la deidad de Cristo: su impecabilidad, su lealtad inquebrantable a la verdad de la Palabra de Dios, y su superioridad y autoridad sobre Satanás.

7. *Lucas 22*. Satanás exigió zarandear a Pedro como trigo, y Cristo le concedió su petición (Lc. 22:31). Sin embargo, Cristo también oró para que Pedro se recuperara, que fuera fortalecido espiritualmente por la experiencia y que fuera capacitado para dirigir a los discípulos (22:32). Pedro experimentó el amor, la misericordia y la gracia de Dios, volvió a su comunión con los discípulos, y fue restaurado por Cristo al ministerio (Jn. 21:15-17). El Maestro reafirmó su confianza en Pedro y en su capacidad de ministrar.

8. *Juan 13*. Con respecto a la muerte de Cristo, Satanás sirvió a Dios al entrar en Judas (Lc. 22:3-6; cf. Jn. 13:2), quien empezó a conspirar con los principales sacerdotes sobre cómo traicionar al Señor y a quien Cristo más tarde lo envió para que rápidamente llevara a cabo su traición (Jn. 13:27). Este es el ejemplo supremo de Dios usando a Satanás para que fuera el

catalizador de algo que Dios había planeado, en realidad, en la eternidad pasada: la liberación de los creyentes del dominio diabólico en el reino de la oscuridad (cf. Hch. 2:22-24).

9. *Hechos 5.* El "padre de mentira" (Jn. 8:44) llenó el corazón de Ananías para que engañara al Espíritu Santo (Hch. 5:3), con Safira como su cómplice. Como resultado, Dios los mató ante la asamblea de Jerusalén (Hch. 5:5, 10). Dios usó a Satanás para grabar un nuevo y creciente nivel de temor a Dios sobre todos allí (Hch. 5:5, 11), y sobre todos los que han leído sobre el incidente desde aquel tiempo: "¡Horrenda cosa es caer en manos del Dios vivo!" (He. 10:31).

10. *2 Corintios 12.* Dios usó a un mensajero de Satanás, una "espina en la carne", para evitar que Pablo se enorgulleciera después de que hubo recibido una visión del tercer cielo. El uso del Antiguo Testamento de la figura retórica sugiere que la espina de Pablo pudo haber sido personas que eran "una espina en el ojo", o "un dolor de cabeza", muy posiblemente por ser falsos maestros e incrédulos endemoniados (véanse algunos ejemplos en la vida de Pablo en Hch. 13:10; 2 Ti. 2:17-18; 4:14). Sin embargo, aunque Satanás pretendía que fuera para mal, Dios lo había ordenado para bien, llevando a Pablo a una humilde dependencia en Dios a través de la oración (1 P. 5:6-7; 2 Co. 12:8).

11. *Apocalipsis 13.* A mitad de la septuagésima semana de Daniel (Ap. 13:5), se presentará la trinidad satánica, incluyendo a Satanás (el dragón de 13:2-4; cf. 12:9; 20:2), al anticristo (la bestia de 13:1-10) y al falso profeta (la "otra bestia" de 13:11-17). El engaño global proseguirá durante cuarenta y dos meses (13:5) hasta que la segunda venida de Cristo (19:11–20:3) acabe con su diabólico dominio, y el Rey Jesús reine durante mil años (20:4-6). En todo esto, Satanás funciona como siervo de Dios y establece la ocasión para el triunfante advenimiento de Cristo y la inauguración de su reino milenial en la tierra.

UNA DEFENSA CRISTIANA CONTRA SATANÁS

La protección de Dios

Efesios 6:10-20 registra que Dios ha designado armas espirituales para la guerra del cristiano contra el ataque espiritual (cf. Ro. 13:12; 2 Co. 6:7; 10:4). Él nos ha proporcionado una "panoplia" de armas, tanto defensivas como ofensivas, para que podamos "fortalece[rnos] en el Señor y en el poder de su fuerza" y para que "pod[amos] estar firmes contra las asechanzas del diablo" (Ef. 6:10-11).

1. *El cinturón de la verdad* (v. 14, NVI). Como el cinturón que sujetaba la túnica del soldado para la batalla, el creyente ciñe sus lomos con la verdad al tener una actitud de integridad y disponibilidad para usar la Palabra de Dios para la batalla (v. 17).

2. *La coraza de justicia* (v. 14). Como la coraza protege en la batalla el corazón y las entrañas, de la misma manera, el cristiano, figurativamente, necesita proteger el corazón, que es el asiento de la mente, y las entrañas, que es el asiento de las emociones. La justicia práctica y personal está más protegida en la medida en que el cristiano sea más santificado por el Espíritu para ser cada vez más como Cristo (2 Co. 3:18; 2 P. 3:18).

3. *El calzado del apresto* (v. 15). Las sandalias de los soldados romanos eran de una gruesa suela con puntas, estables, que le proporcionaban al soldado firmeza al caminar y que eran duraderas. El creyente necesita tener un calzado adecuado a fin de poder estar firme ante las asechanzas del enemigo. El calzado seguro viene por haber abrazado el evangelio.

4. *El escudo de la fe* (v. 16). Así como un soldado romano tendría un escudo suficientemente largo para protegerse de los fieros dardos con puntas ardientes, la fe del cristiano es suficientemente efectiva para apagar los dardos de fuego del maligno. Cuanto mayor sea la creencia subjetiva de uno en la fe objetiva, mayor será la victoria en la batalla espiritual.

5. *El yelmo de la salvación* (v. 17; 1 Ts. 5:8). La seguridad de la salvación y la esperanza de la liberación futura del enemigo son la mejor defensa contra los golpes demoledores del enemigo.

6. *La espada del Espíritu* (v. 17). Esta arma es tanto defensiva como ofensiva, suficientemente corta como para ser empuñada con movimientos precisos para el ataque efectivo (cf. He. 4:12). Jesús respondió de manera incisiva con la Palabra de Dios a las tentaciones de Satanás y obtuvo la victoria (Mt. 4:4, 7, 10).

7. *El arsenal de la oración* (v. 18). "Orando en todo tiempo con toda oración y súplica en el Espíritu" es el recurso ofensivo más efectivo que tiene el cristiano. Jesús estableció el modelo para la oración de protección: "Líbranos del maligno" (Mt. 6:13, NVI).

Las provisiones de Dios

Dios ha provisto múltiples medios por los cuales el cristiano puede salir victorioso sobre Satanás en esta vida. Las provisiones siguientes se centran en las verdades más importantes y alentadoras halladas en la Biblia con este fin.

1. El Salvador obtuvo la victoria en el Calvario.
   El ministerio terrenal y la obra de expiación de Cristo en la cruz significan destruir la sujeción de Satanás sobre la humanidad (Jn. 12:31; Ap. 12:11), porque su muerte ha destruido el poder del diablo sobre la muerte (He. 2:14). La victoria del Salvador promete una victoria final: los creyentes vencerán todo mal (1 Jn. 2:13; 5:4-5) cuando Satanás sea echado al lago de fuego al final del reino milenial de Cristo, para ser atormentado por toda la eternidad futura (Ap. 20:10).

2. Cristo ora y protege.

   Jesús intercede como Sumo Sacerdote al orar que los cristianos sean protegidos de Satanás (Jn. 17:15, 20). Todos los creyentes verdaderos son ciertamente protegidos del daño eterno (1 Jn. 5:18), y Dios nunca soltará a ninguno de sus elegidos de su seguro agarre (Jn. 10:28-29).

3. Cristo envió al Espíritu Santo.

   Como Cristo ha enviado el Espíritu Santo (Jn. 14:16, 26; 15:26; 16:7), los creyentes ahora tienen su poder morando en ellos, que es mayor que cualquier influencia maligna (1 Jn. 4:4).

4. Dios informa a los creyentes.

   Dios ha prevenido a los creyentes de los planes malignos de Satanás en las Escrituras, para que los cristianos estén preparados cuando estalla la batalla espiritual (2 Co. 2:11; 1 P. 5:8). Además, la oración modelo de Cristo por los creyentes en lucha espiritual (cf. Mt. 6.13) y las Escrituras nos instruyen sobre cómo obtener victoria sobre Satanás: someternos a Dios, acercarnos a Él, y resistir al diablo (Stg. 4:7-8; 1 P. 5:9).

5. Los pastores fortalecen y alientan a la iglesia.

   Los pastores deben establecer y exhortar en la fe al rebaño de Dios (1 Ts. 3:2), para que el tentador fracase en sus tentaciones (1 Ts. 3:5).

LOS JUICIOS CONTRA SATANÁS

Dios ha pronunciado, y pronunciará, múltiples juicios sobre el rebelde Satanás. Las Escrituras bosquejan su historia judicial.

El juicio original de Satanás

Antes de que Satanás engañara a los primeros seres humanos, él cometió un acto de la más alta traición, por el cual fue juzgado. Tres pasajes parecen describir su primer acto de traición.

- *Apocalipsis 12:3-17.* El simbolismo apocalíptico narra la rebelión de Satanás y caída del cielo con un tercio de todos los ángeles, y su implacable trama contra Cristo y su pueblo.

- *Ezequiel 28:11-19.* Satanás parece ser el origen de la profecía contra el malvado rey de Tiro, pues la referencia particular parece sobrepasar al rey humano. Por ejemplo, él estaba en Edén, que podría referirse al Edén literal (v. 13), y en su creación estaba rodeado de toda piedra preciosa (v. 13), y en aquel tiempo era perfecto, solo después se reveló como inicuo (v. 15).

- *Isaías 14:4-21.* Satanás parece encarnar al rey de Babilonia en esta profecía, quien, como el rey de Tiro, exhibió un gran orgullo y autoengaño. Isaías narra el deseo de Satanás de ser como Dios, y su resultante caída y escarnio final cuando es echado al abismo.

El juicio de Satanás en Edén

En Génesis 3:14-15, tanto Satanás como la serpiente poseída son maldecidos. La serpiente recibe la maldición física de moverse sobre su vientre y comer polvo a medida que avanza. Satanás un día será destruido con un golpe mortal por el Mesías (Ro. 16:20; cf. Jn. 16:11).

El juicio de Satanás en el Calvario

Cristo vino a "destruir las obras del diablo" (1 Jn. 3:8; cf. He. 2:14). La victoria de Cristo sobre la cruz significó la derrota de Satanás. El grito de victoria de Jesús, "Consumado es" (Jn. 19:30), selló su juicio sobre Satanás (Jn. 12:31; 16:11). La iglesia reafirma la derrota de Satanás porque está compuesta por quienes han sido librados de su poder (Hch. 26:18; Col. 1:13; 2:15).

El juicio venidero de Satanás

a. Durante la Gran Tribulación

Apocalipsis 12:7-13 revela que, a la mitad de la gran tribulación, todas las fuerzas del mal serán desterradas del acceso al cielo. Aunque esto significa que Satanás y sus demonios perseguirán a los creyentes de una manera particularmente feroz sobre la tierra, ya no podrán acusar a los creyentes de pecado en la presencia de Dios, que ha sido su práctica normal (Job 1:6-7; 2:1-2).

b. Durante el milenio

Cuando Jesucristo vuelva a la tierra para gobernar desde Jerusalén, Él atará a Satanás con cadenas irrompibles y lo sellará en el abismo por mil años (Ap. 20:1-3), de manera que ya no podrá engañar a las naciones (cf. Ap. 20:7-8). Presumiblemente, todos los demonios serán encerrados con él (Is. 24:21-22).

c. Por la eternidad

Apocalipsis 20:10 retrata el juicio final a Satanás después de que su fútil rebeldía contra el Rey Jesús es sofocada en una llama de fuego desde el cielo: Satanás es enviado a quemarse por siempre en el lago de fuego. Todas las fuerzas malignas se unirán a él allí (cf. Mt. 8:29; Lc. 8:31), así como todos los pecadores después del juicio del gran trono blanco (Mt. 25:41; Mr. 9:48; Ap. 20:14-15).

Identificación del ángel del Señor

El sustantivo hebreo para "ángel" o "mensajero" se refiere al "ángel del Señor" en alrededor de noventa usos en dieciséis libros del Antiguo Testamento. Esta designación específica aparece solo en el Antiguo Testamento y se refiere a un mensajero singular, único de su clase. También es llamado "el ángel de Dios" (Gn. 21:17), "su ángel" (Gn. 24:7, 40), "mi ángel" (Éx. 23:23), "el ángel de su faz" (Is. 63:9), y "el ángel del pacto" (Mal. 3:1). Varias líneas de evidencia bíblica identifican conclusivamente a esta persona especial como el Cristo preencarnado, Dios Hijo, que tiene los mismos derechos y prerrogativas divinos de Dios Padre.

Un argumento sólido respecto a que el ángel del Señor es el Cristo preencarnado es que ningún ángel creado posee las características de deidad que posee el ángel del Señor. El Antiguo Testamento revela al ángel del Señor como una persona divina a la que se refiere como Jehová (Gn. 16:11-13; 22:9-18; 32:24-30; Éx. 3:2-6, 14; Jue. 13:21-23); como uno enviado por Jehová (Éx. 23:20-23; 32:34; Nm. 20:16) o como uno hablando con Jehová (Zac. 1:12-13). Estas referencias indican que el ángel de Jehová es una distintiva persona divina. Otras cualidades exhiben su naturaleza divina:

1. Afirma tener una naturaleza divina (Gn. 31:11, 13; Éx. 3:2-5; 23:20-21; Jue. 13:17-18; Mal. 3:1).
2. Testigos lo identifican por nombre como divino (Gn. 16:11-13; Jue. 6:22-23; 13:21-22).
3. Exhibe atributos divinos y ejerce prerrogativas divinas (Gn. 48:16; Éx. 23:21; 33:14; Is. 63:9; Zac. 3:3-4).
4. Cuando el ángel del Señor hace promesas, Dios las hizo (Gn. 16:10; 22:15-17; cf. 12:2; 13:16).
5. El "ángel del Señor" recibe adoración (Gn. 22:11-13; Éx. 3:5; Jos. 5:15; Jue. 6:21; 13:20).

Además, las afirmaciones del Antiguo Testamento de la deidad del ángel del Señor se equiparan a las del Nuevo Testamento respecto al eterno Hijo de Dios, el Señor Jesucristo. Algunos de sus atributos y actividades pueden compararse:

1. Al incluir en su nombre "de Jehová" (Gn. 16:11-13; 22:9-18), el "Ángel" afirma ser un ser eterno, así como lo afirma el Señor Jesucristo (Jn. 1:1; 8:58; 17:5).
2. Se afirma que el "Ángel" es Dios (Éx. 3:2-6; Jue. 13:17-18), y Jesucristo es Dios (Jn. 1:1; 5:18; 10:33; 2 P. 1:1; 1 Jn. 5:20).
3. La distintiva divinidad del Ángel afirma la pluralidad en la Deidad (Éx. 23:20-23; Is. 6:1, 8 [con Jn. 12:41-42]; Zac. 1:12-13), lo que es afirmado por y sobre Jesucristo (Mt. 28:19; Mr. 1:9-11; Jn. 15:26; 2 Co. 13:14).
4. Tanto Cristo como el "Ángel" eran responsables de revelar y explicar a Dios al hombre (Jn. 1:18; 10:30; 12:45; 14:7, 9; 2 Co. 4:4; Col. 1:15, 19; 2:9; He. 1:3).

Por lo tanto, la única identificación del "ángel de Jehová" que satisface las características divinas en el Antiguo Testamento y se equipara a los atributos y prioridades divinas distintivas en el Nuevo Testamento es la aparición preencarnada (una cristofanía) de la segunda persona de la Divinidad trina, el eterno Hijo de Dios, el Señor Jesucristo.

Preguntas sobre angelología

Quedan sin responder algunas preguntas hechas frecuentemente respecto a los ángeles, demonios y Satanás.

¿QUÉ HAY DE LOS ÁNGELES GUARDIANES (MT. 18:10)?

Las Escrituras dicen con claridad que los ángeles son espíritus ministradores (He. 1:14), pero la idea de ángeles guardianes individuales no está basada en la Biblia. Aunque Mateo 18:10 parece confirmar los ángeles guardianes, el texto, en realidad, sugiere que los ángeles sirven a los creyentes de forma colectiva y en general; con frecuencia, múltiples ángeles ayudan a una persona a la vez (cf. 2 R. 6:17; Sal. 91:11; Lc. 16:22).

¿SE DEBERÍA ADORAR A LOS ÁNGELES (COL. 2:18)?

No se debe adorar a los ángeles (Col. 2:18; Ap. 19:9-10; 22:8-9); los ángeles deben adorar a Dios (He. 1:6; cf. Is. 6:1-4; Ap. 5:8-14). A la gente se le prohíbe adorar cualquier objeto (Éx. 20:1-5; 34:14; Dt. 11:16; 30:17; Sal. 31:6; 97:7). El castigo por la desobediencia siempre demostró ser severo (Éx. 32:1-10).

¿QUÉ SIGNIFICA QUE "ALGUNOS, SIN SABERLO, HOSPEDARON ÁNGELES" (HE. 13:2)?

La enseñanza en Hebreos 13:2 de que "algunos, sin saberlo, hospedaron ángeles" no se proporciona como motivación suprema para la hospitalidad, sino más bien para revelar que uno nunca sabe el amplio alcance que puede tener un acto de bondad (cf. Mt. 25:40, 45).

El escritor de Hebreos no está sugiriendo que los creyentes deberían esperar visitas angélicas. En su lugar, está insinuando de forma gráfica que, cuando se practica la hospitalidad bíblica (1 Ti. 3:2; Tit. 1:8), en ocasiones se puede experimentar una bendición inesperada, como se ilustra en las primeras porciones del Antiguo Testamento (Gn. 18:1-3; 19:1-2; Jue. 6:11-24; 13:6-20).

¿EN QUÉ COSAS ANHELAN MIRAR LOS ÁNGELES (1 P. 1:12)?

Dios involucró a los santos ángeles en la ejecución de su plan de salvación durante la encarnación, tentación, humillación y ascensión de Jesucristo (cf. Mt. 4:11; 28:5-7; Mr. 16:4-7; Lc. 1:26-35; 2:10-14; 22:41-43; 24:4-7; Hch. 1:10-11). Los ángeles son testigos cercanos del fruto de salvación en las vidas de los creyentes (cf. Lc. 15:7, 10; 1 Co. 4:9; 1 Ti. 5:21; He. 1:14; Ap. 5:11-14). Los ángeles santos no necesitan ser salvados. No obstante, tienen una santa curiosidad por entender la clase de misericordia y gracia que ellos no pueden experimentar. Que se esfuercen por comprender la dinámica de nuestra salvación es, sin embargo, otra forma en la que ellos glorifican a Dios (cf. Job 38:7; Sal. 148:2; Is. 6:3; Lc. 2:13-14; He. 1:6; Ap. 5:11-12; 7:11-12).

¿LAS IGLESIAS TIENEN ÁNGELES (AP. 1:16, 20)?

Las siete "estrellas" (Ap. 1:16) son los "mensajeros" (gr. *ángelos*) de las siete iglesias (Ap. 1:20). En contexto, las "estrellas" parecen representar a mensajeros humanos, por al menos tres razones: (1) los términos "estrella" y "mensajero" son usados a lo largo del canon para referirse a humanos (Gn. 37:9; Jue. 5:20; 1 S. 23:27; Job 1:14; Ez. 23:40; Dn. 12:3; Mr. 1:2; Fil. 2:25; Jud. 13); (2) los humanos, no los ángeles, son colocados en posiciones de liderazgo sobre la iglesia; (3) el mensaje de Cristo es a los humanos y no a los ángeles (Ap. 2:1, 8, 12, 18; 3:1, 7, 14). Por lo tanto, los siete "mensajeros" son el liderazgo humano de la iglesia, es decir, los ancianos y obispos.

¿CÓMO "JUZGARÁN" LOS CRISTIANOS A LOS ÁNGELES (1 CO. 6:3)?

El verbo griego que significa "juzgar", "decidir" o "determinar" aparece en 1 Corintios 5:12, 13; 6:1, 2 y 3. El contexto de 1 Corintios 5:9–6:11 transmite un sentido judicial para el verbo. Sin embargo, los ángeles santos, por naturaleza no necesitan un juicio, y las Escrituras tampoco proporcionan la más ligera indicación de que recibieran jamás juicio ni que lo vayan a recibir. Los ángeles malvados, sin embargo, han sido juzgados y recibirán el juicio final en el tiempo del fin (Mt. 25:41; cf. Ap. 20:10). Por lo tanto, en 1 Corintios 6:3, Pablo alude al juicio final de los demonios por Cristo y todos los creyentes que se sentarán con Cristo en su trono (Ap. 3:21) y tendrán autoridad para juzgarlos (Ap. 20:4).

¿ISAÍAS 14 Y EZEQUIEL 28 SE REFIEREN A SATANÁS?

La intención primaria de los escritores de esos pasajes fue pronunciar el juicio de Dios sobre los reyes verdaderos de Babilonia (Is. 14:4-21) y Tiro (Ez. 28:1-19), mientras que usaban el trasfondo de Satanás para ilustrar la maldad de sus reinados. El fracaso de ambos reyes paganos de autoexaltarse al nivel de Dios parece haber replicado las previas actitudes, acciones y caída del maligno (Is. 14:13-14; Ez. 28:2, 6, 12-17). De esa manera, esos reyes están indirectamente relacionados con Satanás, sirviendo como sus humanos sustitutos de manera similar a otros objetos o personas en otras partes de las Escrituras (Dt. 32:17; Sal. 106:37-38; Mt. 16:23).

¿SATANÁS LEE LA MENTE?

Satanás no tiene el poder de conocer qué piensan las personas individualmente. Al menos, hay tres razones para negar su capacidad de leer la mente: (1) Como ser creado (Jn. 1:3; Col. 1:16), no comparte la omnisciencia de Dios; (2) no hay ninguna garantía o evidencia bíblica que sugiera que él es omnisciente; (3) mientras que él puede conocer el alcance de la corrupción moral y mental de una persona debido a la caída (Gn. 3:1-7), y por lo tanto puede degenerar, en general, la calidad del pensamiento de una persona, él no puede conocer pensamientos específicos.

¿CÓMO SE RELACIONAN CRISTO Y SATANÁS?

Cristo creó a Satanás junto con todas las cosas (Jn. 1:3, 10; 1 Co. 8:6; Col. 1:16; He. 1:2). Satanás es siempre inferior al señorío y voluntad divina de la Deidad trina (1 Jn. 3:8; cf. Job 1:12; 2:6; Mt. 4:10; Jn. 16:11; Ap. 20:9-10).

¿PUEDEN SATANÁS O LOS DEMONIOS REALIZAR MILAGROS?

Los seres creados no son todopoderosos como su Creador. Mientras que Dios ha obrado milagros a través de Cristo (Jn. 11:47-48) y los apóstoles (Hch. 4:16), Él nunca ha hecho algo así en nombre de Satanás o los demonios. Satanás tiene mayores poderes que los seres humanos (Job 1:12; 2:6), pero no puede igualar la omnipotencia de Dios (cf. Éx. 7:11-12, 22; 8:7, 18-19), aunque mediante el engaño mucha gente cree que sus actos son milagrosos y divinos (2 Ts. 2:9-10; Ap. 12:9; 13:3, 12-14; 16:13-14; 19:20; 20:3, 8, 10; cf. 1 Ti. 4:1).

¿HAY DEMONIOS EN EL MUNDO HOY?

Dos extremos comunes señalan la comprensión de la iglesia de la dinámica de los espíritus inmundos en el mundo hoy. Por un lado, la siempre creciente inmoralidad de la sociedad y las prácticas que honran a Satanás solo aceleran las condiciones espiritualmente oscuras en las que prosperan las fuerzas malignas. Por lo tanto, la comunidad cristiana puede enfatizar demasiado las actividades espirituales de los demonios al ver el oscuro entorno fuera de la iglesia. Por otro lado, la naturaleza invisible de la mayoría de los ataques demoníacos, junto a la indiferencia materialista, lleva a que muchos cristianos minimicen la guerra espiritual en el mundo. Consideremos varias observaciones preliminares y generales que promueven una visión equilibrada de la actividad demoníaca:

1. Afirmamos la realidad histórica de Satanás y de los demonios, tanto en el pasado como en el presente, tal como lo verifica la Biblia.
2. Afirmamos que la Biblia advierte a los cristianos que Satanás y los demonios operan ahora como lo hicieron en los tiempos del Antiguo y del Nuevo Testamento (1 P. 5:6-11).
3. Afirmamos que la Biblia enseña que al vivir la vida cristiana se experimenta la verdadera batalla espiritual con Satanás y su ejército de demonios.
4. Afirmamos que solo las Escrituras, independientemente de la experiencia personal o de los datos clínicos, determinan con veracidad la realidad de las experiencias demoníacas y proporcionan la comprensión de los encuentros con Satanás y los demonios.

5. Afirmamos que las instrucciones de las Epístolas del Nuevo Testamento respecto a cómo dirigir la guerra espiritual no se limitan al siglo I (Ef. 6:10-20).

¿PUEDEN LOS CRISTIANOS "ATAR" A SATANÁS?

No hay ninguna enseñanza bíblica que nos lleve a concluir que los creyentes pueden "atar" a Satanás. Los pasajes que llevan a la gente a preguntar eso incluyen a Mateo 12:22-29, Marcos 3:27 y Lucas 11:14-23. Esos textos, sin embargo, no tienen que ver con cristianos que atan a Satanás. En cambio, Cristo es el hombre "fuerte" que ejerce un mayor poder que Satanás a fin de atarlo. Además, el lenguaje de "atar" y "desatar" en Mateo 16:16-19 (especialmente el v. 19) se refiere a los apóstoles perdonando o no perdonando el pecado y no tiene nada que ver con Satanás (cf. Mt. 18:15-18; Jn. 20:23).

¿QUIÉNES SON LOS "HIJOS DE DIOS" DE GÉNESIS 6:1-4?

Este es uno de los textos más misteriosos y elusivos de la Biblia y, por lo tanto, uno de los más difíciles para interpretar. Las preguntas importantes incluyen: ¿Quiénes son los "hijos de Dios" (v. 2)? ¿Quiénes son los "gigantes" (v. 4)? ¿Hay demonios involucrados aquí?

Algunas hipótesis introductorias ayudarán a establecer el análisis. En primer lugar, Génesis 6:1-4 es un registro histórico verdadero y preciso, y como tal debe interpretarse en el contexto de los primeros cinco capítulos de Génesis. En segundo lugar, los gigantes (heb. *nefilim*) de 6:4 no deben ser considerados necesariamente descendientes de los hijos de Dios y las hijas de los hombres, pues la reproducción es según la propia especie (Gn. 1:20-25) y los seres espirituales no pueden reproducirse (Mt. 22:30; Mr. 12:25). Asimismo, la existencia de gigantes después del diluvio en Números 13:33 cuestiona esta visión de descendencia híbrida. Además, los supuestos vínculos del Nuevo Testamento a Génesis 6:1-4 (como 1 P. 3:19-20; 2 P. 2:4 y Jud. 6) son debatibles y no prueban la visión de la descendencia híbrida. No obstante, aquí pudo haber tenido lugar una relación angélica-humana indirecta entre hombres y mujeres poseídos que resultó en los gigantes.

Las tres visiones más comunes de este pasaje son:

1. Los setitas pecaminosos

La línea piadosa de Set se casó pecaminosamente con descendientes femeninos impíos de Caín. La línea de Set estaba entonces contaminada, pero Noé y su familia setita fueron librados del diluvio. Las siguientes características apoyan esta visión:

- Los "hijos de Dios" pueden referirse a hombres piadosos (Dt. 14:1; Sal. 73:15; Is. 43:6; Os. 1:10). La yuxtaposición de la frase "hijas de los hombres" podría referirse a la línea pecaminosa.
- El diluvio fue un juicio sobre el pecado humano, no el pecado demoníaco (Gn. 6:5-7; cf. v. 3), que es sostenido por el contexto de pecado en

Génesis 1-5 y corroborado por los relatos del Nuevo Testamento de los días de Noé (Mt. 24:37-39; Lc. 17:26-27). El pecado humano habría sido perpetrado por casarse fuera de la fe y haber contaminado aún más la raza humana.

Sin embargo, sigue habiendo algunos problemas: "los hombres" no se corresponde exactamente con los "hijos de Dios": la frase "hijas de los hombres" no parece limitarse a la línea de Caín; la frase "hijos de Dios" no parece limitarse a la línea de Set.

2. Los "hombres poseídos por demonios"

Ángeles malignos entraron en hombres, quienes actuaron de manera licenciosa con las mujeres del mundo, llevando a una contaminación moral universal. En apoyo de esta antigua visión es que la frase "hijos de Dios" puede referirse a ángeles (Job 1:6; 2:1; 38:7) y aquí explicaría el presunto contraste con la frase "hijas de los hombres".

Sin embargo, esta visión no carece de problemas. En primer lugar, ni el contexto de los capítulos 1–5 ni el mismo pasaje presentan claramente a los demonios como los "hijos de Dios", y el subsiguiente juicio se centra específicamente en humanos, no en demonios, como se resalta más adelante en las descripciones de los días de Noé (Mt. 24:37-39; Lc. 17:26-27). En segundo lugar, la frase los "hijos de Dios" nunca se refiere exclusivamente a los demonios en el Antiguo Testamento; en cambio, el término "ángel" (Gn. 19:1, 15; 28:12; 32:1) probablemente habría sido usado si se tratara de ángeles malignos.

3. Los gobernantes sin escrúpulos

"Hijos de Dios" era una antigua frase usada para describir a gobernantes que eran representados como que tenían una conexión directa con la deidad y que asolaban y abusaban de mujeres, distorsionando el santo diseño de Dios para el matrimonio. Hay apoyo bíblico para que el título "hijos de Dios" se refiera a gobernantes humanos (Sal. 82:6; Jn. 10:33-36). Además, su pecado se equipara con las descripciones posteriores de condiciones pecaminosas de los días de Noé, y el juicio de Dios se enfocaría por lo tanto sobre los pecadores humanos. No obstante, esta visión asume más detalles de los que ofrece el pasaje, y las Escrituras no describen reyes asociados con la deidad en este período de la historia del mundo.

Preguntas:
1. ¿Qué enseña la Biblia sobre la realidad y la naturaleza de los ángeles buenos y de los demonios?
2. ¿Cuáles son las cualidades morales y espirituales de los ángeles buenos? ¿Y de los demonios?
3. ¿Cuáles son los nombres bíblicos, los roles y las actividades de los ángeles buenos?

4. ¿Cuáles son los nombres bíblicos y actividades de los demonios?

5. ¿Puede un verdadero creyente ser "demonizado" (o "poseído por demonios")?

6. ¿Qué enseña la Biblia sobre la realidad de Satanás?

7. ¿Qué enseña la Biblia sobre los nombres y carácter de Satanás?

8. ¿Dónde en la historia (Antiguo Testamento, Nuevo Testamento y futuro) aparece Satanás?

9. Considerando las estrategias de Satanás, ¿cuáles son las cosas buenas de Dios que Satanás intenta falsificar?

10. Considerando las actividades de Satanás, ¿cuáles son los objetivos de Satanás?

11. ¿De qué manera la tentación de Satanás a Eva (Gn. 3) es un "asalto proto-típico satánico"?

12. ¿Qué le enseña Efesios 6 al creyente sobre resistir a Satanás y sus demonios?

13. ¿Qué son los juicios de Satanás?

14. ¿Quién es el "ángel del Señor"? (Indica pasajes bíblicos y argumentos).

9

LA IGLESIA

Eclesiología

CHARLES SPURGEON DESCRIBIÓ a la iglesia como "el lugar más preciado de la tierra". De hecho, para todos los que conocen y aman al Señor Jesucristo, ningún lugar en el mundo debería ser más dulce ni más apreciado que la iglesia. La iglesia es preciosa, por muchas razones, primero y principal porque el Señor Jesús murió por ella (Ef. 5:25). Como sigue explicando Spurgeon: "Nada en el mundo es más amado por el corazón de Dios que su iglesia".[1]

Definición de la iglesia

A lo largo del Nuevo Testamento, el término básico para la iglesia es la palabra griega *ekklesía,* vocablo que significa "los que son llamados".[2] En el mundo antiguo, la *ekklesía* aludía a un grupo de ciudadanos que habían sido "llamados" para administrar asuntos cívicos o defender la comunidad en la batalla. Hechos 7:38 se refiere a Israel como "la congregación" (*ekklesía*) (cf. Éx. 19:17), pero este no es un uso técnico y se refiere a un gran grupo, como en Hechos 19:32 y 41, donde el término se refiere a una multitud enojada en Éfeso.

Cuando el término es utilizado en el sentido más técnico específico del Nuevo Testamento, *la iglesia* (Hch. 20:28; 1 Co. 1:2; 10:32; 11:16, 22; 15:9; 2 Co. 1:1; Gá. 1:13; 1 Ts. 2:14; 2 Ts. 1:4; cf. Ro. 16:16), *ekklesía,* alude a la comunidad de aquellos que han sido llamados por Dios a la fe en Jesucristo (Ro. 1:7; 1 Co. 1:2; Ef. 4:1; 1 Ts. 2:12; 2 Ti. 1:9; 1 P. 5:10; cf. Ro. 8:28). Ellos son a quienes Él predestinó en la eternidad pasada, llamó y justificó en esta vida presente, y prometió glorificar en el futuro (Ro. 8:30; cf. Ef. 1:11). Por consiguiente, la iglesia no es un edificio físico,

---

1 Charles H. Spurgeon, "The Best Donation", sermón núm. 2234, predicado el 5 de abril de 1891, en *The Metropolitan Tabernacle Pulpit: Containing Sermons Preached and Revised* (Pasadena, TX: Pilgrim, 1975), 37:633, 635.

2 El término "iglesia" en inglés [*church*] deriva de forma específica del término griego *kuriakos,* en referencia a "aquellos que pertenecen al Señor".

una institución religiosa, una organización ética ni una asociación sociopolítica; más bien, es la asamblea de los redimidos, aquellos que han sido llamados por Dios Padre para salvación como un don a su Hijo (Jn. 6:37; 10:29; 17:6, 9, 24).

La iglesia nació el día de Pentecostés (Hch. 2:1-21, 38-47). Después de Pentecostés, la iglesia aumentó constantemente en número, conforme el evangelio se proclamaba con fidelidad por todo el mundo (Hch. 2:39, 41, 47; 4:4; 5:14; 6:7; 9:31, 42; 11:21, 24; 13:48-49; 14:1; 16:5). Fue "el Señor [quien] añadía cada día a la iglesia los que habían de ser salvos" (Hch. 2:47). El progreso del evangelio ha seguido a lo largo de los siglos de la historia de la iglesia y ha sido anunciado por generaciones de fieles creyentes por todo el globo.

Un día, la era de la iglesia alcanzará su gloriosa plenitud cuando Cristo venga a arrebatar a los suyos (1 Co. 15:51-53; 1 Ts. 4:13-18). Desde este punto en adelante, la iglesia estará en la presencia de su Salvador por toda la eternidad (cf. Ap. 22:3-5).

A pesar de la persecución de parte de fuerzas externas (Jn. 15:18-25; 1 P. 1:6-7; 1 Jn. 3:13), y de las amenazas internas de los falsos maestros (2 P. 2:1; Jud. 3-4), el Señor Jesús les aseguró a sus discípulos que Él edificaría su iglesia, y que las puertas del Hades no la vencerían (Mt. 16:18).

EL DESIGNIO DE CRISTO PARA SU IGLESIA[3]

En Mateo 16:18, Jesús pronuncia siete principios distintivos para edificar su iglesia.

Un fundamento permanente

Cristo le dio a la iglesia un fundamento permanente: "Tú eres Pedro, y *sobre esta roca* edificaré mi iglesia" (Mt. 16:18). Una *roca* evoca el concepto de permanencia. Aquí Cristo prometió que la iglesia no sería un movimiento temporal ni efímero, sino que tendría relevancia *duradera*.

El fundamento no era Pedro, porque Cristo distingue aquí entre una roca movible, separada (significado básico de Cefas y Pedro [gr. *petros*]) y el fundamento sólido, inamovible, adecuado para la iglesia. El término que Cristo usó para "roca" (gr. *petra*), quiere decir *cimientos* o masa de roca como la que usó el edificador sabio (Mt. 7:24-24).

¿Qué o quién es, pues, la roca? El Antiguo Testamento describe a Dios como la roca en quien los creyentes hallan fuerza y refugio (1 S. 2:2; Sal. 18:1-2). En 1 Corintios, Pablo identificó a Cristo como la roca en el desierto (1 Co. 10:4). Pablo expresó la misma idea cuando se refirió a Jesucristo como el "fundamento" (1 Co. 3:11) que Pablo mismo había puesto (1 Co. 3:10). Pablo puso a Cristo como el fundamento mediante su *predicación* de Cristo (1 Co. 2:1-2). Ahora, si el testimonio que Pablo dio de Cristo es el fundamento que nadie más puede establecer, entonces parece mejor entender que la *roca de fundamento* de la iglesia es el

---

3   Esta sección está adaptada de Richard Mayhue, *What Would Jesus Say about Your Church* (Fearn, Ross-shire, Escocia: Christian Focus, 1995), 16-20. Usado con permiso de Christian Focus.

testimonio que Pedro dio respecto a Cristo: "Tú eres el Cristo, el Hijo del Dios viviente" (Mt. 16:16). Este *testimonio de* Cristo es la *realidad de* Cristo; la "roca" es Cristo mismo. Solo Cristo es la roca de redención sobre la cual está edificada la iglesia (Hch. 4:11-12).

Involucración personal

En segundo lugar, Cristo prometió su involucración personal: "*Yo* edificaré mi iglesia" (Mt. 16:18). Cristo obra a través de su pueblo, está con ellos (Mt. 28:20), en ellos (Col. 1:27), y entre ellos constantemente (Ap. 1:12-13, 20). "Somos colaboradores de Dios" (1 Co. 3:9) y compañeros de Cristo en la edificación de su iglesia. La participación de Cristo demuestra ser indispensable para levantar su iglesia.

Una expectativa positiva

"[Yo] *edificaré* mi iglesia" (Mt. 16:18). La confiada aseveración de Cristo garantiza que la iglesia tiene una expectativa positiva. La iglesia será triunfante, porque Cristo empezó a edificar la iglesia con la intención de completarla (Ef. 5:26-27). Esta declaración también indica que, en el tiempo cuando Jesús pronunció esas palabras, la iglesia todavía era algo futuro: "*Edificaré*".

Un avance poderoso

Jesús afirmó que su iglesia tendría un avance poderoso: "*edificaré* mi iglesia" (Mt. 16:18). La iglesia experimentó un comienzo explosivo con tres mil miembros añadidos el primer día (Hch. 2:41). "Y el Señor añadía cada día a la iglesia los que habían de ser salvos" (Hch. 2:47). Antes del final de los tiempos del Nuevo Testamento, las iglesias se habían propagado por toda la faz del Imperio romano, alcanzando desde Jerusalén hasta Roma. Los esfuerzos edificadores de Cristo prosiguen hasta esta misma hora, en todas partes del mundo, exactamente como era su intención (cf. Mr. 16:15; Lc. 24:47).

Una propiedad pagada en su totalidad

Cristo compró la iglesia con su propia sangre y, por tanto, posee la exclusiva propiedad, pagada en su totalidad, de la iglesia: "edificaré *mi* iglesia" (Mt. 16:18; cf. Hch. 20:28). La iglesia le pertenece únicamente a su Redentor (1 Co. 3:23; 6:19-20), y Cristo es su Cabeza (Ef. 1:22; 5:23). El principal Pastor es el dueño de su rebaño (Jn. 10:14-15).

Una prioridad centrada en las personas

Para Cristo, la prioridad de la iglesia está centrada en las personas: "Edificaré mi *iglesia*" (Mt. 16:18). La iglesia consta de una congregación de personas que han creído en Jesucristo para vida eterna (Hch. 4:32). Jesús usa piedras vivas —personas individuales— para edificar su iglesia (1 P. 2:5). El objetivo de la edificación es presentar a cada creyente completo en Cristo (Col. 1:28).

Una promesa de éxito

Jesús había prometido el éxito de la iglesia: "Edificaré mi iglesia; y *las puertas del Hades no prevalecerán contra ella*" (Mt. 16:18). En el Antiguo Testamento, "puertas de" se usa con Seol (Is. 38:10) y con muerte (Job 38:17; Sal. 9:13; 107:18), ambas en referencia a la muerte física. Sin embargo, como aclara la promesa de Jesús, ni siquiera la amenaza de la muerte puede vencer a su iglesia. Las "puertas del Hades" es una metáfora para la muerte y el poder de Satanás (cf. He. 2:14). La promesa de Cristo garantiza que el cuerpo universal de creyentes bajo su liderazgo tendrá un testimonio duradero que no puede ser destruido por este mundo, por Satanás o, incluso, por la muerte (cf. 1 Co. 15:54-57).

LA IGLESIA Y EL REINO

Los profetas del Antiguo Testamento anunciaron detalles sobre el sufrimiento del Mesías (Is. 53:1-12) y su reinado terrenal (cf. Is. 2:1-4; 9:6-7; Zac. 14:8-21). Pero la noción de un tiempo entre la primera y la segunda venida de Cristo, durante el cual los gentiles serían incorporados al pueblo de Dios junto con los creyentes judíos (Ro. 11:11-20), era un misterio no revelado hasta el Nuevo Testamento (cf. Ef. 3:4-7).

Aunque el Señor Jesús demostró una y otra vez que era el Mesías y Rey prometido de Israel, la nación se negó a recibirlo (Jn. 1:11; 5:43; cf. Hch. 2:22-23). Por consiguiente, Jesús les dijo a los líderes religiosos judíos de su tiempo: "El reino de Dios será quitado de vosotros, y será dado a gente que produzca los frutos de él" (Mt. 21:43).

Sin embargo, el rechazo de Israel no socavó las promesas que Dios hizo, por gracia, en el Antiguo Testamento. Esas promesas del reino se cumplirán un día literalmente, cuando el pueblo judío acepte a su Rey en fe salvadora (Ro. 11:25-26; Zac. 12:10; 14:8-9; cf. Ap. 20:1-6; cf. 2 Ti. 4:1). Esa realidad está aún en el futuro. Mientras tanto, Dios está realizando los propósitos de su reino por medio de la iglesia (Mt. 21:43; cf. Ro. 9:25-26; 1 P. 2:9).

Aunque el reino físico de Cristo en la tierra aguarda su cumplimiento futuro, el Señor Jesús introdujo un reino interno, espiritual —un reino de salvación—, en su primera venida (cf. Mt. 13:3-52; Lc. 17:20-21). Sus ciudadanos (Fil. 3:20-21) han sido regenerados por el Espíritu Santo (Jn. 3:3; cf. Mt. 13:11-16). No se puede alcanzar por medio de la autojusticia ni del legalismo (Mt. 5:20; 23:13), sino que se caracteriza por "justicia, paz y gozo en el Espíritu Santo" (Ro. 14:17). Los creyentes son aquellos que han sido librados "de la potestad de las tinieblas, y trasladado[s] al reino de su amado Hijo, en quien [ellos tienen] redención por su sangre, el perdón de pecados" (Col. 1:13-14; cf. Ef. 5:5, 8).

El reino espiritual de Cristo crece y avanza por medio de la predicación del evangelio (Mr. 1:14-15; cf. Mt. 22:1-14; 2 Co. 7:9-11), y "el evangelio del reino de Dios y el nombre de Jesucristo" (Hch. 8:12; cf. Mt. 4:23; 9:35; 13:19; 24:14; Hch. 14:22).

Como su reino espiritual, la iglesia se somete a Jesucristo como su Cabeza, su Dueño, su Señor y su Rey (Ef. 1:22; Col. 1:18). Su ley es la norma de ella (cf. Gá.

6:2). Su Palabra es el credo de ella (cf. Col. 3:16). Su voluntad es el mandato de ella (cf. He. 13:20-21). Y su gloria es la mayor ambición de ella (cf. 2 Co. 5:9).

LA IGLESIA VISIBLE E INVISIBLE

No todo el que es parte de la iglesia visible y profese externamente fe en Cristo es un miembro real de la iglesia invisible (la comunidad de quienes poseen verdaderamente fe salvadora en Él) (Mt. 13:24-30; Jud. 4). Jesús mismo advirtió que muchos afirmarán que lo conocen, cuando en realidad no es así (Mt. 7:21-23). Esta aleccionadora advertencia debe impulsar a los verdaderos creyentes a autoexaminarse para tener la seguridad de estar de verdad en la fe (2 Co. 13:5; cf. 1 Jn. 2:3-11).

El Nuevo Testamento también advierte sobre falsos maestros que, deliberadamente, buscan amenazar a la iglesia desde dentro (Mt. 7:15; Mr. 13:22; Hch. 20:29-30; 2 P. 2:1; 1 Jn. 4:1; Jud. 3-4). Cuando iglesias locales, o incluso denominaciones enteras, aceptan la falsa enseñanza —abandonando así la pureza del evangelio (Gá. 1:6-9), y negando la autoridad de Jesucristo (Tit. 1:16; 2 P. 2:1; Jud. 4)— se les etiqueta con razón de "apóstatas", "herejes" y "falsos".

LA IGLESIA UNIVERSAL Y LAS IGLESIAS LOCALES

Todos los creyentes verdaderos a lo largo de la era de la iglesia —tanto los que están vivos hoy como los que ya están en el cielo (He. 12:23)— componen la iglesia universal. Los que son parte de la iglesia universal en cada generación, dispersados por todo el mundo, son instruidos a reunirse con regularidad en asambleas locales (He. 10:24-25). Este era claramente el patrón de la iglesia primitiva (cf. Hch. 14:23, 27; 20:17, 28; 1 Co. 11:18-20; Gá. 1:2; 1 Ts. 1:1).

La iglesia local está designada para equipar a los creyentes mediante la enseñanza de la Palabra de Dios (Hch. 2:42; 1 Ti. 4:13), dirigirlos en la adoración corporativa (Ef. 5:18-20; He. 13:15), protegerlos bajo el pastoreo y la supervisión de líderes piadosos (Hch. 20:28; He. 13:7, 17; 1 P. 5:1-4) y proporcionarles oportunidades de servirse los unos a los otros (1 P. 4:10-11).

LA DISTINCIÓN ENTRE LA IGLESIA E ISRAEL[4]

¿Cuál es la relación entre la iglesia del Nuevo Testamento y la nación de Israel? Los partidarios de la "teología del reemplazo" (también denominada supersesionismo) insisten en que la iglesia es el nuevo Israel y que las bendiciones prometidas a la nación judía en el Antiguo Testamento han sido transferidas a la iglesia. Sin embargo, los escritores del Nuevo Testamento consistentemente mantienen una distinción entre la iglesia e Israel (cf. 1 Co. 10:32). El Nuevo Testamento presenta a la iglesia como una nueva entidad (Ef. 2:15), un misterio que no se revela plenamente hasta esta era (Ef. 3:1-6; 5:32; Col. 1:26-27). Como se señaló, en Mateo 16:18, Jesús indicó que Él veía a la iglesia como algo futuro.

---

4   Para más sobre este tema, véase Michael J. Vlach, *Has the Church Replaced Israel? A Theological Evaluation* (Nashville: B&H Academic, 2010). Consúltese también el cap. 10, "El futuro".

La mayoría de los comentaristas bíblicos concuerdan en que, en los más de setenta usos del término Israel en el Nuevo Testamento, la mayoría de esas apariciones se refieren al Israel étnico (la nación o el pueblo judío). Sin embargo, dos pasajes neotestamentarios, Romanos 9:6 y Gálatas 6:16, son blanco de debates. En Romanos 9:6, el apóstol Pablo explica que "no todos los que descienden de Israel son israelitas". El contexto inmediato de Romanos 9 indica que Pablo está hablando de judíos creyentes. Esos son un remanente distintivo de israelitas étnicos —los parientes de Pablo según la carne (Ro. 9:3), pero también creyentes en Jesús— un grupo en el seno de la más amplia nación de incrédulos (cf. Ro. 11:5). En el contexto más extenso de Romanos capítulos 9–11, Pablo está afirmando que Dios no ha abandonado a la nación de Israel, a pesar de su incredulidad. A la luz del contexto más amplio y del más estrecho, el "no todos los que descienden de Israel" en Romanos 9:6 solo puede referirse a los israelitas étnicos que no aceptaron a su Mesías. Ellos son de Israel, es decir, de la nación o pueblo judío.

Gálatas 6:16 es parte del saludo final de Pablo a sus lectores: "paz y misericordia sea a ellos, y al Israel de Dios". Algunos han sugerido que "el Israel de Dios" en este pasaje se refiere a la iglesia en su conjunto, equiparando a Israel con la iglesia. Sin embargo, Pablo se refiere claramente a dos grupos distintos de personas en este versículo:[5] la gramática y el contexto del versículo sugieren que el "Israel de Dios" se refiere específicamente a los cristianos judíos y no a toda la iglesia; el pronombre "ellos" ("paz y misericordia sea a ellos") habla de los creyentes gentiles en las iglesias de Galacia (cf. Hch. 13:46-48).

Confundir la iglesia e Israel puede llevar a significativos problemas hermenéuticos e interpretativos, en los que las promesas y las directrices que se le dieron de manera específica a la nación de Israel se espiritualizan o alegorizan, y se aplican de forma incorrecta a los creyentes gentiles de la iglesia. Aunque la iglesia participa en las bendiciones del nuevo pacto (Lc. 22:20; 2 Co. 3:3-8; He. 8:7-13; 9:15), en el futuro Dios volverá a prestar su atención a la nación de Israel en cumplimiento de las promesas que le hizo (Ro. 11:25-26; cf. Dn. 9:24-27).

LAS METÁFORAS BÍBLICAS PARA LA IGLESIA[6]

El Nuevo Testamento usa muchas analogías para describir la relación de Dios con su pueblo. Él es su Rey; ellos son sus súbditos (Mt. 25:34; 1 Co. 4:20; Fil. 3:20;

---

5   Los defensores de la teología del reemplazo argumentan en favor de un uso explicativo de *kaí* en este versículo (que se traduciría "incluso"). Sin embargo, ese uso no es común y muy improbable. Véase Robert L. Saucy, "Israel and the Church: A Case for Discontinuity", en *Continuity and Discontinuity: Perspectives on the Relationship between the Old and New Testaments: Essays in Honor of S. Lewis Johnson, Jr.*, ed. John S. Feinberg (Wheaton, IL: Crossway, 1988), 246; y véase S. Lewis Johnson Jr., "Paul and 'the Israel of God': An Exegetical and Eschatological Case-Study", en *Essays in Honor of J. Dwight Pentecost*, eds. Stanley D. Toussaint y Charles H. Dyer (Chicago: Moody Press, 1986).

6   Esta sección está adaptada de John MacArthur, *Juan*, CMNT (Grand Rapids: Editorial Portavoz, 2012), 601.

Col. 1:13-14). Él es el Creador, ellos son sus criaturas (2 Co. 5:17; Ef. 2:10). Él es el Pastor; ellos son sus ovejas (Jn. 10:3, 11, 14, 26; He. 13:20; 1 P. 2:25; 5:2-4). Él es el Señor; ellos son sus esclavos (Mt. 10:24-25; Ro. 14:4; Ef. 6:9; Col. 4:1; 2 Ti. 2:21; Jud. 4). Él es su Padre (Mt. 6:9; Ro. 1:7); ellos son sus hijos adoptivos (Jn. 1:12; Ro. 8:16-17, 21; Fil. 2:15; 1 Jn. 3:1-2; cf. Ro. 8:14, 19; 2 Co. 6:18; Gá. 3:26; 4:6; He. 12:7) y los miembros de su familia (Gá. 6:10; Ef. 2:19; 1 Ti. 3:15; 1 P. 4:17), hasta el punto de que el Señor Jesús "no se avergüenza de llamarlos hermanos" (He. 2:11) y "Dios no se avergüenza de llamarse Dios de ellos" (He. 11:16).

Además, a la iglesia se la describe como la esposa de Cristo (2 Co. 11:2; Ef. 5:23-32; Ap. 19:7-8; 21:9), y el cuerpo de Cristo (Ro. 12:4-5; 1 Co. 12:12, 27; Ef. 4:12, 25; 5:23, 30; Col. 1:24), del cual Él es la Cabeza (Ef. 1:22-23; 4:15; Col. 1:18; 2:19). Estas dos metáforas enfatizan la unión espiritual que existe entre Cristo y los suyos (cf. Gá. 2:20).

El simbolismo del cuerpo es único a la hora de ilustrar la relación entre Cristo y la iglesia.[7] Así como el cuerpo humano es un organismo maravillosamente complejo, con muchas partes y que, sin embargo, sigue siendo un todo unificado, el cuerpo de Cristo está compuesto de muchos individuos y sigue siendo un conjunto unificado. La iglesia es el cuerpo de Cristo, del cual todo creyente verdadero en Cristo es miembro. Al ser la Cabeza del cuerpo (Ef. 1:22-23; Col. 1:18), Cristo no puede estar separado de su cuerpo, su iglesia. Por otra parte, aquellos que forman parte de su iglesia no pueden ser separados de Él (Jn. 10:28-29; Ro. 8:38-39) ni los unos de los otros (1 Co. 12:12-27).

Otra metáfora neotestamentaria que ilustra la unión vital que los creyentes comparten con Cristo es la de la vid y los pámpanos (Jn. 15:1-11; cf. Ro. 11:17). Del mismo modo que una rama depende por completo de la vid para su vida, su nutrición y su crecimiento (Jn. 15:4-10), los creyentes dependen por completo del Salvador como fuente de su vida y vitalidad espiritual.

La metáfora de la iglesia como templo de Dios ilustra la íntima comunión que la iglesia disfruta con Dios por medio de Cristo (Jn. 17:21; 1 Co. 1:9; 1 Jn. 1:3; 2:24). Los mismos creyentes son el templo de Dios, y cada creyente tiene acceso a Dios a través de Cristo (He. 4:14-16; 10:19-23). Edificados sobre el fundamento del Señor Jesús (1 Co. 3:10-11; 1 P. 2:7), los cristianos son descritos como piedras vivas que forman el templo de Dios (1 P. 2:4-8). El apóstol Pablo usa la imaginería del templo para retratar a los creyentes, tanto de forma individual (1 Co. 6:19-20) como corporativa (1 Co. 3:16-17; Ef. 2:21-22).

---

7   Algunas de las metáforas aquí expuestas también se aplican a Israel en el Antiguo Testamento, como las imágenes de la vid, el rebaño y la esposa (véanse Is. 5:1-7; 40:11; Ez. 16:32; Os. 3:1-5). También se alude a otras imágenes, como la del reino, la familia y el templo, en el Antiguo Testamento. Sin embargo, la metáfora del cuerpo es exclusiva de la iglesia, y no tiene equivalente en el Antiguo Testamento.

Los propósitos de la iglesia

La iglesia existe para exhibir la sabiduría y la misericordia de Dios en esta era (Ef. 3:10; cf. Ro. 9:23-24; 11:33; 1 Co. 1:20-31) mediante la proclamación del evangelio de Jesucristo por todo el mundo (Mt. 28:19-20; Hch. 1:8; 1 P. 2:9), de manera que los pecadores puedan ser rescatados del dominio de las tinieblas (Col. 1:12-13), y para que el Israel incrédulo pueda ser provocado a celos y al arrepentimiento (Ro. 10:19; 11:11).

Además, la iglesia existe para glorificar a Dios (Ef. 1:5-6, 12-14; 3:20-21; 2 Ts. 1:12) mediante la edificación activa de sus miembros en la fe (Ef. 4:12-16), la fiel enseñanza de la Palabra (2 Ti. 2:15; 3:16-17), la observancia regular de las ordenanzas (Lc. 22:19; Hch. 2:38-42), el fomento de la comunión de manera proactiva entre los creyentes (Hch. 2:42-47; 1 Jn. 1:3) y la valiente comunicación de la verdad del evangelio a los perdidos (Mt. 28:19-20).

EXALTAR A DIOS

Dios es celoso de su gloria (Is. 48:9-11; cf. Is. 43:6-7; 49:3), por lo que el deseo de glorificarlo y exaltarlo debería consumir del mismo modo a su pueblo (1 Co. 10:31; cf. 6:20).

Una de las principales formas en que la iglesia exalta a Dios es por medio de la adoración y la alabanza. Cuando la iglesia se reúne, la adoración debería ser la prioridad suprema (cf. Jn. 4:23-24). La adoración consiste en atribuirle a Dios la honra que se le debe, declarar su gloria en palabras de alabanza (p. ej., Sal. 29:2; 95:6; 99:5, 9; He. 12:28), y mediante actos de obediencia (Ro. 12:1). La verdadera adoración incluye, necesariamente, la exaltación de Jesucristo (Fil. 2:9; cf. Hch. 5:31).

EDIFICAR A LOS CREYENTES

Un ministerio clave de la iglesia es "edificarse" (1 Co. 14:26; 1 Ts. 5:11), que es conocido como "edificación", y tiene lugar por medio del ministerio de la Palabra (Hch. 20:32; 2 Ti. 3:15-17; 1 P. 2:2), el discipulado de líderes piadosos (Ef. 4:11-12), el ejercicio generoso de los dones espirituales (1 Co. 12:7; 1 P. 4:10), y la práctica de los mandamientos neotestamentarios del tipo "los unos a los otros". Una lista de esos mandamientos incluye: amarse los unos a los otros (Ro. 12:10; 13:8; 1 Ts. 3:12; 4:9; 2 Ts. 1:3; 1 P. 1:22; 4:8; 1 Jn. 3:11, 23; 4:7, 11-12; 2 Jn. 5), vivir en armonía unos con otros (Ro. 12:16; 15:5; cf. Gá. 5:26; 1 Ts. 5:13), soportar los unos las cargas de los otros (Gá. 6:2), confesarse los pecados unos a otros y orar unos por otros (Stg. 5:16). El contexto bíblico de estos mandamientos indica que su intención es, principalmente, la de regir la relación de los creyentes con los demás cristianos en el seno de la iglesia. Al poner estas directrices en práctica, el pueblo de Dios edifica el cuerpo de Cristo (cf. Ro. 14:19; 15:2) y ejemplifica el amor de Cristo ante un mundo que observa (Jn. 13:35).

EVANGELIZAR A LOS PERDIDOS

De igual modo, una iglesia pondrá un fuerte énfasis en la evangelización, tanto localmente como por todo el mundo. Jesús mismo articula la comisión evangelizadora de la iglesia en Mateo 28:18-20. Esta "Gran Comisión" indica que la verdadera evangelización implica hacer discípulos (no convencer meramente a los incrédulos a tomar decisiones). El patrón de hacer discípulos fue establecido por Jesús mismo, quien buscó hacer discípulos durante su ministerio terrenal (Mr. 1:16-22; 2:14; Jn. 8:31). Su ejemplo tiene que ser seguido por su pueblo.

En la iglesia primitiva, los creyentes se caracterizaban por el entusiasmo al predicar el evangelio y hacer discípulos (cf. Hch. 2:47; 14:21). Su celo hizo que sus enemigos tomaran nota (cf. Hch. 1:8; 5:28; 19:10). El Nuevo Testamento presenta la evangelización como la responsabilidad de los líderes de la iglesia (2 Ti. 4:5; cf. Ef. 4:11), de los cristianos individuales (1 P. 3:15) y de la iglesia en su conjunto (1 P. 2:9).

Autoridad espiritual en la iglesia

Jesucristo es la Cabeza de la iglesia (Ef. 1:22; 4:15; 5:23; Col. 1:18; 2:19; cf. 1 Co. 11:3). Su señorío soberano le fue concedido por su Padre celestial (Mt. 11:27; Jn. 3:35; 5:22; Hch. 2:36; Fil. 2:9-11). Él es la autoridad suprema de la iglesia. La sumisión al señorío soberano de Cristo no es opcional para los creyentes, sino que su llamamiento más elevado y su obligación suprema consisten en someterse con gozo a sus mandamientos (p. ej., Jn. 14:15, 21, 23; 15:10; 1 Jn. 5:3; 2 Jn. 6). Ese sometimiento se expresa tanto de forma individual (cf. Ro. 12:1-2; 1 P. 1:14-15) como corporativa (cf. Col. 3:16).

LOS LÍDERES Y SUS DONES

El reinado absoluto de Cristo como Cabeza de la iglesia se administra por medio de líderes piadosos que Él ha provisto para liderar a su pueblo (1 Ts. 5:12-13; He. 13:7, 17). En Efesios 4:11, Pablo afirma, respecto al Cristo ascendido, que puso a "apóstoles, profetas, evangelistas, pastores y maestros" (cf. 1 Co. 12:28). Dos de los grupos perfilados en este versículo —es decir, los apóstoles y los profetas— jugaban un papel fundamental único en el establecimiento de la iglesia,[8] que Pablo describe como la familia de Dios "edificados sobre el fundamento de los apóstoles y profetas, siendo la principal piedra del ángulo Jesucristo mismo" (Ef. 2:20). Al identificar a los apóstoles y los profetas con la etapa del establecimiento del fundamento de

---

8   Para una explicación sobre el don del apostolado, en respuesta a las afirmaciones carismáticas, véase John MacArthur, *Fuego extraño: El peligro de ofender al Espíritu Santo con una adoración falsa* (Nashville: Grupo Nelson, 2014), 85-103. Para una respuesta específica a aquellos que afirman que la declaración de Pablo en Efesios 4:11-13 implica que los cinco ministerios enumerados aquí prosiguen a lo largo de la historia de la iglesia, véase *Fuego extraño*, 100-102. Para una visión general de la perspectiva de los padres de la iglesia sobre la unicidad del apostolado, véase *Fuego extraño*, 96-99.

la iglesia, Pablo indicó que aquellos cargos estaban limitados a las primeras fases de la historia de la iglesia.

De acuerdo con su papel fundacional, los apóstoles y los profetas declararon la revelación de la Palabra de Dios (Ef. 3:5; cf. Hch. 11:28; 21:10-11), y confirmaron su mensaje con señales milagrosas (2 Co. 12:12; cf. Hch. 8:6-7; He. 2:3-4). Todas las generaciones posteriores de la iglesia se han construido sobre el cimiento revelador establecido por los apóstoles y los profetas al escribir el Nuevo Testamento (cf. 2 P. 1:19-21). Los otros grupos —evangelistas y pastores-maestros— han seguido edificando mediante la ferviente proclamación del evangelio de gracia y la fiel predicación de la Palabra de verdad (cf. 2 Ti. 4:1-5).

Apóstoles

El término griego *apóstolos,* traducido "apóstol", significa "enviado" y se aplica a un embajador, representante o mensajero. En ocasiones, el vocablo se usa en el Nuevo Testamento en un sentido general para referirse a los mensajeros de las iglesias locales (2 Co. 8:23; Fil. 2:25). Sin embargo, el uso principal neotestamentario del título se aplica a los "apóstoles de Jesucristo" (p. ej., Gá. 1:1; 1 P. 1:1; Jud. 17), aquellos hombres específicos a quienes Jesús seleccionó personalmente para ser sus representantes autorizados. Ese grupo limitado incluía a los Doce (con Matías, que sustituyó a Judas Iscariote en Hch. 1:26) y a Pablo, quien recibió el encargo de Cristo de ser un apóstol para los gentiles (Gá. 1:15-17; cf. 1 Co. 15:7-9; 2 Co. 11:5).

Los apóstoles de Jesucristo cumplían tres requisitos básicos. En primer lugar, fueron escogidos directamente por el Señor Jesús (Mr. 3:14; Lc. 6:13; Hch. 1:2, 24; Gá. 1:1). En segundo lugar, fueron capaces de realizar las señales de un apóstol, siendo autentificados por milagrosas "señales, prodigios y milagros" (2 Co. 12:12; cf. Mt. 10:1-2; Hch. 1:5-8; 2:43; 4:33; 5:12; He. 2:3-4). En tercer lugar, con sus propios ojos fueron testigos del Cristo resucitado (Hch. 1:21-25; 10:39-41; 1 Co. 9:1; 15:7-8). Pablo declara explícitamente que él fue la última persona que había satisfecho este tercer requisito (1 Co. 15:8-9), lo que indica que no había habido apóstoles genuinos desde Pablo.

Los apóstoles del Nuevo Testamento fueron los agentes reveladores autoritativos de Cristo; es decir, Él continuaría revelándoles su verdad por medio del Espíritu Santo (Jn. 14:26; 15:26-27; 16:12-15). La iglesia primitiva reconocía que la enseñanza de los apóstoles tenía la autoridad misma de Cristo, y que esa enseñanza tenía el mismo peso que las Escrituras del Antiguo Testamento (cf. Hch. 2:42; 1 Co. 14:37; 1 Ts. 2:13; 2 Ti. 3:16-17; 2 P. 3:16).

Profetas

El término traducido "profeta", del griego *profétes,* significa "aquel que habla en lugar de" o "portavoz". Los profetas del Nuevo Testamento fueron, pues, portavoces de Dios, aunque segundos en rango después de los apóstoles (1 Co. 12:28). Como en el Antiguo Testamento, los profetas de la iglesia primitiva se distinguieron principalmente por su recepción y entrega de la nueva revelación de Dios (Hch. 11:27-28), aunque a veces expusieran en profundidad la verdad anteriormente revelada (cf. Hch. 13:1).

Por la constante amenaza de los falsos profetas (Mt. 7:15; Hch. 20:29-31; Jud. 3-4), el mensaje del profeta debía probarse con respecto a la verdad anteriormente revelada (1 Co. 14:29; 1 Ts. 5:20-22). La genuinidad del ministerio del profeta era determinada por su precisión doctrinal (Dt. 13:1-5; Hch. 20:29-30; 2 P. 2:1). Además, los verdaderos profetas se caracterizaban por la pureza moral (Mt. 7:15-17; 2 P. 2:2-3; cf. Jer. 23:14-16) y la precisión reveladora (Dt. 18:20-22; Ez. 13:3-9).[9]

Como a los apóstoles, a los profetas les tocaba establecer el fundamento revelador para la iglesia (Ef. 2:20) y, cuando el canon de la revelación del Nuevo Testamento estuvo completo, el oficio de profeta ya no se necesitaba (Ap. 22:18-19). Sin embargo, la *proclamación* de la palabra profética (2 P. 1:19-21) sigue por medio de la fiel predicación de las Escrituras. En el futuro, una vez finalizada la era de la iglesia, Dios levantará de nuevo a profetas que cumplan sus propósitos reveladores (cf. Ap. 11:3).

Evangelistas

A todos los creyentes se les ordena predicar el evangelio (Mt. 28:18-20; Hch. 1:8), pero algunos tienen un don especial como evangelistas. Al margen de Efesios 4:11, el término "evangelista" solo aparece dos veces en el Nuevo Testamento: Hechos 21:8, de Felipe (cf. Hch. 8:4-40), y a Timoteo se le dan instrucciones para que "ha[ga] obra de evangelista" (2 Ti. 4:5). Sin embargo, el sustantivo griego *euanguélion* ("buena nueva" o "evangelio") se usa en más de setenta y cinco ocasiones, y el verbo cognado *euangelízo* ("declarar la buena nueva"), más de cincuenta veces.

Los evangelistas poseen un don único que procede de Dios para alcanzar a los pecadores perdidos, con la verdad salvadora del evangelio. Su ministerio debería priorizarse en todas las iglesias, para fomentar la evangelización en la comunidad local y apoyar la obra misionera alrededor del mundo.

Pastores-Maestros

En Efesios 4:11, el término griego *poimén* puede traducirse "pastor" o "apacentador". Describe el liderazgo, la protección y el cuidado que los pastores manifiestan hacia los miembros de su rebaño. El Señor Jesús es el gran Pastor (He. 13:20-21; 1 P. 2:25); aquellos que Él le ha dado a la iglesia como pastores deben ser sus "apacentadores" (1 P. 5:2). Su función principal es la de alimentar a las ovejas (cf. Jn. 21:15-17), una responsabilidad que cumplen mediante la enseñanza de la Palabra (cf. 2 Ti. 3:16-17; 1 P. 2:2-3). Aunque la enseñanza puede identificarse como un ministerio distintivo (1 Co. 12:28), es mejor considerar que en Efesios 4:11 "pastores

---

9   Para una explicación más larga respecto al don de la profecía, en respuesta a las afirmaciones carismáticas modernas, véase MacArthur, *Fuego extraño*, 105-132.

y maestros" describen dos facetas de un único oficio de liderazgo pastoral (véase "pastores" en Hch. 20:28; 1 P. 5:2; y "maestros" en 1 Ti. 3:2; 5:17).

Como los apóstoles, los pastores deberían entregarse de forma primordial a "la oración y… el ministerio de la palabra" (Hch. 6:4). El pastor-maestro diligente es un "buen ministro de Jesucristo" (1 Ti. 4:6), es aprobado como un "obrero que no tiene de qué avergonzarse, que usa bien la palabra de verdad" (2 Ti. 2:15; cf. 4:2), y lucha en oración por su pueblo (cf. Col. 4:12). Aunque la estructura y la administración tienen su lugar, el verdadero poder en la iglesia viene por medio de la oración y del ministerio de la Palabra.

El Nuevo Testamento usa otros dos términos para denotar el oficio de pastor. El primero es "obispo" (gr. *epískopos*), que significa "supervisor" o "guardián". Esta palabra aparece cinco veces en el Nuevo Testamento (Hch. 20:28; Fil. 1:1; 1 Ti. 3:2; Tit. 1:7; 1 P. 2:25). En el griego secular, el término designaba a un delegado nombrado por el emperador para proporcionar liderazgo y supervisión política a la municipalidad. De manera similar, los obispos operan bajo la autoridad de Jesús, cuando lideran en la iglesia, aunque por medio de un servicio humilde y no de un control autoritario (Mr. 10:42-43). El supervisor espiritual es responsable tanto de alimentar (1 Ti. 3:2) como de proteger al rebaño a su cargo (Hch. 20:28).

El otro término es "anciano" (gr. *presbúteros*), que habla de la madurez espiritual sazonada de quienes dirigen en la iglesia. En el Nuevo Testamento, *presbúteros* puede usarse en sentido genérico, para aludir a personas de edad avanzada (Hch. 2:17; cf. 1 Ti. 5:2), y también puede referirse a los líderes de Israel del siglo i (Mt. 15:2; 27:3, 41; Mr. 7:3, 5; Lc. 22:52; Hch. 4:8). Sin embargo, en un contexto eclesiológico, el título designa un oficio específico de liderazgo espiritual dentro de la iglesia (p. ej., Hch. 11:30; 14:23; 15:2, 4, 6, 22; 16:4; 20:17; 21:18).

El concepto neotestamentario del cargo de anciano está principalmente sacado del judaísmo veterotestamentario (cf. Éx. 12:21; 19:7; Nm. 11:16; Dt. 27:1; 1 S. 11:3; 16:4). Los ancianos de Israel eran hombres maduros que manifestaban firmes convicciones morales, al caracterizarse por la verdad, la integridad, el valor y el temor del Señor, sabiduría y discernimiento (Éx. 18:21-22; cf. Nm. 11:16-17; Dt. 1:13-17).

Que la iglesia primitiva estaba dirigida por ancianos es algo claramente demostrado a lo largo del Nuevo Testamento. La iglesia de Jerusalén tenía ancianos (Hch. 11:29-30); Pablo designó ancianos en las iglesias que plantó (Hch. 14:23; 20:17); las iglesias a las que Pedro dirigió sus epístolas también estaban lideradas por ancianos (1 P. 5:1-2). Además, el libro de Apocalipsis indica que veinticuatro ancianos representarán a los redimidos en la eternidad futura (p. ej., Ap. 4:4, 10; 5:5-6, 8, 11, 14; 7:11).

La evidencia textual indica que los tres términos neotestamentarios ("pastor", "obispo" y "anciano") aluden al mismo cargo del liderazgo de la iglesia. La comparación de 1 Timoteo 3:1-7 con Tito 1:6-9 demuestra que los requisitos para el obispo y el anciano son los mismos, y sugieren que ambos cargos son idénticos.

En Tito 1:5-7, Pablo incluso usa ambos títulos para aludir a la misma persona. Los tres términos se encuentran juntos en 1 Pedro 5:1-2: "los ancianos [plural de *presbúteros*]", deben "apacenta[r] [gr. *poimaíno*] la grey de Dios... cuidando [plural de *epískopos*] de ella". En Hechos 20, tras reunir a los ancianos (plural de *presbúteros,* 20:17) de Éfeso, Pablo los llamó "obispos" (plural de *epískopos*) y les encarga "apacentar la iglesia del Señor" (20:28).

Cada término tiene un énfasis único dentro del contexto bíblico: "anciano" hace hincapié en la madurez y en el carácter personal de un hombre; "obispo" habla de su papel de liderazgo como protector del rebaño; y "pastor" enfatiza su preocupación sincera por las personas a las que sirve. Debido a que algunos de esos títulos (como *obispo* e incluso *pastor*) han tomado connotaciones no bíblicas, el título *anciano* puede ser preferible como el título básico para este oficio.

ANCIANOS

Las Escrituras enseñan que Dios le ha dado ancianos a cada congregación local con el fin de supervisar y liderar a su pueblo. El oficio de anciano (pastor-maestro) entraña una responsabilidad que no debe tomarse a la ligera (cf. Lc. 12:48; cf. Stg. 3:1).

Responsabilidades

Las responsabilidades de un *epískopos* incluyen cuidar "de la iglesia de Dios" (1 Ti. 3:5), proveer liderazgo y proporcionar supervisión a los asuntos de la iglesia local: "gobiernen" (1 Ti. 5:17). El término traducido "gobiernen" (gr. *proistémi*) se aplica a ancianos varias veces a lo largo del Nuevo Testamento (Ro. 12:8; 1 Ts. 5:12; 1 Ti. 3:4-5, 12; 5:17). Esta responsabilidad de supervisar es confiada a los ancianos por Cristo mismo e indica que no hay autoridad terrenal en la iglesia local superior a la de ellos.

Sin embargo, su autoridad no se impone por fuerza o intimidación, sino que es una autoridad basada en el precepto y el ejemplo al que la iglesia se somete de buena gana (cf. He. 13:17). Los ancianos están llamados a liderar la iglesia local, pero la congregación —el rebaño— no les pertenece. Los miembros de la iglesia constituyen la "grey de Dios" (1 P. 5:2), la que Él compró (Hch. 20:28), y a la que los ancianos sirven como cuidadores y administradores. La autoridad espiritual, a diferencia del liderazgo del mundo, es caracterizada por una humildad como la de Cristo y un deseo de servir (Mr. 10:43-45).

La responsabilidad de predicar y enseñar descansa sobre los ancianos (1 Ti. 5:17), por lo que los ancianos deben ser "aptos para enseñar" (1 Ti. 3:2). Deben instruir en la sana doctrina y refutar el error y la falsedad (Tit. 1:9), a través de una cuidadosa exposición de las Escrituras (1 Ti. 4:13; 2 Ti. 2:15; cf. Neh. 8:8). Este es el principal medio por el cual se alimenta y se nutre espiritualmente al rebaño (1 P. 2:2; cf. Sal. 1:2-3; He. 5:12-13). La predicación de la Palabra enseña, reprende y equipa al rebaño (2 Ti. 3:16-17).

Más allá de la enseñanza, los ancianos también son responsables de determinar el gobierno y estructura de la iglesia (cf. Hch. 15:22), ordenar a otros ancianos (1 Ti. 4:14), ser un ejemplo que las ovejas sigan (1 P. 5:1-3; He. 13:7), proteger al rebaño del error doctrinal (Hch. 20:28-30), y orar por los miembros de la iglesia (Stg. 5:14).

Requisitos

El apóstol Pablo define los requisitos para los ancianos en 1 Timoteo 3:1-7 y Tito 1:6-9. En ambos lugares, el estándar general para un anciano es que debe ser "irreprensible", y esto significa que debe ser un hombre de carácter espiritual y moral impecables. Para resumir, esos requisitos demandan que los ancianos sean hombres cuyas vidas estén característicamente libres de cualquier corrupción o mancha que pueda acarrear reproche sobre el evangelio.

En cada ámbito de la vida —matrimonio, familia, comunidad e iglesia—, el anciano debe estar por encima de toda recriminación. Tiene que ser "marido de una sola mujer" (1 Ti. 3:2), que podría traducirse literalmente "hombre de una sola mujer". Este requisito es mucho más que una mera prohibición de poligamia. Habla de la integridad moral y de la fidelidad sexual del hombre en su papel como esposo; está plenamente entregado a la única esposa que Dios le ha dado. Si no está casado, su vida debería ser un ejemplo de pureza moral, libre de fornicación y sin fama de tener una conducta insinuante.

Los ancianos han de ser "sobrios" y "prudentes" (1 Ti. 3:2), caracterizados por sabiduría y madurez, y manifestar templanza y moderación. Un anciano debe conducirse de una forma "respetable" (1 Ti. 3:2), como uno de los líderes representativos de la iglesia de Cristo. Al mismo tiempo, debe ser "hospitalario" hacia otros, recibiendo amigablemente a los de la iglesia, así como a quienes no lo conocen (1 Ti. 3:2). El término "hospitalario" habla del "amor por los extraños".

En 1 Timoteo 3:3, Pablo enumera varios rasgos que deben estar ausentes de la vida de un anciano: "No dado al vino, no pendenciero, no codicioso de ganancias deshonestas... no avaro". Como siervo de Cristo, un anciano no debe estar dominado por adicciones pecaminosas (p. ej., embriaguez, Ef. 5:18), pasiones desordenadas (p. ej., enojo y beligerancia, Ef. 4:26-27), o ambiciones económicas (p. ej., amor por el dinero, 1 Ti. 6:9-10).

En 1 Timoteo 3:4, Pablo escribe que un anciano debe ser uno que "gobierne bien su casa, que tenga a sus hijos en sujeción con toda honestidad". Un anciano debe demostrar una conducta irreprochable en su hogar, en presencia de aquellos que lo conocen de la forma más íntima. Su aptitud en la gestión de su familia debe demostrar su capacidad para pastorear a la iglesia (1 Ti. 3:5).

Estos altos estándares demandan que un anciano no debería ser un recién convertido (1 Ti. 3:6). La madurez personal y espiritual requerida por un anciano toma años para desarrollarse, y debe pasar un tiempo adecuado para que los demás observen su vida y confirmen su cualificación. Como Pablo le advirtió a Timoteo, los que son elevados a la posición de anciano de manera prematura son altamente propensos a pecar de orgullo.

Asimismo, un anciano debe tener una excelente reputación con los de fuera de la iglesia (1 Ti. 3:7).

Además de los requisitos mencionados en 1 Timoteo 3, en Tito 1:6-9, Pablo explica que los *hijos* de un anciano deben ser "creyentes que no estén acusados de disolución ni de rebeldía" (Tit. 1:6). Porque el comportamiento de los hijos del anciano refleja el liderazgo espiritual en el hogar, sus hijos no deben caracterizarse por ser rebeldes.

"Como administrador de Dios", un anciano "debe ser irreprensible"; no debe ser "soberbio", "pendenciero", "dado al vino", "iracundo" ni "codicioso de ganancias deshonestas" (Tit. 1:7). Por el contrario, debe ser "hospedador, amante de lo bueno, dueño de sí mismo, justo, santo" y disciplinado (Tit. 1:8). Además de esto, debería ser un estudiante diligente de la Palabra de Dios, que "pueda exhortar con sana enseñanza", a la vez que reprende "a los que contradicen" (Tit. 1:9).

El Nuevo Testamento no hace provisión para que las mujeres sirvan como pastoras o maestras (Hch. 13:1; 1 Co. 12:28; Ef. 4:11); solo los hombres pueden servir como ancianos y pastores. Como Pablo ordena en 1 Timoteo 2:12: "Porque no permito (gr. *epitrépo*) a la mujer enseñar, ni ejercer dominio sobre el hombre, sino estar en silencio". El verbo "enseñar" (o "ser maestra") indica que las mujeres no deben ocupar posiciones de enseñanza sobre los hombres en la iglesia. Esa estipulación no refleja un sesgo cultural del siglo i ni un prejuicio paulino. Más bien se basa tanto en el orden creado como en los acontecimientos de la caída (1 Ti. 2:13-14). Esto no impide que una mujer enseñe en otros contextos adecuados, como enseñar a otras mujeres (Tit. 2:3-4) o a niños (2 Ti. 1:5; 3:14-15). La Biblia indica con claridad que las mujeres son espiritualmente iguales a los hombres, y que el ministerio de las mujeres es fundamental para el cuerpo de Cristo.

Ordenación

En el Nuevo Testamento, los ancianos eran apartados de forma singular para su cargo. El término griego *kathístemi*, que significa "ordenar", se usaba normalmente para describir el nombramiento de ancianos e indica un llamamiento divino y un apartamiento para el liderazgo espiritual reconocido oficialmente por la iglesia.

En 1 Timoteo 4:14, Pablo se refiere a la práctica de la imposición de manos por los ancianos. Esta práctica halla sus raíces en el sistema sacrificial veterotestamentario. En el Antiguo Testamento, la imposición de manos indicaba identificación con aquel sobre quien las manos eran impuestas (como en el caso de los sacrificios, cf. Lv. 1:4; 3:2-13; 4:4-33; 8:14, 18, 22; 16:21), y también simbolizaba una transferencia de autoridad (Nm. 27:18-23; Dt. 34:9). También se usaba para indicar una bendición transferida de una parte a otra (Gn. 48:13-20; 2 R. 13:16; Job 9:33; Sal. 139:5). Dado que esos propósitos solemnes también son reflejados en la ordenación de ancianos del Nuevo Testamento, este acto no debe ser realizado de manera precipitada (cf. 1 Ti. 5:22). Los hombres que están siendo considerados para la ordenación deben ser puestos a prueba de forma adecuada por los líderes reconocidos de la iglesia (cf. Hch. 14:23; 1 Ti. 4:14; Tit. 1:5) a fin de demostrar que están cualificados para servir en el ministerio pastoral.

Hechos 6:2-6 no enseña que es la responsabilidad de la congregación seleccionar y aprobar a los nuevos ancianos. En esa ocasión, los siete hombres que fueron elegidos no son llamados ancianos. Fueron elegidos para servir las mesas, no liderar la iglesia.[10] Además, la congregación trajo esos hombres a los apóstoles para su aprobación, no viceversa. Los apóstoles iniciaron el proceso (Hch. 6:3) y fueron quienes, en última instancia, designaron a esos hombres para el ministerio (Hch. 6:6).

El primer requisito para un anciano es el deseo profundo dado por Dios en el individuo que está siendo considerado para ser anciano (1 Ti. 3:1). Los ancianos potenciales no deben ser coaccionados o manipulados para que busquen el oficio, pues servir en esa capacidad comienza con una humilde y sincera disposición para liderar (cf. 1 P. 5:2).

Antes de que la ordenación llegue a su fin, los ancianos deben buscar en oración la sabiduría del Señor (cf. Stg. 1:5) y su voluntad con respecto al nombramiento (Hch. 13:2; 14:23). Nombrar ancianos en una actitud de oración reconoce con razón que, en última instancia, Dios es Aquel que da los dones, llama y encomienda a hombres para el liderazgo espiritual.

Debido a que este es el más alto llamado de Dios en la vida de la iglesia local, el liderazgo espiritual no debe ser tomado a la ligera o buscado superficialmente (cf. Hch. 20:28).

Apoyo

El Nuevo Testamento indica que es adecuado que los ancianos reciban compensación económica por parte de la iglesia por sus labores ministeriales. Pablo expresa este principio cuando escribe: "Los ancianos que gobiernan bien, sean tenidos por dignos de doble honor, mayormente los que trabajan en predicar y enseñar. Pues la Escritura dice: No pondrás bozal al buey que trilla; y: Digno es el obrero de su salario" (1 Ti. 5:17-18). El término traducido "honor" en 5:17 (del gr. *timé*) alude a la remuneración, como dejan claro las alusiones bíblicas en 5:18. El apóstol amplía este tema en 1 Corintios 9:4-9.

Pluralidad

Las iglesias del Nuevo Testamento eran gobernadas por una pluralidad de ancianos en cada congregación local. El término *presbúteros* casi siempre aparece en plural cuando se usa en el Nuevo Testamento (p. ej., Hch. 11:30; 14:23; 15:2; 20:17; Tit. 1:5; Stg. 5:14). Las pocas excepciones ocurren cuando un autor bíblico se aplica el término a sí mismo (p. ej., 1 P. 5:1; 2 Jn. 1; 3 Jn. 1), o cuando un anciano en particular es escogido de un grupo mayor (1 Ti. 5:19). Pablo se dirige a los

---

10 Véase la sección sobre "Hechos 6 y los diáconos", (p. 412).

creyentes en Filipos mediante el saludo "a todos los santos en Cristo Jesús que están en Filipos, con los obispos [plural de *epískopos*] y diáconos" (Fil. 1:1). De manera significativa, el Nuevo Testamento no menciona nunca a una congregación con un solo pastor.[11]

Una iglesia gobernada por una pluralidad de ancianos piadosos disfruta de todos los beneficios pertenecientes a la intención divina, incluidos su conocimiento, su sabiduría y su experiencia combinados. Esto no solo proporciona una riqueza de consejo para apacentar el rebaño (Pr. 11:14; 15:22), sino que también protege a la congregación de las preferencias egoístas de un único individuo.

El gobierno de la iglesia

Los ancianos son los pastores del rebaño, y lideran mediante directrices y el ejemplo personal; y deben alimentar y proteger al rebaño a través de la enseñanza de la Palabra de Dios. Están bajo la autoridad de Cristo, el gran Pastor, y deben responder ante Él (1 P. 5:2-4). Después de Cristo, ellos representan el nivel más alto de autoridad espiritual dentro de la iglesia local. Por consiguiente, cada congregación local debería ser gobernada por sus propios ancianos (cf. Tit. 1:5), sin coacción por parte de jerarquías externas. Como líderes de la iglesia ordenados por Dios, los ancianos deberían determinar los asuntos de políticas, membresía y disciplina, mientras buscan en oración la orientación de las Escrituras (cf. Hch. 15:19-31; 20:28; 1 Co. 5:4-7, 13; 1 P. 5:1-4). Las iglesias pueden cooperar con otras iglesias, pero deberían hacerlo a discreción de los ancianos al guardar los principios bíblicos.

Mientras que los valores políticos democráticos suelen inducir a los feligreses modernos a sospechar del gobierno de los ancianos, el claro paradigma del Nuevo Testamento para el liderazgo espiritual dentro de la iglesia llama a ancianos cualificados, piadosos, a que asuman la principal responsabilidad de servir y dirigir al pueblo de Dios.

Históricamente, las diversas formas de gobierno de la iglesia incluyen la episcopal, la presbiteriana y la congregacional.[12] Una forma episcopal de gobierno eclesiástico sitúa la principal responsabilidad de liderazgo con el *epískopos* u "obispo" (p. ej. metodistas, anglicano y católicos romanos) y usualmente implica múltiples niveles de jerarquía (p. ej., sacerdotes, obispos, arzobispos). Sin embargo, este sistema crea una distinción entre el *epískopos* ("obispos") y el *presbúteros* ("anciano") —una distinción que no se encuentra en el Nuevo Testamento. Además,

---

11 Algunos apelan a Apocalipsis 1–3 para respaldar el modelo de un solo pastor, y argumentan que "los ángeles [lit., 'mensajeros'] de las siete iglesias" (1:20) aluden a los pastores de cada iglesia. Sin embargo, teniendo en cuenta el modelo del Nuevo Testamento, que con claridad describe una pluralidad de líderes piadosos en cada congregación local (cf. Hch. 14:23; Tit. 1:5), es probable que esos mensajeros fueran líderes claves que representaban a un grupo de ancianos en cada iglesia.

12 Para una explicación más detallada de estas formas de gobierno de iglesia, véase el útil estudio en Millard J. Erickson, *Teología sistemática* (Viladecavalls: Clie, 2008), 1075-1093.

esta forma de gobierno de la iglesia es especialmente vulnerable a la corrupción por su estructura jerárquica.[13]

La forma presbiteriana de gobierno de la iglesia se centra en el papel del *presbúteros,* o "anciano", y observa que los términos "obispo" y "anciano" son intercambiables en el Nuevo Testamento (cf. 1 Ti. 3:1-2; Tit. 1:7) (p. ej. denominaciones presbiterianas y reformadas). Este énfasis en el gobierno de los ancianos se afirma con toda claridad en el Nuevo Testamento (1 Ts. 5:12; He. 13:17). Sin embargo, las estructuras jerárquicas extrabíblicas históricamente asociadas con el presbiterianismo (p. ej., sesiones de la iglesia local, presbiterios regionales, sínodos, asambleas generales) no tienen precedente ni respaldo en el Nuevo Testamento.

Las formas congregacionales del gobierno de la iglesia, como los bautistas y los congregacionalistas, enfatizan la autonomía individual de cada congregación local. Mientras que el congregacionalismo rechaza de manera correcta la jerarquía eclesiástica, usualmente insiste en un acercamiento democrático al liderazgo, en el que todos los miembros de la iglesia (y no solo los ancianos) están involucrados en la toma de decisiones. Sin embargo, esto no refleja el modelo neotestamentario de supervisión de la iglesia local por una pluralidad de ancianos piadosos, como fue explicado arriba.

Autoridad

Tanto por su posición de liderazgo como por su responsabilidad por el rebaño, los ancianos deberían ser tratados con gran respeto (cf. 1 Ts. 5:12-13), y la congregación debe someterse al liderazgo de los ancianos (cf. He. 13:17). Los miembros de la iglesia deben tener a sus líderes en alta estima y seguir su piadoso ejemplo (He. 13:7; cf. 1 Co. 4:16; 11:1).

Aunque los ancianos han de ser respetados, no están por encima de la ley de Dios. No se deberían ignorar las acusaciones creíbles de pecado contra un anciano ni tratarse a la ligera (cf. 1 Ti. 5:19-21). Cuando los ancianos pecan, están sujetos al mismo proceso de disciplina de la iglesia que cualquier otro miembro de la iglesia (cf. Mt. 18:15-17). Cuando una iglesia ignora deliberadamente el pecado en la vida de sus líderes, su testimonio, ante un mundo que observa, sufre y la pureza de la gente es afectada negativamente. La desobediencia de la iglesia a este respecto invitará al juicio castigador de Dios, en lugar de su bendición (cf. He. 12:3-11; Ap. 2:20-23; 3:19).

DIÁCONOS

Oficio y requisitos

El lenguaje de Pablo en 1 Timoteo 3:8-13 indica que los diáconos ocupan un reconocido oficio en la iglesia, de la misma manera que los ancianos. Cuando los

---

13 Cf. William Webster, *The Church of Rome at the Bar of History* (Carlisle, PA: Banner of Truth, 1997); E. R. Chamberlin, *The Bad Popes* (Stroud, UK: Sutton, 2003).

ancianos dirigen a la iglesia, son asistidos en su ministerio por los diáconos. Sin embargo, al definir el oficio del diácono, el Nuevo Testamento pone más peso sobre la integridad moral, la madurez espiritual y la pureza doctrinal de la persona que en las funciones del oficio. Las Escrituras revelan más sobre los requisitos espirituales de los diáconos que de sus deberes.

Los términos griegos *diákonos* ("siervo"), *diakonía* ("servicio") y *diakonéo* ("servir") se usan para describir el ministerio de un diácono. En un principio, este grupo de palabras puede haberse aplicado de un modo específico a servir comida y atender mesas (cf. Lc. 4:39; 10:40; 17:8; 22:27; Jn. 2:5, 9; 12:2; Hch. 6:2), pero llegó a incluir cualquier servicio o ministerio que pudiera realizarse para suplir las necesidades de otras personas (cf. Jn. 12:26; Ro. 13:3-4). Estas palabras también se usaban para describir el servicio espiritual al Señor por parte de un creyente, incluidos actos de obediencia o de servicio a favor de la iglesia (cf. Hch. 20:19; Ro. 12:6-7; 15:25; 1 Co. 12:5; 16:15; 2 Co. 4:1; 8:3-4; 9:1; Ap. 2:19).

Los diáconos deben ser "honestos", de conducta honorable y de reputación respetable. No deben ser "calumniadores", es decir, deben ser consistentes y veraces en lo que dicen. No deben ser "dados a mucho vino", sino que se les conozca por ser de mente sobria y llenos del Espíritu (1 Ti. 3:8; cf. Ef. 5:18). Los diáconos no deben ser "codiciosos de ganancias deshonestas" ni estar motivados por el amor al dinero (1 Ti. 6:9-10), sobre todo porque su servicio en la iglesia podría implicar el manejo de fondos.

Como explica Pablo, "que guarden el misterio de la fe con limpia conciencia" (1 Ti. 3:9), es decir, no solo deben aceptar la sana doctrina ("el misterio de la fe"), sino que también deben aplicarla de forma sistemática a sus actos, razón por la que su conciencia está limpia. Deberían ser "sometidos a prueba primero, y entonces ejer[cer] el diaconado, si son irreprensibles" (1 Ti. 3:10). Del mismo modo en que los ancianos tienen que estar por encima de cualquier reproche, los diáconos también deben demostrar un patrón coherente de vida que sea irreprochable.

Como los ancianos, los diáconos deben ser "maridos de una sola mujer" (1 Ti. 3:12). Como los ancianos, los diáconos deben gobernar "bien sus hijos y sus casas" (1 Ti. 3:12). Al dirigir bien a su familia demuestra que también es capaz de servir en las funciones claves de responsabilidad en el seno de la iglesia (cf. 1 Ti. 3:5). (Véase "Ancianos: Requisitos", p. 406).

La diferencia principal entre los diáconos y los ancianos es que estos últimos deben ser aptos para enseñar (1 Ti. 3:2). No obstante, los diáconos contribuyen al ministerio de la enseñanza de los ancianos asistiéndolos con otras tareas, y con ello liberan a los ancianos para el ministerio de la Palabra.

Los diáconos cuidan del rebaño bajo la supervisión de los ancianos al organizar y ejecutar tareas administrativas y otros ministerios orientados hacia el servicio. El rol de los diáconos es el servicio humilde en beneficio de otros, un rol que Cristo mismo modeló perfectamente (Fil. 2:3-7). La recompensa por ese servicio no consiste en riquezas temporales o fama mundana; en cambio, es medida en términos de bendiciones eternas que les esperan a aquellos que sirven fielmente al Amo celestial (1 Ti. 3:13; cf. Mt. 25:21, 23).

Diaconisas

En 1 Timoteo 3:11, se indica que la función del diácono no solo estaba disponible para los hombres, sino también para las mujeres (es decir, diaconisas). Algunos interpretan este versículo como una referencia a las esposas de los diáconos, pero esto es improbable. Primero, aunque algunas traducciones lo inserten, Pablo no coloca el pronombre posesivo ("sus") delante de la palabra "mujeres" (o "esposas"). Por consiguiente, la gramática sugiere que las mujeres a las que se alude en 3:11 son relacionalmente distintas de los hombres a los que se hace referencia en los versículos anteriores.

Asimismo, la descripción de Febe en Romanos 16:1 proporciona un probable ejemplo de una mujer que servía como diaconisa. Pablo escribe allí: "Os recomiendo además nuestra hermana Febe, la cual es diaconisa [una forma de *diákonos*] de la iglesia en Cencrea". Al parecer, Febe servía por su cuenta (sin ninguna mención a su esposo como diácono) en alguna capacidad reconocida dentro de su congregación local.

Hechos 6 y los diáconos

Muchos han entendido Hechos 6:1-6 como el ejemplo de diáconos del Nuevo Testamento. En este pasaje, Lucas usa los términos griegos *diakonía* y *diakonéo*. Sin embargo, el uso de estos términos no es concluyente en este contexto, ya que *diakonía* se aplica también al ministerio de los apóstoles en 6:4. Además, el Nuevo Testamento nunca se refiere específicamente a los siete hombres mencionados en Hechos 6:5 como "diáconos". Esteban y Felipe son mencionados más tarde en Hechos (6:8-15; 7:1-60; 8:5-12, 26-40), pero ninguno de ellos es llamado diácono. La situación en Hechos 6:1-6 parece ser un dilema específico en la iglesia primitiva, y que estos siete hombres fueron seleccionados para resolver una crisis concreta (en lugar de nombrarlos para una función permanente).[14] Por consiguiente, los términos *diakonía* y *diakonéo* en Hechos 6 deberían interpretarse en el sentido general de "servicio" y "servir".

Aunque los siete hombres de Hechos 6 no pueden clasificarse como diáconos en un sentido oficial, ellos sí presentan un ejemplo para el oficio de diácono de tres formas importantes. En primer lugar, estos siete hombres ayudaron a que los líderes pudieran permanecer centrados en sus principales responsabilidades espirituales de enseñar y orar (cf. Hch. 6:4). En segundo lugar, su carácter espiritual anticipó la lista de requisitos de Pablo en 1 Timoteo 3:8-13 (cf. Hch. 6:3). En tercer lugar, proveyeron un cuidado práctico (como organizar e implementar la distribución de comida, resolver un conflicto, responder al sufrimiento de aquellos que habían

---

14 Que los hombres escogidos en Hechos 6 no se mencionan (junto con los ancianos) en Hechos 11:29-30 respalda, además, la conclusión de que su papel fue temporal.

sido descuidados y proporcionar cuidado físico con sensibilidad al estado espiritual de los individuos a quienes ministraban).

Dinámica bíblica de la vida de la iglesia

Una de las ilustraciones más definidas de la iglesia primitiva se encuentra en Hechos 2:41-47. Cuando Lucas describe a la iglesia de Jerusalén, presenta cinco marcas de esa fiel iglesia que caracterizaba su devoción.

DEVOTOS A CRISTO

El día de Pentecostés (Hch. 2:14-40), tres mil personas (Hch. 2:41) creyeron en Cristo, fueron bautizados e incorporados a la iglesia. Ellos demostraron, con su continua devoción a Cristo, que su profesión de fe era genuina. En Hechos 2:42, el verbo griego traducido "perseveraban" transmite la idea de una dedicación constante y de un afecto duradero. Frente al ridículo, el rechazo y la persecución, estos creyentes manifestaron un constante compromiso hacia Cristo que caracteriza a los creyentes genuinos (Jn. 15:1-4; cf. Mt. 13:3-9, 21; 1 Jn. 2:19) y demuestra que son en verdad sus discípulos (Jn. 8:31).

Las iglesias que son devotamente valientes al Señor Jesús se caracterizarán por la pureza tanto de vida como de doctrina (cf. 1 Ti. 4:16), y provocan con frecuencia que el mundo se resista a ellos o los evite (cf. Hch. 5:13-14). Su prioridad será honrar a Cristo, la Cabeza de la iglesia, mediante la preparación de sus miembros, tanto para realizar la obra del ministerio (Ef. 4:12) como para evangelizar a los perdidos, conforme van viviendo su vida cotidiana (Mt. 28:19). El Nuevo Testamento elogia a las iglesias que demuestran un compromiso cristocéntrico de pureza moral y doctrinal, como Pablo elogió a los tesalonicenses (cf. 1 Ts. 1:2-10).

DEVOTOS HACIA LAS ESCRITURAS

Hechos 2:42 dice que los creyentes de Jerusalén "perseveraban en la doctrina de los apóstoles". El contenido de esa instrucción incluía exposiciones de las Escrituras del Antiguo Testamento (Hch. 6:4; cf. Lc. 24:44-49), las enseñanzas de la vida y del ministerio de Jesús (Jn. 14:26; 1 Co. 11:23-26) y la nueva revelación impartida por el Espíritu Santo a los apóstoles (Jn. 16:12-15).

El Nuevo Testamento enfatiza la importancia de leer y enseñar las Escrituras en la iglesia (1 Ti. 4:13), les encarga a los pastores que prediquen la Palabra con fidelidad y sin componenda (2 Ti. 4:1-2), y a los miembros de las iglesias a edificarse unos a otros con las Escrituras (cf. Col. 3:16). Esos líderes que proclaman fielmente lo que enseñan las Escrituras establecen con firmeza sus congregaciones en la verdad (cf. Sal. 1:1-3; 1 Jn. 2:12-14).

DEVOTOS LOS UNOS CON LOS OTROS

Los miembros de la iglesia primitiva eran también devotos a "la comunión" (Hch. 2:42). Estos primeros cristianos se distinguieron por una devoción y un compromiso para con los demás miembros del cuerpo de Cristo. El término "comunión" (gr. *koinonía*) se refiere a "compartir" o a la "participación". Cada creyente está en comunión permanente con el Señor Jesucristo por medio de la fe en Él (Jn. 17:21; 1 Co. 1:9). Como resultado, los creyentes también están en comunión unos con otros (1 Jn. 1:3). Ellos demuestran esa comunión por medio de un amoroso compromiso de servir a sus hermanos creyentes y alentarlos al amor y a las buenas obras (He. 10:24-25).

DEVOTOS HACIA LA SANTA CENA

La primera iglesia era también devota "a partir el pan", una referencia a la celebración de la Santa Cena (Hch. 2:42). Jesús mismo instituyó esta ordenanza (cf. Mt. 26:26-29), que simboliza la unión del creyente con Cristo (cf. Ro. 6:5) y la unidad que los creyentes comparten unos con otros (cf. Ef. 4:5; 1 Co. 10:16-17).

Celebrar la Santa Cena también hace que los creyentes examinen sus corazones, confiesen y se arrepientan de cualquier pecado conocido. De esta forma, funciona como una influencia purificadora en la iglesia, al reflexionar los creyentes en la cruz y abandonar su pecado. Aquellos que participan en la Santa Cena de una forma indigna invitan el juicio castigador del Señor (1 Co. 11:27-32).

DEVOTOS HACIA LA ORACIÓN

Finalmente, Hechos 2:42 explica que la iglesia primitiva también era devota a las "oraciones". Al reconocer la necesidad de la sabiduría y la ayuda divinas (cf. Jn. 14:13-14; Stg. 1:5), esos creyentes se caracterizaban por el compromiso incesante de la oración corporativa (cf. Hch. 1:14, 24; 4:24-31). Esa misma prioridad debería marcar a la iglesia hoy. Las congregaciones que no están en comunión con el Señor por medio de la oración se caracterizarán de manera inevitable por la debilidad y la apatía espirituales. Por el contrario, el Nuevo Testamento llama una y otra vez a los creyentes a orar con fervor y de forma continua (Lc. 18:1; Ro. 12:12; Ef. 6:18; Col. 4:2; 1 Ts. 5:17).

RESULTADOS DE LA DEVOCIÓN

La iglesia de Hechos 2:42 entendió la importancia vital de perseguir las prioridades correctas. En Hechos 2:43-47, Lucas detalla los resultados que fluyeron de la devoción manifestada por estos creyentes. Ellos experimentaron una sensación de santo temor al presenciar las señales milagrosas que se realizaban por los apóstoles (Hch. 2:43). Su congregación también se caracterizaba por la compartición sacrificial y la generosidad desinteresada (Hch. 2:44-45). Su entusiasmo por vender sus pertenencias para suplir las necesidades de los demás era una demostración de su amor genuino por los otros (Hch. 4:34-36), pero no era una forma de comunismo o comunitarismo. El tiempo imperfecto de los verbos "vender" y "distribuir" indica que eran acciones continuas, e indica que los creyentes vendían lo que tenían, en respuesta al impulso del Espíritu y según surgían las necesidades individuales (cf.

1 Co. 16:1-2). Hechos 2:46 deja claro que estos creyentes retenían la propiedad de sus casas y que la propiedad personal solo se vendía de forma voluntaria (Hch. 5:4; cf. 2 Co. 8:13-14).

Esta congregación primitiva también experimentaba un gozo sobrenatural (Hch. 2:46). La generosidad de su sincero amor los unos por los otros producía una alegría incontenible que brotaba en alabanza a Dios (Hch. 2:47). También impactaba a los incrédulos alrededor de ellos, quienes respondían favorablemente a la irrefutable transformación y las generosas virtudes que observaban en la vida de esos creyentes (Hch. 2:47).

Medios de gracia en el seno de la iglesia[15]

Históricamente, los "medios de gracia"[16] son los instrumentos por medio de los cuales el Espíritu de Dios hace que los creyentes crezcan, por gracia, a la semejanza de Cristo, conforme Él los fortalece en la fe y los conforma a la imagen del Hijo (2 Co. 3:17-18). El Nuevo Testamento enseña que Dios también fomenta el bienestar espiritual de su pueblo a través de la predicación de la Palabra, la correcta práctica de las ordenanzas (bautismo y Santa Cena), así como otros medios, incluidos la oración, la adoración, la comunión y el proceso de disciplina de la iglesia.[17]

LA PALABRA DE DIOS

El principal medio que el Espíritu de Dios usa para hacer crecer a los creyentes en santificación es su Palabra (1 P. 2:1-3; cf. Jn. 17:17). Conforme los creyentes saturan su mente con la Palabra de Dios (cf. Col. 3:16), pasan a estar bajo el control del Espíritu (cf. Ro. 8:14; Gá. 5:16-18; Ef. 5:18), y producen el fruto del Espíritu (Gá. 5:22-23). Las Escrituras son una parte clave de la armadura del Espíritu contra el pecado y la tentación (Ef. 6:17; cf. Mt. 4:4, 7, 10).

Es fundamental que las iglesias prioricen el ministerio vital de la Palabra, como hicieron los mismos apóstoles (Hch. 6:4). Este ministerio se realiza principalmente por medio de la lectura, la predicación y la enseñanza de las Escrituras (1 Ti. 4:13).

EL BAUTISMO

El Señor Jesús le dio a la iglesia dos ordenanzas que deben observarse: el bautismo (Mt. 3:13-17; 28:19) y la celebración de la Santa Cena (Lc. 22:19-20). El término *bautizar* (del gr. *baptízo*) significa "sumergir", y eso debe de ser la guía de la iglesia en la práctica de esta ordenanza.

---

15 Para una explicación adicional respecto a los medios de gracia en su relación con la santificación del creyente, véase "El carácter de la santificación progresiva" en el cap. 7, "Salvación" (p. 350).

16 "Los medios de gracia" no deberían confundirse con los "sacramentos" del catolicismo romano. Para un tratamiento más completo de este punto, véase Wayne Grudem, *Teología sistemática* (Miami, FL: Editorial Vida, 2007), 1000-1001.

17 Para una lista similar de los "medios de gracia", véase Grudem, *Teología sistemática*, 1000.

El bautismo del Espíritu Santo

El Nuevo Testamento enseña que todos los creyentes son sumergidos en Cristo Jesús en el momento de la conversión (Ro. 6:3; Mt. 3:11); son bautizados por Cristo con su Espíritu Santo. Por medio de este bautismo del Espíritu (que es enteramente obra de Dios), los creyentes están unidos con Cristo (1 Co. 6:17; 2 Co. 5:17; Gá. 3:27) y colocados en su cuerpo, la iglesia (1 Co. 12:13).

El bautismo del Espíritu ocurre solo una vez, en el momento de la salvación, y no debería buscarse como una experiencia secundaria posterior a la conversión. Algunos recurren al libro de Hechos para defender su criterio de que los creyentes deberían procurar el bautismo del Espíritu Santo después de la conversión. Sin embargo,

> las Escrituras no contienen ningún mandamiento, sugerencia o método para que los creyentes busquen o reciban el bautismo del Espíritu. Usted no busca o pide lo que ya posee… [Los] sucesos especiales, transicionales [en Hechos, de quienes esperaron recibir el bautismo del Espíritu] no representan la norma, como nuestro texto deja bien en claro, pero sucedieron para indicar a todos que el cuerpo era uno (Hch. 11:15-17).[18]

El bautismo, un símbolo para los creyentes

Con el fin de simbolizar la realidad interna de la salvación, el Nuevo Testamento llama a los creyentes a ser bautizados en agua como testimonio público de su fe en el Señor Jesús y su solidaridad con Él. El bautismo en agua es, pues, la demostración externa posterior a la conversión de una realidad interna que ya ha sucedido en la conversión.

El bautismo es el primer paso de obediencia para los creyentes después de haber aceptado al Señor Jesús en fe salvadora. Aunque el bautismo no salva en sí mismo, Cristo mismo lo ordena (Mt. 28:19).

La forma adecuada del bautismo es por inmersión, como indica el término griego *baptízo*. La inmersión también sirve como símbolo de la sepultura y la resurrección propia, señalando así la realidad espiritual de que los creyentes han muerto al pecado y han resucitado con Cristo (cf. Ro. 6:4, 10).

En las Escrituras, solo se habla de creyentes bautizados,[19] dado que el bautismo requiere que el arrepentimiento y la fe precedan al símbolo externo (cf. Hch. 2:38). Según Colosenses 2:12, quienes han sido bautizados en Cristo (una realidad espiritual representada por el bautismo en agua) han sido "resucitados mediante la fe" (LBLA). En su primera carta, Pedro explica que el bautismo simboliza "la aspiración

---

18 John MacArthur, *1 y 2 Corintios*, CMNT (Grand Rapids, MI: Editorial Portavoz, 2015), comentario sobre 1 Co. 12:13.

19 Los argumentos a favor del bautismo de niños en los pasajes de las "casas" de Hechos 10:34-48; 11:14; 16:11-15 y 1 Corintios 1:4-16 no son convincentes. Los infantes y los niños no se mencionan en esos versículos, y en cada caso los receptores del bautismo escucharon primero el evangelio y creyeron.

de una buena conciencia" (1 P. 3:21). Ninguna de estas realidades puede ser exhibida por un niño.[20] De ahí que la práctica del bautismo infantil (paidobautismo) deba rechazarse. El bautismo del creyente (credobautismo) fue la práctica prevaleciente de la iglesia primitiva hasta el siglo III, por lo menos.[21]

Bautismo y salvación

El bautismo en agua no es un medio de salvación, sino un símbolo de la unión del creyente con Cristo y del bautismo en el Espíritu. El ladrón en la cruz proporciona un ejemplo inequívoco de alguien que fue salvo sin haber sido bautizado (Lc. 23:40-43). De manera similar, Cornelio fue claramente salvo y recibió el Espíritu Santo antes de ser bautizado (Hch. 10:44-48). El bautismo en agua es una demostración externa de lo que ya ha ocurrido en el corazón a través del poder regenerador del Espíritu Santo.

A pesar de la claridad de las Escrituras respecto a lo que es necesario para la salvación (Hch. 16:30-31), algunos insisten erróneamente en que el símbolo del bautismo en agua es, en realidad, el medio de salvación más que una demostración externa de la misma (visión que se conoce como "regeneración bautismal"). Al confundir el símbolo del bautismo en agua con la realidad de la gracia de Dios en la salvación, eliminan la realidad y añaden obras al evangelio (cf. Ro. 11:6).

Sin embargo, el bautismo está estrechamente asociado con la salvación (cf. Ef. 4:5). En el libro de los Hechos, quienes creían eran bautizados de inmediato (Hch. 2:41; 8:38; 9:18; 10:48; 18:8; 19:1-5), indicando que debía seguir de cerca a una genuina profesión de fe.

Los creyentes deben ser bautizados "en el nombre del Padre y del Hijo y del Espíritu Santo" (Mt. 28:19). Esto no es una fórmula sacramental, sino más bien el reconocimiento exhaustivo de la unión que los creyentes tienen con el Dios trino, por medio de la fe en Cristo.

LA SANTA CENA

Una segunda ordenanza que la iglesia debe observar es la Santa Cena (o Mesa del Señor). A diferencia del bautismo, que debe realizarse una sola vez después de la conversión, la Santa Cena debe celebrarse una y otra vez a lo largo de la vida cristiana.

Antecedentes y práctica

La noche anterior a su muerte, el Señor Jesús celebró una última cena de Pascua con sus discípulos, e instituyó lo que se conocería como la Santa Cena, o Comunión (Mt. 26:26-29).

---

20 Para una explicación adicional de estos textos y otros similares, véase la respuesta concisa al paidobautismo en John Piper, *Hermanos, no somos profesionales* (Viladecavalls, Barcelona: Editorial Clie, 2015), 143-152.

21 Para una explicación detallada de este concepto, véase Everett Ferguson, *Baptism in the Early Church: History, Theology, and Liturgy in the First Five Centuries* (Grand Rapids, MI: Eerdmans, 2009).

La observancia de la comunión fue practicada por la iglesia desde su comienzo, en el día de Pentecostés (Hch. 2:42). La iglesia primitiva también fomentó comidas congregacionales que llegaron a conocerse como ágapes (Jud. 12), que eran asociados con la Santa Cena. Estas comidas estaban diseñadas para fomentar la comunión y el cuidado mutuo entre los miembros de la iglesia. Sin embargo, algunos utilizaron esas comidas como oportunidad para mostrar parcialidad y embriagarse (1 Co. 11:18, 21; cf. 2 P. 2:13). Cuando vincularon semejante conducta a la Santa Cena, profanaron por completo la santa ordenanza (cf. 1 Co. 11:27-32).

Aunque los creyentes deben buscar la santidad en todo tiempo (1 P. 1:15-17), la celebración de la Santa Cena es una ocasión en la que deberían examinar cuidadosamente sus corazones, confesarse y arrepentirse de cualquier pecado ante el Señor. Quienes participan en la comunión sin arrepentirse de algún pecado conocido profanan la celebración e invitan al castigo de Dios (cf. 1 Co. 11:23-26).

Opiniones sobre el significado de la comunión

La repetida instrucción de Jesús: "Haced esto en memoria de mí" (Lc. 22:19; 1 Co. 11:24-25) indica que la celebración de la Santa Cena no es opcional. Todo creyente debería observarla de forma habitual, y no hacerlo por mucho tiempo constituye un pecado. Jesús instituyó su Cena como memoria perpetua para sus seguidores, de manera que pudieran reflexionar una y otra vez en la relevancia eterna de su muerte. Cuando los creyentes celebran la Santa Cena, tienen comunión con el Cristo resucitado que mora en ellos y está espiritualmente presente con su pueblo (1 Co. 10:16).

El pan y la copa son símbolos escogidos por el Señor mismo para denotar y conmemorar su muerte expiatoria. Celebrar la comunión no es ofrecer un nuevo sacrificio, sino que es regocijarse en el sacrificio que el Señor Jesús hizo una vez y para siempre (cf. Ro. 6:10; He. 9:26-28; 1 P. 3:18).

Hay cuatro puntos de vista principales respecto a la Santa Cena. La opinión católica romana (transubstanciación) da a entender que la sustancia de los elementos se transforma en el cuerpo y la sangre físicos de Cristo en el momento de la bendición del sacerdote. Por consiguiente, el acto es considerado como un sacrificio real. Sin embargo, esta opinión no reconoce la relevancia simbólica de las declaraciones de Cristo: "esto es mi cuerpo" y "esto es mi sangre" (Mt. 26:26-28). Cuando Jesús declaró: "Yo soy el pan de vida" (Jn. 6:35), "Yo soy la luz del mundo" (Jn. 8:12), "Yo soy la puerta" (Jn. 10:9), "Yo soy el buen pastor" (Jn. 10:11) y "Yo soy la vid" (Jn. 15:1), sus oyentes habrían entendido esas palabras como expresiones metafóricas para ilustrar la verdad de su persona y misión de formas profundas. No deben ser entendidas en términos literales. De la misma manera, las palabras "esto es mi cuerpo" y "esto es mi sangre" deben entenderse de forma metafórica. Asimismo, la noción de la muerte de Cristo sobre la cruz como un sacrificio repetido y continuo socava la realidad de que fue un sacrificio de una vez y para siempre (Ro. 6:10; He. 9:28; 10:10; 1 P. 3:18) que se completó en su totalidad en el Calvario (Jn. 19:30).[22]

Aunque Martín Lutero rechazó la noción católica romana de la transubstanciación, él, no obstante, mantenía que el cuerpo y la sangre de Cristo estaban realmente presentes "en, con y bajo" los elementos de la comunión. Esta opinión es llamada consubstanciación o presencia real. La insistencia de Lutero sobre la "presencia real" de Cristo siguió ignorando la naturaleza simbólica de las declaraciones de Jesús.

Otros reformadores como Ulrico Zuinglio y Juan Calvino se distanciaron más que Lutero de la postura católica romana. Para Zuinglio, la Santa Cena era principalmente una celebración conmemorativa de la obra de Cristo en la cruz, como es indicado en sus palabras: "Haced esto en *memoria* de mí" (1 Co. 11:24-25). La postura de Zuinglio influyó la tradición reformada y fue adoptada por numerosos grupos anabautistas. Juan Calvino enseñaba que, aunque Cristo no está físicamente presente en la celebración de la comunión, no obstante, está espiritualmente presente. Sin embargo, su opinión no excluye necesariamente la de Zuinglio. En consecuencia, cuando Calvino se reunió con Heinrich Bullinger (sucesor de Zuinglio en Zurich) en 1549, concordaron que sus opiniones respecto a la naturaleza de la comunión eran generalmente compatibles.

Aunque no es incorrecto afirmar que el Señor Jesús esté espiritualmente presente con su pueblo cuando celebra la comunión, dado que está espiritualmente presente con los creyentes en todo tiempo (Mt. 28:20; He. 13:5), el lenguaje de la *presencia espiritual* en la Santa Cena parece más bien vago y, si es comprendido místicamente, no ayuda.

La Santa Cena se entiende mejor como una celebración conmemorativa cuya intención es conmemorar el sacrificio sustitutivo de Jesús (simbolizado por los elementos del pan y la copa); recordar a los creyentes las verdades históricas del evangelio, incluidas la encarnación, la muerte, la resurrección y la ascensión de Cristo; impulsar a los creyentes a arrepentirse de cualquier pecado conocido y hacer que se regocijen en su redención del pecado y en su unión salvadora con Cristo; motivar a los creyentes para seguir caminando en amorosa obediencia al Señor; y, finalmente, reavivar su esperanza en el inminente regreso de Cristo (cf. 1 Co. 11:26; Mt. 26:29; Mr. 14:25).

LA ORACIÓN[23]

En 1 Tesalonicenses 5:17, Pablo le enseña a la iglesia de Tesalónica que debe "or[ar] sin cesar". Ese imperativo designa la actitud del corazón que debería caracterizar a toda congregación. El mandamiento de "orar" (cf. Mt. 6:5-6; Mr. 11:24; Lc. 5:16;

---

22 Para más sobre esta idea, véase "La suficiencia de la expiación", en el cap. 7 (p. 278).

23 Esta sección está adaptada de John MacArthur, *1 y 2 Tesalonicenses, 1 y 2 Timoteo, Tito*, CMNT (Grand Rapids, MI: Editorial Portavoz, 2015), 179-182.

11:1-2; Hch. 10:9; Ro. 8:26; 1 Co. 14:13-15; Ef. 6:18; Col. 1:9; 2 Ts. 3:1; Stg. 5:13-14, 16) incluye todas las facetas de la oración: dependencia, adoración, confesión, intercesión, acción de gracias y súplica. La frase "sin cesar" se refiere a una constante forma de vida que se caracteriza por una actitud de oración, y no a una sucesión interminable de palabras (cf. Mt. 6:7).

El ejemplo perfecto de este tipo de oración fue el Señor Jesús mismo, cuya ferviente vida de oración se describe en los cuatro Evangelios (Mt. 14:23; 26:38-46; Mr. 1:35; 6:46; Lc. 9:18, 28-29; 22:41, 44; Jn. 6:15; 8:1-2; 17:1-26). Jesús también enseñó a sus discípulos cómo debían orar (Mt. 6:5-14; Lc. 11:2-4) e ilustró la importancia de la oración persistente en sus parábolas (Lc. 11:5-10; 18:1-8).

Este sincero compromiso con la oración fue ejemplificado por la iglesia primitiva (Hch. 2:42; cf. 1:14; 4:23-31; 12:11-16), incluidos los apóstoles, quienes la priorizaron junto con el ministerio de la Palabra (Hch. 6:4). El ministerio de Pablo se caracterizó, de manera similar, por una constante actitud de oración (cf. Ro. 12:12; Ef. 6:18-19; Fil. 4:6; Col. 4:2; 2 Ts. 3:1; 1 Ti. 2:8).

LA ADORACIÓN

La adoración es el tema de la historia de la salvación, el propósito supremo para el cual fueron redimidos los creyentes (Jn. 4:23), la ocupación con la que estarán eternamente embelesados (Ap. 22:3-4; cf. 19:1-6) y vital para la vida de la iglesia. Adorar al Señor es atribuirle la honra, la gloria, la adoración, la alabanza, la reverencia y la devoción que le son debidas, tanto por su grandeza como por su bondad. Como Creador soberano del universo, solo el Dios trino —Padre, Hijo y Espíritu Santo— es digno de adoración (cf. Is. 42:8; 48:11; Mt. 4:10; Ap. 14:7).

La verdadera adoración debe empezar en el corazón y en la mente del adorador. Los elaborados cultos, los edificios ornamentados, las elocuentes oraciones o la hermosa música pueden ser expresiones externas de adoración, pero Dios solo acepta aquello que fluye de la sincera devoción hacia Él. La adoración en la iglesia es más que un programa de música. La música es importante, pero es solo una vía a través de la cual se puede expresar la adoración, que debe incluir oración, expresiones de alabanza y agradecimiento (He. 13:15), y servir a los demás por amor a Cristo (He. 13:16; cf. Fil. 4:18), y especialmente escuchar la lectura y predicación de su Palabra. Contribuir económicamente a la iglesia mediante la dación es también una expresión de adoración cuando procede de un corazón de gozo (cf. 2 Co. 9:6-15).

Para los creyentes, el acto supremo de adoración es ofrecer todo de sí mismos como sacrificio vivo al Señor (cf. Mt. 22:37; cf. Ro. 12:1-2). Entonces, la adoración es una manera de pensar y vivir para la gloria y honra de Dios.

Aunque la adoración pueda ser apasionada, debe basarse siempre en la verdad (Jn. 4:23-24; cf. Fil. 3:3). Hoy, muchos en la iglesia confunden el emocionalismo con la adoración. Sin embargo, la adoración genuina involucra la mente, no la deja al margen (cf. 1 Co. 14:15, 19). Además, las expresiones de adoración que honran a Dios se caracterizan por la decencia y el orden (1 Co. 14:40).

LA COMUNIÓN

Como se observó más arriba, el término *comunión* procede del vocablo griego *koinonía*, que significa "participación" o "compartir". Al estar los creyentes en comunión con el Señor Jesús, también lo están los unos con los otros (1 Jn. 1:3; cf. 1 Co. 6:17). La práctica de la comunión (es decir, lo que hacen los creyentes) está basada en su posición de comunión en Cristo (es decir, quiénes son los creyentes en Él). Al estar unidos al Señor Jesús en fe, están unidos los unos a los otros en amor (cf. Jn. 13:35; 17:21).

La práctica de la comunión consiste en el servicio sacrificial hacia otros miembros del cuerpo de Cristo (Fil. 2:1-4; cf. Hch. 4:32-37). Esta es la clase de unidad, de los intereses en común y de la solidaridad, que debería caracterizar la comunión en cada iglesia (Ro. 12:16). Las expresiones de comunión incluyen el discipulado (Mt. 28:19-20; 2 Ti. 2:2), la mutua rendición de cuentas (Gá. 6:1-2; He. 10:24-25) y el servicio gozoso (1 Co. 15:58; Ef. 4:12; Ap. 22:12). Los mandamientos de "unos a otros" en el Nuevo Testamento explican con más detalle cómo debería expresarse la comunión en la congregación (cf. Ro. 12:10, 16; 13:8; 15:5, 7, 14; 16:16; 1 Co. 12:25; Gá. 5:13, 26; 6:2; Ef. 4:2, 32; 5:19; Fil. 2:3; Col. 3:9, 13, 16; 1 Ts. 3:12; 4:9, 18; 5:11, 13, 15; 2 Ts. 1:3; He. 3:13; 10:24-25; Stg. 5:16; 1 P. 1:22; 4:8-10; 5:5; 1 Jn. 3:11, 23; 4:7, 11-12; 2 Jn. 5).

LA DISCIPLINA DE LA IGLESIA

La práctica de la disciplina de la iglesia debería ser motivada por un deseo positivo y amoroso, tanto de preservar la pureza de la iglesia (2 Co. 7:1; cf. Hch. 5:11; 1 Co. 5:1-13; 2 Ts. 3:6-15; 1 Ti. 1:19-20; Tit. 1:10-16), como de restaurar a la comunión a los hermanos y hermanas que hayan pecado (cf. Lc. 15:3-8; Jud. 23). La disciplina de la iglesia siempre debería estar motivada por el anhelo sincero de ver cómo se arrepienten las ovejas errantes, regresan y son restauradas (cf. Gá. 6:1).

Mateo 18:15-17 describe un proceso de cuatro pasos respecto a cómo deben lidiar las iglesias con el pecado entre sus miembros. En primer lugar, los creyentes deben ocuparse del pecado a nivel individual, y acercarse a la parte ofensora con un espíritu de amabilidad y humildad. Si el hermano que peca responde a esa confrontación en privado con arrepentimiento, el proceso de disciplina de la iglesia llega a su fin. Es perdonado y restaurado (Mt. 18:15). Sin embargo, si se niega a arrepentirse, el proceso pasa a una segunda etapa, en la que uno o dos creyentes más se unen para confrontar al hermano que ha pecado. Estos testigos (cf. Nm. 35:30; Dt. 17:6; 19:15; Jn. 8:17; 2 Co. 13:1; 1 Ti. 5:19; He. 10:28) confirman, principalmente, que el pecado se cometió, y observan, asimismo, cómo responde la parte ofensora tras ser confrontada por segunda vez (Mt. 18:16).

Si la persona se negara a arrepentirse tras habérsele dado el tiempo adecuado, el proceso pasa a la tercera etapa. A la luz de la persistente dureza de corazón del hermano que ha pecado, los testigos deben llevar el asunto ante la iglesia (Mt. 18:17), y notificárselo a los ancianos quienes, a su vez, se lo comunican a la congregación.

El propósito de alertar a la iglesia es doble: recordarles a los demás miembros la gravedad del pecado (cf. 1 Ti. 5:20) y alentarlos a enfrentarse al hermano pecador con la esperanza de que se arrepienta y sea restaurado.

Si el hermano confrontado sigue negándose al arrepentimiento, el paso final de la disciplina de la iglesia es apartarlo formalmente y aislarlo de la comunión. La persona impenitente ya no debe ser tratada como hermano, sino como "gentil y publicano" (Mt. 18:17), y debe ser considerada como alguien de fuera a quien ya no se le extienden los beneficios y las bendiciones de la membresía de la iglesia. La motivación no consiste en castigar a la persona, sino en verla recuperar el juicio y arrepentirse (cf. 2 Ts. 3:11-15). Por consiguiente, el único contacto con tales individuos debería tener el propósito de amonestarlos y llamarlos al arrepentimiento. En la iglesia primitiva, los creyentes ni siquiera debían compartir una comida con aquellos que persistían en el pecado sin arrepentirse (1 Co. 5:11; cf. 2 Ts. 3:6, 14). Expulsarlos de la iglesia protege la pureza de los restantes miembros (1 Co. 5:6) y salvaguarda el testimonio de la congregación a los ojos del mundo.

La autoridad para practicar la disciplina de la iglesia de esta manera procede del Señor Jesús mismo (Mt. 18:18-20). Las frases "atado en el cielo" y "desatado en el cielo" eran expresiones rabínicas que hablaban, respectivamente, de acciones prohibidas o permitidas a la luz de la verdad de Dios. En este contexto, la intención del Señor es clara. Cuando la iglesia sigue el procedimiento bíblico para la disciplina de la iglesia, su veredicto está en armonía con la voluntad revelada de Dios.

UNIDAD Y PUREZA

El énfasis del Nuevo Testamento sobre la comunión subraya el llamado bíblico a perseguir el amor y la unidad espiritual en la iglesia. Al mismo tiempo, las instrucciones del Señor para la disciplina de la iglesia, en Mateo 18:15-20, les recuerda a los creyentes que Él desea que su iglesia sea pura tanto en doctrina como en práctica. Ambas cualidades, unidad y pureza, deben mantenerse cuando los creyentes consideran cómo relacionarse con otros cristianos profesantes.

Por un lado, el Nuevo Testamento llama una y otra vez a los creyentes a vivir en armonía unos con otros (Ro. 12:16; 15:5; Col. 3:14). Deben "ser todos de un mismo sentir" (1 P. 3:8), mientras buscan con entusiasmo "guardar la unidad del Espíritu en el vínculo de la paz" (Ef. 4:3). Los que causan divisiones en la iglesia deben ser confrontados (cf. Ro. 16:17; 1 Co. 1:10), y disciplinados si no se arrepienten (Tit. 3:10-11; cf. Stg. 3:14-18).

Por otra parte, el Nuevo Testamento también instruye a los creyentes que guarden la verdad (1 Ti. 6:20; 2 Ti. 1:14), que contiendan ardientemente por la pureza de la fe (Jud. 3) y que tengan cuidado de sí mismos y de la doctrina (1 Ti. 4:16). Las Escrituras advierten una y otra vez a los cristianos que estén alerta contra el pecado (Ef. 6:10-18; 1 P. 5:8; 1 Jn. 2:15-17) y contra el error (2 Ti. 3:1-9; 2 P. 2:1-2; 1 Jn. 4:1-3). No deben asociarse con personas inmorales (1 Co. 5:9; Ef. 5:11; 2 Ts.

3:6, 14) ni con aquellos que propagan el error (2 Jn. 10; cf. Gá. 1:8-9; Tit. 3:10). En realidad, el Nuevo Testamento reserva sus más duras condenaciones para los falsos maestros que buscarían socavar la sana doctrina y fomentar la conducta inmoral (cf. 2 P. 2:1-3). Esos proveedores del error son condenados de diversas formas, como "lobos rapaces" (Mt. 7:15; Hch. 20:29), "el perro" que vuelve a su propio vómito (2 P. 2:22; cf. Fil. 3:2), "inmundicias y manchas" (2 P. 2:13), "hijos de maldición" (2 P. 2:14), "esclavos de corrupción" (2 P. 2:19), puercas que regresan a "revolcarse en el cieno" (2 P. 2:22), "animales irracionales" (Jud. 10; cf. 2 P. 2:12), "manchas" (Jud. 12), "nubes sin agua" (Jud. 12; cf. 2 P. 2:17), "árboles... sin fruto" (Jud. 12), "fieras ondas del mar que espuman su propia vergüenza" (Jud. 13), y "murmuradores... cuya boca habla cosas infladas" (Jud. 16).

La unidad descrita en las Escrituras no es una unidad superficial que hace la vista gorda a las cuestiones doctrinales o morales fundamentales. Más bien, la verdadera unidad se basa en un compromiso compartido con el señorío de Cristo y la verdad de su evangelio. El Nuevo Testamento rechaza cualquier supuesta unidad que diluya la pureza doctrinal o moral. Cuando los creyentes se apartan de los apóstatas y de los falsos maestros, no están siendo divisivos; están siguiendo un mandato divino, como Pablo les explicó a los corintios (2 Co. 6:14-18).

Membresía de la iglesia[24]

LA DEFINICIÓN

Convertirse en miembro de una iglesia es comprometerse formalmente con un cuerpo identificable y local de creyentes, que se han unido para propósitos específicos y divinamente ordenados. Esos propósitos incluyen recibir instrucción de la Palabra de Dios (1 Ti. 4:13; 2 Ti. 4:2), servirse y edificarse unos a otros por medio del uso adecuado de los dones espirituales (Ro. 12:3-8; 1 Co. 12:4-31; 1 P. 4:10-11), participar en las ordenanzas (Lc. 22:19; Hch. 2:38-42) y proclamar el evangelio a los que están perdidos (Mt. 28:18-20). Además, cuando alguien se convierte en miembro de una iglesia, se somete al cuidado y a la autoridad de los ancianos bíblicamente cualificados, a quienes Dios ha colocado en esa asamblea y los invita a supervisar su vida.

LA BASE BÍBLICA

Aunque las Escrituras no contienen un mandamiento explícito de unirse formalmente a una iglesia local, el fundamento bíblico para la membresía puede verse con mayor claridad en (1) el ejemplo de la iglesia primitiva, (2) la existencia del gobierno de la iglesia, (3) el ejercicio de la disciplina de la iglesia, (4) la exhortación para la edificación mutua y (5) la exhortación a someterse al liderazgo.

---

24 Esta sección está adaptada de Grace Community Church, "Church Membership: A Grace Community Church Distinctive" (Sun Valley, CA: Grace Community Church, 2002). Usado con permiso de Grace Community Church.

El ejemplo de la iglesia primitiva

En la iglesia primitiva, venir a Cristo significaba asistir a la iglesia. La idea de experimentar la salvación sin pertenecer a una iglesia local es extraña al Nuevo Testamento. Cuando los individuos se arrepentían y creían en Cristo, eran bautizados, incorporados a la iglesia (Hch. 2:41, 47; 5:14; 16:5) y se involucraban en las actividades de la iglesia (cf. Hch. 2:42). (Véase "Medios de gracia en el seno de la iglesia", p. 415).

Muchas de las Epístolas del Nuevo Testamento fueron escritas a iglesias o líderes de iglesias. La premisa de esas Epístolas era que los creyentes se comprometerían con una asamblea local. El Nuevo Testamento también demuestra que, así como había una lista de viudas elegibles para darles apoyo económico (1 Ti. 5:9), también pudo haber habido una lista de miembros que se iba haciendo más extensa conforme las personas eran salvas (cf. Hch. 2:41, 47; 5:14; 16:5). Aparentemente, cuando un creyente se mudaba a otra ciudad, su iglesia solía escribir una carta de recomendación a su nueva iglesia (Hch. 18:27; Ro. 16:1; Col. 4:10; cf. 2 Co. 3:1-2). Dichas cartas serían imposibles de escribir si esos creyentes no fueran conocidos por sus líderes espirituales y responsables ante ellos, y también serían superfluas si los creyentes no fueran recibidos formalmente como pertenecientes a su nueva iglesia.

En el libro de Hechos, gran parte de la terminología solo encaja con el concepto de la membresía formal de la iglesia. Frases como "a toda la asamblea" (Hch. 6:5, NVI), "la iglesia que estaba en Jerusalén" (Hch. 8:1), "los discípulos" en Jerusalén (Hch. 9:26), "en cada iglesia" (Hch. 14:23), "toda la iglesia" (Hch. 15:22), y "los ancianos de la iglesia" en Éfeso (Hch. 20:17) sugieren una membresía reconocible de la iglesia con límites bien definidos (véanse también 1 Co. 5:4; 14:23; He. 10:25), porque a menos que se sepa quiénes son los miembros de la iglesia no se puede afirmar que "toda la iglesia" está presente.

La existencia del gobierno de la iglesia

El Nuevo Testamento manifiesta un sistemático patrón de pluralidad de ancianos que supervisan a cada cuerpo local de creyentes. (Véase "El gobierno de la iglesia", p. 409). Los deberes específicos dados a esos ancianos presuponen un grupo claramente definido de miembros de la iglesia bajo su cuidado.

El ejercicio de la disciplina de la iglesia

Como se ha observado más arriba, Mateo 18:15-17 bosqueja cómo debe buscar la iglesia la restauración de un creyente que haya caído en pecado, un proceso que se conoce por lo general como la disciplina de la iglesia.[25] Según Mateo 18 y otros pasajes (1 Co. 5:1-13; 1 Ti. 5:20; Tit. 3:10-11), el ejercicio de esta disciplina presupone que los ancianos de una iglesia saben quiénes son sus miembros y que esos miembros pueden ser formalmente excluidos de la comunión.

---

25 Para más sobre este tema, véase "La disciplina de la iglesia" (p. 421).

La exhortación para la edificación mutua

Las Escrituras exhortan a todos los creyentes a edificar a los demás miembros mediante la práctica de los mandamientos de "unos a otros" del Nuevo Testamento (p. ej., He. 10:24-25), y a ejercer sus dones espirituales (Ro. 12:6-8; 1 Co. 12:4-7; 1 P. 4:10-11). La edificación mutua solo puede tener lugar en el contexto del cuerpo corporativo de Cristo. Las exhortaciones a esta clase de ministerio presuponen que los creyentes se han comprometido con los demás creyentes de una asamblea local específica. Sencillamente, la membresía de la iglesia es la manera formal de establecer este compromiso.

La exhortación a someterse al liderazgo

A los creyentes se les ordena: "Obedeced a vuestros pastores, y sujetaos a ellos; porque ellos velan por nuestras almas, como quienes han de dar cuenta; para que lo hagan con alegría, y no quejándose, porque esto no os es provechoso" (He. 13:17). Esos supervisores "os presiden en el Señor" (1 Ts. 5:12). El requisito para las ovejas de someterse a sus pastores, así como el requisito para que los pastores sean responsables ante Dios por sus ovejas, requiere una membresía formal, donde el compromiso mutuo entre pastores y ovejas es conocido por todos.

Los dones espirituales en el seno de la iglesia

Como en el siglo I (véase 1 Co. 12–14[26]), pocos ámbitos de la doctrina son más controvertidos o confusos en la iglesia actual que los dones espirituales (gr. *jarísmata,* o "dones de gracia"). No obstante, los dones espirituales juegan un papel vital en el cuerpo de Cristo.

Cristo no solo ha provisto a su iglesia de hombres dotados para equipar a los santos (Ef. 4:11-12), sino que su Espíritu también les concede a todos los creyentes capacidades espirituales (1 Co. 12:4, 6-11) y todos están obligados a ejercerlas ministrando a otros para edificarse los unos a los otros en la iglesia (Ro. 12:5-8; 1 Co. 12:4-31; 1 P. 4:10-11). El Dios trino es la fuente de esos dones (1 Co. 12:4-6): son dados por el "mismo Espíritu", el "mismo Señor", y el "mismo Dios" (NVI).

El principal término griego asociado a los dones espirituales es *járisma,* que significa "don de gracia". Casi siempre se usa en el Nuevo Testamento para designar un don que ha sido libremente conferido por Dios, incluyendo al don de la salvación (Ro. 5:15-16; 6:23), las bendiciones inmerecidas de Dios (Ro. 1:11; 11:29) y las capacitaciones divinas para el ministerio (Ro. 12:6; 1 P. 4:10).

Otro término griego importante, *pneumatikós* ("pertinente al Espíritu"), se encuentra en 1 Corintios 12:1, y significa literalmente "espirituales" o "espiritualidades",

---

26 Para ver una interpretación cesacionista de 1 Corintios 12–14, véase Robert L. Thomas, *Entendamos los dones espirituales: Un estudio versículo por versículo de Primera Corintios 12 al 14* (Grand Rapids, MI: Editorial Portavoz, 2002). Véase también MacArthur, *1 Corintios,* CMNT (Grand Rapids, MI: Editorial Portavoz, 2003).

se refiere a aquello que tiene características espirituales o que está bajo el control espiritual.

Así como el cuerpo humano no funcionaría apropiadamente si cada miembro tuviera la misma función (cf. 1 Co. 12:7-27), el Espíritu Santo dota a los creyentes con una variedad de dones para que, al ejercer cada miembro su don, todo el cuerpo obre en conjunto de forma productiva.

Los dones espirituales no son signos de prestigio o privilegio, sino que son dados para que los creyentes sirvan con un espíritu de generosidad (Fil. 2:2-4) y humildad (Ro. 12:3). El propósito de los dones espirituales no es la autoedificación, sino la edificación de los demás (1 P. 4:10; cf. Ef. 4:11-12). Pablo declara explícitamente que son proporcionados "para el bien de los demás" (1 Co. 12:7, NVI); no son para el uso privado del creyente.[27]

Usar el don que se tiene para autoedificarse va claramente en contra de toda la idea de Pablo en 1 Corintios 12–14, donde hace repetido énfasis en la prioridad del amor hacia los demás como fundamental para el adecuado ejercicio de los dones espirituales (1 Co. 12:7-10; 13:1-7; 14:12, 26). Como lo demuestran las palabras de Pablo en 1 Corintios 13:1-3, el ejercicio de cualquier don sin amor (independientemente de lo elevado o extremo que sea) anula su valor espiritual.

CLASIFICACIÓN DE LOS DONES

El Nuevo Testamento proporciona varias listas de dones espirituales (Ro. 12:6-8; 1 Co. 12:8-10, 28-30; cf. 1 Co. 13:1-3, 8-9; Ef. 4:11; 1 P. 4:10-11). El apóstol Pedro afirma que cada creyente ha recibido "un don" (1 P. 4:10), pero que esa capacitación divina individual puede ser la combinación de habilidades espirituales como las que se enumeran en Romanos 12 y 1 Corintios 12. Pedro también los divide en las categorías generales de dones de palabra y dones de servicio (1 P. 4:11).

La mejor manera de descubrir el talento espiritual que se tiene es involucrarse en el ministerio según los deseos que Dios haya puesto en la persona, las oportunidades de servir y la respuesta de quienes son servidos. Conforme se ministran los creyentes unos a otros, sus ámbitos de dones se van haciendo aparentes tanto para ellos como para los demás.

En un amplio sentido, los dones podrían categorizarse bajo dos títulos principales: los dones milagrosos temporales y los dones ministeriales permanentes. Los dones milagrosos incluyen los dones de señales apostólicas (He. 2:3-4; cf. 2 Co. 12:12) y los dones de revelación por medio de los cuales Dios proporcionó nueva revelación a su iglesia. Estos dones estaban limitados a la era apostólica de la iglesia (véase exposición más abajo). Los dones ministeriales, incluidos los de palabra y

---

27 Algunos podrían objetar, señalando 1 Corintios 14:4, donde Pablo escribió: "El que habla en lengua extraña, a sí mismo se edifica; pero el que profetiza, edifica a la iglesia". Sin embargo, este versículo no valida la autoedificación como un fin legítimo en sí mismo. De ser así, iría en contra de la enseñanza de Pablo a lo largo de los capítulos 12–14. En realidad, lamenta la autoedificación como un mal uso de los dones espirituales.

servicio (1 P. 4:10-11), siguen siendo otorgados por el Espíritu Santo a su iglesia con el propósito de la edificación, el crecimiento y el testimonio.

Dones milagrosos

En momentos críticos a lo largo de la historia redentora, Dios autentificó a sus mensajeros mediante el empoderamiento para realizar señales milagrosas. Por ejemplo, Moisés (Éx. 4:3-4, 30; 7:10, 12; 17:5-6; Nm. 16:46-50), Josué (Jos. 10:12-14) y Elías y Eliseo (1 R. 17:9-24; 18:41-45; 2 R. 1:10-12; 2:8, 14; 4:1-7, 18-41; 5:1-19; 6:6, 17).

En el Nuevo Testamento, el ministerio de Jesucristo también se confirmó con milagros y sanidades (Jn. 2:11, 23; 3:2; 4:54; 6:2, 14; 7:31; 10:25, 37-38; 12:37; 20:30; cf. Hch. 2:22). Las señales y prodigios que Jesús realizó demostraron que Él era quien afirmaba ser.

Durante el ministerio de Jesús, Él les había dado a sus discípulos poder para sanar y echar fuera demonios (Mt. 10:1, 8; Mr. 6:12-13). Después de su ascensión, los apóstoles siguieron manifestando este poder sobrenatural (Mr. 16:20; Hch. 2:43; 4:30; 5:12; 6:8; 8:6, 13; 14:3; 15:12). El mensaje que proclamaban era validado por las señales y prodigios que realizaban.

El nacimiento de la iglesia también estuvo marcado por señales milagrosas, incluyendo la capacidad de los discípulos de hablar fluidamente en idiomas extranjeros humanos que nunca habían aprendido (Hch. 2:4-11; cf. 10:46 y 11:17). Esa capacidad sobrenatural sirvió de señal para los incrédulos (y, sobre todo, al Israel incrédulo) de que el evangelio era verdad (1 Co. 14:22; cf. Is. 28:11) y esta es la verdad que se debe proclamar por el mundo entero (cf. Mt. 28:18-20; Hch. 1:8). Otros, como Esteban y Felipe, demostraron la capacidad de realizar milagros y sanidades (Hch. 6:8; 8:5-7) y confirmaron públicamente la legitimidad de sus ministerios de evangelización. Tan extraordinarios dones fueron necesarios para validar que la iglesia era una obra verdadera de Dios, y autenticar a los apóstoles como sus mensajeros escogidos (cf. Ro. 15:19; 2 Co. 12:12; He. 2:3-4). Como aquellos que recibieron la revelación divina por medio del Espíritu Santo (Jn. 14:26; 16:12-15; cf. 1 Ts. 2:13; 2 P. 3:15-16), los apóstoles y los profetas estaban poniendo el fundamento doctrinal para la iglesia (Ef. 2:20; cf. Hch. 2:42). Una vez acabada la era apostólica y acabado el canon del Nuevo Testamento, los dones asociados únicamente con los cargos de apóstol y profeta dejaron de ser necesarios y desaparecieron.

La naturaleza temporal de los dones milagrosos[28]

El *cesacionismo* es la opinión de que los dones de señal (p. ej., realizar milagros, dones de sanidad, hablar en lenguas) y los dones de revelación (es decir, la recepción

---

28 Esta sección está adaptada de los comentarios de MacArthur en su entrevista con Tim Challies, "John MacArthur Answers His Critics", *Challies.com: Informing the Reforming* (blog), 4 de noviembre de 2013, http://www.challies.com/interviews/john-macarthur-answers-his-critics. Usado con permiso de Tim Challies. Véase también la sección en el cap. 5 titulada: "Cese de los dones revelatorios y confirmatorios" (p. 215).

y la proclamación de una nueva revelación de Dios) cesaron cuando acabó la etapa de fundación de la iglesia. Los dones milagrosos no regresarán hasta el período de la tribulación, después de que la iglesia haya sido arrebatada, y durante el ministerio de los dos testigos (cf. Ap. 11:3-11). En contraste con el cesacionismo, la postura *carismática* o *continuacionista* asevera que los dones milagrosos y reveladores siguen hoy en funcionamiento.

Un planteamiento para defender la postura cesacionista empieza con el reconocimiento de que no hay apóstoles en la iglesia hoy,[29] hecho que se afirma ampliamente a lo largo de la historia de la iglesia y reconocido por muchos no cesacionistas modernos. Hoy nadie puede cumplir los requisitos necesarios para el apostolado (que incluyen ver al Cristo resucitado con los ojos físicos; cf. Hch. 1:22; 9:1-9). Pablo declara, de un modo explícito, que el Jesús resucitado se le apareció como al "último de todos" a él (1 Co. 15:8). De ahí que no hubiera más apóstoles después de Pablo.

En Efesios 2:20, Pablo dice que la iglesia fue edificada "sobre el fundamento de los apóstoles y profetas", con Jesús como piedra angular. Una vez que el fundamento es colocado, la fase de la construcción cesa. El "fundamento" de la iglesia es la enseñanza de los apóstoles (que se encuentra en las Escrituras del Nuevo Testamento) y el ministerio de esos profetas del Nuevo Testamento. La obra de esos dones para la iglesia (cf. Ef. 4:11) ha cesado. La era apostólica llega a su fin cuando muere Juan, el último apóstol que quedaba vivo. De manera significativa, Juan fue también el último profeta canónico (cf. Ap. 1:3; 22:18-19), con el libro Apocalipsis, que completa las Escrituras del Nuevo Testamento. Por consiguiente, el papel revelador de los profetas neotestamentarios, como el de los profetas, se cumplió, y los dones asociados con dicha función dejaron de ser necesarios. En las Escrituras totalmente suficientes, la verdad de Dios da testimonio de sí misma y es autoevidente, como confirma el poder esclarecedor del Espíritu Santo (He. 4:12).

La postura cesacionista se confirma, además, mediante la comparación de los "dones carismáticos" modernos con las realidades descritas en el Nuevo Testamento. Aunque los carismáticos usan la terminología bíblica para describir sus experiencias, nada relacionado con los "dones milagrosos" modernos iguala la realidad bíblica.

Por ejemplo, la Palabra de Dios afirma explícitamente que los verdaderos profetas deben adherirse a un estándar de precisión del cien por cien (Dt. 18:20-22), y nada en el Nuevo Testamento los exime de esto. Sin embargo, se ha comprobado que la "revelación profética" moderna es falible y está llena de errores vez tras vez.

Además, el libro de los Hechos describe el don de lenguas como la expresión de idiomas humanos reales (Hch. 2:6-11), y no hay nada en 1 Corintios que necesite

---

29 Por ejemplo, este es el acercamiento de Samuel E. Waldron, *To Be Continued? Are the Miraculous Gifts for Today?* (Merrick, NY: Calvary Press, 2005). Véase también Thomas R. Edgar, *Satisfied by the Promise of the Spirit* (Grand Rapids, MI: Kregel, 1996), 52-88; MacArthur, *Fuego extraño*, 85-103.

redefinirlo como algo distinto. Sin embargo, las "lenguas" modernas consisten en un lenguaje ininteligible que no se ajusta a ningún idioma humano.

Asimismo, el Nuevo Testamento describe las sanaciones milagrosas de Jesús y los apóstoles (incluyendo las enfermedades orgánicas como parálisis, ceguera y lepra) como inmediatas, completas e innegables (p. ej. Mr. 1:42; 10:52). Pero los "dones de sanidad" modernos no se comparan a los milagros realizados por Jesús y los apóstoles.

Increíblemente, muchos eruditos continuacionistas reconocen esta discontinuidad y argumentan a favor de unos dones de menor calidad o de una categoría más baja, en la cual colocar estas expresiones carismáticas modernas. Sin embargo, tales admisiones proporcionan un reconocimiento tácito de que los verdaderos dones de señales (como describen las Escrituras) no han continuado.[30]

Dones ministeriales

El Espíritu Santo sigue otorgando a los creyentes *dones ministeriales permanentes* para edificación en la iglesia (1 P. 4:10-11). Estos incluyen los dones de palabra, para proclamar la verdad de las Escrituras a través de la predicación, la enseñanza, el estímulo, la exhortación y los dones de servicio; estos últimos ministran a los demás mediante acciones como ayudar, dar, administrar y mostrar misericordia.

ESTUDIO DE LOS DONES

La combinación de las listas de dones en Romanos 12:6-8 y 1 Corintios 12:8-10 y 12:28-30, produce una "lista maestra" de los dones espirituales representativos.

El apostolado

El término griego *apóstolos* se refiere a un embajador, un emisario o alguien enviado a una misión. Aunque se usa en ocasiones en un sentido general para designar a los "apóstoles de las iglesias" (2 Co. 8:23; cf. Fil. 2:25), se usa principalmente para referirse a un grupo específico de "apóstoles de Jesucristo" (véase los requisitos de un apóstol, en la sección "Apóstoles", p. 402).

Los apóstoles de Jesucristo tenían tres responsabilidades principales. En primer lugar, fueron usados por el Señor para poner el fundamento doctrinal de la iglesia (Ef. 2:20). En segundo lugar, fueron nombrados para recibir, predicar y escribir la revelación divina (cf. Hch. 2:42; 6:4; Ef. 3:5). En tercer lugar, fueron llamados a confirmar esa Palabra divina por medio de "señales, prodigios y milagros" (2 Co. 12:12; cf. He. 2:3-4).

---

30 Algunos comentaristas apelan a 1 Corintios 13:10 para respaldar su postura a favor o en contra del cesacionismo. Sin embargo, actuar así lleva el propósito de este texto más allá de la intención de Pablo. Aunque los comentaristas han debatido ampliamente el significado del término griego "perfecto" (*teleión*), "de las posibles interpretaciones, la entrada del creyente a la presencia del Señor encaja mejor con el uso que Pablo hace de 'perfecto' en 1 Corintios 13:10" (véase MacArthur, *Fuego extraño,* 148-149. Cf. Edgar, *Satisfied by the Promise of the Spirit,* 246.

El Nuevo Testamento identifica el apostolado como una función y, a la vez, un don. Efesios 4:11 se refiere a los apóstoles (junto con los profetas, los evangelistas, los pastores-maestros) como dones que Jesucristo dio a la iglesia, y 1 Corintios 12 incluye "apóstoles" en la lista de dones carismáticos descritos en ese capítulo (1 Co. 12:4-5, 28-31).

Hacer milagros

Entre las señales que validan el ministerio de los apóstoles estaba el "hacer milagros" (1 Co. 12:10, 28-29). Un *milagro* podría definirse en líneas generales como una obra extraordinaria de Dios en la que Él obra *sobrenaturalmente*, de manera que el resultado no pueda explicarse por ninguna causa natural. El hacer milagros era un don que involucraba la intermediación humana. La realización de milagros validaba a los agentes humanos como portavoces de Dios (cf. Hch. 2:22; 14:3; 2 Co. 12:12; He. 2:3-4). El Nuevo Testamento no registra que alguno de los apóstoles hiciera milagros sobre la naturaleza, pero sí manifestaron poder (gr. *dúnamis*) sobre los demonios, la enfermedad y la muerte (cf. Hch. 9:41-42; 20:7-12).

Dones de sanidad

Si hacer milagros está relacionado con el poder (gr. *dúnamis*) concedido por Dios sobre los demonios, el término "dones de sanidad" (1 Co. 12:9, 28) se refiere al poder sobrenatural sobre la enfermedad. La sanidad milagrosa se manifestó en los ministerios de Cristo (Mt. 8:16-17), de los apóstoles (Mt. 10:1), de los setenta y dos (Lc. 10:1, 9, NVI) y de algunos colaboradores (Hch. 8:5-7). El registro neotestamentario de sanidades efectuadas por estos individuos demuestra que eran inmediatas, innegables y siempre completas[31] (cf. Mt. 8:2-3; 9:1-8; 20:29-34; 21:14; Mr. 1:42; 8:22-26; 10:52; Lc. 17:11-21; Jn. 5:1-9; Hch. 3:8; 14:8-18).

Las sanidades milagrosas sirvieron para autenticar al mensajero de Dios (cf. Jn. 10:38; Hch. 2:22; Ro. 15:18-19; 2 Co. 12:12; He. 2:3-4), y no solo para restaurar la sanidad física de los enfermos. Aunque los creyentes ya no poseen estas capacidades sobrenaturales, sí tienen derecho a pedirle a Dios que los sane, y saben que Él escucha y contesta las oraciones de su pueblo (Stg. 5:13-16; cf. Lc. 18:1-6; 1 Jn. 5:14-15).

Hablar en lenguas e interpretarlas[32]

El término griego para "lenguas" (*glóssa*) se traduce mejor como "idiomas". El ejercicio de este don se ve con mayor claridad en el día de Pentecostés (Hch. 2:4-11). Allí, los apóstoles, junto con algunos de los 120 que estaban reunidos en

---

31 Esto contrasta con las dudosas afirmaciones de los "sanadores de fe" modernos. Véase MacArthur, *Fuego extraño*, 155-176. Véase también Richard Mayhue, *La promesa de sanidad* (Grand Rapids, MI: Editorial Portavoz, 1995).

32 Esta sección está adaptada de Nathan A. Busenitz, "Are Tongues Real Foreign Languages? A Response to Four Continuationist Arguments", *MSJ* 25, núm. 2 (2014): 63-84. Usado con permiso de *MSJ*.

el aposento alto (Hch. 1:15), empezaron a hablar con fluidez en idiomas y dialectos que no conocían.

Algunos comentaristas recientes han intentado distanciar el don de lenguas descrito en Hechos 2 (que consistía claramente en lenguas extranjeras reales) del don de lenguas descrito en 1 Corintios 12–14, en un intento de abrir un lugar para las declaraciones ininteligibles que caracterizan la *glossolalia* moderna (o el hablar en lenguas). Sin embargo, las pruebas exegéticas indican que el hablar en lenguas descrito en 1 Corintios era el mismo fenómeno básico que encontramos en Hechos 2. En ambos lugares, el don genuino de las lenguas resultaba en la capacidad sobrenatural de hablar lenguas extranjeras.[33]

Profecía y predicación

Tanto en 1 Corintios 12:28 como en Efesios 4:11, Pablo menciona a los "profetas" inmediatamente después de los "apóstoles". Como el apostolado, la profecía comprendía tanto un oficio como un don. Al haber recibido revelación divina, los profetas del Nuevo Testamento ayudaron a los apóstoles a establecer el fundamento doctrinal de la iglesia (Ef. 2:20).

Como en el caso de los profetas del Antiguo Testamento, a los del Nuevo Testamento se los tenía en los más altos niveles de precisión reveladora (cf. Dt. 18:20-22; Ez. 13:3-9), pureza doctrinal (cf. Dt. 13:1-5; 2 P. 2:1) y de integridad moral (cf. Jer. 23:14-16; 2 P. 2:2-3).[34] Esto era especialmente importante a causa de la continua amenaza que los falsos profetas representaban para la iglesia primitiva (cf. Mt. 7:15; 24:11; 2 Ti. 4:3-4; 2 P. 2:1-3; 1 Jn. 4:1; Jud. 4), que explica por qué tenía que ser probada la ortodoxia doctrinal de las profecías (cf. 1 Co. 14:29; 1 Ts. 5:20-22; 1 Jn. 4:1-6). Según Romanos 12:6, el contenido de la profecía debía cotejarse con "la fe"; esto significa que debía evaluarse frente al cuerpo de verdad cristiana que Dios Espíritu Santo había revelado con anterioridad (cf. 1 Ti. 3:9; 4:1, 6; Jud. 3, 20).

Palabras de sabiduría y ciencia

Se nos proporcionan pocos detalles respecto a la "palabra de sabiduría" y la "palabra de ciencia" (1 Co. 12:8), pero es evidente que involucraban a un individuo

---

33 La mención que Pablo hace de las "lenguas angélicas" en 1 Corintios 13:1 es una expresión hiperbólica, que se aclara mediante los demás ejemplos extremos que usa en los vv. 2-3. La idea del apóstol es que si alguien tuviera que hablar lenguas extranjeras humanas (las "lenguas de los hombres") o incluso los lenguajes de los ángeles (escenario hipotético diseñado a expresar una idea retórica), seguiría sin tener sentido si el amor estuviera ausente. Véase MacArthur, *Fuego extraño*, 132-151.

34 Respecto a los profetas del Nuevo Testamento, es importante reconocer que "el Nuevo Testamento utiliza una terminología idéntica al describir tanto a los profetas del Antiguo como del Nuevo Testamento. En el libro de Hechos, los profetas del Antiguo Testamento se mencionan en 2:16; 3:24-25; 10:43; 13:27, 40; 15:15; 24:14; 26:22, 27 y 28:23. Las referencias a los profetas del Nuevo Testamento se intercalan con el mismo vocabulario, sin ninguna distinción, comentario o advertencia (cf. Hch. 2:17-18; 7:37; 11:27-28; 13:1; 15:32; 21:9-11)" (MacArthur, *Fuego extraño*, 119).

que recibía y declaraba la revelación de Dios. Se diría que quienes recibían una "palabra de sabiduría" eran capaces de entender correctamente la verdad divina revelada y articular la aplicación adecuada de la misma para la vida cotidiana (cf. Mt. 13:54; Mr. 6:2; Hch. 6:10; Stg. 1:5; 3:17; 2 P. 3:15). Quienes comunicaban una "palabra de ciencia" proporcionaban una percepción de las profundas verdades de la Palabra de Dios (cf. Ef. 3:3; Col. 1:26; 2:2).

Cualquier aspecto revelador asociado con estos dones cesó cuando el canon del Nuevo Testamento se hubo completado y al final de la era apostólica.

Distinguir entre espíritus

Con este don divino, Dios capacita a alguien para que discierna las declaraciones verdaderas de las falsas que puedan hacer algunas personas al afirmar con engaño que sus palabras eran revelaciones proféticas de Dios (1 Co. 12:10). El ejercicio de este don se ilustra a través de Pedro, cuando reconoció la duplicidad espiritual de Ananías (Hch. 5:3), y también de Pablo, quien percibió que una muchacha esclava estaba poseída por un espíritu maligno (Hch. 16:16-18). Esto representa el aspecto temporal y milagroso del don.

Enseñanza

Otro grupo que Pablo identifica en 1 Corintios 12:28 es el de los "maestros" (cf. Ro. 12:7; Ef. 4:11). Como el apostolado y la profecía, la enseñanza puede referirse a un oficio y a un don. El don de la enseñanza implica la capacidad concedida por el Espíritu de interpretar y articular la verdad de la Palabra de Dios de forma clara y precisa, para que los demás puedan entender y aprender (cf. Hch. 18:24-25; 2 Ti. 2:2). Aunque este don es un requisito necesario para los ancianos (1 Ti. 3:2; Tit. 1:9; cf. 1 Ti. 4:16), no se reserva de forma exclusiva para los pastores. (Véase en "Ancianos", la sección "Requisitos", p. 406).

Pablo le hizo un encargo a Timoteo con estas palabras: "Lo que has oído de mí ante muchos testigos, esto encarga a hombres fieles que sean idóneos para enseñar también a otros" (2 Ti. 2:2). Los líderes fieles de la iglesia son aquellos que usan bien la Palabra de Dios (2 Ti. 2:15) e imparten su verdad a la congregación. Muchas personas laicas también han recibido esta capacitación, para instaurar una enseñanza sana en toda la comunión de la iglesia.

Exhortación

Los términos griegos *parakaléo* ("exhortar") y *paráklesis* ("exhortación") en Romanos 12:8 se componen, ambos, de *para* ("junto con") y *kaléo* ("llamar"). Estas mismas palabras se juntan para constituir el título *parákletos* ("paracleto", "abogado", "consolador", "ayudador"), usado en referencia tanto al Señor Jesús (1 Jn. 2:1) como al Espíritu Santo (Jn. 14:16, 26; 15:26; 16:7). El don de la exhortación implica, pues, acercarse a los hermanos creyentes para ayudarlos y alentarlos en el camino de la piedad (cf. He. 10:24-25). Como Pablo les indicó a los tesalonicenses:

"También os rogamos, hermanos, que amonestéis a los ociosos, que alentéis a los de poco ánimo, que sostengáis a los débiles, que seáis pacientes para con todos" (1 Ts. 5:14; cf. 2 Co. 1:3-5; 2 Ti. 3:16-17; 4:2).

Servicio y ayuda

El don del "servicio" (Ro. 12:7) y el de "ayudar" (1 Co. 12:28) son prácticamente sinónimos. "Servicio" deriva del mismo término griego traducido "diácono" (*diakonía*). Es un término amplio que puede referirse a cualquier tipo de asistencia práctica o ayuda (cf. Hch. 20:35). "Ayudar" (del gr. *antilémpsis*) es también una palabra amplia, y alude a cualquier tipo de servicio o ayuda prestados a favor de los demás. Con frecuencia, esos actos de servicio implican realizar tareas rutinarias y poco glamurosas. Sin embargo, son fundamentales para la vida y la constante eficacia de la iglesia.

Dirigir y administrar

Quienes tienen el don del liderazgo (Ro. 12:8) o de "administrar" (1 Co. 12:28) son responsables de guiar a la congregación, tanto en lo espiritual como en las tomas de decisiones cotidianas. La frase "el que preside" traduce la forma participial del término griego *proístemi* ("estar delante"). Se usa en el Nuevo Testamento para describir el liderazgo, tanto en el hogar (1 Ti. 3:4-5, 12) como en la iglesia (1 Ti. 5:17). "Administrar" procede del término griego *kubérnesis,* que significa "guiar". Hechos 27:11 y Apocalipsis 18:17 usan el mismo término para referirse a un piloto que maneja el timón de un barco. Así se ilustra la forma en que los líderes dotados ayudan a los demás en la vida y en el ministerio, guiándolos con sabiduría y buen consejo (cf. Pr. 12:5; Ez. 27:8, donde se emplea el mismo término griego en la Septuaginta). Aunque este don no se limita a un cargo en particular, el don del liderazgo en la iglesia pertenece claramente a los pastores y ancianos a quienes Dios ha ordenado apacentar al rebaño.

Dar

En Romanos 12:8, Pablo describe el don de dar con estas palabras: "El que reparte, con liberalidad". El término griego traducido "repartir" es una forma del verbo *metadídomi,* que también podría traducirse como "dar" o "compartir". Habla de la generosidad sacrificial al dar para suplir las necesidades de otros (cf. 2 Co. 8:2-5). Aunque todo creyente está llamado a compartir y dar (Ef. 4:28; cf. Lc. 3:11), quienes tienen el don de dar están equipados de manera particular con el fuerte deseo y el entusiasmo de contribuir sacrificialmente para los demás. Por consiguiente, experimentan la medida plena de saber que "Dios ama al dador alegre" (2 Co. 9:7).

El término "liberalidad" deriva de la palabra griega *japlotés* y alude a una generosidad sincera. Esta forma de dar no solo está alimentada por un motivo ulterior (cf. Hch. 5:1-11), sino por el amor genuino hacia los demás y, en última instancia, hacia el Señor.

Mostrar misericordia

La lista de dones de Romanos 12 concluye con estas palabras: "El que hace misericordia, con alegría" (12:8). El verbo griego *eleéo* ("hacer actos de misericordia") transmite tanto una actitud de compasión hacia quienes sufren, como la capacidad de consolarlos y alentarlos de manera eficaz.

Fe

El don de la fe, que Pablo menciona en 1 Corintios 12:9, se refiere a la capacidad extraordinaria de confiar en Dios frente a la dificultad y las penurias. La "fe" de la que habla Pablo no es la fe salvadora, sino más bien la confianza inquebrantable en el poder y las promesas de Dios. Quienes tienen el don de la fe se caracterizan por la oración persistente y por confiar en saber que Dios oye las súplicas de su pueblo (cf. Stg. 5:16-18).

Discernimiento espiritual

La habilidad para distinguir espíritus alude al don permanente del "discernimiento de espíritus" (1 Co. 12:10), la capacidad empoderada por el Espíritu para identificar formas de errores doctrinales y engaños religiosos (cf. 1 Jn. 4:1). Como "padre de mentira" (Jn. 8:44), Satanás busca continuamente falsificar la verdadera obra de Dios y se disfraza de "ángel de luz" (2 Co. 11:14), y lo hace principalmente por medio de los falsos maestros, quienes imparten "doctrinas de demonios" (1 Ti. 4:1).

Evangelización

El oficio o don de evangelista, que menciona en tercer lugar Efesios 4:11, implica la capacitación divina de explicar, exhortar y aplicar el evangelio a los no cristianos. En sus cartas, Pablo empleó el verbo griego *euangelízo* ("predicar el evangelio") en veintiuna ocasiones. Instó a Timoteo a "ha[cer] obra de evangelista" (2 Ti. 4:5) en general, y en Éfeso en particular (cf. Felipe de Cesarea en Hch. 21:8). Así, el evangelista parece ser principalmente un plantador de iglesias, cuyo deber consiste en establecer nuevas iglesias por medio de la predicación del evangelio.

Pastorear y enseñar

Este oficio o don, mencionado en cuarto lugar en Efesios 4:11, implica la capacidad divina de pastorear, es decir, dirigir, alimentar, proteger y cuidar de otras maneras a los creyentes de las iglesias locales. (Véase todo el análisis sobre "Ancianos", arriba).

Un anticipo del cielo

Al concluir la exposición sobre la iglesia, es adecuado recordar que esta proporciona a los creyentes un anticipo del cielo. Aunque imperfecta, la iglesia representa el único lugar en el que las actividades del cielo se reflejan en la tierra.

La iglesia se asemeja al cielo de varias formas importantes. En la iglesia, el pueblo de Dios desea someterse a la voluntad moral de su Señor, tal como la expresa en su Palabra (Mt. 6:10). Procura obedecerlo por su amor y su devoción hacia Él (Jn. 14:15; 1 Jn. 2:3). En el cielo, los creyentes le sirven de un modo perfecto (Ap. 22:3-5), y esa esperanza futura motiva su búsqueda de la santidad en esta vida (1 Jn. 3:2-3).

En la iglesia, los creyentes ofrecen adoración continua a Dios como un sacrificio de alabanza (He. 13:15). Tales expresiones de adoración caracterizan la vida del cielo (véase Ap. 4:8-11).

Por toda la eternidad, los creyentes exaltarán al Señor Jesús por su obra de redención (Ap. 5:11-14; cf. Fil. 2:9-11). La adoración que se repite por los salones de las iglesias que exaltan a Cristo aquí en la tierra seguirá resonando sin fin por todas las salas del cielo.

En la iglesia, aunque sus miembros no son aún perfectos, uno empieza a vislumbrar la santidad y la pureza que caracteriza al cielo. La absoluta santidad del cielo queda subrayada en Apocalipsis 21:8 y 22:14-15, pasajes que explican que la gloria eterna de la nueva tierra estará libre de inmoralidad, idolatría y de cualquier forma de impureza. La iglesia refleja esta santidad cuando sus miembros caminan en justicia (Ef. 4:1; Fil. 1:27; Col. 1:10; 1 P. 1:16; cf. Sal. 15:2) y cuando son fieles para disciplinar a aquellos que persisten en el pecado impenitente (Mt. 18:15-20; 1 Co. 5:13).

En la iglesia, el pueblo de Dios también disfruta de una rica comunión unos con otros. Esa comunión es un anticipo de la comunión perfecta que compartirán un día con todos los santos y con su Salvador, el Señor Jesús (cf. 1 Jn. 1:3; 3:2). Cuando se reúnen los creyentes en la iglesia, se les recuerda que son ciudadanos del cielo (Fil. 3:20-21) y que este mundo no es su hogar (cf. 1 Jn. 2:15-17). Forman parte de la comunión de los santos, y pertenecen "a la congregación de los primogénitos que están inscritos en los cielos" (He. 12:23).

La sumisión a la voluntad de Dios, la adoración cristocéntrica, la búsqueda de la santidad y la comunión con los demás creyentes son solo algunas de las formas en las que la iglesia en la tierra anuncia las glorias del cielo. Estas anticipaciones deberían provocar el crecimiento en los creyentes, tanto en su amor por la iglesia como en su anhelo por el cielo. Como explicó el apóstol Pablo a los corintios: "Ahora vemos por espejo, oscuramente; mas entonces veremos cara a cara. Ahora conozco en parte; pero entonces conoceré como fui conocido" (1 Co. 13:12). A la luz de esta clase de perspectiva celestial, qué gozo para los creyentes formar parte de la compañía de los redimidos que, con ansiedad, está "aguardando la esperanza bienaventurada y la manifestación gloriosa de nuestro gran Dios y Salvador Jesucristo, quien se dio a sí mismo por nosotros para redimirnos de toda iniquidad y purificar para sí un pueblo propio, celoso de buenas obras" (Tit. 2:13-14).

Preguntas:

1. ¿Cuál es la definición bíblica de "la iglesia"? ¿Y cuál es el diseño de Cristo para la iglesia?
2. ¿Cómo se relaciona la "iglesia" con el "reino"?

3. ¿Qué significan los términos "iglesia visible" e "iglesia invisible"? ¿Qué significan los términos "iglesia universal" e "iglesia local"?

4. ¿Qué distingue a la nación de Israel de la iglesia del Nuevo Testamento?

5. ¿Cuáles son los propósitos de la iglesia?

6. ¿Cuáles son los términos (oficios) del Nuevo Testamento para "autoridad" en la iglesia?

7. ¿Cuáles son las responsabilidades y requisitos de un anciano? ¿Y de un diácono?

8. ¿Cuáles son las diferentes formas (históricas) del gobierno de la iglesia, y qué indica la "pluralidad de ancianos" en relación con el gobierno de la iglesia?

9. ¿Cuáles son las "dinámicas bíblicas" de la vida de la iglesia?

10. ¿Cuál es la enseñanza bíblica sobre el bautismo? ¿Y de la Santa Cena?

11. ¿Cuál es la importancia de la oración, la adoración y la comunión en la vida de la iglesia?

12. ¿Qué es la disciplina de la iglesia y por qué es importante? ¿Por qué la unidad y pureza son importantes para la vida y testimonio de la iglesia?

13. ¿Cuál es la base bíblica de la membresía de la iglesia, y por qué es importante?

14. ¿Qué enseña el Nuevo Testamento sobre los dones espirituales? (categorías y funciones).

15. ¿Cuáles son las pruebas bíblicas del cesacionismo?

10

EL FUTURO

Escatología

LAS TEOLOGÍAS SUELEN minimizar la explicación de los acontecimientos futuros, en especial cuando están relacionados con las promesas veterotestamentarias para la nación de Israel. Sin embargo, los sucesos del fin de los tiempos sirven como la culminación de los propósitos redentores de Dios y no deben ser minimizados. La escatología concierne a los eventos por venir que están asociados con la "restauración de todas las cosas" (Hch. 3:21).

Introducción a la escatología

DEFINICIÓN DE LA ESCATOLOGÍA

El término *escatología* procede del vocablo griego *ésjatos,* que significa "último", "fin" o "final". En la doctrina cristiana, la escatología es el estudio de los últimos tiempos y de los sucesos asociados con el regreso de Jesús, incluidos la tribulación, las resurrecciones, los juicios y el reino.

Existen dos categorías principales de escatología: la personal y la cósmica. La escatología personal trata el destino futuro de la persona humana y asuntos como la muerte, el estado intermedio, la resurrección, el juicio, y dónde residirá la persona eternamente. La escatología cósmica o profética se ocupa de cuestiones más amplias, como los pactos bíblicos, el arrebatamiento, el período de la tribulación, la segunda venida de Jesús, el milenio y el estado eterno.

MODELOS DE ESCATOLOGÍA

Existen dos modelos o acercamientos generales para comprender y describir los propósitos escatológicos de Dios, el modelo de la visión espiritual y el modelo de la nueva creación.

Modelo de la visión espiritual

El modelo de la visión espiritual involucra un claro dualismo que eleva las realidades "espirituales" (percibidas como los ideales y el bien más sublimes) por encima de las materiales (percibidas como malas, inferiores y malignas). Este modelo adopta la cosmovisión del filósofo griego Platón (*ca.* 428–348 a.C.), quien enseñó la superioridad de lo espiritual sobre lo material. Un número de filosofías y sistemas religiosos surgen de sus ideas. El gnosticismo, por ejemplo, era una forma de platonismo; denigraba la bondad del mundo material y fue una importante amenaza para la iglesia primitiva.

Aunque la mayoría de los cristianos primitivos no eran platonistas ni gnósticos, las ideas de Platón se infiltraron a menudo en la iglesia primitiva. Orígenes (*ca.* 184–*ca.* 254 d.C.) llegó casi a negar la resurrección corporal. El influyente teólogo Agustín (354–430 d.C.) creía que la idea de un reino terrenal de Jesús era carnal y optó por pensar que el reino de Dios es una entidad espiritual: la iglesia. Su criterio espiritual del reino de Dios, como explica en su obra *La ciudad de Dios,* llegó a conocerse como el *amilenialismo.* Estos dos influyentes teólogos restaron importancia a los aspectos físicos de la profecía bíblica y elevaron su aspecto espiritual. La Iglesia Católica Romana de la Edad Media, que abrazó la perspectiva amilenialista de Agustín, también operó según unas suposiciones exageradamente espiritualizadas del reino de Dios. La mezcla no bíblica de las ideas de Platón con el cristianismo se ha denominado "cristoplatonismo".[1]

Este modelo ha tenido una larga historia y ha impactado a la teología cristiana de maneras significativas. Esto es evidente cuando las personas piensan en su destino eterno como en una existencia incorpórea en la bóveda celeste, o estar sentadas en una nube todo el día, sin nada que hacer. El pensamiento del modelo de visión espiritual puede detectarse en creencias que afirman que las promesas físicas en el Antiguo Testamento, respecto al territorio y a la nación a Israel, tienen que cumplirse de forma espiritual en la iglesia, o deben absorberse en la persona de Cristo.

Modelo de la nueva creación

El modelo de la nueva creación, por otra parte, afirma la bondad de toda la creación de Dios, incluidos sus elementos materiales (Col. 1:16). Este modelo comprende que la creación se compone de realidades espirituales y materiales, y ambas son importantes para Dios. Ambas se vieron negativamente afectadas por el pecado y la caída del hombre, y acabarán siendo restauradas por Dios (Hch. 3:21). El enfoque de la nueva creación no niega la importancia de las verdades ni de las realidades espirituales; las afirma. Sin embargo, se opone a los esfuerzos por espiritualizar las realidades físicas o tratarlas como inferiores. Las bendiciones espirituales y físicas van juntas.

Pasajes como Isaías 11; 25; 65; 66; Romanos 8 y Apocalipsis 21 aseveran que los planes futuros de Dios implican realidades materiales. Al referirse a las glorias de la nueva tierra, Dios declara: "He aquí, yo hago nuevas todas las cosas" (Ap. 21:5).

---

1 Randy C. Alcorn, *El cielo* (Wheaton, IL: Tyndale, 2004), 37-38.

El destino final del pueblo de Dios no es una presencia espiritual etérea en el cielo, sino una existencia tangible en una tierra nueva.

El modelo de la nueva creación también afirma la importancia continuada tanto de los individuos como de las entidades nacionales. Dios persigue la salvación de los seres humanos individuales, y también juzga y bendice a las naciones como entidades nacionales. El pacto abrahámico revela que los propósitos de Dios se extienden para incluir el bendecir a todas las naciones (Gn. 12:3; 22:18). Las naciones con sus reyes, también existen en la nueva tierra (Ap. 21:24, 26).

La Biblia también enseña que Dios usará a Israel como medio para bendecir a las naciones (Gn. 12:2-3). Israel fue el vehículo por medio del cual vino Jesús el Mesías, y es el centro del reino mesiánico en el que Israel liderará tanto en el servicio como en la función (Is. 2:2-4; Hch. 3:25; Ro. 11:11-12, 15).

El modelo de la nueva creación también relaciona a la escatología ("últimas cosas") con la protología ("primeras cosas"). Si se entienden los propósitos originales de Dios para el hombre y la creación, se está en mejor posición para comprender lo que aún está por venir. Dios creó un mundo tangible en seis días, y después estimó que era "bueno en gran manera" (Gn. 1:31); por consiguiente, no existe dualismo esencial en el que se considere al espíritu inherentemente superior a lo físico.

Que los propósitos del reino de Dios están relacionados con esta tierra es algo que se ve en los mandamientos que recibe Adán en Génesis 1:26-28, donde se le indica que "señoree", "llen[e]" y tenga dominio sobre la tierra. Dios creó el mundo y, a continuación, designó al hombre como un mediador que lo gobernara para la gloria de Dios. Adán fracasó en esto y no cumplió la intención de Dios para la humanidad. Por lo tanto, el hombre quedó sujeto a la muerte, y la tierra fue maldecida y expuesta a la futilidad (Gn. 3:17-19; Ro. 8:20). La humanidad se caracteriza hoy por el pecado, y la creación obra en contra del hombre. Pero el plan de Dios consiste en restaurar y regenerar esta tierra (Mt. 19:28; Hch. 3:21).

LA ESCATOLOGÍA Y LA INTERPRETACIÓN DE LA BIBLIA

El uso correcto de los principios interpretativos es fundamental para entender la profecía y la escatología bíblicas. El método "gramático-histórico" de interpretación bíblica procura comprender el significado original buscado por los escritores bíblicos, incluso en las secciones proféticas, tal como los lectores originales lo habrían comprendido. Este método considera que los textos bíblicos tienen un único sentido, y no significados múltiples, escondidos y alegóricos. La mayoría de los cristianos que creen en la Biblia usan la interpretación gramático-histórica para la mayoría de los pasajes de las Escrituras. Sin embargo, hay una larga historia de abandono injustificado de la interpretación gramático-histórica respecto a las secciones escatológicas. Un acercamiento espiritual a la profecía ha conducido, a menudo, a creer que la iglesia es el nuevo Israel o que las promesas de tierra en el Antiguo Testamento no son más que bendiciones espirituales para la iglesia.

Abandonar la interpretación gramático-histórica conduce a descartar lo que la Biblia afirma respecto al reino milenial venidero de Jesús. Aun los que niegan un reino terrenal futuro de Jesús admiten que un enfoque literal de la profecía del Antiguo Testamento debe guiar a un reino venidero, literal y terrenal. Por ejemplo, O. T. Allis concedió que "si se interpretan las profecías del Antiguo Testamento de manera literal no se puede considerar que se hayan cumplido ni que se puedan cumplir en esta era".[2] Y Floyd E. Hamilton reconoció: "Ahora bien, debemos admitir con franqueza que una interpretación literal de las profecías del Antiguo Testamento nos proporciona precisamente una imagen del reinado terrenal del Mesías como las descripciones premilenialistas".[3]

El enfoque gramático-histórico de la interpretación encaja con el medio normal de la comunicación. Se ve, asimismo, respaldado por el hecho de que muchas profecías respecto a la primera venida de Jesús se cumplieron en un sentido normal, literal (Is. 7:14; Mi. 5:2; Is. 53). Este método debe ser aplicado a las profecías de la segunda venida de Jesús.

LA ESCATOLOGÍA Y JESUCRISTO

Jesús es el Rey supremo y el centro del programa del reino de Dios. Sin embargo, los cristianos suelen estar confundidos respecto al papel de Jesús en el cumplimiento de las promesas del Antiguo Testamento. Algunos creen, de manera incorrecta, que las promesas veterotestamentarias concernientes a Israel y a su territorio se cumplen en Jesús o se absorben en Él, de tal manera que uno no debería esperar un cumplimiento literal futuro de estos asuntos. Supuestamente, dado que Jesús es el israelita supremo o verdadero, quien sustituyó a Israel, ya no existe relevancia teológica alguna para la nación. Es cierto que Jesús es el punto focal de los propósitos de Dios, y a través de Él se cumplirán todas las promesas, las profecías y los pactos; sin embargo, esto sucede por medio del cumplimiento literal de lo prometido.

Cuando respondía a la percepción errónea de que estaba aboliendo las Escrituras hebreas, Jesús dijo:

No penséis que he venido para abrogar la ley o los profetas; no he venido para abrogar, sino para cumplir. Porque de cierto os digo que hasta que pasen el cielo y la tierra, ni una jota ni una tilde pasará de la ley, hasta que todo se haya cumplido (Mt. 5:17-18).

Cuando Jesús habló de "la ley o los profetas", se refería a las Escrituras hebreas en su conjunto, incluidas sus profecías. En el Antiguo Testamento, "todo" tenía que "llevarse a cabo". Jesús esperaba un cumplimiento literal de las profecías del

---

2   O. T. Allis, *Prophecy and the Church: An Examination of the Claim of Dispensationalists That the Christian Church Is a Mystery Parenthesis Which Interrupts the Fulfilment to Israel of the Kingdom Prophecies of the Old Testament* (1945; reimp., Nutley, NJ: Presbyterian and Reformed, 1977), 238.

3   Floyd E. Hamilton, *The Basis of the Millennial Faith* (Grand Rapids, MI: Eerdmans, 1942), 38.

Antiguo Testamento (cf. Mt. 24:15 más Dn. 9:27; Mt. 24:30 más Is. 3:10). Una y otra vez, Jesús consideró los detalles de las profecías del Antiguo Testamento como algo que necesariamente debía cumplirse tal y como lo aseveraba el Antiguo Testamento.

Como Jesús, los escritores neotestamentarios también estimaron que las profecías del Antiguo Testamento exigían un cumplimiento exacto después de la primera venida de Jesús. Tanto Pablo como Pedro afirmaron que el "día del Señor" tiene que producirse todavía (1 Ts. 5:2; 2 P. 3:10). Pablo esperaba la figura venidera del anticristo, el "hombre de pecado", quien entraría en el templo judío autoexaltándose y autoproclamándose Dios (2 Ts. 2:3-4 más Dn. 9:27). Pablo también declaró una salvación futura para la nación de Israel en relación con las promesas del nuevo pacto para la nación (Ro. 11:26-27). El Nuevo Testamento no trasciende ni altera la expectativa profética veterotestamentaria, sino que considera que las profecías del Antiguo Testamento necesitan cumplirse en el curso de las dos venidas de Jesús.

El Antiguo Testamento predijo a un Mesías que reinaría sobre un reino mundial (Zac. 14:9), pero que también sufriría por los pecados de su pueblo (Is. 53). Sin embargo, en el Antiguo Testamento, pocas cosas indicaban dos venidas de este Mesías. La verdad de dos llegadas distintas del Mesías se reveló en el Nuevo Testamento.

Tanto Juan el Bautista como Jesús proclamaron que Jesús era el Rey y que el reino de los cielos estaba cerca (Mt. 3:2; 4:17). Las sanidades, los exorcismos, las palabras y los milagros naturales de Jesús confirmaron esta afirmación. Pero Él experimentó oposición por parte del pueblo de Israel. Las ciudades no creían en Él (Mt. 11:20-24), y los líderes religiosos israelitas blasfemaron al acusar a Jesús de trabajar con Satanás (Mt. 12:22-32).

Conforme se van desarrollando los Evangelios, va quedando más claro que serán necesarias dos venidas de Jesús (cf. la parábola en Lc. 19:11-27). Es importante comprender las dos venidas de Jesús para entender el cumplimiento de la profecía bíblica. Que sean dos venidas significa que el cumplimiento de las profecías relacionadas con Él también se produce por fases. Algunas profecías se cumplieron con la primera venida de Jesús, mientras que otras aguardan su regreso.

Comprender la escatología también implica discernir qué detalles de la profecía se cumplieron con la primera venida de Jesús, y cuáles esperan su segunda venida. Si se ve demasiado cumplimiento en la primera venida de Jesús, se perderán asuntos relevantes que todavía tienen que ocurrir cuando Él regrese. Por otra parte, si se le atribuye demasiada relevancia a la segunda venida de Jesús, podría pasarse por alto el cumplimiento significativo que se produjo con su primer advenimiento.

La escatología personal

¿Qué ocurre cuando uno muere? La respuesta a esta pregunta está relacionada con la escatología personal. Dado que la Biblia nos enseña los importantes destinos tanto para los incrédulos como para los creyentes, esta parte trata la escatología personal desde el punto de vista de estos dos grupos.

LA MUERTE

La Biblia habla de tres tipos de muerte. En primer lugar, la *muerte física* implica el cese de la vida corporal (cf. Stg. 2:26; Ec. 12:7), cuando el alma se separa del cuerpo (2 Co. 5:1-4).

En segundo lugar, *la muerte espiritual* implica la separación de Dios. Una persona puede estar físicamente viva, aunque muerta en espíritu. En realidad, todas las personas son concebidas y nacen en un estado de separación espiritual de Dios (Sal. 51:5; Ef. 2:1).

En tercer lugar, *la muerte eterna* es el castigo y exclusión de la presencia de Dios por toda la eternidad. Esto les ocurre a quienes mueren físicamente mientras están espiritualmente muertos. Los impenitentes experimentarán una separación eterna y consciente de la presencia de Dios para bendecir (2 Ts. 1:9). El lago de fuego es su destino (Ap. 21:8).

Las Escrituras enseñan otras verdades importantes sobre la muerte. En primer lugar, el pecado es la causa de la muerte (Ro. 5:12).

En segundo lugar, la muerte es real, no una ilusión, como enseñan algunos cultos y sectas cuasicristianos. Existe una separación real entre el cuerpo y el alma.

En tercer lugar, la muerte no es natural. Dios no creó al hombre para morir, y la muerte no era parte original de la creación (Génesis 1–2). La muerte es una intrusión en el universo de Dios, un enemigo que tiene que ser vencido. La muerte no estará presente en el nuevo cielo y la nueva tierra (Ap. 21–22; esp. 21:4). Pablo declaró: "Y el postrer enemigo que será destruido es la muerte" (1 Co. 15:26). Asimismo, el apóstol Juan reveló que la "muerte" será "lanza[da] al lago de fuego" (Ap. 20:14). La muerte se dirige hacia la derrota, a causa de Jesús (cf. 1 Co. 15:54-57).

En cuarto lugar, la muerte no es una transferencia de la existencia a la no existencia, sino una transición de un estado de existencia a otro. Para los creyentes será la transición al cielo intermedio donde residen Dios, el Jesús resucitado, los ángeles y los creyentes previamente muertos (Ap. 6:9-11). Para los incrédulos será la transición al Hades, un lugar de castigo temporal para los impíos (Lc. 16:19-31).

La muerte y el incrédulo

Para el incrédulo, la muerte no solo pone fin a la vida presente y física de la persona, sino que también la lleva a la rendición de cuentas directa ante Dios (He. 9:27). Jesús advirtió que las personas deberían temer a Dios "que puede destruir el alma y el cuerpo en el infierno" (Mt. 10:28).

Todas las personas, incluyendo las no creyentes, experimentan la gracia común de Dios en bendiciones como la comida, el aire, el resplandor del sol y las relaciones. Pablo advierte sobre rechazar la bondad de Dios: "Pero por tu dureza y por tu corazón no arrepentido, atesoras para ti mismo ira para el día de la ira y de la revelación del justo juicio de Dios" (Ro. 2:5). Experimentar las bendiciones de Dios sin darle honra aumenta la ira hacia la persona. Quienes mueren en incredulidad experimentarán la muerte eterna sin oportunidad de indulto ni escapatoria. No hay una segunda oportunidad *post mortem*.

La muerte y el creyente

La muerte es un resultado del pecado, pero el cristiano es perdonado de todos sus pecados (Ro. 8:1). Por consiguiente, la muerte no es un castigo para el cristiano de la manera en que lo es para el no creyente. En su lugar, la muerte física se produce porque vivimos en un mundo caído que sigue aguardando la restauración de todas las cosas (Hch. 3:21). El proceso de decadencia y muerte les recuerda a los cristianos su fragilidad y su total dependencia de Dios.

Aunque el cristiano está en el camino que conduce a la muerte física, no tiene por qué temer a la muerte, porque Cristo la ha vencido (Ap. 1:18). En realidad, Pablo consideró las opciones de continuar su ministerio presente en la tierra o partir para estar con Cristo como una elección difícil (Fil. 1:22-24). Pablo sabía que Dios quería que él permaneciera en la tierra y sirviera a los demás, aunque él deseaba estar presente con Cristo en el cielo (cf. 2 Co. 5:8).

EL ESTADO INTERMEDIO

El estado intermedio se refiere a la existencia consciente de las personas entre la muerte física y la resurrección del cuerpo.

El estado intermedio del incrédulo

El estado intermedio de los incrédulos implica el tormento consciente en un lugar llamado *Hades*, término griego para la morada de los muertos.[4] En la Septuaginta se usaba para traducir el término hebreo *sheól,* que se refería al reino de los muertos en general, sin distinguir necesariamente entre las almas justas e injustas. Sin embargo, en el Nuevo Testamento, el Hades alude al lugar de los impíos antes del juicio final en el lago de fuego (Ap. 20:13). El Hades sirve, por tanto, para describir un lugar temporal de tormento consciente para los impíos (cf. Lc. 16:19-31).

El estado intermedio del creyente

El destino intermedio del creyente implica una existencia consciente y apacible en el cielo con Jesús entre la muerte física y la resurrección del cuerpo. El alma del creyente se traslada de inmediato a la presencia de Jesús en el cielo en el momento de la muerte física (2 Co. 5:8; Fil. 1:22-24; Hch. 7:59; Lc. 23:43). Pablo afirmó que estar con el Señor Jesús en este estado es "muchísimo mejor" (Fil. 1:23) que la vida física en un mundo caído (2 Co. 5:8). Sin embargo, también declaró que la condición intermedia es comparable a estar "desnudo" (2 Co. 5:3), es decir, sin

---

4   Este párrafo está adaptado de John MacArthur, ed., *The MacArthur Study Bible: English Standard Version* (Wheaton, IL: Crossway, 2010), 1510. Usado con permiso de Thomas Nelson/HarperCollins Christian Publishing.

cuerpo. Lo que Pablo anhela más es la glorificación del cuerpo resucitado (2 Co. 5:1-2). Para el cristiano, la resurrección es mejor que el estado intermedio, que es mejor que la vida en este mundo caído.

Apocalipsis 6:9-11 revela varias verdades sobre el estado intermedio de los creyentes. Las personas que se mencionan en este pasaje son "los que habían sido muertos por causa de la palabra de Dios y por el testimonio que tenían" (6:9). En primer lugar, mientras están en el cielo, estos santos tienen una intensa autoconciencia y conocimiento de los demás y de las circunstancias del mundo; esos santos anhelan justicia en la tierra, una justicia que llegará con el regreso de Jesús y de los santos, en Apocalipsis 19:11-21. En segundo lugar, tienen presente la distinción entre cielo y tierra. En tercer lugar, el cielo no es su destino final. En cuarto lugar, los santos martirizados parecen tener en el cielo una especie de forma corporal. Juan puede verlos (Ap. 6:9), pueden hablar y ser oídos (6:10) y pueden estar vestidos (6:11a).

LA RESURRECCIÓN

Dios creó a los seres humanos como una unidad compleja de cuerpo y alma. En esta era, la muerte física resulta en la separación del cuerpo de la persona de su alma. Sin embargo, este estado no dura para siempre. Todos están destinados a una resurrección del cuerpo adecuada para su destino eterno.

La resurrección del creyente

Los creyentes en Dios están destinados a la resurrección del cuerpo (Job 19:25-26). Job sabía que su "piel" sería "deshecha" (muerte física), pero que esto no sería el fin. Su "Redentor" pondría sus pies en la tierra y, al final, Job vería "a Dios" en su "carne". La resurrección física es real y se produce por el Redentor.

En 1 Corintios 15:35-49, Pablo analiza la naturaleza del cuerpo de resurrección de los creyentes. Él pregunta: "¿Cómo resucitan los muertos?" y "¿Con qué clase de cuerpo vienen?" (15:35). A continuación, contrastó los cuerpos defectuosos y mortales ("naturales") que ahora tenemos con los cuerpos glorificados ("espiri- tuales") que recibiremos en la era venidera (15:44). Los cuerpos glorificados serán imperecederos (15:42), no estarán manchados por la vergüenza del pecado y serán poderosos (15:43). Jesús es el prototipo de los cuerpos glorificados, aunque nuestros cuerpos naturales se asemejan a Adán (15:45-46).

Jesús tenía una existencia tangible y física cuando resucitó de entre los muertos, y también la tendrán sus seguidores. Después de todo, Él es las "primicias" de quienes mueren en Él (1 Co. 15:20). Se requieren cuerpos glorificados para entrar en el reino eterno de Dios (1 Co. 15:50).

La resurrección implica que el cuerpo vuelve a la vida y se reúne con el alma. Cuando explica el arrebatamiento de la iglesia en 1 Tesalonicenses 4:13-18, Pablo declara: "traerá Dios con Jesús a los que durmieron en él" (1 Ts. 4:14), en referen- cia a las almas de los cristianos fallecidos que están en el cielo. Por tanto, en el momento del arrebatamiento, Dios traerá a las almas de los cristianos ya muertos y las unirá a sus cuerpos resucitados (1 Ts. 4:16).

La resurrección de los incrédulos

Daniel 12:2 afirma que los no salvos "serán despertados… para vergüenza y confusión perpetua". Daniel 12:2 y Juan 5:28-29 indican que cuando los incrédulos salgan de la tumba experimentarán una resurrección corporal tangible.

Así como los creyentes recibirán un cuerpo para vivir en la nueva tierra (Ap. 21:1–22:5), que es un lugar real, los no creyentes recibirán un cuerpo apropiado para experimentar el lago de fuego, que también es un sitio real (Ap. 20:15; Is. 66:22-24).

Los incrédulos resucitados tendrán una existencia miserable en el infierno: tormento consciente eterno sin descanso.

EL INFIERNO

La Biblia presenta la realidad eterna del infierno, un lugar real de ardiente tormento para los impenitentes, que durará para siempre. La mayoría de las referencias al infierno en la Biblia procede de la propia boca de Jesús (p. ej. Mt. 5:22; 10:28; 23:33).

El término griego traducido "infierno" en los pasajes anteriores es *géenna*, que aparece doce veces en el Nuevo Testamento y está relacionado con el valle de Hinom, al sur y al este de Jerusalén. En ese lugar se sacrificaban niños al dios Moloc (2 R. 23:10; Jer. 7:31-32). Este *géenna* era un lugar real usado para simbolizar el futuro lugar de castigo para los impíos. Estas referencias muestran que el infierno es real. El infierno no es meramente un "estado mental" ni un tormento interminable en una especie de existencia espiritual. El lenguaje usado no puede atribuirse solamente a la metáfora.

El infierno se asocia con tres consecuencias eternas negativas: (1) el castigo, (2) la destrucción y (3) la expulsión. Ninguno de estos conceptos explica todo lo que es el infierno, pero juntos ofrecen una comprensión multidimensional de por qué es tan terrible. En primer lugar, los impíos son castigados y reciben la justa retribución por sus acciones (Lc. 12:47-48). En segundo lugar, el infierno implica destrucción (2 Ts. 1:9), que entraña los conceptos de perdición y desperdicio. En tercer lugar, el infierno incluye la expulsión del reino eterno de Dios (Ap. 22:14-15).

EL CIELO[5]

El término "cielo" se usa aproximadamente unas seiscientas veces en la Biblia. El término hebreo, que suele traducirse "cielo" (*shamáyin*) significa de forma literal "las alturas". La palabra griega (*ouranós*) se refiere a aquello que es elevado o alto.

---

5 Esta sección está adaptada de John MacArthur, *The Glory of Heaven: The Truth about Heaven, Angels, and Eternal Life* (Wheaton, IL: Crossway, 1996), 55-56. Usado con permiso de Crossway, un ministerio editorial de Good News Publishers, Wheaton, IL 60187, www.crossway.org. Publicado en español por Editorial Portavoz con el título *La gloria del cielo: La verdad acerca del cielo, los ángeles y la vida eterna*.

La Biblia usa estos términos para referirse a tres lugares: el cielo atmosférico, el cielo planetario y el tercer cielo.

El cielo atmosférico, o primer cielo, es la bóveda celeste o troposfera, la región de la atmósfera respirable que cubre la tierra (Gn. 7:11-12; Sal. 147:8; Hch. 14:17).

El cielo planetario, o segundo cielo, es donde existen el sol, la luna, los planetas y las estrellas. Esta comprensión del cielo se alude en Génesis 1:14-17. El cielo planetario o estelar sirve a varios propósitos. Las luces de este cielo separan el día de la noche, y existe para las señales y las estaciones. Las festividades de Israel estarían más tarde vinculadas al cielo planetario (Nm. 10:10; 28:14), que también revela la gloria de Dios (Sal. 19:1-4).

El tercer cielo es la morada de Dios, de los ángeles santos y de los santos fallecidos. Pablo se refirió a este tercer cielo en 2 Corintios 12:2-4. Dios Padre es el centro del tercer cielo (Mt. 6:9; Ap. 4:2). El Jesús resucitado también está en el tercer cielo (Hch. 1:11; 7:56). Los hermanos y hermanas en Cristo también están en el tercer cielo (He. 12:23). Por glorioso que sea el presente tercer cielo, no es el dominio definitivo de Dios y de sus santos, porque esperamos una nueva creación (2 P. 3:13).

Escatología cósmica

EL REINO DE DIOS[6]

Aunque la Biblia contiene muchos temas importantes, el reino de Dios debería ser considerado el tema central y dominante, que comprende todos los otros temas importantes.

El reino en el Antiguo Testamento

El programa del reino de Dios comenzó en Génesis 1, cuando el Rey del universo creó el mundo en seis días. El Rey es Dios; su reino es la tierra. Al hombre, creado el sexto día como portador de la imagen divina, se le asignó una tarea en el reino: llenar, sojuzgar y señorear la tierra para la gloria de Dios (Gn. 1:26-28). El salmista se refirió a ese papel elevado y noble en Salmos 8:3-9, que reafirmó el derecho del hombre "coron[ándolo]… sobre las obras de [sus] manos". Pero Adán pecó contra Dios y no cumplió el mandato del reino (Gn. 3). El fracaso de Adán será vencido por el Mesías, el "Hijo del Hombre", que cumplirá la función de la humanidad como único representante perfecto de la raza humana (cf. He. 2:5-14). Reinará sobre la

---

6   Esta sección está adaptada de Richard L. Mayhue, "The Kingdom of God: An Introduction", *MSJ* 23, no. 2 (2012): 167-171; William D. Barrick, "The Kingdom of God in the Old Testament", *MSJ* 23, no. 2 (2012): 173-192; F. David Farnell, "The Kingdom of God in the New Testament", *MSJ* 23, no. 2 (2012): 193-208. Usado con permiso de *MSJ*. Para un estudio más exhaustivo de esta cuestión, véanse estos tres artículos y los siguientes del mismo número de la revista (*MSJ* 23, no. 2 [2012]): Keith Essex, "The Mediatorial Kingdom and Salvation", 209-223; Michael J. Vlach, "The Kingdom of God and the Millennium", 225-254; Nathan Busenitz, "The Kingdom of God and the Eternal State", 255-274; Dennis M. Swanson, "Bibliography of Works on the Kingdom of God", 275-281.

tierra y tendrá éxito como el *postrer* Adán en el ámbito en el que el primer Adán fracasó (cf. 1 Co. 15:20-28, 45).

Un reino de Dios en la tierra se estableció con la liberación de los israelitas de Egipto, la entrega del pacto de Moisés y la posesión de la tierra de Canaán. Finalmente, Israel recibió monarcas a través de Saúl, David (a través de quien se proveyó el pacto davídico; 2 S. 7:12-16) y Salomón. Después de Salomón, Israel fue dividido en dos reinos, y ambos se dirigieron al cautiverio y a la dispersión. Las diez tribus del reino del norte, Israel, fueron conquistadas por Asiria en el 722 a.C., y Babilonia conquistó a Judá y destruyó el templo en el 586 a.C.

Los profetas de Israel advirtieron tanto a los líderes de Israel como al pueblo por apartarse de Dios y quebrantar el pacto mosaico. A pesar de ello, también anunciaron un reino bajo el gobierno del Mesías —una restauración del reino davídico— "en lo postrero de los tiempos" (Is. 2:2-4). Este reino traería bendiciones para las naciones bajo el rey de Israel (cf. Am. 9:11-12). El reino restaurado tendría requisitos espirituales, ya que la fe y un corazón dispuesto a servir a Dios eran necesarios para entrar en él, aunque este reino incluiría la prosperidad física y material para Israel y las naciones. Solo el Mesías podía traer la necesaria liberación espiritual y nacional.

El reino en el Nuevo Testamento

En el principio de la era neotestamentaria, había gran anticipación respecto al Mesías y al reino de Dios. El ángel Gabriel informó a María que tendría un Hijo que sería grande y que se sentaría en el trono de su padre David (Lc. 1:32-33).

La esperanza del Rey davídico prometido se cumplió en Jesús, un descendiente de David (cf. Mt. 1:1). Tanto Jesús como su precursor, Juan el Bautista, proclamaron el mismo mensaje: "Arrepentíos, porque el reino de los cielos se ha acercado" (Mt. 3:2; 4:17). El reino que ellos predicaban era el mismo reino proclamado por los profetas del Antiguo Testamento, es decir, un reino terrenal bajo el gobierno del Mesías, con un Israel restaurado y bendiciones para las naciones (Mt. 19:28). El arrepentimiento era la condición para entrar a este reino.

La enseñanza de Jesús (cf. Mt. 5–7; 13) y sus milagros fueron la evidencia de su misión mesiánica y sus credenciales como Rey. Sus milagros en la naturaleza, sus sanidades físicas, sus exorcismos y resurrección de muertos cumplieron la profecía del Antiguo Testamento, y demostraron que el reino había venido sobre el pueblo (Is. 35; Mt. 11:2-5; 12:28). Sin embargo, el pueblo de Israel no se arrepintió. Las ciudades israelitas rechazaron el mensaje del reino (Mt. 11:20-24), y los líderes blasfemaron contra el Espíritu Santo al atribuir los milagros de Jesús al poder de Satanás (Mt. 12:22-32). Este rechazo por parte de Israel hacia su Mesías acarrearía juicio sobre Israel con la destrucción de Jerusalén en el año 70 d.C. (Mt. 23:37-39; Lc. 19:41-44). Jesús empezó a hablar del reino como algo que vendría en el futuro, tras su regreso al cielo (Lc. 19:11), y después de los sucesos del período de la tribulación (Lc. 21:31). Y habló de los "misterios del reino de los cielos" en forma de parábolas (Mt. 13:11).

En la última parte del ministerio de Jesús, su mensaje se centró mayormente en su inminente muerte sacrificial (Mt. 16:21). Sin embargo, siguió anunciando la venida del reino. En Mateo 19:28, Jesús anunció que se sentaría en el glorioso trono davídico y que sus discípulos reinarían con Él sobre un Israel nacional restaurado y unido en el momento de la renovación cósmica, que está claramente en el futuro.

Con su muerte, su resurrección y su ascensión, Jesús ha sido exaltado como Mesías a la diestra de Dios Padre, donde posee toda autoridad en el cielo y en la tierra (Mt. 28:18; Ef. 1:20-22). Sin embargo, el verdadero ejercicio de su autoridad del reino en la tierra aguarda al futuro (He. 10:12-13; cf. Sal. 110:1-2).

Las Epístolas del Nuevo Testamento revelan que los beneficios salvíficos del reino se aplican a los creyentes en esta era de la iglesia. Los cristianos experimentan las bendiciones espirituales de un nuevo corazón y la residencia del Espíritu Santo recogidas en el nuevo pacto (2 Co. 3:6). Ellos son posicionalmente transferidos al reino del Hijo de Dios (Col. 1:13) y experimentan la justicia del reino en sus vidas (Ro. 14:17). A pesar de ello, el *reinado* terrenal de Jesús y sus santos se presenta como algo futuro (2 Ti. 2:12).

En el libro de Apocalipsis se presenta a Jesús como "el soberano de los reyes de la tierra" (Ap. 1:5), un gobierno que será restaurado con su segunda venida a la tierra y su reinado tal como se describe en Apocalipsis 19:11–20:6. Con este regreso a la tierra, Jesús gobernará a las naciones (19:11-15). Destruirá a sus enemigos y establecerá su reino milenial en la tierra (19:17–20:6).

EL PREMILENIALISMO FUTURISTA

El premilenialismo futurista está basado en tres creencias principales. En primer lugar, está en consonancia con la aplicación consistente del método de interpretación gramático-histórico para todos los ámbitos de la Biblia, incluidos sus pasajes proféticos y escatológicos. En segundo lugar, mantiene la distinción bíblica entre Israel y la iglesia, y entiende que la Biblia no las confunde. En tercer lugar, reconoce que las Escrituras presentan un cumplimiento futuro de la septuagésima semana de Daniel, un período de tribulación de siete años que ocurre antes del reino milenial terrenal de Jesús (Dn. 9:27).

ISRAEL Y LA IGLESIA

Para entender la escatología es necesario saber cómo obra Dios por medio de Israel y de la iglesia.

Israel

El primer propósito de Israel —ser un vehículo para el Salvador y Mesías— ha sido cumplido. Jesús, el supremo israelita (Is. 49:3; Gá. 4:4-5) y simiente de Abraham (Gá. 3:16), trajo perdón y salvación para todo el que cree en Él, independientemente de su nacionalidad. Sin embargo, la función de Israel de dirigir y servir a las demás naciones aguarda su cumplimiento (Is. 2:2-4). La imagen de Israel que ofrecieron los profetas como de una nación prominente en el reinado terrenal del Mesías sigue siendo futura (véase Is. 60). Mateo 19:28 indica que Jesús esperaba un tiempo venidero de renovación cósmica, y Hechos 1:3, 6 indica que los discípulos estaban esperando la venida del reino, cuando preguntaron: "Señor, ¿restaurarás el reino a Israel en este tiempo?". En su respuesta, Jesús asumió la exactitud de su creencia respecto a una restauración del reino de Israel, pero les indicó que solo el Padre conocía el momento de ese acontecimiento (Hch. 1:7).

Pablo declaró una salvación futura de Israel cuando expresó: "Y luego todo Israel será salvo" (Ro. 11:26). Esta salvación de Israel traerá bendiciones aún mayores para el mundo (Ro. 11:12, 15; cf. Is. 11; 65:17-25). Dios no ha rechazado a su pueblo (Ro. 11:1, 28-29).

Israel está experimentando en la actualidad un endurecimiento temporal (Ro. 11:25) y se está enfrentando a las consecuencias de rechazar al Mesías. Jesús declaró que Israel no conoció el tiempo de su "visitación" y, por ello, tuvieron que pasar por el juicio de la destrucción de Jerusalén en el 70 d.C., y ahora están viviendo los "tiempos de los gentiles" (Lc. 19:41-44; 21:20-24). En esta era existe un remanente de judíos creyentes (Ro. 11:5), a quienes Pablo denomina el "Israel de Dios" (Gá. 6:16). Este remanente fiel y elegido sirve de recordatorio de una salvación futura de "todo Israel" (Ro. 11:26-27). Zacarías predijo que llegaría un día en el que Dios derramaría un "espíritu de gracia" sobre el pueblo de Israel para que "mira[ran]… a quien traspasaron" y se "afligie[ran] por él" (Zac. 12:10). Dios cumplirá todas las promesas y pactos bíblicos con Israel, tal como Él dijo, porque Dios es impecablemente fiel a su nombre y a las promesas que hizo a los patriarcas israelitas (Dt. 7:6-9).

La iglesia

En el Antiguo Testamento no se predice la iglesia de forma explícita, pero es una importante fase del programa del reino de Dios y está relacionada con los pactos de la promesa (es decir, abrahámico, davídico y el nuevo pacto). El mayor y supremo Hijo de David (Jesús) llegó trayendo salvación para todos los que creen en Él. En Gálatas 3, Pablo declaró que los cristianos gentiles están conectados a las promesas abrahámicas de Génesis 12:3 y 22:18, que declararon que las bendiciones de Dios llegarían un día a los gentiles. Los miembros de la iglesia son hijos espirituales de Abraham, y están relacionados con el pacto abrahámico (Gá. 3:7-9, 29). La muerte de Jesús trajo la inauguración del nuevo pacto, y quienes confían en Él se benefician del nuevo pacto. Esto incluye la promesa del nuevo pacto de la residencia del Espíritu Santo, que posibilita que los cristianos obedezcan a Dios como deberían (Hch. 2:4, 17; Ro. 8:3-4). Los cristianos son también proclamadores de este pacto (2 Co. 3:6; cf. He. 8:8-13). Y la unidad espiritual judío-gentil bajo el Mesías de Israel ya está sucediendo (Hch. 15:14-18; Ef. 2:11-22; 3:6).

La iglesia tiene una Gran Comisión (Mt. 28:19-20). Está llamada a llevar el evangelio y el mensaje del reino a las naciones. Los que creen en Jesús se convierten en "hijos del reino" (Mt. 13:38), y deben manifestar la justicia del reino en sus vidas (Mt. 5–7).

En esta era, la iglesia enfrenta persecución de Satanás y de quienes lo obedecen. No obstante, la iglesia opera en esta presente era maligna con la promesa de una recompensa (Gá. 1:4). La perseverancia en esta era conducirá a un reinado en el futuro (cf. 2 Ti. 2:12; Ap. 2:26-27; 3:21).

Sin embargo, la iglesia no es la fase final del programa del reino de Dios antes del estado eterno. Todavía queda mucho por cumplirse, incluido el reinado internacional del Mesías en y sobre la tierra. Israel todavía no ha sido salvo ni restaurado como nación. Como entidades nacionales, las naciones no sirven a Dios (Is. 19:24-25), ni están experimentando la armonía internacional y la eliminación de la guerra (Is. 2:2-4). La renovación del planeta (Mt. 19:28; Ro. 8:19-23) y la armonía en el reino animal (Is. 11:6-9) deben producirse aún. Satanás sigue engañando activamente al mundo y persigue a los santos de Dios (Ap. 12–13). La creación sigue obrando en su conjunto contra el hombre, ya que permanece bajo la maldición (Gn. 3:17). Aunque se le sigue requiriendo a la humanidad que gobierne la tierra para Dios (Sal. 8:6), todavía no lo está haciendo de un modo exitoso para la gloria de Dios (Gn. 1:26-28; He. 2:5-8). Estas condiciones no encajan con las características del reino predichas por los profetas. Tiene que haber un reinado triunfante de Jesús el Mesías y de sus santos en esta tierra antes de que Jesús le entregue el reino al Padre, y comience el estado eterno (1 Co. 15:24-28). Aunque los cristianos ya celebran muchas bendiciones espirituales, sigue habiendo mucho más por venir.

EL ORDEN DE LA RESURRECCIÓN

Basado en la información bíblica, se pueden presentar cinco conclusiones respecto al orden de las resurrecciones:

1. La Biblia habla de la resurrección de los redimidos como "la primera resurrección" (Ap. 20:5), la "resurrección de vida" (Jn. 5:29), "vida eterna" (Ro. 2:7), o "vivir por siempre" (Dn. 12:2, NVI).

2. Esta "primera resurrección" de los redimidos se produce en tres fases: (a) Cristo, las primicias (1 Co. 15:23); (b) los santos de la iglesia (1 Co. 15:23, 50-58; 1 Ts. 4:13-18); (c) los santos del Antiguo Testamento (Ez. 37:12-14; Dn. 12:2) y los santos de la tribulación (Ap. 20:4).

3. La Biblia no usa el término "segunda resurrección", pero se refiere a la resurrección de los no redimidos como "resurrección de condenación" (Jn. 5:29) o "la segunda muerte" (Ap. 20:6, 14; 21:8).

4. La Biblia no proporciona justificante alguno que nos lleve a concluir que solo habrá una resurrección general de los justos al final.

5. Por tanto, existen cuatro tiempos reconocidos de resurrección en las Escrituras: (a) La resurrección de Cristo (1 Co. 15:23); (b) la resurrección de los santos (1 Co. 15:23, 50-58; 1 Ts. 4:13-18); (c) la resurrección de los santos del Antiguo Testamento (Ez. 37:12-14; Dn. 12:2) y los santos de la tribulación (Ap. 20:4); y (d) la resurrección de los irredentos de todos los tiempos (Ap. 20:5).

JUICIOS FUTUROS

La Biblia enseña claramente que todas las personas enfrentarán un día de juicio ante Dios, cuando dicho juicio será lo único que importe. Se aproxima el día de rendición de cuentas en el que todos comparecerán ante el Creador, para responder de cada pensamiento y acción.

El tribunal de Cristo

Todos los cristianos se encaminan a un día de juicio ante Jesucristo. Las Escrituras mencionan explícitamente el tribunal de Cristo en dos lugares: Romanos 14:10 y 2 Corintios 5:10. En ambos casos, el término griego para "tribunal" es *béma*. En los tiempos antiguos, un *béma* era una plataforma elevada o un escalón utilizado en los ámbitos atléticos o políticos. Los gobernantes o jueces subían al *béma* para pronunciar un dictamen en los casos legales (cf. Mt. 27:19; Jn. 19:13).

Las Escrituras revelan varias verdades respecto al tribunal de Cristo. En primer lugar, Jesús es el Juez que preside sobre este *béma* de juicio (2 Co. 5:10; Jn. 5:22).

En segundo lugar, los sujetos de este juicio son los cristianos (Ro. 14:10; 1 Co. 3:11-15).

Este juicio resulta en recompensas por lo que el cristiano haya hecho con su vida, por las obras buenas o malas (2 Co. 5:10). Lo "bueno" alude a las obras realizadas en el poder del Espíritu Santo que dan gloria a Dios. Lo "malo" se refiere a las acciones inútiles que no brindan honra a Dios, a las obras hechas en la carne (Gá. 5:19-21). Pablo explica esto en 1 Corintios 3:12-15. Las buenas obras conducirán a una recompensa (1 Co. 3:14), pero las malas se quemarán en el fuego, y están vinculadas a sufrir "pérdida" (1 Co. 3:15). Esta pérdida no puede ser perder la salvación, porque "él mismo será salvo" (1 Co. 3:15); ni es un castigo por el pecado, dado que Jesús ha expiado sus pecados (Ro. 8:1). Es la "pérdida" de las recompensas que el cristiano podría haber recibido si hubiera sido más fiel, obediente y diligente. Aun así, la comparecencia del cristiano ante Jesús es un acontecimiento gozoso (1 Co. 1:7-8).

El *béma* de Jesús también tiene implicaciones corporativas para la iglesia. La iglesia resucitada y recompensada regresará victoriosa con Jesús en su segunda venida a la tierra (Ap. 19:14), se le concederá el derecho de compartir el reinado en el trono davídico de Jesús y gobernar con Él a las naciones (Ap. 3:21; cf. 2:26-27).

Juicio de Israel

Jesús regresará a la tierra y establecerá su reino (Zac. 14:4, 9), y como solo aquellos que son redimidos pueden entrar en el reino (Jn. 3:3), debe haber juicios para determinar quién entrará. Uno de estos juicios involucra a los judíos que vivan en el momento del regreso de Jesús (véase Ez. 20:33-38).

Este juicio venidero de Israel será un poderoso acto de Dios. Con "enojo derramado", Dios ha de "reinar" sobre Israel (Ez. 20:33). Él reunirá a los judíos de "entre los pueblos" donde fueron dispersados (Ez. 20:34). El entorno para esta escena de juicio será el "desierto de los pueblos", y será una reunión real cara a cara que será paralela al encuentro que Dios tuvo con Israel en el desierto de Egipto (Ez. 20:35-36). Israel pasará "bajo la vara" real del Señor como la de un pastor para entrar en los "vínculos del pacto" (Ez. 20:37). Esto no se refiere al pacto mosaico, sino a la entrada del Israel nacional en las bendiciones del nuevo pacto. Pablo habla de esto en Romanos 11:26-27, donde la salvación de "todo Israel" está relacionada con los pasajes del nuevo pacto de Isaías 59:20-21 y Jeremías 31:31-34. El nuevo pacto se inauguró con la muerte de Jesús (Lc. 22:20), y algunas de sus bendiciones espirituales se experimentan en esta era presente, pero Israel entrará en el pacto cuando Jesús establezca su reino en la tierra. Aun así, no todos los israelitas entrarán en este reino (Ez. 20:38a). Incluso para Israel, el nacimiento espiritual es el requisito previo para entrar en el reino de Dios. Los impíos no entrarán en el reino (Ez. 20:38b).

El juicio a las naciones

El regreso de Jesús a la tierra también resulta en un juicio de los gentiles vivos. Dos pasajes tratan esto directamente: Joel 3:1-16 y Mateo 25:31-46.

El contexto de Joel 2 y 3 es los juicios del día del Señor, que involucran la salvación y la bendición de Israel. En ese "tiempo", cuando Dios restaure a Israel, "reunir[á] a todas las naciones" y las juzgará en nombre de Israel. Las naciones gentiles serán juzgadas por dispersar al pueblo judío y dividir la tierra de Israel, así como por otras atrocidades (Jl. 3:2b-3). El enclave de este juicio es específico: "[e]l valle de Josafat". Desde allí, Dios juzgará "a todas las naciones de alrededor" (Jl. 3:12). En resumen, Joel 3 revela que Dios juzgará a las naciones que dañaron a Israel.

Mateo 25:31-46 también describe un juicio general de las naciones gentiles. Este juicio de los gentiles se suele mencionar como *el juicio de las ovejas y los cabritos*, ya que los creyentes son asemejados a las "ovejas" y los impíos a los "cabritos" (vv. 31-32). El propósito de este juicio consiste en determinar quién está cualificado para entrar en el reino terrenal de Jesús (las ovejas justas) y quién no lo está (los cabritos injustos). Las "ovejas" entran al reino terrenal de Jesús en sus cuerpos mortales, mientras que los "cabritos" son ejecutados y entran al fuego eterno (vv. 41, 46).

La base de este juicio es cómo trataron los pueblos gentiles a los demás. Aquellos que trataron "a uno de estos… más pequeños" (Mt. 25:40, 45), no indica que la salvación esté fundamentada en las obras, sino que más bien aclara que estas revelan el carácter con precisión (véase Ro. 2:5-11).

El juicio a Satanás y los demonios

En Apocalipsis 12:7-13 se nos habla de un juicio tribulacional cuando Satanás y sus demonios serán lanzados del cielo a la tierra. Esto sucederá alrededor de la mitad de la septuagésima semana de Daniel (Dn. 9:27), dado que este suceso está vinculado al período denominado "un tiempo, y tiempos, y la mitad de un tiempo" (Ap. 12:14), que son tres años y medio. Desde este momento en adelante, Satanás ya no tendrá acceso al cielo y no podrá acusar de pecado a los creyentes en la presencia de Dios (Ap. 12:10-11).

Satanás está activo en la actualidad, se opone a los planes de Dios, engaña a las naciones y persigue a los santos de Dios. Sin embargo, Apocalipsis 20:1-3 hace la crónica de un juicio milenial venidero, tras el regreso de Jesús a la tierra (Ap. 19:11-21), cuando Satanás será atrapado, atado y lanzado al abismo, probablemente con todos los demonios con él. Este foso no es el lago de fuego, sino una prisión espiritual que le quitará por completo el acceso a la tierra y su capacidad de engañar.

El juicio final de Satanás y de los demonios tendrá lugar en el juicio eterno tras el milenio (Ap. 20:7-10). En ese momento, Satanás y todos los demonios (Mt. 25:41; 2 P. 2:4; Jud. 6) se unirán al anticristo y al falso profeta en el lago de fuego (Ap. 20:10). Este es el juicio final de Satanás y sus demonios, cuando serán retirados para siempre de la oposición al reino de Dios y su pueblo.

El juicio del gran trono blanco

Todos los incrédulos están destinados, en última instancia, al juicio del gran trono blanco, descrito en Apocalipsis 20:11-15. Esta sentencia final de los perdidos es el pasaje más serio, formal y trágico de la Biblia. Es la última escena de la historia en una sala de justicia.

El día del juicio de este gran trono blanco tiene lugar tras el reinado de mil años de Cristo y sus santos (Ap. 20:4-7). Aquel que está presente en el trono no es otro que el Dios Todopoderoso (Ap. 4:2-11), que debe referirse sin lugar a dudas a Jesús, ya que a Él se le ha concedido todo juicio (Jn. 5:22, 26-27).

El propósito de este juicio es declarar a quién se enviará al lago de fuego (Ap. 20:15), al que también se lo menciona como "la segunda muerte" (Ap. 20:6). Los sujetos del juicio del gran trono blanco son incrédulos cuyos cuerpos han resucitado de la "muerte y el Hades" para este juicio (Ap. 20:13).

La base del juicio del gran trono blanco son las obras (Ap. 20:13), y la prueba está contenida en libros que revelan el carácter y las acciones de cada persona. A continuación, se abre un libro identificado como "el libro de la vida" (Ap. 20:15). En este se enumera a aquellos que han sido salvados por Jesús. El libro de la vida es un testimonio contra los no salvos, cuyos nombres no figuran en él. Estos son "lanzados al lago de fuego", que es el destino final de los perdidos.

PACTOS[7]

Los pactos son fundamentales para los planes de Dios, y constituyen los instrumentos a través de los cuales se desvelan los propósitos de su reino. Un pacto es un acuerdo formal o un tratado entre dos partes, con obligaciones y normas. La mayoría de los pactos de la Biblia (1) son incondicionales o irrevocables en que una vez que el pacto es ratificado, debe cumplirse, y (2) se refiere a ellos como eternos. Los pactos incondicionales incluyen el noético, el abrahámico, el sacerdotal, el davídico y el nuevo pacto. El único pacto condicional y temporal es el pacto mosaico.

Algunos teólogos afirman que los pactos bíblicos deberían entenderse a través de pactos teológicamente derivados. La teología del pacto afirma tres pactos de este tipo: (1) el pacto de las obras, (2) el pacto de la gracia y (3) el pacto de la redención. Aunque pueda haber ciertas verdades asociadas a estos pactos teológicos (elección y predestinación), no son pactos reales que se hallen en la Biblia.

A diferencia de la teología del pacto, el premilenialismo futurista afirma que los planes de los pactos de Dios deben anclarse en un entendimiento adecuado de los pactos bíblicos, y cómo se desarrollan en la historia de la salvación. No es necesario presentar los pactos teológicos, ya que se puede entender el programa de los pactos de Dios por medio de pactos bíblicos.

El pacto noético

La primera aparición del término "pacto" (*berít*) se halla en un contexto posterior a la caída en Génesis 6:18, donde Dios le indica a Noé: "Mas estableceré mi pacto contigo". Así, el primer pacto bíblico es el pacto noético, también llamado "pacto eterno" en Génesis 9:16.

Varios desarrollos surgen del pacto noético: (1) garantiza la estabilidad de la naturaleza (Gn. 8:22); (2) a Noé se le ordena que se multiplique y llene la tierra (Gn. 9:1, 7), se vuelve a emitir el mandamiento que se le dio primero a Adán (Gn. 1:28); (3) Dios hace que los animales, las aves y los peces le teman al hombre (Gn. 9:2); (4) los animales se convierten en alimento para el hombre, como ocurría con las plantas en la creación (Gn. 9:3-4); (5) afirma la dignidad del hombre como portador de la imagen de Dios, incluso después de la caída de la humanidad, y se instaura la pena capital como castigo para quienes asesinen a un portador de la imagen de Dios (Gn. 9:6); (6) Dios promete no volver a destruir al mundo con agua (Gn. 9:15).

El pacto noético es un pacto incondicional y eterno que sigue en vigor hoy. El hombre sigue experimentando la estabilidad de la naturaleza para los resultados de los propósitos de Dios y la relación del hombre con otras personas y con los animales.

---

7   Para una exposición más detallada de los pactos, consúltense los artículos en *MSJ* 10, no. 2 (1999): 173-280.

El pacto abrahámico

El pacto noético es la plataforma inicial para los propósitos de Dios, aunque el pacto abrahámico detalla cómo planea Dios salvar a las personas y restaurar todas las cosas. Esta restauración se producirá por medio de tres grandes promesas: (1) tierra para Abraham, (2) un gran número de descendientes de Abraham y (3) las bendiciones universales para las naciones.

Este pacto abrahámico es también la base para los demás pactos que Dios instituirá. Las promesas iniciales y fundacionales del pacto abrahámico se encuentran en Génesis 12:1-3. Aquí están contenidas varias promesas. Primero, Dios promete hacer de Abraham una "nación grande". Segundo, Dios le promete a Abraham que será bendecido y que su nombre se hará grande. Tercero, Abraham, será una bendición para otros. Cuarto, Dios tratará a otros según se porten ellos con Abraham, ya sea para bendición o para maldición. Quinto, Abraham y la nación que de él surgirá serán una bendición para "todas las familias de la tierra". Así, Abraham e Israel serán usados por Dios como medio para traer bendiciones a los gentiles.

Génesis 12:6-7 promete tierra a los descendientes de Abraham, y Génesis 13:14-17 les promete esa tierra "para siempre". Dios proporciona las dimensiones específicas de la tierra prometida en Génesis 15:18-21: desde el río de Egipto al río Éufrates (Gn. 15:18).

Reyes descenderán de Abraham (Gn. 17:6), en anticipación de la llegada del pacto davídico, que resalta la importancia de la línea real en el programa de Dios (2 S. 7:12-16).

En Mateo 1:1 se declara a Jesús como "hijo de Abraham". María declaró que Dios estaba socorriendo a "Israel su siervo, acordándose de la misericordia de la cual habló a nuestros padres, para con Abraham y su descendencia para siempre" (Lc. 1:54-55). Zacarías, el padre de Juan el Bautista, fue "lleno del Espíritu Santo", y profetizó que Dios estaba recordando "su santo pacto, del juramento que hizo a Abraham nuestro padre, que nos había de conceder que, librados de nuestros enemigos, sin temor le serviríamos" (Lc. 1:67, 72-74). Tanto María como Zacarías expresaron la esperanza de que Dios salvaría a Israel y lo libraría de sus enemigos. Estas verdades respecto a la salvación nacional y a la liberación para la nación de Israel no necesitan espiritualizarse como alusión a la iglesia de hoy. En su lugar, serán cumplidas por Jesús en su segunda venida (véanse Zac. 14; Ro. 11:26).

El pacto mosaico

El pacto mosaico es la ley que Dios le dio a Israel por medio de Moisés para gobernar la vida y la conducta de Israel en la tierra prometida de Canaán (Éx. 19:5-6).

Este pacto era bilateral, condicional y revocable, y estaba supeditado a la obediencia de Israel a Dios. La adhesión al pacto mosaico era el medio por el cual Israel podía permanecer conectado a las bendiciones del pacto abrahámico. Guardar el pacto mosaico por amor a Dios conduciría a la prosperidad espiritual y material, pero la desobediencia resultaría en juicio, e incluiría perder la tierra y ser dispersados por todas las naciones (Dt. 28–29).

El pacto mosaico era un pacto de gracia. No era un medio de salvación, sino la manera en que Dios quería que Israel mostrara su amor y su compromiso con Él. Aunque Israel prometió obedecer (Éx. 24:1-8), el registro bíblico demuestra que Israel desobedeció a Dios y se enfrentó a maldiciones por haber quebrantado el pacto. Además de violar continuamente la ley, Israel la pervirtió de dos formas principales. En primer lugar, muchos judíos distorsionaron erróneamente el pacto para convertirlo en un medio de salvación por obras y justicia (Ro. 9:30-32). En segundo lugar, muchos enfatizaron los rituales externos del pacto a expensas del corazón de amor (Mi. 6:6-8).

El pacto mosaico era santo, justo y bueno (Ro. 7:12). Por tanto, el problema que surgió con él estaba en los corazones de las personas y no en el pacto mismo. El pacto mosaico también reveló la pecaminosidad del pueblo (cf. Ro. 3:20). Como Israel falló y quebrantó el pacto mosaico, Dios prometió que sería sustituido por uno mejor, un nuevo pacto, como proclama Jeremías 31:31-32.

El final del pacto mosaico como norma de vida se produjo con la muerte de Jesús, porque Él satisfizo sus exigencias y estableció el nuevo pacto con su sangre (Lc. 22:20). Pablo explicó: "Porque el fin de la ley es Cristo, para justicia a todo aquel que cree" (Ro. 10:4). Explicó, asimismo, que Cristo se convirtió en nuestra paz "aboliendo en su carne las enemistades, la ley de los mandamientos expresados en ordenanzas" (Ef. 2:14-15). El escritor de Hebreos declaró de forma similar: "Al decir: Nuevo pacto, ha dado por viejo al primero [el pacto mosaico]; y lo que se da por viejo y se envejece, está próximo a desaparecer" (He. 8:13).

Dado que el pacto mosaico se le dio solo a Israel (Éx. 19:3; 34:27), y dado que Cristo puso fin al pacto con su muerte (Ef. 2:14-15), los cristianos no están bajo el pacto mosaico y sus leyes (cf. Ro. 6:14). Que los cristianos no estén bajo la ley mosaica no significa que sean libres de pecar. Están unidos a Cristo y están bajo el nuevo pacto.

No obstante, esto no afirma que el pacto mosaico no sea relevante hoy. El pacto mosaico revela los atributos y las verdades inmutables respecto al carácter de Dios, que es la base de los principios que Él requiere para la vida. Pablo, a veces, cita la legislación mosaica como sabiduría para la vida correcta (Ef. 6:1-2). Además, los mandamientos morales de Dios en el Antiguo Testamento muestran gran continuidad con lo que Dios espera de los creyentes en esta era.

El pacto sacerdotal[8]

Con el pacto sacerdotal de Números 25, Dios prometió un sacerdocio perpetuo en el linaje de Finees que continuaría hasta el templo terrenal milenial del Señor

---

8   Esta sección está adaptada de Irvin A. Busenitz, "Introduction to the Biblical Covenants: The Noahic Covenant and the Priestly Covenant", *MSJ* 10, no. 2 (1999): 173-189. Usado con permiso de *MSJ*.

(Nm. 25:10-13). Este pacto dado a Finees también incluía a sus descendientes (Nm. 25:13). Dios le prometió a él y su descendencia un sacerdocio perpetuo, y destacó su naturaleza perdurable. La línea genealógica de Finees seguirá hasta el reinado milenial a través de Sadok (1 Cr. 6:50-53). Ezequiel indica que los únicos sacerdotes a quienes se les permitirá ministrar en el templo milenial serán los del linaje de Sadok (Ez. 44:15; 48:11). A los sacerdotes no sadokianos se les prohibirá el oficio sacerdotal, por su pasada actividad idólatra (Ez. 44:10).

La naturaleza perpetua del pacto sacerdotal sugiere que representa un pacto separado, y que no forma parte del pacto mosaico que es temporal. En primer lugar, la terminología empleada es similar a los pactos realizados con Noé, Abraham, David y el nuevo pacto. En segundo lugar, que permanezca cuando el pacto mosaico quedó obsoleto habla incluso más alto de su condición de pacto separado. El pacto mosaico fue abrogado por el nuevo pacto, pero la promesa dada a Finees continúa hasta el milenio. En tercer lugar, el lenguaje de Jeremías 33:20-21 sitúa su permanencia junto al pacto davídico, y afirma que sigue en vigor mientras dure el ciclo del día y la noche.

El pacto davídico

El pacto davídico es el siguiente pacto incondicional de promesa, en el que Dios prometió la perpetuidad de los descendientes de David en el trono de Israel. Aunque varios pasajes revelan verdades respecto a este pacto, el núcleo central del pacto davídico se halla en 2 Samuel 7:12-16. Este pasaje bosqueja algunas provisiones del pacto davídico. El nombre de David será engrandecido (7:9). Se proveerá un hogar para Israel (7:10). Israel disfrutará de un descanso ininterrumpido de todos sus enemigos (7:10-11). Una casa o dinastía del linaje de David perdurará (7:11). Vendrá un hijo que establecerá este reino (7:12). Salomón edificará el templo (7:13). El reino de Salomón será establecido para siempre (7:13). Dios será padre de Salomón y, cuando este desobedezca, Dios no le quitará el reino como hizo con Saúl (7:14-15). La dinastía y el reino de David durarán para siempre, y el trono de David será establecido eternamente (7:16).

En 2 Samuel 7:18-29, David eleva una oración de gratitud al Señor. Este pacto que Dios está haciendo con él es su "plan para con los hombres" (7:19, NVI). El término para "plan" es *torá* ("ley"), y la frase podría traducirse "ley para la humanidad". Esto significa que el pacto davídico tendrá un impacto positivo en los gentiles, y reafirmará la promesa del pacto abrahámico respecto a que las bendiciones de Dios incluirán a los gentiles (cf. Gn. 12:3; 22:18). El pacto davídico también hace avanzar los planes de Dios centrándose en los descendientes reales que proceden de la más amplia categoría de los descendientes nacionales de Abraham vía Isaac y Jacob.

Cuando llega la era del Nuevo Testamento, Jesús se manifiesta como el supremo Hijo de Dios. Los Evangelios comienzan con: "Libro de la genealogía de Jesucristo, hijo de David" (Mt. 1:1). Jesús fue reconocido como el Hijo de David durante todo su ministerio terrenal (cf. Mt. 9:27; 15:22; 21:15). La iglesia primitiva creía que el

Jesús crucificado y resucitado era el cumplimiento de la simiente prometida de David y que, a causa de esto, tenía que ser resucitado de entre los muertos (cf. Hch. 2:30-36; 13:34-37). En Apocalipsis, Juan identificó a Jesús como "el que tiene la llave de David" (Ap. 3:7), y Jesús se refirió a sí mismo como "la raíz y el linaje de David" (Ap. 22:16).

El pacto davídico contiene promesas que se cumplieron con la primera venida de Jesús, mientras que otras promesas aguardan su realización en su segunda venida. La manifestación de Jesús como Rey del linaje de David es una materialización de su primera venida. Los que creen en Él son posicionalmente transferidos al reino (Col. 1:13). La propagación de la salvación mesiánica a los gentiles es también un cumplimiento del pacto davídico (Hch. 15:14-18). Sin embargo, la asunción suprema de Jesús al trono de David y su gobierno del reino aguardan su segunda venida en gloria (Mt. 25:31), cuando la tierra sea renovada y Él gobierne con los apóstoles sobre una nación de Israel unida y restaurada (Mt. 19:28).

El nuevo pacto

El pacto abrahámico le prometió a Abraham muchos descendientes y una gran nación que vendría después de él. Abraham y su nación serían el medio de bendiciones al mundo (Gn. 12:2-3). A continuación, el pacto davídico prometió un linaje real, a partir de David, que reinaría en Israel (2 S. 7:12-16) y, en última instancia, en la tierra (Zac. 14:9; Mt. 25:31-34). Pero los corazones de las personas siguen necesitando ser cambiados. ¿De qué servirían los descendientes, la tierra y un rey sin personas que amaran a Dios y desearan obedecerle? Aquí es donde el nuevo pacto cobra relevancia. El nuevo pacto es un pacto incondicional y eterno por el cual Dios capacita y empodera a su pueblo para que le sirva de buen grado y permanezca en sus bendiciones. El pasaje fundacional que describe este pacto es Jeremías 31:31-34.

El pacto mosaico era condicional y revocable, e Israel lo quebrantó constantemente. Dios fue fiel al pacto, pero Israel no. La sustancia del nuevo pacto fue que Dios pondría su ley en su pueblo, y "la escribi[ría] en su corazón" (Jer. 31:33). Ellos serían el pueblo de Dios y obedecerían su ley de todo corazón. Ya no necesitarían ser obligados por una amenaza externa. La obediencia sería interna, y todos los que participaran en este pacto conocerían a Dios y lo obedecerían.

Un nuevo corazón es el centro del nuevo pacto. Aunque la ley mosaica era "santa", "justa" y "buena" (Ro. 7:12), no capacitaba al pueblo para obedecer. Sin embargo, el nuevo pacto faculta al pueblo de Dios para servirle con amor. Ezequiel 36:26-27 incluye la residencia del Espíritu Santo como parte de este pacto, cuyos rasgos redentores se hicieron efectivos en el 30 d.C. Al poner Dios al Espíritu Santo en medio de su pueblo, hará que "anden" en sus "estatutos" y "guarden" sus "preceptos".

Diversos pasajes sobre el nuevo pacto revelan bendiciones espirituales y físicas (Dt. 30:1-6; Ez. 16:53-63). Un nuevo corazón, la residencia del Espíritu Santo y el perdón de los pecados son las bendiciones espirituales que ocupan el centro del pacto. Sin embargo, también hay bendiciones nacionales y materiales, como un Israel unido y restaurado en la tierra prometida, la reedificación de Jerusalén y la prosperidad material para Israel (Is. 61:8; Jer. 32:41; Ez. 34:25-27). Las promesas espirituales, físicas y nacionales son todas importantes, y todas tienen que cumplirse.

El nuevo pacto está basado de manera incondicional en el "Yo haré" de Dios (Jer. 31:31-34; Ez. 16:60-62). Asimismo, en múltiples ocasiones se define el pacto como eterno (Is. 24:5; 61:8; Jer. 31:36, 40; 32:40; 50:5; Ez. 37:26). Es tan cierto como eterno.

El Nuevo Testamento presenta a Jesús como el Hijo de David, quien es el Mediador del nuevo pacto y Aquel que trae las bendiciones del nuevo pacto. Juan el Bautista declaró que el Mesías "os bautizará en Espíritu Santo y fuego" (Mt. 3:11). Dado que el ministerio del Espíritu Santo estaba estrechamente vinculado con el nuevo pacto, Juan declaró que Jesús era Aquel que traería el nuevo pacto a los creyentes. En la Última Cena, Jesús relacionó explícitamente su muerte con el nuevo pacto: "Esta copa es el nuevo pacto en mi sangre, que por vosotros se derrama" (Lc. 22:20; 1 Co. 11:25).

El nuevo pacto está en vigor en esta era de la iglesia. El Espíritu Santo mora en aquellos que confían en Jesús el Mesías, y participan en las plenas promesas del nuevo pacto. Los que proclaman el evangelio en esta era están presentando el nuevo pacto. Pablo afirmó que Dios "nos hizo ministros competentes de un nuevo pacto, no de la letra, sino del espíritu" (2 Co. 3:6). Cuando en Hebreos 8:8-12 se cita el pasaje del nuevo pacto en Jeremías 31:31-34, el escritor de Hebreos explica que el nuevo pacto es superior al antiguo, "que se da por viejo" (He. 8:13). Hebreos 9:15 y 12:24 afirman que Jesús es el "mediador de un nuevo pacto". Sin embargo, aunque las bendiciones espirituales del nuevo pacto están en vigor para la iglesia, las promesas nacionales y físicas del nuevo pacto respecto a Israel tienen que ser cumplidas aún. Así, el Señor declaró: "He aquí vienen días" (Jer. 31:27, 31, 38) cuando Israel recibirá la salvación prometida en el nuevo pacto. Esto sucederá cuando Jesús regrese.

PUNTOS DE VISTA SOBRE EL MILENIO

El continuo debate sobre el milenio se centra en el significado de los "mil años" mencionados seis veces en Apocalipsis 20:1-7. A pesar de la claridad del texto, se ha producido un prolongado debate respecto a cómo entender los mil años. Tres principales opiniones han surgido: el amilenialismo, el posmilenialismo y el premilenialismo.

El amilenialismo

El amilenialismo afirma que el milenio de Apocalipsis 20 se está cumpliendo espiritualmente en la presente era, entre las dos venidas de Jesús, y que no tiene nada que ver con mil años reales. Algunos amilenialistas creen que el milenio se está cumpliendo a medida que Jesús y los santos perfeccionados están reinando desde el cielo. Otros creen que el gobierno del reino implica a la iglesia en la tierra o el reino de Dios en la vida de los creyentes. Algunos combinan ambas ideas.

El posmilenialismo

El posmilenialismo también afirma que el milenio de Apocalipsis 20 (que no se considera que signifique "mil") se produce entre las dos venidas de Jesús. A través del reinado de Jesús desde el cielo y del evangelio bendecido por el Espíritu Santo, el reino de Dios empezará siendo pequeño, pero irá creciendo, expandiéndose y llegará a tener una influencia dominante en el mundo. No solo se salvarán más personas, sino que también se transformarán todos los ámbitos de la sociedad. El mundo experimentará una era dorada de paz, prosperidad y bendición. Tras un largo período de un mundo ampliamente cristianizado, este reinado milenial conducirá al regreso de Jesús desde el cielo. En ese momento, Jesús resucitará y juzgará a toda la humanidad, incluyendo a los justos y los impíos.

El premilenialismo

Los premilenialistas siguen la clara cronología secuencial del Apocalipsis de Juan, y afirman que el reino de Apocalipsis 20:1-7 acontece en la tierra después de la segunda venida de Jesús descrita en Apocalipsis 19:11-21, pero antes del estado eterno de Apocalipsis 21:1–22:5. La razón por la que esta opinión se denomina premilenialismo es porque Jesús regresa antes (*pre-*) del milenio. Por tanto, este es futuro y terrenal. La mayoría de los premilenialistas creen que este reino intermedio entre la era presente y el estado eterno (Ap. 21:1–22:5) dura "mil años" literales. Lo que une a todos los premilenialistas es la creencia de que habrá un reino de Jesús en la tierra con sus santos después de esta era presente, pero antes del estado eterno.

El premilenialismo enseña también que mil años separan la primera y la segunda resurrección de Apocalipsis 20:4-5. Apocalipsis 20:4 declara que los mártires por Cristo "vivieron y reinaron con Cristo mil años", pero Apocalipsis 20:5 declara a continuación: "Pero los otros muertos no volvieron a vivir hasta que se cumplieron mil años". El premilenialismo sostiene que estas dos resurrecciones son en cuerpo y están separadas por un período de mil años. El orden es (1) la resurrección corporal de los santos, (2) un período de mil años y (3) la resurrección corporal de los perdidos.

Respaldo bíblico para el premilenialismo. El premilenialismo tiene un sólido respaldo de las Escrituras. En primer lugar, ofrece el entendimiento más claro de Apocalipsis 19:11–21:8, que incluye una secuencia de eventos con un indicador cronológico de tiempo: *kaí eídon* (término griego traducido como "entonces vi", "y vi" o "vi" en Ap. 19:11, 17, 19; 20:1, 4, 11, 12; 21:1). Estos marcadores indican una progresión de eventos que empiezan con un período de tribulación, y van seguidos de la segunda venida de Jesús, su reinado de mil años y, por fin, el estado eterno.

En segundo lugar, Satanás es atado según describe Apocalipsis 20:1-3, lo que debe ser una realidad futura y no una presente.[9] El lenguaje de 20:1-3 indica el dramático encarcelamiento de la persona de Satanás en un lugar específico: el abismo. Mucho más que una restricción de las actividades engañosas de Satanás, se trata de la encarcelación de Satanás mismo. Satanás no está atado hoy (2 Co. 4:4; 1 P. 5:8; 1 Jn. 5:19). Apocalipsis 12:9 declara que, antes de que Jesús regrese, Satanás estará engañando enérgicamente a las naciones con gran éxito: "Y fue lanzado fuera el gran dragón, la serpiente antigua, que se llama diablo y Satanás, el cual engaña al mundo entero".

En tercer lugar, el reinado de los santos mencionado en Apocalipsis 20:4 encaja mejor en el gobierno de un reino futuro tras la segunda venida de Jesús. Este pasaje afirma que los santos martirizados "vivieron", y esto se refiere a la resurrección física. Estos santos aparecieron por primera vez en Apocalipsis 6:9-11 como aquellos a quienes mataron por su testimonio de Jesús. Venir a la vida significa la resurrección del cuerpo para esos fieles santos, y dado que la resurrección física no se ha producido aún, "vivieron", en Apocalipsis 20:4, debe referirse a la resurrección tras el regreso de Jesús. Asimismo, Apocalipsis 5:10 afirma la venida del reino de los santos a la tierra: "reinaremos sobre la tierra". Sin embargo, la experiencia de la iglesia en esta era es la persecución, no el reinado (Apocalipsis 2–3). Reinar se mantiene como motivación para quienes resistan hasta el regreso de Jesús (Ap. 2:26-27).

En cuarto lugar, varios pasajes del Antiguo Testamento apuntan a un reino intermedio mucho mejor que esta era presente, aunque todavía no tan perfecto como el estado eterno final. Por ejemplo, Isaías 65:17-25 predice un período de incomparables prosperidad, paz y armonía de la creación, aunque sigue siendo un tiempo en que la muerte es posible (Is. 65:20). La razón por la que Isaías 65:20 apunta a un futuro reino terrenal es que las condiciones aquí descritas no encajan en esta era presente en que la esperanza de vida está en torno a los ochenta años. Tampoco encaja con el estado eterno venidero, cuando el pecado ya no existirá y nadie morirá. Sin embargo, sí concuerda con un reino intermedio como el que se describe en Apocalipsis 20.

Zacarías 14:16-19 también describe condiciones coherentes con un futuro reino milenial. Este pasaje describe un período en el que se les pedirá a las naciones que suban a Jerusalén. Quienes no lo hagan, como Egipto, se enfrentarán a la posibilidad de que "no llueva", que haya "plaga" y "castigo". Estas condiciones no encajan en la era presente ni en el estado eterno. Sin embargo, los eventos de Zacarías 14 concuerdan bien con un reino terrenal.

Una quinta razón para el premilenialismo es que esta opinión encaja mejor con el argumento redentor de la Biblia. Dios creó al primer Adán para que gobernara

---

9   Este párrafo está adaptado de Michael J. Vlach, "The Kingdom of God and the Millennium", *MSJ* 23, no. 2 (2012): 246-249. Usado con permiso de *MSJ*.

desde la tierra y sobre ella. Adán fracasó, pero los cristianos miran ahora al postrer Adán (1 Co. 15:45) para que tenga éxito donde Adán falló. Adán debía gobernar desde la tierra y sobre ella (Gn. 1:26-28), y de acuerdo al escenario premilenialista, Jesús, el postrer Adán, gobernará con éxito desde la tierra y sobre ella con un reinado extenso que todos reconocen. Los que pertenecen a Jesús están destinados a gobernar un reino en la tierra. La persecución terrenal es la norma para los santos de esta era, pero viene un tiempo en que los santos reinarán en la esfera en la que son perseguidos en el presente (Dn. 7:26-27; Ap. 2:26-27; 5:10).

LA PROFECÍA DE DANIEL DE LAS "SETENTA SEMANAS"

La profecía de las "setenta semanas" en Daniel 9:24-27 es uno de los pasajes proféticos más importantes de la Biblia. Varios pasajes proféticos del Nuevo Testamento se apoyan con firmeza en su contenido (Mt. 24:15; 2 Ts. 2; Ap. 11–13). Jesús, Pablo y Juan se refieren a esta sección de Daniel.

Definición de las "setenta semanas"

Jeremías había profetizado que el asolamiento de Jerusalén a manos de los babilonios acabaría después de setenta años (Dn. 9:2; cf. Jer. 25:12; 29:10). Israel no observó el descanso del *Sabbat* de la tierra (cf. Lv. 25) en setenta ocasiones. El septuagésimo año del cautiverio babilonio fue la forma en que Dios le proporcionó a la tierra el descanso que Él quería que tuviera. Cuando Daniel contempló la profecía de Jeremías, y oró por su pueblo pecaminoso, Israel (Dn. 9:3-19), el ángel Gabriel vino entonces a Daniel y le transmitió una visión respecto al futuro de Israel.

Las "setenta semanas" de Daniel 9:24 forman el núcleo central de esta profecía y conciernen al "pueblo" de Daniel —Israel y la "santa ciudad"—, Jerusalén (cf. Dn. 9:2). Interpretar que Israel y Jerusalén son alguna otra cosa no le hace justicia al contexto.

En hebreo, "setenta semanas" significa literalmente "setenta sietes". Setenta sietes (o setenta veces siete) equivalen a 490. El contexto indica que se tiene en mente 490 años. Puesto que las violaciones del año sabático fueron la razón de la expulsión de Israel y de los setenta años de cautividad babilónica resultantes, un período de 490 días o 490 meses quedaría sumamente corto para el cumplimiento de las seis predicciones en Daniel 9:24.

Este período de 490 años de Daniel 9:24 proporcionará seis resultados: (1) "terminar la prevaricación", (2) "poner fin al pecado", (3) "expiar la iniquidad", (4) "traer la justicia perdurable", (5) "sellar la visión y la profecía" y (6) "ungir al Santo de los santos". Los tres primeros efectos se centran en derrotar el pecado en Israel. Los tres finales se enfocan en desarrollos positivos respecto al reino: traer la justicia con el reino del Mesías, el cumplimiento de todas las profecías en las Escrituras y ungir el templo de Jerusalén. La base para los tres primeros se cumplió con la primera venida de Jesús y con su muerte, aunque su aplicación a Israel como nación sigue estando en el futuro. Los tres últimos aguardan su cumplimiento en la segunda venida de Jesús, porque la justicia eterna no ha llegado ni se han cumplido aún todas las profecías de las Escrituras, y el templo de Jerusalén no ha sido ungido. Pero estas cosas sucederán cuando Jesús establezca su reino milenial.

Las setenta semanas (490 años) empiezan con "la salida de la orden para restaurar y edificar a Jerusalén" (Dn. 9:25). Esta restauración se cumplió probablemente en el *ca.* 445 a.C., cuando el rey Artajerjes decretó que los judíos podían regresar y reedificar Jerusalén (Neh. 2:1-8). A continuación, las "siete semanas" o cuarenta y nueve años pueden referirse a la conclusión de la tarea de Nehemías en la reedificación de "la plaza y el muro", así como al final del ministerio de Malaquías y el final del Antiguo Testamento. Tras esos cuarenta y nueve años, otras "sesenta y dos" semanas o 434 años (sesenta y dos veces siete) se añaden al plazo. Reunidos, esos 483 años tras el decreto de Artajerjes en el *ca.* 445 a.C., culminan en la entrada de Jesús en Jerusalén en marzo del 30 d.C.

Daniel 9:26 declara que "después" de sesenta y dos semanas, que en realidad son sesenta y nueve semanas (siete más sesenta y dos), "se le quitará la vida al príncipe elegido. Este se quedará sin ciudad y sin santuario" (NVI). Días después de entrar en Jerusalén, Jesús es crucificado. Que el Mesías "se quede sin ciudad y sin santuario" resulta chocante. El Mesías de Israel viene, lo matan y muere sin nada. No se ha producido justicia alguna del reino ni justicia eterna. El resto del versículo 26 describe otros acontecimientos "después" de las sesenta y nueve primeras semanas: "El pueblo de un príncipe que ha de venir destruirá la ciudad y el santuario; y su fin será con inundación, y hasta el fin de la guerra durarán las devastaciones". Esta declaración predice la destrucción de Jerusalén y del templo judío con la invasión romana de Jerusalén, en el 70 d.C. (Lc. 21:20-24).

El "pueblo" en Daniel 9:26 se refiere a los romanos, ya que fueron quienes destruyeron Jerusalén en el 70 d.C. De ese "pueblo" llegará un día el "príncipe que ha de venir". Es la maligna figura del anticristo, quien se levantará algún tiempo después de la destrucción de la ciudad y del santuario. Que es una persona malvada, y no Jesús el Mesías, es afirmado por las descripciones de Daniel 9:27, en las que él comete un acto abominable en el templo y es destruido por sus devastaciones. Asimismo, establecerá pacto con el pueblo de Israel durante una semana (siete años), algo que Jesús nunca hizo. Por tanto, el contexto apunta a la maligna figura del anticristo, a quien también se identifica como el "cuerno pequeño" de Daniel 7:8 y el obstinado rey de Daniel 11:36. Las declaraciones "hasta el fin de la guerra" y "durarán las devastaciones" (Dn. 9:26) revelan que las pruebas y los lamentos de Jerusalén continuarán incluso después de la destrucción de Jerusalén. Sin lugar a dudas, las cosas han sido así, como muestra la tumultuosa historia de Israel desde el 70 d.C. Jesús mismo predijo que los "tiempos de los gentiles" continuarían incluso después de la destrucción de Jerusalén en el 70 d.C. (Lc. 21:24).

Daniel 9:27 prosigue y afirma que el príncipe malvado de los romanos "por otra semana confirmará el pacto con muchos". Ese "muchos" se refiere al pueblo de Israel, y el "por otra semana" es un período de siete años. Así como las sesenta y nueve primeras semanas eran literales, también lo es la última semana de siete años. Interpretar la semana final de cualquier otra manera que no sea un período de siete años es violar el contexto. Que este pacto es futuro desde nuestro punto de vista queda verificado por el hecho de que no se haya producido en la historia pacto alguno de siete años entre un líder del Imperio romano y el pueblo judío.

"A la mitad de la semana" (tres años y medio), ese líder quebrantará el pacto con Israel, y "hará cesar el sacrificio y la ofrenda". En otras palabras, detiene el sistema de adoración judío. Esto sucede en "las abominaciones" y será cuando "vendrá el desolador". Este desolador pondrá la abominación en una parte del templo. Jesús hace uso de los mismos términos cuando dice: "Por tanto, cuando veáis en el lugar santo la abominación desoladora de que habló el profeta Daniel..." (Mt. 24:15).

Sin embargo, este desolador se dirige hacia la destrucción. Lleva a cabo sus "abominaciones" solo "hasta que venga la consumación, y lo que está determinado se derrame sobre el desolador" (Dn. 9:27). La ira de Dios caerá sobre este príncipe malvado. Pablo se basa en Daniel 9:27 cuando se refiere a la venida del "hombre de pecado" (2 Ts. 2:3) a quien Jesús matará en su venida (2 Ts. 2:8).

Intervalo entre la sexagésima novena y la septuagésima semanas

Muchos intérpretes concuerdan en que las sesenta y nueve semanas (483 años de 360 días cada uno) de la profecía de Daniel se cumplieron con la primera venida de Jesús y su muerte alrededor del 30 d.C. Sin embargo, algunos disienten respecto a si la última semana de años, un período de siete años, se cumplió inmediatamente después de que expiraran las primeras sesenta y nueve semanas o si hay una brecha de tiempo entre el fin de la semana sesenta y nueve y el comienzo de la semana setenta. En otras palabras, ¿expiró la septuagésima semana de Daniel a finales de la década de los 30 —es decir, en los siete años que siguieron al final de la semana sesenta y nueve en torno al 30 d.C.— o se cumplirá la septuagésima semana de Daniel en el futuro? El punto de vista correcto es el segundo.

La evidencia por un intervalo entre la sexagésima novena y la septuagésima semanas es sólida. Las razones siguientes explican por qué existe un espacio de tiempo.

1. Existe un intervalo entre la primera y la segunda venida de Jesús. Existe un lapso obvio y significativo de tiempo entre la primera y la segunda venida de Jesús. Varias profecías sobre Jesús se comprenden mejor a la luz de este intervalo. Por ejemplo, Zacarías 9:9 predijo que el Mesías iría a Jerusalén humildemente montando en un asno. Esto se cumplió con la entrada triunfal de Jesús a Jerusalén (Mt. 21:1-8). Sin embargo, Zacarías 9:10 también declaró un reinado mundial del Mesías en la tierra. Este versículo se cumplirá con la segunda venida de Jesús y, ciertamente, no siguió de inmediato a su entrada a Jerusalén a lomos de un asno, en el siglo I. Los lapsos de tiempo en los pasajes proféticos como Zacarías 9:9-10 indican que podría haber un intervalo en Daniel 9:24-27. Algo parecido debe esperarse respecto a las dos venidas de Jesús.

2. Daniel 9:26 declara que el Mesías morirá "después" de las sesenta y nueve semanas. El uso que hace Daniel de la palabra "después" revela un intervalo. De acuerdo a Daniel 9:26, el Mesías no es ejecutado al "final" de las sesenta y nueve semanas ni al "principio" de la septuagésima semana, sino "después" de las sesenta y nueve semanas.

3. La destrucción de Jerusalén predicha en Daniel 9:26 sucedió décadas después de la culminación de la sexagésima novena semana. Daniel 9:26 declara que, "después de las sesenta y dos semanas", el príncipe que vendrá "destruirá la ciudad y el santuario", una referencia a Jerusalén y el templo. Esta destrucción tuvo lugar en el 70 d.C. Si la totalidad de la profecía de las setenta semanas continuara sin intervalo, la septuagésima semana habría expirado en la década de los 30 d.C. Sin embargo, Jerusalén y el templo fueron destruidos casi cuatro décadas después del final de la sexagésima novena semana, por lo tanto, es necesario que exista este espacio de tiempo entre ambas semanas para incluir la destrucción del 70 d.C.

4. Las seis predicciones de Daniel 9:24 no se han cumplido aún. En Daniel 9:24, el profeta menciona seis predicciones importantes que resultarán del decreto de las setenta semanas: (1) "terminar la prevaricación", (2) "poner fin al pecado", (3) "expiar la iniquidad", (4) "traer la justicia perdurable", (5) "sellar la visión y la profecía" y (6) "ungir al Santo de los santos". Si alguien sostiene que las setenta semanas expiraron en el siglo I, las seis predicciones deberían haberse cumplido por completo en la década de los 30 d.C. Sin embargo, (como se mencionó arriba) no fue así. Como algunas de las predicciones de Daniel 9:24 tienen que ocurrir aún, esto tendrá que suceder en el futuro.

5. Lo que se describe para la septuagésima semana de Daniel 9:27 no se ha cumplido aún. La falta de cumplimiento de Daniel 9:27 en este momento de la historia es la prueba de que la septuagésima semana de Daniel se cumplirá en un tiempo futuro. Ningún príncipe maligno procedente del Imperio romano ha hecho un pacto de siete años con el pueblo judío. No se ha producido violación alguna de un pacto de siete años, transcurridos tres años y medio. Ninguna figura del anticristo ha cometido abominaciones en el templo. Tampoco ha sido destruido aquel que ha cometido tal profanación. Estos sucesos no se han llevado a cabo en la década de los 30 d.C. y, por tanto, aguardan su cumplimiento futuro.

6. Jesús se refiere a la abominación de la desolación de Daniel 9:27 como algo futuro y posterior a su primera venida. En Mateo 24–25, Jesús predijo acontecimientos por venir. En Mateo 24:15, Jesús hizo una referencia a: "La abominación desoladora de que habló el profeta Daniel". Este es el mismo suceso predicho en Daniel 9:27: "Con la muchedumbre de las abominaciones vendrá el desolador". Este acontecimiento era, sin embargo, futuro desde la perspectiva de Jesús y no se cumplió en la década de los 30 d.C.

7. En la década de los 50 d.C., Pablo habló de los acontecimientos de Daniel 9:27 como algo futuro. En 2 Tesalonicenses 2, Pablo escribe sobre la manifestación de un "hombre de pecado" que entra en el templo y declara ser Dios (2 Ts. 2:3-4).

Asimismo, habla de este hombre impío que se enfrenta a la ira del Señor Jesús, quien acaba con él a su regreso (2 Ts. 2:8). Pablo se apoya en Daniel 9:27 para establecer que habrá una abominación futura de desolación por parte de una persona malvada, y que esta será destruida por Dios. Que Pablo esté prediciendo estos acontecimientos en la década de los 50 d.C. muestra que estos acontecimientos son futuros desde su perspectiva, y que no se habían cumplido en la década de los 30 d.C.

8. *La revelación sitúa el marco de tiempo de Daniel 9:27 en el futuro.* Daniel 9:27 habla de un período de siete años en el que un príncipe que vendrá establecerá un pacto "con muchos" durante una semana (siete años). Sin embargo, a la mitad de esta semana, transcurridos tres años y medio, quebrantará este pacto. El apóstol Juan, que escribió en la década de los 90 d.C., se refirió en múltiples ocasiones a un período venidero de tres años y medio (cf. Ap. 11:2; 12:6; 13:5). Esto es paralelo a Daniel 9:27 y a la asociación de una figura maligna con un período de tres años y medio. En resumen, dado que Juan se refiere al marco de tiempo y a los acontecimientos de Daniel 9:27 que necesitan cumplirse en el futuro, esto muestra que los sucesos de este período deben ser futuros.

SUCESOS POR LLEGAR

Varios sucesos proféticos aguardan su cumplimiento futuro. Estos incluyen el arrebatamiento, el período de tribulación, la venida del anticristo, el día del Señor, la segunda venida de Jesús, el milenio, la sublevación final de Satanás y el estado eterno.

El arrebatamiento[10]

El arrebatamiento es uno de los acontecimientos más reconocibles de la escatología. El término *rapto* procede del latín *raptura,* que las Biblias en latín traducen de la palabra griega *jarpázo.* Este término griego significa "quitar de forma repentina" o "arrebatar". El Nuevo Testamento lo usa en referencia a robar o saquear (Mt. 11:12; 12:29; 13:19; Jn. 10:12, 28, 29) y apoderarse de (Jn. 6:15; Hch. 8:39; 23:10; Jud. 23). Un tercer uso se centra en ser agarrado y llevado al cielo, como vemos en la experiencia de Pablo en el tercer cielo (2 Co. 12:2-4) y en la ascensión de Cristo (Ap. 12:5). *Jarpázo* también describe cuando Dios toma repentinamente a la iglesia de la tierra al cielo como primera parte de la segunda venida de Cristo (1 Ts. 4:17). Aunque no utiliza *jarpázo,* 1 Corintios 15:51-52 se refiere al mismo suceso escatológico que 1 Tesalonicenses 4:16-17, cuando alude al cambio repentino que experimentarán los creyentes cuando sean "resucitados incorruptibles". Las Escrituras apuntan a un rapto escatológico aun cuando ninguno de estos textos fundamentales contiene ningún indicador explícito de tiempo.

---

10 Esta sección está adaptada de Richard L. Mayhue, "Why a Pretribulational Rapture?", *MSJ* 13, no. 2 (2002): 241-253. Usado con permiso de *MSJ.*

Opiniones sobre el momento del arrebatamiento. Los pasajes citados arriba mencionan un arrebatamiento y una transformación de los cristianos, pero no declaran cuándo se produce este suceso. Sin embargo, parece claro que la iglesia será arrebatada antes de la septuagésima semana de Daniel. Dado que todo el período de la tribulación es la "ira de Dios", la iglesia debe ser rescatada con anterioridad a la tribulación, para cumplir la promesa de Dios respecto a que la iglesia escapará a la ira divina (1 Ts. 1:9-10; Ap. 3:10). El arrebatamiento pretribulacional funciona como una misión de rescate por la cual Jesús libera a su iglesia de la ira divina de la tribulación.

Pruebas para el pretribulacionismo. Hay varias razones para aceptar que el pretribulacionismo es la opinión correcta respecto al momento del arrebatamiento. En primer lugar, Jesús declara respecto a la iglesia: "Te guardaré de la hora de la prueba que ha de venir sobre el mundo entero" (Ap. 3:10), y Jesús promete una recompensa por la "paciencia". Así, el arrebatamiento es una promesa o recompensa futura para la iglesia, por resistir con paciencia durante el sufrimiento presente. La iglesia que resista las pruebas de la era presente será librada de la hora especial de prueba para la gente de la tierra.

En segundo lugar, la iglesia no se menciona en Apocalipsis 6–18. El término neotestamentario común para "iglesia" es *ekklesía*. Se usa diecinueve veces en Apocalipsis 1–3 en relación con la iglesia histórica del siglo i. Sin embargo, "iglesia" aparece solo una vez más en Apocalipsis, en el epílogo del libro (Ap. 22:16). En ningún lugar de Apocalipsis 6–18 se menciona a la "iglesia". Un arrebatamiento pretribulacional explica mejor la ausencia total de la "iglesia" de la tierra durante los acontecimientos de Apocalipsis 6–18.

En tercer lugar, el arrebatamiento pierde su trascendencia si la iglesia pasa por la tribulación. Si Dios protege milagrosamente a la iglesia durante la tribulación, ¿para qué tiene que haber un rapto? Si es para evitar la ira de Dios en el Armagedón, ¿por qué no seguiría Dios protegiendo, pues, a los santos en la tierra (como postula el postribulacionismo) como protegió a la iglesia en los acontecimientos que conducen al Armagedón o como protegió a Israel de las plagas de Egipto (Éx. 8:22; 9:4, 26; 10:23; 11:7)?

En cuarto lugar, las Epístolas no contienen advertencias preparatorias para una tribulación inminente para los creyentes de la era de la iglesia. Las instrucciones de Dios para la iglesia en las Epístolas contienen una diversidad de avisos, pero a los creyentes no se los exhorta a prepararse para entrar a la tribulación y resistir. El Nuevo Testamento amonesta a los creyentes para resistir en medio de la tribulación presente (1 Ts. 2:13-14; 2 Ts. 1:4), pero no da ninguna instrucción para soportar la tribulación global y catastrófica descrita en Apocalipsis 6–18. Solo un arrebatamiento pretribulacional explica satisfactoriamente esta falta de instrucción para la iglesia.

En quinto lugar, en 1 Tesalonicenses 4:13-18, Pablo consuela a los tesalonicenses que han perdido seres queridos que murieron. Pero si la iglesia estaba destinada a pasar por la tribulación, esperaríamos que los tesalonicenses se regocijaran de que sus seres queridos estuvieran en el hogar con el Señor, y no soportaran los horrores de la tribulación. Pero, en su lugar, descubrimos que los tesalonicenses se lamentan en realidad porque temen que sus seres amados se perderán el rapto. Solo un arrebatamiento pretribulacional justificaría este dolor. Asimismo, esperaríamos que los tesalonicenses se lamentaran por su propia prueba inminente y no por sus seres queridos que han escapado a ella. Pero no hallamos indicación de ninguna tribulación inminente.

En sexto lugar, los estrechos paralelos entre Juan 14:1-3 y 1 Tesalonicenses 4:13-18, dos textos referentes a la segunda venida de Cristo, encajan con el arrebatamiento pretribulacional:

1. La promesa de la presencia con Cristo:
   "Ustedes estarán donde yo esté" (Jn. 14:3, NVI).
   "Así estaremos siempre con el Señor" (1 Ts. 4:17).

2. La promesa de consuelo:
   "No se turbe vuestro corazón" (Jn. 14:1).
   "Por tanto, alentaos los unos a los otros con estas palabras" (1 Ts. 4:18).

Jesús enseñó a sus discípulos que Él iba a la casa de su Padre (el cielo) para preparar un lugar para ellos. Les prometió que regresaría y los recibiría, para que ellos pudieran estar con Él dondequiera que Él estuviese (Jn. 14:1-3). Aunque la frase "donde yo esté" (NVI) implica una presencia continua en general, aquí significa la presencia en el cielo en particular (cf. Jn. 7:34).

En séptimo lugar, los sucesos del regreso de Cristo a la tierra después de la tribulación difieren del rapto. Si se compara lo que sucede en el arrebatamiento en 1 Tesalonicenses 4:13-18 y en 1 Corintios 15:50-58 con lo que ocurre en los acontecimientos finales de la segunda venida de Cristo en Mateo 24–25, se pueden observar al menos ocho contrastes o diferencias significativos que exigen que el arrebatamiento y la segunda venida de Cristo se produzcan en momentos distintos:

1. En el arrebatamiento, Cristo viene en el aire y regresa al cielo (1 Ts. 4:17), pero, en el acontecimiento final de la segunda venida, Cristo viene a la tierra a morar y reinar (Mt. 25:31-32).
2. En el arrebatamiento, Cristo reúne a los suyos (1 Ts. 4:16-17), mientras que, en la segunda venida, los ángeles reúnen a los elegidos (Mt. 24:31).
3. En el arrebatamiento, Cristo viene a recompensar (1 Ts. 4:17), mientras que, en la segunda venida, Cristo viene a juzgar (Mt. 25:31-46).

4. En el arrebatamiento, la resurrección se destaca en la venida de Jesús (1 Ts. 4:15-16), mientras que en la segunda venida no se menciona resurrección alguna con el descenso de Cristo.

5. En el arrebatamiento, los *creyentes* parten de la tierra (1 Ts. 4:15-17), mientras que, en la segunda venida, los *incrédulos* son tomados de la tierra (Mt. 24:37-41).

6. En el arrebatamiento, los *incrédulos* permanecen en la tierra (implícito), mientras que, en la segunda venida, los *creyentes* permanecen en la tierra (Mt. 25:34).

7. En el arrebatamiento no se hace mención del reino de Cristo en la tierra, mientras que, en la segunda venida, se establece el reino de Cristo en la tierra (Mt. 25:31, 34).

8. En el arrebatamiento, los creyentes recibirán cuerpos glorificados (cf. 1 Co. 15:51-57), mientras que, en la segunda venida, nadie que esté vivo recibe un cuerpo glorificado.

El período de la tribulación

Jesús prometió a sus seguidores que experimentarían tribulación en el mundo (Jn. 16:33). Esto ha sucedido, desde luego, ya que muchos cristianos han sufrido y han muerto por la causa de Cristo. Sin embargo, Jesús también predijo una "gran tribulación, cual no la ha habido desde el principio del mundo hasta ahora, ni la habrá" (Mt. 24:21). Este tiempo único se denomina la tribulación o período de tribulación (cf. Mt. 24:9, 21). La tribulación es un período de siete años de juicios divinos antes del regreso de Jesucristo y del establecimiento de su reino en la tierra. Eso está basado en la septuagésima semana futura de Daniel, que dura siete años (Dn. 9:27).

La Biblia revela más sobre la tribulación futura que sobre cualquier otro suceso profético por venir (cf. Dt. 4:30; Is. 34:8; Jer. 30:7; Sof. 1:15). Mateo 24–25 (junto con Mr. 13; Lc. 21) y Apocalipsis 6–19 ofrecen la información más detallada respecto al período de tribulación en el Nuevo Testamento. Jesús habla de "principio de dolores" como guerras, rumores de guerras, hambre y terremotos en varios lugares (Mt. 24:4-8). La persecución de los seguidores de Jesús será intensa (Mt. 24:9). La apostasía y la traición ocurrirán (Mt. 24:10). Muchos falsos profetas se levantarán (Mt. 24:11), y la maldad aumentará (Mt. 24:12). Sin embargo, en medio de ese terrible período, el evangelio del reino será proclamado a todo el mundo (Mt. 24:14) y tanto judíos como gentiles serán salvos (Ap. 7:4-9).

Algo estratégico en este período es el cumplimiento de "la muchedumbre de las abominaciones", que ocurrirá a la mitad de la tribulación, o a los tres años y medio. Un suceso del que se habla por primera vez en Daniel (Dn. 9:27), que describe el quebrantamiento del pacto con Israel por parte del anticristo, en el que intenta detener el sistema judío de adoración en el templo. Pablo observa que este "hombre de pecado" entra en el templo y declara ser Dios (2 Ts. 2:3-4). Este evento inaugura una severa persecución en Israel, razón por la cual Jesús advierte a los habitantes de Judea que huyan sin pensar en regresar en busca de nada (Mt. 24:16-20). El final de este período trae señales cósmicas (Mt. 24:29). Jesús regresa a la tierra en poder y gloria (Mt. 24:30), y reúne a sus elegidos (Mt. 24:31). El regreso de Jesús en gloria con sus ángeles conduce al juicio de las naciones para ver quién entrará en su reino (Mt. 25:31-46).

Apocalipsis 6–19 detalla los juicios —de los sellos, las trompetas y las copas—, que son predominantemente secuenciales y en aumento. Son juicios de Dios contra un mundo incrédulo y el reino del anticristo. Dado que Jesús es Aquel que abre los juicios de los sellos, todos los demás juicios son la ira de Dios y de Jesús (Ap. 6:1). Los seis sellos incluyen (1) la llegada del anticristo, (2) guerra, (3) hambruna, (4) muerte, (5) martirio y (6) un gran terremoto (Ap. 6:2-12). Estos se corresponden estrechamente con las condiciones de los "principios de dolores" que se hallan en Mateo 24:4-7.

A continuación, el séptimo sello acarrea la segunda ola de juicios, las siete trompetas:

1. Primera trompeta: Un tercio de la tierra, árboles y hierba se queman (Ap. 8:7).
2. Segunda trompeta: Un tercio de las criaturas del mar muere, y los barcos son destruidos (8:8-9).
3. Tercera trompeta: Un tercio de las aguas se contaminan y esto hace que muchos mueran (8:10-11).
4. Cuarta trompeta: Un tercio del sol, la luna y las estrellas se oscurece (8:12).
5. Quinta trompeta: Las langostas/demonios son liberados para atormentar a las personas (9:1-11).
6. Sexta trompeta: Cuatro demonios atados son liberados para matar a un tercio de la humanidad (9:13-19).
7. Séptima trompeta: Se proclama el gobierno del reino de Cristo (11:15-18).

El conjunto final de juicios son los juicios de las copas. Estos llegan más tarde, durante el período de la tribulación, en rápida sucesión, y son extremadamente graves:

1. Primera copa: Dolorosas llagas hieren a las personas (Ap. 16:2).
2. Segunda copa: El mar se convierte en sangre y todo lo que hay en el mar muere (16:3).
3. Tercera copa: Los ríos y los manantiales de agua se convierten en sangre (16:4-7).
4. Cuarta copa: El sol abrasará a las personas con fuego y calor (16:8-9).

5. Quinta copa: La oscuridad y el intenso dolor afligen a la humanidad (16:10-11).
6. Sexta copa: El río Éufrates se seca para preparar el camino a los reyes del Este (16:12-16).
7. Séptima copa: Varios terremotos dividen la gran ciudad en tres partes, las ciudades caen y un intenso granizo cae del cielo (16:17-21).

La tribulación tiene un doble propósito. En primer lugar, Dios usará la tribulación para salvar a Israel. Esto implica la conclusión de los propósitos de Daniel 9:24. Jeremías 30:7 afirma que habrá "un tiempo de angustia para Jacob [Israel]", aunque Israel "será librado". Israel entra en la tribulación al hacer el pacto con el anticristo, pero acaba este período clamando a su Mesías.

En segundo lugar, Dios usará la tribulación para juzgar al mundo incrédulo (Ap. 3:10). Isaías 24 describe esto como un tiempo de juicio global en el que "Jehová vacía la tierra y la desnuda, y trastorna su faz, y hace esparcir a sus moradores" (Is. 24:1). La razón es la pecaminosidad del hombre (Is. 24:5). La tribulación es, pues, un tiempo de intensa ira global de Dios sobre un mundo pecaminoso y rebelde.

El anticristo

La Biblia predice la llegada del anticristo, un representante de Satanás que es la encarnación del mal. Juan se refiere a un anticristo específico venidero, aunque también menciona a otros "anticristos" que ya han venido (1 Jn. 2:18). Esos no son *el* anticristo, sino que funcionan con su espíritu, se oponen a quien Jesús es y a lo que representa. Podemos esperar a muchos que poseen el espíritu del anticristo, aunque sabemos que un anticristo personal también vendrá.

El prefijo *anti-* puede significar "contra" o "en lugar de". Por lo tanto, el anticristo venidero es una imitación del Mesías y también está en contra de Jesús al oponerse a Él y a sus santos.

Daniel ofrece la información más detallada sobre el anticristo en el Antiguo Testamento. Esta persona maligna es el gobernante político blasfemo, el "cuerno pequeño" que habla palabras elocuentes y jactanciosas, y libra guerra contra los santos de Dios (Dn. 7:8, 21). El anticristo es el "príncipe" perverso que surge de los romanos (Dn. 9:26). Este príncipe hace un pacto con el pueblo judío por siete años, pero rompe este tratado una vez transcurrida la mitad del tiempo, cuando detiene el sistema sacrificial judío y asola el templo (Dn. 9:27). En Daniel 11:36-45, es el rey obstinado que se autoexalta, habla contra Dios, rechaza a cualquier dios rival y confía en su poder militar.

El apóstol Pablo se refiere al anticristo como el "hombre de pecado" (2 Ts. 2:3). Apoyándose en Daniel 9:26-27 y 11:36-45, Pablo revela que este hombre malvado llega en relación con el día del Señor (2 Ts. 2:1-2). Esta persona "se opone y se levanta contra todo lo que se llama Dios o es objeto de culto; tanto que se sienta en el templo de Dios como Dios, haciéndose pasar por Dios" (2 Ts. 2:4; esta acción se asocia con la desolación del templo que predijo Dn. 9:27; cf. Mt. 24:15). Este horrible evento de desolación conduce a una intensa persecución en Judea (Mateo 24:16-22).

La explicación más detallada sobre el anticristo le fue revelada al apóstol Juan, y se recoge en Apocalipsis 13. Juan se refiere a este individuo como "una bestia", que procede de las naciones y Satanás la empodera (Ap. 13:1-2). Se recupera de una herida mortal con alguna especie de resurrección que hace que el mundo se maraville ante él (Ap. 13:3). Blasfema contra Dios (Ap. 13:5-6), libra guerra contra los santos y ejerce autoridad sobre la tierra (Ap. 13:7-8). Intenta establecer un reino permanente en la tierra para Satanás.

Existe un debate respecto a si el anticristo será judío o gentil. Dado que es el príncipe que viene del pueblo que destruyó Jerusalén y el templo en el 70 d.C. (Dn. 9:26), debe de venir del Imperio romano, porque fueron los romanos quienes destruyeron Jerusalén y el templo. Asimismo, la predicción de Daniel respecto a Antíoco IV Epífanes (215–164 a.C.) en Daniel 8:9-14, 23-25 respalda la opinión de que el anticristo será un gentil. Antíoco era un sirio que profanó el templo judío en torno al 167 a.C., instituyó la adoración a Zeus en Jerusalén, e hizo sacrificar un cerdo en el templo. Este acto desolador parece prefigurar lo que hará el anticristo de Daniel 9:27. Dado que Antíoco era gentil, el anticristo también lo será probablemente.

Aunque es una figura espantosa y poderosa, el anticristo tiene una breve carrera y es destruido. Pablo declara que Jesús "matará [al hombre de pecado] con el espíritu de su boca, y [lo] destruirá con el resplandor de su venida" (2 Ts. 2:8). Daniel afirma que "lo que está determinado se derram[ará] sobre el desolador" (Dn. 9:27) y que "llegará a su fin, y no tendrá quien le ayude" (Dn. 11:45). Esta "bestia" es echada al lago de fuego al regreso de Jesús, donde su destino quedará sellado para siempre (Ap. 19:20).

El día del Señor[11]

La frase bíblica "el día del Señor" (o "el día de Jehová") representa un término clave para entender la revelación de Dios sobre el futuro. El uso que los escritores del Nuevo Testamento hacen de "el día del Señor" se apoyaba en su entendimiento de los profetas del Antiguo Testamento. Los profetas lo usaban cuando hablaban de los acontecimientos históricos cercanos y los sucesos escatológicos del futuro lejano y que implicaban la ira de Dios. Los escritores del Nuevo Testamento recogieron el uso escatológico y lo aplicaron al "día del Señor", tanto al juicio que alcanzará su apogeo durante el período de la tribulación como al juicio que introducirá la nueva tierra.

---

11 Esta sección está adaptada de Richard L. Mayhue, "The Bible's Watchword: Day of the Lord", *MSJ* 22, no. 1 (2011): 65-88. Usado con permiso de *MSJ*. Para una explicación más exhaustiva del tema, véase el artículo completo.

Los profetas del Antiguo Testamento usaban la frase en referencia tanto al cumplimiento histórico cercano como a los eventos escatológicos de un futuro lejano. El profeta Joel (1:15) se refiere a un día histórico del Señor que implica una grave plaga de langostas en Israel. Sin embargo, el día del Señor en Joel 2 y 3 se refiere a un día del Señor futuro en el que Israel es restaurado y bendecido, y las naciones gentiles son juzgadas. El cumplimiento cercano (Jl. 1:15) prefigura el cumplimiento lejano (Jl. 3:14). El día histórico del Señor sirve de presagio para un día del Señor mayor que está por venir.

Los escritores del Nuevo Testamento usaron la frase en este sentido escatológico, y la aplicaron a los dos períodos del día del Señor que todavía deben cumplirse en la tierra: (1) el juicio que llega a su punto culminante en el período de la tribulación (2 Ts. 2:2; Ap. 16–18) y (2) el juicio consumador de esta tierra tras el milenio que introduce la nueva tierra (2 P. 3:10-13; Ap. 20:7–21:1).

En resumen, el día del Señor incluye solo juicio, no juicio y bendición; sucede dos veces en el plan profético de Dios, no una; ocurre al final del período de la tribulación, no a lo largo de este; ocurre de nuevo al final del milenio, no durante el mismo; tal como se define aquí, no demuestra necesariamente el pretribulacionismo, sino que lo permite de forma cierta y fácil; respalda el premilenialismo futurista.

La segunda venida de Jesús

El punto focal de los eventos proféticos que están aún por venir es la segunda venida de Jesucristo. Aunque el lenguaje específico de la "segunda venida" es escaso en las Escrituras, el concepto está bien establecido (Mt. 25:31; Jn. 14:3; Hch. 1:11). Creer en el regreso de Jesús es una doctrina indispensable del cristianismo ortodoxo. El Nuevo Testamento declara la necesidad de una segunda venida de Jesús (He. 9:28). La segunda venida de Jesús pondrá fin a la era presente y a la septuagésima semana de Daniel, que presenta un reinado del anticristo inspirado por Satanás. La segunda venida es también el punto de partida del reino milenial de Jesús en la tierra. El regreso de Jesús funciona como un importante punto de transición desde este presente siglo malo al justo reino de Jesús.

La segunda venida se detalla en varias secciones del Nuevo Testamento. Jesús explicó su regreso a la tierra en su discurso del monte de los Olivos (Mt. 24–25; Mr. 13; Lc. 21). Sus discípulos le preguntaron: "¿Qué señal habrá de tu venida? (Mt. 24:3). Jesús pormenorizó varios sucesos, pero a continuación declaró: "Inmediatamente después de la tribulación de aquellos días", las tribus de la tierra "verán al Hijo del Hombre viniendo sobre las nubes del cielo, con poder y gran gloria" (Mt. 24:29-30; cf. Lc. 21:27; Hch. 1:9-11). Pedro se refirió a la segunda venida y al reino en Hechos 3:19-21:

Así que, arrepentíos y convertíos, para que sean borrados vuestros pecados; para que vengan de la presencia del Señor tiempos de refrigerio, y él envíe a

Jesucristo, que os fue antes anunciado; a quien de cierto es necesario que el cielo reciba hasta los tiempos de la restauración de todas las cosas, de que habló Dios por boca de sus santos profetas que han sido desde tiempo antiguo.

Este pasaje revela la necesidad de enviar a Cristo en el futuro y de la restauración de todas las cosas, que está relacionada con el mensaje de los "santos profetas", que son los profetas del Antiguo Testamento. Así, mientras muchos pasajes del Antiguo Testamento se aplican a la segunda venida de Jesús, la doctrina de una segunda venida es principalmente una cuestión de revelación neotestamentaria.

El milenio

El milenio es el reino venidero de mil años de Jesús y de sus santos en la tierra después de esta era presente y antes del estado eterno. Tiene lugar poco después de la septuagésima semana de Daniel y del regreso de Jesús, y es el momento en que la humanidad, por medio del postrer Adán, Jesús, cumple el mandato de gobernar y subyugar la tierra con éxito en nombre de Dios (Gn. 1:26-28). Jesús el Mesías también cumple la promesa de que el supremo Hijo de David reinará en el trono davídico sobre Israel (Lc. 1:32-33) y sobre toda la tierra (Zac. 14:9). Los enemigos de Jesús, que se opusieron a Él durante la tribulación, han sido derrotados (Ap. 19:20-21). Satanás está atado (Ap. 20:1-3). Los santos del Antiguo Testamento fallecidos y los mártires del período de la tribulación resucitan y reinan con Cristo (Dn. 12:2; Ap. 20:4). Jesús reina y comparte su gobierno del reino con la iglesia de la era en curso, que permaneció fiel durante la persecución (Ap. 2:26-27; 3:21; 5:10). El reino milenial es un tiempo de renovación, prosperidad, justicia, paz y armonía internacional sobre la tierra (Mt. 19:28; Is. 2:2-4; 11; 65:17-25). Es, asimismo, el período en el que todas las promesas del pacto, tanto espirituales como físicas, llegan a su total cumplimiento para Israel y para las naciones. Israel es salvado y restaurado, y cumple su función de liderazgo y servicio a las naciones desde la ciudad capital de Jerusalén (Is. 2:2-4). Las naciones, que también se han convertido en el pueblo de Dios, experimentan bendiciones espirituales y físicas junto a Israel (Is. 19:16-25; 27:6). Aunque el estado eterno manifestará sin duda estas características a la perfección, estos asuntos necesitan cumplirse primero bajo el gobierno mediatorial humano con el hombre supremo: Jesús. Cuando el postrer Adán complete su misión, Jesús le entregará el reino a Dios Padre, y comenzará el reino eterno del Padre (1 Co. 15:24-28).

El milenio debe venir también por una razón cristocéntrica. Debe existir un reinado sostenido, reconocido y visible de Jesús en la esfera (la tierra) donde Jesús experimentó rechazo en su primera venida. Entonces, Jesús vino a los suyos, pero estos no lo recibieron (Jn. 1:11). Fue repudiado y ejecutado. El Jesús que compareció atado ante los hombres, en su pasión, regresará en gloria en las nubes del cielo para reinar sobre la tierra (Mt. 26:63-66). El reino milenial subraya el reconocimiento de Jesús como Rey, quien reinará en gloria durante un extenso período antes de entregarle su reino al Padre en triunfo, y se inicie el estado eterno (1 Co. 15:24-28). Ese es también el momento en que los santos de Dios serán justificados y reinarán en la esfera en la que experimentaron la persecución de Satanás y el mundo (Ap. 6:9-11; 20:4).

Aunque las condiciones del reino milenial son dramáticamente mejores que esta era presente, todavía no han alcanzado la perfección del estado eterno venidero. Por ejemplo, la mortalidad infantil no existirá y la esperanza de vida se alargará enormemente, pero seguirá existiendo la posibilidad de la muerte. Una persona que muera a la edad de cien años se la considerará maldecida (Is. 65:20). Asimismo, y a diferencia de hoy o del estado venidero eterno, el milenio presenta a las naciones que sirven a Dios, aunque habrá habitantes que sigan siendo capaces de pecar, y que recibirán castigo (Zac. 14:16-19).

La sublevación final de Satanás

Al final del milenio, Satanás es liberado de su encarcelamiento en el abismo, y dirige una sublevación deliberada contra la santa ciudad de Jerusalén. Quienes estén involucrados en esta rebelión serán inmediatamente destruidos con fuego del cielo, y Satanás será enviado al lago de fuego para siempre (Ap. 20:7-10).

Esta rebelión destaca dos verdades importantes. En primer lugar, la presencia de incrédulos en el milenio, aunque Satanás está atado en el abismo, demuestra que el principal problema del hombre es su corazón perverso, esté Satanás presente o no. Incluso bajo condiciones ideales, con Jesús físicamente presente en la tierra, algunos escogen rebelarse en pecado. En segundo lugar, la sublevación ofrece un despliegue del poder de Dios contra el mal antes de que tenga lugar el juicio del gran trono blanco (Ap. 20:11-15) y de que empiece el estado eterno (Ap. 21:1–22:5). Es una manifestación espectacular del poder del reino sobre la sublevación final contra Dios en la historia humana.

El estado eterno

El nuevo cielo y la nueva tierra son el destino final de la humanidad redimida. El milenio es pasado. El juicio del gran trono blanco ha tenido lugar. Satanás y todos los incrédulos han sido echados al lago de fuego para siempre. Un glorioso destino aguarda a los santos de Dios cuando vivan en una nueva tierra con acceso directo a Dios, quien entonces vivirá en medio de ellos. Esto es lo que el apóstol Juan explica: "Vi un cielo nuevo y una tierra nueva; porque el primer cielo y la primera tierra pasaron" (Ap. 21:1).

Este lenguaje del "cielo nuevo" y la "tierra nueva" aparece otras tres veces en la Biblia: Isaías 65:17, Isaías 66:22 y 2 Pedro 3:13. La última referencia revela que este cielo y esta tierra nuevos son lo que los creyentes anticipan en última instancia: "Pero nosotros esperamos, según sus promesas, cielos nuevos y tierra nueva, en los cuales mora la justicia" (2 P. 3:13). Por tanto, la esperanza y el destino supremo del creyente no son el cielo actual, sino la nueva tierra.

La reflexión más extendida del nuevo cielo y la nueva tierra, con frecuencia denominado estado eterno, se encuentra en Apocalipsis 21:1–22:5. El lenguaje de Juan indica que el "cielo nuevo" y la "tierra nueva" tienen similitudes y diferencias con el cielo y la tierra actuales. Aunque es "nuevo", sigue habiendo un cielo (o bóveda celeste) y una tierra en la que morarán las personas. Sin embargo, se contrasta con el cielo y la tierra presentes por cuanto el cielo y la tierra antiguos han "pasado".

La nueva tierra: ¿completamente nueva o restaurada? Este cielo nuevo y esta tierra nueva, ¿serán completamente nuevos, o serán una restauración y renovación del presente planeta? El lenguaje bíblico que describe la destrucción del antiguo orden argumenta en favor de un planeta completamente nuevo, porque lo viejo ha dejado de existir. Juan escribe que el primer cielo y la primera tierra "pasaron" (Ap. 21:1). Hay un fuerte lenguaje en la encendida destrucción en 2 Pedro 3 (véanse vv. 7 y 10-12).

Jesús también dijo: "Cielos y tierra pasarán, pero mis palabras no pasarán" (Mt. 24:35). El Salmo 102 afirma que la tierra y los cielos "perecerán" y que "como una vestidura se envejecerán" (Sal. 102:25-26). Isaías 24:20 asevera: "Temblará la tierra como un ebrio, y será removida como una choza… y caerá, y nunca más se levantará". En su primera epístola, Juan escribe: "Y el mundo pasa" (1 Jn. 2:17).

Por otra parte, entre los argumentos a favor de la renovación de esta tierra se encuentran los siguientes. Primero, Pablo enseña que la creación anhela la glorificación, no la aniquilación (Ro. 8:19) y que la creación fue sujetada a vanidad, pero "en esperanza" (Ro. 8:20-21). Esta imagen retrata a la creación anticipando la glorificación, no la aniquilación.

Segundo, la anticipación de la creación por la glorificación está vinculada a la glorificación del pueblo de Dios (Ro. 8:23). Existe un paralelo. Los creyentes no son aniquilados, sino resucitados. Si el destino de la tierra es paralelo al de la humanidad creyente, entonces la creación que existe ahora también estará en el futuro, aunque en forma glorificada. Así como la creación sufrió cuando el hombre cayó por culpa del pecado, también la creación será restaurada cuando el pueblo de Dios reciba cuerpos glorificados.

Tercero, la Biblia usa un lenguaje de renovación para describir la tierra. Jesús predijo una "regeneración" venidera del cosmos (Mt. 19:28). Pedro anunció una restauración futura de todas las cosas (Hch. 3:21). Esta terminología indica que el universo se dirige hacia una renovación en la que la tierra dañada se repara y resulta mejor que nunca. El punto de vista de la renovación afirma que Dios, y no Satanás, logra la victoria final sobre la creación buena "en gran manera" de Dios (Gn. 1:31).

Quienes sostienen un punto de vista de renovación razonan que el lenguaje de destrucción de 2 Pedro 3 no significa aniquilación. El mismo pasaje habla de un mundo que fue destruido por agua en la época de Noé (2 P. 3:6), pero que no fue aniquilado con el diluvio. Asimismo, la mejor traducción de 2 Pedro 3:10 no es que la tierra será "quemada" como aparece en algunas versiones, sino que "la tierra y todas las cosas que hay en ella quedarán expuestas (PDT)". La idea es ser "hallada" o "manifestada", de forma muy parecida al metal que pasa por el fuego del refinador, y que no se aniquila, sino que se purifica (Mal. 3:2-3).

La vida en la nueva tierra. La nueva tierra será un lugar tangible donde los creyentes morarán con un cuerpo físico real. Dios hizo al hombre como una unidad compleja de cuerpo y alma para vivir en un entorno físico, y su destino en la nueva tierra incluirá residir en un planeta físico.

En términos generales, existen diez características que hacen que la nueva tierra sea nueva y destaque la gloria del estado eterno venidero. Juan las resume en Apocalipsis 21:1–22:5: un cielo y una tierra nuevos (21:1); una nueva Jerusalén (21:2, 9-21); un nuevo pueblo de Dios (21:3); una nueva compasión (21:4); un nuevo orden (21:5-8); un nuevo templo (21:22); una nueva luz (21:23); una nueva población (21:24-27); una nueva vida (22:1-2); una nueva gloria (22:3-5).

La Biblia habla de una nueva Jerusalén que será la capital de la nueva tierra (Ap. 21:2), una ciudad real donde Dios vivirá en medio de su pueblo (21:3). La ciudad tiene "un muro grande y alto con doce puertas" (21:12). Sus características y dimensiones deberían entenderse de forma literal (vv. 16-17). Otras características son claramente figurativas (la ciudad es "de oro puro, semejante al vidrio limpio", v. 18; los cimientos "estaban adornados con toda piedra preciosa", v. 19), pero esto no resta valor a la verdadera naturaleza de esta ciudad.

No hay templo alguno en la nueva Jerusalén. Tanto Dios Padre como Jesús funcionan como su templo (21:22). Como la gloria de Dios ilumina la ciudad, no hay necesidad de que la luz del sol o de la luna resplandezcan sobre ella (21:23). Las naciones y los reyes de la tierra serán atraídos a la ciudad por su luz, y "traerán su gloria y honor a ella" (21:24, 26). La presencia de las naciones y de los líderes mundiales muestra que existen naciones literales en la nueva tierra, y que hay actividad fuera de la nueva Jerusalén. Aunque existe un pueblo de Dios en lo que respecta a la salvación, la presencia de naciones revela la diversidad étnica y nacional en la nueva tierra. Las mejores contribuciones culturales de estas ciudades se traen a la nueva Jerusalén. Estas naciones actúan en completa armonía, ya que las hojas del árbol de la vida, que aparece por primera vez desde la caída del hombre en Génesis 3, funcionan "para la sanidad de las naciones" (Ap. 22:2). El acceso a la ciudad está siempre abierto, ya que "sus puertas nunca serán cerradas", y allí no existirá nunca la noche (21:25). Desde el trono de Dios y de Jesús, el Cordero, fluye el "río del agua de vida" (22:1). El árbol de la vida produce "doce frutos, dando cada mes su fruto" (Ap. 22:2). La mención de "cada mes" indica que el tiempo existe en la nueva tierra.

Lo mejor es la presencia de Dios y del Cordero, que están en el trono (21:3; 22:3). Los siervos de Dios lo adorarán y "verán su rostro" en una comunión eterna e inquebrantable (22:3-4). La descripción final de la nueva Jerusalén revela que los santos "reinarán por los siglos de los siglos" (22:5). Génesis 1:26-28 reveló que Dios creó al hombre para gobernar y subyugar la tierra, y el último versículo que describe la nueva tierra explica que el pueblo de Dios estará reinando. Entonces no habrá engaño de Satanás (Gn. 3), ni potencial para pecar. Todos los que están allí habrán sido lavados en la sangre del Cordero, y servirán al Creador de todo corazón. Los impíos no entrarán jamás a esta ciudad (Ap. 21:27), y la historia acaba bien para el pueblo de Dios.

Este mundo caído actual no existirá eternamente. El pecado, la maldición y la muerte serán eliminados para siempre (Ap. 22:3). El hombre será restaurado por completo en sus relaciones defectuosas previas con Dios, con las personas y con la creación. Esta imagen expresa la esperanza suprema de la escatología. Es la conclusión verdadera y emocionante de una historia realmente extraordinaria. Por tanto, nuestra sincera respuesta al final de la historia, que anticipamos con ansiedad y por la que luchamos con energía, debería ser la del apóstol Juan: "¡Sí, ven, Señor Jesús! (Ap. 22:20).

Preguntas:

1. ¿Cuál es la definición de escatología, y cuáles son los dos modelos generales de la escatología?
2. ¿Por qué es importante el uso correcto de los principios interpretativos para el estudio de la escatología bíblica?
3. ¿Cuál es la visión de Jesús de la escatología?
4. ¿Qué es la escatología personal, y de qué manera es diferente para el creyente y para el incrédulo?
5. ¿Qué enseña la Biblia sobre el estado intermedio? ¿Y de la resurrección de los creyentes y los incrédulos?
6. ¿Qué enseña la Biblia sobre el infierno? ¿Y del cielo?
7. ¿Qué enseña la Biblia sobre el tema general del reino de Dios?
8. ¿Cuáles son los distintivos principales del premilenialismo futurista?
9. ¿Qué son los juicios futuros?
10. ¿Cuáles son los pactos bíblicos, y por qué es importante para la escatología tener una comprensión correcta de ellos?
11. ¿Cuáles son las opiniones principales respecto al milenio, y por qué deberíamos considerar como correcta la opinión premilenialista?
12. ¿Cuáles son las características importantes de la profecía de las setenta semanas de Daniel?
13. ¿Cuáles son los eventos escatológicos que vienen y cuál es el orden de esos eventos?

ÍNDICE DE TEXTOS BÍBLICOS

Marcos

Romanos

2 Corintios

Gálatas

1:14; *277, 294, 324*
1:15; *54, 152, 153,*
157, 232, 386
1:15-16; *102*
1:15-17; *138, 147*
1:15-19; *181*
1:16; *137, 139, 148,*
154, 227, 229, 366,
367, 375, 388, 438
1:16-17; *146, 153*
1:17; *118, 149, 153*
1:18; *185, 396, 399,*
401
1:19; *386*
1:20; *249, 268, 271*
1:20-22; *276*
1:22; *271, 285*
1:22-23; *322, 359*
1:24; *135, 399*
1:26; *432*
1:26-27; *397*
1:27; *323, 395*
1:28; *45, 213, 350, 395*
1:29; *321*
2:2; *432*
2:3; *44*
2:9; *116, 386*
2:10; *153*
2:12; *324, 416*
2:13; *196, 305*
2:13-14; *278*
2:15; *278, 361, 379*
2:18; *387*
2:19; *48, 399, 401*
2:20; *323, 324, 327*
2:22; *23*
3:1; *323, 324, 327*
3:2; *37, 39, 376*
3:3; *323, 324*
3:3-4; *159*
3:4; *323*
3:5; *163*
3:9; *421*
3:9-10; *261, 349*
3:9-11; *245*
3:10; *37, 196*
3:12; *121, 211, 348*
3:12-14; *189*
3:12-17; *209*

3:12-4:6; *208*
3:13; *421*
3:14; *422*
3:16; *37, 44, 376, 397,*
401, 413, 415, 421
3:16-17; *222*
3:22-24; *153*
4:1; *399*
4:2; *414, 420*
4:10; *424*
4:12; *45, 404*
4:14; *61*
4:16; *67*
4:18; *57*

1 Tesalonicenses

1:1; *327, 397*
1:2-10; *413*
1:4; *122*
1:5; *72, 196, 222*
1:6; *188, 210*
1:9; *298, 302, 315*
1:9-10; *467*
1:10; *183*
2:4; *100*
2:12; *305, 393*
2:13; *23, 44, 51, 67,*
85, 196, 402, 427
2:13-14; *467*
2:14; *393*
2:16; *239*
2:17-3:2; *378*
2:18; *374*
2:19; *183*
3:2; *384*
3:5; *384*
3:12; *349, 400, 421*
3:13; *183, 202*
4:3; *202*
4:3-4; *202*
4:3-7; *46*
4:3-8; *107*
4:4; *202*
4:7; *202*
4:7-8; *46, 202*
4:8; *187, 213*
4:9; *360, 400, 421*
4:13-17; *361*
4:13-18; *183, 184,*

233, 244, 255, 394,
444, 450, 451, 467,
468
4:14; *180, 183, 318,*
325, 444
4:15; *183*
4:15-16; *469*
4:15-17; *469*
4:16; *183, 325, 368,*
369, 445
4:16-17; *227, 466, 468*
4:17; *183, 466, 468*
4:18; *421, 468*
5:2; *441*
5:8; *383*
5:9; *122*
5:11; *400, 421*
5:12; *405, 410, 425*
5:12-13; *401, 410*
5:13; *400, 421*
5:14; *433*
5:15; *421*
5:17; *408, 419*
5:18; *107, 209*
5:19; *118n28, 191, 208*
5:20-22; *403, 431*
5:23; *47, 183, 202,*
235, 236, 350
5:27; *67*

2 Tesalonicenses

1:3; *400, 421*
1:4; *393, 467*
1:7; *183, 369*
1:7-8; *369*
1:8; *106, 239*
1:9; *133, 292, 301,*
442, 445
1:12; *400*
2; *266, 462, 465*
2:1-2; *471*
2:1-3; *81*
2:2; *473*
2:3; *266, 464, 471*
2:3-4; *266, 441, 465,*
470
2:4; *266, 472*
2:4-10; *266*
2:6; *371*

2:7; *267, 376*
2:8; *183, 266, 464,*
466, 472
2:9; *370, 376*
2:9-10; *266, 389*
2:11-12; *23, 129, 318*
2:12; *250*
2:13; *72, 110, 121,*
122, 190, 192, 202
2:14; *309*
2:15; *81*
2:16; *104*
3:1; *420*
3:3; *373*
3:6; *67, 422, 423*
3:6-15; *421*
3:10; *377*
3:11-15; *422*
3:14; *67, 422, 423*
3:17; *57*

1 Timoteo

libro de; *290*
1:2; *104*
1:3; *23, 24, 290*
1:4; *290*
1:6; *290*
1:7; *290*
1:8-11; *23*
1:10; *23, 24*
1:11; *108*
1:13; *104*
1:16; *104*
1:17; *26, 88, 98, 102,*
142
1:19; *313*
1:19-20; *421*
2:1; *290*
2:2; *290*
2:3-6; *290, 362*
2:4; *43, 290*
2:5; *100, 110, 115,*
151, 185
2:5-6; *158*
2:6; *277, 289, 290*
2:8; *420*
2:12; *407*
2:13; *228*
2:13-14; *407*

EDITORIAL PORTAVOZ

NUESTRA VISIÓN

Maximizar el efecto de recursos cristianos de calidad que transforman vidas.

NUESTRA MISIÓN

Desarrollar y distribuir productos de calidad —con integridad y excelencia—, desde una perspectiva bíblica y confiable, que animen a las personas a conocer y servir a Jesucristo.

NUESTROS VALORES

Nuestros valores se encuentran fundamentados en la Biblia, fuente de toda verdad para hoy y para siempre. Nosotros ponemos en práctica estas verdades bíblicas como fundamento para las decisiones, normas y productos de nuestra compañía.

Valoramos la excelencia y la calidad.
Valoramos la integridad y la confianza.
Valoramos el mérito y la dignidad de los individuos y las relaciones.
Valoramos el servicio.
Valoramos la administración de los recursos.

Para más información acerca de nuestra editorial y los productos que publicamos visite nuestra página en la red: www.portavoz.com.